Helmut Thielicke

Zu Gast auf einem schönen Stern

Erinnerungen

Hoffmann und Campe

Für meine Frau, die mir auch in dunklen
Tälern dazu verhalf, an der Gastlichkeit dieses
schönen Sterns nicht irre zu werden.

CIP-Kurztitelaufnahme der Deutschen Bibliothek

Thielicke, Helmut:
Zu Gast auf einem schönen Stern : Erinnerungen /
Helmut Thielicke. – 3. Aufl. 31.–40. Tsd. – Hamburg : Hoffmann und Campe, 1984
ISBN 3-455-08232-7

Copyright © 1984 by Hoffmann und Campe Verlag, Hamburg
Schutzumschlag- und Einbandgestaltung Werner Rebhuhn unter Verwendung
eines Fotos von Rainer Thielicke
Gesetzt aus der Korpus Aldus Antiqua
Satzherstellung Fotosatz Otto Gutfreund, Darmstadt
Druck- und Bindearbeiten May & Co, Darmstadt
Printed in Germany

Ich erfahre das Glück, daß mir in meinem
hohen Alter Gedanken aufgehen, welche zu
verfolgen und in Ausübung zu bringen, eine
Wiederholung des Lebens gar wohl wert wäre.
Also wollen wir uns, solange es Tag ist, nicht
mit Allotrien beschäftigen.

Johann Wolfgang von Goethe

So schönes Wetter – und ich noch dabei!

Wilhelm Raabe

Mein Hosianna ist durch das Fegefeuer des
Zweifels hindurchgegangen.

Fjodor Michailowitsch Dostojewski

Es ist nicht so, daß unser Leben langsam und
sicher abgebaut wird, bis der Tod kommt,
sondern unser Tod wird abgebaut, bis uns das
Leben ganz umfängt.

Joachim Braun

Kindheit und Jugendzeit in Barmen
1908–1928

Auf den Zehenspitzen hatte ich mit Mühe die hohe Türklinke erwischt, um mir Zutritt in das Klassenzimmer zu verschaffen, in dem mein Großvater, Rektor der Leibusch-Schule in Wuppertal-Langerfeld, die großen Jungen unterrichtete. Ich sah ihn, den ich unendlich liebte, vorne auf dem erhöhten Pult sitzen. Noch ehe ich sein Lächeln bemerkte, fielen mir die riesenhohen Sitzpulte rechts und links von dem Gang, auf dem ich nach vorne trippelte, ins Auge. Und aus ihnen beugten sich ganz von oben die großen Jungen zu mir herab und lachten, als ich »Opa, Opa!« rief und dem geliebten Patriarchen in die Arme stürzte.

Das ist wohl eine meiner frühesten Erinnerungen. Die beiden Großeltern mütterlicherseits spielen darin eine große Rolle. Ich weiß jetzt noch, wie es in der Küche meiner Großmutter gerochen hat – nach Wachstuch, Scheuermitteln und Kaffee. Jahrzehnte später, wenn ich irgendein Haus betrat, tauchte manchmal scheinbar grundlos die Erinnerung an meine Großmutter in mir auf. Es bedurfte einer gesammelten Lebenserfahrung, bis ich dahinterkam, daß ein bestimmter Geruch oder Duft diese Assoziation ausgelöst hatte. Seitdem weiß ich, daß die Nase das Organ für unbewußte Erinnerungen ist. Ich habe in der Literatur besonders die Dichter schätzen gelernt, bei denen neben Auge und Ohr auch die sinnlichen Eindrücke der Nase eine Rolle spielen. Sie pflegen einen Sensus für das zu haben, was zwischen den Zeilen des Lebens steht, und machen das Unsagbare sagbar. Joseph Conrad gehört zu ihnen, auch Theodor Fontane. Bei Marcel Proust hat der Geschmack eine ähnliche Funktion.

Mit dem Großvater verknüpft sich auch die erste Erfahrung des Todes. Er starb zu Anfang des Ersten Weltkriegs an einem Leberleiden. Meine Mutter suchte meinen kindlichen Abschiedsschmerz dadurch zu mildern, daß sie mir erzählte, wie gut es der geliebte Großvater jetzt habe, daß er nun unter den Engeln Gottes sei und ganz gewiß aus dem Himmel nach mir Ausschau hielte. Zugleich aber wurde mir verboten, das Sterbezimmer zu betreten, weil dort noch sein Leib schliefe und man ihn nicht stören dürfe. Bei den

Engeln sein und doch noch daheim in dem vertrauten Bett liegen: das wußte ich in meinem kleinen Kopf nicht zusammenzubringen. Dem mußte ich auf die Spur kommen. So schlich ich mich entgegen dem Verbot heimlich ins Schlafzimmer und nahm bei diesem illegalen Unterfangen meine kleine dreijährige Schwester Elisabeth an der Hand mit. In dem halbverdunkelten Zimmer sah ich zunächst nichts vom Großvater, bis mir klar wurde, daß die Bettdecke auch über sein Gesicht gezogen war. Nun schien mir ein bedrückendes Geheimnis im Zimmer zu geistern. Es dauerte wohl einige Zeit, bis ich mich zu dem Entschluß aufraffte, die Decke zur Seite zu ziehen. Schreiend fuhren wir vor dem Anblick zurück. Der Großvater sah ganz fremd aus, aber doch wieder nicht *so* fremd, daß ich ihn nicht erkannt hätte. Vor allem aber war er auf eine gespenstische und höchst erschreckende Weise gelb. Fassungslos schluchzend und schreiend, ganz außer uns, stürzten wir zu den Erwachsenen, die uns – jedenfalls mich – nur unzureichend beruhigen konnten. Elisabeth war sicherlich noch zu klein, um tiefer davon berührt zu werden; sie schrie wohl vor allem nur mit, weil ihr großer Bruder so außer sich war.

Der Anblick des toten Großvaters hatte in mir ein Trauma ausgelöst, unter dem ich noch lange litt. Manchmal, wenn die Eltern ausgegangen waren und ich auf die kleine Schwester aufpassen sollte, überfiel mich plötzlich die paradoxe Faszination dieses Schreckens, und ich schrie: »Der gelbe Opa kommt!« Dann fiel meine Schwester in das Geschrei ein, bis unser panisches Brüllen die Nachbarn alarmierte und unsere heimkehrenden Eltern nur noch den abebbenden Schrecken mitbekamen.

Der Vater bemühte sich sehr, mir ruhig und liebevoll zu erklären, daß die gelbe Farbe des toten Großvaters natürlich sei und daß und warum ich deshalb keine Angst davor zu haben brauchte. Doch diese Aufklärung mochte allenfalls meinen erwachenden Verstand streifen, sie drang aber nicht in die tieferen Schichten des Bewußtseins. Es mag ihn enttäuscht und geschmerzt haben, daß sich bald darauf die Brüll- und Schreckensszene mit dem gelben Opa wiederholte.

Da fand meine gute Mutter einen Weg, der mit einem Schlag diese Panikphantasien in sich zusammenfallen ließ. Die Art, wie sie das machte, ist mir auch im späteren Leben immer richtig erschienen, wenn es darum ging, einem Kind oder auch einem erwachsenen Menschen bei Angstzuständen zu helfen. Sie appellierte nicht aufklärerisch an meinen Verstand, sondern sprach das Gemüt an. Sie sagte: »Du weißt doch noch, Helmut, wie lieb dich der Großvater immer gehabt hat, wie er dich auf den Arm nahm, dir Geschichten erzählte oder die Wanduhr schlagen ließ. Und abends ist er immer noch an dein Bettchen gekommen, bis du ganz ruhig einschliefst. Meinst du denn, er würde dich jetzt bange machen? Er ist sicherlich traurig, wenn er sieht, daß du auf einmal Angst vor ihm hast!« – Das half. Die Gespenster wichen.

Das waren die ersten Schatten von Tod und Endlichkeit, die nach mir griffen. Bald spürte ich ihre Kühle noch einmal, wenn auch auf andere Weise. Es kann nicht sehr viel später gewesen sein, denn ich weiß noch, daß ich bei dem, was ich als großes Ereignis empfand, auf der Gasse »Puppchen, du bist mein Augenstern« gesungen habe, und das war kurz vor Beginn des Ersten Weltkriegs ein sehr populärer Schlager. Ich hatte damals einen ganz großen Herzenswunsch: einen kleinen Leiterwagen zu besitzen, dessen Deichsel ich mit den Beinen lenken konnte, wenn ich die steile Straße, an der wir am Barmer Herzogplatz wohnten, hinunterfuhr. Meine Großmutter erlag als erste meinem steinerweichenden Flehen und ging mit mir in das größte Spielwarengeschäft Barmens, um das begehrte Gefährt zu kaufen. Ich war so selig, daß ich es kaum noch ertragen konnte, und sang, wie gesagt, beim Heimweg den Schlager vom Puppchen.

Der Vater empfing mich mit seinen Glückwünschen. Als er den Wagen dann die Treppe hinauftrug, brach ich in Tränen aus, nachdem ich eben noch so gestrahlt hatte. Auf diesen jähen Wechsel konnte er sich keinen Reim machen, so daß er mich etwas indigniert anfuhr: »Warum brüllst du denn, Helmut, wo du doch eben den schönen Wagen gekriegt hast?!« Ich weiß noch genau, daß ich ihm antwortete: »Einmal geht er ja doch kaputt!«

Mitten im größten Glück überfiel mich der Schrecken der Endlichkeit – eine erste noch kindliche Ahnung, daß der schöne Augenblick nicht verweilt und daß die Kühle seines Endes uns gerade dann erschauern läßt, wenn das Glück sich in *einem* Punkt zusammenballt und darin unermeßlich ist. Das Gefühl, durch dieses Wissen vom Ende aller Dinge bedrängt zu werden, hat mich auch weiterhin begleitet, sogar bis in Krankheit und Sterbensnähe, und es hat schon lange vor meinen späteren Publikationen zu diesem Thema Gedanken und Tagebuchblätter erfüllt.

Idyllen und Schrecknisse

Wenn ich mir überlege, was aus diesen frühesten Tagen bestimmend in mein späteres Leben hinübergegriffen hat, dann drängen sich mir zwiespältige Eindrücke auf. Natürlich fehlt nicht die Idylle der ersten Kindheit: das Bild der Mutter, die uns zu Bett bringt, das Abendgebet sprechen läßt und in den Schlaf singt. Bei allen Kümmernissen und Schmerzen nimmt sie uns in den Arm und hat ein tröstendes Wort. In die größere Kühle des späteren Lebens strömt aus dieser Erinnerung ein wärmender Hauch.

Mein Gitterbett, die hölzerne Eisenbahn und meine Sitzbank, die zugleich einen Kasten für meine Spielsachen enthielt, liebte ich sehr. Ich muß dieses Inventar des heimischen Nestes sehr vermißt haben, als meine Mutter erkrankte und ich viele Wochen bei den Großeltern in Hilchenbach verbrachte. Die sehr liebevolle Großmutter war überaus abergläubisch und fürchtete immer, daß mich der böse Blick einer Hexe treffen könne, die einige Häuser entfernt wohnte und »Käselenchen« genannt wurde. Ehe sie mich zum Ausgehen an die Hand nahm, überzeugte sie sich erst, ob keine ausgeblasenen Eier an ihrem Schornstein zu sehen waren, denn die bildeten für sie ein Zeichen, daß »Käselenchen« gegen irgendwen Unheil brütete. Aber auch wenn die Luft rein war, zog sie mich im Sturmschritt an der Stätte des Unheils vorüber. Ein leichtes Gruseln kroch mir trotz der großmütterlichen Nähe immer über die Haut. Und so interessant und anders alles in dem ländlichen Hilchenbach war: ein Gefühl der Fremdheit bin ich wohl nicht ganz los geworden. Meine Eltern haben mir später erzählt, welche Seligkeit mich bei der Heimkehr zu der gesundeten Mutter und in das vertraute Heim gebeutelt habe: ich hätte alle Möbel umarmen wollen und meine Spielsachen geküßt.

Und doch lügt die vergoldende Erinnerung, wenn sie aus dieser Idylle die Schatten entfernt, vor allem die geheimen Ängste, die in Einsamkeit zu tragen sind und selbst der Mutter verborgen bleiben. »O selig, o selig, ein Kind noch zu sein…« – das ist eine ebenso verlogene Sentimentalität wie der pseudogeistliche Kinderreim: »Immer fröhlich, immer fröhlich, alle Tage Sonnenschein, / denn der Vater in dem Himmel nennt uns seine Kinderlein.«

So ist mir die Angst, in die mich ein schreckliches Erpressungserlebnis versetzte, noch heute gegenwärtig. Ein größerer Junge, der mich um meinen Wagen beneidete – ich war als Sechsjähriger gerade in die Volksschule gekommen und schwärmte für meine reizende

Lehrerin, Fräulein Scheib –, überredete mich, entgegen dem Verbot meiner Mutter mit ihm auf eine schmale Fußgängerbrücke zu kommen, die eine Eisenbahnlinie überquerte. Die anderen Jungen, die schon öfter dagewesen waren, berichteten spannende Dinge: Unter der Brücke fuhren viele Militärzüge zur Front. Sie waren bekränzt, und aus den offenen Türen der Viehwagen winkten und schrien die Soldaten, wenn die Kinder ihnen von der Brücke aus zuwinkten.

Die Mutter fürchtete, ich könnte durch das breite Geländer der Brücke fallen; darum hatte sie mir streng untersagt, mit den anderen dorthin zu gehen. Dem großen Erwin aber gelang es schließlich, meinen Widerstand zu überwinden, denn ich fürchtete, als Muttersöhnchen verspottet zu werden, wenn ich der Faszination dieses Abenteuers weiter widerstand. So ging ich mit schlechtem Gewissen mit und zog meinen Wagen hinter mir her. Während wir auf der Brücke auf einen Zug warteten, sagte Erwin:»Die Lokomotive pufft ganz gewaltig Dampf aus. Wenn man von der Brücke herunter einen Stein in ihren Schornstein schmeißt, fliegt er durch die Wolken direkt in den Himmel. Ich hab' das schon oft gemacht. Hier hast du einen Stein. Du mußt ihn in dem Moment runterwerfen, wenn die Lok unter der Brücke ist. Ich sag' dir dann: eins, zwei drei – jetzt!«

Das war in der Tat eine tolle Sache, das durfte ich mir nicht entgehen lassen. Ich war sehr aufgeregt. Endlich kam der Zug. Schon von weitem sah ich, wie die Soldaten winkten, als sie uns Kinder erblickt hatten. Der entscheidende Augenblick näherte sich jetzt blitzschnell. Als die Lok unter der Brücke war, hüllte sie uns mit ihrem schnaubend ausgestoßenen Dampf ein, so daß man nichts mehr sah. Da rief der Junge »jetzt!«, und ich ließ den Stein vom Geländer herunterfallen, dachte aber gleich, daß ich den Schornstein inmitten der Dampfwolke wohl nicht getroffen hätte. Trotzdem guckte ich, als die Sicht wieder frei war, hoch, um den Stein vielleicht doch in den Himmel fliegen zu sehen. Der Junge aber packte mich am Arm:»Um Gottes willen – du hast daneben getroffen und einen Soldaten totgeschmissen, ich hab' es genau gesehen!« Mich durchfuhr ein entsetzlicher Schreck. Und Erwin fügte noch drohend hinzu:»Wenn ich das deinem Fräulein in der Schule sage, dann kommst du ins Gefängnis.« Ich brüllte vor Verzweiflung. Mit einem Hämmerchen, das er aus seiner Tasche zog, schlug er dann, um mein Unglück voll zu machen, einen kleinen Nagel in meinen Wagen und sagte:»Der Wagen gehört dir jetzt nicht mehr allein. Der Nagel bleibt mein Eigentum.« Der tote Soldat war schon schlimm genug, aber dieses Attentat auf meinen geliebten Wagen versetzte mir einen weiteren Stoß.

Von da an erpreßte mich der große Junge über Tage und Wochen. Dafür, daß er meine Untat geheimhielt, mußte ich ihm Bonbons besorgen (»Klömpkes« nannten wir die) oder Wurststücke beim Metzger kaufen. Meine Versicherung, ich hätte kein Geld, beeindruckte ihn nicht; ich wüßte doch sicherlich, wo meine Mutter ihr Portemonnaie hätte. In meiner Furcht vor Gefängnis und Schande klaute ich der guten Mutter das Geld. Auch den Wagen nahm er mir mit dem Hinweis auf sein »Miteigentum« immer wieder fort. Er war viel größer und stärker als ich und erpreßte mich mit teuflischer Raffinesse und Energie. Ich fühlte mich gefangen in einem dunklen Loch auswegloser Verzweiflung. Es gab ja keinen anderen Weg, als mein Geheimnis auch vor der Mutter zu verbergen. Meine geliebte Mutter zu hintergehen, das war das Schlimmste. Alles hatte ja damit angefangen, daß ich trotz ihres strengen Verbots mit auf die Brücke gegangen war. Dann hatte ich einen Soldaten umgebracht. Das Schiller-Wort von der bösen Tat, die »fortzeugend Böses muß gebären«, kannte ich natürlich noch nicht. Doch mir dämmerte eine erste Ahnung dieses Zusammenhangs. Der große Junge tuschelte immer wieder mit den anderen und sah dabei vielsagend zu mir herüber. Gewiß hatte er meine Untat schon ausgeplaudert. Wenn er nur meiner Lehrerin nichts sagte! Die würde es dann meinen Eltern erzählen – dann kam auch mein Groschenraub heraus –, und schließlich würde der Polizist mich holen, der für unser Viertel zuständig war und den wir natürlich alle kannten.

Die einsame Verzweiflung, die mich quälte, konnte auf die Dauer nicht verborgen bleiben. Wenn ich mich abends in den Schlaf weinte, blieb die Mutter bei mir, sprach mir begütigend zu und wartete auf ein Geständnis. Irgend etwas Dunkles bedrängte ihr Kind. Eines Abends gab ich dann in einer schrecklichen Entladung mein Geheimnis preis. Das brachte eine wunderbare Befreiung. Meine Eltern waren so glücklich, den ihnen rätselhaften und sie erschreckenden Bann gebrochen zu sehen, daß sie mir meine Brückensünde gern vergaben. Natürlich versagten sie sich nicht den zarten moralischen Hinweis, welche Konsequenzen es haben könne, wenn man ein Verbot der Eltern übertritt. Aber ich genoß die Umhüllung durch eine neue, wunderbare Geborgenheit. Was sie weiterhin unternommen haben, weiß ich nicht. Nur ging mir mein Erpresser danach aus dem Wege. Und als mein Vater dann noch mit einer Zange den Nagel aus meinem Wagen zog, da war ein endgültiger Punkt hinter diese Schreckensgeschichte gesetzt. War er wirklich endgültig? Ein Gefühl des Unheimlichen ist mir aus diesen frühen Kindertagen geblieben. Es stellte sich auch später – bis heute – immer wieder ein, wenn ich Menschen mit fremden, mir völlig uneinsichtigen Motiven und Lebensnormen begegnete, wie damals meinem kleinen Erpresser mit seiner kriminellen Energie. Das zeigte sich schon in den folgenden Jahren, als meine Eltern in die gutbürgerliche Eduardstraße umzogen, in deren unmittelbarer Nähe eine damals als asozial verrufene Siedlung lag. Ich fand in unseren Nachbarhäusern wunderbare Freunde und Spielkameraden, mit denen ich noch heute Verbindung halte. Am alljährlichen Gedenktag der Schlacht von Sedan machten wir einen Umzug mit Fahnen und Lampions. Dann geschah es immer wieder, daß Jungensbanden aus jener Siedlung uns überfielen und uns trotz Gegenwehr die Fahnen und Lichter entrissen. Wir waren ihrer Brutalität nicht gewachsen. Sie waren uns in ihrem Anderssein unheimlich. Wenn der Ruf erklang: »Die Fatlöher kommen«, hatten wir Mühe, gelassen zu erscheinen. Auch wir Bürgersöhnchen rauften nicht wenig miteinander, doch galten dabei bestimmte Regeln und Ehrauffassungen. Die Fatlöher aber waren ein wilder Haufen, der raubte, Tritte versetzte und überhaupt ohne Hemmung war. Das Unheimliche und Unberechenbare dieser Auftritte berührte uns dabei viel mehr als der Verlust unserer Spielsachen oder die blauen Flecken. Als später bei den Studentenunruhen der sechziger Jahre brutale Masseninvasionen der »Apo« in die Vorlesungen erfolgten, Sprechchöre und anderes Geschrei meine Gottesdienste in der Hamburger Michaeliskirche störten, hörte ich in meinem Innern immer wieder den Ruf: »Die Fatlöher sind da!« Ich hatte all die Jahre mit meinen Studenten nicht nur zusammen gearbeitet, sondern auch intensiv zusammen gelebt. Ich suchte immer Gemeinschaften des Vertrauens zu bilden. Nun auf einmal stand erschreckend und in jäher Plötzlichkeit ein ganz anderer Typus auf, der total unvertraut war: brutale Rollkommandos, Massenaufmärsche gegen einzelne Professoren, von denen einige an diesen Schrecken zerbrachen und starben. So sind die »Fatlöher« immer wieder, von den Nazis ganz abgesehen, durch mein Leben gegeistert. Die Erinnerung an ihren Urtypus war mir dabei manchmal ein Trost, weil ich sie ja überstanden hatte.

Auch sonst erhob sich in der Kindheit neben der Idylle manchmal der Schrecken. Wenn ich beim Metzger für meine Mutter einholen mußte, gab sie mir aus guten Gründen keinen Bestellzettel mit, sondern wollte, daß ich den Auftrag im Gedächtnis behielt, nachdem ich ihn zur Probe mehrfach wiederholt hatte. Doch aus rätselhaften Gründen brachte ich immer wieder ein halbes Pfund Gehacktes an. Meiner Mutter lag, ganz gewiß aus Liebe, sehr an der Konsequenz ihrer Erziehung, und so mußte ich dann das falsch Gebrachte wiederholt zurücktragen. Beim soundsovielten Male sah ich dem wackeren Meister, der mich vorher durchaus geduldig gemahnt hatte, die Zornesader schwellen. Er schliff sein Riesenschlachtermesser, fuchtelte mir damit vor den Augen herum und drohte mit gewaltiger Stimme, beim nächsten Mal würde er mir damit die Ohren abschneiden. Schreiend rannte ich weg und legte den weiten Weg zu meinen Großeltern in Langerfeld meist laufend zurück. Mein krampfhaftes Schluchzen hinderte mich noch lange, der besorgten und tröstenden Großmutter den Grund meines Kummers zu sagen. Dann aber wurde sie zornig über das, was ihrem Bübchen widerfahren war. Ich sehe noch, wie sie sich mit einem gewaltigen Ruck den Kapotthut aufsetzte, dessen Schleife unter dem Kinn zuband – als ob sie der Sturmriemen eines Helms wäre –, mich dann bei der Hand nahm und zunächst, während ich draußen blieb und angstvoll die Szene durch das Schaufenster verfolgte, gestenreich und drohend dem Fleischer die Leviten las. Aber auch meine Mutter kriegte noch ein kleines Donnerwetter ab, was mir sehr naheging, da ich sie ja über alle Maßen liebte. Daß sie in ihrer Güte nun ausgeschimpft wurde, brach mir fast das Herz.

Sehr viel harmloser war eine andere frühe Angst, die mehr eine kindliche Besorgnis bedeutete. Eines Tages sagte meine Mutter: »Denk mal, Helmut, jetzt kommst du in den Kindergarten, und morgen früh bringe ich dich hin!« Nach späteren Erzählungen der Eltern muß ich daraufhin ziemlich geheult haben. Ob ich den Grund meines Kummers dabei ausplauderte, weiß ich nicht mehr; wohl aber erinnere ich mich gut, welche Sorge diese Ankündigung in mir auslöste. Ich stellte mir vor, daß ich im Kindergarten mit den Füßen in die Erde gepflanzt und dann immerfort begossen würde. Doch löste sich diese Sorge sehr schnell in Nichts auf. Ich erlebte eine schöne Zeit. Meine Phantasie hatte mir – zum ersten Mal? – einen Streich gespielt. Sie ist wohl nicht *nur* eine Himmelstochter.

Als ich in die Schule kam und mit der geliebten Lehrerin, einer Schülerin meines am pädagogischen Seminar unterrichtenden Vaters, eine neue Autorität in mein Leben trat – »Bezugsperson« nennt man das heute –, fand ich auch einige Klassenkameraden vor, die aus einem sehr einfachen, proletarischen Milieu kamen. Ihre derben Ausdrücke und Flüche imponierten mir ungeheuer. Ich fühlte mich in meiner sauberen Gepflegtheit ihnen gegenüber deklassiert und bemühte mich, es ihnen in ihrer Grobschlächtigkeit gleichzutun. Das ist mir wohl auch gelungen, denn meine Eltern entsetzten sich über manche meiner neuen Ausdrücke, auch darüber, daß ich mir den Hals nicht mehr waschen lassen wollte. Zu Hause mußte ich also doch wieder das Bürgersöhnchen sein. Ich bewunderte den einen oder anderen meiner Mitschüler, bei dem die Lehrerin Krätze oder gar Läuse feststellte und der darüber einen gedruckten Zettel an seine Eltern mitbekam. Als ich mich eines Tages auffallend juckte, untersuchte mich mein Vater genauer und fing tatsächlich ein paar Flöhe, die er mir – halb erschreckt, halb stolz über seinen Jagderfolg – zeigte und dann mit dem Nagel zerquetschte. Meine Selbstachtung steigerte sich dadurch um einige Grade, weil ich nun auch der höheren Weihen der Gewöhnlichkeit teilhaftig war. Und als ich für meine Mutter beim Krämer einkaufen mußte, erzählte ich den versammelten Hausfrauen strahlend: »Wir haben auch Flöhe.« Diese Familieninterna erregten durchaus das Interesse des Ladenpublikums, zumal meine Eltern in der Umgegend ja bekannt und angesehen waren. Animiert von dieser Resonanz, übertrieb ich die heimische Ungezieferwirtschaft gewaltig. Den Leuten machte das offenbar solchen Spaß, daß sie mich zu weiterem Erzählen aufforderten. Meine Neigung zum Dramatisieren ließ mich dann eine wirklich harmlose Auseinandersetzung zwischen Vater und Mutter, die ich mitbekommen hatte, zu einem fast tätlichen Streit aufbauschen. Ich schloß meine Erzählung (tatsächlich weiß ich das noch genau!) mit dem melodramatischen Satz: »Da hat meine arme Mutter geweint.« Mein Publikum riß mich einfach mit. Selbst der Kaufmann vergaß das Bedienen und hörte gebannt zu.

Natürlich hatte die Geschichte dann noch ein kleines Nachspiel, als meine Mutter über mehrere Kanäle von meinen rednerischen Eskapaden erfuhr. Sie wußte wohl nicht recht, ob sie lachen oder sich geniert fühlen sollte. Was sich damals als Gefahr meiner Natur im Keim meldete, ist mir in meinem späteren Redner-Leben als ein Problem bewußt geworden, das mich zur Auseinandersetzung mit mir selber zwang.

Fräulein Scheib, meine junge strahlende Lehrerin in der ersten ABC-Schützenzeit, beschäftigte meine Phantasie sehr. Ich bewunderte ihre Kunst, mit bunter Kreide Bilder auf die Wandtafel zu

malen, und fand ihre Stimme hinreißend, wenn sie mit uns sang.
Daß ich leider unmusikalisch bin, war mir damals noch nicht
aufgegangen. So werde ich sie wohl verständnislos angeblickt haben, wenn sie beim Durchwandern der Bankreihen wiederholt zu
mir sagte: »Helmut, du brummst ja wieder!« Eines Tages zeigte sie
uns lächelnd ihren funkelnagelneuen Verlobungsring und fragte:
»Wer von euch weiß denn, was ›Verlobung‹ ist?« Da fühlte ich mich
als Sachkenner, weil ich eben bei meiner Tante eine solche Feier
miterlebt und mir dabei eindrucksvoll den Magen verdorben hatte.
So meldete ich mich auch spornstreichs: »Verlobung ist, wenn man
sich küßt.« Es wunderte mich sehr, daß Fräulein Scheibs Gesicht
eine jähe Röte überzog. Ohne mir das erwartete Lob für meine
Antwort zu zollen, wandte sie sich um und machte sich an der Tafel
zu schaffen. Dabei sah ich an ihren zuckenden Schultern, daß sie
lachte. Warum wohl? Die Reihenfolge von Ursache und Wirkung
war mir damals noch nicht vertraut, und erst recht nicht die
Wandelbarkeit des Kausalprozesses, wenn es sich um Liebe handelt.
Als ich schon lange Professor und Fräulein Scheib eine fortgeschrit-
tene Großmutter war, die nun Frau Saßmann hieß, war meine alte
Lehrerin eines Tages unter meinen Vortragshörern. Obwohl sie jetzt
ein faltiges Gesicht hatte, erkannte ich sie gleich an ihrem Lächeln.
»Ich weiß noch«, sagte sie, »wie der kleine blonde Junge mir meinen
Verlobungsring erklärte...« Und wieder überzog eine zarte Röte,
eine glückliche Erinnerung ihr gutes altes Gesicht.
Ist die Verschämtheit, mit der die Liebesgeschichten in jener alten
Zeit »durchblutet« waren, nur ein Symptom für Hemmungen, die
wir längst in objektivierender Sachlichkeit überwunden haben, oder
ist sie eher ein Zeichen für die Empfindlichkeit unseres inneren
Seismographen, der schon sublimste Äußerungen des Eros regi-
striert und nicht erst des Orgasmus bedarf, um seinem Zeiger eine
noch so bescheidene Vibration mitzuteilen? Ist uns vielleicht die
Spannweite des Eros verlorengegangen, ist er auf eine simplifizierende Art vergröbert und vereinseitigt worden? Wir dünken uns
fortschrittlich...
Doch das sind Gedanken, die sich erst bei großer Distanz zur
Kindheit einstellen. Damals fiel mir nur auf, daß meine Lehrerin
errötete, denn *mir* widerfuhr das ja nur, wenn ich etwas ausgefressen hatte und dabei erwischt wurde.
Wenn im Ersten Weltkrieg die Siegesglocken läuteten – das hörte
sehr bald auf –, gingen wir am anderen Morgen »in Uniform« in die
Schule. Mein Waffenrock bestand aus einer schnürenreichen Husa-

renbrust, die mir die Mutter auf dem Rücken mit Bindfäden festband, einer hohen Husarenmütze und einem kleinen Degen. Derart ausgestattet führten wir in der Schule ein militärisches Schauspiel auf und fühlten uns in das Kriegsgeschehen eingegliedert, von dem die Erwachsenen in einem fort sprachen. Die Mitglieder des Kaiserhauses wurden uns in Bildern vorgeführt, die jungen Prinzen waren unsere Altersgenossen. Als ich 1951 als Tübinger Rektor auf Burg Hohenzollern an der Trauerfeier für den Kronprinzen teilnahm, erkannte ich die alte Kronprinzessin an der aus frühen Tagen vertrauten und immer noch nicht geänderten Frisur sofort wieder.

Vielleicht war die Schlacht von Tannenberg der Anlaß, als wir wieder einmal unsere Mini-Militärparade auf dem Schulhof vollführten. Bis hundert konnten wir wohl schon zählen, denn ich erinnere mich, daß Fräulein Scheib uns sagte, Vater Hindenburg habe so viele Russen gefangen, daß sie hundert Schulhöfe füllen würden. Noch heute ist mir gegenwärtig, daß die Ungeheuerlichkeit dieser Zahl mich erstarren ließ. Sie war der erste Eindruck eines Unermeßlichen für mich. Als ich sehr viel später von den Lichtjahrdimensionen des Weltraums erfuhr, wirkte das kaum stärker auf mich als diese erste kindliche Ahnung.

In jenem Jahr berührte mich auch noch einmal der Anhauch des Todes. Ein kleiner Klassenkamerad, der ganz in meiner Nähe gesessen, mit dem ich auf dem Schulhof viel gespielt und der mich auch zu Hause besucht hatte, starb an Diphtherie. Da wir wegen der Ansteckungsgefahr seinen Sarg nicht zum Friedhof begleiten durften, hatte sein Tod etwas beklemmend Unwirkliches für mich. Als dann Fräulein Scheib in der Klasse einen Koffer auspackte, um einige von ihm hinterlassene Gegenstände – Schuhe, Anzüge, Strümpfe und auch seine kleine Uniform – an die ärmeren Mitschüler zu verteilen, war ich fassungslos und wußte nicht warum.

Nachdem meine Eltern in die Eduardstraße umgezogen waren, wurde ich für den Rest der vierjährigen Volksschulzeit in die Südstraße (heute Germanenstraße) umgeschult. Nach der wunderbaren Lehrerin nun einen Lehrer zu bekommen erfüllte mich mit banger Erwartung, zumal Herrn Nelle der Ruf großer Strenge voranging und meine neuen Klassengenossen mich schon in der ersten Pause mit dem Knüttelvers vertraut machten: »Beim Lehrer Nelle gibt es Knälle (= Hiebe).« Er stellte sich dann auch als ein Mann heraus, der reichlich mit dem Rohrstock arbeitete, zugleich aber spürte man immer wieder auch seine Güte, und vor allem war

17

er gerecht. Eine verklärte mythische Gestalt, wie Fräulein Scheib sie gewesen war, konnte er jedoch in meiner Phantasie nicht werden.

Im Kriegsjahr 1917 brach der Hunger aus. Teile unserer Schule wurden in eine Volksküche verwandelt, bei der wir mittags unser Familienessen abholten. Massenspeisungen halfen offenbar, Lebensmittel zu sparen. Meist waren es ziemlich dünne Süppchen, so daß wir immer Hunger hatten. Unsere Turnlehrerin, ein älteres, etwas griesgrämiges Fräulein, nutzte das einmal auf wenig schöne Art zur Leistungssteigerung aus. Als wir in der Turnhalle bei den Kletterstangen antraten, sagte sie der ersten Gruppe, zu der ich wegen meiner Länge gehörte: »Oben liegt eine Wurst, wer zuerst oben ist, der kriegt sie.« Mit großer Anstrengung gelang es mir, als erster oben anzukommen. Die Enttäuschung, beschwindelt worden zu sein, war grenzenlos. Ich habe ihr das nie verziehen und sie später geärgert, wo ich nur konnte.

Mein Vater war inzwischen längst eingezogen worden und kämpfte als Artillerist in den Karpaten. Meine Mutter hatte die größte Mühe, uns einigermaßen satt zu bekommen und gab uns, wie sie erst sehr viel später eingestand, immer wieder von den eigenen spärlichen Rationen ab. Einmal hätte ich es fast schon damals gemerkt: Sie hatte sich eine Scheibe Brot geschmiert und muß dann wohl meinen begehrlichen Blick gespürt haben. Sie schob sie mir zu, und als ich sie fragte: »Hast *du* denn gar keinen Hunger mehr?«, lächelte sie: »Ich bin dicke satt und kriege nichts mehr herunter.« Das kam mir spanisch vor, aber ich *wollte* es eben glauben, und also nahm ich sie ihr weg. Es war das erste Glied in einer Kette des Wegsehens und Nicht-wahrhaben-Wollens, wie sie unser aller Leben durchzieht. Eines Tages erlitt meine Mutter einen Schwächeanfall, hielt sich erbleichend an mir fest und ließ sich mit Mühe auf einem Stuhl nieder. Als ich heulend eine Nachbarin um Hilfe rief, erfuhr ich von ihr, daß es eben der Hunger war, der meine Mutter niedergestreckt hatte. »Sie gibt euch zuviel ab.« Von da an ging ich mit meinem »Schibbelband« (einem radförmigen eisernen Reifen, den kleine Jungen damals vor sich hertrieben) aufs Land nach Herzkamp, um bei den Bauern Milch zu hamstern. Das war gar nicht so einfach, weil die Städter, die derartige Touren unternahmen, bei den Vertretern des Nährstandes nicht eben beliebt waren. Man kriegte nur etwas, wenn man etwas zu tauschen hatte – das gab's bei mir natürlich nicht – oder sonst ihr Interesse erweckte. Das versuchte ich: Ich erzählte ihnen wunders welche Geschichten, rührte sie mit dem aufgebauschten Bericht über meine hungernde

Mutter und das weinende Schwesterchen und brachte so in meinem kleinen Rucksack immer wieder ein paar Flaschen Milch nach Hause, wo ich natürlich beglückt empfangen wurde. Einmal aber erlitt ich dabei einen ganz großen Kinderschmerz, den ich heute noch fühle. Als ich eines Tages die enorme Beute von ganzen drei Flaschen in meinem Rucksack heimtrug, geriet ich unterwegs in einen Streit mit mehreren Bauernjungen. Ich wehrte mich mit allen Kräften gegen die Übermacht, und schließlich ließen sie von mir ab. Als ich mich zum Weitergehen umwandte, feuerten sie einen unerwarteten Hagel von Steinen hinter mir her, die alle drei Flaschen zertrümmerten. Verzweifelt stand ich in der kostbaren Milchlache und kam schließlich fassungslos schluchzend und mit leeren Händen bei meiner Mutter an. Sie tröstete mich, verlor kein Wort über den schmerzlichen Verlust und hatte nur Sinn für eine Platzwunde am Kopf, die ich *auch* noch abgekriegt, über dem anderen Kummer aber noch gar nicht bemerkt hatte.

Als der Krieg mit einer Katastrophe endete, brach für meine Eltern eine Welt zusammen. Der von ihnen idealisierte Kaiser hatte abgedankt, und mit der Monarchie verschwanden die bisherigen Wertsysteme. Den Offizieren wurden von bramarbasierenden Soldatenräten die Schulterstücke und Orden abgerissen, auf dem Rathausplatz fielen Schüsse, und ein neuer Typus Mensch erfüllte mit roten Fahnen die Straßen. Obwohl wir Kinder diesen Wandel der Dinge nicht verstehen konnten, griff die angstvolle Bestürzung der Eltern auf uns über und ließ uns Unheimliches ahnen. Als ich meinen Vater nach dem einen oder anderen fragte, wehrte er resigniert ab: »Das verstehst du noch nicht, Helmut. Nur soviel kann ich dir sagen: *Wenn* du es begreifen könntest, dann würdest du trotz deiner Jugend schon heute graue Haare kriegen.« Diese schauerliche Vorstellung setzte sich in mir fest und verführte mich zu allerhand knabenhaften Meditationen. Sie verdichteten sich schließlich in einer Frage, mit der ich eines Tages die Mutter überfiel: »Vater hat gesagt, ich würde schon als Junge graue Haare kriegen, wenn ich alles begriffe, was jetzt passiert. Er selbst begreift es aber doch! Wie kommt es denn, daß *er* keine grauen Haare kriegt, wo er doch so viel älter ist?« Darauf wußte meine kluge Mutter wohl auch keinen Rat, und ich wäre gern Mäuschen gewesen, als die Eltern dieses schwierige Problem unter sich berieten. Von einem Ergebnis ist mir nichts bekannt geworden.

Dieser Ausspruch mit den grauen Haaren war charakteristisch für meinen Vater. Er verriet seine Neigung zum Übertreiben und auch einen gewissen Überschuß an Phantasie, der mich in meiner Kindheit faszinierte, den ernüchterten Jugendlichen aber eher abstieß und im Lauf der Zeit sogar zu einer Entfremdung führte. Diese Neigung zum phantastischen Übertreiben wirkte sich an mir vor allem negativ aus, als mein Vater bemerkte, daß ich mich der Pubertät näherte und er sich zu einem Aufklärungsgespräch verpflichtet fühlte. Mir ist diese Stunde noch in peinlichster Erinnerung, schon wegen ihres äußeren Rahmens. Ich spürte an seiner Verlegenheit, einem ungewohnt feierlichen Gestus, daß etwas Besonderes auf mich zukäme, als er mich aufforderte, neben ihm auf dem Sofa »Platz zu nehmen«. Er machte mir – zunächst noch einigermaßen sachlich – die bevorstehenden physiologischen Veränderungen klar, um mich dann vor älteren Verführern und vor allem vor den Versuchungen der Masturbation zu warnen. Dabei blähte er die Schrecken möglicher Folgen so phantastisch auf, daß die sich ergebenden Angstvisionen mich noch lange belasteten: Der Same sei edelster Gehirn- und Rückenmarkstoff, dessen Verlust nicht nur die geistigen Fähigkeiten eines jungen Mannes mindere, sondern ihn zur Ruine mache, ja dem Wahnsinn verfallen lassen könne. Ich erinnere mich noch mit Entsetzen an den ersten Sperma-Erguß, bei dem ich zu spüren meinte, daß ein Stück meines Gehirns mit ausgestoßen worden sei. Das trieb mich fast in eine Panik. Mein Vater war offenbar der naiven Ansicht, daß die Schrecken dieser Drohung die Widerstandskraft festigen würden. Der Gedanke, daß die psychische Belastung unvergleichlich schlimmer war als selbst die stärkste onanistische Ausschweifung, lag ihm, bedingt durch die Verklemmtheit der eigenen Erziehung, die hier mit der Neigung zum balladenhaften Überhitzen einen verhängnisvollen Bund einging, wohl fern. Knabenhafte Sexualspiele, zu denen ein etwas älterer, sonst sehr erfreulicher Spielkamerad, der schon im Stimmbruch war, mich »verführte«, setzten mich somit einem schweren psychischen Druck aus, vor allem weil das vermeintliche furchtbare Geheimnis vor den Eltern geheimzuhalten war. Gerade wenn ich Liebe und Vertrauen der Mutter spürte, quälte mich der Gedanke: »Wenn du wüßtest...«

Angesichts der enttabuierten und ungehemmten Sachlichkeit, mit der heutige Jugendliche über Sexualfragen – auch gegenüber Erwachsenen – sprechen, sind derart komplexbelastete Situationen kaum noch verständlich. Dennoch scheint es mir fraglich, ob die eingetretene Wandlung *nur* befreiend ist. Die Art, wie mein Vater mich aufklärte, war trotz ihrer gutgemeinten pädagogischen Absicht natürlich rein destruktiv – und ihr gegenüber kann wohl nahezu jede Alternative nur Fortschritt bedeuten. Gleichwohl regt dieses negative Erlebnis doch dazu an, genauer zu differenzieren und nicht *nur* in Alternativen zu denken. Das Aufklärungsexperiment meines Vaters war die Perversion einer in vielem durchaus sinnvollen Tabuierung der Geschlechtlichkeit. Daß in ihr Geheimnisse stecken, daß ein gewisses Maß an Verhüllung zu ihr gehört und die Polarität von Faszinosum *und* Tremendum ihrem Wesen zugeordnet ist, war und bleibt allen Erfahrungen gewiß. Deshalb kommt mir manchmal die ketzerische Idee, daß selbst die viktorianische Prüderie auch eine liebeskünstlerische Seite gehabt habe; in dem Maße, wie das Geschlechtliche tabuiert wurde, erlangte es auch eine erhöhte Sensibilität: Selbst bescheidenste Enthüllungen, wie die einer weiblichen Fessel, die beim Treppensteigen der lange Rock entblößte, konnten den männlichen Puls jagen lassen. (Daraus ergab sich ja die Anstandsregel, daß der Herr einer Dame immer den Vortritt ließ – *außer* wenn beide eine Treppe hinaufgingen!) Die Bandbreite erotischer Emotionen war groß, das Liebesspiel war ein Drama in vielen Akten, und man wird kaum sagen wollen, daß es dadurch weniger fesselnd gewesen sei.

Diese Beobachtung legt die Frage nahe, ob die heutige Objektivierung des Sex, über den man bei einer Tee-Konversation unbefangen psychoanalytisch plaudert und bei dessen Ausübung man direkt aufs Ziel lossteuert, nicht zugleich eine erhebliche Verarmung bedeutet. In Zeiten selbstverständlicher Nacktheit – man denke an die Gepflogenheiten der Medien – oder einer durch Bekleidung raffiniert *betonten* Nacktheit bedarf die Erregung sehr viel massiverer Antriebe als in Zeiten oder Räumen, die das Geschlechtliche tabuierten. Mir erscheint es jedenfalls wichtig, den Bereich des Sexus einmal jenseits aller moralischen oder pseudomoralischen Kriterien unter dem alleinigen Gesichtspunkt zu betrachten, unter welchen Bedingungen er reicher oder ärmer ist, unter welchen er differenzierter oder vergröberter in Erscheinung tritt. Die Variante der Verkehrung, die ich bei meinem Vater erlebte, war die des tabuierten Sex. Wirft die enttabuierte Geschlechtlichkeit, ihre Versachlichung zur hormonalen Bedürfnisbefriedigung, aber nicht ebenso einen verzerrenden Schatten?

Übrigens muß ich zur Ehrenrettung meines Vaters hinzufügen, daß damals in bürgerlichen und christlichen Kreisen derart entstellende Übertabuierungen up to date waren, vielleicht nicht ganz so kraß wie in der *mir* widerfahrenen Aufklärung. So erinnere ich mich, daß in den Freizeitlagern der Schülerbibelkreise, deren begeistertes Mitglied ich mehrere Jahre war, Regentage gern zur sexuellen Aufklärung benutzt wurden. Mir klingt noch der Einleitungssatz eines solchen Vortrags im Ohr: »Liebe Jungs, ihr habt alle schon einmal von den Organen gehört, die wir männlichen Wesen zwischen den Beinen haben...«

Doch wollte ich ja noch mehr von meinem Vater und meiner Mutter erzählen: Die Exzesse der väterlichen Phantasie, die manchmal zu einem erheblichen Maß an Realitätsblindheit führten, hatten auch ihre durchaus positiven Seiten; jedenfalls erlebte ich sie zunächst so: Wie fesselnd konnte er von seinen hanebüchenen Jugendstreichen erzählen, mit denen die Siegener Polizei einfach nicht fertig geworden war, oder von seiner Blinddarmentzündung als junger Dorfschullehrer in Grund, die einen Scheintod hervorgerufen hatte und die Nachbarn unter großem Jammer bereits Kränze für seine Beerdigung hatte flechten lassen. Karl Mays Abenteuer waren harmlos gegenüber denen, die mein Vater zu bestehen hatte. Als ich allerdings später den einen oder anderen seiner alten Freunde traf, mit denen er diese wildbewegte Zeit verbracht hatte, und sie in der Hoffnung ansprach, noch weitere Sensationen von ihnen zu erfahren, schüttelten sie sich lachend aus. Sie konnten sich an nichts erinnern. Doch traf ich keinen, der ihn nicht trotzdem gern gehabt hätte.

Es wäre aber unfair, wollte ich damit den Eindruck erwecken, als habe er *nur* Phantastisches von sich gegeben. Er war vielmehr *auch* ein Historiker von hohen Graden, der eine tausendbändige Fachbibliothek zusammengetragen und ihre Bücher mit vielen Unterstreichungen und Randbemerkungen studiert hatte. Er veröffentlichte in mancherlei pädagogischen Fachzeitschriften Aufsätze mit beachtlichem Tiefgang und galt in seinen Kollegenkreisen in vielen Fachfragen als Autorität. Er kannte Dantes »Göttliche Komödie« in- und auswendig und war ein anerkannter Kenner und Interpret Wilhelm Raabes. Seine Bibel, die ich noch heute als ein besonderes Vermächtnis hüte, war völlig zerlesen und mit vielerlei Daten versehen, an denen ein Wort ihm besonders wichtig geworden war. Er war ein gewiegter Laientheologe, und wenn der Herr Pastor auf seiner Kanzel etwas leichtfertig mit seinem Text umgegangen war, leuchtete er ihm mit fundierten Kenntnissen heim.

Sicherlich hat er sich mit seiner wildwuchernden Phantasie auch so manches Mal – gerade als Christ – kritisch herumgeschlagen. Offenbar machte sie ihn auch bei der Erziehung seines Sohnes etwas unsicher: Ich war wohl schon 17 Jahre, als ich zum ersten Mal ins Theater durfte. Wenn ich vorher mit diesbezüglichen Bitten in ihn gedrungen war, hatte er mir immer zur Antwort gegeben: »Du sollst zunächst die Dramen lesen und sie dir vorstellen. Wenn du alles zu früh siehst, entwickelt sich deine Phantasie nicht.« Andererseits verbot er mir die Lektüre von Karl May, weil dort ein Übermaß an Phantasie herrsche, das mich ungut beeinflussen würde.

Wie anders war demgegenüber meine nüchterne Mutter, die gegen sich selbst von puritanischer Strenge war und sich ein Äußerstes an Pflichterfüllung abverlangte! Sie war eine eindrucksvolle Persönlichkeit, die allenthalben Respekt genoß und deren wohldurchdachter Rat von vielen gesucht wurde, zumal sie Güte ausstrahlte und über die Fähigkeit der Einfühlung verfügte. Jeder Überschwang lag ihr fern, nur gegenüber uns Kindern legte sie ihrer liebenden Zuwendung keinerlei Zügel an. Sie war in aller Unruhe der sichere Hort des Friedens und in aller kindlichen Angst die tröstende Erscheinung, vor der die Gespenster wichen.

Ihre Frömmigkeit war innig und tief, gleichwohl von kalvinistisch-karger Nüchternheit gezeichnet. Alles »Religiöse«, das sich der Bilder und symbolischen Gesten bediente, das – wie der Katholizismus – eine gewisse Selbstdarstellung liebte, blieb ihr völlig fremd und erschien ihr als menschliches Machwerk. Ihr Glaube war personalistisch und ging in der Ich-Du-Beziehung zu ihrem Heiland auf. Ihm vertraute sie die Sorge für ihre Kinder an, besonders in den schweren Krankheitszeiten meiner Studentenjahre. Kaum je hat sie sich mündlich über das geäußert, was ihr Inneres so erfüllte, auch in den vertrautesten Stunden nicht. Daran hinderte sie eine merkwürdige Scheu, die ich von ihr geerbt habe. In ihren Briefen aber ließ sie vieles davon ausströmen. Sie brauchte den Umweg über das Papier, um ihr Inneres zu entbergen. Obwohl es ihr Herzenswunsch war, daß ich Theologe würde und mein späterer Berufsweg sie mit dankbarem Glück erfüllte, hat sie nie den geringsten Druck auf mich ausgeübt und mir volle Freiheit bei der Berufswahl gelassen. Jede Mutter hat wohl den Wunsch, daß aus ihren Kindern »etwas wird«, und träumt ein bißchen von erfolgreicher Karriere. Gerade deshalb hat es mich tief beeindruckt, daß mich nach Ausbruch des Dritten Reiches meine Mutter immer ermahnte, meinem Auftrag und mir selber treu zu bleiben und dem Teufel nicht den kleinen Finger zu lassen. Sie trauerte mit mir, als ich das geliebte Lehramt in Heidelberg verlor, und war zugleich glücklich, daß ich der Versuchung zum Konformismus nicht erlegen war. Wenn etwas banale Leute aus unserem Bekanntenkreis ihr sagten, es sei doch ein Jammer, daß ihr Sohn sich zu dem verlorenen Haufen der Bekennenden Kirche hielte, mit seinem angeblichen rhetorischen Vermögen und seinem Verstand könne er doch ein erfolgreicher Anwalt werden, dann konnte die mütterliche Verteidigung ihrer Brut makkabäische Heftigkeit gewinnen. Noch der nachträgliche Bericht über solche Konfrontationen ließ ihre Augen funkeln.

Obwohl mein Vater mit unbeschreiblicher Liebe an ihr hing und in ihr einen Halt für seine unruhige Natur suchte, glaube ich nicht, daß die Ehe meiner Eltern durchweg glücklich gewesen ist. Die Verschiedenheit der Naturen war wohl zu kraß. Die väterliche Neigung zum Extrem, die Hingabe an unkontrollierte Gefühle und Illusionen waren meiner Mutter so fremd, daß sie lange brauchte, bis sie nicht mehr alle Worte ihres Mannes als bare Münze nahm. Es war manchmal gewiß eine fragwürdige Rolle, die ich bei dieser wachsenden Ernüchterung spielte, wenn ich sie zu größerer Skepsis anregte und dramatische Berichte des Vaters immer wieder mit ironischen Fragezeichen versah. In späteren Lebensjahren fühlte sie sich mehr und mehr von dieser Eigenschaft ihres Mannes abgestoßen.

Als dann die Mutter nach einem Schlaganfall schwere und bleibende Sprachausfälle hatte und auch sonst pflegebedürftig war, fanden beide aufs neue zueinander. Der Vater versuchte unermüdlich, sie nach Kinderfibeln im Sprechen und Lesen zu unterrichten und umgab sie mit verehrender Liebe. Er gab sich der Illusion hin, mit seinen Bemühungen das gestörte Sprachzentrum regenerieren zu können. Aber es war der Traum der Liebe, wenn er Fortschritte zu sehen meinte, wo es nur noch den Schmerz des Abstiegs zu ertragen galt.

Ich habe das väterliche Erbe in der eigenen Natur, das ich sehr wohl erkannte, immer bekämpft. Dabei habe ich ihn gewiß darunter leiden lassen, daß er mir mehr und mehr zum Symbol dessen wurde, was ich in mir verneinte. Gegen eitle Anwandlungen, die später nach dem einen oder anderen Erfolg nach mir griffen, war das beste Therapeutikum, wenn ich hörte, mit welch bombastischer Übertreibung mein Vater etwa im Bekanntenkreis die professorale Bewunderung für meine philosophische Doktorarbeit schilderte. Eine lobende Anerkennung von meiner Mutter hingegen war für mich wie eine Auszeichnung. Ich wußte ja, daß sie sich das Lob abgerungen und zuvor geprüft hatte, ob es mir nicht charakterlichen Schaden zufügen könne. Manchmal habe ich mir das innere Erbe meiner Eltern durch den Versuch verdeutlicht, ein berühmtes Goethe-Wort in einen Knüttelvers zu verwandeln und umzukehren:

Von Mutter hab' ich die Statur,
Des Lebens ernstes Führen,
Vom Väterchen die Frohnatur,
Die Lust zu fabulieren.

Humanistische Erziehung

Meine Eltern hatten beschlossen, daß ich Schüler des Humanistischen Gymnasiums in Barmen, des späteren Wilhelm-Dörpfeld-Gymnasiums, werden sollte. Die Schülermützen der Sexta waren grüne Stürmer mit silbernen Kordeln; in den »heiligen Hallen« der Prima waren die Mützen dann aus weißer Seide mit goldenen Kordeln. Ich war der einzige Junge in der Nachbarschaft, der dieses ein wenig im Ruf des »Elitären« stehende Gymnasium besuchte, während meine Spielkameraden sich auf mehrere höhere »Real«-Schulen verteilten und mich wegen des Paukens alter, »weltfremder« Sprachen bemitleideten. In der Tat war es eine besondere Schule, die auf eine lange Tradition zurückblickte. Als sie 1979 ihr Vierhundertjahr-Jubiläum feierte, wurde ich eingeladen, in der Immanuelskirche die Festpredigt zu halten. Da unser Gymnasium als Lateinschule aus der reformierten Gemeinde Gemarke hervorgegangen war und dieser Ursprung ihm auch späterhin sein Gepräge gab, lag es nahe, in der Predigt die Pole Christentum und Humanismus thematisch herauszustellen.

Die Aufnahmeprüfung im Jahr 1919 war natürlich ein einschneidendes Ereignis für mich. Väter und Mütter brachten uns kleine Examenskandidaten in das imposante Gebäude an der Bleicherstraße. Die Feierlichkeit der Situation bedrängte mich mindestens so wie die Angst vor der Prüfung. Mit scheuen Blicken maß ich meine Schicksalsgefährten, die auch mich prüfend ansahen. Mein Vater hatte mir wegen der Größe der Stunde seine Mappe überlassen, an der ich mich förmlich festhielt.

Wir warteten in der großen Säulenhalle, bis unsere Namen aufgerufen und wir auf die drei »Elementarlehrer« der Schule, unsere Examinatoren, verteilt wurden. Sie, die unsere Unterklassen-Jahre begleiten und unsere Schreib- und Rechenkünste fördern würden, erschienen mir wie übergroße Gestalten der höheren Bildungswelt.

Ein Schauer der Ehrfurcht überlief mich, als ich die beiden ersten Gruppen, von ihnen geleitet, in ihr Prüfungszimmer marschieren sah: mächtige Männer mit der verängstigten Schar kleiner Sextaner-Anwärter. Da wandelte zuerst der Turnlehrer Fey mit seinem riesigen feuerroten Vollbart an uns vorüber. Obwohl wir schon bald eine gewisse Primitivität an ihm zu bemerken glaubten – sein rollendes Siegerländer »R« vergröberte diesen Eindruck noch –, fürchteten wir ihn in unseren ersten Schuljahren sehr. Vor allem die Art, wie er den eigenen Sohn mit dem Rohrstock traktierte, hatte für uns etwas erschreckend Brutales, und noch heute höre ich seinen drohenden Kommandoton, wenn er uns beim Laufen Beine machte: »Soll ich euch mal die Hacken schmieren?«

In unbeschreiblich gravitätischer Pose, langsam Schritt für Schritt und mit erhobenem Haupte, zog dann Oberschullehrer Pfeffer mit seiner Schar eine Show privilegierter Schulmeisterlichkeit vor uns und unseren Eltern ab. Sie gebot ein Silentium, das mich erstarren ließ. Pfeffer war ein großer Mann mit mächtigem Bauch und Künstlerlocken. Er hatte das Gymnasium bis in die oberen Klassen besucht und war dann Volksschullehrer geworden. Daß er gegenüber seinen studierten Kollegen eine als inferior empfundene Rolle spielte und in seinen Aktionsradien auf die Unterklassen beschränkt blieb, konnte er in den folgenden Jahren vor der Klasse immer wieder lautstark und überaus melodramatisch beklagen. Solche mit viel Weh und Ach gespickten Ausbrüche lagen ihm, denn seine abgebrochene Schauspielerkarriere hatte ihm als Nebenberuf wenigstens den eines Rezitators zuwachsen lassen. Mit dieser Kunst trat er auch öffentlich auf. Er deklamierte mit dem damals üblichen rollenden Pathos im Ludwig-Wüllner-Stil. Wenn er Balladen vortrug, lief es einem kalt über den Rücken. Das Deklamieren von Gedichten spielte auch in seinem Deutsch-Unterricht die Hauptrolle. Bei Trauerfällen, so beim Tode unseres Zeichenlehrers, trug er in düsterem Donnerton passende Psalmworte in der Aula vor. Noch höre ich seinen Satz: »Der Mensch ist in seinem Leben wie Gras«, wobei er das Wort »Gras« zu einem Tongemälde in mitternächtlichem Moll auswalzte und förmlich heraustöhnte. Es hatte die Klangfarbe einer verrosteten Konservenbüchse, die man mit den Füßen zermalmte.

Der Zufall wollte es, daß ich vor Jahren einmal mit zwei anderen ehemaligen Dörpfeldianern zusammen war, deren Abitur je ein Jahrzehnt auseinanderlag. Einer der wenigen Lehrer, die diese drei Schülergenerationen durchwaltet hatte und allen unvergeßlich blieb, war eben dieser Ernst Pfeffer. Wir stellten uns nebeneinander auf und deklamierten in genau gleichem Takt und gleicher Betonung den »Erlkönig« und »Das Gewitter« von Uhland. Die Dressur war so präzis und kontinuierlich gewesen, daß sie sich über Dezennien hielt. Noch heute stünde ich mit entsprechenden Darbietungen zur Verfügung. Pfeffers Neigung zum balladenhaft Grausigen konnte manchmal auch sadistische Züge gewinnen. So schrieb er einmal einem Mitschüler, den er partout nicht leiden konnte, unter seinen Aufsatz statt einer »Fünf« – bis dahin reichte die Negativskala der möglichen Zensuren – eine ganze Seite voller »Neunen« und fügte hinzu: die könne er bis zum Abitur nicht mehr ausgleichen, selbst wenn er lauter Einser schriebe. Das Entsetzen über die scheinbare Endgültigkeit dieses Unheils habe ich ein Leben lang nicht vergessen.

Ich bin schon erheblich vorausgeeilt und kehre zur Aufnahmeprüfung zurück: Endlich wurde auch mein Name aufgerufen, und ich genierte mich, als meine Mutter mich mit einem Kuß entließ und in die Gefolgschaft des dritten Elementarlehrers, unseres Musikerziehers Emil Schnitzler, einreihte. Das war ein kleiner spitzbärtiger Mann von gewinnender Herzlichkeit, der mir schon durch seine Erscheinung die Angst nahm. Ich kannte ihn bereits als den Organisten unserer Kirche. Im Musikleben der Schule und auch als Kantor genoß er hohes Ansehen. Es bereitete ihm sicherlich Kummer, daß selbst seine eifrigen Spezialbemühungen mir nur zweifelhafte Töne zu entlocken vermochten. (Ich liebte zwar die Musik, aber sie liebte mich nicht wieder.) Im Schönschreiben dagegen machte ich ihm Freude – was man bei meiner heutigen Klaue wohl kaum vermuten würde!–, und auch seinem braven Religionsunterricht bin ich wohl nicht ungern gefolgt. Nun – die Prüfung wurde bestanden, und als mich meine Eltern glückwünschend in die Arme schlossen, zog mein Vater aus einer verborgen gehaltenen Tüte den grünen Stürmer mit den silbernen Kordeln der Sexta und setzte ihn mir gleich auf den Kopf.

Auf dem Weg zu Lebensfreundschaften

Als dann die Schule begann, fanden wir uns sehr bald zu einer Klassengemeinschaft zusammen, deren Kern bis heute einander verbunden geblieben ist.
Einer meiner engsten Schulfreunde war Willi, später Direktor des

Realgymnasiums an der Sedanstraße, ein hoch befähigter Altphilologe, der allzu früh sterben mußte. Er war der Sohn eines kleinen, wegen seiner Verläßlichkeit angesehenen Bahnbeamten. Da er schon früh eine eigenwillige und starke Persönlichkeit war, respektierten ihn trotz seiner bescheidenen sozialen Herkunft auch die großbürgerlichen Abkömmlinge in unserer Klasse. Schon in der ersten Zeit unserer Schulfreundschaft imponierte er mir durch seine sprachliche Formulierungskunst. Immer wieder zog er mich auf dem Schulhof in eine verborgene Ecke, um mir eine selbstgedichtete Indianer- oder Kriminalgeschichte von mindestens einer Seite Länge vorzulesen. Dabei beeindruckte mich vor allem die Virtuosität, mit der er das mir noch fremde Partizip zu verwenden wußte: »eine hinter dem Gebäusch lauernde, auch dem geübtesten Blick verborgen bleibende Gestalt«. Zudem bewunderte ich seine festgefügte, vom Vater übernommene politische Weltsicht. »Ich bin kaisertreu«, bekannte er mit angestrengt festem Blick. Obwohl die Hohenzollern auch für meine Eltern den Rang unantastbarer Leitbilder hatten, wäre es mir mit meinen zehn Jahren kaum in den Sinn gekommen, mich als eigenständiges Subjekt solcher und ähnlicher Überzeugungen zu fühlen. In späteren Schuljahren wurden wir Konkurrenten im deutschen Aufsatz. Sein sprachliches Talent, die formale Eleganz und Gewandtheit, kam zu vollendetem Ausdruck in den Versübersetzungen antiker Dichter, vor allem Homers. Hier riß seine Meisterschaft selbst die Lehrer zu staunender Bewunderung hin.

Unser Primus war lange Jahre hindurch Hans, der Sohn des Barmer Superintendenten. Obwohl er ein guter, treuherziger Kamerad war, nannten wir ihn mit jungenhafter Verächtlichkeit »Streber«. Er gab sich zwar ständig als Faulpelz aus, der »nichts getan« habe; wurde er aber aufgerufen, dann schnurrte er alles auswendig gelernt herunter. Er hatte den seltsamen Ehrgeiz, gerade von dem nachhinkenden, oftmals robusteren Train der Klasse akzeptiert zu werden, was wir ihm übelnahmen. Er wurde in unseren Augen zum Heuchler und geriet dadurch immer wieder in eine gewisse Isolation. Einmal schmiedeten wir den diabolischen Plan, ihm »Klassenhiebe« zu versetzen – eine damals gelegentlich geübte, etwas barbarische Jungensitte. An dem Morgen, als wir ihm auflauerten, passierte dann etwas, das mir noch lange nachging und in sehr viel späteren Jahren sogar Eingang in meine Predigten fand. Denn das, was sich da begeben hatte, erschien mir im reiferen Lebensalter wie ein Symbol für jene »fremde Würde« (Luther), die den Menschen unantastbar macht, weil er sie nicht seinem So-sein und seiner

Leistung, sondern der Tatsache verdankt, daß er Gott teuer, ja, daß er sein »Augapfel« ist und nicht ungestraft angerührt werden darf.

Zufällig nämlich hatte Hans' Vater, einer der angesehensten Männer unserer Stadt, an diesem Morgen denselben Weg wie sein kleiner Sohn auf dem Gang zur Schule. Beim Abschied vor dem Gymnasium sahen wir, wie er ihm liebevoll über das Haar strich und seine Wange tätschelte. Dann drehten sich beide immer wieder um und winkten einander noch lange nach. Das alles ging uns sehr nahe: Wer von einem solchen Vater geliebt wurde, stand unter einem schützenden Tabu, an dem konnte man sich nicht vergreifen... Das war damals gewiß noch nicht ein bewußter Gedanke, doch unreflektiert eine nicht eingestandene Scheu. So blieb er ungeschoren und wurde wieder einer der unsrigen.

Eine gewisse Primusnatur allerdings behielt er bei bis zu seinem frühen Tod auf dem Schlachtfeld. Als er schon – sehr früh – Professor der Geschichte geworden war, sagte er einmal zu mir: »Biebi (das war mein Spitzname in der Schule), vom Mittelalter kannst du mich abfragen, was du willst, da weiß ich alles!« Diesmal bestritt er nicht mehr, »etwas getan zu haben«. Seine wahren charakterlichen Qualitäten, die er trotz dieser kleinen Schwäche hatte, seine Treue vor allem, haben wir erst später zu würdigen gelernt.

Zwei in einer Lebensfreundschaft schon damals eng verbundenen Klassenkameraden, Werner und Erich, stand auch ich freundschaftlich nahe. Werner fiel mir zuerst durch seine blitzenden, blanken Augen und durch seine zeichnerische Begabung auf, die sich vor allem in einer frappanten Fähigkeit zur Karikatur äußerte. Seine Mutter, eine zu großer Einschränkung genötigte Pfarrwitwe, hatte ihm aus grauen Uniformstücken schlecht und recht einen Anzug geschneidert, der seinem drahtigen Körper nicht ganz angepaßt war. Doch wehe dem, der den Versuch machte, ihn deshalb aufzuziehen und der Ehre seiner Mutter damit zu nahezutreten. Von früh an zeigte sich sein gerader Charakter und eine unbeirrbare Eigenwilligkeit. Später, als wir zusammen Theologie studierten, ging er wiederum betont eigene Wege: Er vermied die Hörsäle der Professoren-Stars, seien es nun Barth in Bonn oder Bultmann in Marburg. Alles das, was als »in« galt und was »man« tat, war ihm zuwider. Er suchte statt dessen die Außenseiter auf und die aus der Mode Gekommenen und baute sich so eine eigene theologische Welt auf. Werner ist im Kriege gefallen.

Erich, wegen seines in der Jugend etwas mädchenhaften Charmes

»Erika« genannt, durchlief eine sehr bewegte Entwicklung, die niemand von uns voraussehen konnte. Auf der Schule war er ein sanft-liebenswerter, von allen wohlgelittener Gefährte. Kaum aber hatte er das Abitur hinter sich, schüttelte ihn ein unvermuteter Abenteuerdrang: Ohne Geld und ohne Englischkenntnisse brach er nach den USA auf, um sozialkundliche Studien zu treiben. Er durchstreifte alle erreichbaren Gefängnisse der Neuen Welt und sprach bei deren Direktoren vor, auf die er solchen Eindruck machte – zumal sie ihn aus unerfindlichen Gründen für einen frappant jungen Professor hielten –, daß sie ihn meist zu sich in ihre Häuser einluden. Taten sie das nicht, bat er, »aus Studiengründen« in einer Zelle übernachten zu dürfen. So kam er mit einigem geliehenen Geld durch den gesamten Kontinent, schickte Berichte an deutsche Zeitungen und zahlte mit den Honoraren seine Schulden ab. Er hatte sich noch andere Tollheiten geleistet, die ich nicht alle erzählen kann. Mit Erich war jedenfalls immer etwas los. Daß er später ein tüchtiger, solide arbeitender Gemeindpfarrer wurde, erscheint mir in der Erinnerung an seine bewegten Jahre nahezu unglaublich.

Von den noch lebenden Schulfreunden, die mir bis heute nahe geblieben sind, will ich nur noch Herbert nennen, wegen seiner leptosom-asthenischen Figur von uns liebevoll »Schlanka« genannt. Er war ein auf anmutige Weise versponnener Frühphilosoph, der im Kreise seiner sehr viel älteren und allesamt unverheirateten Geschwister – drei Schwestern und ein Bruder – aufwuchs. Solange seine mir uralt erscheinenden Eltern lebten, weilte ich oft in dieser seltsamen Familie, die mich wegen ihres Sinns für häusliches Behagen anzog und deren menschliches Klima etwas von einer Spitzweg-Idylle hatte. Herbert litt freilich darunter – und wir mit ihm –, daß er als Nachkömmling von den Seinen verwöhnt und verhätschelt wurde. Niemals durfte er mit uns auf die Schlittenbahn oder später auf unsere Wanderfahrten, weil man den kleinen Bruder von tausend Gefahren umlauert sah. Seine Treue hat sich auch in den kommenden Jahrzehnten auf allen Lebensstationen bewährt und ist mir noch heute ein dankbar empfundenes Geschenk.

In unserer Klasse gab es zwei Juden. Der eine, Rudi, stammte aus großbürgerlicher Familie und war in seinem Phänotypus das Urbild eines Semiten. Trotz seiner markant anderen Rasse, die sich uns selbst in diesen harmlosen, antisemitisch noch nicht verseuchten Zeiten aufdrängte, wurde er von allen anstandslos akzeptiert. Er war ein verläßlicher Kamerad. Wir mochten ihn wegen einer Aufrichtigkeit, die alles Deutsch-Gemüthafte als ihm fremd von sich wies.

Wenn er ein Mörike- oder Eichendorff-Gedicht verständnislos herunterleierte und der Deutschlehrer ihn verzweifelt fragte, ob er denn wirklich gar nichts dabei empfände, sagte er schlicht »nein«. Als das Dritte Reich hereinbrach, war er plötzlich verschwunden, und wir hörten jahrzehntelang nichts mehr von ihm. Dann führte eine Titelgeschichte, die der »Spiegel« über mich brachte, zu neuem Kontakt: Ihm war in Israel ein Exemplar in die Hände gefallen, und nun meldete er sich von dort. Klaglos berichtete er von seinem (des ehemaligen Juristen!) Job als Omnibusfahrer, deutete die Schrecken seiner Erlebnisse unter der Naziherrschaft nur an und fragte nach den alten Freunden. Er war »ein rechter Israeliter, in welchem kein Falsch ist« (Johannes-Evangelium 1, 47).

Der andere jüdische Klassengenosse war in allem das Gegenteil: blond und pummelig, auf eine etwas schmierige Art auf Anpassung bedacht, berechnend und opportunistisch. Er blieb zwar ein Außenseiter, doch erinnere ich mich nicht, daß er unter Aggressionen zu leiden gehabt hätte. Wir verachteten ihn höchstens oder lachten über ihn, wenn sein Einschmeichelungsbedürfnis sich allzu tolle Eskapaden geleistet hatte. Sicherlich war unsere relative Zurückhaltung weniger unser Verdienst als die Folge des humanistisch-liberalen Geistes, der in unserer Schule herrschte und eine Unterdrückung des Schwächeren nicht duldete. Daß dabei kein antisemitisches Ressentiment aufkam, lag wohl vor allem an dem Ansehen, das Rudi genoß.

Markante Lehrergestalten

Die erste wirklich große Lehrerpersönlichkeit, die uns begegnete, war Walter Holthöfer. Er war der Ordinarius der Sexta und begleitete uns mit kurzen Unterbrechungen bis zum Abitur, zuerst als Latein- und dann in den höheren Klassen als Deutschlehrer.

Vom ersten Mal an, als er den Raum betrat, war er für uns eine scheu respektierte Autorität. Schon der erhabene Nachdruck, mit dem er die Aufforderung »Setzt euch!« aussprach, nachdem wir ihn stehend und in absoluter Stille empfangen hatten, ist mir unvergeßlich. Seine Autorität blieb auch in den Primanerjahren unverändert erhalten, obwohl er uns da deutlicher sein menschliches und geistiges Interesse spüren ließ und als mündige Gesprächspartner behandelte. Doch war er allem frühreifen Literaturgeschwätz, zu dem einige Liebhaber »moderner« Lyrik unter uns ansetzten, entschieden abhold. Er wollte, daß wir an klassischen Paradigmen das Augenmaß für Größe gewannen, mutete uns aber nur solche Stoffe zu, die wir in jugendlichem Alter nachvollziehen und geistig verdauen konnten. Die Nicht-Synchronisation zwischen der Unreife der Existenz und dem Vorsprung trainierter Verstandesschulung, wie sie sich leicht bei Schülern humanistischer Gymnasien findet, erschien ihm wohl als eine Gefahr, die Geist und Leben einander zu entfremden und intellektuellen Leerlauf zu erzeugen droht. Trotz unserer Bitte weigerte er sich deshalb, Goethes »Faust« mit uns durchzunehmen. Den könne man nur als ausgewachsenes Mannsbild verstehen, meinte er. Für die »Iphigenie« seien wir zweifellos aufnahmefähiger. Ob er nun damit recht hatte oder nicht: Die vielen Stunden, in denen er Handlung und Gestalten der »Iphigenie« durchleuchtete, sind mir zum bleibenden Besitz geworden. Im Gedanken daran habe ich ihm später mein Goethe-Buch gewidmet.

Eine besondere Einübung in die Mysterien des Tragischen war es für uns, als Holthöfer große (auch einiges Presseaufsehen erregende) Aufführungen des sophokleischen »Ödipus«, der äschyleischen »Orestie« und der »Medea« des Euripides in der Schule vor den Eltern und einer weiteren Öffentlichkeit veranstaltete. Seine Regieanweisungen und Kommentare trugen wesentlich dazu bei, uns die gewaltigen Texte zu erschließen und in die Atmosphäre griechischer Lebenssicht einzutauchen. Einige besonders begabte Primaner – bei den letzten Aufführungen waren sie schon Studenten –, die er an langem Zügel Regie führen ließ, waren für uns junge Statisten beinahe Halbgötter.

Zunächst jedoch war Walter Holthöfer der erste Lateinlehrer der kleinen Sextaner. Um seinen Hals trug er eine lange silberne Uhrkette, mit der seine Finger fortgesetzt spielten. Sie beeindruckte mein knabenhaftes Gemüt tief. Immer wieder bestaunte ich auch seine hohe Stirn, hinter der all die vielen lateinischen Vokabeln gespeichert waren, die ich noch nicht kannte. In meiner Phantasie wurde er zum mythischen Urbild des Wissens überhaupt. Die unregelmäßigen Verben preßte er in uns hinein; wir mußten sie im Chor wiederholen, in monotonem Sprechgesang aufsagen, bis sie saßen. Dabei schlug er mit einem Taschenmesser den Takt auf den Pultrand, in dem allmählich eine tiefe Einkerbung entstand. Noch als Primaner haben wir sie gelegentlich in einer Art nostalgischer Anwandlung betrachtet. Da gab es noch nicht die dialogische Partnerschaft, die Denkaufgaben und Problemstellungen, die seinem Unterricht in den höheren Klassen ihre Faszination verliehen. Noch mußte er Pauker sein und Trainer, damit die Gedächtnisstoffe hafteten und wir über das Handwerkszeug verfügten, das uns später einen gewissen spielerischen Umgang mit den klassischen Autoren ermöglichen sollte. Seine Didaktik hatte eine auf lange Frist berechnete planvolle Ökonomie. Moderne Pädagogen mag dabei ein Grausen anwandeln, weil sie den Ernst des Lebens eher spielerisch beginnen lassen möchten. Er aber setzt den Drill an den Anfang, um auf der so gehärteten Ebene *späterhin* eine spielerische Entfaltung zu ermöglichen. Gleichwohl haben wir das nie als unmenschlich empfunden. Dafür sorgte seine Persönlichkeit. Wir übersahen auch schon als Jungen nicht die kleinen Zeichen, in denen sich sein Herz zu erkennen gab. Wie er einem von uns zusprach, dessen Mutter gestorben war, wie er ihn schonte und noch lange mit weichem Ton seinen Namen aufrief: das ging uns unter die Haut.

In den Mittelklassen brachte er uns das Aufsatzschreiben bei – auch das zunächst in harter, formaler Schulung. Wir lernten bei ihm die klare Architektur der Gedankenbildung, die übersichtliche Disposition. Zugleich impfte er uns eine Allergie gegenüber allen Klischees, allem phrasenhaften Wortgeklingel ein. Eines der trocken klingenden Themen, die es dabei zu bearbeiten galt, habe ich noch behalten: »Durch welche Mittel gelingt es dem Dichter, Polyphem als Barbaren darzustellen, und welche Rückschlüsse können wir daraus auf das homerische Ideal der Gesittung ziehen?« Nicht nur trocken, sondern auch umständlich und in den Gelenken ächzend war dieses Thema in der Tat. Und doch wird man sich vorstellen können, zu welcher Fülle von Beobachtungen er damit anregte und wie er uns das Herzstück griechischer Kultur mit Hilfe einer reizvollen Ironie erspüren ließ.

Erst in den letzten Schuljahren durften wir über unsere Lieblingsthemen und Spezialstudien schreiben. Ich arbeitete dabei manchmal Essays aus, die ein ganzes Heft füllten. Diese unsere jugendlichen Produktionen arbeitete Holthöfer Satz für Satz durch und hinterließ dabei viele Spuren in Gestalt roter Tinte. Ihm entging kein Gedankensprung, keine stilistische Unförmigkeit und kein schiefes Bild. Noch Jahre später, als ich meine ersten Publikationen schrieb, habe ich mich gefragt, was wohl mein alter Lehrer zu dieser oder jener Formulierung sagen würde. Ich erlebte dann die Freude, daß er diese Elaborate las und dabei mit Kritik, aber auch gelegentlicher Anerkennung nicht zurückhielt. Wir merkten erst allmählich, wie genau er den Weg derer, die sein besonderes Interesse gefunden hatten, nicht nur während der Schulzeit, sondern auch bis in die späteren Berufsjahre hinein verfolgte, wie er bei Wiederbegegnungen – noch nach Jahrzehnten – aufstrahlte. So versäumte er keinen Vortrag und keine Predigt, die ich im Umkreis der alten Heimat hielt, und war mit Rat und Kritik zur Stelle.

Seine verständnisvolle Führung erfüllte mein letztes Jahr vor der Reifeprüfung mit besonderem geistigen Reichtum. Eine neue Verordnung der Schulbehörde hatte damals die Möglichkeit eröffnet, daß einige Abiturienten jeder Klasse eine sogenannte »Jahresarbeit« für das Abitur schreiben konnten. Sie sollte eine besondere Bewährungsprobe sein und sich auf längerfristige Spezialstudien gründen. Nun wußte ich aus der Biographie von Walter Flex, dessen Werk mich in jugendbewegten Jahren besonders erfüllte, daß er seine Doktorarbeit über die Geschichte der Demetriusdramen geschrieben hatte, und ich faßte den verwegenen Plan (ohne daß ich die Dissertation gekannt hätte), ebendieses Thema auch für meine Jahresarbeit zu wählen. Ob Holthöfer innerlich geschmunzelt hat, als er dazu seine Zustimmung gab, weiß ich nicht. Ich suchte mir die Demetriusdramen seit Schiller zusammen und fabrizierte ein Opus von 120 großen Aktenseiten. Als ich mit meiner Familie einige Wochen zu einem Seeaufenthalt nach Müritz fuhr, nahm ich sogar – gegen den Willen der Eltern – meine Materialien mit, stand jeden Morgen um vier Uhr auf und arbeitete bis zehn Uhr. Danach allerdings gab ich mich unbeschwert den Freuden des Strandlebens hin. Dieser mein Erstling wurde freundlich anerkannt und besorgte mir sogar meine erste Rezension: Er wurde im Philologenblatt mit einigen anerkennenden Sätzen beehrt.

Als die Schrecken des Bombenkrieges meine Heimatstadt heimsuchten und die einzelnen Schulklassen nach der Zerstörung Barmens in die ländliche Umgebung verlagert wurden – auch das grandiose Schulgebäude, das dem Sextaner wie eine Burg der Ewigkeit erschien, war längst eine Ruine –, suchte Holthöfer sie alle in abenteuerlichen Fußmärschen auf, um sie weiter als Lehrer zu betreuen. In den Nachkriegsjahren wurde er zum Direktor der jetzt mit dem Elberfelder Gymnasium vereinigten Schule ernannt und hat mit beispiellosem Einsatz aus dem Nichts wieder eine blühende Schule erstehen lassen, die seitdem als Wilhelm-Dörpfeld-Gymnasium firmiert und die alte Tradition hochhält.

Walter Holthöfer war ein großer Lehrer. Inmitten der Prosa des Schulalltags, dem er sich pedantisch und unverdrossen stellte, behielt er stets die Langfristigkeit seiner pädagogischen Arbeit im

Auge. Was Schulmeister bewirken, pflegt ja über große Zeiträume hin im Inkubationszustand zu verharren und verlangt so von ihnen, daß sie der drohenden Resignation widerstehen. Sein christlicher Glaube, zu dem er sich auch zur (nazistischen) Unzeit freimütig bekannte, mag ihm dazu die Kraft gegeben haben.

Eine ähnliche Bedeutung wie Holthöfer hatte für mich Emil Christians, der von der Quarta bis zum Abitur unser Mathematiklehrer war. Wir brauchten lange, bis wir hinter der wortarmen Kargheit seines Wesens die verborgene Gemütstiefe entdeckten. Zuerst erschien er uns wie eine personifizierte mathematische Formel, verhalten streng in seinem Tadel, kaum zu irgendeiner Anerkennung bereit. Aber in meinen Jugendjahren hat es kaum einen Menschen gegeben, bei dem mir so viel daran gelegen hätte, vor ihm zu bestehen, obwohl ich für sein Fach wenig begabt war. Er war für mich der Inbegriff einer männlichen Natur, und wenn er bei irgendeiner Gelegenheit einmal sagte: »Das war anständig von dir«, dann spürte ich förmlich einen Glanz über meinem Kopf. Aber auch, wenn er mich nur kopfschüttelnd mit einem kritischen Blick maß, ging mir das näher, als wenn andere mich lautstark und wortreich heruntergeputzt hätten. So zum Beispiel, als ich in einem Aufsatzwettbewerb der Barmer Zeitung zu den Preisträgern gehörte und als fünfzehnjähriger Untersekundaner einen zweiwöchigen Hotelaufenthalt in dem Harzstädtchen Altenau gewonnen hatte. Der Aufsatz trug den Titel »Der schönste Blick auf Barmen« und war in einem imitierten Walter-Flex-Stil abgefaßt; die Sprache war zusätzlich noch ins Romantische aufgedonnert. Doch diese Selbstkritik lag dem Pubertierenden fern. Im Gegenteil, ich war äußerst geschwollen, als ich mich so zum ersten Male gedruckt und mit einem »literarischen« Siegerkranz geschmückt sah. Als Christians die Klasse betrat, bemerkte ich gleich, daß er das Zeitungsblatt in der Hand hielt. In Erwartung eines Elogiums erhöhte sich mein Puls. Alle sahen ihn gespannt an. Er aber hielt nur die Zeitung hoch und sagte: »Thielicke, dein Aufsatz...« und schüttelte statt weiterer Worte nur den Kopf, um dann gleich arithmetische Formeln an die Tafel zu schreiben. Das war eine der kältesten und zugleich gesündesten Duschen, die ich je empfangen habe.

In unserem Verhältnis zu ihm bedeutete es einen tiefen Einschnitt, als ein älterer Mitschüler starb und Christians in der Aula die Gedenkrede hielt. Da fiel es uns wie Schuppen von den Augen. Wir spürten, daß er trotz des nüchternen Tons seiner Stimme, der er kein Tremolieren gestattete, mühsam um Fassung rang, wir waren

35

verblüfft, mit welcher Einfühlung er diesen Jungen verstanden hatte, wie er den Eltern in ihrer Trauer nahe war und ohne jedes sentimentale Beiwerk sein Herz sprechen ließ. Nun wußten wir plötzlich, daß hinter der verschlossenen Fassade seines Wesens ein Mensch lebte, der sich um uns sorgte und bei dem wir geborgen waren.

Bis zu seinem Tode blieben wir durch Briefe und sporadische Begegnungen verbunden. Nicht lange vor seinem Ende – er wurde weit über achtzig Jahre – vertraute er mir in einem letzten Gespräch seine Angst vor dem Sterben an – nicht vor dem Tod selber, und bat mich, für ihn zu beten. Das hat mich bei diesem verhaltenen Manne erschüttert.

Es war im Jahr 1946, ich war eben in mein Tübinger Ordinariat berufen worden, als ich ein fast okkultistisches Erlebnis mit ihm hatte: Er war aus mir unerfindlichen Gründen formelles Mitglied der Nazi-Partei gewesen und wurde nun von der Besatzungsmacht aus seinem Amt entfernt. Scham und Schmerz darüber warfen ihn fast um. In einem Brief deutete er seine Not an, ohne aber irgendeine Hilfe zu erbitten. Da ich im Dritten Reich einige Unannehmlichkeiten erlebt hatte und deshalb unbelastet war, hatte ich nun viele sogenannte »Persilscheine« für Menschen zu schreiben, die meines Erachtens zu Unrecht der Entnazifizierung zum Opfer fielen. (Das machte ich gerne, weil die Strafmaßnahmen der Militärregierung oft mehr als töricht waren und eher eine Renazifizierung hervorzurufen drohten.) Es waren schließlich so viele Schutzbriefe, die erbeten wurden, daß ich meiner Sekretärin ein Routineformular gab, in das sie nur die individuellen Besonderheiten einzutragen hatte. Nach dem Notschrei von Christians drängte es mich, ihm von mir aus einen individuellen Schutzbrief zu schreiben. Das war mir so wichtig, daß ich ihn mit der Hand entwarf, sehr sorgfältig formulierte, auch selber ins reine schrieb und zur Post brachte. Die intensive Beschäftigung mit seiner Person macht es erklärlich, daß ich in der folgenden Nacht von ihm träumte. In diesem Traum sah ich mich einen Vortrag in Düsseldorf, dem Sitz der zuständigen Landesregierung, halten. Der Oberpräsident der Rheinprovinz war selber anwesend und nickte während des Vortrags immer wieder zustimmend. Danach machte er mir einige Elogen über das Vorgetragene, nahm mich mit in seine Wohnung und stellte mir als Anerkennung sogar einen Wunsch frei, den er im Rahmen seiner Möglichkeiten erfüllen wolle. Da sagte ich zu ihm:»Helfen Sie meinem alten Mathematiklehrer!«, schilderte ihm den Fall und erhielt seine Zusage.

Dieser merkwürdige Traum ging etwa ein Vierteljahr später tatsächlich in Erfüllung, als ich in einem neu aufgebauten Düsseldorfer Vortragsraum – ich glaube, es war der Collenbach-Saal – zu reden hatte. Der anwesende Oberpräsident war der spätere Bundesinnenminister Robert Lehr. Erst als er wiederholt mit dem Kopf nickte, fiel mir während des Redens plötzlich mein Traum ein, an den ich nicht mehr gedacht hatte. Nach der Rede sagte er mir freundliche Worte der Zustimmung und bat mich, den Abend mit ihm in seiner Wohnung zu verbringen. Dabei traktierte er mich – in dieser Hungerzeit ein Ereignis! – mit einem soliden Mahl und guten Weinen. Die dadurch ausgelöste Euphorie gab mir den Freimut, mit meinem Traumbericht herauszuplatzen: »Sie werden lachen, verehrter Dr. Lehr, aber daß und wie ich hier bei Ihnen bin, das habe ich vor einiger Zeit schon einmal geträumt.« Er darauf erstaunt: »Tatsächlich alles? Haben Sie auch die Bilder hier gesehen? Das wäre ja unheimlich! Haben Sie das zweite Gesicht?« – »Nein, sicher nicht. Die Einzelheiten sind mir entfallen. Daß Sie aber bei meiner Rede mit dem Kopf nickten und mich mit nach Hause nahmen, das habe ich tatsächlich geträumt.« Noch einmal wunderte er sich und hakte erneut mit der Frage nach: »Alles dies hier haben Sie tatsächlich geträumt?« – Darauf ich: »Fast alles, *eine* Einzelheit war anders.« – »So? Das interessiert mich. Was war denn anders?« – »Nun«, antwortete ich, »im Traum haben Sie mir einen Wunsch freigestellt«, und ich erzählte ihm die Geschichte von meinem Mathematiklehrer, der in Not war. »Dann wollen wir den Traum auch zu Ende spielen«, meinte er. »Wie heißt der Mann?« und holte aus seiner Brusttasche ein Notizbuch. »Diesen Griff in die Tasche habe ich wieder geträumt«, fuhr es mir heraus. Aber ich glaube, das war etwas geschwindelt, jedenfalls bin ich mir jetzt nicht mehr so sicher. Als ich dann am nächsten Abend in Wuppertal redete und Christians nachher an mich herantrat, erzählte ich ihm die Geschichte. Ich sehe noch das Aufleuchten seines Gesichts. Nach einigen Wochen war er tatsächlich wieder im Amt. Ob die Düsseldorfer Geschichte dabei eine Rolle gespielt hat, weiß ich nicht.

Zu einer besonderen Begegnung mit Christians kam es dann noch einmal in Tübingen. Dort hatte ich 1951 als Rektor einen Mathematikerkongreß zu eröffnen, an dem auch mein alter Lehrer teilnahm. Ich hatte sehr zu grübeln, wie diese delikate Situation rednerisch zu bewältigen sei. Schließlich zeichnete ich von meinem einstigen Mathematiklehrer ein kleines und sehr andeutendes Porträt. So kam eine »menschliche« Rede zustande, in der ich mich nicht gerade

schonte und dafür meinen alten Lehrer rühmte. Ich benutzte die festliche Gelegenheit zu einem kleinen Dank und füge hier aus dem alten Manuskript einen kurzen Passus ein:
»Der Ertrag des mathematischen Unterrichts, den man als Schüler genossen hat, besteht ja wohl nicht darin, daß man bis ins Greisenalter noch Logarithmen aufschlagen oder die Mysterien der Differentialrechnung zelebrieren könnte, sondern dieser Ertrag, der sich schöpferisch in den geistigen Prozessen des späteren Lebens auswirkt, ist völlig anderer Art. Kerschensteiner hat einmal gesagt: Bildung ist das, was bleibt, wenn man alles Gelernte vergessen hat. Wenn das auch vom mathematischen Lernen gilt, so wird man sagen dürfen, daß seine Bildungsfunktion und also sein lebendiges Weiterwirken in zweierlei besteht: Zunächst sicher darin, daß auch der mathematisch Unterbelichtete *einmal* in seinem Leben mit dem klassischen Modell der Exaktheit konfrontiert wird...

Das zweite, was bleibt, ist der Eindruck des Lehrers, dessen intellektuelle Redlichkeit an jenem Gesetz der Exaktheit geformt war. Auch was ein Lehrer dem jungen Menschen gesagt und vor ihn an die Tafel gemalt hat, mag bald vergessen werden. Aber daß *er* es gesagt hat und daß dabei das Bild eines Mannes vor die Seele tritt, dem das Reelle zum Gesetz geworden war und dessen Ethos selber rechtwinklig und in keinem Betracht schief gewesen ist, das wird *nicht* vergessen werden, und das wird dem ›über‹-menschlichen Gesetz in Gestalt menschlicher Erinnerungen eine bleibende Anwesenheit verschaffen.

So möchte ich in meinem alten Mathematiklehrer – er möge das in seiner Bescheidenheit freundlich verzeihen! – *allen* Lehrern dieser respektablen Disziplin meine Reverenz erweisen und ihnen sagen, daß gerade wir unbegabten Mathematikschüler doch ein wenig begriffen haben von dem, was sie in unglücklicher Liebesmühe uns beizubringen suchten, und daß ihr Dienst doch nicht ganz vergeblich ist. Vielleicht sind wir sogar in besonderer Weise – und womöglich mehr noch als unsere genialeren Brüder – befugt, über die Bildungsgehalte der Mathematik mitzureden. Denn wir erfüllen in besonderer Weise alle Postulate, die Kerschensteiner in dem zitierten Wort über die Bildung aufstellt: Wir haben nicht nur alles vergessen, sondern wir haben es vorher schon nicht ganz begriffen: Was bei uns also übrigbleibt, das muß wirklich einen Bildungserweis ersten Ranges darstellen...«

Bei dem anschließenden Essen, das ich den leitenden Persönlichkeiten des Kongresses und einigen Kollegen der Universität gab, plazierte ich Emil Christians zwischen dem großen Eduard Spranger und dem Nobelpreisträger Adolf Butenandt. Ich wollte ihn so hoch ehren, wie ich nur konnte.

In den Oberklassen war die beherrschende Gestalt Wilhelm Bohle, der wohl als letzter unserer Gymnasiallehrer noch den Titel eines Professors trug (und in der Wortbedeutung dieses Titels auch einer war). Er war eine sehr respektgebietende Erscheinung. Auf dem »unteren Gang«, an dem sich die Klassen der jüngeren Jahrgänge befanden, sah man ihn eigentlich nie. Im Flegelalter begegneten wir ihm nur, wenn wir zufällig den oberen Flur – die »heiligen Hallen« – betreten mußten. Da waren die Primaner zu Hause, die sowieso auf uns Halbentwickelte heruntersahen. Auf dem oberen Flur konnte man ihn wandeln sehen, den »Professor«, der immer vom Fluidum einer distanzierenden Würde umgeben war.

Schon von hinten sah man ihm die Autorität an. In eigentümlichem Gegensatz zu der gereckten Haltung trug er seinen Kopf um einige Grade geneigt. Dieser Winkel wurde durch den stets ein wenig nach oben gerichteten Blick wieder ausgeglichen. Seine Augen hafteten nie am Boden, sondern bewegten sich in lebhaftem Spiel ununterbrochen hin und her, so daß ihm nichts entging. Als er später unser Lehrer wurde, stellten wir fest, daß es nicht möglich war, nur einen Augenblick abzuhängen, die Gedanken spielen zu lassen oder zu schlafen. Todsicher bemerkte er die kleinste Nuance in unserer Aufmerksamkeit, und im nächsten Augenblick wurde man aufgerufen. Er wachte über uns, und es waren gute Augen, die da spähten.

Seine Kleidung schien ungewollt seine Würde zu unterstreichen, denn seine Anzüge wirkten, als ob er einen guten Schneider beauftragt hätte, ihn ja nicht durch das DIN-Format des modisch letzten einer Allerweltsbanalität zu unterwerfen. Die weiten Jacketts, die er offen trug, umhingen ihn wie eine Gewandung, die jeden Eindruck des sportlich Flotten vermied, aber niemals nachlässig wirkte.

Hätten wir uns bemüht, diesen Zusammenklang von Habit, Gang und Haltung auf einen Begriff zu bringen, dann hätten wir ihn mit dem Stichwort »seriöse Bürgerlichkeit« charakterisiert. Erst später merkten wir, daß nur sein ausgeprägtes Bewußtsein von Autorität konservativ-altväterliche Züge trug, daß er im übrigen höchst moderne Anschauungen, vor allem auf politischem und pädagogischem Gebiet vertrat. Seine konservative Erscheinung verbarg einen vital in der Zeit stehenden Mann, der in höchst sensibler Wachsamkeit beobachtete und erspürte, wohin die Dinge trieben.

Wir standen schon neben den Bänken, als Wilhelm Bohle zum ersten Mal unsere Klasse betrat, und man hätte eine Stecknadel fallen hören können. Er wandelte aufs Katheder zu, erfaßte mit seinen lebhaften Augen, aber unbewegten Gesichtes jeden einzelnen und sagte:»Nehmen Sie Platz!« Richtig, das hatten wir in der Aufregung ganz vergessen, daß wir jetzt mit»Sie« angeredet wurden. Das war ein Appell an unsere Männlichkeit, der uns die Furcht verbot. Dann sagte er:»Meine Herren!« – und das sagte er immer wieder. Es war ein kurzer, völlig phrasenloser Aufruf zur Zusammenarbeit, zur Loyalität gegenüber seinen nicht kleinen Anforderungen, zum Erwachsensein – und zur Distanz. Ein zarter Hauch von Ironie mag über den Worten gelegen haben, eine ganz dünne, kaum vernehmbare Oberstimme:»Ihr Kerlchen – ich gebe euch eine Chance, Herren zu werden!« Aber die hörten wir damals noch nicht heraus, wir erfaßten nur instinktiv: Dieser Herr da, der auf Distanz von uns hielt, der würde auch seinerseits die Distanz zu uns wahren, er würde uns nicht zu nahetreten. Gewiß, er war ein wirklicher Herr, und wir waren erst Stifte auf der untersten Stufe dieser Hierarchie der Herren, aber immerhin: wir waren in den Orden der Erwachsenen aufgenommen. Und so verhielt er sich tatsächlich auch. Er sah uns natürlich einmal mit einem Mädchen auf der Straße, und natürlich bemerkte er die verbotene Zigarette, die wir schnell hinter den Rücken hielten. Aber so etwas übersah er. Man durfte junge Herren nicht dazu bringen, daß sie das Gesicht verlören und wie dumme, ertappte Jungen dastünden. Dann wäre ja auch er in die verhaßte Rolle des Paukers, des»Schulmeisters« gedrängt worden, die seine Selbstachtung degradierte. Nein, wir verkehrten wie Herren miteinander; wir fühlten uns geachtet, und wir wuchsen unter dieser Achtung.
Es mag sein, daß wir eine ziemlich begabte Klasse waren, die ihm Freude machte. Darum erwachte auch in uns der Eros: der Zug zur ordentlichen griechischen Philologie, zur handwerklichen Sauberkeit des Übersetzens, die Freude an historischen Perspektiven und am Porträt der großen Gestalten. Geschichte war für Wilhelm Bohle nicht die Summation vergangener Epochen, sondern das große Modell, an dem sich die treibenden Kräfte und die Gesetze menschlichen Lebens ablesen ließen. Er setzte sie einer scharfen Befragung aus, und die Gesichtspunkte, unter denen er sie befragte, wurden gestellt durch die akuten Probleme der Welt-, Wirtschafts- und Kulturpolitik. Darum besprachen wir immer wieder die Nachrichten und Kommentare der großen Tageszeitungen. Auf diese Weise

gewann sein Geschichtsunterricht strömendes Leben und war erfüllt von erregender Gegenwärtigkeit. Wir nahmen dafür gern in Kauf, daß wir exakt sein mußten und keinem räsonierenden Edelgewäsch frönen durften, denn mit Zahlen und Namen hielt er es genau. Im übrigen war er ein richtiger Professor, denn er »dozierte« und fragte nicht ab. Und obwohl er im Grunde Monologe hielt, hatte er eine äußerst behende Art, durch ständige Zwischenfragen unser aktives Mitgehen zu erzwingen. Wir waren immer die Partner und Gefährten seiner Gedankengänge und nie »Schüler«, an die er nur hinredete. Er ließ uns umfangreiche Referate halten und holte in echt sokratischer Bemühung das an eigener geistiger Potenz aus uns heraus, was da war. Und er ließ es uns dankbar spüren, wenn wir ihn dabei anregten. Jedenfalls: Wir waren nach kurzer Zeit völlig verwandelt, wir begannen ihn zu lieben. Vielleicht hatte er es in den Jahrzehnten zuvor nicht in diesem Maße erlebt, daß seine »jungen Herren« die distanzierende Strenge seiner Erscheinung durchschaut und durchbrochen hatten. Achtung hatte er sich immer verschafft, doch Liebe hatte er wohl erst bei uns gefunden. Das kam in einem rührenden Geschehen zum Ausdruck.

Er hatte Geburtstag, und wir wollten ihm ein Ständchen mit einem Fackelzug bringen. Wir hatten ein äußerst kitschiges und albernes Lied gedichtet, das wir auf die Melodie »Gold und Silber lieb ich sehr« singen wollten. Es schloß mit den läppischen Worten, daß wir ihm auf allen vieren gratulieren und ihm seinen Weinkeller aussaufen wollten, ein richtiges Pubertätserzeugnis. Als es soweit war und wir uns vor seiner Wohnung am Nordpark versammelt hatten, genierten wir uns mit unserem kindischen Song entsetzlich. Aber nun waren die Fackeln angesteckt, und wir mußten singen.

Der Professor trat nach dem ersten Vers vor seine Haustür. An seinen ergriffenen Zügen merkten wir, daß Apoll ihn nur die Melodie hören, aber den Text nicht verstehen ließ. Langsam rannen ihm die Tränen über die Wangen, uns würgte es nun selber im Hals – vor Liebe, Dankbarkeit und Beschämung –, und wir sangen tapfer zu Ende. Dann tranken wir ihm tatsächlich den Keller leer.

Im Zweiten Weltkrieg zog er mit seiner Familie in eine einsame Schwarzwaldgegend, und die tapfere Umsicht seiner Frau brachte es fertig, daß er die letzte Zeit seines Lebens noch in einem eigenen Häuschen verleben durfte. Nun legten sich allmählich die Schatten des Leidens über sein Leben, und manchmal quälten ihn Schwermut und Einsamkeit.

Eines Tages meldete mir ein Eilbrief, daß er im Sterben liege und daß es ihn freuen würde, wenn ich ihn noch einmal besuchte. Als ich dann an sein Sterbelager trat, dauerte es lange, bis er mich erkannte. Er war völlig gelähmt und selten bei Bewußtsein. Schließlich hat er mich wohl an der Stimme erkannt, und seine lieben Züge verklärten sich im Schimmer einer letzten Freude. Dann las ich ihm den dreiundzwanzigsten Psalm vor, und man sah, daß er ihn noch aufnahm, auch die Worte der letzten Segnung, die ich über ihm sprach. Da ich wußte, wie er an der alten Heimat hing, nannte ich ihm noch vertraute Straßennamen aus Barmen und die Namen einiger Freunde und Schüler, die er liebte. Kaum vernehmbar sagte er später: »Gute Worte.« Einige Tage darauf ist er fast unbemerkt eingeschlafen. In vielen Herzen ist seine stille, unscheinbare Saat aufgegangen. Er lebte ein erfülltes Leben, und über seinem Weg steht die Verheißung, daß »die Lehrer leuchten werden wie des Himmels Glanz«.

Der Bericht über meine wichtigsten Lehrer wäre unvollständig, wenn ich den Lateinlehrer der späteren Gymnasialklassen nicht wenigstens erwähnen würde: Hans Stemler. Er gab sich als eleganter Beau, der nicht nur erstklassig mit Textilien ausstaffiert war, sondern auch im Schwimmbad vor aller Augen seinen Leib mit duftenden Salben pflegte. Er war sehr bemüht, uns das Leitbild des Gentleman nahezubringen und erkärte uns immer wieder, daß darunter »ein innerlich und äußerlich feiner Kerl« zu verstehen sei.

Sein Lateinunterricht litt unter der Widerwilligkeit, mit der er ihn gab. Der formale Sprachschliff der Römer lag seiner ästhetizistischen, von östlicher Mystik überhauchten Natur nicht. Es ging ihm da umgekehrt wie mir: Gerade die Logik der lateinischen Sprachstruktur hatte es mir angetan.

Die Folge seines nachlässigen Unterrichts war, daß unser Latein im Handwerklichen verkam. Statt grammatische Konstruktionen aufzulösen, verführten wir ihn lieber zu Exkursen über seine jeweils in besonderer Gunst stehenden Lieblingsautoren: über Leopold Ziegler vor allem oder Leo Frobenius, aber auch über Theologen wie Rudolf Otto und Paul Tillich, dessen Stern damals aufzugehen begann; alles Namen, von denen wir sonst in der Schule nichts hörten. Auf die entsprechenden Stichworte, die wir raffiniert und oft in sokratischer Indirektheit anzubringen wußten, sprang er sofort an und klappte den Horaz, den Livius oder den ihm besonders verhaßten, weil »aalglatten« Cicero mit Wonne zu. Leider tat ich mich dabei ebenfalls hervor, so daß er mich einmal sogar als vermeintlichen

Adepten zu einem »Tässel Tee« in seine Wohnung einlud. Sie war vollgestopft mit Mitbringseln aus seinen Fernost- und Afrikareisen, in die er wohl einen großen Teil seiner Bezüge investierte. Auf wohlgepflegten, fast anbetenden Händen präsentierte er mir kostbare Porzellane und Figuren, die er mich von allen Seiten betrachten ließ. Seine Kommentare dazu klangen wie liturgische Zelebrationen. Ein Priester hätte seine Monstranz nicht behutsamer halten können.

Hans Stemler steckte uns mit seinen Leidenschaften an, so daß einige, darunter auch ich, seine Lieblingsautoren ebenfalls lasen. So versenkte ich mich schon damals in Leopold Ziegler, und ich erfuhr eine erste Vorwegnahme der Begeisterung, die mich Jahre danach bei seinem großen Werk »Überlieferung« hinriß. Auch ich verhob mich geistig fast an Paul Tillichs Buch über die (damalige) »religiöse Lage der Gegenwart«, das er uns schwärmerisch empfahl. (Paul Tillich lächelte gerührt, als ich ihm Jahrzehnte später von meiner Bemühung erzählte, sein Gedankengebirge als Knabe zu ersteigen.) Selbst an Barths »Römerbrief« machte ich mich auf seine Anregung heran und spürte dabei wenigstens den Anhauch von etwas prophetisch Numinosem, auch wenn die steilen Paradoxien mein Fassungsvermögen noch überstiegen.

Kamen wir Klassengenossen in späteren Jahrzehnten einmal wieder zusammen, war die Erinnerung an Stemler immer noch lebendig. Eigentlich erkannte jeder von uns an, daß wir gerade ihm, dieser ganz »unschulischen« Ausnahme, bleibende Anregungen für unser Leben verdankten. Die Lücken im Lateinischen, die er ebenfalls hinterlassen hatte, taten den meisten nicht mehr weh.

Hoch über dem schulischen Leben schwebte für uns als oberste Instanz der Direktor: Wolfgang Paeckelmann. Er war ein ungewöhnlich strahlender, sportlich-drahtiger Mann, wie selbstverständlich respektiert von allen, auch seinen Kollegen, ohne jedes direktoriale Gehabe.

Ich selber kam während der Schulzeit nur einmal – als Tertianer – mit ihm in Berührung: Der Deutschlehrer hatte meinen Aufsatz über Bertrand de Born von Uhland abgelehnt und daruntergeschrieben (ich habe das Dokument noch): »Einen solchen Aufsatz schreibt kein Obertertianer. Man verlangt ihn auch nicht von ihm. Diese Arbeit kann ich nicht zensieren.« Über das Unrecht dieser Verdächtigung war ich so verzweifelt, daß ich stracks in das Heiligtum des Direktorzimmers rannte. Er würde mir glauben und ganz gewiß helfen, dessen war ich sicher. Sein Wohlwollen und sein Vertrauen beruhigten mich dann im Nu. Er schrieb seinen Namen unter den Aufsatz und brachte mit dem Lehrer alles in Ordnung.

Später leitete er ein Gymnasium in Kassel. Nach einem Vortrag, den ich dort gehalten hatte, machte ich mit ihm und dem dortigen Bischof Wüstemann bei sommerlicher Hitze einen längeren Ausflug. Schließlich plagten uns Hunger und Durst. Als wir an einer großen, eingezäunten Obstplantage vorüberkamen, meinte ich: »So ein Apfel würde uns jetzt guttun.« Der Bischof aber wehrte sich wider die auch ihn überkommende Versuchung: »Wir können doch nicht...« Paeckelmann sagte: »Immer diese Hemmungen!«, schwang sich elegant über den Zaun und stahl für uns Äpfel. Er war noch ganz der alte von einst, der unsere jungen Herzen entzückt hatte.

Vor der Reifeprüfung mußten wir den in Aussicht genommenen Beruf angeben. Als ich zur Antwort gab, daß ich Theologe werden wolle, fragte Bohle, unser Ordinarius, zurück: »Sie wollen also Pfarrer werden?« Darauf ich prompt: »Das will ich nach Möglichkeit vermeiden.« Bei manchen späteren Klassentreffen haben mich meine Kameraden mit dieser Antwort aufgezogen. Und doch entsprach sie genau meinen Intentionen. Ich war den Fragen des späteren Berufs gegenüber unvorstellbar gleichgültig. Nur was ich nicht wollte, wußte ich einigermaßen, zum Beispiel wollte ich nicht Pfarrer werden, weil ich kein eigentlicher Christ war. Trotzdem lockte mich die Theologie – eigentlich nur aus weltanschaulichen Gründen. Ich hatte das Gefühl, daß es in dieser Disziplin um die letzten Fragen gehe. Das war freilich auch in der Philosophie so, aber sie wurde, so schien mir, im wesentlichen von geistreichen Solisten getragen, während hinter der Theologie eine Gemeinschaft stand, die unter Einsatz des Lebens gekämpft hatte. Und daß auch der Intellekt dabei einige Funken versprühen konnte, merkte ich, als ich zum Zeugen eines blitzenden Wortgefechts wurde, das der titanenhafte Karl Barth auf einer Wuppertaler Pfarrkonferenz lieferte. Er blies dabei einem aggressiven Pietisten große Tabakwolken entgegen, aus deren Nebel er in schimmernden Paraden hervorstieß, um mit unbeschreiblichem Charme, schillernd zwischen gutartigem Humor und respektloser Ironie, allen schwülen Dunst des frommen, muckerhaften Fleisches hinwegzufegen und mit den Autoritäten meiner Jugendzeit überlegen umzuspringen: Da verlor ich mein knabenhaftes Herz total an die Theologie, und ich applaudierte in solch fassungsloser Begeisterung, daß mir ein älterer Herr besänftigend die Knie festhalten mußte.

Das Abitur – wenigstens seine Feier – verlief für mich etwas anders, als ich es mir vorgestellt hatte. Jedes Jahr hatte ich das festliche Ereignis, wenn die Abiturienten mit ihren Lehrern in die Aula einzogen und die Versammlung sich erhob, mit Herzklopfen erlebt und mich auf den Augenblick gefreut, wo ich selber dabeisein würde. Ich habe es dem Nachfolger Paeckelmanns – einem respektablen, aber etwas introvertierten Gelehrten – nie verziehen, daß er uns diese Stunde verpatzt hat. Das kam so: Einige von uns brauchten nur mit ihrem Wahlfach ins Mündliche, darunter auch ich. Unser Examen war praktisch schon gelaufen; als wir in einem kleinen Saal warteten, bis wir aufgerufen wurden, erlagen wir dem postpubertären Schub eines plötzlichen Übermuts: Wir begannen zu toben und zerschlugen sämtliche Stühle. Der Lehrer, der uns dann nacheinander in das Prüfungszimmer rief, besah sich kopfschüttelnd die Kampfstatt, sagte aber nichts. Das Unheil kam erst bei dem Festakt in der Aula. Ehe wir einzeln nach vorn gerufen wurden, um das Reifezeugnis aus der Hand des Direktors zu empfangen, verkündete er dem Auditorium, daß einige Absolventen der Reifeprüfung etwas sehr Unreifes getan hätten. Ihre Zerstörungswut hätte großen Schaden angerichtet, so daß er ihnen die Zeugnisse erst aushändigen könne, wenn der Schaden durch die Väter beglichen worden sei. Er rief dann zwar uns Übeltäter mit nach vorn, gab uns aber statt des Papiers nur die Hand, so daß wir wie begossene Pudel das Podium verließen. Derweil umbrandeten uns der ironische Applaus und das Gelächter vor allem des jungen Publikums.

Das war der Abschluß dieser bewegten und erfüllten Jahre.

Religion im Jugendalter

Ich wuchs auf in der reformierten Gemeinde Barmen-Gemarke, die später im Kirchenkampf des Dritten Reiches ein Licht auf dem Berge war. In der Gemarker Kirche wurde 1934 die später berühmt gewordene »Barmer Theologische Erklärung« proklamiert. Sie hat weithin den Rang einer solennen Bekenntnisschrift erklommen und markierte eine scharfe Abgrenzung der Bekennenden Kirche wider die ideologischen Heilslehren der Nazis und ihrer »deutsch-christlichen« Helfershelfer.

In Gemarke herrschte eine geistliche Atmosphäre von kalvinistischer Nüchternheit, aber auch von einer Dichte und einer Ausstrahlung, der sich selbst ein junger Mensch nicht zu entziehen vermochte. Theologisch wurde von den Kanzeln ein kraftvoller biblischer Pietismus verkündet, der bis ins Phonetische hinein durch einen ganz bestimmten Stil geprägt war: durch eine knackige, kehliginbrünstige Klangfarbe des Bekennens, an der man den gläubigen Pastor erkannte. »Er hat nen guten Auswurf«: Dieses etwas deftige Sputum-Gleichnis war ein hohes geistliches Lob, das man einem Hirten der Gemeinde spendete. Mir ist erst lange danach klargeworden, daß Stil- und Formfragen der Sprache, atmosphärische Gegebenheiten, aber auch der Nestgeruch der Gruppe oft sehr viel prägendere Einflüsse ausstrahlen als die verbalisierten Sachgehalte der Verkündigung selber. Deshalb fielen wohl auch nicht wenige fromme Menschen – gerade in der ersten Zeit – auf den Nationalsozialismus herein, denn dort gab es Typen, die in ihrer Jugend in diesem Klima gelebt hatten. Deshalb konnten sie den ihnen vertrauten Stil – natürlich mit der Absicht arglistiger Täuschung – imitieren. Dafür war der versoffene Führer der Arbeitsfront, Robert Ley, ein Paradefall: Er konnte vom »Führer« in einem pietistisch verzückten Stil und auch phonetisch mit jenem Herzton-Tremolo reden, daß es den einschlägig Geprägten wohl einging und daß sie an der Stimme den »guten Hirten« zu erkennen meinten, auf die anderen Inhalte kaum noch achteten und so den Wolf übersahen.

Im übrigen hatte Gemarke einen puritanischen Zug, der auch gesetzlicher Komponenten nicht entbehrte: Tanzen, Theater- oder gar Kinobesuch waren bei den Wächtern auf den Mauern Zions verpönt. Das löste bei mir in den Reifejahren innere Opposition aus, und ich fand in Rede und Gebaren kaum etwas, das mit meinen Fragen, Sehnsüchten und Ängsten zu tun gehabt hätte.

Erst als ich, nun schon junger Assistent in Erlangen, die geradlinige und unbeirrbare Bekenntnistreue erlebte, mit der diese Gemeinde samt ihren Pastoren der ideologischen Tyrannis und ihren klerikalen Partisanen, den »Deutschen Christen«, die Stirn bot, wurde mir klar, daß hinter der vermeintlichen Geistesarmut von Gemarke noch anderes und sehr viel mehr steckte. Der früher langweilige Trott des Gottesdienstbesuches, zu dem die Familie allsonntäglich aufbrach, erfuhr bei meinen Ferienaufenthalten im Elternhaus nun eine ganz neue Brisanz. Er wurde zum Bekenntnisgang, zumal die Predigten – besonders die der weithin bekannt gewordenen Pastoren Paul Humburg und Karl Immer – an Eindeutigkeit nichts zu wünschen übrigließen: Da wurde in nicht zu überhörender Anspielung auf das Regime und seine Missetaten von der »Hure Babylon« im Braunen

Haus gesprochen, und in den Gebeten wurde nicht die obrigkeitliche Routineformel gebraucht:»Segne den Führer«, sondern die Fürbitte lautete, Gott möge ihn den»rechten«Weg finden lassen oder gar, er möge ihn zu Buße und Umkehr geleiten. Diese Botschafter und auch die Ältesten – vielfach markante Kaufmannsköpfe mit mageren kalvinistischen Gesichtern und eminenter Bibelkenntnis – forderten ihrer Zeit die Parole ab. Wußte sie die nicht zu geben, wagten sie unzeitgemäß zu sein und schlugen den Eindringling mit militantem Schneid hinaus. Die Gemarker wollten »unter dem Wort« leben (so hieß auch eine wesentlich von ihnen inspirierte Zeitschrift). Sie wollten sich keinesfalls»über«das Wort stellen, um es zur ideologischen Verbrämung menschlicher Machenschaften zu mißbrauchen oder mißbrauchen zu lassen, wie es im Dritten Reich geschah und mit veränderten Vorzeichen heute und immerfort geschieht.

Noch eine wichtige geistliche Erfahrung hat mir Gemarke vermittelt: Einer ihrer maßgeblichen Hirten war nach den Kriterien der Weltweisheit und auch der Theologie ein nur bescheidenes Licht. Ich erinnere mich an eine von Gemarke ausgelöste Kontroverse mit dem »Erzoberlenker« der anthroposophischen Christengemeinschaft, Friedrich Rittelmeyer, bei der er außer dem immer wiederholten Satz:»Das Wort sie sollen lassen stahn«, kaum ein einziges Argument vorzubringen wußte. Er war einfach ahnungslos und hatte nichts Einschlägiges gelesen. Ein anderes Mal, als die Gestapo einen Vortrag Karl Barths verboten hatte, las er dessen Manuskript der Versammlung vor. Er trotzte tapfer der Gefahr, die er damit für die eigene Person heraufbeschwor, und las den Text stockend und mit manchmal sinnentstellender Artikulation. Man merkte, daß er selber dieses Referat kaum verstand. Dennoch verfügte dieser Mann über etwas, das ich den»Instinkt der Kinder Gottes« nennen möchte. Er roch die Dämonen auch gegen den Wind, er durchschaute sofort jeden Schafspelz, in dem der Wolf einherging, und ließ sich von keiner Kreide täuschen, die er gefressen hatte. Er verfügte über das Charisma, die Geister scheiden zu können. So konnte es geschehen, daß er eine ganze Synode mit sich reißen und herumreißen konnte, wenn sie in ihrem Widerstand erlahmte und ihren beabsichtigten Rückzug mit noch so gescheiten theologischen Argumenten zu decken suchte. Dann fuhr er wie ein zorniger Jeremia dazwischen und zerriß vollmächtig die intellektuellen Spinnweben, so daß auch viel gescheitere Köpfe als er vor ihm kapitulierten und ihre heimlichen Fluchtgedanken enthüllt sahen. Damals wurde mir klar, was es heißt, daß der Geist Gottes sich auch zerbrechliche irdene Gefäße erwählen kann und daß er das, was sich als groß ausgibt, verachtet. Wenn ich mir diesen Mann vergegenwärtigte, der sich durch die Gefängnisse schleifen ließ, dort Loblieder sang und in aller Schwachheit eine Säule der Bekennenden Kirche war, dachte ich an das Lutherwort von dem Gott, der auch das lahme Pferd reitet und das faule Holz schnitzt.

Es wäre reizvoll, die Gemarker Pastoren von damals Revue passieren zu lassen. Sie waren allesamt Charakterköpfe und Originale, Handarbeit Gottes sozusagen, und alles andere als Konfektionsware des Zeitgeistes. Ich will nur zwei von ihnen skizzieren, weil sie in meinem Lebensumkreis eine besondere Rolle spielten:

Mein Konfirmator war Adolf Lauffs, ein schwarzhaariger Mann mit frischem Teint und kleinem Kinnbart. Er war zugleich der Vater meines Schulfreundes Egbert und – vor allem! – meiner ersten Jugendliebe, der liebreizenden und angeschwärmten Minni. Von seinen Predigten und seinem Unterricht weiß ich nichts mehr, beides war wohl konventionell und etwas farblos. Gleichwohl wirkt seine Persönlichkeit, sein »stiller Wandel ohne Worte«, noch immer in mir nach. Er setzte die Schwerpunkte seiner Arbeit vor allem *unter* der Kanzel. Jeden Tag lief er sich die Beine ab, um die Häuser der Kranken, Armen und Verzweifelten aufzusuchen. Nie machte er bloße Höflichkeitsbesuche, um Oberflächenkontakte zu pflegen und den Leuten zu demonstrieren: »Wir von der Kirche sind auch noch da«. Nein: Auch an den Krankenbetten blieb er seinem Auftrag treu und kam als ein Botschafter des biblischen Wortes. Die Warmherzigkeit, die sein an sich etwas linkisches Wesen durchleuchtete, nahm denen, um die er sich so als Seelsorger mühte, jede Peinlichkeit. Er lebt in mir als ein redlicher Zeuge seines Herrn fort.

Das Urbild einer Prophetengestalt mit schneeweißem Vollbart und markiger Stentorstimme war der alte Hermann Kraft, der ehrfürchtig geachtete Patriarch der Gemeinde. Er liebte apokalyptische Texte und beschwor das Wetterleuchten von Weltuntergang und Wiederkunft des Herrn. Uns Kindern war der immer neue Blick in das große Weltengrab, in dem alle Lästerer, Rebellen und unbußfertigen Sünder versinken würden, uns waren die dramatisch geschilderten Wehen der Endzeit von grauslichem Zauber. Die Erwachsenen strömten in hellen Scharen unter seine Kanzel, so daß man sich frühzeitig einen Platz sichern mußte, und duckten sich unter seinem prophetischen Donnerwort. Diese Botschaft war alles andere als »zeitnah«. Ihm genügte es, vom »Tier aus dem Abgrund« zu sprechen, und er rechnete damit, daß die akuten Assoziationen sich von selbst bei seinen Hörern einstellen würden. Im himmlischen Jerusalem wußte er gewiß sehr viel besser Bescheid als in den Oberbarmer Straßen seiner Gemeinde. Er hatte aber auch (tröstlicherweise!) sehr menschliche Züge. Seine fleischlichen Gelüste konzentrierten sich auf alle Arten von Sahnetorte und auf starken bergischen Kaffee »mit wat dabei« (mit zugehörigen Leckereien). Wiederholt erzählte mir meine Mutter, welche Unmassen er bei meiner Taufe zu sich genommen habe. Das war auch der Grund dafür, daß er zu Geburtstagsfeiern gerne im Kreis alter Damen auftauchte, zu denen meine Großmutter gehörte. Schwierig war nur, daß ihm der Schöpfer jegliche Begabung für leichte Konversation versagt hatte. Da er aber nicht einfach vor sich hinschweigen oder gleich weggehen konnte, wenn er endlich satt war, verfiel er auf den Ausweg, die alten Damen ihre Tauf-, Konfirmations- und Trausprüche abzufragen, und nachdem dieser Stoff erschöpft war, noch auf die Losungen der Brüdergemeine zu sprechen zu kommen. Die Folge war, daß meine Großmutter jedem ihrer Geburtstage mit Herzklopfen entgegensah und schon lange vorher ihre Spruchsammlungen mit rotem Kopf zu memorieren begann.

Ausgerechnet dieser alte Kraft war es, der mich als Jungen dem ersten Anhauch dessen aussetzte, was man später im Anschluß an Bultmann »Entmythologisierung« nannte: Eines Tages schellte es Sturm an unserer Glastür. Als ich sie öffnete, fiel mir förmlich der weiße Bart des ehrwürdigen Patriarchen entgegen. Er sagte murmelnd, aber gebieterisch nur zwei Worte: »Das Klosett!« Da brach in mir eine Welt zusammen. Daß ein Mann, der nur in höheren Welten lebte, die gleichen Bedürfnisse haben sollte wie ich, das wollte mir nicht in den Sinn. Hätte ich schon über die gedanklichen Mittel verfügt, um mir diese Schockwirkung zu erklären, wäre mir gewiß als Grund eingefallen: Ein solcher Mann verdaut nicht, der spiritualisiert alles.

Mein religiöses Leben in der Jugendzeit wurde wesentlich durch den »BK«, den Bibelkreis höherer Schüler, bestimmt. Jeden Samstagnachmittag trafen wir uns, um Speerwerfen zu üben und anschließend von einem älteren Schüler eine Andacht gehalten zu bekommen. Es machte mir tiefen Eindruck, wenn Sportheroen, die sich in Schulwettkämpfen hervorgetan hatten und von uns Kleineren angeschwärmt wurden, sich in schlichten Worten als Jünger Jesu zu erkennen gaben.

Den Höhepunkt bildete ein mehrwöchiges Jungenlager, das wir auf dem »Abbenroth«, einer landschaftlich schön gelegenen Freizeitstätte der Bibelkreise, erlebten. Der semi-militärische Rahmen – in Linie zu zwei Gliedern antreten, abzählen, dem Chef melden – wirkt im Rückblick ein bißchen komisch. Doch tritt das als bloße Nebenerscheinung hinter zwei Inhalten des Lagerlebens zurück, die sich mir tief eingeprägt haben. Zum einen vollzog sich dort etwas, das es im allgemeinen Schulleben sonst nicht gab: ein kameradschaftliches, durch christliche Bruderschaft noch vertieftes Miteinander der verschiedenen Altersschichten. Die erwachsenen Primaner trieben nicht nur mit uns halbwüchsigen Tertianern gemeinsam Spiel und Sport, wir durften auch mit ihnen spazierengehen, mit ihnen über die Bibelvorträge oder unsere Schul- und persönlichen Probleme offen sprechen. Zu einigen der Älteren sahen wir Jungen dabei schwärmerisch auf, sie pflanzten uns die erste Ahnung von Leitbildern ein, denen wir nacheiferten. Zum anderen erfüllte mich nachhaltig die überaus dichte, pietistisch gesättigte Atmosphäre, die mir im Rückblick zwar als ziemlich verstiegen erscheint, im Augenblick des Erlebens aber nie gekannte Glücksgefühle in mir auslöste. Sie wurde wesentlich getragen von dem Leiter des Lagers, dem Barmer Buchhändler Emil Müller, einem kleinen, rothaarigen – deshalb »Bläuken« von uns genannten –, schnauzbärtigen Mann, dessen niemals durchgedrückte Knie und hängende Schultern sich schon für meinen damaligen Blick etwas grotesk inmitten der militärischen Gepflogenheiten ausnahmen. Seine Andachten hatten jenes emotional Stimulierende, Sündenklage und erlösungsfrohe Herztöne Ausstoßende, das uns in diesem abgeschlossenen spirituellen Milieu tief beeindruckte, den Willen zur Nachfolge entband und eine glühende Jesusliebe à la Zinzendorf in uns entzündete. Wir erlebten so etwas wie eine Bekehrung. Ich war so hingerissen davon, daß ich mit einigen Klassenkameraden als 14jähriger einen eigenen und zusätzlichen Bibelkreis gründete, in dem wir uns abwechselnd biblische Meditationen vortrugen.

Das alles war gewiß eine pubertär überstiegene Zwischenphase. Und doch wäre es unredlich, wenn ich verschweigen wollte, daß *ein* bestimmter Eindruck mir von alledem geblieben ist. Dieses Bleibende wurde mir erst lange danach klar, als ich in den USA die zur Ekstase drängenden Negro-Gottesdienste erlebte und auch selber in ihnen als Prediger mitwirkte. *Einmal* hatte auch *ich* den Überschwang einer Frömmigkeit erlebt, die so elementar war, daß sie das Herz schier sprengte und es mit Seligkeit erfüllte. Später lernte ich, daß alles dies mehr »seelisch« als »geistlich« war und daß das Geheimnis des Glaubens in einer ganz anderen Dimension beheimatet ist. Dennoch möchte ich dieses exaltierte Lebensstadium nicht missen. Es hat mich viele religiöse Phänomene verstehen lassen – bis zu den später so verhängnisvollen Jugendsekten! –, die mir sonst unzugänglich geblieben wären.

Erste Liebesahnung

In die Bereiche des jugendlichen Überschwangs gehörte auch die erste Liebe. Sie war bei mir mit einer ungewöhnlichen Ouvertüre verbunden, die ihr gegenüber dem allgemeinen Klischee der Jugendliebe wohl eine etwas besondere Note gab.

Das Drama hob an in unserem Religionsunterricht, in dem ich mich (ich deutete das schon an) recht langweilte. Die Leere dieser Stunden gab Gelegenheit, allerhand Knabenträumen nachzuhängen, und wenn man fünfzehn Jahre alt ist, umgarnen sie einen mit schillernden Netzen. War dies eigenartige Gefühl, das da mit fremder Faszination nach dem Heranwachsenden griff, wirklich die »Liebe«, war es das, von dem die Erwachsenen tuschelten und die Romane erzählten?

Komisch: Das kleine rotblonde Mädchen durchbrach plötzlich die Indifferenz, mit der ich den schultaschentragenden, bezopften Geschöpfen sonst begegnet war, wenn die Wege sich beim Anmarsch zur Penne allmorgendlich kreuzten. Ein rätselhaft Unbekanntes begann sich zu regen. Was drängte mich auf einmal, mich an Versen zu versuchen, und warum mußte ich rote Tinte dazu nehmen? Was rührte mich plötzlich an (während es vorher ein prosaischer Satz der Schullektüre gewesen war), wenn Hölderlin davon sang, daß das Bild der »Seinigen« ihn überwältigt habe, so daß er »ernster aufstand von seinem Knabenspiel«–? Welcher Punkt war es, der da auch hinter *mein* bisheriges Leben gesetzt wurde?

Mit dem Bruder der heimlich Geliebten, Egbert, verband mich Freundschaft. War es nicht Untreue gegenüber dem Freund, wenn jetzt sehr viel Elementareres in mir aufstand und das Bild dessen, der bisher den Altar meines Herzens geschmückt hatte, verlassen ließ? Eine erste Ahnung, daß Neigungskonflikte schmerzlicher sein können als Pflichtenkollisionen, begann sich zu regen.

Die monotonen Worte des Lehrers tröpfelten weiter in den Raum, und die Langeweile der Stunde bildete einen zunehmend schärferen

Kontrast zu dem farbigen Leben der Bilder, die der jäh aktivierten Phantasie entstiegen. Und siehe da: Fast in Trance hatte ich dem Freund auf der Bank hinter mir einen gefalteten Zettel zugeschoben: »Ich liebe Deine Schwester. Kannst Du ein Treffen arrangieren?« Nach zwei Minuten kam die Antwort auf dem gleichen Wege: »Bedaure. Kann die Verantwortung nicht übernehmen.« Ob er das wirklich so meinte, oder ob es nur Eifersucht war? In unserem mündlichen Umgang erwähnten wir den Zettelwechsel mit keinem Wort.

Etwa vierzehn Tage später wurde mir von hinten das Stück einer Heftseite durchgereicht. Darauf stand: »Vater (er war mein Konfirmator) hält im Gemeindehaus einen Vortragsabend. Da kannst Du sie treffen. Eintrittskarte erwünscht? Preis: fünfzig Pfennig.« Nachdem ich ihm schriftlich meine Zustimmung gegeben hatte, schob er mir die Karte zu. In weiser Voraussicht hatte er sie gleich mitgebracht. Ich reichte ihm meinen Obolus. Auch über diese Transaktionen verloren wir kein Wort. In den Pausen und bei Besuchen in unseren Elternhäusern sprachen wir unbefangen miteinander, als ob nichts geschehen wäre.

Die Eintrittskarte hütete ich wie einen Schatz, obwohl sie weiter nichts war als ein schlichter Zettel mit aufgedrücktem Gemeindesiegel und dem handgeschriebenen Datum der Veranstaltung. Offensichtlich hatte man den Druck sparen wollen. *Was* an dem Gemeindeabend vor sich gehen sollte, ging aus dem Zettel nicht hervor. Aber das war auch gleichgültig. »Sie« würde ja da sein! Vielleicht hatte er ihr sogar einen Wink gegeben; das würde mir erleichtern, mich ihr zu nähern. Merkwürdig: Bis zu diesem Zeitpunkt war es kein Problem gewesen, den Kontakt mit einer Gleichaltrigen zu eröffnen. Man hätte einfach im Jungenjargon mit solch einer »Ische« geredet. Doch jetzt war eine Distanz zu überwinden, die rätselhaft und anziehend zugleich war.

Als der Abend kam, war ich sehr aufgeregt, und mit dem Schulaufsatz kam ich nicht weiter. Die Gedanken wollten sich nicht formieren und lösten sich in lauter Nebelschwaden auf, hinter denen sich immer wieder ihr Bild erhob. An die Stelle des Zwiegesprächs zwischen Odysseus und Penelope, über das ich zu schreiben hatte, traten erdachte Dialoge mit *ihr*. Als ich dann meine Haare mit extra gekaufter duftender Pomade bearbeitete, zum ersten Male auch selber meine Hosen bügelte, erregte ich bei meiner Mutter Verdacht und anzüglichen Spott.

Es mochte mit meiner verwirrenden Selbstbeobachtung oder auch damit zusammenhängen, daß ich einiges an psychoanalytischer Literatur gelesen hatte – sie ging damals in Gymnasiastenkreisen um –: jedenfalls reflektierte ich beim Weg zu dem schicksalschwangeren Hause fortgesetzt über mich. Auch die überscharfen Bügelfalten und das geschniegelte Haar mochten das ihre dazu tun, daß ich mir sagte:»Du wirst jetzt immer meinen, alle Leute wüßten, was du vorhast; du wirst das Gefühl haben, deine Bewegungen und Blicke, ja dein ganzes Gehabe seien anders als sonst, und du würdest dich damit verraten. Doch das kann ja gar nicht sein«, so sprach ich mir selber Mut zu;»das wäre die pure Einbildung. Niemand kann eine Ahnung haben.«

Als ich die Türkontrolle durchschritt, die mit zwei jungen Damen besetzt war, meinte ich, die beiden wechselten einen verwunderten Blick und benähmen sich ein wenig wie aufgescheuchte Vögel. Doch mit der Geste großer Entschlossenheit ging ich darüber hinweg. Da ich mich absichtlich nicht herumdrehen wollte, konnte ich nicht kontrollieren, was ich hinter meinem Rücken spürte: daß sie nämlich hinter mir hertuschelten und daß sich offenbar eine ganze Menschentraube bildete, die eine aufgeregte Beratung abhielt. Denn obwohl ein erheblicher Andrang herrschte, schien der Strom der Hereinflutenden einen Augenblick zu stoppen, so daß ich ziemlich allein in den Saal hineinschritt.»Das alles bildest du dir nur ein«, sagte ich mir wieder im stillen. Und ebenso konnte es nur auf Selbsttäuschung, auf der Überempfindlichkeit des Liebenden beruhen, wenn es mich dünkte, als richte das versammelte Publikum seine Blicke konzentriert auf meine arme Person und als stecke man wispernd die Köpfe zusammen. Oder sollte ich für einen Fünfzehnjährigen vielleicht allzu geleckt aussehen? Ach Unsinn!

Mein Blick glitt über den schon stark gefüllten Saal und erhaschte ihr Gesicht: Sie saß ziemlich hinten, wo noch eine Bankreihe fast frei war. Sah ich recht, daß sie vor Schreck zu erstarren schien und errötete? Dann hatte ihr Bruder gewiß mit ihr gesprochen, und sie wußte Bescheid. Geflissentlich wich ich ihrem Blick aus. Niemand sollte Zeuge sein, daß ich mich durch irgendein besonderes Interesse verriet.

Statt dem Gesetz des geringsten Widerstandes zu entsprechen und auf die noch leeren hinteren Stühle zuzustreben, erspähte ich mitten im gedrängt sitzenden Publikum noch einen freien Stuhl und zwängte mich durch die Menge. Wiederum schienen die Menschen vor mir zurückzuweichen, als ob ich ein giftiges Insekt sei. Meine Nachbarn rechts und links neigten sich von mir weg und begannen hinter vorgehaltener Hand zu flüstern. Ich selber blickte stur geradeaus auf das Podium, dessen Besatzung – eine Diakonisse am Harmonium und eine stadtbekannte Ärztin – gleichfalls zu mir herüberzusehen schien. Kein Wunder eigentlich, denn beide kannten mich. Sie hatten mich oft zusammen mit meinem Vater gesehen. Ob es wohl eine Panne gegeben hatte oder zu geben drohte? Beide traten nämlich zu einer kleinen Konferenz zusammen, und ich sah, wie die Ärztin ihre Schultern hob und die Schwester mit den Händen eine dezente Geste der Hilflosigkeit machte. Aber warum blickten sie dabei verstohlen zu mir herüber? Wie hatte ich doch recht, als ich mir klarmachte, alle Menschen schienen zu wissen, daß ich auf Freiersfüßen ging.

Endlich war es soweit. Die Diakonisse kündigte ein gemeinsames Lied an, dessen Text auf unseren Plätzen lag. Nach dem Vorspiel setzte ich gleich mit meinem frisch erworbenen Baß ein, und zwar – entschlossen, wie ich war – in voller Lautstärke. Gleich drehten sich einige junge Dinger in den Reihen vor mir erstaunt und mit einem Anflug von Schrecken nach dem sonoren Stimmphänomen herum. Da mäßigte ich meines Basses Grundgewalt und schwieg dann einen Augenblick ganz. Irgend etwas war merkwürdig, aber was? Nach einigen Sekunden wußte ich es und erstarrte vor Entsetzen. Der Gesang der Versammlung schwebte in einem monophonen Diskant dahin, keine einzige Männerstimme außer der meinen war hörbar. In der Tat: Mein heimlich umherschweifender Blick erspähte nur junge Mädchen, hinter, neben und vor mir. Ich war in einer Weiberversammlung und konnte jetzt aus der gedrängten Reihe nicht mehr heraus, ohne aufs peinlichste aufzufallen und mich erst recht lächerlich zu machen. Hilflos eingekeilt saß ich in einer mehr als delikaten Situation. O dieser Kerl, den ich meinen Freund nannte – was hatte er mir angetan, welche Blamage hatte er über mein Haupt gebracht!

Doch es kam noch schlimmer. Jetzt trat die Ärztin ans Rednerpult, und diesmal sah sie beharrlich an mir vorbei. Sie hielt einen Aufklärungsvortrag für junge Mädchen. Ich meinte in den Boden zu sinken. Denn damals war man mit fünfzehn Jahren ein noch ungleich tumberer Knabe als heute. Unser Biologieunterricht war weitaus weniger entwickelt und nicht so situationsbezogen wie heute. Und hinten saß *sie* und wurde zur Zeugin meiner Schmach! Ob es ihr Blick war, der in meinem Nacken das Brennen erzeugte? Die Leier, auf der ich meine erste Liebeslyrik intoniert hatte, zerbrach mir in meinen schwitzenden, ineinander verkrampften

Händen. In Gedanken nebelte ich mich ein und erzeugte leere Räume um mich her, damit ich die qualvolle Stunde überstünde. Nachher wollte ich in die Nacht hinausstürmen und stellte mir vor, daß ich eine Tarnkappe trüge. Da geschah das Unwahrscheinliche: Das Mädchen trat auf mich zu, draußen im Halbdunkel, und sagte ganz unbefangen: »Guten Abend, Biebi!« – meinen Spitznamen kannte sie wohl von ihrem Bruder –, »bringst du mich nach Hause?« Das war wirkliche Größe, das war souverän. Wir plauderten, ohne auf den schrecklichen Abend anzuspielen, und schließlich gab sie mir meine Unbefangenheit zurück. Wenn wir uns nachher immer wieder einmal trafen, fiel ebenfalls nie ein Wort über den verkrachten Abend, aber auch nicht über unsere Liebe. Nur ein kleiner Zettel, den ich ihr hin und wieder in die Hand drückte und den sie auch ihrerseits mit einigem »Geschriebenen« erwiderte, deutete durch Gedankenstriche, Pünktchen und zwischen den Zeilen an, was uns verband. (Gegenüber dem Freund schwieg ich mich gleichfalls aus, mit ihm sprach ich harmlos wie bisher.) Es waren Lieder ohne Worte, die wir in heimlichen Duetten sangen. Wir wurden nicht fertig mit dem, was uns erfüllte und fast zu sprengen schien.

Reisen in der Schulzeit

Der tatenlustige, phantasievolle Direktor unseres Gymnasiums ließ mich zusammen mit einigen Schulfreunden manche Reisen erleben, die für die damalige Zeit, zu Anfang der zwanziger Jahre, in ungewöhnliche Fernen gingen: zweimal in die Niederlande und einmal ins Baltikum, nach Estland. Paeckelmann suchte für lang aufgeschossene und unterernährte Jungen, von denen ich einer war, immer wieder nach Fettweiden, um uns dort bei gastfreien Pflegeeltern aufzufüttern. Wahrscheinlich haben diese Reisen mich vor schwereren gesundheitlichen Schäden bewahrt, so daß ich mich dankbar der freundlichen und selbstlosen Menschen erinnere, die uns unter ihre Fittiche nahmen.

Eine der Reisen in die Niederlande, zu denen ich mit zwei Klassenkameraden als Zwölfjähriger aufbrach, begann mit einem aufregenden Abenteuer: Wir drei wurden von unserer Klasse sehr beneidet, als uns ein Lehrer eröffnete, daß wir aus unseren Hungerregionen nun in ein Land fahren würden, wo Mich und Honig fließe. Überdies bleibe uns die bevorstehende Mathematikarbeit erspart. Meine Mutter hatte mit Liebe meinen Koffer gepackt und der Vater seine Ratschläge in der Ermahnung gipfeln lassen, ich solle mein tief daniederliegendes Vaterland mit Würde und Bescheidenheit vertreten. Dann brach der letzte Schultag an, zu dem ich beschwingt aufbrach. Er sollte aber ein Desaster werden.

Als wir aus dem Unterricht in das Direktorzimmer gerufen wurden, ahnten wir noch nichts Böses. Der Chef würde uns gewiß unsere Reise-»Urkunden« aushändigen. Die niederländischen Pflegeeltern der deutschen Kinder mußten nämlich auf dem oberen Teil eines Pappschildes, das uns dann um den Hals gehängt wurde, ihren Namen und ihre Adresse schreiben. Unsere Personalien hatten wir in die zweite Spalte einzutragen. So wurde alles getan, damit wir nicht irgendwo verlorengehen konnten. Wir waren natürlich sehr gespannt, wohin und zu wem uns unser Ausweisschild dirigieren würde.

Der Direktor, der sonst immer strahlte, empfing uns mit ungewöhnlichem Ernst und eröffnete uns, daß unsere Reise leider ins Wasser fiele. Die erhoffte Zusage von drei Pflegeeltern sei nicht eingetroffen. Da wankte der Boden unter unseren Füßen, wir stürzten in ein dunkles Loch und schluchzten verzweifelt. Paeckelmann sah uns voller Mitgefühl an und schwieg. Plötzlich aber lachte er:»Jungs, ich habe eine Idee, ich besorge euch doch noch die Schilder und bringe sie euch morgen in die Bahnhofshalle nach Rittershausen.« Die Tränen versiegten im Nu, und als wir uns zurück in die Klasse trollten, sagte einer von uns:»Paecki läßt uns eben nicht im Stich.«

Am nächsten Morgen war die Bahnhofshalle mit Kindern gefüllt, die ihr Reiseschild um den Hals hängen hatten, nur wir nicht. Als wir uns beim Transportleiter meldeten, wies er uns barsch ab. Auch unsere Versicherung, der Direktor würde unsere Ausweise noch bringen, fruchtete nichts, denn unsere Namen standen nicht auf seiner Liste. Abermals stiegen uns angesichts dieser neuen Enttäuschung Tränen in die Augen. Schon waren fast alle Kinder durch die Sperren hindurch, und wir allein drohten zurückzubleiben. Da kam im letzten Augenblick der Direktor und schwang schon von weitem unsere Schilder. Doch der barsche Mann wollte sie nicht anerkennen. Sie könnten unmöglich stimmen, da wir ja nicht auf seiner Liste ständen. Aber unser Paecki machte ihn so zur Schnecke, daß er schließlich in demütige Bücklinge ausbrach und uns endlich einsteigen ließ.

Wir brauchten für die Reise zwei Tage mit einer primitiven Übernachtung, weil wir das gesamte besetzte Gebiet umfahren mußten.

Kaum waren wir in unserem Abteil, als wir gespannt unseren Umhänger studierten. Utrecht sollte unser Ziel sein. Als wir dann Namen und Adressen unserer Pflegeeltern lasen, blieb uns fast das Herz stehen. Es waren lauter Adlige auf Schlössern und Herrensitzen, ein Graf, ein Baron und ein Herr van ... Das würde ein Leben werden! Sicherlich könnten wir da reiten, mit eleganten Kutschen fahren und mit auf die Jagd gehen. Und wir würden von livrierten Butlern bedient werden!

Am zweiten Abend der Reise kamen wir todmüde auf dem Bahnsteig von Utrecht an, wo viele Pflegeeltern auf diesen Kinderzug warteten. In einem schrecklichen Durcheinander und mit großem Geschrei suchten die einander Unbekannten sich gegenseitig zu finden. Auch wir hoben unser Brustschild hoch. Doch während es allenthalben Umarmungen und Küsse gab, schien nach uns kein einziger Mensch Ausschau zu halten. Am Ende blieben wir allein und verlassen auf dem leeren Bahnsteig zurück und setzten uns erschöpft und übermüdet auf unsere Koffer, derweil das Heimweh an uns nagte.

Die drei einsamen Jungen auf dem Perron waren wohl dem Stationsvorsteher aufgefallen. Jedenfalls näherte sich uns ein Mann mit roter Mütze. Obwohl wir seine Sprache nicht verstanden, merkten wir, daß er das Rätsel unseres Hierseins ergründen wollte. Er las unsere Schilder und schüttelte den Kopf. Auch als er uns in seinen Dienstraum mitnahm und dort in Adressen- und Telefonbüchern nachschlug, erschreckte uns sein ständiges Kopfschütteln. Schließlich telefonierte er, ohne sich weiter um uns zu kümmern, und unsere Verzweiflung stieg. Nach langer Zeit kam eine junge deutschsprechende Dame, Fräulein Kraft. Sie erkundigte sich warmherzig und teilnahmsvoll nach dem Grund unseres Verlassenseins. Als wir ihr unsere aristokratischen Adressen zeigten, verfiel sie ebenfalls in das vertraute Kopfschütteln. Was uns widerfahren war, hat sie uns später erklärt:

Paecki hatte unseren Schmerz bei seiner Absage einfach nicht ertragen und sich schlicht Phantasienamen für unsere Schilder ausgedacht. Er sagte sich wohl: Sind die Jungen auf diese Weise erst mal über die Grenze, wird man sie schon nicht zurückschicken und irgendwo unterbringen.

Jedenfalls lag der Schwarze Peter nun bei ihr. Die peinliche Not, in die wir sie durch unsere Existenz versetzten, konnte sie nicht ganz verheimlichen, als sie uns etwas ratlos gestand, sie wohne nur in Untermiete und könne uns unmöglich bei sich unterbringen. Doch nahm sie uns zunächst einmal zu ihrer Zimmerwirtin mit, damit wir unseren Bärenhunger etwas stillen könnten. Die Zimmerwirtin aber war wenig erbaut über unser Erscheinen und behandelte uns – der einzige je erlebte Fall in den Niederlanden – unwirsch und kratzbürstig. Immerhin genossen wir Suppe und Pudding wie Ambrosia und Nektar. Gerade die Sättigung jedoch und das Nachlassen der Nervenanspannung ließen mir plötzlich unser Unerwünschtsein in der Fremde rabenschwarz erscheinen, so daß ich einen Weinkrampf nahen spürte. Um mir nichts zu vergeben – ich dachte an die Ermahnungen meines Vaters –, schlich ich mich auf das stille Örtchen und heulte mich aus. Da ich die Tür nicht abgeschlossen hatte, kam das Dienstmädchen ahnungslos herein und prallte zurück. Da ein deutscher Junge nicht heult, eine damals übliche Devise, und ich mich im Ausland befand, wo ich mein Vaterland zu repräsentieren hatte, tat ich so, als ob mir übel geworden sei. Damit konnte ich meine Heimat ja nicht kompromittieren! Die gute Seele wies mich dann an, was dagegen zu tun sei, steckte beispielhaft den Finger in ihren Hals und forderte mich zur Nachahmung auf. Um der Ehre meines Vaterlandes willen spielte ich die begonnene Rolle tapfer zu Ende und brach so mein erstes niederländisches Essen wieder aus.

Nach vielem Telefonieren brachte uns Fräulein Kraft für die erste Nacht in einem »Heim für gefallene Mädchen« unter. Ehe ich in einen Erschöpfungsschlaf fiel, hörte ich noch das Glockenspiel des Doms: »Jesu, meine Freude...«, das mich sanft in die Welt der Träume geleitete. Anderentags wurden wir dann auf eine nicht bekannt gewordene Weise in der Stadt ausgeboten. Jedenfalls fanden wir wunderbare Pflegeeltern. Sie wohnten in einigen Patrizierhäusern der Krommen Nieuven-Gracht. Es waren märchenhaft schöne Ferienwochen mit vielen Jungenabenteuern, von denen ich hier nur das erste, das Erlebnis einer Verlassenheit, erzählen wollte, das eine gewisse prototypische Bedeutung auch für spätere Lebenssituationen behielt.

Daß Barmer Gymnasiasten fast aller Altersstufen 1923 zu einem mehrwöchigen Aufenthalt nach Estland aufbrachen, war damals eine Sensation. Niemand aus unser aller Bekanntenkreis war jemals an diesem »Ende der Welt« gewesen. Die meisten wußten nicht einmal, wo dieses ferne Land lag, und meine Großmutter war entsetzt, daß meine Eltern mich mit in diesen fernen »Dschungel« gehen lassen wollten, wo es vielleicht noch Wölfe gab. Daß unsere harmlose Fahrt als großes Abenteuer galt, ist heute kaum noch zu begreifen, wo Jugendliche in großer Zahl sogar in andere Kontinente jetten.

Für die meisten meiner Kameraden und auch für mich war es herrlich, von Stettin nach Reval auf dem »Doppelschrauben-Schnelldampfer ›Rügen‹« – schon diese Bezeichnung war überwältigend! – unsere erste Seefahrt zu machen. An sie schloß sich die nächtliche Ratterfahrt in einer Schmalspurbahn mit kläglicher Funzelbeleuchtung nach Weißenstein, wo wir in einem Internat untergebracht wurden. Es wurde geleitet von einer früheren Hofdame der russischen Zarin, die im Gespräch mit den buntgemischten Bewohnern und Besuchern mühelos vom Russischen ins Französische und Deutsche hinüberwechselte.

Wir wurden auf viele Rittergüter der baltischen Aristokratie eingeladen. Obwohl ich erst Tertianer war, gewann ich einen Eindruck von der menschlichen Größe dieser Gestalten. Sie hatten ihre Güter großenteils verloren und hockten nun meistens unter kümmerlichen Umständen in Nebengelassen oder umgebauten Ställen. Trotz ihrer Armut hatten sie uns eingeladen, feierten mit uns rauschende Feste, nahmen uns mit zu nächtlichem Krebsfang bei Fackelschein und zu weiten Kahnfahrten auf dem überschwemmten Land. In der Erinnerung sehe ich die Landschaft vor mir wie ein impressionistisches Bild: Überschwemmungen bis zum Horizont, so daß sich ein riesiger See vor uns auszubreiten schien und in der Ferne Wälder, Wälder...

Nur wie von weitem, wie aus einer anderen Welt, berührten uns in dieser Entrücktheit die Briefe der Eltern, die über Inflation und das Besatzungselend berichteten. Einmal aber kam mir das Ferne dann doch ganz nahe, als mich im Gespräch mit einem Weißensteiner Beamten dessen Weltfremdheit aufregte. Er verstünde nicht, so meinte er, daß wir die Franzosen nicht einfach aus dem Lande hinauswürfen, wenn sie uns solchen Ärger machten. »Wie sollen wir das denn anstellen«, erwiderte ich, »wir sind besiegt und haben keine Waffen.« – »Ja, dann muß man es eben mit List anfangen, man muß sie von hinten überfallen, wenn sie gerade nicht darauf gefaßt sind.« Solche Naivität ließ selbst meine jungenhafte Diskutierlust verstummen.

Der bewegende Abschied am Schluß der Reise bleibt mir unvergeßlich. Beide, die Rückkehrenden und die Zurückbleibenden, gingen ungewissen, auf jeden Fall aber dunklen Geschicken entgegen. Auf den einen wie den anderen lastete die Aussichtslosigkeit. Die kurze Berührung der beiden so verschiedenen Welten hatte die vergangenen Wochen illuminiert und ein Stück vergehender baltischer Geschichte noch einmal vor uns aufleuchten lassen. Nach menschlichem Ermessen würden wir uns nie wiedersehen. So winkten wir noch lange aus unserem Schmalspur-Expreß zurück, bis wir die Fenster schlossen und mit unserer Bewegung alleine waren.

Die Schulzeit endete mit der traditionellen *Weimarfahrt*, die unsere Lehrer Holthöfer und Bohle betreuten. Ich widerstehe der Versuchung zu erzählen, wie diese Fahrt unsere Schuleindrücke von den Klassikern verlebendigte, welche Ehrfurcht uns beim Betreten des Goethehauses am Frauenplan und des Mausoleums ergriff, wie unser Herzschlag aussetzte, als der große Ludwig Wüllner auf der Bühne des Nationaltheaters in seiner Rezitation steckenblieb und ein Zuruf aus dem jungen Publikum ihm weiterhalf. (Er quittierte das mit einem wütenden »Danke«!) Ähnliches haben auch viele andere erlebt und darüber berichtet. Ich beschränke mich auf zwei persönliche Erinnerungen:

Auf unseren Klön- und Kommersabenden, vor allem nach den Klassikeraufführungen im Theater, begegnete uns ein ehemaliger Schüler unseres Gymnasiums, der in Weimar ansässige Regierungsrat Ebbinghaus, als ungemein fesselnder Erzähler. Als junger Mann war er Friedrich Nietzsche in seinen letzten Lebensstadien nahegewesen, als die Nacht des Wahnsinns ihn umfing. Von dieser Zeit, wo er ihm und seiner Mutter als eine Art Famulus diente, wußte er uns auf eine bewegende Art zu berichten.

Schon sein Titel »Regierungsrat« flößte mir Respekt ein, weil ich als kindliches Gemüt der Meinung war, er bezeichne so etwas wie einen regierenden Staatsmann. Diese Illusion wirkte sich verhängnisvoll aus, als ich dazu bestimmt wurde, bei einem abendlichen Fest die Tischrede zu halten und unseren Ehrengast dabei besonders zu begrüßen. Es war die erste Rede, die ich in meinem jungen Leben halten mußte, und ich war von unbeschreiblichem Lampenfieber, vor allem in Gedanken an diese Respektperson, erfüllt. Meine Stichworte hatte ich diskret auf einem Bierdeckel vermerkt. Um mir einen legeren Anstrich zu geben, hielt ich eine Hand in der Hosentasche und umklammerte dabei die beiden Riesenschlüssel meines Quartiers; sie bildeten einen Winkel, weil der Bart des einen im Henkel des anderen steckte. Als mir Bohle endlich das Zeichen gab, erhob ich mich und begann mit der Anrede: »Herr Ministerpräsident!«, worauf sich ein großes Gelächter erhob und Ebbinghaus dazwischenrief: »Das kann alles noch werden!« Noch während ich mit meiner Verwirrung kämpfte, bemerkte ich mit Entsetzen, wie mein »Konkurrent«, der *auch* gerne diese Rede gehalten hätte, den Bierdeckel mit meinen Stichworten wegschob und scheinbar arglos unter sein Glas legte. Da biß ich nicht nur die Zähne zusammen, sondern drückte auch vor Schreck die Schlüssel in meiner Hosentasche so jäh zusammen, daß der Bart abbrach und ich später nicht in mein Quartier konnte, sondern bei einem Kameraden notdürftig unterkriechen mußte.

An diesem Abend merkte ich wohl zum ersten Mal, was Morgenstern in seinem Galgenlied über das »Butterbrotpapier« in Verse gefaßt hat: daß Angst kreativ werden und Geist produzieren kann. In einer mir rätselhaften Weise fand ich nämlich ganz muntere Worte, die sogar wegen ihrer Lockerheit anerkannt wurden. Auch das war wieder eine prototypische Erfahrung, die sich später immer wieder bestätigte: Wenn ich in äußerster Bedrängnis war und mein Manuskript nicht zur Hand hatte, ging es am besten. Nicht nur Enthusiasmus, auch Angst kann beflügeln.

Eine andere Erinnerung rührt an tiefere Schichten. In meiner Klasse waren nicht wenige, denen das Aufsatzschreiben Spaß machte und die es auch recht gut beherrschten. So kamen wir auf die Idee, einen besonders gut gelungenen Klassenaufsatz über den Weimarbesuch zu einem kleinen Buch zu verarbeiten, das wir dann zusammen mit eigenen Photos und einem Vorwort unseres Deutschlehrers als Broschüre veröffentlichten. Ich selber hatte einen allzu lyrischen, wortreich-überschwenglichen Essay beigetragen, der den Blick von der Wartburg beschrieb. Darin fand sich ein Satz, der wiederholt in Zeitungsrezensionen zitiert wurde. Ich sprach dort von dem armseligen, seelenlosen Heute, über das wir uns nur erheben könnten, wenn wir uns in die Größe unserer *Vergangenheit* versenkten, und ich kam dann zu der etwas vollmundigen Sentenz: »Das ist die Tragik unseres Jahrhunderts: Wir reifen nicht, wenn wir vorwärts schreiten, wir reifen, wenn wir zurückschauen. Im Schoße der Vergangenheit ruht das Große.« Die Journalisten fügten gerne hinzu, daß sich in dieser Sentenz der innere Zustand der »heutigen« Jugend verrate.

Verhältnis zur Weimarer Republik

Wenn ich das jetzt noch einmal lese, glaube ich in der Tat, daß diese ziemlich altkluge Formulierung unser Verhältnis zur damaligen Gegenwart richtig umschreibt. Die Weimarer Republik war für uns ohne Zukunftsverheißung, sie erweckte keinerlei politisches Interesse in uns, höchstens ein negatives. Wir verachteten sie. Selbst Männer wie Friedrich Ebert, deren Größe uns heute aufgegangen ist, wurden damals von uns als lächerlich empfunden. Ich erinnere mich noch an ein Illustriertenphoto, auf dem er mit Gustav Noske in makaber herabsetzender Art in Badekleidung abgelichtet war. Dieser »Sattlergeselle« galt uns im Vergleich zum Glanz der Kaiserzeit als trübe Erscheinung. Natürlich entsprang diese Verzerrung der Perspektive nicht unserer jugendlichen Mentalität; sie war nur der Reflex und die Vergröberung dessen, was uns als kollektive Meinung der bürgerlichen Erwachsenenwelt begegnete. Einmal ging diese Verachtung so weit, daß unsere sportlichen Matadore die schwarz-rot-goldenen Schleifen von ihren Siegerkränzen herunterrissen und zertraten. Das gab zwar ein schlimmes Nachspiel, und Paecki hielt uns in der Aula eine Standpauke sondergleichen, verhängte auch empfindliche Strafen, doch ich erinnere mich nicht, daß uns das tiefer beeindruckt hätte. Wir meinten wohl, die Staatsräson zwinge ihn als Beamten, so zu reagieren.

Insoweit war die politische Zeitgeschichte für uns irrelevant und uninteressant. Selbst die obligatorische Zeitungslektüre bei unserem Geschichtslehrer Bohle konnte daran kaum etwas ändern, zumindest was die Innenpolitik betraf. Und da Politik für uns einen Leerraum bedeutete, faszinierten uns auch keine Ziele, geschweige denn Utopien. Daß wir von keinerlei Ideologien motiviert waren – es sei denn, man sähe in der Verleugnung der Weimarer Republik ideologische Motive wirksam –, gründete nicht in unserer Immunität dagegen, sondern beruhte auf Indifferenz, die einer der Gründe war, weshalb schon ein halbes Jahrzehnt später die Nazi-Doktrin sich wie ein reißender Strom über alles hinwegwälzen konnte und kaum Widerstand fand. Diese politische Indifferenz der Bürgerlichen und ihres Nachwuchses hatte ein Vakuum gebildet, das von den Nazis ideologisch ausgefüllt werden konnte.

Die merkwürdige Sentenz meines Aufsatzes erscheint mir heute als das Bekenntnis, daß der Sinn der Geschichte sich im Vergangenen erfüllt hat und daß sie für uns Junge keine neuen Aufgaben mehr bereithält, für die es sich lohnt zu leben. Wir emigrierten aus der

Geschichte in kleine, private Zirkel, in Wanderromantik, in Hobbys und – in pathetischen Augenblicken – in die Bewunderung dessen, was Nietzsche die »monumentale Historie« genannt hat: jene Verwirklichung der äußersten Möglichkeiten des Menschen, wie sie sich uns in den einstigen Höhenzügen der Menschheit darbietet. Das Humanistische Gymnasium mag seinen Teil zu dieser Haltung beigetragen haben. Bei allem Respekt vor der Idee dieser Schule übersehe ich nicht die Gefahr, die in ihr lauern *kann*: daß die Erfüllung mit geschichtlichem Sinn es möglicherweise dahin kommen läßt, die eigene Geschichte zu verlieren. Genau das wollte ja auch Nietzsche andeuten. Doch kann das niemals ein Argument gegen das Humanistische Gymnasium selber werden. Denn was sein Verlust für uns bedeutet – und wir gehen ja dem Verhängnis seiner Liquidierung entgegen –, wird uns erst allmählich aufgehen. Das, was ich als seine mögliche Gefahr – ein Übergewicht an geschichtlichem Bewußtsein, das das konkrete Leben verdrängt – bezeichnete, kann sich nur in geschichtlichen Epochen aktualisieren, in denen der Sinn für die Antike und damit für das historische Einst auf ein Defizit an bewußt erlebter Gegenwartsgeschichte trifft. Diesem Defizit sah sich die Jugend der Weimarer Republik in der Tat überantwortet.

Studenten- und Assistentenzeit
1928–1936

Meine Studentenzeit begann in Greifswald, wo mich vor allem die Ostsee lockte. Studiert habe ich dort nur anderthalb Semester. An die spätere Zeit sind bloß verschwommene Erinnerungen geblieben, weil ich sie als Schwerkranker in der chirurgischen Klinik zubrachte. Jenes erste Semester liegt für mich in einem merkwürdigen Zwielicht: Ich fühlte mich in vielem unglücklich und ging einer inneren Krise entgegen, von der ich später noch erzählen will. Vieles aus dieser Zeit aber leuchtet auch zurück: In der Verbindung »Sedinia« fand ich gute Gesellen, mit einigen von ihnen bin ich noch heute verbunden. Meine Korporation war von der romantischen Tradition der Jugendbewegung geprägt: Wir sangen an nächtlichen Lagerfeuern, segelten mit eigenem Boot auf dem Bodden und machten eine Märchenwanderung durch die Insel Rügen. Dort hörte ich zum ersten Male Nachtigallen singen. Auch zwei Professoren, deren Bücher mich bis heute begleiten, haben Spuren in meinem Leben hinterlassen:

Rudolf Hermann, der Systematiker – eigentlich durfte ich ihn als Erstsemester noch gar nicht hören –, war ein fast selbstquälerisch bohrender Denker, das Urbild eines Wahrheitssuchers. Seine Hörer wurden in den Prozeß seiner Reflexionen förmlich hineingenommen, sie waren Ohrenzeugen ihres Entstehens, ihrer immer neuen kritischen Infragestellung und des sublimen Herantastens an vorläufige Resultate. Das alles geschah unter Ächzen und Stöhnen, mit Pausen des Schweigens, in denen er zum Fenster hinaus in die Ferne blickte. Seine verhaltene Stimme und der drängende Gestus seiner Hände drückten das Ringen um Formulierung aus. Zu seiner Zeit gab es niemanden, der die theologischen Tiefen des jungen Luther so ausgelotet hätte wie er. Sein größter Schüler, dessen Lutherforschung durch ihn geprägt wurde, ist Hans Iwand gewesen.

Rudolf Hermann lud seine Studenten immer wieder in sein Haus an der Wolgaster Landstraße ein, wo wir die Gastfreundschaft seiner mütterlichen Frau genossen. Aber auch dort konnte sich der schwerblütige Mann nie ganz von dem Problem lösen, das ihn gerade beschäftigte. Von ihm erfuhr ich als junger Mensch, was theologische Leidenschaft ist. Darf sie aber das Leben verzehren, dem sie doch dienen soll? Diese Frage rührte mich damals zum ersten Male an. Mußte die Erlösung, an die jene Leidenschaft ihre Gedanken wandte, nicht auch Erlösung zur Freiheit, zum spielerischen Umgang mit den Gaben der Schöpfung sein? Erst später wurde mir klar, an welche Konflikte diese Fragen rühren.

Gleichwohl war Hermann kein bloßes Gedankengespenst; sonst wäre er einem Zwanzigjährigen wohl fremd geblieben. Wir spürten hinter seiner denkerischen Unerbittlichkeit warmherzig menschliche Züge. Als er mich in meiner Klinikzeit Woche für Woche besuchte, saß er, obwohl ich nicht mit ihm sprechen konnte, weil ich zu krank war, immer lange an meinem Bett und griff von Zeit zu Zeit nach meiner Hand. Bis zu seinem Tod verfolgte er meinen Weg und schrieb mir zu meinen Veröffentlichungen. Von diesem kritischen Mann Ermutigung zu erfahren, vielleicht um drei Ecken herum auch einmal ein verklausuliertes Lob, hat mir immer viel bedeutet.

Eine andere herausragende Gestalt unter meinen Lehrern war der Neutestamentler Julius Schniewind, eine aristokratische Erscheinung dank seiner Wuppertaler Patrizierherkunft. Sein kultiviertes Haus stand uns Studenten jederzeit offen. In abendlichen Gesprächen wurden nicht nur Themen der Vorlesung aufgegriffen, sondern auch Literatur und Musik – er war ein konzertreifer Pianist – kamen zu ihrem Recht. Und wie bezaubernd konnte er erzählen, wie lebendig trat uns im Porträt seiner Lehrer ein Stück Theologie- und Philosophiegeschichte entgegen! Vor allem aber war er der Seelsorger seiner Studenten. Er fand mit unfehlbarem Instinkt heraus, wo einen der Schuh drückte, und kam direkt, gleichwohl unaufdringlich, darauf zu sprechen. Das konnte auch in zupackender Kritik geschehen, wenn er bei einem Kommilitonen frommes Geschwafel witterte, hinter dem keine eigenständige Erfahrung stand. Als einer von uns einmal von »unserem sündigen Fleisch« sprach, fuhr er ihm scharf über den Mund und verbat sich das Nachschwätzen pseudopastoraler Redensarten. Er hoffe sehr, fügte er hinzu, später einmal als Teilnehmer seines Gottesdienstes von der Kanzel herab nicht mit einer derart abgestandenen Brühe übergossen zu werden.

Schniewind wußte die Evangelien so auszulegen, vor allem Gestalt und Worte Jesu so unmittelbar vorzuführen, daß einem deren Wahrheit bestürzend nahekam – sogar mitten in philologischer Filigranarbeit. Er erschien uns in einem realistischen Sinne als »Urchrist«, als einer, der »dabeigewesen« war und als Augenzeuge reden konnte. Es gab in seinen Kollegs Augenblicke prophetischer Vollmacht, die uns den Atem verschlugen, gleichwohl aber in ihrer Nüchternheit nichts von schwärmerischer Verstiegenheit an sich hatten. Wenn sein Wort dann – wie in der eben berichteten Szene – als ein Blitz allen scheinfrommen Dunst durchzuckte, dann ging es nicht um die Attacke eines Spötters, der sich aus unberührter Distanz über gewisse christliche Klischees lustig machte, sondern um die Zurechtweisung durch einen »Augenzeugen«. Schon seine bloße Gegenwart vermittelte uns, wieviel nur Anempfundenes, bloß Weitergetratschtes unser konventionell-christliches Vokabular enthielt. Er trainierte unseren Instinkt für Echtheit. Für mich ist er *der* große geistliche Lehrmeister gewesen. Auch im Dritten Reich blieb er sich selber treu, mehrfach wurde er »strafversetzt«.

Unser Herz schlug ihm nicht zuletzt deshalb entgegen, weil wir seine Liebe zu uns Studenten fühlten. So machte er auch unsere Späße und Narreteien mit. Eine besondere Schwäche hatte er für meinen Freund und Verbindungsbruder Hans-Martin Helbich, den späteren Berliner Generalsuperintendenten. Durch dessen schlagfertiges bayrisches Mundwerk fühlte er sich teils schockiert, teils auch amüsiert. Dazu möchte ich ein bezeichnendes Erlebnis berichten:

Selbst in dem froststarrenden Winter 1928/29 blieb Schniewind beim Weg zur Vorlesung immer einige Augenblicke an einer Straßenkreuzung stehen, um nach dem einen oder andern seiner Hörer auszuschauen und sich unterwegs mit ihm zu unterhalten. Dabei traf er einmal den in seinem dünnen Lodenmäntelchen völlig verfrorenen Helbich. Er zupfte ihn am Ärmel und meinte mitleidig: »Ihr Fähnchen wärmt Sie wohl nicht sehr, was?« Darauf Helbich: »Na ja, so einen feinen Pelzmantel wie Sie kann ich mir natürlich nicht leisten!« Das war Schniewind doch eine Spur zu frech, und er reagierte mit einem etwas streng geäußerten Hinweis auf den zu respektierenden Abstand von Alter und Rang: »Herr Helbich, ich bin immerhin ein Mann, der im Krieg gewesen ist!« – »Aha, also geklaut!«, platzte der dann heraus. Diese Flucht nach vorn ließ die Quantität einer solchen Frechheit dann in die Qualität einer gemeinsamen Heiterkeit umschlagen. Schniewind meinte nur noch: »Einmal werde ich Ihnen Ihr loses Maul schon noch stopfen!«

Eine Gelegenheit dazu erspähte Schniewind am Semesterende, als er die Fleißprüfungen über seine Römerbrief-Vorlesung abnahm. Das geschah in der Regel in einem kurzen Einzelgespräch, bei dem der Examinand einen Textabschnitt zu übersetzen und zu interpretieren

hatte. Helbich wurde dazu in die Wohnung Schniewinds bestellt und mußte lange warten. Er hatte praktisch nichts für die Prüfung getan, war ziemlich ahnungslos und verließ sich darauf, daß er sich schon herausreden könne, zumal der Examinator ja eine Schwäche für ihn hatte. Das lange Warten aber machte ihn doch nervös. Endlich wurde die Flügeltür zum Nachbarzimmer geöffnet. Der völlig unerwartete Anblick, der sich ihm da bot, ließ selbst diesem nervenstarken Bayern das Blut in den Adern erstarren. Dort saß ihm nämlich die gesamte Fakultät in feierlichen Gehröcken gegenüber. Völlig verdutzt erhob er sich. Der Dekan, Hermann Wolfgang Beyer, eröffnete ihm dann in einer kurzen Rede, daß *einmal* im Jahr die Fleißprüfung in Gegenwart der Fakultät vorgenommen werden müsse. Man habe dazu das Examen Helbichs ausersehen. »Assistent Greeven, übernehmen Sie das Protokoll. Kollege Schniewind, beginnen Sie bitte mit der Prüfung.« Voller Schrecken begann dann Helbich eine miserable Übersetzung herunterzustottern, ein grausliches Fiasko, das immer neue Mißfallenskundgebungen der Professoren auslöste. Plötzlich bemerkte er aber, daß einige der Herren sich amüsiert anblinzelten und daß Schniewind sich das Lachen nur schwer verkneifen konnte. Kaum war ihm klar, daß man da Schabernack mit ihm trieb – *einmal* wollte Schniewind ihm ja das Maul stopfen! –, sprang er auf und setzte seinerseits zu einer Rede an: »Spektabilität! Meine Herrn Professoren! Ich danke Ihnen, daß Sie mir die Ehre widerfahren ließen, sich heute um mich zu versammeln, und denke, daß nun der Vorhang fallen kann!« Inmitten der ausbrechenden Heiterkeit hörte Helbich noch Schniewind sagen: »Nun hat er doch wieder das letzte Wort!«
Was war geschehen? Schniewind war nach Königsberg berufen worden, hatte seine Kollegen zu einem Abschiedskaffee eingeladen und sie auf den geplanten Mummenschanz präpariert, den alle begeistert mitmachten. Nun zog man, den frechen Helbich in der Mitte, gemeinsam zur festlichen Kaffeetafel. In der folgenden Nacht schellte es Sturm an unserem Verbindungshaus, so daß wir alle aus tiefem Schlaf hochfuhren. Ein Eilbote der Post brachte einen großen Briefumschlag für Helbich. Es war das Protokoll seines Examens. Wenigstens auf *diese* Weise suchte Schniewind ihm noch einen Tort anzutun.
Ich will nicht von weiteren Studentenstreichen erzählen, doch diese kleine Eulenspiegelei meinte ich den Schubläden der Erinnerung entnehmen zu müssen, weil sie die Idylle in einem Universitätsstädtchen der späteren zwanziger Jahre zeigt – in der kurzen Phase

zwischen der überwundenen Inflation und dem braunen Unheil. Es war, als ob die Geschichte einen Augenblick den Atem anhielte und für wenige Jahre den Homo ludens gewähren ließ.

Kurz bevor ich im Zweiten Weltkrieg mit einem Reise- und Redeverbot belegt wurde – es muß um 1941 gewesen sein –, habe ich Schniewind in Halle noch einmal wiedergesehen und einen Tag in seinem Hause verbracht. Diese Begegnung ist mir ein Halt durch die folgenden schweren Jahre gewesen:

Buchstäblich den ganzen Tag über kamen Besucher mit Schreckensmeldungen. Frühere Studenten brachten von der Front die Nachricht von gefallenen Kommilitonen, Pfarrfrauen meldeten die Verhaftung ihrer Männer, die Versetzung eines Pfarrers in das »Himmelfahrtskommando« einer Strafkompanie oder besonders schikanöse Behandlungen durch die Gestapo – und so ging es fort. Bei dem Bericht über einen besonders brutalen Fall sprach Schniewind mit einem Nachdruck, der mich an den neutestamentlichen Begriff der »Exousia« (Vollmacht) erinnerte, den Satz: »Der Herr wird sie zerstreuen in *einem* Augenblick.«

Ich habe diesen prophetischen Augenblick nicht vergessen. Damals schien Hitler noch nahezu alles zu gelingen. Wir hatten das Gefühl, daß die Schlinge um unseren Hals langsam immer fester gezogen wurde. Ein Ende war nicht abzusehen. Und dann dieser Satz vom Sturz der Titanen! Von nun an konnte ich die Schreckensgeschichte mit einer ruhigen Gewißheit verfolgen: Die Tyrannei würde ein Ende haben. Ein höheres Regiment behielt das Heft in der Hand und würde uns weiterführen. Nur Reinhold Schneider konnte in seinen Versen, die unter der Hand verbreitet wurden, in ähnlich prophetischer Vollmacht von diesem Ende sprechen. Und als ich in Goethes »Epimenides' Erwachen« die Worte über das Ende im Abgrund las, empfing ich die tröstende Bestätigung dieser Weissagung. Auch Goethe hatte etwas von dieser Schicksalskurve gewußt:

> Doch was dem Abgrund kühn entstiegen,
> Mag durch ein ehernes Geschick
> Den halben Erdkreis übersiegen –
> Zum Abgrund muß es doch zurück.

Nach dem Kriege wurde Schniewind neben seinem Lehramt zum Propst von Halle-Merseburg berufen. Er war damals ein gebeugter Hiob, weil der Krieg harte Opfer von seiner Familie verlangt hatte. So waren seinem Sohn, einem bedeutenden Konzertpianisten, in

Rußland alle Finger abgefroren. Mit dem Fahrrad machte er in dieser Hungerzeit bei jedem Wetter seine Dienstfahrten, bis er zusammenbrach. Immer wenn ich auf das Wort im Daniel-Buch stoße: »Die Lehrer werden leuchten wie des Himmels Glanz«, denke ich auch an ihn.

Damit bin ich weit vorausgeeilt, weil das Porträt des geliebten Lehrers es so verlangte: Ich kehre zu meinem Greifswalder Studienbeginn zurück.

Es war ein völlig unberechtigtes Selbstgefühl, mit dem ich nach wohlbestandenem Abitur 1928 auf die Universität Greifswald zog und mich bei den Theologen einschrieb. Vor allem das läppische Wort eines Lehrers, der meine Demetrius-Arbeit gelesen hatte: »Was wollen Sie überhaupt noch auf der Universität?«, hatte eitle Wallungen in mir erzeugt, deren ich mich heute noch schäme. Meine Unfähigkeit, zwischen Schule und Universität zu unterscheiden, und die naive Illusion, ich hätte ja schon einmal eine »große Arbeit« geschrieben, mag der Anlaß gewesen sein, daß ich in einem alttestamentlichen Proseminar bei Martin Noth mit den exegetischen Anfängeraufgaben nicht zufrieden war und mir ein »gewichtigeres« (!) Thema erbat. Der große Alttestamentler – später einer der international führenden Vertreter seines Fachs – ließ sich bei meiner dreist-ahnungslosen Bitte keinerlei Spott anmerken, stimmte meinem Wunsch zu und überließ das Thema meiner freien Wahl. In unbeschreiblich dilettantischer Verblendung phantasierte ich mir den Arbeitstitel zurecht: »Die Entwicklung der israelitischen Religiosität von Adam bis Christus.« Noch heute hüte ich diese Arbeit im Museum meiner Jugendtorheiten. Der Professor aber nahm sie völlig ernst, versah sie sogar mit einer beschämend guten Note und zeigte mir bei einer Unterredung, in der er mich nicht, wie ich es verdient hätte, zum dummen Jungen degradierte, sondern mich als jugendlichen Partner behandelte, daß das alles barer Unsinn sei und daß man ohne jedes handwerkliche Können eben zu einer solchen Torheit gelangen müsse.

So setzte er mit weisen und zarten Händen einen Punkt hinter meine geistige Pubertät und zeigte mir, was es heißt, vor einem völligen Neubeginn zu stehen. Ich stürzte, als ich das ganze Feld meiner Ignoranz überblickte, in eine große Mutlosigkeit, empfand mich als Scharlatan und das Verbindungsleben von nun an trotz guter Gesellen als eine Qual, die mich vom eigentlichen Lebensthema abhielt.

Heute weiß ich, daß das, was nun folgte, eine verhängnisvolle Flucht in die Krankheit war.

Ich litt seit einigen Jahren an einer gewaltigen, das Atmen behindernden Schilddrüsenschwellung (Kropf), die durchaus und mit einiger Aussicht auf Erfolg internistisch hätte behandelt werden können. Obwohl ich von verschiedenen Ärzten vor der Operation gewarnt wurde – zumal in Greifswald, wo Kröpfe kaum vorkommen –, erzwang ich sie mit List und Energie. Es war nicht nur die Lust an gewaltsamen und schnellen Lösungen, die mich auch später zu manchen Torheiten trieb, sondern es war vor allem auch die Sehnsucht, einmal durch Schmerz und Dämpfung des Bewußtseins abgelenkt zu sein von dem Horror vacui und der schrecklichen Steuerlosigkeit, der ich mich preisgegeben sah.

Die Krankheit

Die große Operation fand Ende Februar 1929 statt und endete katastrophal. Neben einer eitrigen Lungenembolie (Empyem), die eine Rippenresektion nötig machte, erkrankte ich lebenslänglich an einer schweren postoperativen Tetanie, die mir in der medizinischen Welt durch allerhand Fallbeschreibungen eine traurige Berühmtheit verschaffte. Ich verfiel in grauenvolle und schmerzhafteste Starrkrämpfe, die auf das Atemzentrum übergriffen und jedesmal dicht an den Tod führten. Die Anfälle kündigten sich jeweils durch ein kreatürliches Angstgefühl an. Als ich später wiederholt über das Phänomen der Angst zu reden und zu schreiben hatte, haben mir diese Zustände vor Augen gestanden. Kalzium-Einspritzungen, die vorübergehend halfen, waren bald nicht mehr möglich, weil die Armvenen entzündet waren.

Obwohl ich mein ganzes Studium hindurch, vier Jahre lang, von Universitätsklinik zu Universitätsklinik wanderte – in Marburg, Erlangen und Bonn –, konnte man mir nicht helfen. Man versuchte die Epithelkörperchen, die den Säure-Basenhaushalt steuern und bei der Operation verlorengegangen waren, auf mannigfache Art zu ersetzen: durch die Drüsen eines tödlich Verunglückten, die man blitzschnell unter die Bauchhaut implantierte, mehrfach auch durch die Drüsen von Hammeln, die neben mir auf einem anderen Operationstisch lagen. Da sich das in der Marburger Klinik herumsprach – schon deshalb, weil es danach jeweils reichlich Hammelfleisch gab –, hieß ich dort der »Hammel-Thielicke«. Schließlich versuchte man es mit den Epithelkörperchen eines menschlichen Fötus. Sechs Wochen war ich der einzige männliche Patient in der Bonner Frauenklinik, um auf den traurigen Anlaß für deren Gewinnung zu warten. Als mir das Warten einmal zu langweilig wurde, ließ ich mich heimlich für zwei Stunden in ein Bonner Kino bringen, gab aber zur Vorsicht meinen Namen an der Kasse an. Und tatsächlich: Plötzlich traf mich der Lichtschein einer Taschenlampe, und die Platzanweiserin rief mich eilig ans Telefon. Der Arzt sagte mir wütend, was mir einfiele, die Klinik unerlaubt zu verlassen, der Fall X sei soeben eingetreten, es sei höchste Eile geboten. Schon am Eingangstor des Klinikgrundstücks sah ich die Weißmäntel, die mir, kaum war ich im Hause, die Kleider vom Leibe rissen und mich in den OP brachten. Dort hatte ich meine Inkorrektheit bitter zu büßen. Das Donnerwetter, das über mich erging, war noch das geringste Übel. Viel schlimmer war, daß ich eine Implantation der Drüsen in das Bauchfell ohne jede Betäubung ertragen mußte. Ich bin eigentlich immer hereingefallen, wenn ich einmal etwas ausgefressen hatte!

Alle diese Quälereien halfen nicht. Ferdinand Hoff, damals noch Privatdozent in Erlangen, hatte mir wenigstens vorübergehend Erleichterung verschafft durch hohe Dosen von Amoniumchlorid. Schwere Lähmungserscheinungen waren aber die Folge, denn die Kristalle lagerten sich in der Muskulatur ab, die Nieren wurden erheblich geschädigt. Ich konnte nicht gehen, und ich konnte mich nicht bücken. Schließlich fristete ich mein Leben in einem Rollstuhl, während ich eher verzweifelt weiterarbeitete. Meine Kommilitonen brachten mir ihre Mitschriften aus Vorlesungen und Seminaren, die ich selber nur selten besuchen konnte, und verständnisvolle Klinikchefs ermöglichten mir, daß ich meine Krankenstube in ein kleines Studierzimmer verwandeln konnte.

Besonders dankbar denke ich an Ferdinand Hoff zurück – keineswegs nur deshalb, weil er mir wenigstens zeitweise helfen konnte. Er war mir auch durch seine Menschlichkeit eine Stärkung. Wir philosophierten abends oft stundenlang, vor allem über Plato. Immer wieder mußte ich ihm auch von meiner philosophischen Doktorarbeit erzählen, die ich bei Eugen Herrigel über »Das Verhältnis zwischen dem Ethischen und dem Ästhetischen« schrieb. Trotz meines üblen Zustandes arbeitete ich mit Feuereifer an meinem Thema. Die Konzentration auf eine schöpferische Arbeit war eine wohltuende Ablenkung von meinem qualvollen Zustand.

Eugen Herrigel selber, meinen Erlanger Doktorvater, habe ich während dieser Zeit nur wenig gesehen und gehört. Wenn ich ihm begegnete, übte er eine seltsame Faszination aus. Er war mehrere Jahre Professor in Japan gewesen, sah fast wie ein Japaner aus und hatte sich tief in den Zen-Buddhismus versenkt. Er schien immer von weither aus meditativer Versunkenheit zu kommen, wenn man ihn ansprach. Als ich in Japan viele Jahre später Vorlesungen hielt und dort erwähnte, daß ich bei Herrigel promoviert hatte, leuchteten die Augen meiner Gesprächspartner auf, und man versicherte mir, Herrigel habe das Mysterium von Zen verstanden wie kein anderer Europäer.

Vor meinen Eltern hatte ich meine Promotionsabsicht verheimlicht, um ihnen die Enttäuschung zu ersparen, falls ich damit nicht zu Rande kommen sollte. Daher waren sie völlig überrascht, als ich ihnen telegraphisch meldete, daß ich mit der besten Note bestanden hätte. Nicht lange danach, als ich schon von Erlangen nach Bonn übersiedelt war, bedeutete es eine der wenigen Freuden in diesen dunklen Jahren, als mir das schön gedruckte, bei Felix Meiner in Leipzig erschienene Buch in die Klinik gebracht wurde. Mein Vater hatte als Druckkostenzuschuß die damals riesige Summe von 1900 Mark beisteuern müssen, damit das Buch erscheinen konnte. Er tat das, weil die Eltern meinten, es sei wohl in meiner gesundheitlich aussichtslosen Lage meine einzige Hinterlassenschaft.

Als ich von Bonn aus mein erstes theologisches Examen in Koblenz ablegte, war ich in einem so üblen Zustand, daß mein treuer Schul- und Studienfreund Werner Tzschachmann mich begleiten und pflegen mußte. Ich war außerstande, mich auch nur selber anzuziehen, und konnte die Klausuren nur mit großer Selbstüberwindung schreiben. Inzwischen gab es ein amerikanisches Hormonmittel, das auf den Schlachthöfen von Chicago aus tierischen Drüsen gewonnen wurde. Dieses »Collipsches Para-T-Hormone« genannte Präparat sollte in Fällen wie dem meinen wahre Wunder bewirken. Leider kostete es monatlich 1200 Mark. Eine Kasse konnte in der damaligen wirtschaftlichen Notlage diese Summe nicht zur Verfügung stellen, zumal sie auf Dollarbasis abzurechnen war. Der Bonner Internist Paul Martini, mein behandelnder Arzt, kämpfte verbissen um Staatsmittel für dieses lebenslänglich anzuwendende Mittel. Ich rechnete es ihm hoch an, daß er mich über den Ernst meines Zustandes nie im unklaren ließ. Wir sprachen ganz offen darüber, daß es hier um die einzige und letzte Chance ging. Er gab mir sogar die Kopie seines Gutachtens, das er an das Preußische Kultusministerium mit der Bitte um die Finanzierung des teuren Präparats geschickt hatte. Es schloß mit den Worten: Die Entscheidung über diese Bitte »bedeutet für diesen tüchtigen und tapferen Menschen die Entscheidung, ob ihm ein weiteres Leben vergönnt sein wird, das sich in bezug auf Arbeitsfähigkeit sowohl wie Lebensfreude nicht unwesentlich von dem anderer gesunder Menschen zu unterscheiden braucht, oder ob ihm in nicht sehr ferner Zeit nach schweren Qualen ein sicherer Tod in Aussicht steht«. Danach entließ er mich Anfang April 1933 nach Hause, weil ich nur noch auf die erbetene Zusage oder auf das Ende zu warten hatte.

Während ich in meinem Barmer Elternhaus diesem schicksalhaften Bescheid entgegensah, kam es noch zu einem kurzen Zwischenspiel, das trügerische Hoffnungen in mir weckte: Der bekannte, damals in Köln wirkende Internist Hans Eppinger hatte von meinem Fall gehört. Da er gerade mit einschlägigen Forschungsarbeiten befaßt war, lud er mich für etwa einen Monat in seine Klinik ein. Er lockte mich mit dem Versprechen, mir aus seinen Etatmitteln die ganze Zeit über das teure »Para-T-Hormone« zur Verfügung zu stellen. Obwohl die mir zugedachte Rolle als Versuchskaninchen sicherlich ihre Tücken hatte, konnte ich dem Angebot nicht widerstehen, es bedeutete ja einen weiteren Monat Leben.

Meine Freunde schafften mich an einem Sonntagnachmittag in die Kölner Klinik, wo ich den etwas trostlosen ersten Abend damit zu überbrücken suchte, daß ich mein Ammoniumchlorid mit Hilfe der stets mitgeführten Apothekerwaage in Kapseln abfüllte und so mein »tägliches Brot« für den folgenden Tag bereitstellte. Ich wußte ja nicht, ob man mich schon am ersten Tag mit dem amerikanischen Mittel beglücken würde. Plötzlich betrat – ohne anzuklopfen – ein mir gänzlich fremder Mensch mit einem großen knurrenden Hund mein Krankenzimmer. Ohne sich als Klinikchef vorzustellen – es war tatsächlich Eppinger höchstpersönlich –, auch ohne die geringste Nachfrage, ob ich der oder der sei und wie es mir gehe, fragte er nur barsch, was ich da triebe. Ich kann mir heute noch nicht verzeihen, daß ich ihm vor lauter Überraschung brav Auskunft gab, statt ihn zu ersuchen, den üblichen formalen Gepflogenheiten zu entsprechen und sich vorzustellen. Er bezeichnete alle meine Apothekersachen als Unsinn und nahm sie mir weg. Worauf ich ihm erklärte: »Wenn ich jetzt und morgen früh meine Dosis nicht bekomme, habe ich spätestens um 10 Uhr den übelsten tetanischen Anfall. Schließlich habe ich da meine langjährigen Erfahrungen.« Darauf er, mit einem höhnischen Blick: »Das überlassen Sie gefälligst mir!« Noch während ich ihn auf sein Versprechen mit dem »Para-T-Hormone« hinwies, verließ er wort- und grußlos den Raum.

Nach einer schlimmen Nacht fühlte ich am anderen Morgen die Schrecken eines Anfalls nahen. Der Brustkorb krampfte sich ebenso wie die sonstige Muskulatur zusammen. Ich rang unter schauerlichen Schmerzen nach Luft und bekam wegen des Kieferkrampfes einen Korken zwischen die Zähne. Der erschreckte Stationsarzt rief den Chef, der mich völlig unbeteiligt und wiederum wortlos betrachtete und dann befahl, alle freien Klinikärzte samt den Psychiatern zusammenzutrommeln, um sich das Schauspiel anzusehen, wie ich mich in Qualen wand. Als die Weißmäntel dann das Zimmer bis hinaus auf den Gang füllten, erklärte ihnen Eppinger, daß man hier einen klassischen Fall psychogener Tetanie vor sich habe; bei einer veritablen somatischen Tetanie dieses Ausmaßes würde ich kaum noch leben und hätte erst recht nicht Promotion, Examina und anderes hinter mich bringen können. Er schien anzunehmen, daß ich absent sei und seine lichtvollen Ausführungen nicht mehr zur Kenntnis nähme.

Derweil glotzten mich alle an. Plötzlich wandte er sich mir zu, beugte sich über mein Bett und umschmeichelte mich mit unerwartet schmelzender Stimme: »Jetzt wollen wir Sie aber von Ihren Schmerzen befreien und Ihnen die erlösende Kalziumspritze geben.« Er ließ sich ein Rieseninjektionsgerät reichen, mit dem er die Armvene anstach. Bei der langsamen Infusion versicherte er immer wieder mit seiner pseudohuman angewärmten Stimme: »Sehen Sie: die Finger lösen sich schon . . . auch um die Brust wird es Ihnen jetzt weiter . . .«.

Doch es geschah nichts dergleichen. Die Krämpfe schnürten qualvoll alle Muskeln zusammen, und ich keuchte in meiner Erstickungsnot. Man hatte eine simple Kochsalzlösung injiziert und mich also – in diesem Zustand! – mit einem Placebo-Schwindel gepeinigt. Dann wieder Eppinger, nach diesem Fehlschlag zu seinen Weißkitteln gewandt: »Nun werden wir etwas Blut für die Bestimmung des Kalziumwertes abnehmen.« Erst nach Tagen erfuhr ich von einem befreundeten Arzt, der sich mit der Klinik in Verbindung gesetzt hatte, daß der Blutkalziumwert einen derart katastrophalen Tiefstand aufgewiesen hatte, daß an der Echtheit des tetanischen Anfalls nicht mehr zu zweifeln war. Endlich bekam ich die Kalziuminjektion, die mich schlagartig, wie schon so manches Mal vorher, in den Normalzustand zurückholte.

Nun aber geriet ich wegen der widerfahrenen Mißhandlung in eine ziemlich hochgradige Wut und schalt die Herren wegen ihres unärztlichen Verhaltens. Es sei unglaublich, daß man ohne eine Bestimmung des Blutkalziumspiegels sofort die Diagnose »psychogen« gefällt hat. Außerdem sei ich betrogen worden: Man habe mich mit dem amerikanischen Präparat in die Klinik gelockt, könne das aber bei *dieser* Diagnose gar nicht ernst gemeint haben.

Dann kam wohl der für mich widerwärtigste Akt des Dramas: Während ich mich so expectorierte, beguckten mich die Herren weiterhin, einige indifferent, andere leicht ironisch – sie sahen in mir den Psychopathen, der zumindest partiell nicht ernst zu nehmen war. Was ich auch vorbrachte, es blieb Symptom einer psychischen Fehlkonstellation. Später bin ich dankbar dafür gewesen, daß mir das *einmal* in meinem Leben widerfahren ist, denn seitdem habe ich, immer wenn ich einen psychisch Kranken vor mir hatte, meinen Blick kontrolliert. Ich wollte mich nicht der Kränkung seiner Menschenwürde schuldig machen.

Nach Hause zurückgekehrt, erreichte mich am Tag, an dem die Absage des Preußischen Kultusministeriums kam, eine Mitteilung Martinis: Er habe ein neu erfundenes deutsches Medikament erhalten, das zwar noch nicht ausprobiert sei, das mir aber in seiner Klinik zur Verfügung stünde, wenn ich noch diesen letzten Versuch machen wollte. Das klang nicht sehr ermutigend, zumal ich schon eine große Anzahl solcher Mittel ohne Erfolg ausprobiert hatte. Ich war auch zu schwach, um mich zu einem erneuten Versuch motiviert zu fühlen. Schließlich aber gab ich dem verzweifelten Drängen meiner Mutter nach und ließ mich nach Bonn bringen.

Vom Stationsarzt erhielt ich eine kleine Flasche, die nur wenigen großen Kliniken zur Erprobung überlassen worden und noch nicht im Handel war. Auf ihr stand die Bezeichnung AT 9 (Antitetanicum) und darunter »Gift«, was wohl eine Warnung angesichts der Unerprobtheit ausdrücken sollte. Diese Warnung war zugleich der Grund dafür, daß man mir nur die kleinste Dosis zu verabreichen wagte. Als das nichts half, trank ich in meiner Verzweiflung die ganze Flasche aus. Ich wollte eine gewaltsame Entscheidung: Entweder das Mittel würde bei dieser maximalen Einnahme helfen oder das »Gift« würde mich umbringen. An diesem Abend schloß ich mit meinem Leben ab. Immer wieder betrachtete ich den Kruzifixus gegenüber meinem Bett. (Nach meiner Entlassung durfte ich ihn behalten, und noch heute hängt er über meinem Schreibtisch.) Der ungeheure Alarm, den meine Tat in der Klinik auslöste, berührte mich nur noch von ferne. Als ich am anderen Morgen erwachte, wunderte ich mich zunächst über das bloße Faktum und fühlte mich auf unerklärliche Art glücklich. Ich hatte das Gefühl, gerettet zu sein, und empfand so etwas wie einen euphorischen Kraftstrom in meinen Gliedern.

Dieses Wiedererwachen geschah am Karfreitag des Jahres 1933. Ich habe das, was ich da erlebte, immer als ein Wunder empfunden. Nicht daß hier auf mirakulöse Weise ein Loch in den Kausalnexus gerissen worden wäre – nein, es ging um etwas ganz anderes. Zwei Kausalfolgen liefen unabhängig voneinander ab: Die eine bestand im Prozeß meiner Krankheitsgeschichte, der auf den Exitus zusteuerte. Die andere vollzog sich in der Abfolge eines Forschungsunternehmens, dessen Schauplatz das Labor von Friedrich Holtz, dem Erfinder des rettenden Medikamentes, in der Berliner Charité war. Was ich als Wunder verstand und verstehe, war einzig und allein die Fügung, daß beide Kausallinien sich an dem entscheidenden Punkte meines Lebens schnitten: dort, wo es unmittelbar vor seinem Ende stand. Eine quantifizierbare Abfolge von Geschehnissen gewann plötzlich personale Qualität dadurch, daß ein menschliches Leben gerettet wurde. Die Qualifizierung jenes Schnittpunkts als »Wunder« ist freilich nur für den evident, der daran glaubt, »daß regiert wird«. (Dies war das letzte Wort Karl Barths, als er unmittelbar vor seinem Tod mit seinem Freund Eduard Thurneysen telefonierte.) Auch das Neue Testament hat das Wunder nie als eine objektivierbare Gottesdemonstration verstanden.

Meine Rettung schenkte mir die Freundschaft zweier großer Ärzte, denen meine unauslöschliche Dankbarkeit gilt: Ferdinand Hoff und Friedrich Holtz. Für Ärzte wie sie bedeutet es eine in Demut entgegengenommene Erfüllung ihres Berufs, wenn es ihnen gelingt – umzingelt von scheinbarer Aussichtslosigkeit –, ein menschliches Leben zu retten.

Jedenfalls – nach diesem Tage des Wiedererwachens ging es in steiler Kurve aufwärts. Was bedeutete es schon, daß ich wie ein Zuckerkranker lebenslänglich an die Einnahme dieses Mittels gebunden sein würde! Ich lebte davon mehr als vier Jahrzehnte, bis es erst in den letzten Jahren durch ein anderes, noch wirksameres Medikament ersetzt wurde. Kaum ein Jahr nach meiner Rettung erwarb ich das Sportabzeichen. Es war ein unsagbarer Rausch, sich nach Jahren schrecklicher und aller Hoffnung beraubter Einsamkeit dem Leben zurückgegeben zu sehen. Ich wußte jetzt, was Glauben heißt, und alles das, was mich vorher an der Theologie gefesselt hatte, wurde durch ganz neue Impulse hinweggefegt.

Begegnungen mit Karl Barth

Die letzte Zeit der Krankheit und der Beginn der Genesung fielen in meine beiden Bonner Semester. Wenn ich im Verlauf des Jahres 1932 auf meiner Studentenbude in der Quantiusstraße hausen konnte, halfen mir treue Freunde, hin und wieder die Lehrveranstaltungen Karl Barths zu besuchen. Auf diese Weise kam ich wenigstens in einen gewissen Kontakt mit dem großen Meister.

Von Anfang an war mein Verhältnis zu Karl Barth äußerst zwiespältig. Mir imponierte einerseits die ungeheure Wucht und Einseitigkeit, mit der er den unendlichen qualitativen Abstand von Ewigkeit und Zeit, Gott und Mensch herausstellte. Zugleich war ich auch hingerissen von seiner ironischen Polemik, die auf den steilen Türmen seines Systems reizvolle Elmsfeuer züngeln ließ. Und wehe dem, auf den er seine Brandfackeln schleuderte! Er verband Tiefe mit Keckheit, und diese Kombination ist für ein studentisches Gemüt in der Regel unwiderstehlich. Trotzdem sträubte ich mich gegen das, was ich als theologischen Elfenbeinturm empfand: Barth bekümmerte sich nicht um die konkrete – innere und äußere – Situation des Menschen, in die hinein die christliche Botschaft doch auszurichten ist. Jede Überlegung eines Predigers, welche Bedingungen des Verstehens er bei seinen Hörern voraussetzen darf, mit welchen Fragen, Hoffnungen und Ängsten sie in den Gottesdienst kommen, an welche Gefühle und Gedanken er bei ihnen »anknüpfen« kann – alle Reflexionen dieser Art waren ihm höchst suspekt. Der Prediger habe jede Bemühung um Vergegenwärtigung und Aktualisierung aufzugeben, weil allein *das Wort* selber sich den Hörer schaffe, und zwar ohne jedes eigene (manipulierende) Zutun des Verkünders. Dann aber kann der bloße Versuch, nach »Anknüpfungspunkten« auf seiten des Hörers zu suchen, doch nur bedeuten, daß man dem Worte Gottes eine *eigene* Mächtigkeit nicht mehr zutraut. So muß man denn in der Tat darauf erpicht sein, ihm mit allerhand taktischen Mätzchen zu Hilfe zu kommen und sich zu überlegen, durch welche Haupt- oder Hintertüren man dem Worte Gottes Einlaß ins Bewußtsein oder ins Gemüt der Menschen verschaffen kann.

So blendete Barth – jedenfalls in seiner frühen, auch noch in seiner Bonner Zeit – den Bereich dessen aus, was man als »natürliche Anthropologie« bezeichnen könnte. Als wir ihn am Vorabend des Dritten Reiches baten, in seiner Vorlesung einmal etwas über Christentum und Nationalsozialismus zu sagen, verweigerte er das mit dem bezeichnenden Argument, politische Situationsprobleme seien »kein theologisches Thema«. Natürlich habe er seine bestimmten Meinungen zu dem allem, und in seiner Sprechstunde sei er gerne bereit, uns private Eröffnungen darüber zu machen.

Das war typisch für ihn: Die riesige Zahl der Arbeitslosen in den letzten Stadien der Weimarer Republik, die wirtschaftliche Katastrophe sowie die außenpolitische Zwangslage unter dem Druck des Versailler Vertrages – das alles sah er zwar in seiner *politischen* Bedeutung, *theologisch* aber war es für ihn ohne Belang. Die streng durchgehaltene »unendliche qualitative Distanz« von Zeit und Ewigkeit plazierte diese Themen tief unterhalb der Todeslinie unserer Zeitlichkeit. Deshalb gab es auch keine theologisch geleitete *Ethik* für ihn, jedenfalls nicht im damaligen Stadium seiner Entwicklung. Bei dem unerhörten Einfluß, den Barth durch das zunehmende Gewicht seiner Schule auf die Kirchenpolitik während der Naziherrschaft gewann, führte dieses Defizit dazu, daß in dem Themenbereich »Christentum und Welt« mehr und mehr ein theologisches Vakuum entstand, das der Irrgeist des Nationalsozialismus dann ziemlich widerstandslos füllen konnte. Da Barth sehr bald nach der Machtübernahme Hitlers zum geistigen Führer des kirchlichen Widerstandes und de facto zum Cheftheologen der Bekennenden Kirche wurde, beeinflußte jenes anthropologische Defizit auch deren Programm. So mußte es zu einer schweren Hypothek der Bekennenden Kirche werden, daß sie im wesentlichen nur pro domo – sprich: für den internen Bestand der Kirche und ihres Bekenntnisses – kämpfte. Bezeichnend dafür war ihre Parole: »Kirche muß Kirche bleiben«: Es ging ihr fast ausschließlich um die Erhaltung der eigenen kirchlichen Identität.

So begnügte sie sich in den ersten Stadien des Dritten Reiches damit, das Eindringen der nazistischen Partisanen, sprich: der »Deutschen Christen« in die kirchlichen Leitungsorgane abzuwehren. Man übersah dabei allzu leicht, daß die Strategie des Nationalsozialismus darauf angelegt war, gerade in jenen *anthropologischen* Bereichen, im *weltlichen Umland* der Kirche sozusagen, die Macht an sich zu reißen: in den Schulen und Universitäten durch ideologische Indoktrination, in der Erziehung durch Monopolisierung der Hitlerjugend und Auflösung kirchlicher Verbände, in der Sozial- und Innenpolitik durch Ausschaltung der Parteien und Gewerkschaften. All das galt aber eben, wesentlich unter dem Einfluß Barths, nicht als theologisches Thema und schien das Tabu des kirchlichen Bekenntnisses nicht zu berühren.

Insofern war man auf rein innerkirchliche Gesichtspunkte fixiert. (Nur ausnahmsweise – so von Bonhoeffer oder der Kreisauer Gruppe oder auch dem Freiburger Widerstandskreis, um nur einige zu nennen – wurden Stimmen laut, die den kirchlichen Widerstandsauftrag in sehr viel weitere Perspektiven einbezogen.) Ja: Wenn Hitler die Augsburgische Konfession oder den Heidelberger Katechismus oder andere Bekenntnisschriften angetastet hätte, *dann* wäre man wohl bereitwillig auf die Scheiterhaufen gestiegen! Auf diesen Augenblick des Status confessionis aber wartete man vergeblich. Von der Existenz solcher ehrwürdigen Dokumente hatten die braunen Drahtzieher natürlich nicht einmal eine Ahnung.

Also trieb man wacker und aufopferungsvoll innerkirchliche Partisanenabwehr, während Hitler draußen in der »Welt« das Humanum wie das Christianum auszuhungern bemüht war und den Belagerungsring um die Stadt Gottes enger und enger zusammenzog. Erst sehr viel später – und wohl vor allem ausgelöst durch die Drangsalierung des jüdischen Nächsten – begann man in der Bekennenden Kirche über die eigenen Grenzpfähle hinauszublicken und die umfassende Strategie des Antichrist zu erfassen. Das führte dann auch, etwa seit 1937, bei Karl Barth zu einer theologischen Kehrtwendung.

Natürlich waren diese Entwicklungen im Jahr 1932, als ich bei Barth studierte, noch nicht entfernt vorauszusehen. Meine damaligen Vorbehalte gegenüber dem Meister, die mich die Weihen zum »Barthianer« verweigern ließen, gründeten vor allem in dem instinktiven Gefühl, daß diese Theologie den weltlichen Rahmen des menschlichen Daseins nicht ernst nehme und deshalb in ein Gefälle auf dogmatische Spekulationen hin geraten müsse. Schon zu dieser Zeit begann ich an einem theologischen Gegenkonzept zu basteln, das ich dem großen Mann an einem mir unvergeßlichen Abend entgegenschleuderte:

Barth veranstaltete in seinem Haus allwöchentlich Offene Abende, an denen er mit seinen Studenten die vorangegangenen Wochenvorlesungen in munteren Dialogen besprach. An einem solchen Abend faßte ich mir ein Herz und griff ihn heftig wegen des anthropologischen Defizits in seiner Theologie an. Ich suchte ihm als junger philosophischer Doktor mit vielen Kantzitaten und eigenen Ideen klarzumachen, daß es weder eine Theologie noch eine Pädagogik geben dürfe, die an der Bewußtseinsstruktur und der existentiellen Lage ihres jeweiligen Adressaten so verachtungsvoll vorübergehe wie die seine. Dahinter stehe bei ihm so etwas wie eine Wortmagie, die der Verkündigung ihre Konkretheit raube und die alte Ketzerei des Doketismus (= Scheinleiblichkeit) auf neue Art Urständ feiern lasse. Er verbaue sich so den Weg zu einer christlichen Ethik, lasse die Menschen ohne theologische Lebensorientierung und verlege seine dogmatischen Bemühungen in entlegene metaphysische Räume, wo er seine denkerische Energie in Spekulationen über die heilige Trinität und andere »himmlische« Themen verströme.

Das war gewiß eine etwas jugendliche und allzu stürmische Attacke. Das versammelte Studentenvolk, meist aus treuen Anhängern bestehend, hörte betreten zu, denn im allgemeinen ging es an diesen Abenden um ziemlich brave Rekapitulationen dessen, was der Meister vorgetragen hatte. Barth aber schien es Spaß zu machen, daß einmal jemand aus der Reihe tanzte und die Grundlagen seines Denkens attackierte. Jedenfalls kam es zwischen ihm und mir zu einem scharfen Wortgefecht, das natürlich nicht mit Sieg oder Niederlage eines der Kontrahenten enden konnte. Am Schluß jedenfalls bedankte er sich sogar und sagte, schon lange sei an seinen Abenden nicht mehr so eindringlich philosophiert worden, und er bäte mich, doch ja wiederzukommen und den Advocatus diaboli bei ihm zu spielen. Diese Aufforderung ärgerte mich ein bißchen, weil seine freundliche Anerkennung nicht darüber hinwegtäuschen konnte, daß ihn mein Angriff überhaupt nicht erschüttert hatte. Ich war für ihn nur der Advokat einer Gegenposition, die für ihn längst ad acta gelegt war. Dabei hatte er zugegeben, daß er mich »nicht widerlegen, sondern jetzt nur noch ansprechen (!) könne«. Damit hatte er wohl sagen wollen, daß in unserem Dialog ein Punkt erreicht sei, an dem es nur noch um Bekenntnis und Gegenbekenntnis gehe. Mein Gegenbekenntnis aber rührte ihn nicht mehr an; dazu war er sich seiner Position viel zu sicher. Er brauchte nur jemanden, an dem er sich reiben konnte, um dialogische Funken zu erzeugen und sich nicht mit dem ewig respondierenden Sprechchor seiner Barthianer zu langweilen.

Auf diesen Offenen Abenden ließ Barth das ganze Spektrum seines reichen Geistes aufleuchten: seinen Charme, seinen Witz und vor allem seinen Humor. Was bei den jungen Rowdys und anderen subalternen Geistern unter seinen Gefolgsleuten nur ordinäre Frechheit war – je rüder man sich gab, um so deftiger meinte man sein Bekennertum wahrzunehmen –, das war beim Meister selber noch sublime Ironie. Einmal hatte er in einer Seminarsitzung über Paul Althaus' Buch »Die letzten Dinge« gesagt, durch die Theologie dieses Erlanger Kollegen höre man noch die Harmoniumklänge, die durch sein Elternhaus gerauscht seien. Wie hätten Studenten von solchen und ähnlichen Sottisen nicht entzückt sein sollen! Bei den letzten Offenen Abenden des Semesters wurde nicht mehr ernsthaft diskutiert, sondern Höhepunkte des Semesters noch einmal in Moritatenliedern, Knüttelversen und allerhand Sketchen vergegenwärtigt. So erlebten wir kurze Zeit nach diesem Barth-Spruch eine kabarettistische Szene aus der Kinderstube von Paul Althaus: einen Weihnachtsabend mit brennendem Tannenbaum. Zuerst war das Rattern einer Kindereisenbahn zu hören, danach feierlich getragene Harmoniumklänge und dazwischen plötzlich die Kinderstimme des kleinen Paul: »Mutti, jetzt erwacht mein religiöses Bewußtsein!«

Diese Geschichte – nur eine aus der Fülle der Barth-Anekdoten, mit denen ich aufwarten könnte – hatte ein Nachspiel. Als ich nach diesem Bonner Semester als Wiedergesundeter nach Erlangen ging, um bei Althaus theologisch zu promovieren, sah ich meinem ersten Besuch in seinem Haus nicht ohne Bangen entgegen. Ich fürchtete beim Anblick seines Harmoniums meine Contenance zu verlieren – dies um so mehr, als ich mit einem Freund eingeladen war, der ebenfalls jenen Barth-Abend miterlebt hatte. Dummerweise fielen unsere Blicke fast gleichzeitig auf das Harmonium samt einem weißen Marmorkreuz, kreuzten sich dann, so daß wir Mühe hatten, ein Losprusten zu unterdrücken. Leider war unsere Aufwallung Paul Althaus nicht entgangen: »Sie lachen über mein Harmonium?« fragte er mit hochgezogenen Augenbrauen. Wir wurden puterrot, wollten schier in den Boden versinken und leugneten entschieden – damals hatte man noch Respekt vor einer großen Lehrerautorität! So war es für uns eine Erleichterung, als Althaus, unsere Verlegenheit bemerkend, fortfuhr: »Wissen Sie, daß dieses Harmonium eine Geschichte hat?« Nein, das wußten wir natürlich nicht, und wir sahen ihn wohl mit etwas übertriebener Neugierde, vor allem aber beglückt über die Ablenkung an. »Mein berühmter Kollege Barth mag ja ein großer Mann sein«, meinte er dann, »doch ist er manchmal auch etwas taktlos. Denken Sie nur – ich habe es eben erst gehört! –, was er in seinem Seminar über mein Harmonium zu sagen sich erlaubt hat...« Und dann erzählte er in empörter Unschuld die Barthsche Seminar-Sottise. Da war es mit unserer Fassung vorbei. Wir platzten los und bemerkten deutlich, wie Althaus zusammenzuckte. Mein Freund rettete die Situation, indem er eine gewagte Flucht nach vorn antrat und die noch viel schlimmere Bühnenszene mit dem »Erwachen des religiösen Bewußtseins« erzählte. Einen Augenblick schien es auf des Messers Schneide zu stehen, ob Althaus einschnappen und uns hinauswerfen würde oder ob ihm der dialektische Umschlag seiner Empörung in Gelächter gelänge. Erst als seine Frau Dorothea loslachte, stimmte Althaus wohl oder übel, aber immer noch mit leichtem Widerstreben, ein. Humor war nicht seine stärkste Seite.

Barths Witz, mit dem er einen anderen verspotten konnte, war gelegentlich so bestrickend, daß er einem selbst dann ein Lächeln abnötigte, wenn man selber das Opfer seines Spottes war. So ging es mir einmal kurz nach Kriegsende. Ein amerikanischer Presseoffizier hatte mich in dem kleinen Korntal bei Stuttgart als Bombenflüchtling aufgestöbert und aufgefordert, für amerikanische Zeitungen einen Aufsatz zu schreiben, wie es im Lande Goethes und Beethovens zur Unmenschlichkeit des Nationalsozialismus habe kommen können. Angesichts einer recht penetranten Arroganz und Selbstgerechtigkeit der Amerikaner während der ersten Besatzungszeit hatte ich nicht die Absicht, ihnen durch einseitige Schuldbekenntnisse zu einer Selbstbestätigung zu verhelfen. Statt dessen stellte ich den Nationalsozialismus als einen Modellfall dar, an dem abzulesen sei, was aus einem Volk werden könnte, das aus vielerlei Gründen Halt und Orientierung verloren hat, so daß es in Hitler nicht das »Tier aus dem Abgrund« erkannt, sondern ihn für einen Engel des Lichts gehalten hätte. Die Amerikaner möchten achtgeben, daß sie nicht in eine ähnliche Lage gerieten, und sich unsere schreckliche Erfahrung als Lehre dienen lassen, denn – so schloß ich ziemlich pathetisch – »wir haben den Dämonen ins Auge geschaut«. Bald darauf hörte ich, daß Barth den Aufsatz zu Gesicht bekommen und im Kolleg gesagt hatte: »Da gibt es im Schwabenland den Thielicke, der den Dämonen ins Auge geschaut hat. Ob sich die Dämonen wohl arg erschrocken haben?« Diese witzige Frage, noch dazu in schweizerischem Zungenschlag, mußte selbst den Betroffenen in das allgemeine Gelächter einstimmen lassen, das diese rasch kolportierte Geschichte allenthalben auslöste.

Wir haben uns dann in den ersten Nachkriegsjahren noch manches Mal gestritten, brieflich und in Reden, einige Male auch mündlich in Basel. Meist ging es da um politisch-theologische Stellungnahmen Barths, vor allem um seine Art, die geschichtliche Schuld der Deutschen zu interpretieren und eine durchgängige Linie von Luther über Friedrich den Großen und Bismarck bis zu Hitler zu konstruieren. Einmal sagte er mir, nachdem wir über Stunden in seinem Basler Arbeitszimmer disputiert hatten: »Daß Sie gegenüber

Zeitgenossen oft so angriffslustig sind (ohne Rücksicht auf Verluste!), liegt wohl daran, daß Sie ›konstitutionell jung‹ sind. Aber nun sind Sie doch Professor und sollten allmählich etwas abgeklärter sein!« Er zählte dann einiges auf, was uns in unseren Grundpositionen trennte, meinte am Ende aber versöhnlich: »Eines verbindet uns jedenfalls: Wir können miteinander lachen!« Das geschah in der Tat immer wieder, nicht zuletzt deshalb, weil wir beide die Anekdote liebten.

In den letzten Jahren seines Lebens fand Barth mildere Worte über mich, gelegentlich sogar herzliche. Das kam wohl vor allem daher, daß sein Freund Eduard Thurneysen inzwischen auch mein Freund geworden war. Thurneysen beschäftigte sich eifrig mit meinen theologischen Arbeiten und hörte in Hamburg meine Predigten. Ich war voller Dankbarkeit für die Resonanz, die mein Tun und Lassen bei ihm fand, zumal ich seinen theologiegeschichtlichen Rang sehr viel höher einschätzte als viele, die ihn nur für eine Art Eckermann Karl Barths hielten. Er muß wohl bei dem großen Mann in Basel ein gutes Wort für mich eingelegt haben.

In Erlangen

Von Barth zu Althaus nach Erlangen: Das war nicht nur ein theologisches, sondern auch ein menschliches Wechselbad. Unterschiedlichere Lehrergestalten sind kaum denkbar. Ich ging nicht zu Althaus, weil ich sein Schüler werden wollte – dazu hatte ich zu viele Vorbehalte –, sondern weil er mir eine völlig freie Entfaltung der eigenen Entelechie gewähren würde. Es gab überhaupt keine »Althausianer«. Schon das Thema meiner theologischen Dissertation durfte ich mir selber wählen. Und es machte ihm später auch kaum etwas aus, daß ich darin eine durchaus polemische Haltung gegenüber seiner Theologie vertrat.

Althaus war damals, 1934, ein Mann in den besten Jahren, mit schmalem (im Dritten Reich als »nordisch« gerühmten) Kopf und frischer Gesichtsfarbe, äußerst liebenswürdig im Umgang mit seinen Kollegen und Studenten, aber auch sehr auf ein gewisses pontifikales Auftreten bedacht. So wünschte er, daß wir uns bei seinem Eintritt ins Seminar von den Plätzen erhoben und ihn nicht nur mit dem üblichen Klopfen und Trampeln empfingen. Vor jeder ersten Semestersitzung bat er mich, die Studenten daran zu erinnern. Er wußte sehr genau, daß er der Star der Universität war und daß vor allem seinetwegen die Scholaren nach Erlangen strömten. Einmal entwischte ihm in einer Unterhaltung der unwirsche Satz, daß ein auswärtiger Kollege ihn, den »Genius loci«, bei der Durchreise nicht besucht habe. Kurz danach gelang es mir, bei einem Offenen Abend in seinem Haus seinem Selbstbewußtsein einen kleinen Nasenstüber zu versetzen: Ich bemerkte, daß einen Studenten offenbar ein menschliches Rühren überkommen hatte, daß er aber im Haus des großen, etwas zur Feierlichkeit neigenden Theologen nicht recht wagte, die zuständige Lokalität zu erfragen. Ich erklärte ihm: »Herr X., zweite Tür links! Wenn Sie schon mal im Hause des Genius loci sind, müssen Sie auch einmal den Locus genii kennenlernen!« So etwas nahm Althaus durchaus nicht krumm, auch wenn er eine kleine Schrecksekunde zu überwinden hatte, die mich entzückte.

Seine Predigten in der Neustädter Kirche habe ich im allgemeinen gerne gehört. Sie kamen aus einem frommen Herzen. Als wir später einmal gemeinsam über die miserable Predigt eines Schluderers unseren Zorn entluden, meinte er: »Weißt du, ich habe es schon lange aufgegeben, eine geistvolle Kanzelrede zu erwarten. Auch in puncto exegetischer Gründlichkeit oder gepflegter Sprache bin ich bescheiden geworden. Nur auf etwas kann ich partout nicht verzichten: auf einen eigenen Ton.« Diesen eigenen Ton habe ich bei ihm stets gespürt, es gab bei ihm nichts nur Anempfundenes. Die Wahrheit, die er verkündete, war ein Stück seines Lebens.

Daß die Vorlesungen von Paul Althaus stark frequentiert wurden und man ihm gespannt zuhörte, hatte gute Gründe: Seine Kollegs waren didaktisch geschickt und einprägsam aufgebaut. Stoffliche Information und sorgfältige Kommentierung standen in einem ausgewogenen Verhältnis zueinander. Die Freude an der sprachlichen und rednerischen Gestaltung war unverkennbar. Wenn an den Höhepunkten seiner Darstellung der Satz von seinen Lippen floß (man muß es schon so sagen!): »Ich formuliere...«, dann setzte sich auch der letzte Federhalter in Bewegung, um die Prägnanz des nun folgenden Lehrsatzes einzufangen. Gerade diese große Gewandtheit des Ausdrucks verführte ihn allerdings auch nicht selten dazu, ein nicht zu Ende gedachtes Problem mit einer bestechenden Formulierung so zu umkränzen, daß weniger kritische Hörer die vermeintliche Lösung andachtsvoll bestaunten. Gerade schwierige und kontroverse Fragen überspielte er – gelegentlich! – elegant auf diese Weise. So erinnere ich mich an einen Passus, bei dem er den Streit zwischen Luther und Zwingli über die leibliche Gegenwart

Christi in den Abendmahlselementen darstellte und schließlich Stellung nehmen mußte. Er gab sich bei derartigen Anlässen gern den Anschein großer Entschiedenheit, liebte es aber zugleich, alle Kanten abzuschleifen und die Gegensätze in einem milden Akkord aufzulösen. So war es auch hier. Als der Ruf erklang »Ich formuliere«, prägte er den unvergeßlichen Satz: »Es kommt nicht an auf die Gegenwart der Leiblichkeit, sondern auf die Leiblichkeit der Gegenwart.« Offener Szenenapplaus. Jahrhundertelang hatten Lutheraner und Zwinglianer um das rechte Abendmahlsverständnis gerungen, und nun – endlich! – kam einer, der die lösende und erlösende Formel gefunden hatte. Und siehe: Alle, die unter diesem Katheder saßen, waren Zeugen des großen Augenblicks. In der Diskussion über diese Formel stellte sich dann heraus, daß sich niemand etwas unter ihr vorstellen konnte. Aber im Augenblick, in dem man sie hörte, verzauberte sie einen.

Walther von Loewenich spricht einmal von Althaus' Fähigkeit, »das Für und Wider, das Einerseits-Andererseits, das Sowohl-als-auch und das Ja-aber zu sehen«. Das konnte einen manchmal in ausgesprochenen Entscheidungssituationen rasend machen, und ich verstand Karl Barth gut, der einmal sagte:»Ich möchte ihn schütteln und schütteln, bis er endlich einmal etwas Eindeutiges von sich gibt.« Vielleicht war es sein Verhängnis, daß er seine geistige Konstitution nicht im ruhigeren 19. Jahrhundert hatte ausleben können, sondern damit ausgerechnet ins Dritte Reich geriet, in dem es nicht um synthetische Zusammenfügung, sondern um die Scheidung der Geister ging.

So hatte er, als ich 1934 zu ihm nach Erlangen kam, in seiner Begegnung mit dem Nationalsozialismus eine schwierige Anfangsstrecke zu überwinden. Wie viele andere war er zunächst voller Hoffnung und traute in unschuldsvoller Naivität den Versicherungen Hitlers in puncto »positives Christentum«. Seine deutschnationale Vergangenheit, verbunden mit einer breit entwickelten Lehre von den »Schöpfungsordnungen«, verlockten seine zur Harmonisierung neigende Natur dazu, die nazistische Doktrin über Blut und Boden, Volk und Rasse in sein Schöpfungsverständnis zu integrieren. Die jungen Nachwuchstheologen der Erlanger Fakultät, zu denen auch Wolfgang Trillhaas, Wilhelm Schwinn, mein späterer Schwager Walther von Loewenich und Kurt Frör gehörten, waren hier sehr viel skeptischer. In diesem Zusammenhang kam es zu dem einzigen Zusammenstoß mit Althaus, der mich vorübergehend sogar eine endgültige Trennung von ihm erwägen ließ.

Der Anlaß dazu war ein schändliches pseudolutherisches Machwerk, das als Gegenbekenntnis zur berühmt gewordenen »Barmer Theologischen Erklärung« der Bekennenden Kirche gedacht war. Ich meine den sogenannten »Ansbacher Ratschlag von 1934«, der von dem Erlanger Erzlutheraner Werner Elert inspiriert, vom »Nationalsozialistischen Evangelischen Pfarrerbund« (!) mit »amtsbrüderlicher Hochachtung und Heil Hitler!« abgesegnet und – horribile dictu – von Althaus mit unterzeichnet worden war. Man gab darin vor, »endlich die genuin lutherische Stimme zu Gehör« zu bringen. In Wirklichkeit war er nichts anderes als eine üble theologische Sanktionierung der nazistischen Ideologie, die unter anderem den Satz enthielt: Wir danken »als glaubende Christen Gott dem Herrn, daß er unserem Volk in seiner Not den Führer als ›frommen und getreuen Oberherren‹ geschenkt hat und in der nationalsozialistischen Staatsordnung ›gut Regiment‹, ein Regiment mit ›Zucht und Ehre‹ bereiten will...«.

Das alles erschien uns Jungen unerträglich. Wir organisierten im Uttenreuther-Haus (wenige Tage vor der Röhmrevolte am 30. Juni 1934) eine Protestversammlung, für die sich auch Lilje zur Verfügung stellte, und hieben in vielen Reden auf dieses opportunistische Monstrum ein. Althaus saß, wie ich in meinem Tagebuch vermerkte, »in der ersten Reihe wie auf einer Anklagebank«. Opportunistische Motive waren ihm sicherlich fremd. In dieser Hinsicht war er dem Drahtzieher Elert auf den Leim gegangen, der damals, unbeschadet seines hohen wissenschaftlichen Ranges, der ungute Geist der Erlanger Fakultät (und ihr Dekan!) war. Althaus war bei seinem Ja zu diesem Dokument zweifellos das Opfer seiner naiven Schöpfungslehre geworden, aufgrund derer er meinte, Gottes ewige Ordnungen seien empirisch aus der Weltbeobachtung zu erheben. Taten die Nazis denn etwas anderes, wenn sie Volk und Rasse mit der Würde einer von der Vorsehung gestifteten Ordnung ausstaffierten? Meine Dissertation – als ein Versuch, so etwas wie eine reformatorische Geschichtstheologie zu konzipieren – ist wesentlich aus dem Protest gegen diese fragwürdige Form natürlicher Theologie hervorgegangen. Sie suchte die Ambivalenz der Ordnungen, ihr Innestehen zwischen Schöpfung und Sündenfall deutlich zu machen. Daß Althaus diese regimekritische, auch ihn selber in Frage stellende Arbeit annahm, beweist jedenfalls, daß er nicht opportunistisch kalkulierte. Charakterlich war er untadelig, jedenfalls was seine Motive betraf.

Werner Elert hingegen hat mir den Aufstand gegen sein Elaborat nie verziehen und mein Bekenntnis zur »Barmer Theologischen Erklärung« stets als Indiz für meine Staatsfeindschaft und vor allem für eine in Erlangen untragbare Luthertumsfremdheit denunziert. Er tat alles, um meine Erlanger Habilitation zu vereiteln, und brachte Althaus damit oft zur Verzweiflung. Mein Lebensrückblick ist mir zu schade, um die mancherlei Zeugnisse für seine Abwürgungsversuche zusammenzustellen. Für mich war es manchmal eine Glaubensanfechtung, einen Theologen – und sogar einen von Rang! – sich dieser Mittel bedienen zu sehen.

Einen besonderen Trost in dieser Zeit bedeutete für mich und für viele andere eine so charaktervolle und in ihrem Widerstand eindeutige Gestalt wie der Erlanger Neutestamentler Hermann Strathmann. Er war Reichstagsabgeordneter des »Christlichen Volksdienstes« gewesen und hatte schon 1931 in seiner Broschüre »Nationalsozialistische Weltanschauung« eine klare Diagnose und Prognose dessen, was sich um Hitler tat, publiziert. Auch *nach* dem Ausbruch des Dritten Reiches gab er seine Opposition als Prediger auf der Neustädter Kanzel mannhaft, unerschrocken und mit einer Deutlichkeit zu erkennen, die seinen Hörern manchmal den Atem stokken ließ. Er war für mich eine Zuflucht bei allem, was mir von dem großen Widersacher in der Fakultät widerfuhr.

Die Nazis stürzten sich auf diesen standhaft-widerspenstigen Mann, sobald sie an der Macht waren. Die braunen Studenten organisierten Tumulte vor seinem Haus, Sprechchöre, die seine Absetzung forderten, zogen demonstrierend durch die Stadt; auch seine Vorlesungen wurden gestört. Es verbündeten sich aber auch diejenigen, die ihm beistehen wollten. Natürlich war ich dabei. Der wichtigste Mann bei diesen Aktionen war ein junger Theologiestudent: Rupprecht von Gilardi. Er war der Reichsjugendführung zugeordnet, meiner Erinnerung nach ihrer Kulturabteilung, und trat in einer pompösen braunen Uniform ganz groß auf. Besonders eindrucksvoll und respektgebietend waren die farbigen Schnüre an seiner Dienstmütze, von denen ich damals schon vermutete, daß sie seine private Erfindung waren. Wenn er sich so als großer Parteimann mit etwas geheimnisvollem Flair und nicht ermeßbarem Einfluß gab, so tat er das (mit einem zwinkernden Auge!), um vor allem die örtlichen Parteistellen einzuschüchtern und der Kirche und der Fakultät zu helfen. Er trat gelegentlich der grölenden Menge effektvoll und mit Schneid entgegen und suchte nach einem Professor, der mit ihm zum Nazi-Kultusminister Schemm fuhr – einem der wenigen Politiker, die auch bei den Gegnern des Regimes als anständig galten –, damit dieser sich für Strathmann einsetze und zu seinem Schutze ein Machtwort spreche. Keiner der Kollegen war bereit, sich in einer so prekären Lage zu exponieren, nur der alte, gehbehinderte und gebrechliche Geheimrat Procksch sagte sofort zu und fuhr mit Gilardi zum Minister. Dieses Duo – der eine jugendlich stürmisch, der andere nobel und würdig auftretend – erreichte dann so etwas wie einen Schutzbrief für Strathmann, der weiterhin seinen klaren und konsequenten Weg ging.

Der schon erwähnte Geheimrat Procksch hatte für seinen Abscheu vor den Nazis andere Gründe als wir Jüngeren: Er lebte noch ganz in der Kaiserzeit, die sich in seinen alten Augen zum goldenen Zeitalter verklärte. An jedem 27. Januar, an Kaisers Geburtstag also, war sein Kolleg brechend voll, weil er da bis tief ins Dritte Reich hinein seinem kaiserlichen Herrn im fernen Schloß Doorn eine öffentliche Laudatio spendete, der seine Studenten mit Vergnügen, aber auch nicht ohne einen Hauch von Rührung lauschten, während die Nazis das dem alten, bald abgehalfterten Herrn gnädig durchgehen ließen. Oder er erfreute uns durch die öffentliche Begründung, warum er den Faschistengruß nicht erweisen könne: »Er ist bei mir mit Lebensgefahr verbunden«, meinte er. In der Tat: Zwei Studenten mußten den schwer Behinderten jeweils zum Katheder schleppen, an dem er sich dann festklammerte. Wie hätte er da die Hand zum Hitlergruß erheben können! Sein Prophetenbart konnte freilich das spitzbübische Grinsen bei derartigen Verlautbarungen nicht ganz verbergen. Und daß seine Hörer ihn verstanden hatten, bewies ihr donnernder Applaus.

Theologische Promotion und Kampf um die Habilitation

Mit Feuereifer machte ich mich, kaum in Erlangen angekommen, an meine Dissertation. Ich litt zwar unter der Aussicht, mein Leben lang – so schien es mir damals – unter der Fuchtel Hitlers leben und Zeuge seines Zerstörungswerks an Kirche und Kultur sein zu müssen. Zunächst aber überwog einfach das individuelle Glück des wiedergeschenkten Lebens. Dazu kam die Freude an einem großen, von mir selber gewählten Thema. Ich gab meiner Arbeit den Titel: »Geschichte und Existenz. Grundlegung einer evangelischen Geschichtstheologie.« Das recht umfangreiche Opus (die 370 Druckseiten des im Gerd-Mohn-Verlag in Gütersloh erschienenen Buches sind nur ein Auszug des viel umfangreicheren Manuskripts) bildete den gedanklichen Grundriß für das spätere vierbändige Ethik-Werk und wurde 30 Jahre später noch einmal aufgelegt (1964). Da es dem nazistischen Lebens- und Geschichtsverständnis diametral widersprach, war es später einer der Gründe für meine Absetzung durch die Partei (1940).

Ich hatte das Glück, auf der Friedrichstraße wieder meine alte Studentenbude beziehen zu können, deren Zimmerwirtin die mütterliche, kugelrunde und höchst originelle Kleinbürgerwitwe Babette Gehret war. Sie lebte und strebte nur für ihre »Herren«. Hin und wieder fühlte sie sich verpflichtet, an meine Mutter zu schreiben und ihr zu versichern, daß ich einen durchaus soliden Lebenswandel führe. Einmal schrieb sie: »Gestern hatten Herr Doktor wohl ein Lob vom Herrn Professor gekriegt. Herr Doktor quieksten und kicherten schon auf der Treppe, da wußte ich gleich Bescheid.«

Im Sommersemester 1933, als ich einen großen Teil meiner Arbeit schrieb, stand ich jeweils um ein Uhr nachts auf, arbeitete meist auf dem Balkon und hörte gegen Morgen nicht ohne ein moralisches Hochgefühl das erwachende Leben um mich her, vor allem das Schrillen der Wecker und das Stöhnen und Gähnen der mühsam sich Ermunternden. Wenn Frau Gehret mir das Frühstück brachte, klagte ich ihr gelegentlich, daß ich nicht recht weiter wüßte oder eine ganze Seite gestrichen hätte. Dann hatte sie immer einen Trost. »Mir ist auch soeben wieder eine Masche gefallen«, sagte sie etwa. So arbeitete ich bis mittags und fuhr dann, bei einigermaßen erträglichem Wetter, mit Freunden zum Schwimmen an den Dexendorfer Weiher. Abends sieben Uhr ging ich schon zu Bett, um für den erneuten Start kurz nach Mitternacht fit zu sein: ein etwas ungewöhnlicher, sehr konzentrierter und vor allem störungsfreier Lebensstil, den man sich nur in diesem Alter und nur bei fehlenden beruflichen und gesellschaftlichen Verpflichtungen leisten kann. Immerhin kam ich so enorm voran.

Diese mönchische Weltabgewandtheit hätte ich wohl nicht zustandegebracht, wenn mich mein Thema nicht hingerissen hätte. Es ging mir um ein Problem, das mich fortan als meine ureigenste theologische Lebensfrage begleitete: um die Frage nämlich, wie sich die vertikale Dimension des Offenbarungsgeschehens zu den horizontalen Lebensbereichen verhält, in denen wir natürlicherweise leben: zu den Ordnungen des Staates, der Kultur und des persönlichen Lebens. Mich hat stets am meisten die Frage interessiert, ob und inwiefern vom christlichen Glauben ein neues Verständnis unseres

Lebens bewirkt wird. Zum Leitmotiv wurde mir dabei der Satz Luthers: »Persona facit opera«, das heißt: »Die Person ist's, die die Werke tut.« In allem, was der Mensch denkt, plant und vollbringt, gleich auf welchem Gebiet des Lebens, verwirklicht er sich selber. Mich haben nie in erster Linie die politischen, wirtschaftlichen und kulturellen Programme als solche interessiert, aber aufs äußerste hat mich die Frage bewegt, wie der *Mensch* aussieht, der sich in alledem kundgibt und verwirklicht. Ich kann nicht einmal einen Film sehen oder einen Artisten bei seinen Tricks beobachten, ohne mir die Frage zu stellen, wie versteht sich der Mensch, der sich in alledem ausspricht, und inwiefern sind also diese Selbstdarstellungen »Bruchstücke einer großen Konfession«? Dementsprechend hat mich dann die theologische Frage interessiert, welche Wandlung sich im Menschen und damit natürlich auch in seinen Äußerungsformen ereignet, wenn er Gott findet und damit auch zu sich selber, zu seiner eigentlichen Identität kommt. Denn eines war mir immer gewiß: daß der Mensch sich, wenn er sich selber sucht, *nicht* findet und daß er sich nur dann gewinnt und verwirklicht, wenn er sein Leben an Gott verliert.

So gewann meine theologische Arbeit von Anfang an eine Thematik, die sich von allem Esoterisch-Dogmatischen befreite und ihr einen *dialogischen* Charakter verlieh. Wenn ich später in manchen Büchern ein leidenschaftliches Gespräch mit der Gegenwart führte und »Fragen des Christentums an die moderne Welt« formulierte, habe ich mich nie als Apologeten empfunden, der vom Ort irgendeiner Selbstgewißheit aus den christlichen Glauben verteidigte und den Weltkindern ihre Irrungen nachweisen wollte. Das, was ich »draußen« an Verfehlungen der Wahrheit und an trostlosen weltanschaulichen Surrogaten beobachtete, empfand ich vielmehr stets als etwas, das auch in *mir* vorhanden, von dem ich aber unverdienterweise erlöst war. Das Neuheidentum des Dritten Reiches war für mich nur die gigantische Projektion und Objektivierung dessen, was auch *mein* »Blut« und *meine* »Seele« unablässig hervorbrachte. Darum konnte ich das alles nur überwinden, indem ich der Anfechtung standhielt, in die mich dieses Neuheidentum versetzte. Es besaß ja in mir einen Brückenkopf, ich selber war anfällig dafür. Ich lebte nicht in einer selbstsicheren Etappe und wußte nur zu genau, daß ich keineswegs der Vertreter des Heiligen Christ war, während draußen der Antichrist heulte. Vielmehr war ich selber das »Schlachtgebiet«, und auch in *meinen* Kellern bellten wilde Wölfe. Darum konnte ich nicht apologetisch denken, sondern verstand die

Theologie – gerade in ihrer dialogischen und missionarischen Funktion – als ein Selbstgespräch des geistlichen mit dem natürlichen Menschen in mir. Und nur, nachdem ich diesen Dialog in mir selber durchkämpft hatte, konnte auch das nach draußen gesprochene Wort glaubwürdig werden.

Ich faßte es als Bestätigung dieser Position auf, wenn Neuheiden mir erklärten, daß ich sie verstanden hätte, und wenn sie mich manchmal fragten, ob ich aus ihrem Lager stamme. So ging es mir etwa mit den genannten »Fragen des Christentums an die moderne Welt«, die während des Krieges als Manuskript im Diplomatengepäck in die Schweiz geschmuggelt wurden, in Genf anonym als Buch erschienen, von dort in die Hochschulkurse der Gefangenenlager aller Feindländer gingen und nach dem Krieg in mehreren Auflagen durch den J. C. B.-Mohr-Verlag in Tübingen herausgebracht wurden. Auch für diese Bemühungen, als Christ mit der säkularen Welt zu reden, bildete meine Erlanger Dissertation so etwas wie die theoretische Grundlegung.

Althaus zollte diesem ersten theologischen Versuch des Fünfundzwanzigjährigen eine mich beglückende Anerkennung, so daß das Rigorosum mit einer Aufforderung zur Habilitation endete. Dabei sollte die so umfänglich geratene Dissertation schon als Habilitationsschrift gelten. Im Hinblick auf den systematischen Charakter dieser Arbeit wünschte die Fakultät aber noch eine zusätzliche Bewährungsprobe im historischen Bereich. Das war mir nur recht, zumal mir auch hier die Themenwahl überlassen wurde. Ich behandelte dann die Theologie Gotthold Ephraim Lessings, vor allem die Art, wie er das Verhältnis von Vernunft und Offenbarung entfaltete. Dabei kam ich zu einigen erstaunlichen Ergebnissen, die mit der bisherigen Lessing-Forschung kaum in Einklang zu bringen waren: Ich interpretierte Lessing nicht als den simplen Rationalisten, wie man ihn als Gegner des Hamburger Hauptpastors Goeze in der Regel gesehen hatte. Vielmehr bemühte ich mich um den Nachweis, daß Lessings Vernunftbegriff selbst schon transzendenzhaltig sei und daß seine Denkstruktur eine sehr viel größere Affinität zu Kierkegaard habe als zu dem Erzrationalisten Reimarus, in dessen geistiger Nähe man ihn vermutete.

Dieses Lessing-Buch erschien später im Gerd-Mohn-Verlag in fünf Auflagen und trug mir unter den Lessing-Forschern und -Liebhabern mehr Zustimmung als Ablehnung ein. Besonders glücklich machte mich in meiner Heidelberger Zeit eines der vielen Gespräche mit Jaspers, in dem er bekannte, daß ihn das Buch zu einer Revision seines bisherigen Lessing-Verständnisses veranlaßt habe. Daß freilich der große Mann, den ich herzlich verehrte – und mit dem das gemeinsame Schicksal der Absetzung mich verband –, meine Arbeit nicht immer mit einem so freundlichen Placet versah, werde ich später noch zu erzählen haben.

Bis es dann zur Habilitation kam, verging noch geraume Zeit, in der vor allem Dekan Elert für die retardierenden Momente sorgte. Er fand immer neue Einwände gegen meine arme Person. Vor allem war ich ihm nicht lutherisch genug, weil ich doch aus dem kalvinistischen Gemarke stammte und die »Barmer Theologische Erklärung« als Vertreter der Bekennenden Kirche so penetrant vertrat. Es brachte ihn in wilden Zorn, als ich im Februar 1935 – ausgerechnet gemeinsam mit Karl Barth – auf einem großen Rheinisch-Westfälischen Gemeindetag in der Gemarker Kirche einen Kampfvortrag über »Christus oder Antichristus« hielt und im Vorwort des gedruckten Vortrags betonte, »wir Jungen« müßten die Auseinandersetzung ganz anders und radikaler führen, als die ältere Generation es weithin tue. Elert erregte sich über diese »Anstiftung zum Generationenkampf« und fühlte sich persönlich betroffen. Seine überwache Freund-Feind-Witterung hatte ihn wohl zu Recht fühlen lassen, daß ich seine stur-lutherische Konfessionspolemik in der Tat als abgestanden, überaltert und anachronistisch einschätzte und daß ich die eigentlichen Auseinandersetzungen auf ganz anderen Ebenen sich abspielen sah.

Niemals trat er mir *direkt* mit seinen Ressentiments entgegen. Von all diesen Quertreibereien hörte ich immer nur durch Althaus und Strathmann. Als ich ihn dann eines Tages schriftlich bat, er möge sich zu einer offenen Auseinandersetzung mit mir bereitfinden – sei es in einem Zwiegespräch, sei es im Kreise seiner Kollegen, die er ständig gegen mich aufzuwiegeln bemüht war –, lehnte er das brüsk ab. Ich konnte tun, was ich wollte – nie ließ sich der großmächtige Dekan mit dem kleinen Anfänger ein.

Trotz allem gelang es ihm nicht, meine Habilitation zu verhindern. Seine enervierende Verzögerungstaktik brachte nur fertig, daß Jahre vergingen, bis endlich im Sommer 1936 das Habilitationskolloquium und die ministerielle Bestätigung zustandekamen. Nervenaufreibend war das alles nicht zuletzt deshalb, weil die antichristliche Abschnürungsstrategie des Regimes eine theologische Habilitation zugleich zu einer Frage der *Zeit* machte: Würde sie wenige Monate später überhaupt noch möglich sein? Zugleich focht es immer wieder meinen Glauben an, daß sich ein Theologe, obendrein der Vertreter eines orthodoxen, chemisch gereinigten Luthertums, einer derartigen Heckenschützentaktik bediente.

Schließlich suchte Elert noch bei der Habilitation selber einen letzten Stolperdraht zu ziehen: das Thema für meine Probevorlesung, für die ich drei Tage Vorbereitungszeit hatte. Jeder, der eine Ahnung von Theologie hat, kann die raffinierte Falle ermessen, die er mit dem Thema aufstellte: »Sind die aristotelischen Grundlagen der thomistischen Metaphysik für diese konstitutiv oder nur von marginaler Bedeutung?« Es war mein Glück, von dem er freilich nichts ahnte, daß die einschlägige Problematik mich seit einiger Zeit beschäftigt hatte, so daß ich nicht in das bereitgehaltene offene Messer rannte. Das hochabstrakte Thema mutete freilich der zuhörenden Fakultät einiges an gedanklicher Anstrengung zu. Ich erinnere mich, daß der Kirchenhistoriker Hans Preuß in dem anschließenden Colloquium bemerkte: »In den Eisregionen dieser Abstraktion wäre ich wohl abgestürzt, wenn ich mich nicht am Seil meines persönlichen Interesses an unserem Habilitanten festgehalten hätte.« Er müsse sich aber allen Ernstes fragen, fügte er hinzu, ob ich mich jemals einem normal begabten Studenten würde verständlich machen können – und das sei doch immerhin zu bedenken. Das war Wasser auf Elerts Mühle. Doch da gab sich Althaus einen Ruck, überwand seine aller Kampfeslust abholde sanfte Natur und erwiderte vor Zorn bebend, daß der Kandidat zweifellos und nur durch das *Thema* genötigt gewesen sei, in die Eiszone der Gletscher mit ihrer dünnen Luft einzusteigen. Er fand auch ein anerkennendes Wort über die didaktischen Erfolge meiner Proseminare, und so konnte ich das Schlachtfeld schließlich doch als Sieger verlassen.

Ein innerer Konflikt

Meine Dissertation hatte noch eine Folge, die für meinen theologischen Erkenntnisweg, aber auch für die menschliche Reifung Bedeutung gewann.

Althaus befürwortete entschieden meine Laufbahn als Hochschullehrer, und dazu war eine Assistentenstelle eine der wichtigsten Vorbedingungen. Eine solche Stellung sicherte nicht nur den Lebensunterhalt, sondern gewährte auch den Freiraum für eigene Forschungsarbeit. Zudem eröffnete sich die Möglichkeit, Proseminare abzuhalten und sich in erste Lehraufgaben einzuüben. Die einzige Stelle dieser Art aber, über die Althaus verfügte, war durch meinen Freund Wilhelm Schwinn besetzt. Er war nicht nur als Theologe hochbegabt, sondern er verfügte zudem auch über einen erheblichen Fundus an allgemeiner, vor allem literarischer und kunsthistorischer Bildung. Darüber hinaus war er ein Homo humanissimus und ein Charismatiker der Freundschaft.

Sein Pech war, daß er unter Schreibhemmungen, unter einer Art Papyrophobie litt. Jedenfalls hatte er in fünf Jahren noch nicht seine Promotionsarbeit abgeliefert. Als er dann schließlich mit Ach und Krach und unter ständigem Zureden seiner Freunde etwas Schriftliches zustande brachte, war es nach Quantität und Qualität ein nur entfernt adäquates Zeugnis für das, was er wirklich konnte. So kam es, daß Althaus allmählich die Geduld verlor und mich statt seiner mit der Assistentenstelle betrauen wollte. Schwinn aber war eine so starke und auch selbstbewußte Persönlichkeit, daß sein milder Chef sich nicht recht traute, ihm das offen zu erklären, und die Entscheidung viele Monate lang hinauszog. Ich selber wollte und konnte ihn natürlich nicht drängen, weil Schwinn mein Freund war und ich zudem wußte, wie sehr er an seiner akademischen Aufgabe und an der Hoffnung auf eine spätere Laufbahn hing. So verhielt ich mich absolut passiv, wartete aber insgeheim darauf, daß Althaus sich endlich zu einer Entscheidung – so oder so – aufraffte. Schließlich hing davon unser beider Geschick ab.

Eines Tages war es soweit. Althaus hatte meinem Freund die schriftliche Kündigung geschickt und mich an seiner Stelle ernannt. Da geschah etwas mir Unvergeßliches: Wilhelm Schwinn traf mich auf dem Weg zu unserem Mittagsrestaurant. Mit ungewohnter Kälte und mühsamer Selbstbeherrschung sagte er mir: »Du weißt, daß Althaus mich in die Wüste geschickt hat und du an meine Stelle treten sollst. Du hast nichts dazu getan, daß es dahin kam – ich weiß. Du hast eine saubere Weste. Ich kann dir keinen Vorwurf machen. Deine bloße Existenz aber, nur sie, hat mich verdrängt. Ohne dich wäre alles anders gelaufen. So verliere ich jetzt meine akademische Zukunft und weiß noch nicht, was aus mir wird. Bitte verstehe, daß ich dich vorerst nicht mehr sehen kann. Ich ertrage es nicht. Leb wohl!« Damit wandte er sich ab und ging in das Lokal, während ich umkehrte.

In den folgenden Wochen grüßte er, wenn wir uns trafen, formell von der anderen Straßenseite herüber und vermied ein direktes Treffen. Ich litt unter dieser Entfremdung wohl mindestens so schwer wie er selber, vielleicht noch mehr. – Eines Tages aber kam er plötzlich zu mir herüber, lachte mich an und meinte: »Nun kann ich dich wieder sehen. Ich bin darüber weg. Laß uns wieder die alten Freunde sein!«

Schwinn ging dann ins Pfarramt. Ich sah dem nicht ohne Sorgen entgegen, weil er mir in seiner etwas elitären Bildungswelt dem Umgang mit einfachen Leuten kaum gewachsen zu sein schien. Doch da hatte ich mich gewaltig getäuscht. Seine liebenswerte, herzliche Art gewann ihm sehr bald die Herzen aller. Auch eine bisher verborgene Seite seines Humors, die ihn menschliche Originale genießen und entzückend porträtieren ließ, entfaltete sich. Später hat er als Dekan nicht nur das kirchliche, sondern auch das kulturelle Leben Würzburgs maßgeblich beeinflußt und war ein würdiger Partner des Bischofs (und späteren Kardinals) Döpfner. Nach den Kriegszerstörungen leistete er Großartiges für den Wiederaufbau und erwarb sich unter den Bürgern Würzburgs den Ehrentitel »Wilhelm der Erbauer«.

Doch diese erfüllte Zukunft lag im Augenblick des Abschieds noch im dunkeln. Und eben dieses Dunkel war es, das für mein Leben und Denken eine tiefgreifende und sogar kreative Bedeutung gewann: Obwohl ich meinen Freund nicht bewußt ausgestochen, geschweige denn gegen ihn intrigiert hatte, war ich doch sein Konkurrent geworden und hatte ihn – »durch meine bloße Existenz«, wie er gesagt hatte – aus der Bahn geworfen. Das ging bei mir nicht ohne Schuldgefühle ab. Wer bin ich eigentlich? fragte ich mich. Bin ich nur ein Individuum, das mit Willen und Bewußtsein begabt und verantwortlich für das ist, was es damit anfängt? Dann war ich gegenüber Schwinn unschuldig, denn ich liebte und schätzte ihn und wollte ihm kein Leid zufügen. War ich aber nicht zugleich auch der Exponent geschichtlicher Strukturen, in denen das Leistungs- und Konkurrenzprinzip und damit eben *auch* das Verdrängungsgesetz gilt? Wie hätte ich dieses Gesetz der Geschichte denn verleugnen oder umgehen können? Etwa indem ich mich dümmer stellte als ich war, um *ihm* damit eine Chance zu geben? Das wäre doch absurd gewesen! Offenbar wurde das Drama zwischen uns durch eine Eigengesetzlichkeit geschichtlicher Strukturen ausgelöst, der sich niemand einfach entziehen kann. Das war ein Thema von beklemmender – auch theologischer! – Relevanz.

Nahezu alle meine theologischen Probleme haben sich nicht intern aus dem Denken selber ergeben, sondern sind mir aus Lebenssituationen – vornehmlich aus Konflikten – zugewachsen. So erhielt die Konzeption meiner späteren Ethik-Bände durch diesen Konflikt mit meinem Freund entscheidende Impulse und brachte mich zugleich in einen theologischen Gegensatz zu meinem Chef. Für Althaus als Neulutheraner nämlich waren die geschichtlichen Strukturen so etwas wie »Schöpfungsordnungen«. Der Sündenfall manifestierte sich für ihn vornehmlich darin, daß der Mensch sich gegen diese der Welt eingestifteten Grundgesetze auflehnt und sie veruntreut. So aber konnte ich die Welt, in der ich lebte, nach meinem Konflikt mit Schwinn nicht mehr sehen. Daß ich meinen Freund verdrängen mußte und sein Leben zu beschädigen schien – dieser Konflikt ergab sich ja *nicht* daraus, daß ich mich an den der Welt eingestifteten Grundgesetzen vergangen hätte, nein: dieser Konflikt war doch in der Weltstruktur selber schon *angelegt*. Und war das nicht in der *großen* Geschichte genauso? Galt etwa in der Politik nicht der sacro egoismo der Staaten, trat mir da das Gesetz der Selbstbehauptung und der Verdrängung nicht allenthalben ebenfalls entgegen?

Wenn es aber so war, dann konnte ich unmöglich die geschichtliche Welt noch als reine Schöpfungswelt verstehen, dann steckte der Sündenfall nicht bloß in der Verunreinigung des individuellen Willens, sondern dann hatte er eine institutionelle Dimension, dann objektivierte er sich zugleich in den geschichtlichen Strukturen. Und da ich selber ein geschichtliches Wesen war, konnte ich mich von diesem transsubjektiven Bereich nicht distanzieren, sondern mußte mich – ganz im Gegenteil! – mit ihm identifizieren: Ich selber war und bin ja diese Geschichte! Daher rührte auch mein Schuldgefühl gegenüber Wilhelm Schwinn. Ich konnte nicht sagen: Hier bin ich, der treuherzige und das Beste wollende Helmut Thielicke, und dort ist die »böse Welt«, die mich entführt, wohin ich nicht will. Ich selber will zwar das Beste; aber »die Verhältnisse, die sind nicht so« (Bertolt Brecht). Nein: Ich *bin* diese Verhältnisse – durch meine »bloße Existenz«.

Daraus ergab sich für mich eine ganz neue Konzeption von Gut und Böse, von Schöpfung und Sündenfall, von Ich und Geschichte – und auf dieser Konzeption ist nahezu alles aufgebaut, was ich an theologischer Theorie produziert habe. Je mehr mich diese Gedanken umtrieben, desto zahlreicher wurden die Analogien dazu, die ich in der Literatur fand, etwa in Bergengruens »Der Großtyrann und das Gericht«, in Jochen Kleppers Satz, daß »Könige mehr sündigen müssen als andere« (weil im Maße öffentlichen Wirkens auch die Verstrickung in geschichtliche Notwendigkeiten wächst) und vor allem im Leiden Friedrichs des Großen an dem Zwiespalt zwischen persönlicher und politischer Moral. Auch Bismarcks Satz konnte davon zeugen, als er den pietistischen Freunden in Hinterpommern, die ihm den sacro egoismo des Staatsmanns vorwarfen, zurief: »Versucht ihr euch erst mal in diesem Metier!«

Mir war nun in meiner kleinen Ecke die gleiche Erfahrung zuteil geworden, und ich suchte sie hinfort zum Gegenstand theologischer Reflexionen zu machen. Deren Pointe bestand darin, die Gesamtheit des menschlich-geschichtlichen Daseins (Politik, Wirtschaft, Kultur, Technik usw.) in ihrer Ambivalenz zwischen Schöpfung und gefallener Welt zu interpretieren.

Ich mußte etwas ausgiebiger bei diesem Konflikt mit meinem Freund Wilhelm Schwinn verweilen. Da ein großer Teil meines Lebens der Arbeit an einem theologischen System gehörte, fühlte ich mich gedrängt, an irgendeiner Stelle deutlich zu machen, was als existentieller Antrieb in meinem Denken dabei wirksam gewesen ist. Meine theologische Arbeit war stets nur der Überbau erlebten und erlittenen Lebens, und *einer* der Knotenpunkte war das Konflikterlebnis mit Schwinn.

Unmittelbarer, evidenter noch als in der Architektur systematischen Denkens zeigte sich diese Verbindung von Leben und Denken später in der Verkündigung von der Kanzel. Es mag sein, daß die Menschen, die da vor mir saßen, das heraushörten und daß so die Intensität ihres Hörens und die Reaktion ihrer Betroffenheit wuchsen. Ich wurde oft gefragt, wie ich mir die Wirkung der Predigt erkläre, und ich habe in der Regel eine Antwort vermieden. Es gibt keine »menschliche« Deutung dessen, was man mit dem »Effekt« einer Predigt meint. Hier aber darf ich zumindest andeuten, in welcher Richtung ich eine der möglichen (meist aber unmöglichen!) Antworten suche.

Erste Erfahrungen mit dem braunen Regime

Schon die Erlanger Zeit, die ich im Ausstrahlungsbereich des Unmenschen Julius Streicher verbrachte – von unzähligen Aushängen sprang einen seine pornographisch-sadistische Hetzzeitung »Der Stürmer« an –, vermittelte mir wesentliche Erfahrungen mit dem Nationalsozialismus. Wenn ich gegenüber Hitler von Anfang an eine einigermaßen klare Linie verfolgte – das Wort »einigermaßen« werde ich gleich erklären –, war das nicht eigentlich mein Verdienst. Es lag zum einen daran, daß mir der »Rummel« und die sich darin meldende Form des Menschentums physisch zuwider waren, obwohl mir auch einige Idealisten begegneten, die ich achtete und die mir später bei meiner Absetzung sogar zu helfen versuchten. Es lag zum andern daran, daß ich zu den wenigen gehörte, die Hitlers »Mein Kampf« wirklich gelesen und durch Stil und Inhalt dieses Buches eine gewisse Immunisierung empfangen hatten. Und es hatte einen weiteren Grund darin, daß ich gleich zu Anfang auf einen vielwöchigen »weltanschaulichen Lehrgang« für angehende Dozenten mußte, der mich in derartige Abgründe blicken ließ, daß mir der Rest einer etwaigen Anfälligkeit für diese politische Heilsbotschaft ausgetrieben wurde. Zunächst sah ich mich in Erlangen plötzlich – soweit ich mich erinnere, in meiner Eigenschaft als Korporationsstudent – kraft einer allgemeinen kollektiven Verordnung in die »Anwartschaft« der SA überführt. Es gelang mir mit einigen Tricks, diesen Haufen bald wieder zu verlassen und mich ungestört meinen Promotionsaufgaben hinzugeben. Auf jeden Fall nahm ich mir vor – und hielt das auch durch –, unter keinen Umständen den Eid auf den Führer zu leisten.

Als wir angehenden Hochschullehrer dann nacheinander in das Dozentenlager eingezogen wurden – es fand in Dambritsch, zwischen Liegnitz und Breslau, statt und umschloß 150 junge Akademiker aller Fakultäten –, mußten wir vorübergehend wiederum den Titel »SA-Mann« erdulden. Beim Morgenappell wurden wir vom Lehrgangsleiter mit »Heil SA!« begrüßt und mußten im Chor mit »Heil, Obersturmbannführer!« antworten. Dieser unser Chef war ein früherer Gemüsehändler, ein sehr schlichter und anständiger Mann, der nie eine Universität von innen gesehen hatte und sich unter dem Beruf seiner Männer kaum etwas vorstellen konnte. Eingehende Post wurde uns nur ausgeliefert, wenn unsere Namen auf der Adresse ohne akademische Titel und nur mit den SA-Insignien versehen waren. Wir wurden angewiesen, das unsern Angehörigen und Freunden mitzuteilen. Nur wenn unsere Unterführer – recht subalterne und primitive Figuren – Ansichtskarten an ihre zahlreichen Liebchen fabrizierten, mußten wir als »ihre Untergebenen« mit unseren Titeln unterschreiben. Ich behielt diese verhaßte Uniform während der ganzen Lehrgangszeit – wohl als einziger – auch dann an, wenn wir Zivilerlaubnis hatten. Es ging mir wie dem Mann, der sich die Füße wundgelaufen hat und die Stiefel lieber nicht auszieht, weil es ihn unerträglich dünkt, die Füße nach kurzer Pause wieder in sie hineinzuzwängen.

Das, was ich soeben als meine »Immunisierung« bezeichnete, beruhte in jener Anfangszeit weniger darauf, daß ich die Abgründigkeit der nazistischen Doktrin schon voll durchschaut hätte, sondern

sie gründete vor allem in einer Summe mich anekelnder Detail-
erfahrungen. Ich sah – von einigen positiven Ausnahmen abgesehen
– die kleinkarierten Figuren, die im Dozentenlager glücklich waren,
»Akademiker« zu schikanieren und ihren Machtgelüsten freien Lauf
zu lassen. Wie oft hörten wir den immer wieder abgewandelten
Satz: »Machen Sie nur so weiter, ich werde Ihnen Ihre Karriere
schon versauen!« Es war unerträglich demütigend, die eigene Zukunft von den Gut- und Schlechtachten dieser Homunkuli abhängig
zu wissen.
Unser täglicher Dienst bestand in einer Art elementarer Rekruten-
ausbildung. Von diesen dubiosen Figuren herumkommandiert zu
werden, fiel den Älteren unter uns, die zum Teil hochdekorierte
Frontoffiziere des Ersten Weltkriegs waren, sicherlich noch sehr viel
schwerer als mir jungem Spund, dem Benjamin des Lehrgangs.
Nach dieser Elementar-»Bewährung« im Dozentenlager unterzog
das Regime die kommenden Hochschullehrer noch einer Art höherer Prüfung, in der es um ihre »weltanschauliche« Grundhaltung,
ihre didaktische Befähigung und ihre charakterlichen (!) Qualitäten
gehen sollte. Dieser zweite Kurs fand in der sogenannten *Dozenten-
Akademie* statt, für die eine große Villa in Kiel-Kitzeberg einen
angenehmen Rahmen bot. Trotz der fragwürdigen Ziele nahm diese
Akademie praktisch einen erfreulichen, teilweise sogar einen sehr
eindrucksvollen Verlauf. Das lag wohl vor allem daran, daß im Jahr
1935 der Gipfel des Terrors noch nicht erklommen war, so daß es
hier und da – zum Beispiel in dieser Akademie – noch erstaunlich
offene Diskussionen geben konnte. Zu diesem Freiraum trug auch
die Art des Akademieleiters, des Königsberger Philosophen Hans
Heyse, bei. Er las aus seinem Buch »Idee und Existenz«, das kurz
danach erschien. Dessen Tenor war, daß durch christliche Über-
fremdung die vom Griechentum noch repräsentierte Einheit von
Bios und Logos zerbrochen sei und die Geschichte des Abendlandes
so einen einzigen Irrweg darstelle, der durch die Blutideologie des
Nazismus endlich eine revolutionäre Kehre erfahre. Seinem Typ
nach war Heyse ein etwas leptosomer und anämischer Studierstu-
ben-Mann, jedenfalls alles andere als eine nordische Heldenfigur,
die er uns als sein Leitbild vorstellte. Ich hatte stets das Gefühl, daß
er wegen seiner angepappt erscheinenden Nazi-Ideologie ein
schlechtes Gewissen hatte.
In der Akademie hielten wir uns gegenseitig Vorlesungen, und zwar
aus dem Kopf (!), ohne gedruckte Hilfsmittel. Wir sollten offenbar
zeigen, was in uns lebte, und uns in unserer Spontaneität zu

erkennen geben. Was uns zunächst recht grotesk vorkam, erwies sich dann doch als gar nicht so unfruchtbar und führte zu einem mehrwöchigen Symposion von großer geistiger Dichte und dialogischer Vitalität.

Heyse plante, interfakultativ zusammengesetzte Arbeitsgemeinschaften zu bilden – eine naturwissenschaftliche, eine historische und eine juristische –, deren Leiter dann eine fortlaufende Vortragsreihe über sein Fachgebiet halten und sie zur Diskussion stellen solle. Die Mischung der Fakultäten in jeder dieser Gruppen nötigte dazu – das war beabsichtigt –, sich auch Nicht-Fachleuten verständlich zu machen. Jeder konnte die Zugehörigkeit zu einer solchen Gruppe frei wählen.

Als Heyse diese Planung bekanntgab, meldete ich mich mit der Frage, ob nicht auch Interesse an einer *theologischen* Arbeitsgemeinschaft bestünde. Ich vergesse nicht das abwehrende Zucken Heyses und den ironischen Ton in seiner Gegenfrage, ob es denn jemanden gäbe, der daran teilzunehmen wünsche. Doch siehe da: Die Hände flogen nur so in die Luft, und wir waren mit einem Male die wohl stärkste Gruppe.

Es kam aber noch besser: Wir waren vier Theologen: Außer mir waren da noch der junge Neutestamentler Heinrich Greeven, der sich später vor allem (aber nicht nur!) durch eine philologisch mustergültige Synopse der Evangelien einen Namen machte, ferner der katholische, bayrisch urige und von allen geliebte Neutestamentler Donatus Haug, der in Stalingrad blieb, und schließlich ein deutsch-christlicher Kirchenhistoriker, der gerade wegen seines Konformismus-Bemühens bezeichnenderweise nicht ernst genommen wurde. Ich sehe noch, mit welcher Wonne Donatus sich sonntagsmorgens nach dem Frühstück singend rasierte, das auch hier obligatorische Braunhemd unter minimaler Berührung mit zwei Fingern aus- und seinen Priesterrock zum Zelebrieren anzog. Man sprach immer nur von »unseren ›drei‹ Theologen«. Wir bildeten denn auch eine geschlossene Gegenfront zu der Position unseres Leiters. Dabei hatten wir nicht nur unsere theologische Arbeitsgemeinschaft mit ihren ungemein lebhaften Debatten zu bewältigen, sondern wurden auch als Gesprächspartner immer wieder in die anderen Gruppen gerufen, so daß ich nicht übertreibe, wenn ich sage, daß die gesamte Akademieveranstaltung fast in ein einziges Religionsgespräch »ausartete«. Ich selber behandelte in fortlaufenden Vorträgen das auf Heyse gemünzte Anti-Thema: »Die Einheit des Lebens und das Christentum«. Als wir am Schluß des Lehrgangs

im Plenum die Zusammenfassung unserer Arbeit vortrugen, erhielten wir einen ostentativen und nicht endenwollenden Applaus. Wir hatten das Gefühl, daß man damit – unbeschadet aller unterschiedlichen oder gar gegensätzlichen Positionen – unser Bemühen um Eindeutigkeit, unsere Bereitschaft zum »Bekenntnis« honorieren wollte. Eine nicht geringe Zahl unserer Kameraden bat uns sogar, den Tag vor Arbeitsbeginn mit einer Andacht einzuleiten. Wir hätten das liebend gerne getan, doch lehnte die Lagerleitung unser Ersuchen mit Verve ab. Das wäre für eine Akademie, die unter dem Protektorat Alfred Rosenbergs stand und für die sein »Mythos des 20. Jahrhunderts« die Magna Charta bildete, denn doch eine allzu massive Provokation gewesen! Wir fanden aber einen Ausweg: Heinrich Greeven, ein großer Musikus, spielte allmorgendlich auf dem Flügel einen Choral, dessen Klänge bei geöffneten Türen das Haus durchströmten. Ein immer größerer Teil unserer Kameraden hörte in stiller Sammlung zu. Das bedeutete in diesem Haus für uns mehr als ein konventioneller Gottesdienst. Ich glaube nicht, daß Derartiges in den folgenden Jahren der braunen Herrschaft noch möglich war; wir nutzten gleichsam die letzten Freiräume.
Es war rührend, wie gerade unsere säkularen, kirchenfremden oder sogar »deutschgläubigen« Gefährten beim Abschied von Kitzeberg »ihren« Theologen Lebewohl sagten und ihnen Dank aussprachen. Die Maske der Jovialität konnte ihre Bewegung nicht verhüllen. So sagte mir ein Angehöriger der SS, den die Konfrontation mit dem christlichen Glauben erkennbar erschüttert hatte: »Lieber Thielicke, wenn du dem lieben Gott mal wieder begegnest, dann grüß ihn doch schön von mir und bitte ihn, daß er mich nicht vom Teppich rollen läßt.« Wir drückten uns lange die Hand. Ich hatte ihn verstanden. Für mich waren die menschlichen Begegnungen, die geistige Auseinandersetzung und nicht zuletzt die Verkündigungsarbeit in dieser Kieler Akademie das stärkste innere Erlebnis, das mir in den ersten Jahren des Dritten Reiches zuteil wurde.

Wachsende Konflikte

Dozentenlager und Dozentenakademie hatten mich tief in die Auseinandersetzung mit der nazistischen Ideologie geführt und mir mehr und mehr ihre apokalyptischen Schrecken enthüllt. Damit erhöhte sich zugleich das Maß entschlossener Distanzierung. Ich geriet in den Konflikt eines jungen Menschen, der einem heißbegehrten Lebensberuf nachjagt und in einer Diktatur nun fortgesetzt vor dem Problem steht, entweder konsequent zu sein, auf jeden Kompromiß zu verzichten und dann auch seinen Beruf und den erstrebten Lebensinhalt aufzugeben; *oder* aber dem Berufsziel dennoch nachzujagen und zuzusehen, wie er, ohne ein Hundsfott zu werden, sich einigermaßen durchlaviert. Jetzt, nachher, scheint es eindeutig, welche Lösung die gradlinige gewesen wäre. Da ich nun unverdientermaßen in den Ruf gekommen bin, ein Vertreter dieses kompromißlosen Kurses gewesen zu sein, während ich es in dieser Eindeutigkeit gar nicht war, liegt mir daran, die ganze Schwere der Entscheidung zu verdeutlichen und um Verständnis für Verhaltensweisen zu werben, die jemand, der nicht unter einer ideologischen Tyrannei gelebt hat, kaum begreifen kann. Es geht mir dabei nicht um das Verständnis *meiner* Position, sondern es geht mir um das Problem, vor das sich die sogenannte deutsche Jugend meiner Jahrgänge *insgesamt* gestellt sah.

Ich wollte Hochschullehrer werden und fieberte danach, meine ganze Kraft der Wahrheit und der Weitergabe dieser Wahrheit an junge, wache, geistig lebendige und suchende Menschen zu widmen. Ich hatte eine große Leidenschaft das Lehrens und erzieherischen Prägens, und die Stunde auf dem Katheder war für mich immer der Höhepunkt des Tages. Sollte das alles nicht ausgelebt werden dürfen? Und wenn es nicht ausgelebt werden konnte, was sollte dann aus den leerstehenden Kathedern werden?

Ich merkte den jungen Studenten an, wie sie an einem hingen. Ihre Trauer und ihre Verzweiflung, wenn einer von uns abgesetzt wurde und sie alleine ließ, das heißt, sie manchen dubiosen Figuren *überließ*, griff mir ans Herz. Es war eine Herde da, die geführt werden mußte. Sollten die Hirten nicht einiges tun, um nicht allzu leicht abgeknallt zu werden – von Schützen, die nur darauf warteten, eine Blöße zu entdecken?

An solchen Gedanken zerrieben wir uns in den folgenden Jahren. Andererseits verlor die von uns verkündete Wahrheit ihre Vollmacht und ihre Glaubwürdigkeit, wenn wir uns fragwürdiger Mittel bedienten, um sie vertreten zu können. In einem »Gesinnungsberuf« pflegen Kompromisse die vertretene Sache zu kompromittieren und zu entmächtigen. War ein großes Schweigen und Verstummen nicht besser als eine zwielichtige, amputierte Wahrheit? Aber wenn das Dritte Reich, wie es manchmal schien, nun viele Jahrzehnte dauerte? Sollte man sein gesamtes Leben hindurch schweigen, sollte man die im Innern brennende Flamme abwürgen? Oft beneidete ich die alten Männer, die ihr Werk getan hatten und die nun als Pensionäre »gerade« sein konnten; und noch mehr verachtete ich sie, wenn sie selbst diese Endgerade ihres Weges nicht mehr anständig hinter sich brachten.

Ich wählte folgende Lösung: Ich nahm mir bestimmte Dinge vor, die ich auf gar keinen Fall tun würde. Ich würde nie, trotz allen Drängens und trotz aller Versprechungen, in die Partei eintreten. Und ich würde nie – weder mündlich noch schriftlich oder gar gedruckt – irgendein Bekenntnis zu diesem Regime oder auch nur eine positive Zensur zum Ausdruck bringen. Denn viel schlimmer als eine organisatorische Angliederung oder ein formelles Mitmachen empfand ich jeden Verrat am *Wort* und *mit Worten*. Die bekennende Aussage mußte etwas sein, an dem der Vertreter eines Gesinnungsberufes, ein »Professor«, seine Glaubwürdigkeit zu bewähren hatte; Zugeständnisse waren *hier* unmöglich. Ich konnte einem Freund die Parteizugehörigkeit verzeihen, wenn wenigstens sein Wort unantastbar blieb. Umgekehrt verachtete ich die, die einen äußeren Anschluß zwar vermieden, in ihren Worten aber hemmungslos opportunistisch waren. Ein Professor muß nach seinen Worten beurteilt werden; sie sind seine Taten. Nach dem Krieg hat es mich deshalb oft verdrossen, wie töricht die Kriterien waren, nach denen man einstige Schuld bemaß, wie man ein HJ-Abzeichen als diffamierend, eine organisatorische »Jungfräulichkeit« aber als heroischen Status erachtete, statt die einzig sachgemäße Frage zu stellen: »Was hast du gesagt und was hast du publiziert?«

Obwohl ich so »keusch« in meinen Worten blieb und später keine Enthüllungen zu befürchten brauchte, band ich nicht jedem Nazi meine politische Gesinnung auf die Nase. Allerdings habe ich ihn auch niemals, selbst in kritischen Situationen nicht, belogen. Das, was ich dabei trotzdem als Heuchelei empfand – etwas euphemistisch nennt man das Tarnung –, führte mich gelegentlich zum Ekel vor mir selber, und manchmal meinte ich, ich müsse mir die Hände waschen. Mir war auch bewußt, daß man so Schritt für Schritt, aus kleinen, harmlosen Anfängen heraus, zum Gesinnungsschuft werden konnte. Darum nahm ich mir vor, immer wieder einmal vor mir selber und anderen eine Art Zeichen aufzurichten und zu sagen: Macht mit mir, was ihr wollt, ich tue dies und das nicht! Ich legte für mich die Versuchungen Jesu aus, und die Arbeit an diesem Buch (»Zwischen Gott und Satan«) half mir und auch einigen anderen, in der Verwirrung der Dinge wieder das rechte Maß zu finden.

Leiter des Erlanger Studienhauses –
Neue Hindernisse

Ende 1935 wurde in Erlangen das »Theologische Studienhaus« errichtet. Ich wurde mit der Leitung beauftragt. Als die Nazis die studentischen Korporationen auflösten, war auch das Ende der traditionsreichen hundertjährigen »Uttenruthia« gekommen. Die Kirche erwarb das schöne geräumige Haus dieser christlichen Studentenverbindung und füllte es durch die neue theologische Bestimmung mit Leben. Als Abbas illustrissimus, wie die Studenten mich vergnügt zu titulieren pflegten, nahm ich mir vor, in diesen Räumen eine Art klösterlichen Lebens mit geistlichem Gehalt und einem festlichen menschlichen Klima zu gestalten. Die erste Besatzung, die ich sorgfältig zusammenstellte, bot dafür die besten Chancen. Von ihnen allen lebt nach meiner Kenntnis nur noch einer, sie sind im Krieg geblieben oder später gestorben. Immer wieder kamen meine Feldpostbriefe zurück mit der gestempelten oder handgeschriebenen Bemerkung »Gefallen für Führer und Reich«. Damals aber, als wir uns zusammenfanden, waren wir ein fröhlicher Haufen, verströmten uns in Gesprächen, knackten miteinander Probleme und feierten rauschende Feste. Bei der feierlichen Eröffnung ging meine Planungsleidenschaft vielleicht etwas mit mir durch, und es muß den Versammelten so erschienen sein, als ob ich in unserem klösterlichen Kreis die Keimzelle eines neuen Lebens für die Erlanger Theologie sähe.

Um so ernüchternder war dann die kalte Dusche, als der Dekan der Fakultät sich erhob und – mit inquisitorischem Blick mich messend – als einzigen Wunsch für das neue Haus äußerte, daß wir uns an Treue zum Führer von niemandem übertreffen lassen sollten. Doch so etwas rauschte an uns vorüber; wir wußten, daß wir im braunen Meer eine Insel waren, und genossen unsere Gemeinschaft.

Zur Ableistung von obligaten öffentlichen Probevorlesungen, die den letzten Akt des Habilitationsverfahrens ausmachten, verwies mich der Berliner Kultusminister dann ausgerechnet an die stark deutsch-christlich bestimmte Fakultät in Breslau. Ich konnte nur vermuten, auf wessen Anregung dieser neue Stolperdraht gezogen worden war. Denn daß man dort meinen Reinfall erhoffte, war allzu offensichtlich und wurde von meinen Erlanger Freunden und Gönnern übereinstimmend auch so verstanden. Man empfing mich in Breslau denn auch mit großer Kühle. Mein »übler« Ruf war mir, auf welchen Flügeln auch immer, vorausgeeilt. Tröstlich war nur, daß

ich im Pfarrhaus meines Freundes Heinrich Benckert, des späteren
Rostocker Ordinarius, wohnen und die gastliche Wärme von Menschen genießen konnte, die mir in menschlicher Verbundenheit und
auch in ihrer Gesinnung nahestanden.

Die Breslauer hatten meine »öffentlichen« Vorlesungen mit Fleiß
entöffentlicht, so daß ich in der ersten Stunde nur in die verschlossenen Gesichter meiner »Examinatoren« blickte. Merkwürdigerweise hatten sich die Vorlesungen aber doch herumgesprochen, so daß
die beiden nächsten Kollegs sich zunehmend mit Studenten füllten.
Offensichtlich standen sie dem Regimekonformismus der meisten
ihrer Lehrer ablehnend gegenüber, denn sie spendeten mir, von
Protestfreuden deutlich beflügelt, jedesmal heftigen Applaus. Aus
mir unerfindlichen Gründen funktionierte der Stolperdraht nicht.
Die Herren waren jedenfalls so anständig, kein Veto gegen meine
Lehrbefähigung einzulegen.

Bei meiner Rückkehr war in Erlangen schon eine neue und letzte
Hürde aufgebaut. Elert vertrat der Fakultät und dem Ministerium
gegenüber die Meinung, Erlangen sei in meinem Fach aufs beste
versorgt, so daß dort kein Platz für mich sei. Daß das Regime
gegenüber Kirche und Theologie die Strategie der Aushungerung
betrieb, hinderte ihn nicht, einen Nachwuchsmann lieber vor die
Hunde gehen zu lassen als – wie Althaus es interpretierte – einen
kommenden »Konkurrenten« neben sich zu dulden. Als mein Chef
sich gegen diese Manipulationen nicht durchsetzen konnte, bat er
seinen Freund Emanuel Hirsch, meine Umhabilitation nach Göttingen zu ermöglichen. Das war natürlich rührend naiv. Denn der
große Gelehrte Emanuel Hirsch (er war sicherlich der bedeutendste
Kirchenhistoriker seiner Zeit) galt als deutsch-christlicher Chefideo-
loge und war ein berüchtigt fanatischer Nationalsozialist. Seinen
Vornamen Emanuel übersetzten wir damals mit »Gott-sei-bei-uns«.
Als Hirsch dann Paul Althaus aufforderte, mich einmal zu ihm zu
schicken, machte ich mich – eigentlich ohne Hoffnung – nach
Göttingen auf.

Es war gerade ein von der NSDAP verordneter Spar- und Eintopf-
Sonntag, als ich im Hause Hirsch zum Essen eingeladen und als Gast
freundlich behandelt wurde. Hirsch war damals schon ein kränkli-
cher, gekrümmter und stark sehbehinderter Mann. Das Förderzei-
chen der SS, das er auf seinem Rockspiegel trug, wirkte bei seinem
Phänotyp makaber. Kaum war das Essen beendet, zog er mich in ein
Informations- und Prüfungsgespräch. Es verlief so absurd, daß ich
ein ungläubiges Kopfschütteln meiner Leser befürchten muß, wenn

ich davon erzähle. Doch kann ich mich für die Wahrheit dieser Episode verbürgen.

Die einzige Frage, die er mir stellte, lautete: »Was empfinden Sie, wenn Sie Ihr Ohr an den Bauch einer trächtigen Kuh legen?« So grotesk diese »Prüfungs«-Frage auch klingen mag – ich schaltete sofort und wußte, worauf er hinauswollte. Er war aus meinen Veröffentlichungen darüber unterrichtet, daß ich der sogenannten »natürlichen Theologie« äußerst kritisch gegenüberstand und daß die Blut-und-Boden-Theologie samt deren lutherischer Variante im »Ansbacher Ratschlag von 1934« diese Kritik noch erhöht und aktualisiert hatte. Hirsch wollte also von mir die Antwort haben, daß ich aus dem Herzschlag des kälbischen Embryos als christlicher Theologe die Stimme des Schöpfers vernähme, um mich von da aus dann mit seiner bekannten diabolischen Dialektik in die Hürde des nazistischen Biologismus zu drängen. Ich habe ihm dann wohl etwas patzig geantwortet, ich sei in der Annahme zu ihm gekommen, daß ein Dozent für Systematische Theologie, nicht aber ein Veterinär habilitiert werden solle. Danach brach ich sehr schnell auf.

Emanuel Hirsch ist für mich immer eine zugleich faszinierende und erschreckende Figur gewesen: Faszinierend war seine unerhörte Gelehrsamkeit, speziell in puncto deutscher Idealismus; auch denke ich an die spätere gewaltige Kierkegaard-Edition mit den entsprechenden Auslegungsstudien, vor allem aber an seine vielbändige Theologiegeschichte, die er als schon Erblindeter aus dem Fundus seines Gedächtnisses geschrieben hat. Zugleich aber war und blieb er (bis zu seinem Tode) unbeirrbar »führertreu«. Noch beim Einzug der Alliierten in Göttingen rief er seine Familie und die Flüchtlingsgäste seines Hauses ans Klavier und sang mit ihnen das Horst-Wessel-Lied, während die Profi-Nazis schon längst über alle Berge waren. Georg Merz, der frühere Herausgeber der Barth-Zeitschrift »Zwischen den Zeiten«, brachte mir gegenüber die Ambivalenz dieses merkwürdigen Mannes einmal auf die Formel: »Hirsch glaubt nicht an die Evangelienberichte über die Auferstehung Christi, aber er glaubt jedes Wort von Goebbels und jede Zeile des ›Völkischen Beobachters‹.« Hirsch hat die etwas zynische Abfuhr, mit der ich mich in Göttingen von ihm verabschiedete, wohl nie vergessen. Im August 1943 wäre er mir durch einen Brief, der einer Denunziation nahekam, beinahe noch gefährlich geworden. (Allerdings war er kein ordinärer Denunziant; es hatte vielmehr mit seiner subjektiv ehrlichen Überzeugung zu tun, wenn er meinte, mich als Feind des Dritten Reiches entlarven zu müssen.) Es ging um folgendes:

Als ich während des Krieges mit einem Rede- und Druckverbot belegt wurde, vertrieb eine Anzahl kirchlicher Stellen, darunter auch ein etwas windelweicher, nach beiden Seiten um Wohlwollen bemühter DC-Bischof, meine vervielfältigten Reden und Aufsätze. Sie gelangten in hohen Auflagen an alle Fronten. Eine dieser Arbeiten behandelte das Thema: »Die Grenzen der Fürbitte«. Ich kritisierte darin die pauschale gottesdienstliche Segensbitte für den Führer als unsere gottgesetzte Obrigkeit. Diese meine politisch-liturgische Kritik erregte Hirschs heftigen Zorn. In seinem Protestbrief an den bischöflichen Deutschchristen schrieb er die Sätze: »Ich lehne als deutscher Mann und Christ diese ganze wahnsinnige Fragestellung ab. Für mich ist der Führer und sein Staat das kostbarste, liebste, teuerste, heiligste Gut von uns allen... Und wenn mir jemand die Frage stellt, ob ich dafür beten dürfe, so wende ich mich von diesem Jemand als einem kranken, instinktlosen, armen, aber auch widerlichen Gesellen ab. Ich ekle mich vor jedem Deutschen als einem widerlichen Burschen, der jetzt die Frage stellen kann, ob wir für solche antichristlichen Menschen [gemeint sind die nazistischen Kameraden seines gefallenen Sohnes, der Verf.] beten dürfen, und der dies Gebet einklammert durch das Gebet gegen die antichristlichen Mächte und für ihren Untergang.« Trotz alledem habe ich nie Haß, sondern eher Mitleid für diesen bedeutenden Mann empfunden, den seine fanatische Verbissenheit auf schließlich ausweglose Irrwege gestürzt hatte. Angesichts des feigen Opportunismus, mit dem frühere Nazis nachher ihren einstigen Weg verleugneten, hat mir Hirschs Konsequenz, selbst wenn sie der Verblendung entstammte, sogar Respekt abgenötigt. Er wollte sich selber treu bleiben, auch als ihm nach dem Krieg äußerste Einsamkeit daraus erwuchs.

Nach der fruchtlosen Göttingen-Reise schienen nun alle Wege in meine berufliche Zukunft versperrt. Da erreichte mich Ende Oktober 1936 ein Brief des Reichskultusministers, der mich – völlig unerwartet – mit der Vertretung eines Heidelberger Ordinariats beauftragte, dessen bisheriger Vertreter (wegen eines nicht politischen Disziplinarverfahrens) von seinem Amte suspendiert worden war. Unvorbereitet, wie ich war, mußte ich innerhalb von acht Tagen in Heidelberg antreten und die gesamten Lehraufgaben einer ordentlichen Professur übernehmen. »Um dein Grämen zu beschämen, muß es unversehens sein...« – daran dachte ich, als ich mich beglückt auf mein Motorrad schwang, um gen Heidelberg in eine unbekannte, sicherlich aber herausfordernde Zukunft zu fahren.

Professoraler Beginn in Heidelberg
1936–1940

Meine Heidelberger Jahre waren die erste Bewährung in meinem
eigentlichen Beruf: Ich hatte nun selbständig eine ordentliche Professur zu versehen, wöchentlich vier Vorlesungen und ein Hauptseminar zu halten. Das allein bedeutete einen tiefen Einschnitt.
Überdies verlor ich mein Herz in Heidelberg und heiratete dort
1937. Während der ersten Ehejahre kam es zu den schwersten
Auseinandersetzungen mit der Nazipartei, die 1940 zu meiner
gewaltsamen Entfernung aus der Universität führten. Ich teilte
dieses Schicksal mit Karl Jaspers, der am selben Tag aufhören
mußte.

Ohne mein Vorlesungsthema zu kennen – für einen Anfänger eine
sehr delikate Lage! –, kam ich mit einigen Manuskripten in der
Satteltasche und im übrigen schwer bepackt mit Büchern und den
üblichen Bedarfsgegenständen auf meinem fahrbaren Untersatz in
Heidelberg an und hielt mangels einer anderen Adresse vor dem
Theologischen Studienhaus, um mir dort ersten Rat zu holen. Es
erwies sich für den Anfang als die rechte Schmiede. Das Haus wurde
geleitet von dem promovierten Naturwissenschaftler und späteren
Theologen Ernst Köhnlein, der mich mit seiner Frau überaus
freundschaftlich aufnahm und mir in einem Tour d'horizon einen
ersten Lagebericht gab.

In der Fakultät, so berichtete er, wirkten einige weltberühmte
Koryphäen: der Neutestamentler Martin Dibelius, der Kirchenhistoriker Walther Köhler und der Alttestamentler Gustav Hölscher.
Der Dekan sei Deutscher Christ und äußerst systemkonform; mit
ihm würde ich meine Schwierigkeiten kriegen; ich solle mich nicht
durch seine umgängliche Bonhomie täuschen lassen. Kirchlich spielten sich – wie überall – auch in Heidelberg heftige Auseinandersetzungen zwischen Bekennender Kirche und Deutschen Christen ab.
Die alten »berühmten Herren« stünden innerlich auf der Bekenntnisseite, hielten sich aber aus den unmittelbaren Kontroversen
heraus. Nur der praktische Theologe, der alte Renatus Hupfeld,
schlüge sich wacker und sei so etwas wie ein Patron der Studenten,
die sich in überwiegender Zahl zur Bekennenden Kirche hielten.

Sein überaus gastfreies Haus trüge sehr viel zu deren Zusammenhalt bei. Unter den Jüngeren sei der Patristiker Hans Freiherr von Campenhausen der Stern der Fakultät. Er fasziniere seine Hörer nicht nur durch seinen ungemein lebendigen und originellen Vortrag, sondern imponiere ihnen auch wegen seiner offen zur Schau getragenen klaren Linie in den gegenwärtigen Auseinandersetzungen. Die Studenten freuten sich nun, daß diese Linie eine Verstärkung erfahren sollte: Außer mir werde noch der ebenfalls junge Günter Bornkamm erwartet, der – von Bethel kommend – eine neutestamentliche Dozentur vertreten sollte. Im übrigen sei die Luft voller Gerüchte, daß die theologischen Fakultäten demnächst geschlossen und in kirchliche Ausbildungsstätten verwandelt werden sollten.

Schon die ersten feierlichen Antrittsbesuche bei den »Autoritäten« gaben mir einen Eindruck von diesen würdigen Herren, die mir in der Folgezeit zu väterlichen Freunden wurden und später auch meine junge Frau unter die Fittiche ihrer und ihrer Frauen rührende Fürsorge nahmen. Solche Vorstellungsvisiten wurden zwecks Erhöhung der Feierlichkeit noch im Zylinder gemacht. Da ich diese Kopfbedeckung wegen ihrer nicht gerade aerodynamischen Form auf dem Motorrad kaum tragen und auch sonst nur schwer auf meinem Gefährt unterbringen konnte, hatte ich mir eine zusammendrückbare Konstruktion besorgt, einen sogenannten Chapeau claque, den ich bequem in die Satteltasche stecken konnte und erst vor dem jeweiligen Haus mit einem Knall zur vollen Entfaltung brachte. Damit habe ich den würdigen Walther Köhler, der aussah wie ein alter Lord und den man sich gut in einer vierspännigen Droschke vorstellen konnte, in erschrecktes Staunen versetzt: Als Kavalier alter Schule geleitete er mich, den kleinen Anfänger, bis auf die Straße, wo ich mein Motorrad geparkt hatte. Ich sah nach einem weiteren, hinhaltenden Schwätzchen mit Grausen den Augenblick des Geständnisses nahen, daß ich auf diesem sportlichen, legeren Gefährt zu einem derart offiziellen Akt angetreten war – und das bei einem Mann, der infolge Alter und Ruhm die Einhaltung korrekter Formen beanspruchen konnte.

Der Augenblick kam, und er blickte mich und meine Maschine fassungslos an. »Und Ihr Zylinder?« fragte er sichtlich verwirrt. Jetzt trat ich die Flucht nach vorn an: »Sie sehen, Herr Professor, ich fahre einen Zweizylinder«, drückte meinen Chapeau claque zusammen, verstaute ihn, verneigte mich ein letztes Mal und gab Gas. Im Rückspiegel sah ich, daß er mir kopfschüttelnd nachblickte.

109

Gustav Hölscher war ein zartgliedriger älterer Herr von nobler Geistigkeit und mit einem herrlichen Gelehrtenkopf, der an Erasmus von Rotterdam erinnerte. Die auf Form, fast auf Ritual getrimmten Abendveranstaltungen in seinem Haus waren gleichwohl nie steif, weil die herzliche Zuwendung der Gastgeber und ihr zugleich souveränes Spiel mit der Form Befangenheit nicht aufkommen ließen. Nur einmal maß er mich mit sublim angedeuteter Mißbilligung von oben bis unten, als meine Textilien nicht ganz der korrekten, seinem Hause angemessenen Norm entsprachen.

Menschen mit der geistigen Sensibilität Hölschers litten natürlich besonders unter der braunen Barbarei. Es bekümmerte mich, wenn ich sah, daß bei Nazi-Festtagen auch sein Haus eine Hakenkreuzfahne zeigen mußte. Zugleich amüsierte mich aber die Taschentuch-Winzigkeit des Fähnchens, die neben der Größe der nachbarlichen Fahnen *auch* so etwas wie ein Bekenntnis war.

Der eigentliche Star der Fakultät war Martin Dibelius, dessen formgeschichtliche Forschungen zusammen mit denen Bultmanns internationalen Ruf genossen. Von Anfang an war ich immer wieder Gast in seinem Haus. In späteren Krankheitszeiten war seine strahlende, durch Vitalität und Lebensbejahung mitreißende Frau uns eine nie versagende mütterliche Hilfe. Auch die düsteren Zeitläufe konnten den heiteren Glanz nicht verdunkeln, der immer um sie war.

Mit Dibelius verband mich neben vielem anderen auch die Liebe zur Anekdote und zur Memoirenliteratur. Ich konnte es in meinem Respekt vor diesem berühmten Mann zuerst gar nicht fassen, in welchem Maß er für Tratsch und Klatsch aufgeschlossen war und mit welcher Liebe er unzählige Skandalgeschichten von den Mitgliedern großer und kleiner Fürstenhöfe oder anderen bedeutenden Leuten zu erzählen wußte. Seine besondere erzählerische Zuneigung gehörte den gerade in Heidelberg zahlreich lebenden Frauen und Witwen berühmter Männer, deren Eitelkeit und Feindschaft gegenüber Nebenbuhlerinnen er herrlich ins Licht zu setzen wußte. Von einigen Witwen, die das Vermächtnis ihrer Männer allzu penetrant hüteten und propagierten, so daß sie anderen damit auf die Nerven gingen, konnte er sagen, man gewänne durch sie ein gewisses Verständnis für die indische Sitte der Witwenverbrennung. Häufig besuchte ich auch seine Vorlesungen, die mich nicht nur durch den Glanz der Darstellung, sondern auch durch ihren Witz hinrissen. Nach solchen Kollegs liebte er es, sich auf dem Beifahrersitz meines Motorrads von mir nach Hause fahren zu lassen und sich am Staunen der Studenten zu weiden. Wenn ich vor seinem Haus hielt, bat er mich hin und wieder, ich möge hupen, damit Weib und Kind ihn auf der imposanten Maschine sähen.

Zu meinen engsten Freunden in Heidelberg wurden Günter Bornkamm und Hans von Campenhausen. Noch heute staune ich, wieviel Zeit wir für uns hatten, obwohl wir uns doch alle drei gewaltig schinden mußten, um rechtzeitig die riesigen Mengen an Lehrfutter für unsere Studenten zu schneiden. Immer wieder fuhren wir mit dem winzigen Opel P-4 Bornkamms aus der Stadt hinaus, um zu wandern. Gelegentlich kam in dem Wägelchen ein so gewaltiges Gelächter auf, daß wir in Schlangenlinien gerieten und anhalten mußten, bis wir uns wieder beruhigt hatten. Wir machten uns lustig über die komischen Figuren unserer Häscher und ebenso über die witzige Schlagfertigkeit, mit der viele Menschen auf deren böse Anschläge reagierten. Keine Zeit produziert ja ein solches Brillantfeuerwerk an Witz wie ein tyrannisches Regime. Selbst die Kabaretts, die in unserer Gegenwart unter Blutarmut leiden, platzten vor Übermut und überschritten nicht selten die Grenze des eben noch Geduldeten. So unterbrach beispielsweise der Münchner Weiß Ferdl am Beginn eines Auftritts den obligatorischen Gruß »Heil Hitler« bei dem Wort »Heil«, um sich verlegen an den Kopf zu greifen und herauszustottern: »Itz hob i den Namen vergessen!«
An Freund Campenhausen ist mir aufgegangen, was Adel bedeuten kann: Er bewohnte mit seiner zauberhaften jungen Frau und seinen vier strohblonden Kindern eine große, aber ziemlich schäbige Wohnung in der belebten Rohrbacher Straße. Es war kein Geld da, um die einst noblen Sessel aufzupolstern, und auch sonst ging es knapp her. Über jedem frugalen Mahl aber lag ein festlicher Glanz. Das Zeremoniell eines baltischen Gutsherrn war dem Freund zur zweiten Natur geworden – darum wirkte es natürlich und beflügelte eher, als daß es hemmte –, und selbst die Kinder benahmen sich wie wohlerzogene Prinzen. Gottlob waren sie aber nicht *immer* brav. Während langer Abwesenheiten ihres Vaters infolge auswärtiger Vertretungen gerieten die temperamentvollen Knaben gelegentlich außer Rand und Band, so daß ihre Mutter mich um Hilfe rief. Campenhausen war damals formgerecht auf ein Ordinariat berufen worden und erfuhr dann, als er dem Rektor seinen Antrittsbesuch machte, daß die Partei ihr Veto eingelegt hatte. Obwohl sein Leben damit radikal verändert wurde, kam kein Laut der Klage über seine Lippen. Alsbald wurde er in schamloser Weise zu Gastprofessuren

an andere Fakultäten geschickt – einmal als fünfter (!) Kirchenhistoriker in das kleine Greifswald, wo er völlig überflüssig war. Aber
auch das ertrug er klaglos und mit viel Selbstironie.
Die Selbstironie war ihm überhaupt zur zweiten Natur geworden.
Er konnte wegen eines Fußleidens schlecht stehen. Deshalb bat er
auch seine Studenten, ihm nicht auf den Gängen der Uni ihre
Fragen zu stellen, sondern ihn in der Sprechstunde zu besuchen, wo
er sitzen könne. Als ihn gleich darauf doch wieder ein Kommilitone
auf dem Flur ansprach, sagte er zu ihm: »Bitte, nehmen Sie Platz!«,
setzte sich auf den Fußboden, nötigte den verlegenen Studenten, das
ebenfalls zu tun, und zwang die vorüberziehenden Studentenscharen, entweder über sie hinwegzuklettern oder ihnen mühsam auszuweichen. Das war typisch für ihn und seine Souveränität: Er tat in
jedem Augenblick genau das, was er für richtig hielt, und hatte die
Lacher immer auf seiner Seite.
Karl Jaspers traf ich, weil wir zu gleicher Zeit lasen, immer wieder
im Dozentenzimmer. Wir unterhielten uns dabei angeregt und
verabredeten nicht selten ein Colloquium bei ihm zu Hause. Da er
mit einer Jüdin verheiratet war, lebte er in permanenter Angst und
verbarg sie tunlichst vor fremden Augen. Seine geistige Ausstrahlung war von unerhörter Dichte, um ihn herum war immer so etwas
wie eine Stimmung des Denkens. Selbst leisesten Anspielungen auf
die bedrängende – und gerade *ihn* bedrängende – Zeitsituation ging
er entschieden aus dem Weg. Er wußte, daß nur sein Ruhm ihn und
seine Frau schützte, daß dieser Schutz aber an einem seidenen Faden
hing. Der offensichtlich erlassene Schonbefehl würde sofort hinfäl-
lig werden, wenn er sich die geringste Blöße gab.
Fast mit der Monotonie eines ständigen Ceterum-censeo kam Jaspers bei unseren Begegnungen immer wieder auf ein theologisches
Problem zu sprechen, das für ihn fast eine Lebensfrage war. Er
konnte nicht damit fertig werden, daß das Christentum so etwas wie
einen »Absolutheitsanspruch« erhob (wenigstens in dem Sinn, in
dem *er* ihn verstand). Seine Argumentation variierte dabei die
immer gleiche Denkfigur: Der Glaube, so meinte er, sei ein existentieller Akt und insofern für unsere Subjektivität »unbedingt«.
Darum stehe und falle eine Glaubenswahrheit – wie etwa die, daß
Christus unser Erlöser sei – mit der Bekenntnistreue dessen, der
diese Wahrheit als Zeuge vertritt. Versage und verleugne er, gehe
diese Wahrheit mit seiner Verleugnung zugrunde. Darum habe
Giordano Bruno Kerker und Scheiterhaufen ertragen müssen, um
den Bestand seiner Überzeugungswahrheit (= die Beseelung der

Welt und der Welten) zu retten. Galilei hingegen habe seiner astronomischen Wahrheit, daß die Erde sich um die Sonne drehe, seelenruhig abschwören dürfen und seiner Verleugnung dann heimlich die ironische Glosse nachschicken können: »Und sie bewegt sich doch!« Denn Galilei habe eben keine *existentielle* (und insofern verwundbare!), sondern er habe eine *objektive* Wahrheit vertreten, die keines Zeugen bedarf, der für sie sterben müßte: Die objektive Wahrheit setze sich vielmehr kraft ihrer Evidenz von alleine durch.

Jaspers meinte nun: Wenn der christliche Glaube so etwas wie einen unbedingten, für alle geltenden Absolutheitsanspruch erhebe, dann höre er auf, eine *nur* existentielle, allein »für mich« unbedingte Wahrheit zu sein, dann nehme er gleichzeitig »objektive« Allgemeingültigkeit für sich in Anspruch, er wolle also die Wahrheitsqualität von Giordano Bruno *und* von Galilei in sich vereinen. Damit aber höre er auf, eine gleichsam reinrassige Bekenntniswahrheit zu sein. Das und nur das habe ihn immer gehindert, ein Christ zu sein, so gerne er es auch geworden wäre. Mehr als einmal griff er dabei mit großer Emotion das Wort Lessings auf: dies allein sei der »garstige breite Graben, den er nicht überwinden könne. Wer mir da hinüberhilft, der verdient einen Gotteslohn an mir.« In diesen Dialogen verfolgte ich meinerseits das Ziel, ihm den fundamentalen Unterschied zwischen dem panentheistischen Bekenntnis Brunos und christlicher Zeugenschaft zu verdeutlichen. Ich habe dieser Auseinandersetzung mit Jaspers, die hier nicht weiter verfolgt werden kann, ein Kapitel in meiner Dogmatik »Der evangelische Glaube« gewidmet.

Unser dialogischer Streit über die existentielle Wahrheit spitzte sich zu in seinem Seminar über Kierkegaard, in das er mich eines Tages einlud, um vor den Teilnehmern mit ihm zu disputieren. Er sah in Kierkegaard den puren Existenzphilosophen, dessen Bindung an eine geschichtliche (insoweit »objektive«) Gestalt wie Christus von seinem Denkschema aus schlechterdings unbegreiflich war. Deshalb leugnete er seine christliche Bindung und sah in allem, was dennoch darauf hinwies, lediglich »Chiffren«, mythologische Verschlüsselungen und Umschreibungen rein existentieller Kundgaben. Da ich dies für ein geradezu groteskes Mißverständnis hielt, kam es zu heftigen Wortgefechten, die in differenzierten Textanalysen endeten. Die Studenten und Doktoranden hörten dieser Kontroverse, die keine Einigung bringen konnte, gespannt zu.

Das Ganze hatte noch ein höchst eigentümliches Nachspiel. Jaspers, der sich bei unserem Streitgespräch für seine Verhältnisse sehr echauffiert hatte, meinte am Ende der Sitzung: Wenn ich ihm Offenheit gestatte, so möchte er bekennen, daß er diese Art des Dialogs bei einem Theologen nicht recht möge. Ich hätte mich auf dem Feld der Argumentation wie ein philosophischer Kollege verhalten, ich hätte auf ihn weniger als Theologe denn als Advokat für hermeneutische Fragen gewirkt, als jemand also, der über die Prämissen des Kierkegaard-Verständnisses reflektiert und sich darin erschöpft. Er, Jaspers, habe gerade *das* nicht herausgehört, was er bei einem Theologen besonders schätze: den Ton des Zeugen. Ich erwiderte ihm: Da er subtile Interpretationsfragen in seinem Kierkegaard-Seminar angesprochen habe, sei es meine Aufgabe gewesen, ihm auf ebendieser Ebene zu begegnen. Mich mit einem simplen Gegen-»Bekenntnis« zu begnügen, wie er das offenbar von einem Theologen erwarte, könne ich nicht für ein der Sache adäquates Verfahren halten. Am kommenden Abend würde ich in der Studentengemeinde den Text von der Versuchung Jesu behandeln (Matthäus-Evangelium, Kap. 4). Da könne er mich in einer anderen Rolle – eben in der des »Zeugen« – hören.

Nie hätte ich von diesem etwas unwirsch hingeworfenen Satz erwartet, daß Jaspers ihn als Einladung empfinden und dieser Einladung gar folgen würde. Aber siehe da: Samt seinem Seminar saß er an jenem Abend unter den Zuhörern und verfolgte sogar den Text der gesungenen Lieder im Gesangbuch. Es rührte mich, als er mir sagte: »In der Tat: Heute abend habe ich den Ton des Zeugen vernommen.«

Ich bin wieder einmal vorausgeeilt. Zunächst ging es in Heidelberg um meine Vorlesungen und um meine studentischen Hörer. Im Lehrprogramm der Fakultät war in meinem Fach die Ethik an der Reihe, deren architektischen Aufbau ich mir erst einmal zurechtlegen mußte. Doch konnte ich nicht umhin, pünktlich – und wahrlich als Greenhorn! – gleich nach meiner Ankunft das Katheder zu besteigen. Ich half mir damit, daß ich erst einmal alle alten Manuskripte, die einigermaßen paßten, hervorkramte und mir und den Studenten zu suggerieren suchte, daß genau diese Themen für den Anfang das richtige seien. Meine Hörer gingen dann auch wunderbar mit, und das wiederum verlieh mir den Schwung, an dem weiteren systematischen Aufbau dieser großen, sich über zwei Semester erstreckenden Vorlesung zu arbeiten.

Wir hatten prachtvolle Studenten: ein kleines Häuflein, das sich allem zum Trotz in der theologischen Arbeit zusammenfand, eine »Elite«. (Mit Vergnügen gebrauche ich dieses heute so verabscheute

Wort!) Als August Winnig einmal in jenen Tagen den merkwürdigen, aber doch sinnvollen Versuch unternahm, sich bei jungen Studenten Rat für eine kirchenpolitische Entscheidung zu holen, sagte er nachher unter dem Eindruck der leidenschaftlichen und entschiedenen Stellungnahme dieser Jungen, er sei sich »vorgekommen wie ein Nackedei unter lauter gepanzerten Rittern«. Diese jungen Männer sorgten schon dafür, daß man nicht schlappmachte, und die Kraft, die sie einem selber gaben, strahlte dann auf sie zurück. Die meisten von ihnen sind später gefallen.

Gern würde ich einige Gestalten aus meiner ersten Studentengeneration porträtieren. Doch ich fürchte, wenn ich bei einem anfange, könnte ich so bald nicht wieder aufhören. Einer von ihnen (nun drohe ich doch mit dem Erzählen zu beginnen, aber ich werde mir gleich wieder auf die Zunge beißen!), ein vitaler Naturbursche aus München, Gerhard Scholler mit Namen, krönte alle Feste mit seinen Schnadahüpferln und Schuhplattlern. Als er dann in desolatem Zustand, kaum noch wiederzuerkennen, aus Krieg und langer Gefangenschaft heimkehrte, brach die schreckliche Multiple Sklerose über ihn herein. Schon bald konnte er nur noch vom Rollstuhl aus seinen Dienst als Militärpfarrer tun, bis er auch diese geliebte, bis zum äußersten durchgehaltene und seine Soldaten tief bewegende Arbeit aufgeben mußte. Die letzten Lebensjahre mußte er dann mit seiner alten Mutter zusammen (!) in einem Pflegeheim verbringen. Wenn ich ihn dort in seiner winzigen Stube besuchte, traf ich einen völlig gelähmten, zusammengesunkenen weißhaarigen Greis. Doch immer noch strahlte er mich mit den letzten Funken seiner alten Heiterkeit an, die jetzt aus dem Glauben kam. Jeden Sonntag rief ich ihn von Hamburg aus an, und seine brüchig gewordene Stimme war voller Güte und Weisheit, bis sie endlich, wie er es ersehnte, verstummen und das Gotteslob in einer anderen Welt anstimmen durfte. Welch eine Lebenskurve – was ist der Mensch!

In jedem Semester ging ich mit meinen Studenten für ein Wochenende in das kleine badische Dörfchen Spöck, einen wahrhaft sonderlichen Flecken in deutschen Landen. Dieses Dorf stand noch immer unter dem lebendigen Einfluß einer Erweckungsbewegung, die im vorigen Jahrhundert von Pfarrer Aloysius Henhöfer (1789–1862) ausgegangen war. Sobald die Glocken am Sonntag zum Gottesdienst riefen, war es fast so, als ob den Leuten die Pawlowschen »bedingten Reflexe« in die Beine führen und sie zur Kirche hin in Bewegung setzten.

Der Magnet, der uns nach Spöck zog, war Dorfpfarrer Urban, ein

Original sonderlicher Art, eine herrliche Mischung von Urchrist und Wurzelsepp. In seinem abgrundtiefen Baß glaubten wir die Stimme der alten Propheten und der ersten Zeugen zu vernehmen. Das waren Urlaute, die weder von einem theologischen Katheder noch in einem akademischen Gottesdienst zu hören waren. Daß es solch deftige Ursprünglichkeit im miesen 20. Jahrhundert überhaupt noch gab, war uns ein tröstliches Gegengewicht zu der braunen Barbarei. Wir kamen immer erbaut von dort nach Heidelberg zurück, auch wenn wir theologisch nicht mit allem einverstanden waren, was Urban sagte. So hatte er einmal zwei Abende angesetzt, in denen er nacheinander über »Gesetz und Evangelium« sprach (was in dieser auseinandergerissenen Form schon fragwürdig ist). Der erste Abend war eine derart donnernde Gerichtspredigt, daß die verängstigten Zuhörer teilweise am zweiten Abend wegblieben, als er die milderen Töne des Evangeliums säuseln ließ. Noch höre ich den immer wiederkehrenden Refrain des Gerichtsabends: »Zuerscht muß auch der Heiland den Bruschtkaschte einschmeiße!«

Eine gewaltige Turbulenz entstand in dem stillen Dorf, als ein höherer Führer der Hitlerjugend ausgerechnet in einem von christlicher Tradition so gesättigten Milieu auf die Pfaffen zu schimpfen wagte und ihnen vorwarf, sie suchten die Leute mit jüdischen Angstvorstellungen vor dem Sterben und der Hölle »kusch zu machen«. Dieser Jammertal-Mentalität setzte er den Nazi-Slogan entgegen: »Stehend sterben, lachend sterben!« Wir hatten das Glück, Urbans Kanzelerwiderung auf diese braune Attacke mitzuerleben: Seine tiefe Stimme bebte vor Zorn und Hohn, als er jenen Nazi-Slogan wiederholte, um dann von Clemençeau zu erzählen, der ebenfalls stehend habe sterben wollen und deshalb angeordnet habe, daß sein Sarg senkrecht in die Erde gelassen werden solle. »Liebe Gemeinde«, dröhnte er dann mit äußerstem Fortissimo, unter dem sich die Gemeinde duckte, »i möcht' dees Gerumpele in dem Sarg net g'hört haben, wenn ihm rechts und links die Kniescheiben rausgesprungen sind!« So war er in seiner ganzen Herrlichkeit. Und damit war der Nazi-Angriff zerschlagen. Ich widerstehe nur schwer der Versuchung, die Reihe der einschlägigen Anekdoten fortzusetzen.

Die urtümliche Saftigkeit, die uns in Urban begegnete, stach wie ein Gegenpol ab von der etwas überzüchteten Geistigkeit der Heidelberger akademischen Tradition, wie sie jedenfalls in den Zeiten der alten Ordinarienherrlichkeit geherrscht hatte und hie und da noch

weiter gehütet wurde. Man kann es in unseren nüchterner gewordenen Zeitläufen kaum noch fassen, in welchem Maße sich die akademischen Großmogule von einst für den Nabel der Welt hielten.
Noch heute ist die Heidelberger Luft erfüllt von allerlei Anekdoten
über sie, wobei sich die Trennungslinie zwischen der historischen
Realität und ihrer legendären Stilisierung natürlich mehr und mehr
verwischt. So legte etwa der berühmte Philosophiehistoriker Kuno
Fischer, das vielleicht beliebteste Objekt posthumer Schnurren,
größten Wert darauf, daß er mit seinem Titel »Exzellenz« und nicht
nur mit »Herr Geheimrat« angeredet wurde, und dies obendrein
noch in der dritten Person: »Wollen Exzellenz die Güte haben . . .«
Dieses zeremonielle Gehabe ist bezeichnend für die Art, wie er und
seine Starkollegen sich als Kultheroen empfanden.
Eines Tages nun hatte Kuno Fischer einen leichten Schwächeanfall,
der seinen Diener veranlaßte, einen benachbarten Arzt zu holen und
den schon älteren Herrn – mit Blaulicht-Eile gleichsam – die Treppe
hinaufzuziehen. Keuchend fragte der Arzt dabei: »Was haben Sie
denn mit Exzellenz inzwischen gemacht?« Darauf der Butler: »Ja,
was sollte ich wohl mit ihm machen, Herr Doktor? Ich hab' immer
nur gerufen: ›Wollen Exzellenz nicht wieder zu Exzellenz
kommen?!‹«
Ein schon etwas makaber gewordenes Relikt dieses Bedürfnisses,
sich als Denkmal zu gerieren, fand sich zu meiner Heidelberger Zeit
noch im Salon von Frau Marianne Weber, der Witwe Max Webers.
Ich wich der Einladung in den Kreis dieser etwas hochgestochenen –
Marianne Weber sprach ihrerseits von »hochgearteten«–, sich ex-
klusiv dünkenden »Geistes«-Elite immer wieder aus, weil mir diese
alten Damen beiderlei Geschlechts nach allem, was ich von ihnen
hörte, eher eine Gänsehaut verursachten. In ihrer Biographie über
Max Weber porträtiert Frau Marianne auch ihre Schwiegermutter
Helene Weber und beschreibt, daß sie bei ihren Töchtern die
Wochenbettpflege übernahm. Doch ein Wort wie »Wochenbett«
kam dieser alles spiritualisierenden Priesterin des Geistes nur
schwer über die Lippen. Sie schrieb statt dessen: Mutter Helene
habe tätigsten Anteil an dem »Gattungsdienst« ihrer beiden Töchter
genommen.

Heirat und erste Ehejahre

Daß und wie man sein Herz in Heidelberg verlieren kann, habe auch ich erfahren. Zunächst geschah das gleich mehrfach hintereinander, und da ich beschlossen hatte, allmählich Kurs auf den Hafen der Ehe zu nehmen, hat mich die Qual der Wahl arg hin und her gerissen. Dann begegnete ich Marie-Luise Herrmann aus Karlsruhe, bei der der berühmte Funke sofort in erhöhter Glut übersprang. Damit verschärfte sich der ausgebrochene Konflikt. Ich weiß selber nicht recht, ob es von besonderer Verantwortung oder von bedenklicher Spießigkeit zeugte, wenn ich nun versuchte, in systematischer Manier die Vorzüge der drei »Kandidatinnen« gegeneinander abzuwägen und so zu einer Entscheidung zu kommen. Obwohl sich auch da Marie-Luise, später Liesel genannt, sofort an die Spitze setzte, gab es doch noch ein unbekanntes X, dem ich als Kriterium besonderes Gewicht beimessen mußte: Ich ging mit meinem Beruf und meiner politischen Einstellung möglichen Zerreißproben entgegen. Bisher hatte ich nur für mich alleine entscheiden müssen. Eine Lebensgefährtin müßte ja nicht nur auf gemeinsamem innerem Grund mit mir stehen, sondern auch tapfer sein. Schrecklich war der Gedanke, sie könne vielleicht nur abwiegelnd und hemmend in Funktion treten, sie möchte etwa Karrieregründe in den Vordergrund stellen, statt ihrem Mann in Augenblicken des Verzagtseins den Rücken zu stärken. Eine »Bangebüx« würde ich auf keinen Fall gebrauchen können. Doch wie konnte ich das feststellen?

So kam ich auf die etwas abenteuerliche Idee, eine Art Mutprobe mit den dreien anzustellen. (Sie wußten glücklicherweise weder voneinander noch von meinem Vorhaben.) Ich beschloß, sie auf mein Motorrad zu laden und in hohem Tempo eine scharfe, mir aber sehr vertraute Kurve zu durchfahren. Wer dann bei der äußersten Schräglage quieken würde, wäre durchs Examen gefallen. Nur eine von ihnen – und gerade die, von der ich es gehofft hatte – gab keinen Laut von sich. Obwohl das sicherlich ein fragwürdiger, vielleicht postpubertärer Schub war, hat sich der Ertrag dieses Experiments unser ganzes gemeinsames Leben hindurch – nun schon bald ein halbes Jahrhundert – bewährt. Meine Frau hielt in allen Krisen unserer mehr als bewegten Geschichte wacker aus. Sie hat mich niemals von einer Überzeugung, die unseren Weg zu gefährden drohte, abgehalten, im Gegenteil: Ihre ruhige, ganz unfanatische, aber entschiedene Art sorgte ihrerseits für einen geraden Kurs. Ich weiß nicht, wie ich ihr hätte unter die Augen treten sollen, wenn ich

aus Karrieregründen oder in feigem Zurückweichen einer Opportu-
nistenrolle verfallen wäre. Auch mich wandelte zuweilen Schwäche
an. Als ich abgesetzt worden war, verschiedene Landeskirchen
wegen einer möglichen Stelle angeschrieben hatte und niemand
einen politisch so Kompromittierten (und Kompromittierenden!)
haben wollte, dachte ich vorübergehend an einen Fakultätswechsel
und spielte mit dem Gedanken, Medizin zu studieren. Da wiederum
war *sie* es, die mich erneut Tritt fassen ließ und unverzagt blieb.
Auch als Mutter unserer Kinder fand sie im Unterschied zu mir die
rechte Verbindung von Liebe und Konsequenz. Mag die ausgefallene Idee mit der motorisierten Mutprobe auch nicht *mehr* als eine
Zufalls- und Losentscheidung bedeutet haben, so hat eine höhere
und gütige Hand jedenfalls dafür gesorgt, daß mir dieses Los, wie es
im Psalm heißt, »aufs lieblichste gefallen« ist.
Vor unserer Hochzeit im Oktober 1937 machte ich noch eine
Rundreise zu alten Freunden. Als ich zwei oder drei Tage früher
zurückkam, fand ich mehrere Vorladungen zur Gestapo vor, deren
letzte dringlich und drohend klang. Ich schickte ihr einfach eine
Heiratsanzeige in der Erwartung, daß sie eine ausreichende Erklärung bedeute. Unter der Fülle der Hochzeitsglückwünsche fanden
wir dann tatsächlich eine Karte, die zwei schnäbelnde Tauben und
die gedruckten Worte enthielt: »Gottes Segen zur Hochzeit« –
Unterschrift: »Die Gestapo«.
Kaum waren wir dann – natürlich mit dem Motorrad – zu unserer
Hochzeitsreise aufgebrochen, klingelte die Gestapo bei meiner
Schwiegermutter in Karlsruhe und fragte nach mir. Auf ihre Antwort: »Wo die beiden jetzt sind, haben sie mir nicht auf die Nase
gebunden«, trollten sie sich wieder von dannen. Nach unserer
Rückkehr in die neue Wohnung tauchte als erster Gast dann die
Gestapo auf, um uns mit einer Haussuchung zu überraschen. Ich
hatte in einem Vortrag einige Schauersätze des »Frankenführers«
Julius Streicher zitiert, die ein Freund für mich aufgeschrieben
hatte. Nun sollte ich den Namen meines Gewährsmanns preisgeben. Als der Beamte schließlich einige Namenslisten aufstöberte,
zum Beispiel die meiner Seminarteilnehmer, und mit dem Finger an
ihnen entlangfahrend immerfort fragte: »Ist es der? Ist es der?«,
erwiderte ich ebenso stupide: »Verweigere die Aussage, verweigere
die Aussage.« Zwischendurch stöhnte der gute Mann einmal auf:
»Ach, wenn ich Ihnen doch überlisten könnt'!« Er war wirklich ein
guter Mann, ein braver ehemaliger Normalpolizist, der sich zu
diesem Haufen ohne sein Zutun versetzt sah. Seine diskriminieren-

de Tätigkeit bei »seriösen Herren« war ihm überaus peinlich, wie er mir offen eingestand. »I (= ich) wenn wieder bei meine Spitzbuben wär!«, meinte er am Ende wehmutsvoll und verabschiedete sich nicht mit »Heil Hitler«, sondern mit »Grüß Gott«. Nach dem Zusammenbruch traf ich ihn in einem amerikanischen Konzentrationslager für Nazis wieder. Auch solche harmlosen Sünder waren da eingesperrt.

Unsere Hauswirtin im oberen Teil der Bergstraße war eine alte Nazisse und in jeder Hinsicht ein Drache, dem ich ein Dorn im Auge war. Einer politisch so anrüchigen Figur gegenüber wie mir meinte sie sich jede Schikane erlauben zu können. War irgend etwas im Hause kaputt, so hatten es bestimmt meine Studenten getan, die wir in zahlreichen Gruppen immer wieder zu Gast in unserer kleinen Dachwohnung hatten. Sie zog mich dieserhalb – es ging um eine geplatzte Kloröhre – sogar einmal vor Gericht, erfuhr dort aber eine schlimme Abfuhr. Daß auch diese Beschädigung auf ein Attentat meiner Studenten zurückzuführen sei – neben abgebrochenen Türklinken und umgestürzten Abfalleimern – leuchtete dem Richter nicht ein. Ich weiß nicht, wo sie den Ausdruck aufgeschnappt hatte, aber auf ihren Schmäh- und Anklagezetteln, die sie uns dauernd in den Briefkasten schob, sprach sie gerne von der »Ecclesia militans« (!), die wieder diese oder jene Zerstörung angerichtet habe. Wir halfen uns mit Lachen und ironischer Überhöflichkeit – auch einen besonders zackigen Hitlergruß verschmähten wir dabei nicht. Manchmal ging es uns aber doch über die Hutschnur. Ich erwähne das nur als kleines Indiz dafür, wie auch die Trivialebene des Alltäglichen das ihre dazu beitrug, am Wege der Nicht-Systemhörigen kleine Sonderfreuden blühen zu lassen.

Sehr viel demütigender als diese kleinformatigen Sticheleien waren gewisse Übergriffe des staatlichen Totalitarismus, wenn sie sich auch auf das Intimleben erstreckten. Als wir nach gut zwei Ehejahren noch keinen Nachwuchs vorweisen konnten – wir hatten mehrere Fehlgeburten zu beklagen –, erhielten wir vom badischen Kultusministerium einen mit »vertraulich« bezeichneten Brief, in dem zu lesen stand: der Führer erwarte von jungen Eheleuten viele und gesunde Kinder, um der nordischen Rasse ihren Fortbestand zu sichern. Ich hätte in dem beigelegten Umschlag, den nur der Minister persönlich öffnen dürfe, umgehend die Gründe mitzuteilen, warum unsere Ehe bisher kinderlos geblieben sei. Eine etwaige Verantwortungslosigkeit dieser Art werde nicht ohne berufliche Konsequenzen bleiben können.

Dieser Brief erreichte uns, als meine Frau nach einer erneuten Enttäuschung eben aus der Klinik nach Hause gekommen war. Ich habe mir in meiner Antwort Fragen und Zumutungen dieser Art aufs schärfste verbeten. Von einer Reaktion der Behörde ist mir nichts bekannt geworden.

In diese erste Zeit unserer Gemeinsamkeit fiel noch ein uns tief bedrückendes Ereignis. Für das Osterfest (1939) hatte sich ein Jugendfreund von mir angesagt: Horst Erbslöh. Auf der Schule war er einige Klassen unter mir gewesen. Da die Villa seiner Eltern an meinem Schulweg lag, trafen wir uns immer wieder und gingen ein Stück miteinander. Er fiel mir zuerst auf durch seine sportliche Gestalt, die Anmut seiner Bewegungen und sein strahlendes Lächeln. Er ließ sich gerne von mir als dem Älteren ein wenig führen und belehren, auch schon einmal derb zurechtstutzen, wenn er über seine Schulnöte jammerte und ich ihm sagen mußte, die habe er sich durch eine gewisse charmante Neigung zur Faulheit selber auf den Hals gezogen.

Später ist mir klargeworden, daß diese Freundschaft eine zarte erotische Färbung hatte, auch wenn das zwischen uns kaum zum Ausdruck kam, nicht einmal in Worten. Diese Verhaltenheit lag gewiß weniger an der Keuschheit unserer beiden Gemüter als an den kollektiven Tabugrenzen, mit denen die damalige Zeit den Erosbereich abschirmte. So blieb es bei einer nur schwärmerischen Zuneigung, die mich auch in der Rückblende – über ein halbes Jahrhundert hinweg – noch beglückt.

Einmal, es war nicht lange vor dem erwarteten Heidelberger Besuch, träumte ich von ihm: Ich sah mich braungebrannt an seinem Sarg stehen und die Grabrede für ihn halten. Dieser Traum hat sich erfüllt. Statt seiner kam an jenem Ostermorgen ein dicker Brief, in dem er mir mitteilte, er habe sich auf einen Weg begeben, von dem er nicht mehr zurückkehren werde. Ich sei der einzige, dem er dies ankündige, und ich möge ihn nicht suchen. Er dankte mir für die Worte des Glaubens, die ich ihm gesagt hätte, und für alle Freundschaft. Das werde ihm Halt geben, wenn er nun an der schönsten Stelle auf Erden, die er kenne, in den Tod gehe. Er habe als junger Kaufmann einige Enttäuschungen erlebt, für die er sich die Schuld zumessen müsse. Überhaupt fühle er sich dem Leben nicht gewachsen. Sogar seine Freundin zucke vor einer Lebensverbindung mit ihm zurück und suche immer neue Ausflüchte. (Er wußte nicht, daß ein anderer Mann in ihr Leben getreten und daß ihre Reserve *darin* begründet war.) Er gab mir an, wem ich die schönsten Stücke aus seinen Sammlungen übergeben sollte, und schloß mit den Worten, daß Gott ihm die Flucht aus einem unerträglich gewordenen Leben vergeben möge – »bitte auch Du ihn darum«. Die letzten Sätze waren verwischt. Ich glaube, seine Tränen waren daraufgefallen.

Nach dem lähmenden Schock, in den mich diese Nachricht versetzt hatte, konzentrierte ich alle meine Energie auf die Frage, ob und wie ich ihn noch retten könne. Ich erinnerte mich an eine Ansichtskarte, die er mir ein Jahr zuvor als Gebirgsjäger aus Berchtesgaden geschrieben hatte. Dabei hatte er eine Stelle im Watzmannmassiv angekreuzt und dazu bemerkt: »Das ist für mich der schönste Platz auf der Erde. Da möchte ich sterben.« Damals hatte ich mir nichts dabei gedacht, doch nun gewann dieser Satz auf einmal Bedeutung. Ich suchte mir die Postkarte aus dem Archiv heraus, griff nach dem Fahrplan, raffte die nötigsten Utensilien zusammen und fuhr mit dem nächsten Zug nach Berchtesgaden, um die Gebirgsjäger dazu zu bringen, mir bei der Suche nach Horst zu helfen und einen Spähtrupp zur Verfügung zu stellen.

Es war schon spät am Abend, als ich in Berchtesgaden ankam und sofort die Kaserne aufsuchte. Ich weiß nicht, an welchen obskuren Eingang ich geraten war, jedenfalls begegnete ich keiner lebenden Seele. Es war ja auch Ostern, die meisten hatten Urlaub. Schließlich traf ich auf irgendeine Wache, die den Eindringling beinahe verhaftet hätte, jedenfalls überaus mißtrauisch meine Erklärungen über das Warum und Wozu anhörte. Nach vielem Hin und Her wurde ich einem Offizier zugeführt, der mir bei der Vorstellung wenigstens meinen Beruf glaubte und mich dann aufgeschlossen anhörte. Schließlich fragte er etwas resigniert, wie ich mir das denn vorstellte: er könne doch nicht die ganzen Alpen absuchen, nur weil mein Freund Gebirgsjäger gewesen sei. Ich wisse ja nicht einmal, ob er den Tod nicht anderswo suche! Da zeigte ich ihm die Postkarte mit der Markierung und behauptete in aller Entschiedenheit, dort und nur dort – am Hocheck – würden wir ihn finden. Der Hauptmann kannte diese Stelle und versprach mir, im Morgengrauen einen Spähtrupp loszuschicken. Leider hinderten ihn die Vorschriften, mich mitgehen zu lassen.

Anderentags entdeckten ihn die Männer dann an genau dieser Stelle. Er konnte noch nicht lange tot sein. Seine Züge waren von erschütterndem Ernst. Ich mußte ihn identifizieren. Der Freund wurde dann in seine Heimatstadt Barmen überführt. Dort hielt ich ihm den Trauergottesdienst und ließ noch einmal das strahlende Bild von einst und das umflorte der letzten Zeit vor denen erstehen, die ihn geliebt hatten. Ich verschwieg nicht, daß er den Tod gesucht hatte, nannte aber auch seine letzten Zeugnisse, aus denen die Gewißheit sprach, daß er nicht in ein auswegloses Dunkel ging, sondern daß ihn eine barmherzige Gestalt auf der anderen Seite empfangen würde.

Die Gebirgssonne hatte mich in den Tagen des Suchens verbrannt – genauso wie es mir im Traume vorher erschienen war.

Unter der Drohung der ideologischen Diktatur

Die beiden Nazis innerhalb der Universität, mit denen ich vor allem zu tun hatte, waren der zeitweilige Rektor Ernst Krieck und der Dekan der Theologischen Fakultät, Theodor Odenwald.

Ernst Krieck hatte sich aus dem Volksschullehrerstand emporgearbeitet und sich mit fundierten pädagogischen Büchern einen Namen gemacht, bis er – noch vor Ausbruch des Dritten Reiches – gleichsam zum Chefideologen nationalsozialistischer Pädagogik wurde. Seine mehrbändige »Völkisch-politische Anthropologie« zeichnete sich, verglichen mit anderen einschlägigen Publikationen dieser Zeit, immerhin durch eine eigene, dem allzu Zeitläufigen abholde Kontur aus. Er war jedenfalls kein windschnittiger Karriere-Mann, eher eine mürrisch kantige Natur, die sich in kein Schema glatt einpaßte. So genoß er wenigstens den Respekt des aufrichtig Überzeugten, auch wenn man mit Wallungen des Widerwillens zu kämpfen hatte, sobald er bei akademischen Feiern in seiner SS-Uniform das Katheder bestieg und die goldene Rektorkette immer wieder mit dem Koppelschloß zusammenklirrte. In mir sah er ein regimefremdes Element und ließ mich das spüren, was bei meinem späteren Hinauswurf nicht ohne Belang gewesen sein dürfte. Sehr bewegt hat es mich dann, als er mir nach dem Zusammenbruch aus dem Internierungslager Moosburg, nicht lange vor seinem Tod, einen Brief schrieb, in dem er mich um Verzeihung bat und andeutete, daß er wieder zurückgefunden habe zu dem, was früher einmal seinem Leben Halt gegeben hatte.

Theodor Odenwald, der Dekan der Theologischen Fakultät, war ein pummeliger Mann knapp mittlerer Größe, der Gemütlichkeit und Bonhomie ausstrahlte. Seinen Studenten gegenüber gab er sich etwas forciert kameradschaftlich, konnte sie aber auch – in diesem Rahmen – durchaus deftig herunterputzen, wenn ihm etwas nicht gefiel. Da er gutmütig und hilfsbereit war, mochten sie ihn im allgemeinen gern, auch wenn sie seinen theologischen und politischen Verlautbarungen weithin kritisch gegenüberstanden. Mir selber erschien er als personifizierter Beweis dafür, daß eine gewisse subjektive Anständigkeit in Zeiten, bei denen es um harte Entscheidungen geht, nicht ausreicht. Sie kann einen kaum vor der schiefen Bahn bewahren, wenn man seine Verhaltensnormen einem dubiosen Wertsystem entnimmt und sich mit dem Zeitgeist arrangiert. Schließlich hatte er wohl überhaupt keinen festen Standpunkt mehr, der ihn berechenbar gemacht hätte. Diese Labilität zeigte sich schon an seiner literarischen Produktion: Er hat kein eigenständiges theologisches Werk geschrieben, sondern nur Gelegenheitsschriften zur Lage: über »Die gegenwärtige Krise des Christentums« etwa oder einen dem polemischen Stil Nietzsches nachempfundenen Essay über »Entmannte Christen«. Es waren lauter systemkonforme Publikationen, in denen er sich um das Flair des Modernen, Fortschrittlichen und Gegenwartserschlossenen bemühte.

In seinen Umgangsformen wahrte er mir gegenüber ein durchaus freundliches Verhältnis, bis in den letzten Semestern meiner Heidelberger Zeit ein Umstand eintrat, der so etwas wie saulische Ressentiments gegenüber dem Jüngeren in ihm entband: Da wir dasselbe Fach vertraten, war es peinlich, daß die Studenten nahezu alle nur noch in meine Kollegs kamen und seine Vorlesung sogar ausfallen mußte. Ich habe mich bei dem, was mir später von seiner Seite widerfuhr, manchmal gefragt, wie ich mich selbst wohl in ähnlicher Lage verhalten hätte. Das hat dann meinen drohenden Pharisäismus gedämpft.

Der Anfang vom Ende meiner Heidelberger Lehrtätigkeit begann mit einem großen Skandal: Im Sommer 1939 wurden die Studenten in ganz Deutschland zum Ernteeinsatz aufgerufen. Der kommende Krieg warf seine Schatten voraus. So fand auch in der Heidelberger Aula eine groß aufgemachte Propagandaveranstaltung statt, bei der ein Vertreter der Reichsstudentenführung sprach. Als er (dem Sinne nach) sagte: »Einzig die Theologen werden von diesem Einsatz ausgeschlossen. Sie sondern sich von unserem Volk und seinem Neuaufbruch ab. Darum sondern wir sie auch vom Dienst für dieses Volk ab«, erhoben sich unsere verstreut sitzenden Studenten wie *ein* Mann, drängten sich durch die vollgestopften Gänge und verließen geschlossen den Festsaal. Das war für damalige Verhältnisse eine unerhörte, nahezu einzig dastehende Demonstration, die tagelang Stadtgespräch war. Der Redner wurde derart aus der Fassung gebracht, daß er lange hilflos schwieg. So vollzog sich der Auszug in völliger Stille, kein einziger Protestruf wurde laut.

Für unsere Studenten war dieser Zwischenfall überaus deprimierend. Was war überhaupt ihr Vaterland, was ihr Volk? Die Diffamierungen des christlichen Glaubens häuften sich. Und nun dieser öffentliche Ausschluß! In einer Zeit der Demonstrations- und Oppositionsfreiheit, wie sie unsere milde Demokratie gewährt, ist es schwer nachvollziehbar, wieviel dieser zornbebende Exodus damals bedeutete und wie herausfordernd er in diesem Klima des Terrors wirken mußte.

Wir schickten nach diesem Abend zwei studentische Vertreter zum damaligen Reichsstudentenführer Gustav-Adolf Scheel nach Stuttgart, einem der wenigen erfreulichen und anständigen Figuren in der höheren NS-Hierarchie. Unsere Leute vertraten ihren Protest bei ihm so energisch, temperamentvoll und drastisch, daß Scheel Freude an ihnen hatte, ihnen fast eine Liebeserklärung machte und dann eine Anweisung gab, die im Dritten Reich (in dem man niemals etwas zurückzunehmen pflegte und jeder Protest nur um so größere Verhärtung nach sich zog) einzigartig war: Der Erlaß gegen die Theologen wurde zurückgenommen. Und als dann drei Sonderzüge mit Studenten zum Ernteeinsatz abfuhren, wurde jedesmal durch Bahnsteiglautsprecher den Theologen sogar ein besonderes Willkommen zugerufen.

Am Morgen nach dem Aula-Skandal hielt ich eine Sondervorlesung, in der ich die Rede des Studentenführers scharf angriff und zugleich meinen Hörern in ihrer Not zu helfen suchte. Ich wollte ihnen (und mir selber) klarmachen, wie man als Christ mit solchen Verunglimpfungen fertig wird. Ich beschwor dabei das »andere Deutschland«, anstelle dessen uns das gegenwärtige Vaterland ein so verzerrtes Antlitz, nur eine »Fratze« zeige und die Germania invisibilis grausam verhülle. Auch diese Rede hat bei meiner Absetzung die ihr gebührende Rolle gespielt. Sie ist später als Zeitdokument publiziert worden.

Gewaltsames Ende: die Prozedur der Absetzung

Die Entlassung selber erfolgte in zwei Schritten:
Zunächst war der Professor (Jelke), über den ein Disziplinarverfahren verhängt war und dessen Lehrstuhl ich in all den Jahren vertreten hatte, auf eine mir unerkennbar gebliebene Weise plötz-

lich wieder da, so daß ich überflüssig zu werden drohte, wenn man mir nicht einen anderen Lehrauftrag besorgte. Der Dekan der Erlanger Fakultät, zu der ich offiziell immer noch gehörte, hatte von der neuen Situation fast eher Wind bekommen als ich selber und beeilte sich, mir mitzuteilen, daß Erlangen keinerlei Verwendung mehr für mich habe. Ich fand es empörend, daß man in einer Zeit, die der Theologie die Schlinge um den Hals legte und sie immer enger zog, einen jungen und nicht ganz unbewährten Theologen derart kaltschnäuzig abservierte.

Da war meine Heidelberger Fakultät doch anders: Sie beschloß einstimmig, mir eine »Diätendozentur« zu verschaffen. Dekan Odenwald eröffnete mir diesen Beschluß mit einer strahlenden Gratulation und versicherte, daß er das »durchpauken« würde und schon eine aussichtsreiche Möglichkeit dafür sähe.

Der örtliche Dozentenführer, der Kieferchirurg K.F. Schmidhuber, genoß trotz seiner Parteibindung wegen seines integren Charakters allseitiges Vertrauen und bemühte sich auch immer wieder, uns jungen Theologen zu helfen. Als ich ihn in seiner Klinik aufsuchte und ihm von der glücklichen Abwendung des mir drohenden Geschicks erzählte, sah er mich äußerst verdutzt und etwas traurig an. »Ich habe gerade Ihre Akten gelesen«, sagte er. »Darin steht leider das genaue Gegenteil. Ihr Dekan schreibt, daß man Sie hier jetzt nicht mehr behalten könne. Man wolle es auch nicht, weil einige neuerdings von Ihnen gehaltene Vorträge unliebsames Aufsehen erregt hätten. Außerdem läge ihm daran, daß die Belastung der Fakultät mit reaktionären Elementen reduziert werde.« Darauf ich: »Aber Herr O. hat mich doch eben erst seiner Hilfestellung versichert!« – Schmidhuber: »Dann hat er eben ein Doppelspiel getrieben. Bitte gehen Sie zu ihm und fordern Sie Rechenschaft darüber. Sie können ihm gerne sagen, was ich Ihnen eröffnet habe. Ich dachte immer, der Pastor lügt nicht, aber wie Sie sehen––– na, usw.!«

Ich will das Protokoll, das ich über die dann folgende recht stürmische Auseinandersetzung mit dem Dekan niedergelegt habe, hier nicht im einzelnen wiedergeben. Mit feuerrotem Gesicht, einem Zusammenbruch nahe, nahm er meinen und Schmidhubers Vorwurf eines Doppelspiels entgegen. Nach einigen Ausflüchten, die ich hinwegwischte, mußte er seine Intrige zugeben und sagte dann in das peinliche Schweigen hinein: »In welchen Spannungen steht unsereiner! – Bedenken Sie bitte, daß ein theologischer Dekan heute keinen Charakter mehr haben kann.«

Dieses Wort und diesen Augenblick kann ich nie vergessen. Er hatte mich entwaffnet. Die Flammen der Wut, mit der ich ihm entgegentreten war, erloschen mit einem Schlag. Die Tragik seiner gutmütigen, aber haltlosen Natur, die Konflikte, die ihn überforderten, und schließlich die Offenheit seiner Kapitulation: das alles überwältigte mich. Er tat mir leid, und der Triumph moralischer Überlegenheit, der mich zuvor beflügelt hatte, sank in sich zusammen. Ich sah, daß ein Theologe – und gerade ein solch schwachbrüstiger – charakterlich noch sehr viel gefährdeter war als ein indifferenter Typ dieses Saeculums, in dessen inneres Vakuum die nazistische Ideologie ungehemmt einströmen konnte. Dieser Dekan war durchaus christlich gehemmt, er wurde durch seinen Pakt mit dem Nazisystem in einen zermürbenden Zwiespalt gerissen, dem er sich durch ständige Akte der Verdrängung und Verleugnung entwinden mußte, weil er vor klaren, aber schmerzlichen Entscheidungen zurückschreckte. Dieses Zurückschrecken gründete in seiner leichtgeschürzten Theologie, die kein substantielles Gegengewicht wider die konkurrierenden Ideologien der Zeit zur Verfügung stellte. Ich machte mir auch klar, worüber ich vorher leichtfertig hinweggegangen war, daß seine letzten Vorlesungen mangels Hörerschaft ausgefallen waren... Mich überfiel das Erbarmen mit einem gescheiterten Menschen.

Der zweite Schritt zum Ende meines akademischen Berufs erfolgte bald danach. Noch ehe die Entscheidung über die beschlossene Diätendozentur erfolgt war, erreichte mich die Mitteilung, daß »der Stellvertreter des Führers« von seiten der Partei sein Veto dagegen eingelegt habe, daß ich in irgendeiner Form weiterhin als Dozent tätig sein dürfte. Dieses Schreiben enthielt zugleich die Aufforderung, die für den laufenden Monat schon erhaltenen Bezüge zurückzuzahlen. Ich glaube nicht, daß man einem Dienstmädchen in dieser Weise hätte kündigen dürfen. Das Salär von monatlich 350 Mark, mit dem wir bisher auskommen mußten, hatte keine Rücklagen ermöglicht, so daß wir in ernste Verlegenheit gerieten.
Kaum hatte der NS-Dozentenführer von alldem gehört, half er mir auf eine Weise, die mich sehr anrührte: Er war ein mit Arbeit überhäufter Klinikchef, dem zu seiner Entlastung eben ein neuer Oberassistent zugesprochen worden war. Er verzichtete um meinetwillen für drei Monate auf diesen dringend nötigen Helfer und ließ mir dessen Gehalt zukommen. Er ertrug es nicht, daß mir Unrecht geschah, obwohl ich ihm »weltanschaulich« alles andere als nahestand. Auch solche Nazis hat es gegeben! Sie wurden bei der späteren Entnazifizierung mit ihren üblen Genossen in einen Topf

geworfen. Ich habe mich dann für Schmidhubers Rehabilitierung mit allen Kräften eingesetzt und seiner stets dankbar und respektvoll gedacht. Auch der Universität ging diese Behandlung durch die Partei zu weit, wie ich zu ihrer Ehre berichten kann. Der damalige Rektor, ebenfalls ein Mediziner, legte seinen Protest ein und erreichte die Zahlung eines Übergangsgeldes.

Meine Absetzung sprach sich sehr schnell herum – und plötzlich kam ich mir vor wie ein Geächteter. Manche meiner Bekannten wagten mich auf der Straße nicht mehr zu grüßen oder wichen einer Begegnung auf die andere Straßenseite aus. Das galt nicht für meine Fakultätskollegen, die treu zu mir hielten. Auch einige Professoren anderer Fakultäten ließen mich ihre Verbundenheit spüren und demonstrierten sie sogar öffentlich. So luden mich der Neurologe Viktor von Weizsäcker und der Jurist Karl Engisch immer wieder zu gemeinsamen Spaziergängen ein. Auch sonst empfing ich manche wohltuenden Signale, daß ich im Himmel nicht vergessen war und daß für meine Frau und mich gesorgt wurde: Einer meiner Studenten, der von meiner Absetzung gehört hatte, schickte mir von der Front seine gesamten Ersparnisse von mehreren hundert Mark. Nur mit großer Mühe konnte ich ihn dazu bringen, daß er sie wieder zurücknahm. Der große, damals in Jena lehrende Alttestamentler Gerhard von Rad, den ich persönlich nicht einmal kannte, schrieb mir einen überaus teilnehmenden Brief und lud uns beide für unbeschränkte Zeit auf das Landgut seiner Familie am Chiemsee ein. Wir würden in jeder Hinsicht versorgt werden und könnten sorgenfrei und ohne Einkünfte dort leben. Ich hätte eine lange Liste zu absolvieren, wollte ich alle Zeichen der Freundschaft und des Hilfswillens aufzählen, die uns *auch* zuteil wurden.

Die so plötzlich über mich hereingebrochene Freizeit nutzte ich aus, um mir die Finger wundzuschreiben – ein ganzer Leitzordner steht noch in meinem Archiv – und bei allen nur denkbaren Stellen gegen meine Entlassung zu protestieren, vor allem aber jemanden ausfindig zu machen, der mir den Zugang zum Braunen Haus in München öffnen könnte. Ich wollte unbedingt den Stellvertreter des Führers oder einen seiner Referenten sprechen. Dieses Haus aber war durch Eiserne Vorhänge verschlossen. Selbst der alte und überaus um mich besorgte Pfarrer Scheel in Mannheim, der Vater des Reichsstudentenführers, konnte mir über seinen Sohn keinen Zutritt verschaffen, obwohl der sich redlich bemühte.

Da besuchte mich eines Tages, völlig unerwartet, Hans Heyse, der Boß unserer einstigen Dozentenakademie, mit dem ich, wie schon erzählt, so manchen Strauß ausgefochten hatte. Er war als Offizier mit dienstlichem Auftrag gerade in Heidelberg und wollte einmal nach mir sehen. Von meinem beruflichen Schicksal wußte er noch nichts. Ich hatte immer gespürt, daß er mich trotz unserer gegensätzlichen Rolle in der Akademie gerne mochte, und auch diesmal sprach er in einem geradezu bewegenden Rückblick von unserer »produktiven Gegnerschaft«. Als ich ihm von meinen vergeblichen Versuchen erzählte, gegen das Braune Haus anzurennen, ermunterte er mich, doch einfach hinzufahren und mich nicht abweisen zu lassen. Das leuchtete mir ein, und ich nahm mir vor, diesen Versuch zu wagen.

Besuch im Braunen Haus München

Gesagt, getan. Ich fuhr nach München und betrat dieses drohend-abweisende Gemäuer. Schon beim Pförtner widerfuhr mir das erste »Halt«, als ich keine Vor- oder Einladung aufzuweisen hatte. Und als ich gar in aller Naivität – es war wirklich sehr naiv! – sagte, ich müsse den Stellvertreter des Führers sprechen, reagierte er nur mit jenem Na-Na-Lächeln, als ob ich gesagt hätte, ich käme im Namen des Kaisers von China. Er ignorierte mich jedenfalls völlig und blätterte in irgendwelchen Papieren. Ich wich aber nicht von der Stelle und sah mir die uniformierten Bonzen an, die da aus und ein gingen. Ein jüngerer Beamter, Typ »Regierungsrat« und einer der wenigen Zivilisten, blieb einen Augenblick stehen und fixierte mich. Ich weiß nicht warum. Vielleicht guckte ich etwas hilflos und suchend in die Welt. Jedenfalls trat er plötzlich auf mich zu und fragte, ob er mir behilflich sein könne, er wisse hier Bescheid. »Ich glaube nicht, daß Sie mir helfen können«, erwiderte ich; »hier kann mir wohl niemand helfen.« – »Nanu« meinte er lächelnd, »das wollen wir erst mal sehen. Wohin möchten Sie denn?« – »Zum Stellvertreter des Führers.« – »Ach, du lieber Himmel«, nun lachte er richtig, »das ist wohl ein bißchen hoch gegriffen. An Herrn Heß kommen Sie schwer heran. Aber wenn Sie mir sagen, worum es geht, kann ich Ihnen vielleicht einen Rat geben, an welche andere Stelle Sie sich wenden können.«
Der Mann war so nett und so hilfsbereit, daß ich ihm in aller Kürze meinen Roman herunterhaspelte. Dabei gewann ich sofort den Eindruck, daß er mir der Gesinnung nach vielleicht gar nicht so ferne stand. Jedenfalls engagierte er sich erstaunlich. »Ich habe da

eine Idee«, sagte er und zog mich in eine Ecke. »Ich kann Ihnen den Zugang zur Referentin für die Geisteswissenschaften besorgen; die kenne ich gut. Danach kann man ja weitersehen. Die eigentliche Schlüsselfigur für Ihren Fall ist der Reichsdozentenführer. Der ist recht unzugänglich. Aber wer weiß – vielleicht kann Ihnen das Mädchen, wenn Sie's geschickt anfangen, eine Audienz bei diesem Herrn verschaffen.«

Er telefonierte kurz vom Pförtner aus und führte mich dann zu dieser Dame, die mir im Hinblick auf ihren weitgespannten Zuständigkeitsbereich reichlich jung und unbedarft vorkam. Sie war erstaunlicherweise über meinen Fall orientiert und mäkelte gleich an meinem Geschichtsbegriff herum. Ich müsse doch verstehen, daß ein Geschichtsverständnis, in dem der Sündenfall eine so dominierende Rolle spiele und das Prädikat »Schöpfungsordnung« für Volk und Rasse abgelehnt werde, für den Nationalsozialismus unerträglich sei. Erst recht fehle ihr als einer Schülerin von Hans Heyse – falls ich schon einmal von dem gehört hätte – jede Antenne für eine derartige Theologie.

Bei diesem Namen hakte ich sofort ein und bemerkte betont beiläufig, diesen Namen kenne ich sehr wohl, Herr Heyse sei vor einigen Tagen bei mir zum Tee gewesen. Wie durch einen elektrischen Impuls öffnete sich sofort ihre verschlossene Physiognomie: Wenn ihr bewunderter Meister mich eines Besuches gewürdigt hatte – sie fragte sofort nach dem Warum und Wieso –, dann mußte für dieses etwas subalterne Geschöpf doch wohl mehr an mir dran sein, als sie vermutet hatte. Kaum hatte mich ein fast bewundernder Blick dieses Heyse-Fans getroffen, nutzte ich den günstigen Augenblick: »Also wenn Hans Heyse mich trotz meiner Sündenfall-Theologie respektiert, müßte ich eigentlich doch würdig sein, auch vom Reichsdozentenführer empfangen zu werden, meinen Sie nicht? Ich weiß natürlich nicht, ob Ihr Einfluß so weit reicht, mir da eine Audienz zu verschaffen?« Sie war sofort bereit, mir diesen angezweifelten Einfluß zu beweisen, und bat mich, einen Augenblick im Vorzimmer Platz zu nehmen. Nach wenigen Minuten erschien sie wieder: »Der Reichsdozentenführer läßt bitten« und nannte mir Flur und Zimmernummer.

Noch leicht betäubt von der Plötzlichkeit meines Erfolgs, begab ich mich in die Zwingburg dieses Großkopfeten und stand nach dem glatten Vorbeimarsch an einigen Vorzimmerdamen plötzlich vor ihm. »Bubi Schulze« wurde er draußen im Lande genannt. Man hatte mir schon erzählt, er sei ein typischer Apparatschik und selber nie Dozent gewesen. Er trug eine glanzvolle (Diplomaten?-)Uniform, die mit unzähligen, mir unbekannten Orden übersät war. (Sie mochten von ausländischen Potentaten stammen, fuhr es mir durch den Sinn.)

Die folgende, ziemlich dramatische und gelegentlich lautstarke Unterhaltung protokollierte ich gleich danach in einem Café. Aus diesem zeitgeschichtlichen Modellfall kann ich hier nur einige Momentaufnahmen wiedergeben. (Trotz meines Protokolls und trotz der Anführungsstriche ist es natürlich nicht eine ganz wörtliche, aber doch möglichst genaue Wiedergabe.)

»Nun haben Sie es also geschafft!« empfing er mich, um mich gleich mit einem wilden Wortschwall zu überschütten: »Ich denke, da kommt so ein kleines Pfäfflein zu mir rein, statt dessen erscheint ein nordischer Jüngling! Sie sollten sich schämen, daß Sie Ihre christlichen Eierschalen noch immer um die Ohren hängen haben! Unerhört, daß jemand wie Sie noch von Sünde und so 'nem pathologischen Quatsch redet und die ganze Weltgeschichte davon abhängig macht, daß Adam den Appel gefressen hat!« Das alles und noch mehr schleuderte er mir äußerst lautstark und in wildem Stakkato entgegen.

Mir war schlagartig klar: Jede Auseinandersetzung mit diesem Mann ist völlig sinnlos. Er schmeißt mich doch raus. Dann will ich wenigstens einen würdigen Abgang suchen. Insofern gehörte kein Mut dazu, wenn ich ihn meinerseits in der gleichen Lautstärke angiftete: »Das ist wieder mal typisch, wenn man mit Nationalsozialisten wie Ihnen zu tun hat. Da wird einem irgendein Unsinn präsentiert, den Ihnen Ihre Referenten eingeredet haben, und eine Karikatur von Christentum hingeschmissen, daß einem der Kragen platzt. Das hat ja alles keinen Sinn. Dann kann ich gleich wieder gehen.« Ich vergaß vor lauter Wut, wo ich mich befand.

Doch es war merkwürdig: Diese Leute waren wohl an so viel unterwürfiges Gesäusel gewöhnt (und davon angewidert), daß sie auf einen saftigen, in ihrem eigenen Stil gehaltenen Widerspruch oft wohlaffektioniert reagierten. So erging es auch mir. Nach meinem Ausbruch strahlte er mich an und sagte fast sentimental-versonnen: »Ach, wenn ich Ihre blauen Augen sehe – Sie gehören zu uns! Natürlich habe ich mich etwas drastisch ausgedrückt. Ich bin eben direkt und mache aus meinem Herzen keine Mördergrube.«

Jedenfalls war er plötzlich sehr viel friedlicher, hörte mich ruhig an und wußte, da er nur oberflächlich und vom Hörensagen über meinen Fall orientiert war, sehr wenig zu erwidern. Schließlich spürte ich sogar ein gewisses barbarisches Wohlwollen – ich weiß nicht, wie ich die gute Laune dieses grobschlächtigen Typs anders beschreiben soll – und konnte ihm dann ganz schlicht und in Rücksicht auf seine primitive Natur etwas von meinem Glauben sagen: »Sie haben, Reichsdozentenführer, am Anfang was von den christlichen Eierschalen gesagt, die ich noch an mir hängen hätte. Ich war aber ursprünglich gar kein Christ. Diese Überzeugung habe ich erst später gewonnen. Ich habe also sozusagen einen Kopfsprung in diese Eierschalen gemacht. Dieser Kopfsprung und nicht die Relikte frommer Traditionen: *das* ist mein Glaube!«

Inzwischen hatte sich die Stimmung so aufgelockert, daß ich ihm sagen konnte: »Nach allem, was wir jetzt besprochen haben, und nachdem auch einiges richtiggestellt ist, was Ihnen Ihre Referenten gesagt haben, kommt es mir erst recht spanisch vor, warum Sie mich abgesägt haben beziehungsweise warum es dabei bleiben soll. Ich wäre dankbar, Ihre jetzigen Gründe einmal ganz präzise zu erfahren.«

»Doch, mein Lieber, es bleibt dabei, und ich will Ihnen den wahren Grund auch ganz genau verraten. Mit Ihnen persönlich hat es strenggenommen nichts zu tun.« Und dann kam der entscheidende Satz, den ich nahezu wörtlich wiedergeben kann: »Solange es noch theologische Fakultäten gibt – nicht mehr lange, mein Herr!–, werde ich dafür sorgen, daß nur noch Spanferkel und keine Wildschweine auf die Lehrstühle kommen. Sie gehören zu der jüngeren Dozentengeneration, die am meisten Einfluß auf die Studenten hat. Die wollen wir nicht mehr haben. Die alten verschleißen wir noch.« – »Ich habe Sie ganz genau verstanden, Reichsdozentenführer!« sagte ich und erhob mich. Er brachte mich noch zur Tür und verabschiedete sich: »In zehn Jahren sprechen wir uns wieder, dann sind Sie einer der unseren.« Darauf ich, langsam, nachdenklich und sehr akzentuiert: »In – zehn – Jahren, Reichsdozentenführer!« – Schon lange bevor die zehn Jahre vergangen waren, konnte mir niemand sagen, wo er geblieben und was aus ihm geworden war. »Seine Stätte kennet ihn nicht mehr.«

Nach einigen Monaten ließ er mir dann die Frage stellen, ob ich gegebenenfalls zu einer philosophischen Professur bereit sei. Er wollte mir offensichtlich helfen. Da aber der Ausverkauf der Theologie als strategisches Ziel dabei unverkennbar war, winkte ich ab. Althaus sprach von einer »teuflischen Versuchung«.

Ohne Stellung

Nun stand ich also beruflich im Leeren und überlegte, was jetzt werden solle. Einen Augenblick lang blitzte eine Chance auf, die mich elektrisierte: Aus Hamburg erhielt ich die Anfrage, ob ich bereit sei, eine Kandidatur für das Hauptpastorat an St. Nicolai anzunehmen. Und ob ich bereit war! Hier ging es um ein von alter Tradition getragenes Spezialamt, das ausschließlich für Predigt-, Lehr- und Kirchenleitungsaufgaben bestimmt war und vor allem mit seinem Lehrauftrag (Kandidatenunterrichtung und öffentliche Vortragstätigkeit) meiner bisherigen Arbeit wenigstens nahekam. Das war für mich wie ein Wink der Vorsehung. Solche Annahmen erweisen sich aber oft als menschliche, allzumenschliche Spekulation. Das sollte auch ich erfahren:

Sobald die Hamburger dahinterkamen, daß ich abgesetzt war, zuckten sie zurück und meinten, sich nicht mit jemandem wie mir belasten zu dürfen. Der einst deutschchristliche, nun aber längst »bekehrte« Bischof von Hamburg, Franz Tügel, ein eifriger und wohlwollender Leser meiner Schriften, versuchte zu intervenieren und mich erneut auf die Liste zu setzen, so daß wir weitere Tage nervenaufreibender Spannung erlebten. Doch dann war mit einem Schlag alles zu Ende, als ein mit »Heil Hitler« unterzeichneter Brief des Kirchenvorstandes mit der kurzangebundenen Nachricht eintraf, der Wahlkörper sei über meinen Namen hinweggegangen. Ich war recht verzweifelt und in meinem Glauben angefochten, als ich auch diese letzte Chance zerbrechen sah. Später, als ich auf eine ganz andere Weise zu einer wunderbar erfüllenden Aufgabe nach Hamburg entboten wurde, habe ich nicht ohne Scham daran zurückgedacht, wie leicht wir kleinen Menschen unsere Wünsche mit dem Willen Gottes identifizieren und dann außer Rand und Band geraten, wenn die »höheren Gedanken« nach einem ganz anderen und so viel weiseren Konzept mit uns verfahren.

Nun suchte ich nach einer Landeskirche, die bereit wäre, mir ein Pfarramt anzuvertrauen. Denn dafür verfügte ich über die nötige Vorbildung und die Examina. Doch kamen allenthalben Absagen. Ich war eben verfemt und wurde als Hypothek empfunden. Die Badische Landeskirche, der ich von Heidelberg her am nächsten stand, lud mich auf herzliche Art ein, doch war ihr eine staatliche und entsprechend nazistisch besetzte »Finanzabteilung« oktroyiert worden, die jede Pfarrstelle, jede Veranstaltung, sogar jede Versetzung genehmigen mußte. Sie legte schlicht ein Veto gegen meine

Übernahme ein und bezeichnete mich als »politisch verdächtig«. Vom bayerischen Landesbischof Meiser empfing ich ein ohne Anrede und Gruß verfaßtes Schriftstück, daß ich »aushilfsweise« in seiner Landeskirche Verwendung finden könne. Wie sehr ich ihm willkommen war, strahlte mir aus dem folgenden Satz entgegen: »Eine Aufnahme unter die Pfarramtskandidaten ist damit nicht gegeben, desgleichen nicht die Zugehörigkeit zu unseren Versorgungskassen.« Für jemanden, der immerhin dreieinhalb Jahre ein Ordinariat vertreten hatte, erschienen mir Stil und Modalität dieser brüderlichen Hilfsbereitschaft so wenig »verlockend«, daß ich nichts mehr von mir hören ließ. Auch von anderen Stellen kamen nur Absagen oder Vertröstungen, die mir nicht halfen.

Irgend etwas mußte aber sofort mit mir geschehen. Nicht nur das Geld drohte uns auszugehen, auch die Gestapo rumorte wieder. Und nirgendwo zeigte sich ein Ausgang aus dem dunklen Tunnel. Vor allem zum eigenen Trost schrieb ich in diesen Wochen ein kleines Buch »Wo ist Gott?«, das in schneller Folge immer neu aufgelegt wurde. Es behandelte in Form von Briefen, die ich an einen imaginären »Unteroffizier K.« richtete, die Hiob-Frage und damit die eigenen Anfechtungen. Immer wieder tat es mir gut, wenn ich persönliche Probleme literarisch verarbeitete und damit die chaotischen Sorgengeister durch gedankliche Ordnung zu bändigen suchte. Vor allem von der Front erreichte mich ein vielfaches Briefecho, das mich nur manchmal in Verlegenheit brachte: Der vermeintliche Unteroffizier K. war nicht wenigen zu einer so lebendigen Begegnung geworden, daß sie seine Feldpostnummer erbaten, um Verbindung mit ihm aufzunehmen...

Notunterkunft in der Wehrmacht

Mitten in dieser vertrackten Situation griff nun wieder die gütige Hand in mein Leben und schickte mir Major Klein ins Haus. Er wollte mich nur besuchen, weil er einiges von mir gelesen hatte und ein paar Fragen mit dem Verfasser besprechen wollte. Als ich ihm von meiner so ausweglos erscheinenden Lage erzählte, gab er mir den Rat, mich zur Wehrmacht einziehen zu lassen: »Ihre Frau kriegt dann eine Unterstützung, von der sie leben kann. Und vor der Gestapo sind Sie da ebenfalls sicher.« Leider mußte ich ihm erklären, daß ich wegen meiner Krankheit für total wehruntauglich erklärt worden sei; überdies sei ich auf den permanenten Konsum von Medikamenten angewiesen. »Das macht gar nichts«, meinte er völlig unbeeindruckt. Da er eine einflußreiche Stellung auf dem Heidelberger Wehrbezirkskommando hatte, sah er einige (etwas krumme!) Möglichkeiten, meine militärischen Akten entsprechend zu frisieren und mich beim Barras unterzubringen. Schon sehr bald hatte ich meinen Einberufungsbefehl und wurde zu einer Spezialtruppe des Flugzeugerkennungsdienstes nach Wiesbaden eingezogen. Nach der üblichen recht heftigen Grundausbildung, die ich gut überstand, lernten wir die einfliegenden feindlichen Maschinen typenmäßig zu erkennen und weiterzumelden. Später wurde ich zur Anwendung des Erlernten in das von deutschen Fliegern fast völlig zerstörte Evreux – zwischen Paris und Le Havre – versetzt.

Meine militärischen Erlebnisse, die kaum aus dem Rahmen des Üblichen herausfielen und mich nicht in Kampfhandlungen verwickelten, will ich dem Leser ersparen. Mir, der ich bisher im akademischen Elfenbeinturm gelebt hatte, machte der Umgang mit einfachen Menschen Freude. Über der guten Kameradschaft vergaß ich immer wieder meine zivile Verlassenheit. Manchen meiner Stubengenossen war ich ein willkommener Helfer beim Schreiben von Briefen, vor allem an Mädchen, Bräute, Frauen, aber auch Schwiegermütter. Ich fragte vorher genau nach der jeweils gewünschten emotionalen Dosierung – vom sanften Säuseln bis zum leidenschaftlichen Entflammtsein –, und ich war stolz, wenn man mir die entsprechenden Erfolge meldete. Es machte mir auch Spaß, für den oft aufbegehrenden Umgang mit den Vorgesetzten allerhand unübliche Antworten und Verhaltensweisen auszudenken, die sie in ihren Schemata nicht unterbringen konnten, so daß sie entsprechend ratlos reagierten. Solche Verlegenheiten gaudierten dann auch meine Kameraden. So erinnere ich mich, daß ein besonders scharfer und gefürchteter Unteroffizier, eine wahre Himmelstoß-Figur, die Instruktionsstunde einmal unterbrach, um einen nicht nur schweinischen, sondern zugleich blasphemischen Witz zu erzählen. Nun ist man beim Militär wirklich nicht prüde und soll es auch nicht sein. Doch diese Kombination von *zwei* Scheußlichkeiten ging mir über die Hutschnur. Ich meldete mich und sagte in der gebotenen Zackigkeit: »Ich bitte Herrn Unteroffizier, solche unangemessenen Scherze im Dienst zu unterlassen!« – Das war solch ein Fall, der in seinen Verhaltensmustern gegenüber Untergebenen nicht vorgesehen war und ihn deshalb in eine verbale Ladehemmung versetzte. Zudem mochte ihn die eingefügte Drohung, daß er »im Dienst« etwas Ungehöriges gemacht habe, beunruhigen. Jedenfalls glotzte er mich entgeistert an und ging dann in der eingetretenen Totenstille – was würde jetzt kommen? – zähneknirschend und krampfhaft überlegend auf und ab, bis er abrupt und ohne Stellungnahme in seinem Unterricht fortfuhr. Von den Kameraden bekam ich nachher eine kleine Ovation, denn sie haßten ihn, weil er besonders die Ungeschickten sadistisch zu quälen wußte.

Nach etwa neun Monaten wurde mir der Dienst sterbenslangweilig. Von Liesel wußte ich, daß auch die Gestapo inzwischen Ruhe hielt. Ich sehnte mich nach einer sinnvollen Arbeit. So beschloß ich, meine Entlassung herbeizuführen. Dazu bedurfte es nur eines einfachen Tricks: Es genügte, dem Militärarzt meine Krankheit zu offenbaren. Als ich das tat, wurde ich sofort in das Entlassungsverfahren eingeschleust. Dessen erster Akt bestand darin, daß ich nach Frankfurt in eine Kaserne kam, in der Hunderte von Entlassungskandidaten versammelt waren. Dort aber stockte dann der Prozeß. Es wurden Schauergeschichten erzählt, wie viele Wochen man hier festgehalten werde. Und in der Tat: Jeden Morgen gab es einen Appell, von dem aus Arbeitskommandos abgestellt wurden, die in anderen Kasernen die Latrinen zu reinigen und andere anrüchige Dienste zu besorgen hatten. So konzentrierte ich meinen ganzen Scharfsinn auf die Frage, wie ich diesem begeisternden Dienst fürs Vaterland möglichst schnell entkommen könnte. Und da kam mir eine Idee: Bei den morgendlichen Appellen hieß es stets: »Geschlechtskranke links raustreten.« Ich merkte mir einige Gesichter und stellte fest, daß sie am nächsten Tag nicht mehr auftauchten. So gesellte auch ich mich zu den Geschlechtskranken. Der diensthabende Feldwebel hatte mich inzwischen wohl etwas kennengelernt. Jedenfalls fuhr er mich an: »Was tun *Sie* hier?« Und dann ironisch: »Um welche Geschlechtskrankheit geht es denn?«

Jetzt kam wieder der mir schon vertraute Augenblick, in dem eine nicht-schematische Antwort im Militärbereich lähmende Effekte erzeugte: Als ich nämlich statt der üblichen und ihm vertrauten Auskünfte von meiner »chronischen postperativen Tetanie« sprach, versagte sein Inventar an Routinewitzen für derartige Fälle. Zudem wollte er wohl nicht verraten, daß seine Kenntnis der Geschlechtskrankheiten lückenhaft war und er sich mit einer neuen, ihm noch unbekannten konfrontiert sah. Nach dem etwas hilflosen Blick, den ich bei Militärpersonen so liebte, ließ er mich bei diesem Haufen stehen und händigte mir kurz danach meine Papiere aus. So war ich wieder Zivilist und freute mich, zu meiner jungen Frau zurückzukehren.

Läuterung im Gemeindepfarramt
1940–1942

Gerade als ich mit Nachdruck neue Anstrengungen unternehmen wollte, um wieder zu Arbeit und Brot zu kommen, traf ein Brief des schwäbischen Bischofs Wurm ein, der mich in einem beglückend brüderlichen Ton einlud, ihn in Stuttgart zu besuchen und gemeinsam Überlegungen anzustellen, wie er mir in seiner Landeskirche helfen könne. Dabei waren wir uns persönlich noch nicht begegnet; wir kannten uns nur vom Hörensagen. Natürlich wußte ich von seinem Widerstand gegen das Naziregime, und ich hatte auch den Slogan vernommen, mit dem seine Schwaben sich über den permanenten bischöflichen Krach mit dem württembergischen Reichsstatthalter Murr amüsierten: »Den Murr wurmt's, wenn der Wurm murrt«... Von mir kannte er zwar einiges Gedruckte, doch dürfte ihn das kaum zu seinem Brief veranlaßt haben. Es genügte ihm, daß ein Glaubensbruder in Not geraten war, um ihm seine Hilfe anzubieten. So sammelte sich denn in seiner Kirche ein ganzes Korps von Abgesetzten und Vertriebenen, und er fragte keinen Deut danach, ob er sich damit in den Augen der Machthaber belaste.
Hoffnungsvoll begab ich mich ins »bischöfliche Palais«. Das war eine hochgelegene Wohnung in einem Miethaus der Silberburgstraße in Stuttgart, die man, wenn ich mich recht erinnere, über neunzig Treppenstufen zu erklettern hatte. Das rührende alte Paar, das mir wie Philemon und Baucis erschien, empfing mich am gedeckten Teetisch und ließ durch seine warmherzige Art keine Befangenheit aufkommen.
Bei der lebhaften Unterhaltung, die sich sogleich entspann, enthüllten sich schon die ersten Umrisse dieses wahrhaft besonderen Mannes; sie gewannen in den kommenden Jahren dann eine immer deutlichere Kontur: seine unbeirrbare Tapferkeit, mit der er den braunen Machthabern Paroli bot, nachdem er nur einen kurzen Augenblick auf sie hereingefallen war; dazu der behagliche Humor, mit dem er die Kleinkariertheit der Lokalgrößen verspottete, aber auch voller Selbstironie schwäbische Eigenarten belächeln konnte; die Last der Verantwortung, die ihn nötigte, bei jeder Entscheidung nicht nur seinen persönlichen Standpunkt im Auge zu haben,

sondern auch das Geschick der großen, von ihm geführten Landeskirche zu bedenken; und schließlich seine reiche, vor allem historische Bildung, die bei fast jeder Gegenwartsfrage geschichtliche Assoziationen auslöste. Als wir über Stammeseigentümlichkeiten der Deutschen sprachen und ich die Meinung vertrat, die Sachsen litten unter Minderwertigkeits-, die Preußen aber unter Superioritätsgefühlen, reagierte er prompt: »Wir Schwaben haben beides. Das ist wichtig für Sie zu wissen, wenn Sie zu uns kommen.« In der Tat: Dieses Diktum hat mir manchmal geholfen!

So fanden wir von Anfang an miteinander Kontakt, und die Zuwendung dieser großen bischöflichen Gestalt zu mir jungem Niemand beglückte und stärkte mich über die Maßen.

»Wenn der Krieg aus und die Braunen weg sind, brauchen wir Sie vor allem wieder auf einem Lehrstuhl«, meinte er in seinem anheimelnden Schwäbisch; »darum denke ich an ein kleines Amt auf der Alb, wo Sie Zeit zum Studieren haben und auf dem Laufenden bleiben können.« Das war typisch für ihn: Er dachte stets weit voraus und war zugleich auf das kleine persönliche Geschick dessen konzentriert, der ihm in *diesem* Augenblick der Nächste war.

Nach einiger Zeit, wir hatten inzwischen von anderem gesprochen, kam er noch einmal auf seinen Schwäbische-Alb-Plan zurück und meinte, das ginge wohl doch nicht: »Sie mit ihrem Hochdeutsch könnten die grauslich schwäbelnden Bauern da ›gar net verstehn‹ – und die Sie auch net. Aber mir wird schon noch was einfalle.« Mir war es gleich, wohin er mich schicken würde; ich fühlte mich bei ihm in guten, fürsorglichen Händen und war zu allem bereit, um ihn in seiner Großherzigkeit nicht zu enttäuschen. Als er dann bald danach Ravensburg im schwäbischen Oberland für mich aussuchte, wo man »net gar so arg schwäbelt« – jedenfalls nach seiner Meinung! –, hatte er gewiß die richtige Wahl getroffen.

Bevor wir uns verabschiedeten, trat er mit mir auf den Balkon. Unter uns lag im abendlichen Dämmer Stuttgart, über das die Kriegsverdunkelung bald eine lichtlose Nacht breiten würde. Wir waren still versunken in diesen Anblick, als Wurm plötzlich den Arm ausreckte und in weit ausholender Bewegung über das Panorama hinwegfuhr: »Dies alles wird in Flammen stehen und in Schutt und Asche untergehen. Nehmen wir noch einmal in uns auf, wie es war und heute noch ist!« – Als ich später das Inferno des untergehenden Stuttgart durchlebte, empfand ich in der Rückschau dieses Wort wie einen prophetischen Unheilsspruch.

Einleben in Ravensburg und Langenargen
am Bodensee

Nach einem wehmütigen letzten Abend in dem tiefverschneiten Heidelberg – der Neckar leuchtete zum Abschied im Mondlicht zauberhaft auf – startete ich Mitte Januar zu meiner neuen Wirkungsstätte Ravensburg im Dunstkreis des Bodensees.

Die alte turmreiche Stadt hatte etwas Anheimelndes. Meine Beklommenheit wich, als ich vom Bahnhof kommend mein Quartier in der Seestraße aufsuchte. Der Weg führte an dem alten Rathaus mit seinem Renaissance-Prunkerker vorbei und über den langgestreckten Marktplatz mit seinen ehrwürdigen Patrizierhäusern. Von der Höhe grüßte die uralte Veitsburg herüber.

In der Wohnung des alten Ehepaars Sterkel war mir ein Zimmer angewiesen worden. Bisher hatten dort die jungen Vikare gewohnt. Die alten Leutchen, die stets sehr rührend um mich besorgt waren, begriffen wohl nicht recht, wie sie zu dem schon etwas angejahrten »Stadtpfarrverweser« – so mein offizieller Titel – gekommen waren. Sie erlebten den Krieg fast in der Stimmung des August 1914 und waren politisch unsagbar naiv. Fast jeden Morgen erzählte mir der alte Sterkel mit seiner brüchigen Greisenstimme begeistert, wieviel Bruttoregistertonnen dem perfiden Albion wieder auf den Grund des Meeres gebohrt worden waren. So ersparte ich meinen Wirtsleuten genauere Berichte über meine Vergangenheit, um sie nicht zu verwirren. Später hat es mich sehr bewegt, als schwerste Heimsuchungen in ihre kleine, so arg- und harmlose Welt hereinbrachen: Beide Söhne fielen im Krieg, und die Tochter, eine junge Ärztin, stürzte tödlich in den Bergen ab.

Meine Bude erinnerte mich an alte Studentenzeiten. Sie war Schlaf-, Studier- und auch Empfangszimmer für meine Besucher. Liesel blieb zunächst noch in Heidelberg, um den Haushalt aufzulösen. Als ich allein in dem sauberen, aber sehr simplen Gemach saß, das mit Bildern ausgestattet war, die mir nicht zusagten, fühlte ich mich entsetzlich einsam und wurde von Zukunftsängsten geschüttelt. Ich konnte es nicht fassen, daß ich nun keine Studenten mehr haben würde. Das Pfarramt, dem ich noch als Greenhorn gegenüberstand, lag mit seinen Predigtaufgaben, seinen Hausbesuchen – wie würde man da aufgenommen werden? – und seinen Unterrichtsstunden wie eine unheimliche Terra incognita vor mir. Wie würde ich mit alledem fertig werden?

Als Liesel nach einigen Wochen zu mir stieß, bekamen wir noch ein weiteres Zimmer im gegenüberliegenden Pfarrhaus. Doch dann wurde unser so heiß ersehntes erstes Kind, Wolfram, geboren, und meine kleine Familie siedelte in das Pfarrhaus von Langenargen am Bodensee über. Das bedeutete eine abermalige Trennung. Denn ich behielt meinen Dienstsitz in Ravensburg und konnte nur einmal in der Woche nach dem sonntäglichen Gottesdienst nach Langenargen fahren, um alle Freuden und Nöte mit meiner Frau zu besprechen und mich an unserm Bübchen zu freuen.

Äußerlich war unsere Bodensee-Residenz eingebettet in »alle Herrlichkeit auf Erden«: Von meinem Arbeitszimmer aus, in dem mich die geliebten Bücher und vertraute Möbel umgaben, schweifte der Blick über den See und die erleuchtete Schweiz – ein glückliches, nicht verdunkeltes Land des Friedens! – hin bis zu dem majestätisch ragenden Säntis. Hinter dem Haus war ein Paradiesgarten, in dem das überschwengliche südliche Licht die Blüten förmlich explodieren ließ, wenn der festliche Frühling bei uns einzog. Welch mythische Herrlichkeit eines Exils! – so mußte ich manchmal denken. Auch die Menschen im Dorf begegneten den Meinen als freundliche und hilfsbereite Nachbarn.

Und doch fühlten wir uns einsam wie bislang noch nie in unserem Leben. Kein Mensch wußte, weshalb wir gekommen waren. Wir konnten es ihnen auch nicht sagen, weil sie es in ihrer Harmlosigkeit doch nicht begriffen hätten. So gab es niemanden – außer meinem alten Schuldirektor Paeckelmann, der seinen Alterssitz in Wasserburg aufgeschlagen hatte –, mit dem man irgendein ernsthaftes Gespräch führen konnte. Oft sagten wir uns, es sei schöner, in der Steinwüste irgendeiner Großstadt zu leben, aber gute Freunde zu haben und vertrauten Austausch mit ihnen zu pflegen.

Im Ravensburger Pfarrhaus auf der anderen Seite der Seestraße, aber auch im Hause des Dekans Kommerell wurde ich mit offenen Armen aufgenommen. Ihre Bewohner waren feinfühlig genug, sich in meine Lage zu versetzen, und suchten mir den Übergang in meinen neuen Beruf nach Kräften zu erleichtern. Pfarrer Gestrich, den ich zu vertreten hatte, stand als Soldat an der Front. Hin und wieder kam er auf Urlaub. Kurz vorher pflegte die alte stadtbekannte Blumenfrau Meyer, ein Original, im Pfarrhaus zu erscheinen und zu verkünden: »Der Heiland hat mer telefoniert, daß der Herr Pfarrer tät auf Urlaub komme!« Als er einmal unverhofft *ohne* diese Ankündigung erschien, war sie sichtlich indigniert und meinte mit einem drohenden Aufblick zum Himmel: »Dees hätt mir der liebe

Heiland doch au diesmal telefoniere kenne!« Wolfgang Gestrich war ein musisch reich gebildeter Mann von meditativer Besinnlichkeit. Seine Frau praktizierte als Ärztin. Sie und ihre Mutter, die von allen geliebte »belle mère«, waren wunderbare Gesprächspartner. Mir imponierte es, mit welcher Disziplin diese Frauen die schwere Sorge um ihre Männer bewältigten und sich nie von ihr unterkriegen ließen.

Auch in der andern Pfarrfamilie des Hauses, bei Daurs, war ich oft zu Gast. Er war mein engster Kollege, zu dem ich in meiner Unerfahrenheit mit allen Fragen und Nöten kommen konnte. Es hat mich oft beschämt, mit welcher Demut, ja in welch brüderlicher Mitfreude er den stärker werdenden Gottesdienstbesuch bei mir begleitete, und ich habe mich manchmal gefragt, ob auch ich wohl so reinen Herzens und ohne jedes Ressentiment gegenüber einem »Nebenbuhler« geblieben wäre wie dieser selbstlose Mann.

Meine menschliche Heimstatt in Ravensburg aber wurde vor allem das Haus des Kirchenpflegers Kromer, der so etwas wie der Wirtschafts- und Rechnungsführer der Gemeinde war. Beide Eheleute hatten mich, das spürte ich sofort, ins Herz geschlossen. Sie bestätigten mich kritiklos in allem, was ich tat, ein sonst nicht gerade rühmenswertes, sondern eher bedenkliches Verhalten. Bei meiner unsicheren und oft verzagten Gemütslage war es aber wohl doch die richtige Medizin. Unter dieser rührenden Zuwendung blühte ich immer wieder auf, wenn irgendeine Enttäuschung mich niedergestreckt hatte. Mir wird noch heute warm ums Herz, wenn ich an diese Freunde denke.

Das Greenhorn im Pfarramt

Meine erste dienstliche Handlung ist mir unvergeßlich. Es war der wöchentliche Bibelabend im Gemeindehaus. Meine Wirtin hatte mir schon versichert, wie sehr sie sich darauf freue, daß ich nun die »Bett-Stund« halten würde. Ihre Freundinnen seien auch alle dabei; man sei ganz unter sich und es sei sehr gemütlich. Warum aber sprach sie von »Bett-Stund«? Sollte ich etwa die alten Damen, mit denen ich es offenbar zu tun haben würde, in den Schlaf singen? So sah es nach ihren Andeutungen beinahe aus. Doch hieß diese Veranstaltung ins Hochdeutsche übersetzt »Bet-Stunde«. Das ging mir aber erst nachher auf.

In dem kleinen Saal erwarteten mich etwa zwanzig alte Damen. Das

Nesthäkchen hatte, wenn ich mich recht erinnere, gerade 72 »Lenzen entgegengelächelt«. Der Organist war ein Greis von 82 Jahren, dessen Harmoniumspielen sehr unter seinen gichtigen Fingern litt. Sie gestatteten es ihm kaum noch, eine Einzeltaste individuell genau zu treffen. Der Greisinnen-Chor aber sang, wie es mir schien, durchaus flott, jedenfalls verglichen mit der Harmoniumbegleitung, die ihn vergeblich einzuholen versuchte. Für kurze Augenblicke befiel mich eine melancholische Anwandlung, die von der Erinnerung an das Singen der Studenten ausgelöst wurde. Dann aber ermannte ich mich zu dem Entschluß, die Sache mit Humor zu nehmen, und ich redete die alten Damen an, als ob ich Achtzehnjährige vor mir hätte, gebrauchte einige deftige und höchst weltliche Ausdrücke und flocht auch die eine oder andere Anekdote ein. Eine der alten Damen, die bald vor Vergnügen krähten, sagte am Schluß: »Sie waren aber gar nicht wie ein Stadtpfarrer, Herr Stadtpfarrer!« Nun weiß ich nicht, was die betagten Hörerinnen daheim oder in den Läden von diesem Abend erzählt haben, zunächst jedenfalls vergrößerte sich der Kreis der Damen noch etwas, und siehe da: Bald verschob sich das Durchschnittsalter merklich nach unten, und nach zunächst vereinzelten, etwas schüchternen Vertretern des männlichen Geschlechts kamen auch immer mehr Herren. Schließlich rückten sogar Jugendliche in größerer Zahl an, und wir mußten noch den Nachbarsaal hinzunehmen. Das machte mich sehr glücklich, weil es mir das Gefühl gab, auf einem vermutlich richtigen Weg zu sein. Ich habe mein Rezept späterhin manchmal jüngeren Theologen verraten. Es lautete: »Ihr müßt für *den* Typ von Hörern reden, den Ihr gerne hättet, auch wenn noch niemand davon da ist. Viele machen den Fehler, sich dem Diktat der Anwesenden zu fügen.«

Auch bei den anderen Amtshandlungen haften die *ersten* Eindrücke am festesten im Gedächtnis, etwa die schüchternen Anläufe zu Hausbesuchen, vor denen ich den größten Bammel hatte. An einer Glastür zu klingeln und damit rechnen zu müssen, womöglich unwillkommen zu sein, dieser Gedanke war mir ein Horror. Und selbst wenn ich freundlich eingelassen würde: Worüber sollte ich mit den Leuten reden? Nur einen Smalltalk über Wetter, Kopfschmerzen oder den letzten Wehrmachtsbericht zu pflegen, kam mir wie Verrat an meinem Beruf vor. Wie aber sollte ich den Dreh finden, auf das Wesentliche zu sprechen zu kommen? Wäre es nicht ein allzu abrupter Übergang, wenn ich ihnen etwas aus der Bibel oder dem Gesangbuch vorläse?

Ich überlegte mir Varianten von Gesprächsprozeduren und beschloß dann in meiner Ahnungslosigkeit, einfach eine ganze Straße durchzubesuchen. Dafür verfügte das Pfarramt über einen großen Zettelkasten in vielen Farben. Ich führte diese Buntheit auf den Farbensinn meiner Amtsvorgänger zurück, ohne zu ahnen, daß die weißen Karten auf evangelische Gemeindeglieder deuteten, die anderen Farben auf unterschiedlich gelagerte Mischehen. Diese Fehlinterpretation des Zettelkastens war der erste Fehler, den ich beging. Es folgten noch weitere:

Bei den ersten Besuchen – nach zwei weißen Karten – ging alles gut, auch wenn es mich bedrückte, daß ich über ein allgemeines Vorstellungsgespräch kaum hinausgelangt war. Dann aber klingelte ich – jetzt mit einer roten Karte in der Hand – an der nächsten Glastür. Ein älterer Drache, wohl die Hausgehilfin, der ich mich als der neue Pfarrverweser vorstellte, erwiderte barsch: »Der Herr ist im Keller«, und schlug mir die Tür vor der Nase zu. Nun machte ich den zweiten Fehler, indem ich in den Keller hinabstieg, was ein Mann meines Amtes nie tun sollte. Ich tastete mich im Halbdunkel vorsichtig vorwärts und horchte auf irgendeinen Laut, der die Anwesenheit eines menschlichen Lebewesens anzeigen könnte. Schließlich meinte ich eine elektrische Maschine brummen zu hören und klopfte an die Tür, ohne eine Reaktion zu erhalten. Als ich dennoch sachte eintrat, beschlug sogleich meine Brille. Ich hatte gerade noch bemerkt, daß ein Blutstrom unter meinen Füßen floß. Noch während der Schrecksekunde hörte ich eine polternde männliche Stimme: »Zum Donnerwetter, wie kommen *Sie* hier rein? Sehen Sie nicht, daß ich bei der Arbeit bin?« Ich war in die Wurstküche eines Metzgers geraten. Statt mich schleunigst zurückzuziehen, beging ich den dritten Fehler und stellte mich vor. Darauf die bellende Stimme: »Sie sehn doch, daß ich Sie nicht gebrauchen kann. Außerdem bin ich katholisch!« Ich nahm meine Brille ab, gewann meine Fassung sogleich zurück und war fast dabei, das Groteske meiner Situation zu genießen. Auf jeden Fall wollte ich mir einen angemessenen Abgang verschaffen: »Sie haben recht, verzeihn Sie«, rief ich ihm noch zu, »ein evangelischer Pfarrer in einer katholischen Wurstküche, die sogar bei Neuheiden unter Beichtgeheimnis steht, das geht wirklich nicht. Leben Sie wohl!«

Auch meine erste Taufe verlief nicht ohne Pannen. Vor solch ehrwürdigen Amtshandlungen fürchtete ich mich besonders, weil es da vielerlei vorgeprägten liturgischen Wortlaut gibt, bei dem sich zu verheddern die Grenze zwischen Feierlichkeit und Lächerlichkeit sehr schnell durchlässig macht. Es handelte sich um eine kinderreiche Familie, die vollzählig vor dem Haus zu meinem Empfang angetreten war und mich in offenbar wohleingeübtem Chor respektvoll begrüßte: »Grüß Gott, Herr Stadtpfarrer!« Daß man mich für einen routinierten Profi zu halten schien, gab mir entschieden Auftrieb, und ich wurde sofort sicherer. Doch dann geschah es: Ich ließ aus Versehen die Hauptsache, das Glaubensbekenntnis, aus und hatte, o Schreck, auch den Namen des Kindes vergessen, so daß ich zu stammeln begann. Die taufgewohnte Familie hatte meinen Anfängerdilettantismus natürlich bemerkt und ließ mich das fühlen, denn beim Abschied hieß es nicht mehr: »Grüß Gott, Herr Stadtpfarrer«, sondern: »Heil Hitler, Herr Vikar!«

So brachte das Pfarramt mir viele denkwürdige und nicht zuletzt auch komische Begegnungen, wie sie die homogene und demgegenüber eher bläßliche Gesellschaftsschicht, in der ich bisher gelebt hatte, mir kaum hatte zuteil werden lassen. Nach dem ersten Schrecken über die mir widerfahrenen Pannen begann ich mehr und mehr die handfesten Originale des schlichten Volkes zu genießen.

Die schwersten Aufgaben des Nachdenkens stellte mir die Verkündigung auf der Kanzel, also die *Predigt*. Da sie in den späteren Jahrzehnten meines Lebens eine sehr wesentliche Rolle für mich spielte und nicht wenige Predigt- und Meditationsbände in allerhand Sprachen in die Welt hinausgegangen sind, muß ich einen Augenblick bei der Weichenstellung, vor der ich damals stand, verweilen.

Bis zu dieser Zeit hatte ich in der törichten Illusion gelebt, ich könne die Kanzel erst dann besteigen, wenn ich mir vorher in der theologischen Theorie völlig klargeworden sei. So hatte ich das Predigen tunlichst vermieden. Erst nachdem ich von Amts wegen nun predigen *mußte*, begriff ich allmählich die falsche Konzeption, die mich bisher geleitet hatte. Anders gesagt: Ich lernte verstehen, daß der Glaube aus der Verkündigung kommt und daß die Theologie nur die später sich ergebende Reflexionsgestalt dieses Glaubens ist. Die Theologie *folgt* also aus der Verkündigung und geht ihr eben nicht, wie ich gewähnt hatte, *voran*. Im Rückblick weiß ich jetzt, daß ich die acht Bände meiner Systematischen Theologie – Ethik, Dogmatik und Theologiegeschichte – nicht hätte schreiben können, wenn ich ohne die spirituellen Erfahrungen geblieben wäre, die ich meinem Verkündigungsauftrag verdankte.

Die Furcht, mit der ich bei einem ersten Besichtigungsgang die

Ravensburger Kanzel betrachtete, auf der ich nun stehen sollte, hatte noch einen anderen Grund. Ich habe schon im Bericht über meine Habilitation erzählt, wie abstrakt ich in den Äußerungen meiner Frühzeit war. Ich stieg in die Schächte des Tiefsinns hinab und bewegte mich zugleich in der dünnen Luft bloßer Intellektualität. In meinem Archiv findet sich noch ein Brief Emil Brunners, der mich in hilfreicher väterlicher Güte auf diese Gefahren aufmerksam machte. Er hat mir als rotes Warnlicht auf meinem Weg viel bedeutet: Nachdem er sich in einigen Sätzen zu meiner Arbeit bekannt und von der Hoffnung gesprochen hatte, die er auf mich setze, heißt es: »Eines darf ich Ihnen vielleicht als der Ältere dem Jüngeren und als ein aufrichtig hoch Anerkennender sagen: Ich habe ein klein bißchen Angst vor Ihrer Virtuosität und, wenn ich so sagen darf, Ihrer gedanklichen Raffiniertheit. Es wird alles ungeheuer auseinandergefasert, was unter Ihre Hände kommt. Daneben komme ich mir richtig patzig und plump vor, aber ich kann doch nicht fühlen, dieses Minus an Zerlegung und Brechung sei wirklich ein Minus... Darum ruht auf Ihnen eine ganz gewaltige Verantwortung. Sie haben in den Riß zu treten, den Barth gerissen hat und den ich nicht füllen kann. Sie sind noch in jugendlicher Kraft, ich bin doch fast sechzig. Sie haben es los, mit den Deutschen zu reden, ich kann's eigentlich nicht. Darum hüten Sie sich vor nichts so sehr wie vor Ihrem Können, vor Ihrem unersättlichen analytischen Verstand. Möge Gott Ihnen die rechte simplicitas schenken.«
Mir entging es nicht, daß und wie Emil Brunner mich in manchem überschätzte. Aber gerade weil ihn sein *Wohlwollen* dazu getrieben hatte, war ich bereit, auch seine Kritik anzunehmen. So gehört sein Brief zu den Dokumenten, die in mein Leben eingegriffen haben. Diese von ihm angeprangerte Esoterik meines wissenschaftlichen Stils erfüllte mich mit der Sorge, ob ich mich als Prediger einfachen Menschen würde verständlich machen können. Ich nahm mir vor, alle geistigen Kräfte auf diese Aufgabe zu konzentrieren. Da ich die Außenbezirke Ravensburgs und die umliegenden Dörfer (Weißenau und Mochenwangen) zu versorgen und darum weite Fußmärsche zu machen hatte, überlegte ich mir unterwegs Bilder und Geschichten zur Illustration meiner Texte und versuchte alles, was ich erlebte –, von einem Sonnenuntergang bis zu Gesprächen an Krankenbetten – für meine Verkündigung fruchtbar zu machen. Ich nahm mir auch vor, zunächst nicht über paulinische Lehrtexte, sondern über die Erzählungen der Evangelien zu predigen, um dem Erzählerischen, dem »Narrativen« nahezubleiben. Dabei bemühte ich mich, den

Punkt zu finden, an dem sich die Hörer mit den Gestalten um Jesus identifizieren konnten.

Schon bei meinen ersten Versuchen hatte ich ein gutes Gefühl, und von Mal zu Mal steigerte sich die Freude, mit der ich auf die Kanzel kletterte. Allmählich erhöhte sich auch ein gewisser rhetorischer Schwung, zu dem ich mich hinreißen ließ, zumal ich merkte, daß die Gemeinde immer lebhafter mitging und auch anwuchs. Die größte Freude war mir dabei, in nachdenkliche junge Gesichter zu sehen. Ich behielt beim Reden immer einige Menschen im Auge, für die ich sprach, und ich habe es sogar als geeignetes Rederezept erfahren: sich auf diese Weise *einen* Hörer vorzunehmen, mit dem ich in einen gedanklichen Dialog trat. Dann hören alle anderen wie von selber *auch* mit. Will man dagegen für alle reden und jedem etwas geben, werden die Sätze ins Allgemeine verblasen, und man erzeugt die gefährlichste Reaktion, die es beim Predigen gibt: das Empfinden des Hörers, daß er in dieser Rede nicht vorgekommen sei.

Am schwersten war es mir, aus der *Anfechtung* heraus predigen zu müssen. War ich am Tage zuvor auf der Seestraße, wo man sich nicht ausweichen konnte, wieder einmal dem Nazilehrer begegnet, der mich mit zynischer Verachtung maß, dann grollte in mir eine Wut, mit der ich nicht fertig wurde. Wie sollte ich da eine Predigt zustande bringen über den Text: »Liebet eure Feinde!« Einmal empfing ich an einem Samstag die Nachricht, daß *vier* meiner früheren Studenten, die mir nahestanden, gefallen seien, und am nächsten Tag mußte ich über »die Freude im Herrn« reden. Wie sollte das ohne Heuchelei abgehen? Hier mußte ich fürchten, unglaubwürdig zu werden. Einfach abzusagen – »Predigt fällt wegen Anfechtung aus!« – war aber auch nicht möglich. Ich half mir in solchen Bedrängnissen so, daß ich auf der Kanzel die Anfechtung offen bekannte: »Wenn ich heute über die Freude zu reden habe, dann kommt das nicht so heraus, daß das Herz übervoll davon wäre und mir nun der Mund überginge. Ich kann nicht ›lyrisch‹ davon reden, weil ich geschlagen und deprimiert bin ... Das Textwort von der Freude steht wie ein Alpengipfel *über* mir, und ich treibe mich tief unten herum. So will ich versuchen, deutlich zu machen, welche Botschaft uns von diesem Gipfel her in unsern Kummer gesagt wird ...« Ich versuchte also immer ganz aufrichtig zu sein und der Gemeinde nichts zu sagen, was ich nicht gleichzeitig mir selber zu sagen bereit war, ihr folglich *auch* zu bekennen, daß ich mich einem biblischen Wort nicht gewachsen fühlte. Es berührte mich immer wieder merkwürdig, daß gerade *das* die Hörbereitschaft aufschloß, und noch merkwürdiger, daß ich selber getröstet und zur Freude befreit die Kanzel verließ.

Einmal kam nach der Predigt, in der ich einiges weltanschaulich Aggressive gesagt hatte, ein sechzehnjähriger Hitlerjunge wütend in die Sakristei und hätte mir vor Zorn fast die Bäffchen heruntergerissen. Ich lud ihn wiederholt zu längeren Spaziergängen ein, um ausgiebig mit ihm zu reden. Dieser sechzehnjährige Wolfgang war schon ein sonderlicher Knabe; so etwas wie ein Chefpianist der Hitlerjugend, ein wahres Wunderkind: Für die Fahrten zu seinen Konzerten bekam er von Goebbels ein besonderes Eisenbahnabteil zur Verfügung gestellt, und er trat jeweils in einer schmucken Solistenuniform (!) auf. Nie wieder hat mich ein Klavierspiel so gepackt wie das seine. Bei einem Gottesdienst in A. – dort war er zu Hause, nach Ravensburg kam er nur auf Besuch – spielte er einige Wochen später die Orgel. Dann nahm er sich vor, Theologie zu studieren und kam später in Tübingen zu mir.

Die Theologie regte ihn bald derart auf, daß ich für sein psychisches Gleichgewicht fürchtete und ihm vorschlug, lieber ein ganz nüchternes und ganz »diesseitiges« Fach, zum Beispiel Volkswirtschaft, zu studieren. Ich stellte die Verbindung zu meinem Kollegen Carl Brinkmann her, der Spaß an ihm hatte, ihn besonders förderte und schon bald zu seinem Assistenten machte. Später wurde er ein bekannter, ja berühmter Ordinarius seines Faches. Unsere Freundschaft besteht bis zum heutigen Tage.

Einmal habe ich die Ravensburger auch von meiner Kanzel aus schockiert: Am Sonntag vor dem Reformationstag mußte der Chor ausfallen, und auch sonst blieben viele Plätze leer. Das hatte einen kläglichen Grund: Die Partei setzte ihre Versammlungen besonders gern zur sonntäglichen Gottesdienstzeit an und übte dabei einen erheblichen – an diesem Tag besonders starken – Besuchszwang aus. So kam es zu den Lücken in der Kirche. Mich empörte diese Nachgiebigkeit der Gemeinde. Es war mir unerträglich, sie eine Woche später das Lutherlied singen und bombastisch mit Pauken und Trompeten begleiten zu lassen. Seine Schlußzeilen: »Nehmen sie den Leib,/ Gut, Ehr, Kind und Weib,/ Laß fahren dahin,/ sie habens kein' Gewinn,/ Das Reich muß uns doch bleiben« waren mir schon immer etwas unheimlich gewesen, jetzt aber wurden sie zu einem grotesken Schwindel! Ich durfte diese Unaufrichtigkeit nicht dulden und traf mit dem Organisten eine diskrete Absprache, die meinem Protest Nachdruck verleihen sollte: Beim Schlußchoral

»Ein feste Burg ist unser Gott« ließ ich die Gemeinde aufstehen und
kündigte an, daß ich nach dem dritten Vers etwas sagen würde. Die
Brillen wurden schon eingepackt und die Gesangbücher geschlossen.
Da brach die Orgel jäh ab, und ich sagte: »Beim letzten Gottesdienst
mußte manches ausfallen, und viele wagten nicht zu erscheinen,
weil ihre Furcht sie von der Kirche fernhielt und statt dessen eine
politische Versammlung besuchen ließ. Dies war nichts Geringeres
als eine Verleugnung. Solange diese Schmach auf uns liegt, ist es
uns verboten, den letzten Vers zu singen: ›Nehmen sie den Leib,
Gut, Ehr, Kind und Weib...‹ Er wäre jetzt eine Lüge. Die Orgel
wird deshalb den Vers alleine spielen, während wir stehen bleiben
und unser Versagen bedenken. Weh dem, der mitsingt!« Dann
spielte die Orgel – gedämpft – den letzten Vers. Es ging ein
Schluchzen und eine tiefe Erschütterung durch die Gemeinde. Als
meine ehemaligen Konfirmanden mich genau vierzig Jahre später
wieder nach Ravensburg einluden, jetzt würdige Bürger und zum
Teil Kirchenvorsteher, hatten sie diese »Züchtigung« nicht vergessen.

Ein großer Teil meiner Zeit galt dem *Unterricht*. Da es in der Schule
keine Religionsstunden mehr gab, übernahmen die Gemeinden
diese Aufgabe, und ich mußte eine große Schar auch kleinerer
Kinder unterrichten. Wie ich das nur machen sollte? Ich hatte es ja
nie gelernt. Beim zweiten theologischen Examen, zu dem mich die
bayerische Kirchenleitung freundlicherweise auch ohne praktische
Ausbildung zugelassen hatte, mußte ich von Erlangen aus in einer
Klasse kleiner Mädchen eine Probestunde halten. Sie machten auch
recht munter mit, und ich bildete mir ein, daß meine pädagogischen
Talente das Prüfungskollegium tief beeindruckt haben müßten. Bei
der Manöverkritik aber sagte der leitende Oberkirchenrat, daß ich so
ziemlich alles falsch gemacht hätte. Als ich schüchtern einwandte,
bei jeder Frage seien doch die Finger scharenweise hochgegangen,
meinte er: »Das lag nur an Ihrer exotischen (!) Aussprache, das war
für die Kinder interessant und neu.« Ich mußte mich also ziemlich
blamiert haben. Und mit dieser Erfahrung im Rücken sollte ich
jetzt... So war guter Rat teuer.

Ich nahm mir vor, möglichst viel und möglichst farbig zu erzählen
und die biblischen Gestalten tunlichst wie gegenwärtige Figuren
darzustellen. Doch da fiel mir warnend eine Geschichte ein, die mir
ein Kollege und älterer Freund, der Freiburger Volkswirt Constantin
von Dietze, mit auf den Weg nach Ravensburg gegeben hatte: Der
Religionslehrer seiner Kinder hatte ebenfalls das Bestreben, die

biblischen Geschichten sich möglichst sogar in Freiburg abspielen zu lassen. So erzählte er lebendig von der Auferweckung des Jünglings von Nain: Seine tieftraurige Mutter habe, als der junge Mann gestorben war, beim Schreinermeister Einhenkel den Sarg bestellt. (Der Name ist in meiner Erinnerung geblieben; es muß ihn wohl damals in Freiburg gegeben haben.) Als sich der Trauerzug dann über die Dreisambrücke bewegte, sei ihm Jesus begegnet, habe den Jüngling auferweckt und ihn seiner Mutter wiedergegeben. Die Kinder waren beeindruckt. Als der Lehrer sie aufforderte, Fragen zu stellen, meldete sich ein kleiner Junge, der nur eines wissen wollte: »Hat Meister Einhenkel den Sarg dann zurückgenommen?«

Diese Geschichte also fiel mir ein und war mir ein Warnsignal: Mit allzu viel Phantasie und allzu drastischer Vergegenwärtigung fixierte man die Kinder unfreiwillig auf eine Nebensache. Ich versuchte einen Mittelweg zu gehen, aber auch das glückte nicht immer. So erinnere ich mich an meine Bemühung, den Kindern die Geschichte von Zachäus auf dem Maulbeerbaum nahezubringen (Lukas-Evangelium, Kap. 19).

Zachäus, Häuptling der Zöllner, der Jesus gern sehen wollte, war von so zwergenhaftem Wuchs, daß er dazu auf einen Baum klettern mußte. Jesus rief ihn dann herunter und kehrte sogar in seinem Hause ein (was bei einem Vertreter dieses verachteten Berufs unliebsames Aufsehen erregte). Das Evangelium schildert das Gespräch, das Zachäus mit dem Herrn hatte, und schließt mit der wunderbaren Zuwendung Jesu zu diesem Manne, der bisher vergeblich versucht hatte, sein schlechtes Gewissen zu beschwichtigen.

Ich wollte nun den Kindern die Szene möglichst plastisch vorführen und stellte selber den Maulbeerbaum dar. Einen kleinen Jungen, der sich für die Rolle des Zachäus meldete, setzte ich in den Wipfel, also hoch auf meinen Kopf. Einer mußte dann als »Christus« unten vorbeigehen und ihn herunterwinken. Da aber verlor mein Zachäus das Gleichgewicht, und ich konnte ihn gerade noch auffangen. Als er zu stürzen begann, hielt er sich mangels Geäst an meiner Brille fest und riß sie in die Tiefe, wo sie zerschellte. Das war mir unangenehm, weil sie teuer und mein Gehalt recht ärmlich war. Da kam mir die rettende Idee, dem Kirchenpfleger, meinem Freund, ein schriftliches Gesuch um Ersatz zu übergeben, und zwar mit der Begründung, ich hätte einen »Betriebsunfall« gehabt. Der aber meinte, derartiges sei für Sport-, nicht aber für Religionslehrer vorgesehen. Ich gab aber nicht nach, sondern erzählte ihm von einem mir bekannten Pfarrer, dem bei seiner allzu schwungvollen

Predigt einmal das Gebiß von der Kanzel geflogen und im Altarraum zerschellt sei, so daß er habe »zungenreden« müssen. Ob das vielleicht kein Betriebsunfall gewesen sei? Und wenn ja, ob er im Prinzip nicht dem meinen verwandt wäre? Ich bekam die Auslagen für neue Gläser tatsächlich ersetzt.

Die Ravensburger Dialektprobleme bereiteten mir manche Verlegenheit, gerade bei den kleineren Kindern. Bei Beginn der Unterrichtsstunden hatte ich die lästige Aufgabe, zunächst die Anwesenheit festzustellen. In einer Klasse mit kleinen Mädchen riefen sie mir immer wieder zu, wenn ich Nichtanwesenheit feststellte: »Muß Kindsmagd sein!« Weil ich nicht verstand, was das heißen sollte, beging ich den Fehler, sie nach der Bedeutung des Wortes »Kindsmagd« zu fragen: Ein Kind mußte auf seine kleineren Geschwister aufpassen, weil der Vater an der Front und die Mutter häufig »auf Arbeit« war. Ich lehnte das als Entschuldigung ab und forderte die Mädchen auf, in solchen Fällen ihre kleinen Geschwister mitzubringen. Außerdem sollten sie von jetzt an ein »Heftle« bei sich haben – ich bemühte mich zu schwäbeln –, weil ich die Aufgaben diktieren wollte.

Als ich mich dann mit Liesel, die beim Unterricht das Harmonium traktieren sollte, zur nächsten Stunde dem Gemeindehaus näherte, bot sich uns ein unbeschreiblicher Anblick: Die Kinder stemmten wer weiß wie viele Kinderwagen die Treppen hinauf, und jedes – auch die *ohne* kleine Geschwister – trug einen Nachttopf in der Hand, was ich überhaupt nicht begriff. Im Unterrichtszimmer hielten manche einen Säugling auf dem Arm, einige schoben Kinderwagen hin und her, Kleinkinder rannten herum, und der Boden stand voller Nachttöpfe. Zunächst, ehe wir sangen, fragte ich nach dem Grund dieser Mitbringsel. »Sie haben doch selber gesagt, daß jeder von uns ein Häfele mitbringen sollte«, riefen sie in einem chaotischen Chor. Sie hatten mein pseudoschwäbisches »Heftle« als »Häfele« verstanden, und das bedeutet in diesen gesegneten Gefilden ein Töpfchen. »Meine Mutter hat sich auch gewundert«, sagte eine. »Meine auch« ergänzten andere. Es war gräßlich. Als sie obendrein noch schlecht gelernt hatten – vielleicht waren auch das Durcheinander und der Krach schuld an dieser Fehlanzeige –, verlor ich schändlicherweise die Selbstbeherrschung und donnerte sie mit Stentorstimme an. Derartiges waren die Ravensburger Kinder nicht gewohnt, schon gar nicht im Religionsunterricht, so daß sie vor Schreck verstummten. Die Säuglinge aber wurden durch mein Gebrüll wach und schrien aus Leibeskräften...

Da überfiel mich das Empfinden meines beruflichen Abstiegs so elementar, daß ich zum ersten – ich glaube auch zum letzten – Male in meinem Amtsleben in Panik geriet und die Flucht ergriff. Ich riß meine Frau mit mir hinaus und rannte mit ihr auf meine Bude, wo wir uns in dem Jammer der neuen Situation gegenseitig bestärkten und für einige Stunden nicht das Haus verließen. Inzwischen mußten sich die Ereignisse wie ein Lauffeuer herumgesprochen haben. Denn wohin wir dann auch kamen, ins Pfarrhaus, ins Dekanat oder zu Kromers, überall wollte man sich vor Lachen ausschütten. Etwas derart Komisches hatte es seit Menschengedenken in Ravensburg nicht gegeben, das war die einmütige Stimme des Volkes. Das half dann auch uns, die Sache mit Humor zu nehmen.

Bei den Konfirmanden gab es, so gut ich im allgemeinen mit ihnen auch stand, hin und wieder nicht nur Gelächter, sondern auch Schwierigkeiten. Manchen Nazilehrern schien es ein Greuel zu sein, daß die Kinder gern in meinen Unterricht kamen, und sie ließen ideologischen Gegendampf ab. Es gab drei Jungen, die regelrecht aufgehetzt waren. Einer von ihnen, Jungvolkführer und ein Riesenbengel, meldete sich einmal während der Stunde: »Herr... hat gestern in der Schule gesagt, was wir hier lernten, sei nur Volksverdummung, und das jüdische Christentum würde die Leute bloß verweichlichen.« Da ging ich auf Kollisionskurs und machte diese Pauker lächerlich – mit der Bitte, ihnen meine Antwort mit einem Gruß zu bestellen. Natürlich war mir auch damals die pädagogische Fragwürdigkeit eines Verfahrens bewußt, das die sogenannten »Autoritäten« in den Augen Jugendlicher in ein offenes Gegeneinander geraten ließ. In ruhigen Zeiten wäre es angemessen gewesen, sich einen derartigen Lehrer privat – und nicht vor den Kindern – vorzunehmen. Im damaligen ideologischen Kampf der Geister war das aber ganz aussichtslos. Deshalb brachte ich in diesen Fällen lieber die Lacher auf meine Seite.

Nach dem erwähnten Vorfall nahm ich einen reich mit Gummizügen bestückten Expander mit in die Stunde, holte den Jungvolkmann nach vorne und erinnerte ihn an das Wort von der christlichen Verweichlichung. Dann bat ich den wirklich kräftigen Burschen (sonst wäre es etwas unfair gewesen), den Expander auseinanderzuziehen. Doch der bewegte sich nicht einen Zentimeter. »Nun will ich dir mal zeigen, wie das Christentum die Leute verweichlicht«, fuhr ich fort und führte eine wohlgeratene sportliche Leistung vor. Von da an gab es derartige Einwände nicht mehr. Das spielte sich natürlich tief unterhalb der Ebene der Argumentation und des »Zeugnisses« ab. Immerhin blieb es haften: Noch nach Jahrzehnten haben meine alten Konfirmanden diese Szene bei einem heiteren Zusammensein nachgestellt.

Einer von den drei »Nazi«-Jungen ärgerte mich in besonders raffinierter Form: Er lernte alle Aufgaben bestens und rasselte sie in betonter Indifferenz herunter. Auf der Straße grüßte er mich mit bewußt zackigem, aber auch deutlich ironischem »Heil Hitler«. Obwohl ich mich sehr um ihn bemühte, blieb er unzugänglich, ja eisig. Als ich Jahre später als Tübinger Professor eine besonders große Sprechstunde hatte, kam er als letzter zu mir. Ich erkannte ihn sofort. (Was er studierte, weiß ich nicht mehr.) Er wollte mich um Verzeihung bitten, weil er immer so böse mir gegenüber gewesen wäre, und er machte es im Rückblick noch schlimmer, als es gewesen war. Das rührte mich über die Maßen, zumal ich damals Gott angefleht hatte, mich an seine Seele denken zu lassen und mich vor dem Bann des Gegenhasses zu bewahren.

Nach dem Zusammenbruch von 1945 wurde ich den Gedanken an meine drei »Nazi«-Konfirmanden nicht los, und ich fragte mich, was es wohl für sie bedeute, daß ihnen nun der Boden unter den Füßen weggezogen war und sie ins Leere stürzten. So schrieb ich allen dreien einen längeren Brief, in dem ich jede Rechthaberei vermied und ihnen versicherte, daß ich immer für sie da sei und daß mir die innere Not nahegehe, in der sie sich gewiß befänden. Damals gab es weder Post- noch Bahnverbindung, und meine Briefe erreichten sie erst auf Umwegen und mit Hilfe von Boten. Sie antworteten mir ausführlich und bewegend.

Bei der Schilderung von *Amtshandlungen*, von Beerdigungen, muß ich an mich halten, um das Erzählen nicht unmäßig expandieren zu lassen. Besonders tief hat sich mir die Erinnerung eingegraben, als eines Tages eine Mutter zu mir kam, deren zwanzigjähriger Sohn, ein SS-Mann, im Sterben lag, und mich um einen Besuch im Lazarett bat. Sie sagte mir gleich, sie selber und ihre gesamte Familie hingen mit Leib und Seele dem Führer an und seien aus der Kirche ausgetreten. Deshalb würde ich sie wohl nicht anhören wollen. Aber sie sei in großer Not, hätte in dieser fremden Stadt keinen Menschen und brauchte jemanden, bei dem sie sich aussprechen könnte. Natürlich war ich in den nächsten Tagen ganz für sie da. Was sie überhaupt nicht verstehen konnte und sie am meisten quälte war, daß dieser strahlende und kämpferische Sohn nicht für den Führer auf dem Schlachtfeld starb, sondern jämmerlich an einer Leukämie zugrunde ging. Das paßte nicht in ihr Weltbild. Von diesem Punkt aus stießen unsere Gespräche in unvergeßliche Tiefen vor. Ehe ich mit ihr ins Lazarett ging, gestand sie mir noch mit Zagen, ihr Sohn habe vor einigen Tagen die Wärmflasche nach dem Kruzifixus in seinem Zimmer geschmissen. Ihr war das unheimlich, und ich tröstete sie, daß der Gekreuzigte selbst die, die wider ihn waren und vielleicht nicht »wußten, was sie taten«, stets mit Liebe umfangen habe. Als ich ans Bett des jungen Mannes trat, lag er schon in der Agonie und war nicht mehr ansprechbar. Ich las für ihn und für die Mutter einige Verse Paul-Gerhardt-Choräle, die mir selber viel bedeuteten und die sie staunend und bewegt wohl zum ersten Mal hörte. Nachher, beim Hinausgehen, sagte ich ihr, wie tief ich von ihrer tapferen Haltung bei all dem Schmerzlichen angerührt sei. Da erwiderte sie: »Haltung ja – vielleicht. Aber schauen Sie bitte nicht dahinter; ich habe überhaupt keinen Halt.« Dieses Wort traf mich wie ein Blitz. Es war, als ob sich mir jäh die Hintergründe der »heroischen Weltanschauung« enthüllten. Als ich gleich nach dem Krieg in vielen amerikanischen Konzentrationslagern für gefangene SS-Männer und ehemalige Nazi-Aktivisten sprach, knüpfte ich immer wieder an diese Unterscheidung zwischen »Haltung« und »Halt« an und spürte, daß sie einen Herzpunkt bei den Männern berührte. Über Jahre hin habe ich mit der Mutter des SS-Mannes noch korrespondiert, und ich hatte das Gefühl, daß sie langsam auch den verlorenen Halt wiedergewann.

Bald danach starb in Ravensburg ein noch ziemlich junger Richter, den ich nicht kannte. Seine tief unglückliche Witwe, die mich um die Beerdigung bat, erzählte mir, daß sie noch nicht lange hier wohnten und ihr Mann meist beim Militärdienst gewesen sei. So war ich ihm noch nicht begegnet, obwohl er öfter meine Predigten besucht habe. Er sei seinem Glauben immer treu geblieben, auch wenn er aus idealistischen Motiven schon früh der Partei und der SA beigetreten sei. Als sie mir das Erscheinen der einschlägigen Formationen ankündigte, bestand ich darauf, daß die am Grab stattfindende Feier ein geschlossener geistlicher Akt sei, bei dem es keinen Parteinachruf geben dürfe. Was danach geschehe, gehe mich nichts an.

Ich bereitete mich darauf vor, die braunen Scharen anzureden, die tatsächlich in großer Menge um das Grab versammelt waren. Ich griff in meiner Rede einige Floskeln auf, die ich in einem SS-Schulungsheft für Nazibestattungen gelesen hatte. Was ich sagte, habe ich noch ziemlich gut behalten: »In unserem Land hört man immer wieder, das Leben des einzelnen sei gleichgültig gegenüber dem Leben des Volkes. Und wenn es zum Sterben käme, dann sei das nur so, wie wenn ein Blatt vom Baum des Volkes fiele. Der lebendige Stamm aber bringe in schöpferischer Erneuerung immer wieder andere Blätter hervor. Ich habe dazu eine Frage: Wer von denen, die hier versammelt sind, *wagt* es, an diesem Grab, im Angesicht der Witwe, der Eltern und der drei Kinder dies zu wiederholen und *hier* (nicht an einem Stammtisch, auch nicht von einem distanzierten Schreibtisch aus) zu behaupten, dieser Mann, dieser von den Seinen geliebte Lebensgefährte und Vater sei nur ein austauschbares, ein ersetzbares Blatt am Baum unseres Volkes?« Ich hatte das sehr heftig gesagt und benutzte es dann als Aufhänger für eine kurze Meditation über den unendlichen Wert des einzelnen in den Augen Gottes. Ehe die Nachrufe kamen, verließ ich den Friedhof. Ich meinte zu sehen, daß man mir beim Weggehen nicht eigentlich zornig, sondern eher betreten nachblickte.

In der letzten Ravensburger Zeit kamen dann ernstere Zusammenstöße mit der Partei, die in wiederholten Verhören bei der Gestapo in Friedrichshafen gipfelten. Auch da fing es zunächst ganz lustig an: Aus dem rheinischen Kohlenpott erhielt ich eines Tages die Anfrage, ob nicht eine Anzahl von Primanern, die Theologie studieren möchten, während der Ferien acht bis 14 Tage zu mir nach Ravensburg kommen könnten, um von mir so etwas wie eine erste Einführung in ihr Fach zu empfangen. Ob man das nicht als Schülererholung in einem bombenfreien Gebiet frisieren könnte?

Ich war begeistert, noch einmal auf der Linie meines alten Berufs wirken zu können und suchte einen Weg zu finden, um allergische Reaktionen der Gestapo gegenüber solchen Kursen zu vermeiden. Ich bat – ohne die Hintergründe meines Vorhabens auszuplaudern – die Hörer meiner Bibelabende, sich um Quartiere für »junge Bombenflüchtlinge« aus dem Rheinland zu bemühen. An Aufsehen sei mir nicht gelegen; man möge das unter der Hand regeln.

Bei dem allgemeinen Kopfnicken fiel mir eine alte, fast taube Dame auf, die meine Worte stets mit einem Riesenhörtrichter aufzufangen suchte. (Damals gab es noch nicht die schicken Mikrogeräte von heute.) Sie setzte ihren Trichter sogar für einen Augenblick ab, um besonders stürmisch nicken zu können. Ihre heftige Zustimmung beruhte aber, wie sich schon bald zeigte, auf einem horrenden Mißverständnis. Denn einige Tage danach besuchte mich ein Staatsanwalt, mit dem ich mich lebhaft angefreundet hatte. Wir hatten ähnliche literarische Interessen und stimmten auch in unseren politischen Meinungen überein. Er war ziemlich aufgeregt und eröffnete mir, ich sei bei der Staatsanwaltschaft angezeigt worden, und er halte die Sache für ziemlich ernst.

Was war geschehen? Eben jene taube alte Dame hatte für einigen Wirbel gesorgt. In früheren Zeiten hatte sie ein kleines Ehrenämtchen innegehabt und für wohltätige Zwecke in ihrer Straße Geld gesammelt. Das aber war seit dem Dritten Reich streng verboten und ausschließlich der NS-Volkswohlfahrt vorbehalten. Sie aber hatte nun nichts von meinen »Bombenflüchtlingen« verstanden, sondern war der Meinung, ich hätte endlich einmal wieder zu einer Straßenkollekte aufgefordert. So machte sie sich spornstreichs auf den Weg, wurde allenthalben wie ein Engel empfangen – »endlich wird wieder mal für was ›Anständiges‹ gesammelt!« – und hatte bald ihre alte Büchse voll. Leider graste aber der NS-Sammler wenige Stunden später dieselbe Straße ab und sah sich lauter brummigen Gesichtern gegenüber. Dabei kam schließlich heraus, wer ihm zuvorgekommen war, und schon nahm das Unheil seinen Lauf. Ich wurde wegen Übertretung des Sammlungsgesetzes angeklagt. Als ich zunächst in ein Gelächter über diese Irrungen und Wirrungen ausbrach, verwies mir mein Freund das energisch und nannte mir die möglichen strafgesetzlichen Folgen. Außerdem hätte ich die gesamte Ravensburger Justiz in nicht geringe Verlegenheit gebracht. Auf mein erstauntes »Wieso das denn?« berichtete er, die Sache falle in sein Ressort. Er habe aber seine Kompetenz von sich gewiesen, weil er mit mir befreundet und also befangen sei. Der Oberstaatsanwalt habe dann dasselbe von sich behauptet, weil sein Sohn bei mir Konfirmand sei und ich öfter – auch zu privaten Gesprächen – sein Haus besucht habe. Man habe schließlich die Sache mit einigen mir freundlich gesinnten Ratschlägen an einen Referendar weitergegeben; sie verlief dann glücklich im Sande.

In den späteren Ravensburger Zeiten ärgerte es mich immer wieder, daß selbst die Briefe meiner Frau aus dem benachbarten Langenargen acht Tage und länger unterwegs waren, weil sie und meine andere Post deutlich geöffnet und kontrolliert worden waren. Deshalb schrieb ich im Zorn einen äußerst ironischen Brief an die Post mit der Bitte, meine Zeilen an die kontrollierende Instanz weiterzuleiten. Ich hatte den Brief in Kopie auch an den Oberkirchenrat geschickt, um ihm, wie ich wähnte, eine Freude zu machen. Der aber reagierte im Unterschied zu dem schlichten Ableugnungsbrief der Post sauer: ich brächte mich durch solche Eskapaden mutwillig in Gefahr und solle so etwas gefälligst unterlassen. Auch Daniel in der Löwengrube habe von Gott nur den Auftrag gehabt, den Löwen gegenüber standhaft zu sein, sie aber nicht noch zusätzlich in den Schwanz zu kneifen. Ob es in unserer humorlos gewordenen Zeit wohl noch ähnliche Reaktionen einer hohen Kirchenbehörde gibt?

Während meines Ravensburger Dienstes bekam ich aus vielen Gegenden Deutschlands Einladungen zu Vorträgen. Für die wichtigsten von ihnen gab mich die Kirchenleitung immer wieder frei. So sprach ich, teilweise mehrmals, in Marburg, Heidelberg, Tübingen, Halle, Königsberg und Berlin. Ich übergehe notgedrungen all die Anekdoten, die von diesen teilweise abenteuerlichen Fahrten unter Kriegsbedingungen zu erzählen wären, und berichte nur von der entscheidenden Reise, die ich im September 1941 durch ostpreußische Städte machen und mit Vorträgen in Danzig beschließen sollte.

Als ich übermüdet von der langen Fahrt (und nicht ohne Sorge, ob ich für den Dom-Gottesdienst am selben Abend noch frisch genug sei) in Königsberg ankam, wurde ich dem Empfangskomitee schon auf dem Bahnsteig durch einige Gestapo-Männer entrissen, die mich zu einem dreistündigen Verhör in ihr Amt brachten. Der erste Satz, mit dem sie mich dort empfingen, lautete: »Ihre Propaganda- und Hetzreise durch Ostpreußen fällt aus.« Sie hatten meinen Reiseplan bis ins letzte Detail vor sich, gingen aber trotzdem das Programm mit mir durch. Dann hielten sie mir alle meine politischen »Sünden« seit der Heidelberger Zeit vor. Sie waren erstaunlich gut orientiert. Ihre Barschheit und ihr Haß ließen mir jede Diskussion von Einzelheiten als sinnlos erscheinen. Ich sagte ihnen nur ein paar ernste Sätze über die Bekennende Kirche und ihren Auftrag. Doch blieb auch da ihr Zerrbild unverrückt. Als Resümee formulierten sie – wie immer natürlich nur mündlich, nie schriftlich! –: »*Erstens:* Sie verlassen noch heute abend mit dem Zug 21.40 Uhr Ostpreußen in Richtung Berlin und kehren bei Strafe des Konzentrationslagers ›nie wieder‹ (!) hierher zurück. – *Zweitens:* Es ist Ihnen verboten, heute abend im Dom zu sprechen.« Meine Anwesenheit als Zuhörer bis zur Abfahrt des Zuges gestatteten sie gnädigst.

Man kann sich denken, wie bestürzt und traurig meine Gastgeber das Ergebnis dieses Verhörs zur Kenntnis nahmen. Es waren kampferprobte Männer, die in der scharfen kirchlichen Polarisierung Ostpreußens tapfer auf ihren Barrikaden standen.

Die Erinnerung an den Abend im Dom, der ja nicht mehr abgesagt werden konnte, bewegt mich noch heute. Nach dem Eingangschoral bestieg ein Amtsbruder die Kanzel des überfüllten Gotteshauses und gab den Beschluß der Gestapo bekannt. Eine tiefe Bewegung ging durch die Menge, wie wenn der Wind über ein Ährenfeld streicht. »Dort sitzt er«, sagte der Redner, »aber er darf nicht zu uns sprechen. Mit dem Zug um . . . Uhr soll er für immer Ostpreußen verlassen. Wir schließen deshalb früher und bringen Helmut Thielicke miteinander zur Bahn.« Eine solche Demonstration hatte die Gestapo wohl nicht geahnt: Eine Riesenwallfahrt zum Bahnhof, die Menschen standen dicht an dicht auf dem Bahnsteig und stimmten mächtige Choralgesänge an. Wir winkten uns noch lange nach.

In der überdrehten Wachheit, wie sie sich bei gewaltsam unterbrochenen Erschöpfungszuständen leicht einstellt, beschloß ich, nicht der Gestapoweisung zu entsprechen und wieder zurückzukehren, sondern mich nur aus ihrem unmittelbaren Machtbereich, aus Ostpreußen, zu entfernen und die geplante Schlußwoche in Danzig vorzuziehen. Deshalb stieg ich in Dirschau aus dem Zug, brachte die Nacht schreibend und dösend unter vielen Reisenden im Wartesaal zu und fuhr mit dem ersten Morgenzug zwischen vier und fünf Uhr nach Danzig hinein. Obwohl diese Herrgottsfrühe noch keine angemessene Besuchszeit war, begab ich mich zu dem Pfarrhaus, das mir als Quartier dienen sollte. Nur meine große Müdigkeit verlieh mir den Mut, trotz so unpassender Stunde dort Einlaß zu begehren. Die polnische Dienstmagd, die nach geraumer Zeit öffnete und kaum Deutsch verstand, erschrak heftig über den seltsamen Fremden und wollte mir die Tür vor der Nase zuschlagen. Nicht ganz ohne Gewalt drang ich aber ein, drückte ihr durch eine Geste mein Schlafbedürfnis aus und legte mich einfach auf eine Couch, die ich von der offenen Wohnzimmertür aus erspähte. Dann schwanden mir die Sinne. Als ich nach ein oder zwei Stunden, einen verwirrten Dämmerzustand durchschreitend, zu einem ratenweisen Erwachen ansetzte, kam ich mir auf einmal wie ein Toter im Sarg vor, denn die ganze Familie stand um meine Lagerstatt herum und betrachtete den rätselhaften, weil zu dieser Zeit ja nicht angekündigten Eindringling. Nachdem ich mir selber über meine Identität wieder klargeworden war und mich vorgestellt hatte, war die Freude über mein Erscheinen groß – trotz des bedauerlichen Anlasses für seine Vorzeitigkeit. Schnell wurde das ganze für später geplante Programm umgestellt. Es waren dann wunderbare Tage intensiven Austausches, die mir nun zuteil wurden, und herrliche abendliche Nachfeiern voller Heiterkeit in gastlichen Häusern. Gleichwohl brach in Einzelgesprächen hin und wieder eine jähe, angstvolle Vorausahnung kommenden Geschicks hervor. Diese Visionen von Austreibung, Flucht, Zerstreuung und Untergang der bisherigen Welt haben sich alle erfüllt.

An einem der Vormittage nahm mich der Organist Edel mit auf den Glockenturm von St. Katharinen. Dort saß ich bei ihm in der Kammer, als er das Glockenspiel bediente. Ich durfte mir die Choräle wünschen. Es ging mir nahe, wie der Mann so hingebungsvoll hoch über der Stadt das Evangelium in die Welt hinausklingen ließ. Hin und wieder trat ich an die Brüstung des Turms und blickte in die Tiefe. Die Glocken dröhnten mir in den Ohren und im Herzen, und der übermächtige Klang erfüllte mich so, daß kein anderer Ton, auch kein Geräusch aus der Tiefe unter mir, wo ein Luftschutzbunker gebaut wurde, sich dazwischendrängte. Ich sah nur – hörte aber nicht –, wie die Bagger rasselten, die Boschhämmer dröhnten und der Verkehr hastete. Ich erblickte niemanden, der heraufgesehen und irgend etwas von dem vernommen hätte, was mich in seiner Klangfülle wie eine gewaltige Woge trug. Ich sah, wie die Menschen von den Geräuschen der Welt förmlich absorbiert waren, wie sie in ihren täglichen Verrichtungen aufgingen, und mich sprang die Frage an, warum nicht auch *ihnen* das in den Ohren gellte, was mir als Botschaft so mächtig nahekam.

Schon bald nach der Rückkehr von der Ostpreußenreise wurde ich wieder nach Friedrichshafen zur Gestapo bestellt. Das war, offen gestanden, immer eine Angstpartie, weil man vorher nie wußte, was sie einem am Zeug flicken wollten und weil man sich überdies in einem rechtsfreien Raum bewegte. Im Klima eines Rechtsstaates kann sogar jemand, der selber einmal da hindurch mußte, den »butterfly in the stomach« kaum noch nacherleben, dessen Flattern einen damals bedrängte. Diesmal wurde mir ein striktes und unbefristetes Reise-, Rede- und Schreibverbot für das gesamte Reichsgebiet auferlegt, ausgenommen die örtliche Wirksamkeit in Ravensburg und die Bahnfahrt zu meiner Familie in Langenargen; doch war es mir untersagt, beim Umsteigen in Friedrichshafen den Bahnhof zu verlassen. Damit nicht genug: Kurz danach sollte ich als Arbeiter in eine Munitionsfabrik eingezogen werden und meine Tätigkeit als Pfarrer überhaupt aufgeben. Dies konnte durch eine Intervention der Kirchenleitung verhindert werden. Die Gemeinde erfuhr übrigens nichts von alledem. Sie ahnte nicht, daß ich in Ravensburg sozusagen »interniert« war.

Ruf auf die Berliner Schleiermacher-Kanzel

In diese Wochen brach nun ein Ereignis ein, das mein Leben in eine ganz neue Richtung zu drängen schien. Ich bekam einen Ruf auf die Schleiermacher-Kanzel der Berliner Dreifaltigkeitskirche, und zwar als Nachfolger von Bronisch-Holtze. Es war die Kirche des Regierungsviertels. Von den hohen Herren war es aber nur der alte Reichspräsident Hindenburg, der als aktives Gemeindeglied auf einem eigens für ihn reservierten Sessel dem Gottesdienst folgte. Da diese traditionsreiche Kirche ringsum von Regierungsgebäuden, Repräsentativbauten und Bürohäusern umstellt war, bestand die Ortsgemeinde weithin nur aus den Hausmeistern mit ihren Familien. Dieser etwas triste Aspekt wurde aber dadurch aufgehellt, daß sich hier eine nicht kleine Personalgemeinde versammelte, die man sich freilich aus der Reichshauptstadt erst »zusammenpredigen« (!) mußte (wie man mir erklärte). Ähnlich dürfte es schon zu Zeiten Schleiermachers gewesen sein, dem – bei aller theologischen Distanz – stets meine besondere Verehrung galt. Diese Aufgabe hatte natürlich ihren Reiz, zumal ihr noch die Studentengemeinde und überhaupt die Arbeit an der Friedrich-Wilhelms-Universität zugeordnet war. Der mir zugetane Sprecher des Kirchenvorstandes, mit dem ich zu verhandeln hatte, war übrigens der bekannte Erbauer des Olympiastadions, der Architekt Werner March.

Ich brauche nicht zu begründen, daß und warum diese Berliner Aussicht mich lockte. Die Schwierigkeiten begannen aber schon mit meinem Reiseverbot. Es bedurfte umständlicher Schreibereien, um endlich vom »Reichssicherheitshauptamt« eine einmalige Sondergenehmigung für die Verhandlungen am Ort und für einen Gottesdienst zu erhalten, den ich dann mit Freude vor einer großen und aufgeschlossenen Gemeinde hielt. Sehr bald aber begann der zweite Pfarrer, der die Ortsgemeinde zu versorgen und vor dessen Systemhörigkeit man mich schon gewarnt hatte, ein unglaubliches denunziatorisches Intrigenspiel, für das er gründliche Recherchen über meine politische Vergangenheit angestellt hatte und die er den zuständigen Behörden zuspielte. Während alle, die zur Dreifaltigkeitskirche gehörten, treu an mir festhielten, hatte er bei dem deutschchristlich durchsetzten Preußischen Oberkirchenrat Erfolg damit. Sehr bald kam der Augenblick, da es mir unwürdig erschien, weiterhin Gegenstand von Anschlägen auf der einen und von Hinhaltetaktiken auf der anderen Seite zu sein. Ich durchschlug den gordischen Knoten und sagte von mir aus ab.

Dramatische Lebensepoche in Stuttgart
1942–1944

Als ich den Ruf nach Berlin erhielt, hatte mir Bischof Wurm bereits in Stuttgart ein neues, auf meine besondere Situation abgestelltes Tätigkeitsfeld in Aussicht gestellt, falls ich mich zum Verbleiben in Württemberg entschließen würde. Doch hatte er mir in seiner Noblesse die Entscheidung ganz freigestellt. Niemals deutete er auch nur an, daß schließlich er es gewesen sei, der mich aus meiner Berufskatastrophe befreit hatte und daß damit eine moralische Verpflichtung verbunden sei. Ich selber aber empfand meine Dankesschuld stark und war deshalb nicht ohne Gewissensbisse auf Berlin zugegangen.

Sowie sich diese Pläne zerschlagen hatten, rückte Wurm mit dem heraus, was er und seine Mitarbeiter für mich vorgesehen hatten: Er wollte ad personam – nur auf mich zugeschnitten – ein »Theologisches Amt der Württembergischen Landeskirche« gründen, das ich leiten sollte. Er wünschte sich vor allem, daß ich als sein theologischer Berater fungiere. Im übrigen dachte er an eine monatliche Predigtpflicht in Stuttgart und fand es darüber hinaus wünschenswert, wenn ich an jedem zweiten Montag die einzelnen Dekanatsbezirke besuchen und die Pfarrer durch theologische Vorlesungen (mit frei von mir gewählten Themen) anregen würde. Als ich mich über den bescheidenen Umfang meiner Verpflichtungen wunderte, wiederholte er, was er schon bei unserer ersten Begegnung gesagt hatte: Er wolle, daß ich mich weiter meiner wissenschaftlichen Arbeit widme, um »nach dem verlorenen Kriege« und dem Ende der braunen Herrschaft für einen Lehrstuhl fit zu bleiben. »Tun Sie also, was Sie wollen. Ich habe das Vertrauen, daß Sie uns nicht enttäuschen werden.«

Ich war beeindruckt von der Generosität dieses Angebots und seinem Vertrauen. Zugleich empfand ich es als überaus verpflichtend und nahm mir vor, mich nicht »lumpen« zu lassen. Wurm konnte auch erreichen, daß ich mich für meinen Dienst innerhalb Württembergs frei bewegen konnte. Nach einigen Monaten allerdings, als bei meinen wöchentlichen Stiftskirchenvorträgen ein Massenzulauf einsetzte, schien die Gestapo ihre »liberale« Anwandlung schon wieder zu bereuen. Sie drohte mir bei einer der vielen Vorladungen an, sie werde mich bei weiteren »Hetzereien« aus Württemberg ausweisen. Sie teilte auch dem Oberkirchenrat diese Absicht mit und ersuchte ihn, mich zur Zurückhaltung anzuhalten. Da aber lief der alte Bischof wieder einmal zu seiner großen Form auf. Er erklärte den Herren: Wenn ihr dem Thielicke etwas tut, stehe ich selber beim nächsten Mal auf seiner Kanzel, und für den Fall, daß ihr dann auch mich zum Schweigen bringt, habe ich noch zehn andere Ersatzredner in Reserve. Seine loyale Entschlossenheit war für mich eine wunderbare Kraftquelle. Als ich ihm dafür dankte, lachte er nur und meinte: »Der Zulauf in der Stiftskirche hat jetzt einen Grad erreicht, daß er zugleich ein Schutz für Sie ist. Diese Art Leute hat Angst vor jener Form von Massenemotion. Und zu so etwas würde es bestimmt kommen, wenn man diese Versammlungen verböte. Seien Sie ganz getrost. Nachgiebigkeit ist viel gefährlicher.«

Als Wohnung wurde Liesel und mir das Parterre in einem großen, von drei Familien bewohnten Pfarrhaus (Kanzleistraße 5) unmittelbar am Stuttgarter Schloßplatz zugewiesen. Über uns wohnte Prälat Hartenstein, neben Wurm die beherrschende Figur im geistlichen Württemberg und vor allem den pietistischen Kreisen im Lande verbunden. Obwohl wir in unserer geistigen Konstitution sehr verschieden waren, hat er mir bei meiner Arbeit geholfen, wo er nur konnte.

Den obersten Stock bewohnte der Gemeindepfarrer der Stiftskirche (und spätere Reutlinger Prälat) Pfeifle mit seiner Familie. Bei jedem Fliegeralarm lief er in einen Schutzraum hoch im Stiftskirchenturm, um dort Wache zu halten. Nach jedem Angriff mußte er durch das riesige labyrinthisch verwirrende Dachbalkenwerk der Kirche kriechen und es nach Brandbomben absuchen oder schwelende Brände nach Möglichkeit ersticken. Das war eine Aufgabe, die unerhörte Beherztheit forderte, denn er konnte ja jederzeit von jäh aufflammendem Feuer umzingelt werden. Als beim Untergang der Kirche der Turm wie eine Fackel brannte, entging er nur mit knapper Not dem lodernden Scheiterhaufen. Er hatte in seinem Turmverlies ausgehalten, bis die ehrwürdige Kathedrale unter Spreng- und Brandbomben schließlich zerbrach und er von dort aus den Untergang unseres Hauses miterlebte, ohne sein Eigentum bergen zu können. Später, als die Stiftskirche nicht mehr war, hielt Pfeifle, ohne an sich selber zu denken, in einem brennenden Haus aus, bis er in äußerster Anstrengung einen schwachsinnigen und völlig hilflosen Jungen gerettet hatte. Dann erst dachte er an das eigene Leben.

Unser Haus in der Kanzleistraße wurde von einem großen, gepflasterten Hof aus betreten, der auf der anderen Seite von der Propagandabehörde der Partei begrenzt wurde. Die »Goldfasanen« (so nannte man die höheren Parteibonzen mit ihren Rangabzeichen) spazierten dort in der Mittagspause umher, ohne daß wir Notiz voneinander nahmen. Für unsere Kinder galt das allerdings nicht. Der kleine Wolfram wurde von ihnen verhätschelt. Berthold, der in der Stuttgarter Zeit geboren wurde – und zwar in Urach, wo seine Mutter eine bombenfreie Zuflucht für die Geburt gesucht hatte –, lag später in seinem Körbchen inmitten von Trümmerbergen. Dieser Gegensatz von Untergang und jungem Leben übte eine eigentümliche Faszination aus, so daß sich sonst nur auf Distanz lebende Gestalten um sein Bettchen versammelten und sich von ihm anlächeln ließen: Nicht nur die Nazis besuchten ihn aus ihrer späteren Halbruine, sondern auch die dienstverpflichteten Russinnen kamen in jedem freien Augenblick, um mit ihm zu scherzen und ihn zu liebkosen. Diese Szenen erschütterten uns: Welche Sehnsüchte mochte das fröhliche Kind in den Verbannten wecken!

Obwohl bei unserem Einzug der eigentliche Bombenkrieg noch nicht eingesetzt hatte, kamen wir in eine erschreckend ruinierte Wohnung. Unser Vorgänger hatte alles mitgenommen, was damals als »Mangelware« galt und in seiner neuen Behausung entweder selber vonnöten sein würde oder als Tauschobjekt für anderen Bedarf von Nutzen sein mochte: Dazu gehörten nicht nur die Öfen, die zu ersetzen für uns Neulinge in einer fremden Stadt überaus mühselig war, sondern vor allem die Wasserhähne. Sie waren sämtlich abgeschraubt. Zum Trinken, Kochen, Waschen und Baden mußten wir das Wasser in der ersten Zeit aus den Nachbarwohnungen holen.

Planung und Realisierung
einer öffentlichen Glaubenslehre

Schon in Ravensburg war mir aufgegangen, wie verhängnisvoll es sich auswirkte, daß die Nazis den Religionsunterricht aus den Schulen verbannt hatten. Die Noteinrichtungen, mit denen die Kirche dieses Defizit auszugleichen suchte, konnten nur unzulänglich sein. In der heranwachsenden Generation kam es sehr bald zu einem Kahlschlag der simpelsten Bibelkenntnisse und der christlichen Glaubensgehalte überhaupt. So verdichtete sich in mir die Überzeugung, daß man eine Art *Glaubenslehre für Erwachsene* einrichten müsse, einen Unterricht, der Information und Interpretation miteinander verbinden sollte. Vor allem aber hatte er den Glauben in Beziehung zur Lebenserfahrung und den von ihr gestellten Problemen zu bringen. Kurz: Ihm war die Aufgabe gestellt, ein Höchstmaß an Aktualisierung zu leisten. Der Teilnehmer sollte erfahren, daß und wo er selber in der Landschaft des Glaubens angesiedelt ist und daß dort eine Antwort auf seine Fragen zu finden sei. Dann würden auch die Säkularisierten und Fernstehenden vermutlich aufhorchen.

Von den üblichen »volksmissionarischen« Bemühungen, die aus dem Kreis der konventionellen Gottesdienstbesucher in die säkularisierte Öffentlichkeit hineinwirken sollten, hielt ich zum Kummer vieler Freunde aus dem schwäbischen Pietismus *nicht* viel. Da fühlte sich in der Regel doch wieder nur das vertraute »kleine Häuflein« angesprochen – ich meine das nicht despektierlich! –, nur daß diese Minorität der Treuen aus vielen umliegenden Gemeinden zusammenströmte und durch diese Akkumulation den täuschenden Eindruck einer wirklichen »Ausdehnung« hervorrief.

Auch der *tiefere* Grund für diese Fehlanzeige wurde mir immer deutlicher: Die stark subjektiv gefärbte, an Gefühl und Entscheidungsbereitschaft appellierende Volksmission setzte voraus, daß die Hörer bereits über vielerlei biblische Assoziationen verfügten, daß ihnen die Geschichten von Schöpfung und Sündenfall bekannt und daß biblische Gestalten wie Moses und Jeremias, Petrus und der Kämmerer aus dem Mohrenland vertraute Figuren für sie waren. Dieses biblische Szenarium aber war für die Fernerstehenden und Säkularisierten, selbst für die Randsiedler der Gemeinde, eine Terra incognita! So mußten sie von derart andrängenden evangelistischen Zeugnissen ebenso unberührt bleiben wie jemand, der nie in einer Oper gewesen ist und dem ein begeisterter Besucher von dem Bühnenbild vorschwärmt und ihm Melodienfetzen vorsingt.

Mir kam es darauf an, den Menschen unserer Zeit zunächst einmal die grundlegenden *Stoffe* zu vermitteln, die ihrem Horizont entrückt waren. Ich wollte ihnen also sachliche Unterrichtung zukommen lassen und ihnen die Grundlagen, sprich: die *Prämissen* für eine mögliche Entscheidung besorgen. Natürlich sollte das nicht in indifferenter Objektivität geschehen. Ich wollte vielmehr – durchaus erkennbar! – als *Zeuge* reden und mein Engagement nicht verstecken. Nur durfte das Engagement – so sah ich es damals und so sehe ich es auch noch heute – nicht thematischer Selbstzweck sein, es sollte als Unterton mitschwingen und sich auf den Hintergrund für meine sachliche Unterrichtung beschränken.

Ich kannte allerhand didaktische Theorien über einen Katechismus-Unterricht für Erwachsene, sah aber nirgendwo einen praktischen Effekt dieses Theoriegeschwätzes. Damals leitete mich der Instinkt – heute hat es mir die Lebenserfahrung bestätigt –, daß nur konkrete und praktizierte *Modelle* Signalwirkung ausüben und dann auch etwas bewirken. So kam ich zu dem Plan, mich einmal an einem solchen Katechismus-Unterricht für Erwachsene zu versuchen. Sollte er gelingen, so würde er vielleicht auch andere reizen, einer neuen Art von »Lehrpredigt« erhöhte Aufmerksamkeit zu widmen.

Noch ein Motiv bewegte mich: Die Menschen jener Tage waren von Kriegssorgen – fast alle hatten doch Angehörige an der Front – und Zukunftsängsten förmlich zerfressen. Ich vermutete, daß ihnen die Konzentration auf sachliche Fragen des Glaubens, die zum Nachdenken herausforderten, hilfreich sein würde – zumal dann, wenn diese Fragen sie nicht einfach von ihrem bedrängten Alltag ablenkten oder gar seiner Verdrängung dienten, sondern wenn das Medium des Glaubens ihnen dazu verhalf, ihren Problemen aus einer *anderen* Dimension zu begegnen. Das alles hatte ich immer wieder in mir bewegt und gründlich bedacht.

Als ich Bischof Wurm an meinen Überlegungen teilnehmen ließ und schließlich mit einem konkreten Plan herausrückte, war er gleich Feuer und Flamme und versprach, mir mit allen Mitteln zu helfen. Sogleich schlug er mir auch den passenden Ort für mein Unternehmen vor: die günstig gelegene und recht geräumige Markuskirche, deren Pfarrer, Rudi Daur, ein überaus angesehener und für solche Dinge aufgeschlossener Mann war. Diese Kirche – neben der Hospitalkirche – war ohnehin von ihm als meine dauernde Predigtstätte vorgesehen.

Nachdem ich einen Gesamtplan für diese christliche Glaubenslehre entworfen hatte, wurde der erste Donnerstagabend in der Presse (was damals noch ging) angekündigt: Wurm hatte Landtagsstenographen für diesen und alle folgenden Abende verpflichtet, so daß nach dem Krieg die Vortragssammlung im originalen Wortlaut als Buch – und zwar viele Jahre hindurch in immer neuen Auflagen – erscheinen konnte. Diese Zeit ließ viele Fragen des Glaubens, der menschlichen Natur, der Geschichte und des Lebens überhaupt in einer Tiefe aufleuchten, wie sie sich in ruhigen Zeiten schwerlich entbirgt. Diesen für die Erkenntnis fruchtbaren Augenblick wollte ich erhalten wissen.

Dem ersten Abend meines Experiments sah ich mit begreiflichem Lampenfieber entgegen, und ich war dann um so dankbarer, als ich von der Kanzel über eine wogende Menschenmenge – darunter viele Soldaten in Uniform – blickte. Schon nach den ersten Abenden gab es nicht einmal mehr Stehplätze, und wir mußten in die riesige Stiftskirche umziehen. Theodor Bäuerle, damals Kulturreferent bei Bosch und einer meiner treuesten Freunde, hielt das für einen Fehler und warnte mich: »Eine übervolle Markuskirche ist besser als eine dreiviertel volle Kathedrale.«

Doch auch diese Sorge wurde zunichte gemacht: Die Stiftskirche war bald mit etwa dreitausend Hörern ebenfalls überfüllt. Ich mußte mich oft mühsam auf die Kanzel drängen. Zum Ärger des Organisten setzten sich sogar noch Leute mit auf die Orgelbank. Einmal, beim Aufstehen, trat sogar jemand aus Versehen auf die Fußtasten, so daß ein schauerlicher Unlaut die Kirche durchbrauste. Immer noch höre ich im Geist den gewaltigen Gesang, der von allen Seiten auf die Kanzel eindrang.

Den gottesdienstlichen Rahmen hielt ich knapp, denn ich wollte die Hemmschwelle für die Kirchenfremden möglichst niedrig halten und ihnen das erleichternde Gefühl geben, daß sie einen »Vortrag« besuchten. Verzichten aber wollte ich auf den Charakter des Gottesdienstes *auch* nicht. Die Menschen sollten sich schon klar darüber sein, in welchen Kontext das gehörte, was ich ihnen zu bieten suchte, auch wenn es dabei häufig um Reflexionen ging, die sie von einer Kanzel herab nicht gewohnt waren. Deshalb wurde zum Anfang und am Ende ein Choral gesungen. Ich schloß die Abende mit Luthers Abendsegen, von dem – gerade in der Zeit der Bombenangriffe – eine unversiegbare Kraft ausging. So erinnere ich mich an einen Abend, als die Alarmsirenen mittendrin aufheulten. Das »Friede sei mit euch allen« wirkte beruhigend, so daß die Kirche in aller Stille geräumt wurde. Ich blieb derweil auf der Kanzel stehen. Auch der Organist verharrte auf seinem Posten und spielte ein Abendlied.

Welch sonderliche Gemeinde war es, die sich da an den Donnerstagabenden versammelte! Die Hörerschaft umschloß nahezu alle Stände: vom General bis zum Landser, vom Großunternehmer bis zum Arbeiter, vom Hochschulprofessor bis zum Schüler. Auch Hitlerjugend und Parteiformationen waren in Zivil scharenweise vertreten. So sehr es mich beglückte, diesen allen einmal sagen zu können, was mir das wesentlichste war, so bedrückte mich doch die Last der Verantwortung. Ich erfuhr ja aus dem starken Briefecho und durch viele Besucher von den Problemen meiner Hörer: wie groß ihre Sehnsucht nach einem Halt war und was diese oft erste Begegnung mit dem Evangelium für sie bedeutete.

Schon in der Markuskirche hatten viele Hörer den Wunsch geäußert, eine Kurzfassung der Vorträge als Gedächtnisstütze zu erhalten. In meiner Post, die lawinenhaft anwuchs, fanden sich viele Briefe von Menschen, die eine solche Kurzfassung an ihre Männer, Söhne und Väter im Felde schicken wollten. Diese Bitten wurden in einer so dringlichen und anrührenden Weise geäußert, daß ich sie an die Versammlung weitergab. Dabei kündigte ich an, daß ich an jedem Donnerstag nach dem Vortrag eine solche Kurzfassung auf der Empore diktieren würde. Ich regte an, daß vor allem solche, die stenographieren und Vervielfältigungen anfertigen könnten – Sekretärinnen etwa –, sich dort versammeln möchten. Geschäftsleute bat ich, die Mangelware Papier zur Verfügung zu stellen.

Die Wirkung dieses Aufrufs war ungeheuerlich. Jedesmal diktierte ich etwa zweihundert Sekretärinnen und anderen die Kurzfassung. Ganze Berge von Papier wurden mir von den einschlägigen Geschäften gestiftet und ins Haus getragen. Die Diktate wurden vervielfältigt, an andere weitergegeben und von ihnen aufs neue vervielfältigt. Ich habe die Auflagenhöhe natürlich nie erfahren, doch glaube ich, daß sie die vieler Druckerzeugnisse in Friedenszeiten übertraf. Ich merkte es an der Echopost, die mich bald von allen Fronten und aus dem gesamten deutschsprachigen Bereich erreichte. Das alles geschah in einer Zeit, in der kaum noch etwas gedruckt werden konnte – schon gar nicht von jemandem, der wie ich von jeder Publikationsmöglichkeit ausgeschlossen war. Es erschien mir wie ein Wunder Gottes, ähnlich dem der Brotvermehrung. Manche stellten die Vorträge in primitiven Saugpostheften zusammen. Sie haben noch heute in meiner Bibliothek einen Ehrenplatz.

Ich kann es im Rückblick kaum noch fassen, welches Übermaß an Arbeit ich damals zu bewältigen hatte. Ich habe in die Vorbereitung meiner Reden und Predigten immer größte Mühe investiert. Dazu kam die ständig höher anschwellende Postflut, die allein zu lesen viel Zeit forderte. Das Vertrauen der Menschen, nicht zuletzt der kämpfenden Soldaten, empfand ich als so verpflichtend, daß ich sie nicht ohne Antwort lassen konnte. Meine Kirchenbehörde hatte mir zwar eine Sekretärin zur Verfügung gestellt, aber alles, was mit Seelsorge zu tun hatte – und das war ja das meiste –, habe ich nie diktieren können, sondern immer selber geschrieben. Es sollte fremden Augen, selbst den verläßlichsten, verborgen bleiben. Dann waren die Dekanatsreisen zu absolvieren. Die Oberklassen eines Gymnasiums baten von sich aus um Religionsunterricht. Das konnte und wollte ich ihnen nicht abschlagen. Bald nahm mich auch die Studentengemeinde der Technischen Hochschule in Beschlag, deren Pfarrer ich schließlich wurde. Hinzu kamen Pfarrerversammlungen überall im Land, die der Oberkirchenrat in Stuttgart veranstaltete und bei denen ich zu reden hatte. Die Theologische Fakultät in Tübingen bat mich immer wieder um Vorlesungen und Vorträge, was ich trotz meiner Zeitnöte stets mit besonderer Freude annahm. Manchmal hatte ich dreimal am Tage zu reden. Das Pensum vieler Tage, wie es in meinen Tagebüchern verzeichnet ist, machte mich oft todmüde, führte manchmal auch zu einem regelrechten Kollaps und ließ verständlicherweise meine Familie mit leiden. Und doch riß mich die Größe der Aufgabe und das Verlangen der Menschen immer wieder mit. Wie konnte ein müder Augenblick plötzlich aufblühen, wenn in einem Briefe stand, daß jemand durch diesen Dienst zum Glauben gefunden hatte oder seinen Frieden mit Gott gemacht oder in die Nähe Christi gekommen sei (wie immer man das auch ausdrücken mochte).

Natürlich rief die Bewegung, die von den Stiftsabenden ausging, auch die Gegner auf den Plan. Oberkirchenrat Pressel, ein meiner Arbeit besonders verbundener Mann, warnte mich eines Tages vor einem Gestapo-Spitzel, der Abend für Abend die Vorträge für seine Auftraggeber mitschrieb. Er sei der Kirchenbehörde genau bekannt und würde nach bisherigen Erfahrungen eines Tages auch bei mir zu Hause auftauchen, um mich noch genauer auszuhorchen. Er sei schon allein deshalb so gefährlich, weil er Jude wäre und jedermann annehme, daß man ihm gegenüber – als einem »geborenen Gegner« des Regimes! – bedenkenlos offen sein könnte. Er habe schon manchen ans Messer geliefert. Pressel erzählte mir, er setze sich selber und einige seiner Leute stets in seine Nähe, um genau zu verfolgen, welche Stellen er nachschreibe.
Dann kam er in der Tat zu mir, nicht nur einmal, sondern viele Male. Obwohl ich vor ihm auf der Hut und mit Vorurteilen gleichsam gespickt war, gingen mir seine autobiographischen Berichte unter die Haut. In ihm trat mir ein Sonderfall des jüdischen Schicksals – aber eben doch *dieses* Schicksals – entgegen. Trotz seines Judentums, so erzählte er mir, hänge seit Jahren ein Bild des

»Führers« in seinem Zimmer. Er stamme aus einer jener konservativ-großbürgerlichen Familien, die sich der deutschen Nation zugehörig fühlten. Ohne daß er darauf hingewiesen hätte, begriff ich, in welche Konflikte er sich durch ein Regime gestürzt sah, das diesen Nationalismus repräsentieren wollte, seine jüdischen Vertreter aber cum infamia ausschloß – und sehr viel mehr als das. Wenn sich Dr. G. nun der Gestapo zur Verfügung stellte – was er mir natürlich nicht offenbarte –, mochte dabei das fast masochistisch-perverse Motiv wirksam gewesen sein, wenigstens durch diese Hintertür noch Zugang zur »nationalen Bewegung« gewinnen zu können. Zugleich aber suchte er sich auf diese dubiose Manier auch zu retten. Doch damit war er einen mephistophelischen Bund eingegangen, der ihn bis ins Mark verderben mußte: Nachdem sein Haus durch Bomben zerstört worden war, nahm ihn ein mir wohlbekannter Nachbar, Herr N., bei sich auf, obwohl ihn diese Liebestat gegenüber einem Juden, wie er sehr wohl wußte, bei den Braunen belasten mußte. In seiner Arglosigkeit machte er Dr. G. gegenüber keinen Hehl aus seinen antinazistischen Überzeugungen, zumal er sie bei seinem jüdischen Gast ebenfalls als selbstverständlich voraussetzte. Da diese Gespräche durch seine Schwerhörigkeit behindert waren, bat Dr. G. ihn, ihren Austausch aufs Schriftliche zu verlagern. Damit war Herr N. einverstanden, zumal er seine Gedanken gerne im geschriebenen Wort entfaltete. Als Dr. G. einen Packen dieser Essays zusammenhatte, übergab er sie der Gestapo, die Herrn N. sofort verhaftete. Einige Tage später wurde auch ich zu einem Verhör geholt. Dr. G. hatte meine gesamte Korrespondenz mit Herrn N. unter dem Vorwand, aus theologischem Interesse Einblick nehmen zu dürfen, der Gestapo zugespielt.

Wir alle, die Herrn N. kannten und schätzten, zerbrachen uns den Kopf, wie wir ihn aus den Fängen der Gestapo befreien könnten. Schließlich erreichte das Wurm mit Hilfe frisierter Gutachten eines ihm befreundeten Psychiaters, die Herrn N. das Leben retteten.

Nach dem Zusammenbruch des Regimes habe ich mich lange mit der Frage gequält, ob ich die Untaten dieses Mannes, die mir damals bekannt waren, den Behörden mitteilen müsse. Ich habe es dann nicht fertiggebracht, obwohl mir der Gedanke, ihn wie selbstverständlich in seinem ärztlichen Beruf fortfahren zu sehen, schwer erträglich war. Doch haben mich Anfang und Ende dieses Absturzes so erschüttert, daß ich mich gehemmt fühlte, den ersten Stein zu werfen.

Lehrtätigkeit im Schwabenland

Am Beginn der Stuttgarter Zeit hatte ich mir die vierzehntägigen Dekanatsreisen im Land als eine Minimalbelastung, fast als geistiges Erholungsunternehmen vorgestellt. Nach allem aber, was mir inzwischen als Aufgabe zuteil geworden war, oder besser: was ich mir selber auferlegt hatte, versetzte mich diese theologische Arbeit in eine gewisse Atemlosigkeit. Gleichwohl hatte die Begegnung mit den schwäbischen Pfarrern, vor allem mit den nicht wenigen Originalen unter ihnen, etwas Erfrischendes. Ich glaube auch, daß meine Arbeit ihnen willkommen war und sie anregte; jedenfalls fühlte ich mich überall offen und vertrauensvoll aufgenommen.

Bei den abendlichen Nachfeiern genoß ich den schwäbischen Humor, den auch der Ernst der Zeitläufte nicht abzuwürgen vermochte. In der ersten Zeit äußerte ich den Wunsch, bei meinen Konferenzen möge ein einheimischer Amtsbruder die geistliche Meditation abhalten, die jeweils am Anfang stehen sollte. Ich wollte nicht gerne als geistlicher »Alleinunterhalter« fungieren, sondern drängte auf ein Zusammenwirken. Dabei stieß ich aber auf eine mir zunächst unbegreifliche Abwehr. Man bat mich immer wieder, auch diese Meditation zu übernehmen, und nötigte meine arme Person so zu einem Dauermonolog. Als ich meine Bedenken einmal einem alten Dekan offenbarte, verriet er, was hinter jener amtsbrüderlichen Reserve stand. In breitestem Schwäbisch erklärte er: »Wissen Sie, die Brüder sind ja schon seit dem zehnten Lebensjahr miteinander hierzulande auf die ›Niederen Seminare‹ (Urach, Maulbronn) gegangen und sind sich seitdem in allem Menschlichen-Allzumenschlichen mehr als vertraut. Da genieren sie sich jetzt, wenn sie als erwachsene Männer voreinander fromm daherreden. Das kann man doch verstehen! Also machen *Sie* das bitte. Als Außenstehender sind Sie da unbelastet!« Das rührte mich so, daß ich seiner Bitte von nun an gerne entsprach.

Wollte ich die urschwäbischen Erlebnisse alle erzählen, müßte ich ihnen ein besonderes Kapitel widmen. Nur eines von ihnen, das zugleich ein Zeitcharakteristikum ist, kann ich nicht gut übergehen: Es war, wenn ich mich recht erinnere, in dem Dekanat Gaildorf, als ich zur Abendtafel in das Schloß des einst regierenden Grafen Pückler gebeten wurde. Den Grafen hätte ich, so wurde ich in meinem Dorfkrugquartier belehrt, mit »Erlaucht«, seine Gemahlin aber, eine geborene Fürstin, mit »Durchlaucht« anzureden. In der redlichen Absicht, mich fein zu benehmen, klingelte ich an der

Pforte und wurde von einem jüngeren livrierten Diener eingelassen, der so über alles Maß schielte, daß er gewiß deshalb vorm Militär bewahrt geblieben war. Im Salon wurde ich von den hohen Herrschaften freundlich empfangen und einigen älteren Aristokratinnen vorgestellt. Nach einem kurzen Smalltalk riß der schielende Butler eine Flügeltür auf und eröffnete den Ausblick auf eine glanzvolle Tafel, von deren leuchtend weißem Tischtuch uns Kristallgläser und Tafelsilber entgegenglitzerten. Was auf dem schönen Porzellan serviert wurde, war den Kriegszeiten entsprechend karg. Die Scheibchen Fleisch waren so dünn, daß man durch sie hindurch fast die Zeitung hätte lesen können. Dennoch imponierte es mir, daß auch die Schloßherren fern jeden Bonzentums ihren Verzehr mit den normalen Lebensmittelkarten bestritten. Die alten Damen taten in ihrer Wohlerzogenheit so, als ob sie von dem opulenten Mahl überwältigt seien, und immer wieder stießen sie spitze Entzückungsrufe aus wie etwa: »Exquisit, meine sehr Liebe!«

Unter dem Eindruck des erlebten Glanzes, aber auch des ungestillten Hungers schlief ich in meinem Dorfkrug nur schwer ein. Als ich dann am anderen Morgen mit Muckefuck und einem zähen »schwarzen Brötchen« mein Kriegsfrühstück herunterwürgte, meldete mir die Wirtin, der Diener seiner Erlaucht wünsche Herrn Doktor zu sprechen. Und schon nahte er, wiederum in Livree, doch diesmal mit einem silbernen Tablett, das er mir waagerecht entgegenhielt: »Seine Erlaucht bitten Herrn Doktor höflichst noch um eine Fleischmarke von 50 g für die gestrige Abendtafel.« Mit den mehr gedachten als geflüsterten Worten »Nobel geht die Welt zugrund'« schnitt ich die Marke von halber Briefmarkengröße ab und legte sie in echter Bemühung um eine elegante Geste auf sein Tablett, wo sie in großer Einsamkeit liegenblieb. Aus dem schon erwähnten Grund wurde mir nicht klar, ob der Butler beim Abschied mich oder die Fleischmarke anblickte. Jedenfalls trug er die auf Edelmetall ruhende Marke in steif gereckter Haltung wie eine Monstranz hinaus. Ihre Durchlaucht erzählte mir nach dem Krieg mit Kummer, aber auch mit Fassung, daß die Herrschaften das gräfliche Silber vor dem Einmarsch der Amerikaner in ihrem Park vergraben hatten, allwo es aber durch Radargeräte von der Soldateska aufgestöbert und mitgenommen wurde.

Von den theologischen Tätigkeiten, die meinem früheren Beruf besonders nahekamen, sind vor allem zwei Begebenheiten für mich unvergessen: zum einen die Vorträge in Tübingen, die ich nur in

Kirchen und Sälen halten konnte, insbesondere ein Streitgespräch mit dem Führer der Deutschen Glaubensbewegung, J. W. Hauer, das ich vor Professoren und Studenten im Saal des Schlatterhauses führte. Das war natürlich eine kleine Sensation und zog so viele Studenten an, daß wir genötigt waren, uns auch den draußen vor den Fenstern stehenden Scharen möglichst noch verständlich zu machen. Hauer hatte in den ersten Jahren des Dritten Reiches eine große Dachorganisation dieser neuheidnischen Bewegung geschaffen. Sie schloß in etwa 300 Ortsgruppen die höchst buntscheckigen Spielarten des Deutschglaubens zusammen, von Wotananhängern und Gefolgsleuten der dunkel orgelnden Großprophetin Mathilde Ludendorff bis zu Rassenmystikern unterschiedlichster Provenienz. Was zunächst mit Massenkundgebungen und Propaganda-Sturzfluten begonnen hatte, zerbröselte aber sehr schnell wieder in verfeindete sektiererhafte Grüppchen.

Die NSDAP, enttäuscht über das Ausbleiben eines Dauererfolgs, ließ schließlich diese ihre ideologisch-religiöse Hilfstruppe fallen. Hauer war, als ich mit ihm sprach, schon ein enttäuschter, ziemlich verlassener, wohl auch verbitterter Mann, aber in Tübingen immer noch eine Persönlichkeit. Von dem einstigen demagogischen Schwung, der ihn im Berliner Sportpalast als Künder einer neuen Religion beflügelt hatte, war nur noch wenig zu spüren. Gerade das aber mochte unserer zwar leidenschaftlichen, aber dennoch sachlichen und manchmal sogar in die Tiefe gehenden Kontroverse nützlich gewesen sein. Als er mir nach dem Streitgespräch die Hand gab, meinte ich in seinem Blick so etwas wie Trauer, jedenfalls einen düsteren Ernst zu lesen.

Begegnung mit Bultmann

Eine andere große Stunde meiner theologischen Arbeit schlug für mich, als Bultmanns aufsehenerregender und dann jahrzehntelang die Diskussion beherrschender Aufsatz über die Entmythologisierung des Neuen Testaments erschien (1941) und Bischof Wurm ein im Februar 1943 weit über Württemberg hinausgehendes Symposion über dieses Thema nach Stuttgart einberief. Er hatte mich schon vorher um ein längeres theologisches Gutachten dazu gebeten, das er vervielfältigen ließ und an eine größere Zahl von Kirchenführern und Theologen verschickte und das ich auf dem Symposion in gekürzter Form vortragen sollte. So kam es zu einer der ersten Stellungnahmen zu diesem aufregenden Thema. Bultmann selber nahm dazu im »Deutschen Pfarrerblatt« Stellung und schrieb mir mehrere längere Briefe, die freundlich anerkennend waren, in denen er sich zugleich aber seines jahrzehntelang üblichen Dauerarguments bediente, daß er »mißverstanden« sei. Nicht von ungefähr hat Barth seine spätere Streitschrift gegen Bultmann mit dem sublim ironisierenden Untertitel versehen: »Ein Versuch, ihn zu verstehen.« Aber auch darüber wird Bultmann als Märtyrer permanenter Mißverständnisse wohl wieder den Kopf geschüttelt haben.

Verkürzt und darum etwas mißverständlich formuliert ging es in dieser Debatte um ein Fundamentalproblem: Im Neuen Testament – das war Bultmanns Ansatz – ist die Aussageform an zeitbedingte Vorstellungen und Begriffe gebunden, vor allem an die spätjüdische Apokalyptik und den gnostischen Erlösungsmythos. Gegenstand unseres Glaubens kann aber nur die in diese Schemata eingeschlossene »Botschaft« selber sein, nicht jene zeitbedingte Schale. Damit hatte er in der Tat eine sehr wesentliche Fragestellung formuliert, die in vielen Variationen die Theologie schon seit der Aufklärung beschäftigt hat.

Die beträchtliche theologische Aufregung, die Bultmann mit seinem plakativen Reizwort »Entmythologisierung« auslöste, ergab sich aus der Frage, wo denn die Grenze zwischen Kern und Schale nun verlaufe und ob etwa die Inkarnation – die »Fleischwerdung des Wortes« – und damit die Gestalt Christi selber etwa unter das Verdikt fiele, nur mythische und zeitgeschichtlich bedingte Aussage-*Form* zu sein und nicht mehr zum heilsgeschichtlichen *Kern* zu gehören. Es kann kein Zweifel bestehen, daß diese von Bultmann auf den Tisch geworfene Problematik seine Theologie überleben wird. Denn die Fragestellungen der großen Theologen und Philosophen sind sehr viel zählebiger als ihre Antworten, die eher dem geschichtlichen Augenblick verhaftet bleiben.

Mich interessierte und faszinierte dieser Streit um Bultmann zunächst aus sachlichen Gründen, jedoch nicht ausschließlich. Ich hatte bei ihm in Marburg studiert und seine enorme Ausstrahlung als Lehrer erfahren. Im Seminar zitterten wir alle vor ihm, zumindest, wenn wir nicht sehr genau präpariert waren. Er war eines der großen Schulhäupter unserer Zeit, und an ihm ließ sich lernen, wie eine gelehrte oder auch ideologische Schule zustandekommt, ganz gleich, um welche Fakultät oder welche politisch-ideologische Richtung es sich dabei handelt: Der Meister muß vor allem einen eigengeprägten, den Nestgeruch seiner Gruppe ausströmenden und leicht bedienbaren Begriffsapparat auf die Beine stellen, dessen Räder und Scharniere nur ganz wenige Grundaxiome seiner Lehre repräsentieren und der auch von bescheidenen, nur einigermaßen redegeschickten Geistern in Gang gebracht und gehalten werden kann. So mochte es Bultmann zum Beispiel gar nicht, wenn ein Seminarmitglied seine eigenwillig geprägte Begrifflichkeit verschmähte und in »eigenen Worten« seine Frage beantwortete. Ich höre noch, wie er bei solchen Gelegenheiten indigniert aufbegehren konnte: »Das ist zwar nicht ganz falsch, aber bitte gebrauchen Sie meine Terminologie – nicht weil sie von mir stammt (das tat sie weithin auch gar nicht, war vielmehr von seinem philosophischen Kollegen Martin Heidegger übernommen), sondern weil sie sachgemäß ist.« So kam es, daß einfühlsame und anbetende Kommilitoninnen, die in der ersten Reihe saßen, sich ständig zu Wort meldeten und den Meister mit dem gewünschten Fachchinesisch (existentiell und existential, Vorfindlichkeit, Geworfenheit und vielem andern) geflissentlichst zu bedienen wußten, obwohl mich ihr Intelligenzquotient keineswegs überragend anmutete.

In meiner Heidelberger Zeit ging ich einmal mit Jaspers zu einem Vortrag Bultmanns. Jaspers war merkwürdig aufgeregt. Bultmann war in der Schule einige Klassen unter ihm gewesen, und er schwärmte mir von seinem knabenhaften Charme, besonders von seinen strahlenden Augen vor. Später las er mit ziemlicher Reserve seine Publikationen und sah nun der Wiederbegegnung nach so vielen Jahrzehnten mit einem gewissen Bangen entgegen. Danach äußerte er sich sehr enttäuscht: »Er fährt immer noch im selben Gleis«, meinte er. »Bei ihm gibt es keine Überraschungen, auch keine Entwicklung. Er lernt nichts hinzu. Keine Kritik hat jemals irgendeine Revision bei ihm ausgelöst. Er sitzt fest wie eine fensterlose Monade im Gehäuse seiner Terminologie.« Das war sicherlich richtig beobachtet, und ich habe mich späterhin manchmal an dieses Wort erinnert, wenn Bultmann bei Kollegengesprächen in der Form zwar äußerst »entgegenkommend« war, aber kein Jota von seinem Kurs abwich. Bei all seiner stupenden Gelehrsamkeit und seinem intellektuellen Scharfsinn stieß mich doch das gußeiserne, unbiegsame Material ab, aus dem sein System gefertigt schien.

Zu meinem Erstaunen, aber auch zu meiner Freude hörte ich vor einigen Jahren, daß er sich in seiner letzten Lebenszeit noch den ersten Band meiner Dogmatik habe vorlesen lassen. Vielleicht ist auch dies nicht ganz ohne sein Kopfschütteln abgegangen – ich möchte das eigentlich vermuten –, aber es ehrte mich, daß der große Mann meine Bemühungen noch seiner Aufmerksamkeit für würdig befand.

Literarischer Ertrag

In jener Stuttgarter Zeit versuchte ich, meine Arbeit auf lange Sicht zu planen und sie vor der Gefahr zu bewahren, durch zufällige Anlässe ausgelöst zu werden. Deshalb wollte ich auch die vielen Vorträge, die ich in Stuttgart und im Land Württemberg zu halten hatte, thematisch nicht abhängig werden lassen von den mancherlei Wünschen, die an mich herangetragen wurden. Ich nahm mir die Weiterarbeit an zwei Büchern vor, die noch im Krieg fertiggestellt wurden, und bestritt meine Vorträge weithin mit deren Themen. Auf diese Weise arbeitete ich im Rahmen einer übergreifenden Ordnung und schlug zugleich zwei Fliegen mit einer Klappe.

Das eine Buch war eine allgemeine Diagnose der geistigen Situation, eine Art »Kulturkritik«, die nach dem Krieg unter dem Titel »Fragen des Christentums an die moderne Welt« erschien, das andere war – unter dem Eindruck des Krieges – ein Buch über den Tod. Beide Bücher hatten zunächst ein abenteuerliches Schicksal: Eines Tages erschien bei mir ein außerordentlich versierter Vertreter des Weltkirchenrats in Genf. Er hatte von meiner literarischen Arbeit gehört und bat um die beiden Manuskriptbände. Er werde sie kraft seiner Beziehungen im Diplomatengepäck über die Grenze schaffen lassen und – selbstverständlich anonym! – im Verlag Oekumene in Genf herausbringen. Von dort würden sie in die deutschen Kriegsgefangenenlager der Alliierten in aller Welt verschickt werden. In diesen Lagern seien allenthalben sogenannte Lagerhochschulen organisiert worden, für die diese Bücher überaus nützlich sein könnten. So geschah es denn auch.

Als nach dem Krieg die Anonymität gelüftet wurde und mich die entsprechenden Briefe erreichen konnten, erfuhr ich, welch unerhörte Resonanz diese beiden Bücher – zusammen mit einer Predigtsammlung, die ebenfalls hinausgegangen war – in den Gefangenenlagern gefunden hatten. Noch heute treten nach einem Vortrag, den ich irgendwo – sogar in anderen Erdteilen – halte, immer wieder Hörer auf mich zu, denen sie angesichts des geistigen Hungers in der Gefangenenzeit etwas bedeutet haben. Von alledem ahnte ich damals noch nichts. Für mich war diese konzentrierte Schreibtischarbeit, die ich mir bei den vielen Dienstgeschäften abringen mußte, vor allem eine mich beglückende Kraftquelle. Zugleich erfuhr ich dabei einen Zuwachs an Selbsterkenntnis: Ich arbeitete ja ohne jede greifbare Hoffnung, diese Buchmanuskripte je veröffentlichen zu können. Ich schrieb für die Schublade. Dabei wurde mir klar, daß das Schreiben für mich so etwas wie ein Naturvorgang war, daß ich eben schreiben *mußte* und ohne diese Lebensäußerung wie im wesenlosen schwebte. Im Anschluß an Descartes sagte ich mir: Scribo ergo sum (ich schreibe, also bin ich).

Unter der Last der Bomben und des Regimes

Bevor der Bombenkrieg unsere Stadt mit Macht heimsuchte, erreichte mich ein Telegramm meiner Eltern aus Barmen, daß meine Heimatstadt von einem Großangriff heimgesucht worden sei und daß sie alles verloren hätten. Sie waren obdachlos geworden, irrten zuerst hilflos umher und kamen dann, noch sichtlich unter dem Schock des Erlebten, mit einem kleinen Köfferchen zu uns nach Stuttgart. Meine Mutter sagte nur: »Ich hatte nicht einmal mehr ein Taschentuch, um meine Tränen zu trocknen.« Eine erste Freude strahlte wieder in ihnen auf, als ich sie mit zu den Stiftsabenden nahm und vor allem das mächtige Singen sie ergriff und tröstete. Später schlugen sie ihren neuen Wohnsitz bei meinen Erlanger Loewenich-Geschwistern auf. Das Elternhaus bildet in unserer Phantasie ja so etwas wie einen festen Ankergrund unserer Existenz. Dies alles zerstört zu wissen – die große Bibliothek des Vaters, die Uhr auf dem Kamin, Mutters Porzellan, die vertrauten Betten – brauchte lange Zeit, um bewältigt zu werden.
Je mehr dann auch bei uns die Angriffe sich häuften, trainierten wir uns in der Kraft des Lösens. Dabei machte ich eine merkwürdige Erfahrung, die mich zur Revision mancher bisheriger Meinungen zwang: Ich hatte immer gedacht, daß die urchristliche Naherwartung des Weltendes so etwas wie eine schwer nachvollziehbare Weltflucht, eine Indifferenz gegenüber allem Hiesigen habe erzeugen müssen. Jetzt stand ich selber vor dem nahen Untergang unserer und meiner Welt – und beobachtete nun, daß die innere Lage sich völlig *anders* als erwartet gestaltete. Manchmal liebkoste ich mit meinen Blicken die Bücherreihen des Arbeitszimmers und dachte mir: »Noch habe ich euch, vielleicht geht ihr morgen schon in Flammen auf, aber heute ist heut'.« Während ich mich innerlich

von ihnen zu lösen suchte, um der paulinischen Forderung des »Haben-als-hätte-man-nicht« zu entsprechen, kam es keineswegs zu der erwarteten eschatologischen Verdünnung des Augenblicks, sondern es begab sich ein unerhörter Zuwachs an Lebensintensität. Der »schöne Augenblick« gewann eine erhöhte Leuchtkraft. Die Urchristen, die das Weltende nahe sahen, waren vielleicht gar nicht jene Weltverächter, als die sie mir bisher erschienen waren.

Als ich dann große Teile meiner Bibliothek mit viel Mühe in ländliche Verstecke auslagern ließ – unter anderem in eine Totenkammer des Korntaler Friedhofs! –, besuchte mich ein als Buchautor sehr bekannter Kollege, der sich über mein relativ kleines Bücherreservoir wunderte und offenbar annahm, daß ich mir die eigenen Produktionen aus den Fingern sauge. Während seine Augen meine kümmerlichen Restbestände abtasteten, erklärte ich ihm, daß ich alle mir lebenswichtige Literatur in Sicherheit gebracht habe. »So, so«, meinte er sichtlich indigniert, »dann wollen Sie also *meine* Sachen verbrennen lassen!« Zu meinem Schrecken hatte er seine Werke mit dem bekannten Autorenblick erspäht. »Was ich unmittelbar brauche, ist natürlich hiergeblieben«, suchte ich mich vor seiner und unser aller Autoreneitelkeit in Deckung zu bringen. Selbst in düsteren eschatologischen Kulissen fehlte fast nie das Satyrspiel.

Neben den drohenden und dann mit eskalierender Stärke anwachsenden Fliegerangriffen steigerten sich auch die politischen Behinderungen, ohne daß ich hier auf alle Gestapo-Verhöre eingehen will. Auch meine Stiftsvorträge durften in den Zeitungen nicht mehr angezeigt werden. Zuerst wurde *jede* Erwähnung von der Gestapo verboten, selbst in Gottesdienstanzeigen. Später konnte der Oberkirchenrat wenigstens eine Andeutung erreichen. Die erlaubte Notiz lautete im Minidruck: »T. 20 Uhr«, später bei zunehmenden Angriffen: »17 oder 18 Uhr.« Und trotzdem kamen unvermindert Tausende: ein Zeichen, wie hochsensibel damals die Leser reagierten. Hier zeigte sich das gleiche Phänomen, das sich auch in der Überwachheit des Hörens bemerkbar machte. Die kleinste Andeutung genügte, um sofort Assoziationen zur Gegenwart im Hörer auszulösen. Liest man heute manche regime- und zeitkritischen Artikel in der alten »Frankfurter Zeitung«, so meint man einen etwas peinlichen Zeitkonformismus vor sich zu haben, während sie einem damals das Blut in den Adern erstarren ließen, weil wir die Deutlichkeit *zwischen* den Zeilen erkannten.

Wie die Pressezensur uns einengte, erfuhren wir auch, als ich die

Geburtsanzeige für Berthold, unseren zweiten Jungen, in die Zeitung setzen lassen wollte. Als Text gab ich an: »Gottes Güte schenkte uns unser zweites Kind . . .« Der Mann hinter der Redaktionstheke war darüber so verdutzt, daß er sich entfernte, um seinen Chef zu konsultieren. Der stürzte dann gleich selber mit lebhaften Zeichen des Abwinkens herein: Eine so superchristliche Anzeige könnten sie nicht bringen; bei meinem Einfluß würde sie von jedem Straßenkehrer abgeschrieben werden. »Bitte nur eine sachliche Information über die Geburt!« rief er noch und entschwand. Dem servilen Gemüt, mit dem ich dann weiterverhandelte, suchte ich wenigstens die Formulierung: »In dankbarer Freude . . .« abzuringen. Wegen des Adjektivs »dankbar« war er aber doch wieder so unsicher, daß er erneut zum Chef hineinging. Nach einer längeren Beratung wurde mir das Bekenntnis unserer Dankbarkeit »ausnahmsweise« konzediert. So war das damals.

Wir hatten unter unserem alten Haus einen tiefgelegenen Luftschutzkeller, der uns mit seinem dicken Gemäuer einigen Schutz gewährte, obwohl am Ende auch er zertrümmert wurde. Die Detonation der Sprengbomben ließ ihn schwanken wie ein Schiff. Unheimlich war, daß wir da unten nichts von den Brandbomben merkten. Sobald das Ärgste nachließ, stürzte ich mit dem Prälaten nach oben. Immer wieder kletterten wir durch Glasscherben, herausgerissene und zerfetzte Türen und Fensterrahmen, und oft konnten wir kleinere Brände löschen – wenigstens in der ersten Zeit. Schlimm war es, daß wir die Kinder bei Alarm aus dem Schlaf reißen und in unsere kühle Gruft schleppen mußten. Berthold war noch zu klein, um sich zu ängstigen. Bei besonderen Erschütterungen zuckten nur seine Ärmchen hoch. Der kleinste Pfeifle, noch nicht drei Jahre, merkte schon mehr, begriff es gleichwohl nicht recht und schien eher Freude an den nächtlichen Abenteuern zu haben. Er lächelte uns alle an und wollte spielen – eine Erinnerung an die Schöpfung, wie sie eigentlich gemeint war. Wolfram verstand schon die Gefahr. Er saß auf meinem Schoß und schmiegte sich eng an mich. Ich erzählte ihm möglichst etwas und suchte meine Stimme so ruhig zu halten wie möglich. Und doch fürchtete ich, daß mein sicherlich erhöhter Puls ihn beunruhigen könnte. Gerade die Sorge um die Kinder ließ uns Eltern ja erbeben. In dieser Hinsicht war manches sogar schwerer als bei den Soldaten an der Front. Da das Licht öfter ausging, hielt ich immer eine brennende Kerze in der Hand und beobachtete, ob sie zitterte. Das war wie ein Training.

Natürlich beteten wir im stillen. Auch da machte ich meine Erfahrungen. Gegen jede Bombe anzubeten und immer an die eigene Rettung zu denken, führte nur zu einer sterilen Gebetspanik, die den Herrn über den Wettern überhaupt nicht erreichte. Sie blieb auf den Gegenstand der Angst, auf die Bombe fixiert. Ich hörte mehr und mehr auf, an das eigene Leben zu denken, und betete für die Kinder und die Menschen ringsumher, denen jetzt ihre letzte Stunde schlug. Ich empfand das als priesterliches Tun, das mich selber auf den Weg der Gelassenheit brachte.

Einmal, noch vor der Entwarnung, schrie die Polizei in den Keller, wir müßten sofort herauskommen, weil ringsum ein Flächenbrand wütete, aus dem es nur noch *einen* Ausweg gab. Diese Art Brände waren besonders gefährlich, weil sie mit einem orkanartigen Sturm verbunden waren und zu einem oft tödlichen Sauerstoffmangel führten. Wir ergriffen unsere Kinder und rasten auf dem uns gewiesenen Fluchtweg durch das Flammenmeer. Ich weiß nicht mehr, wo wir in dieser Nacht blieben.

Allmählich war unser Haus fast das einzige, das in der Umgebung – schwer angeschlagen gewiß, aber immer noch bewohnbar – stehengeblieben war. Als in einer Nacht ringsum alles in Trümmer fiel und wir am Morgen durch den Rauch hindurch die Ruine der Stiftskirche sehen konnten, nahm ich Wolfram auf den Arm und zeigte ihm das Trümmerfeld ringsumher. »Alles putt«, sagte er kurz angebunden und wandte sich wieder seinen Spielsachen zu. Ihm schien das nicht mehr zu bedeuten, als wenn er einen Turm, den er mit seinem Baukasten errichtet hatte, mit einem Finger seiner kleinen Hand wieder zum Einsturz brachte. Er würde einen neuen bauen. Diese Analogie hatte etwas ungemein Tröstliches: Die Unmündigen halfen den großen Leuten, die Übermacht des Begegnenden zu relativieren. Auch das mochte zu dem Lob gehören, das sich Gott aus dem Munde der Unmündigen zurichtet (Matthäus-Evangelium 21, 16).

Auch wenn ich meine Phantasie noch so sehr mobilisiere, bleibt die Erinnerung an den Schrecken jener Angriffe fragmentarisch, und ich frage mich, wie es zu diesen unausfüllbaren Lücken kommt. Ich sehe doch alles noch genau vor mir: die mit Trümmern übersäten Straßen, die feuergeschwärzten Ruinen, bizarre Reste von einstigen Badezimmern; ich höre auch noch das Krachen der Einschläge und das Prasseln der lohenden Riesenbrände, die erdbebenhaften Erschütterungen beim Zusammenbrechen der Gebäude und vor allem das Heulen der Sirenen. Aber ich kann heute nur rational ersetzen,

was keine dieser optischen und akustischen Erinnerungen mehr zu reproduzieren vermag: die *Gerüche*, die aus der Mischung von Feuer, verbranntem Holz und Löschwasser in die Nasen stiegen und uns verfolgten, wo immer wir waren. In diesen Gerüchen der Verbrennung, des Angstschweißes und der Verwesung bei den Massenbeerdigungen verdichtete sich der Schrecken dessen, was eben über uns hinweggegangen war, und zugleich die Angst vor dem, was in der kommenden Nacht erneut nach uns greifen würde. Die Nase ist das Organ für die Irrationalität des Schreckens, für alles das, was in die scharfgestochenen Erinnerungs*bilder* nicht eingehen kann. Ein wie kümmerliches Skelett sind die sogenannten geschichtlichen Fakten! Was einmal Gegenwart war, ist in der ungeheuren Spannweite des Erlebten in die spätere Gegenwart nicht mehr hereinzuholen. Wenn diese Fehlanzeige schon für die eigenen Erinnerungen gilt, wieviel gravierender wirkt sie sich beim Rückblick auf die Geschichte der Menschheit aus! Was wissen wir wirklich von den ägyptischen Plagen oder von der platonischen Idee, was wissen wir nur von einem einzigen Kriegstag, an dem sich »im Westen nichts Neues« begab?
In die wilde Dramatik dieser Nächte und Tage, in denen die tägliche Arbeit wie nebenbei *auch* getan werden mußte, war in der Regel *einmal* in der Woche eine kleine Oase der Erholung eingefügt. Da besuchten wir für einige Stunden das uns befreundete Ehepaar Knoll in seinem kultivierten Haus hoch über Stuttgart, auf der Feuerbacher Heide. Was wir der Treue und Gastlichkeit dieser beiden verdanken, welches beglückende Atemholen sie uns in dieser atemlosen Zeit schenkten, ist mit Worten schwer auszudrücken. Als Unternehmer verfügte Freund Knoll über allerhand Hilfsquellen, die normalen Sterblichen nicht zugänglich waren. So konnten wir dort in einem Freundeskreis, der sich über die bedrängenden Zeitfragen aussprach oder über meine Vorträge disputierte, Bohnenkaffee und schwarzen Tee genießen. Diese sympathischen Stimulantien pflegten ob ihrer Ungewohntheit unseren Geist in euphorischen Schwung zu versetzen, so daß sie blitzende Wortgefechte entzündeten.
Als in einer Schreckensnacht auch auf dieser Höhe eine Anzahl von Häusern getroffen wurde, füllte Martha Knoll das große Haus mit obdachlos gewordenen Nachbarn, zog kreuz und quer Vorhänge durch die Räume, um – provisorisch und improvisierend – den Familien einen bescheidenen Rest eigenen Lebensraums zu verschaffen. Eines Tages war dann von dem herrlichen Haus nur noch

das Parterre übrig, und das war voller Trümmer, Asche und Lösch-
wasser. Als ich gerade die Ärmel hochkrempelte, begrüßte mich der
Herr des Hauses, tadellos gekleidet und mit einer Blume im Knopf-
loch. Er führte mich mit einladender Geste und sehr gelassen in ein
kleines Kabuff neben der Küche. In diesem einzigen unzerstörten
Raum war ein winziger Kaffeetisch gedeckt mit blendend weißem
Tuch und schönem Porzellan. Aus einer schmalen Vase grüßte eine
Rose als Zeichen des Lebens. Dieser Anblick inmitten des Chaos der
Zerstörung beglückte mich mehr als jede noch so glanzvolle Tafel,
an der ich mich in festlichen Stunden niedergelassen hatte. Es war
der Protest der Kultur gegen die uns umzingelnden Mächte des
Negativen; es war die Selbstbehauptung eines Menschentums, das
sich »in Form« hielt, wo alles Geprägte aus den Fugen geriet und
einer gespenstischen Gestaltlosigkeit anheimfiel. Mir wurde, vielleicht zum ersten Mal, bewußt, was ein »Herr« ist: nicht jemand,
der mit Hummer, Austern und Kaviar in gepflegter Manier umzu-
gehen weiß, sondern jemand, der die Insignien seiner Würde auch
äußerlich hochhält; einer, der auch dann er selber bleibt, wenn
Maßstäbe und Ordnungen um ihn her zerbrechen und sich in
Entfremdung verzerren.
Es gab noch einige andere Zufluchtsstätten bei treuen Freunden, die
uns später sogar aufnahmen, als unser Haus zerstört worden war.

Das, was man »die allgemeine Stimmung« in jenen Jahren nennen
könnte, war äußerst komplex und durchaus nicht auf einen Nenner
zu bringen. Wohl gab es ein Durchgängiges: neben der Furcht vor
der kommenden Nacht das angstvolle Vorgefühl einer großen Katastrophe, die mit dem Untergang der Naziherrschaft verbunden sein
würde. Doch das, was *danach* kommen würde, das Plusquamfutu-
rum sozusagen, war absolut unvorstellbar. Die Rache der gepeinigten Völker, die über uns hereinbrechen würde, überstieg das Fassungsvermögen der Phantasie, so daß dies alles weniger die Hoffnung auf kommende Freiheit als das Grauen vor dem Unabsehbaren
auslöste. Dabei wurden immer wieder beruhigende Wahnvorstel-
lungen kultiviert: Der Führer verfüge noch über phantastische
Wunderwaffen, über die verbürgte Gerüchte von Ohr zu Ohr
geflüstert wurden. Sie würden mit einem Schlage alle Feinde ku-
schen und um Gnade betteln lassen. Die verstiegenste Flüsterparole
dieser Art, an die ich mich erinnere, versicherte, in der Hand des
Führers befinde sich ein Mittel, um ganz England zu einem einzigen
Eisblock gefrieren zu lassen. »Wir lasse se einfrieren«, hieß es

180

immer wieder, und die Miene esoterischen Geheimwissens begleitete den bedeutungsschweren Satz.

Auch die Frommen gaben sich apokalyptischen Vorstellungen der abenteuerlichsten Art hin, gerade in dem zur Hintersinnigkeit neigenden Schwabenvolk. Sie glaubten fest daran, daß die Heiligen Gottes den ärgsten Bedrängnissen der Endzeit – denn in der befänden wir uns ja! – auf wunderbare Art entrückt würden. Man sprach allenthalben von der »Entrückung«: Wir würden etwa in der Straßenbahn fahren – und plötzlich sei der fromme Wagenführer weg; in der Kirche stehe mitten in der Predigt auf einmal die Kanzel leer. Wer kann diese apokalyptischen Ängste und Hoffnungen heute noch in sich nachvollziehen? Sie sind genausowenig regenerierbar wie die Gerüche.

Diese eschatologisch überspannten Erwartungen mußten andererseits eine sehr handfeste Verbindung mit der nüchternen Vorsorge für die kommende Nacht und für Essen und Trinken am folgenden Tag eingehen. Das führte dann nicht selten zu grotesken Bewußtseinsspaltungen. So erinnere ich mich an eine Pfarrfrau, die jedem, der ihr begegnete, ihre Überzeugung nahezubringen suchte, daß wir noch *vor* Ende dieses Krieges Zeugen der Wiederkunft des Herrn würden. Ich wußte aber, daß sie bei aller verstiegenen Schwärmerei zugleich eine äußerst nüchtern vorsorgende Hausfrau und Mutter war. Als nun vor dem ersten russischen Kriegswinter die allgemeine Aufforderung erging, alle vorhandenen Skier der Wehrmacht zur Verfügung zu stellen, konnte ich mir die etwas süffisante Frage nicht verkneifen: »Haben Sie denn pflichtgemäß Ihre Skier dem Führer gestiftet?« (Sie und die Ihren waren begeisterte Skiläufer.) Darauf sie prompt: »Nein, das habe ich nicht. Wer weiß, ob man gleich nach dem Krieg wieder welche bekommt!«

Unter den Nachdenklichen gingen zu jener Zeit immer neu abgeschriebene Zettel mit den Sonetten Reinhold Schneiders um, vor allem die mit den herrlichen Versen:

Allein den Betern kann es noch gelingen,
Das Schwert ob unsern Häuptern aufzuhalten
Und diese Welt den richtenden Gewalten
Durch ein geheiligt Leben abzuringen.

Denn Täter werden nie den Himmel zwingen:
Was sie vereinen, wird sich wieder spalten,
Was sie erneuern, über Nacht veralten,
Und was sie stiften, Not und Unheil bringen.

Auch Goethes Epimenides-Verse, ursprünglich auf Napoleon ge-
münzt, gingen von Hand zu Hand und übten eine heute kaum noch
vorstellbare Trostwirkung aus:

> Doch, was dem Abgrund kühn entstiegen,
> Kann durch ein ehernes Geschick
> Den halben Erdkreis übersiegen,
> Zum Abgrund muß es doch zurück.

Die tiefsten Tröstungen, die mir zuteil wurden, hatten mit der
geistlichen Mitte meines Dienstes zu tun. Die Erinnerung stößt auf
einige Fixpunkte, auf Szenen von symbolischer Konstanz sozusagen, in denen Unheil und Heil jener Tage ein erhöhtes Maß an
Verdichtung gewannen:
Nicht weit von uns befand sich ein unterirdisches Flugwachkom-
mando (FLUKO), das mit einem Offizier und 47 Flakhelferinnen
besetzt war. Es erhielt durch eine Luftmine einen Volltreffer. Nicht
einmal mehr Leichen, nur versprengte Stücke menschlicher Glieder
waren noch in dem gewaltigen Krater zu finden. Erschüttert stand
ich vor diesem Riesenloch völliger Vernichtung. Da trat eine Frau
mit einem Einkaufsnetz auf mich zu und fragte mich, ob ich der und
der sei. Bei meinem Räuberzivil und mit meinem geschwärzten
Gesicht war sie sich wohl nicht sicher. Als ich ihre Frage bejahte,
sagte sie in mühsam gewahrter Fassung: »Mein Mann war der
Offizier dieses FLUKO. Sie haben nichts mehr von ihm gefunden,
ebensowenig wie von den Mädchen. Nur diese seine Mütze hat man
mir gegeben. (Sie deutete auf ihr Netz.) Am letzten Donnerstag
waren wir noch gemeinsam in Ihrem Vortrag. Nun möchte ich
Ihnen vor diesem Loch danken, daß Sie ihn auf den Tod vorbereitet
haben.« Jetzt war es an mir, um Fassung zu ringen. Solche Tröstungen konnten einem mitten in den äußersten Zerreißproben, mitten
im Ansprung lähmender Sinnlosigkeit zuteil werden. Da ging es
nicht um Reflexionen, die krampfhaft künstliche Harmonien zu
ersinnen trachteten. Es ging um ein unerwartetes Geschenk. Doch
bedurfte es einiger Zeit, bis es aufgeschnürt war und man die Fülle
der Gaben begreifen konnte.
Ein junger, seit einiger Zeit eingezogener Student meiner Studentengemeinde hatte wegen der Ausbombung seiner Eltern einen
kurzen Heimaturlaub erhalten und nun bei einem Fliegerangriff
selber den Tod gefunden. Das ging mir sehr nahe, weil er ein
strahlender Junge gewesen war, dessen mitreißendes Lachen ich

noch heute zu hören meine. Als sein Vater mich bat, ihm das letzte
Geleit zu geben und die Traueransprache zu halten, sagte ich sofort
zu und fuhr dann mit ihm zusammen auf einem Lastauto, das sonst
die traurige Last der Bombenleichen trug, in abenteuerlicher Fahrt,
immer wieder über Geröllberge hinweg und größere Hindernisse
umfahrend, zum Friedhof, auf dem schon seit Stunden Massenbeerdigungen im Gange waren. Allenthalben standen Särge, viele hundert wohl, die man nach der Beerdigung zurückzuholen pflegte, weil
es in Zeiten der »Hochkonjunktur« gänzlich unmöglich war, allen
Toten einen eigenen Sarg mitzugeben. Auch sonst gebot die Menge
der Opfer so etwas wie eine makabre »Rationalisierung«: An vielen
Massengräbern wurde für eine größere Anzahl von Toten eine
gemeinsame kurze Feier durch Geistliche der verschiedenen Konfessionen abgehalten. Einem katholischen Geistlichen und mir wurden
merkwürdigerweise zwei Individualgräber zugewiesen, eines für
meinen Studenten und eines für ein Mitglied der katholischen
Gemeinde, dessen Angehörige sich für den Gang zum Grab versammelt hatten. Dabei ergab sich eine nicht geringe Verlegenheit. Bei
der ungeheuren Verwirrung – es mußte ja jeden Augenblick mit
neuen Fliegerangriffen gerechnet werden, und wohin dann mit all
den Menschen, den noch *lebenden* Menschen? – und der riesigen
Zahl der Särge konnte man diesen zweiten Toten nicht schnell
genug finden. Schließlich wurden wir ziemlich energisch aufgefordert, »den Betrieb nicht aufzuhalten« und uns schon auf den Weg zu
dem ziemlich weit entfernten Grab aufzumachen, der Sarg würde
uns noch rechtzeitig nachgebracht werden. So gingen wir alle, der
katholische Amtsbruder und ich, die beiden Familien der Toten und
eine kleine militärische Abordnung hinter dem Sarg meines Studenten her und standen schließlich an den beiden offenen Gräbern. Der
Kollege bat mich, mit meiner Trauerfeier zu beginnen; bis er selber
dran wäre, würde der Sarg gewiß kommen. So fing ich an und
bemerkte schon beim Reden Unruhe bei der so schwer geprüften
katholischen Familie. Nach meinem letzten Amen eröffnete uns ein
herbeigeeilter Bote der Friedhofsleitung, den zweiten Sarg gäbe es
überhaupt nicht. Wie man soeben festgestellt habe, sei der Körper
des anderen Toten völlig zerfetzt worden und komme für eine
Bestattung nicht in Betracht. Mir tat mein Amtsbruder bitter leid,
der das nun der Lebensgefährtin, den Eltern und Kindern des Toten
sagen mußte. Er tat es dann in eigener tiefer Erschütterung mit
gütigen und menschlichen Worten. Er segnete die Erde, die seinen
Leib hätte bedecken sollen und nun einem anderen als Grabkäm-

merlein dienen werde: »Wenn wir unsere Toten nicht finden können – es gibt einen, der um sie alle weiß, der sie nicht verliert und dessen Hirtenstimme sie erkennen werden.«

Vieles von dem, was wir erlebten, war zu gewaltig, als daß es mit einem Mal hätte bewältigt werden können. Erschütterung und Trost wurden auch nach diesem Tag noch lange in mir herumgewirbelt, bis das tröstliche Wort von dem, der trotz aller Atomisierung der Leiber seine Toten kennt, die Oberhand gewann. Nichts war mehr ein christliches Routinewort oder Klischee. Alles gewann an spezifischem Gewicht, an Substanz; es war gleichsam auf Langzeitwirkung eingestellt und trug erst nach langen Reifungsprozessen Früchte. Doch was derart wuchs, ging auch in einem langen Leben nicht mehr verloren.

An einem Sonntagmorgen hatte ich in Plochingen den Gottesdienst zu halten. Nach den Einleitungsworten »Im Namen des Vaters, des Sohnes und des Heiligen Geistes . . .« heulten die Sirenen auf, so daß ich die Gemeinde mit dem Abschiedssegen gleich wieder entlassen mußte. Da trat ein Sanitätsoffizier auf mich zu, der sich als Chef eines SS-Lazaretts zu erkennen gab, und bat mich, die ausgefallene Predigt nun vor seinen Patienten zu halten. Die Männer würden bei Fliegeralarm in große Kellergewölbe gebracht, da könnte ich dann zu ihnen reden. Auf meine erstaunte Frage, ob er sich denn ausgerechnet in einem SS-Lazarett einen solchen »klerikalen Einbruch« leisten und ob er nicht die größten Schwierigkeiten kriegen könnte, sagte er nur kurz angebunden: »Das lassen Sie nur meine Sorge sein!«, und lud mich in seinen Wagen. Auf der kurzen Strecke legte ich mir schnell eine Predigt zurecht, die auf diese besondere Situation abgestimmt war.

Die Kellergewölbe, die wir dann betraten, waren kreuzförmig angelegt, und der Chefarzt bat mich, von der Kreuzungsstelle der Gänge als strategisch bestem Ort aus zu sprechen. Rings um mich her standen dreifach übereinandergetürmte Feldbettgestelle, von denen mich – nach einer kurzen Ankündigung meines Besuchs – ob der Ungewohntheit der Situation viele neugierige Blicke trafen. Links über mir hockte auf dem obersten Bett ein SS-Mann, der Kirschen aß und die Kerne mit einem lauten Klapp-Klapp in eine große Konservenbüchse spuckte. Er tat das auch während meiner Ansprache mit betonter Nonchalance und wollte damit wohl seine Wurstigkeit gegenüber dieser Pfaffenrede zu erkennen geben. Einer Art Eingebung folgend konzentrierte ich mich nun ganz auf ihn, erzählte eine Anekdote, von der ich annahm, daß sie ihn interessier-

te, und sprach lebhaft auf ihn ein, als ob er mein einziger Hörer
wäre. Das Klapp-Klapp in seiner Büchse wurde langsamer, hin und
wieder sah er mich für Augenblicke erwartungsvoll an. Dann legte
er die Büchse ganz beiseite, stützte seinen Kopf mit dem Ellenbogen
ab und hörte mir zu. Das war ein wunderbarer Augenblick in
meinem Predigerberuf. Bei einem Nachgespräch erzählte ich dem
Chefarzt, dessen Gesinnungsnähe ich gleich gewittert hatte, von
einer gefährlichen Situation, in die ich nach dem 20. Juli 1944
geraten war. Er lud mich ein, bei akuter Gefahr in sein Lazarett zu
kommen, er werde mich total eingipsen und haftunfähig machen.
Dieser Gedanke bedeutete für mich in den folgenden Monaten eine
Stärkung.
Am Ende eines Saisonabschnitts meiner Stiftsvorträge, Anfang
Dezember 1943, veranstaltete ich für die Hörer eine große Abendmahlsfeier. Ich meinte, nach all dem Reden sollte die Hörerschar
sich auch einmal als *Gemeinde* erleben und einen ausgesprochenen
Gottesdienst miteinander feiern. Die Altäre waren an verschiedenen
Stellen der Kirche aufgebaut und wurden von acht austeilenden
Geistlichen betreut. Diesmal konnte ich von der Kanzel ganz unmittelbar und als Seelsorger zu der verstörten Herde reden. Dann
legten wir in der Sakristei über unseren schwarzen Talaren die
festliche Alba an und zogen zur Austeilung feierlich an die Altäre.
Die Gemeinde wurde bei dieser unkonventionellen Abendmahlsfeier
durch das Wunder der Gemeinschaft aus Schmerz und Trauer
herausgerufen. Es war, wie wenn sich strahlende Freude über ihr
ausbreitete, wie wenn das Vorläufige um sie herum versänke und
der Grund aller Dinge sie in Gewißheit und Vertrauen hineingelei-
tete. Als wir uns nachher noch mit vielen Freunden in unserer
Wohnung trafen, klang alles dies noch lange in uns nach: Spirituelle
Freude – wie soll ich es anders nennen? – und humane Heiterkeit
flossen in einer kleinen Zeitoase ineinander über.
Meine Stiftsvorträge und ihre Nachgespräche ließen mich an manchen Anhängern der Nazis auch ganz andere Züge entdecken, vor
allem an jüngeren. Einige sporadisch herausgegriffene Tagebuchno-
tizen mögen das aus der Unmittelbarkeit der Stunde bezeugen:
»Bäuerle (Kulturleiter bei der Firma Bosch und späterer Kultusminister) las mir vor einigen Wochen den Brief eines Mannes der
Leibstandarte vor, der die entsetzlichen Massenerschießungen schilderte und sie bejahte – in der Hoffnung, daß nach dem Krieg alles
wieder anders werde. Jetzt war er hier in einem Lazarett, besuchte
die Stiftsvorträge und schickt nun alle seine Kerls von der HJ – er

war Hitlerjugendführer – geschlossen zu meinen Abenden. Er kam zu Bäuerle und sagte ihm, jetzt falle es ihm wie Schuppen von den Augen, er sei aus einem Saulus ein Paulus geworden.«

»Ein junger Ingenieur von Daimler kam vormittags, ehemaliger Katholik, aus der Kirche ausgetreten. Er merke nun, daß am Christentum doch ›etwas dran‹ sei und er möchte wieder zur Kirche zurück. Aber in welche? Auch seine Kinder – fünf und zweieinhalb Jahre – wolle er taufen lassen, aber wann, wie und wo? Langes Gespräch. Glücklich, diese Heimkehr zu erleben.«

»Der SS-Hauptsturmführer Lothar F. und sein Freund, der SS-Mann Roland Ö. – beide früher bekannte Leistungssportler – waren bei mir. Sie seien vor einem Parteigericht angeklagt wegen ›christlicher Infizierung der Parteijugend‹, weil sie junge Leute aus ihren Reihen in die Stiftsabende schickten. Sie sähen dem gefaßt entgegen und bedauerten nichts; im Gegenteil: Sie hätten das Gefühl, daß ein Tor aufgestoßen sei und sie nun den richtigen Weg gefunden hätten. Nun müßten sie auch konsequent sein und die darauf aufmerksam machen, die ihnen anvertraut seien. Sie fühlten sich ihren Kameraden verpflichtet.«

»Oberkirchenrat Pressel erzählte mir: Nach dem letzten Donnerstagabend wurde ein junger HJ-Führer von einer Streife gestellt und gefragt, woher er komme. Nach seiner Antwort: ›Aus der Stiftskirche‹, wurden seine Personalien notiert. Am anderen Morgen teilte man ihm mit: ›Es ist eines HJ-Führers unwürdig, zu dem Thielicke zu gehen. Jeder weitere Besuch wird dir hiermit verboten.‹ Daraufhin riß der Junge seine Schulterstücke und Schnüre herunter, und mit den Worten: ›Ich kann auch darauf verzichten und gehe weiter hin‹, verließ er den Raum. Den Jungen möchte ich kennenlernen.«

»Gestern abend sprach ich in meinem Studierzimmer mit einem Parteigenossen, der durchaus ›führertreu‹ sein möchte, doch unsicher geworden ist. ›Das Christliche‹ habe ihn angerührt, und er wisse nicht, wie er das mit seiner nationalsozialistischen Gesinnung unter einen Hut bringen könnte. Ich schaltete auf Vorsicht, weil gerade diese Art Fragestellung auch typisch für einen Provokateur sein konnte. Schließlich gewann ich den Eindruck, daß er ehrlich umgetrieben war. Manchmal saß ich wie auf Kohlen, weil im übernächsten Zimmer heimlich fünf meiner ›delikatesten Hörer‹ waren, denen ich wöchentlich einmal erlaubt habe, dort zusammenzukommen: niederländische Zwangsarbeiter, die sich nach einem der letzten Vorträge bei mir meldeten.«

Auch sonst fand ich immer wieder beglückenden Zugang zu jungen Menschen. Ich erzählte schon, daß ich in einer Gymnasiumklasse Religionsunterricht gab. Eines Tages aber war damit Schluß, weil die Jungen als Flakhelfer eingezogen wurden und einige Geschütze auf den Höhen von Zuffenhausen zu bedienen hatten. Doch wollten sie unbedingt weitermachen und baten mich, sie wöchentlich zu besuchen. Das aber wurde ihnen von ihren Vorgesetzten strictissime verboten. Die Luftwaffe, der sie nun unterstanden, kannte keine Militärseelsorge und darum auch keinen Religionsunterricht. Die Jungen gaben jedoch nicht nach, antichambrierten – stets vergeblich – bei immer höheren Instanzen, brachten es schließlich aber fertig, von einem richtigen General in Audienz empfangen zu werden. Der hatte Spaß an ihrer Energie und ihrem Freimut. »Es ist zwar verboten, Jungs«, sagte er, »aber wenn ihr's partout wollt, dann laßt ihn auf meine Verantwortung kommen.« Sie schickten mir einen Abgesandten mit der frohen Kunde, und ich radelte nun jede Woche an einem Nachmittag zu ihnen. Da sie ständig alarmbereit bei ihren Kanonen sein mußten, konnte ich sie nie alle zusammen haben, sondern ging stündlich wechselnd zu den einzelnen Mannschaften, die sich auf dem Wallring um ihr Geschütz niederließen. Kaum je habe ich ein solches Zuhören, eine solche Beteiligung in der Jugendarbeit erlebt. Ein Unteroffizier, der sich unter Religionsunterricht offenbar etwas sehr Trauriges vorstellte, fragte mich einmal verwundert, was es denn dabei immer zu lachen gäbe.

Eines Tages rief mich einer der Jungen in größter Aufregung an, ich möchte sofort kommen, es sei etwas Schreckliches passiert – und legte gleich auf. Voll dunkler Ahnungen machte ich mich auf den Weg und traf meine Mannen völlig verstört an. Während der Vater eines der Jungen auf Besuch war, griff ein amerikanischer Tiefflieger ihre Flakstellung an, und der Vater wurde dabei tödlich getroffen. Der Junge mußte die Leiche seines Vaters auf einem Leiterwagen selber auf den Friedhof fahren. Schließlich waren sie erst um sechzehn Jahre alt und noch halbe Kinder. Sie drängten sich um mich, einige weinten, andere waren erstarrt. Ich legte meine Arme um die, die mir am nächsten standen. Es dauerte lange, bis ich irgendein Wort fand.

Gut zwanzig Jahre später hielt ich in Kalifornien – ich weiß nicht mehr in welcher Stadt – einen Vortrag, und der gastgebende Pfarrer lud mich danach zum »Relaxen« in eine Bar ein. Als ich ihn fragte, woher sein gutes Deutsch stamme, erzählte er mir, daß er mit der Besatzungsarmee längere Zeit in Stuttgart gewesen sei. Das interessiere mich sehr, warf ich ein; ich hätte während des Bombenkrieges einige Jahre dort verbracht.

»Ich habe mich extra dorthin gemeldet«, berichtete er weiter. »In den beiden letzten Kriegsjahren gehörte ich nämlich zu einer Tieffliegerstaffel.« Unter den ihm zugewiesenen Angriffsobjekten nannte er auch die Flakstellungen in Zuffenhausen. »Kennen Sie das?« fragte er. »Und ob«, erwiderte ich und erzählte ihm, wie seine Tätigkeit von unten her ausgesehen hatte . . . Er schaute mich entsetzt an. »Vielleicht ist das meine Bombe gewesen . . .« Ich widersprach ihm nicht. Und das war ein Mann, der Güte ausstrahlte und mir vorher erzählt hatte, wie hingebungsvoll er sich der Jugend seiner Gemeinde annahm. Mir wurde dabei in wehetuender Weise jene Unseligkeit der Fernwaffen deutlich, von der Konrad Lorenz in seinem Buch »Das sogenannte Böse« spricht: Die Opfer der Aggression liegen weit außerhalb des Beobachtungsfeldes und sind so nicht imstande, die natürlichen Hemmungsmechanismen in uns zu mobilisieren. Ein Mann kann auf diese Art herzlos menschliches Leben umbringen, dem er sonst mit allen Fasern seines Herzens dienend zugewandt ist.

An diesem Abend war es nichts mehr mit dem Relaxen. Er bezahlte die Rechnung, und wir gingen schweigend in mein Hotel.

Widerstandsgruppen

Durch Bischof Wurm war ich orientiert über militärische und zivile Widerstandsgruppen, die auf eine gewaltsame Beseitigung Hitlers hinarbeiteten. In Freiburg hatte sich dazu eine Art kirchlicher Parallelorganisation gebildet. Ein Kreis von bekannten Freiburger Professoren verschiedener Fakultäten sollte eine Denkschrift erarbeiten, die im Rahmen christlicher Ethik eine umfassende Neuordnung des politischen, wirtschaftlichen und kulturellen Lebens nach dem Krieg konzipierte. Man trat nun an Wurm mit der Bitte heran, mich als seinen Vertreter in diesen Kreis zu delegieren. Der Grund für diese Bitte mochte nicht nur in meiner Fachrichtung, sondern auch darin zu suchen sein, daß ich mit einigen maßgebenden Vertretern dieses Kreises, wie den Wirtschaftswissenschaftlern Constantin von Dietze, Walter Eucken, Adolf Lampe, ferner mit dem Historiker Gerhard Ritter und dem Juristen Erik Wolf, seit längerem persönlich bekannt war. Außerdem zählten zu diesem Kreis noch der bekannte Unternehmer Walter Bauer und als Theologe der spätere Berliner Bischof Otto Dibelius. Carl Goerdeler, der als erster Reichskanzler der Nach-Hitler-Regierung vorgesehen war und nach dem 20. Juli 1944 hingerichtet wurde, nahm regelmäßig an den Sitzungen der Freiburger Gruppe teil. Dietrich Bonhoeffer war der Mittelsmann des Kreises zu den kirchlichen Gremien und zu Vertrauten im Ausland, besonders zum Bischof von Chichester. Theophil Wurm hatte gewisse Bedenken, mich mit dieser Aufgabe zu betrauen, weil ich durch die Gestapo immer noch mit einem strikten Reiseverbot außerhalb Württembergs belegt war. Doch konnte ich ihn überreden, mich trotzdem nach Freiburg zu schicken.

Die für mich wichtigste Sitzung mit den Freiburgern war die mehrtägige Zusammenkunft im Haus von Dietzes am 17. November 1942. Es war eine intensive interfakultative Diskussion zur Vorbereitung unserer Denkschrift, vor allem eine theologische Kontroverse, in der ich meinerseits versuchte, der mich allzu idealistisch (im philosophischen Sinne idealistisch) dünkenden Konzeption Ritters wenigstens in einigen Partien einen anderen der Reformation näherstehenden theologischen Ansatz abzuringen. Es war in dieser sonst so verkrampften Zeit eine Wohltat, wie hier jeder auf jeden hörte und das Gesagte kritisch ernstnahm. Ich habe die so zustandegekommene Denkschrift später unter dem Titel »In der Stunde Null« veröffentlicht (bei J. C. B. Mohr, Tübingen 1979).

Den stärksten Eindruck machte Carl Goerdeler auf mich. Er genoß in unserem Kreis eine selbstverständliche inoffizielle Autorität. Frappant war nicht nur seine Formulierungskunst, die oft das lösende Wort brachte, wenn wir uns in mancherlei Stolperfäden verhaspelt hatten, sondern vor allem seine sachliche Klarheit und sein enormer Informationsvorsprung. Er war damals, wenn ich mich recht erinnere, formell bei der Firma Bosch in Stuttgart angestellt. Das lieferte ihm die nötigen Vorwände, um ungezählte Reisen im In- und Ausland – trotz des Krieges! – zu absolvieren und dabei im militärischen und zivilen Bereich wichtige Persönlichkeiten aufzusuchen. Diese Reisen machte er mit einer verblüffenden Unbefangenheit; er verschmähte jede Tarnung. Wenn wir ihn mahnten, vorsichtiger zu sein, wehrte er lächelnd ab und meinte: gerade diese ungenierte Offenheit sei sein Schutz. Er vermeide alles, was die Gestapo sich unter dem Lebensstil eines Verschwörers vorstelle.

Goerdeler hatte eine mitreißende Ausstrahlung. Wenn man den banalen Beiklang überhört, der in dem Begriff mitzuschwingen pflegt, könnte man ihn als »Optimisten« bezeichnen. Selbst in den schwärzesten Situationsanalysen blieb er nie in der Diagnose stekken, sondern behielt die Zukunft im Auge, die es zu gestalten und vor dem Ärgsten zu bewahren galt. Er war ein ständig planender, dialogischer Geist, der die unterschiedlichsten Kontakte suchte und fand. Der Gedanke, daß er zum Reichskanzler nach der Stunde X vorgesehen war, hatte für uns etwas Stärkendes. Unter lauter Wissenschaftlern, die sich in die Politik hineinwagen mußten, aber dort – wie schon eh und je – an ihre Grenzen stießen, war er der belebende, wahrhaft politische Geist, der nicht im theoretisch Konzeptionellen verharrte, wie es unsere Gefahr war, sondern sich auf die Kunst des Möglichen verstand und bei aller Aufgeschlossenheit für das Grundsätzliche doch über das nötige Quantum an Pragmatismus verfügte.

Daß er überkonservativ oder gar reaktionär gewesen sei, habe ich nicht bemerkt. Ich vermute, daß mir das in einem Lebensalter, in dem man sehr sensibel für derartiges zu sein pflegt, sonst kaum entgangen wäre. Vielleicht war er in einem guten Sinn »konservativ«, wenn man dieses Wort nicht so trivialisiert versteht, wie es heute in vielen Köpfen geistert: Bei nicht wenigen unserer Zeitgenossen scheint es ja nur die Assoziation einer Konservenbüchse auszulösen, die abgestandenes, vitaminloses Gemüse enthält. Er war konservativ, indem er jene Naivität, besser: jenen Infantilismus verschmähte, der meint, voraussetzungslos ab ovo beginnen zu können, oder der die Veränderung zum Selbstzweck macht. Goerdeler war ein historisch und kulturell viel zu tief gebildeter Geist, als daß er den Wert der Tradition, des von den Vätern Geschaffenen und Ererbten, übersehen hätte. Dabei lag ihm ein kritikloses Verhältnis zur Vergangenheit fern. Daß er die reaktionäre Absicht gehabt hätte, das Vergangene auf dem Fließband der Tradition nur mechanisch in die Zukunft weiterrollen zu lassen, ist geradezu grotesk. Wohl aber war das Gewordene, sofern es das Feuer der Kritik und Selbstkritik bestanden hatte, für ihn die Basis, auf der seine Vision einer anderen Zukunft im außenpolitischen, gesellschaftlich-sozialen und kulturellen Bereich gründete.

Wie kritisch er gegenüber Traditionen sein konnte, wurde deutlich, wenn er auf manche Generäle zu sprechen kam, die er vergeblich für seine Pläne zu gewinnen suchte. An dem, was er uns darüber berichtete und wie er es kommentierte, wurde mir zum ersten Mal klar, in welche Konflikte und fast unlösbare Verstrickungen Militärs geraten müssen, die unpolitisch erzogen sind und denen der Boden entzogen wird, auf dem dieses Unpolitische allein sinnvoll ist: eine »Obrigkeit« nämlich, an deren moralischen Status man die eigene

Verantwortung beruhigt (jedenfalls einigermaßen beruhigt) delegieren kann. Im Vorstellungsbereich solcher Militärs war der Fall nicht vorgesehen, daß an der Staatsspitze kriminelle Figuren stehen. Infolgedessen war auch das Problem des *Treueides* nicht oder kaum reflektiert worden. Bisher war er ja unproblematisch gewesen, da er nicht – wie jetzt – auf eine Person, sondern auf eine Symbolfigur wie den König oder auf die Verfassung geleistet worden war. Daß der Treueid immer Eidnehmer und Eidgeber wechselseitig bindet und daß der Eid erlischt, wenn etwa der Eidnehmer aus dieser Bindung ausbricht, war ja einer der Gründe für den Plan, Hitler umzubringen, da allein auf diese Weise die Eidesbindung aufgehoben werden könnte (jedenfalls im Blick auf das gängige Verständnis dieser Bindung). Doch auch diese Überlegungen führten beim Gespräch mit den Generälen kaum weiter, denn den Gedanken, sich mit dem Ziel des »Tyrannenmords« gegen seinen Obersten Befehlshaber aufzulehnen, ließ die traditionelle Erziehung des Offizierskorps erst recht nicht zu.

Damit wurde Goerdeler immer wieder konfrontiert, wenn er hohe Offiziere auf ihre Verantwortung hin ansprach und sie bei ihrem Gewissen zu fassen suchte. Seine verzweifelten und vergeblichen Bemühungen konnten ihn zornig werden und ihm die Berufung auf unreflektierte Gehorsamspflicht als Flucht in bloßen Formalismus, ja als Feigheit erscheinen lassen. Goerdeler wußte, daß es ohne die Militärs nicht ging. Deshalb war das der Punkt, wo ihn momentane Anwandlungen von Hoffnungslosigkeit überfielen. Unser Kreis, in dem er mit diesen Problemen nicht zu ringen hatte, schien ihm gut zu tun. Erst viel später und bei reiferem Nachdenken lernte ich einzusehen, daß der Konflikt der Generäle doch sehr viel tiefer ging, als ich es damals verstehen konnte, so daß ich mich vor jedem Pharisäismus hüten möchte.

Meine letzte Begegnung mit Goerdeler fand wenige Wochen vor dem 20. Juli 1944 statt: Er besuchte mich in meiner Stuttgarter Wohnung, deutete mir an, daß in Kürze eine wichtige Entscheidung fallen werde und bat mich, für seine Regierungserklärung den Passus über die Stellung des Staates zum Christentum und zu den Kirchen zu entwerfen. Meine Formulierung sandte ich ihm, etwas verklausuliert, durch die Post zu, und er schrieb mir noch ein paar herzliche Dankzeilen. Das war das letzte, was ich von ihm hörte. Später erzählte mir Gerhard Ritter von einer Gegenüberstellung mit Goerdeler, als beide bei der Gestapo in Haft waren. Es hatte den Anschein, als habe er seine Identität verloren. Ritter berichtete mir

Einzelheiten, die mich sehr bewegten. Durch welche Folterungen und Schrecken mußte dieser strahlende, starke Mann hindurchgegangen sein, daß er zum Schatten seiner selbst geworden war?

Als den jüngsten (und einzig überlebenden) Teilnehmer unseres Kreises bedrückte mich – offenbar sehr viel mehr als die älteren Herren –, daß wir mit unseren Programmentwürfen etwas ins Leere hinein phantasierten. Wir hatten ja keine Vorstellung, wie das Ende der Hitler-Ära aussehen würde. Ich wurde den unbehaglichen Gedanken nicht los, daß die großen Autoritäten an unserem Sitzungstisch ihre erlebte Vergangenheit in geläuterter Form reproduzierten, lediglich mit der Nuance, daß sie eine Antithese zum Dritten Reich bildete. So kann man die Denkschrift heute nur noch mit zwiespältigen Gefühlen lesen. Ihre unantastbare Würde aber besteht darin, daß sie ein geistiges Zeugnis des »anderen Deutschland« war.

Wir wußten, was geschehen würde, wenn die Gestapo Wind von unseren Tagungen bekäme. Tatsächlich fiel ein Stück der Denkschrift der Gestapo nach dem Attentatsversuch vom 20. Juli 1944 in die Hände, ohne daß die Frage nach dem Wie aufgeklärt werden konnte. Daraufhin wurden die meisten verhaftet. Bonhoeffer, Goerdeler und Perels fanden, zumal sie auch anderweitig noch in die Verschwörung verstrickt waren, »nach schrecklichen KZ-Monaten und teilweise grausamen Mißhandlungen« den Tod durch den Henker. Walter Bauer, von Dietze, Lampe und Ritter wurden später durch den Einmarsch der Alliierten in Berlin vor dem sicheren Tode gerettet.

Gerhard Ritter bezeichnet es als rätselhaft, »weshalb die Verhaftung der übrigen Mitarbeiter und Tagungsteilnehmer unterblieben« sei. Was meine Person anbelangt, berichtete mir Walter Bauer später von des Rätsels Lösung: Im Berliner Gefängnis hielt die Gestapo ihm Anfang 1945 eine Anwesenheitsliste der Hauptsitzung vom 17. November 1942 vor, auf der ein Name unlesbar war. Es war der meinige. Walter Bauer gab vor, nicht zu wissen, um wen es sich handelte. Daraufhin wurde er mit Peitschenhieben auf das nackte Fleisch traktiert, während Sekretärinnen kaffeetrinkend und zigarettenrauchend die Szene umstanden. Er blieb aber standhaft und verbrachte eine Nacht mit furchtbaren Schmerzen. Als man die Prozedur am anderen Tag wiederholte und in die offene aufgeplatzte Haut prügelte, wurden die Schmerzen so unerträglich, daß er meinen Namen preisgab. Es war ihm ganz entsetzlich, und er war glücklich, daß ich verstand und billigte, was er mir meinte, »gestehen« zu müssen. Daß dann nichts erfolgte, lag wohl daran, daß ich mich ausgebombt in dem etwas entlegenen Korntal befand und daß 1945 überdies die Nachrichtensysteme schon sehr zerrüttet waren. Ich wurde oft von der Gestapo verhört, aber von der Denkschrift war nie die Rede.

Die Bahnfahrten nach und von Freiburg waren jeweils ziemlich aufregend, weil ich mich von den Kontrollen nicht erwischen lassen durfte. Einmal, bei der Rückfahrt von einer Sitzung, setzte ich mich in einem Abteil zu drei SS-Offizieren, weil ich annahm, daß dort am flüchtigsten, wenn überhaupt, kontrolliert würde. Eine kleine Mappe, die meine Freiburger Notizen, dazu Ausweis und Lebensmittelkarten enthielt, ließ ich nicht aus der Hand. Kurz bevor wir in Stuttgart einliefen, schlief ich leider fest ein und erwachte erst, als der Zug sich gerade anschickte, den Bahnhof wieder zu verlassen. Erschrocken sprang ich im letzten Augenblick noch heraus – und ließ meine kleine Mappe liegen. Ich will nun nicht erzählen, welche verdrußreiche Mühe es machte, auf den Ämtern die verlorenen Papiere wieder zu besorgen. Sehr viel schlimmer war die Angst, ob meine illegale Reise entdeckt, und noch beklemmender die Frage, was geschehen würde, wenn man meine Notizen fände. Die folgenden Wochen waren durch eine zermürbende Furcht verfinstert: Es ging ja dabei nicht nur um mein Schicksal, sondern auch um das meiner Freiburger Gefährten. Jedesmal wenn ein Auto in der Umgebung hielt, waren Liesel und ich wie gelähmt. Kamen sie jetzt? Doch es geschah nichts. Die Mappe war offenbar einem ordinären Dieb in die Finger gefallen, den nur die Lebensmittelkarten interessiert hatten. Es dauerte lange, bis die Ängste allmählich wichen und unser Herz voll Dankbarkeit des vermeintlichen Diebes gedenken konnte.

Stuttgarts Untergang

Der Tag, an dem das so schwer verwundete Stuttgart vollends unterging, war der 26. Juli 1944. Wir hörten am letzten Tag unseres Bodenseeurlaubs davon im Rundfunk, als wir vor der Heimreise bei Familie Kromer in Ravensburg Rast machten. Nun mußten wir damit rechnen, daß unser Haus mit aller Resthabe vernichtet war. Die Kinder hatten wir, um einmal zur Ruhe zu kommen, in einem uns gut bekannten und verläßlichen Heim in Ravensburg untergebracht. Was sollte nun mit ihnen werden? Eine tiefe Depression lähmte uns. Wir hatten versprechen müssen, nicht nach ihnen zu sehen, um sie vor Heimwehängsten zu bewahren. Aber wir brachten es nicht fertig, ohne einen Abschiedsblick in die Stuttgarter Katastrophe zu fahren, in die wir sie natürlich nicht mitnehmen konnten. So schlichen wir uns in den Garten des Kinderheims und beobachteten, hinter einem Baum stehend, den kleinen Wolfram, wie er mit den anderen Kindern spielte und einmal zu weinen begann, als ihm jemand sein Pferdchen wegnehmen wollte. Auch Berthold sahen wir in seinem Körbchen strampeln. Mit unsagbarem Kummer stahlen wir uns fort und fuhren in Richtung Stuttgart.

Immer wieder war die Strecke unterbrochen. Dann hieß es, auf Omnibusse umsteigen und – wieder nach langen Aufenthalten – zurück in die Bahn. Schließlich kamen wir bis Cannstatt. Dort war endgültig Schluß, weil die weitere Strecke total zerstört war. Ich fragte den Stationsvorsteher, ob man wohl zu Fuß noch in die Stadtmitte käme. Der Mann hob nur leicht die Hand und sagte: »Wohl kaum – das ist Stuttgart!« Wir sahen nur riesige Qualmwolken, die die Sonne verfinsterten und sie als rötlichen Ball erscheinen ließen. Stuttgart brannte immer noch.

Wir machten uns auf in dieses Inferno. Je weiter wir vordrangen, um so mehr brachte der Qualm die Augen zum Tränen. Um atmen zu können, preßten wir das Taschentuch vor den Mund. Kaum ein Mensch ging in unsere Richtung, und wir mußten uns mühsam durch entgegenströmende, verzweifelte Flüchtlingsströme kämpfen. Ich sehe noch ein altes Ehepaar, das erschöpft an einer Mauer lehnte. Die Tochter rang in einer Geste des Gebets die Hände verzweifelt gen Himmel. Wir hätten stehenbleiben müssen, um irgendein menschliches Wort zu sagen. Wir fanden dieses Wort nicht. Die schreckliche Spannung peitschte uns vorwärts.

Endlich kam die letzte Ecke – der letzte Rest einer Ecke! –, hinter der wir unser Haus sehen mußten. Es standen nur noch einige Mauernfragmente, in denen Brände qualmten. Ein Teil der geretteten Möbel befand sich auf der Straße. Unsere Mitbewohner, die sich rührend auch um unsere Habe gekümmert hatten, und einige meiner Studenten, die zum Helfen gekommen waren, erzählten uns das Drama der letzten Stunden. Welcher Trost, daß wir uns noch hatten! Fürstin Urach, deren Haus auf der Anhöhe unzerstört war, nahm meine Familie bei sich auf, so daß wir bald auch die Kinder dahin zurückholen konnten. Tagsüber arbeiteten wir in den Trümmern, um noch das eine oder andere zu suchen, vor allem in den Resten des Kellers. Das meiste aber war geplündert. Auch mein Talar blieb unauffindbar. Liesel war abends oft so erschöpft, daß ich sie in einem kleinen Leiterwägelchen den Berg hinauf zur Fürstin ziehen mußte.

Einer der nächsten Tage war ein Sonntag. Es gab keine Glocken mehr, die noch läuten konnten, und keine Kirche, in der sich eine Gemeinde versammeln konnte. Nur die kleine Bergkirche auf der Doggenburg war zwar »durchgepustet«, als einziges Gotteshaus aber noch einigermaßen benutzbar. Dort traf sich eine geängstete Gemeinde, die noch aus dreißig Gliedern bestand. An diesem Sonntag hörte ich die gewaltigste Predigt, die ich je vernommen habe. Prälat Ißler, ein Fürst unter den christlichen Predigern, hielt sie. Einige Sätze klingen mir noch im Ohr, als ob ich sie eben gehört hätte: »Wann haben wir mehr gelitten – jetzt, wo wir durch die leeren Fensterhöhlen dieser Kirche auf unsere verbrannte Stadt sehen und an die Schrecken denken, denen wir eben entronnen sind und die den meisten von uns alles raubte, was sie besitzen? Oder haben wir nicht noch mehr gelitten in den vergangenen Jahren, als wir in schlafwandlerischer Sicherheit von Sieg zu Sieg eilten, als kein Gott dem Übermut und dem Frevel an gepeinigten Menschen Halt gebot und als man sich ungestraft auf den sogenannten ›Segen der Vorsehung‹ zu berufen wagte, die alles, alles gelingen ließ? Drohten wir nicht irre daran zu werden, daß da jemand im Weltregiment sitzen könne, wenn er diese Via triumphalis zuließ? Nun aber hat der Herr der Geschichte im Wetter, er hat durch Feuer und Blut gesprochen. Und so schauerlich diese Katastrophe unserer Stadt auch ist, Gott hat wenigstens sein quälendes Schweigen gebrochen, er hat in Blitz und Donner geredet. Mag auch dieser Blitz vieles getroffen haben, was uns teuer ist, er hat wenigstens wieder etwas von sich hören lassen, er hat in den Wettern geredet.«

Es ging uns durch und durch. So hatte noch niemand von uns und zu uns gesprochen. Es war eine Rede der letzten Stunde, als das Tier aus dem Abgrund sich nach seinem Höhenflug anschickte, in seinen Abgrund zurückzukehren.

Als Bombenflüchtlinge in Korntal
1944–1945

In Stuttgart waren wir nun heimatlos geworden, und ich mußte für meine Familie ein neues Zuhause suchen. In dem zerstörten Stuttgart war natürlich nichts zu finden. Meine Dienste erforderten aber, daß ich in der Umgebung der Stadt blieb, doch wo? Die riesigen Scharen der Bombenflüchtlinge hatten längst alle verfügbaren Wohnräume überflutet. Als ich schon fast die Hoffnung aufgeben wollte, ließ mich einer der führenden Männer in der Brüdergemeinde Korntal, der damalige Lehrer und spätere Stuttgarter Kultusminister Wilhelm Simpfendörfer, wissen, daß er alles tun werde, um uns in Korntal eine neue Bleibe zu verschaffen. Die Verbindung mit ihm ergab sich durch seine Söhne, die mir aus meiner Jugend- und Studentenarbeit wohl bekannt waren und sogar nahestanden. Als ich Familie Simpfendörfer dann besuchte, ergab sich eine Freundschaft auf den ersten Blick, die sich in der Folgezeit immer weiter vertiefte. Dieses Freundeshaus war mir und den Meinen wie eine Zuflucht und eine neue Heimstatt.
Der erste Kontakt brachte freilich auch eine herbe Enttäuschung. Alle Bemühungen Simpfendörfers drohten am Widerstand des Nazi-Bürgermeisters zu scheitern, der sich diese Laus von einem »Staatsfeind« nicht in den Pelz setzen wollte und meine Einbürgerung verweigerte. Simpfendörfer nahm diese Weigerung, die ihn mit wildem Grimm erfüllte, sehr ernst, wollte aber den Kampf nicht aufgeben und sich neue Bundesgenossen suchen, um den Starrsinn des Dorfoberhaupts zu brechen. Bevor ich wieder nach Stuttgart zurückradelte, schlenderte ich noch durch das abendlich verdunkelte Dorf. Mein Zorn über die Abfuhr gipfelte höchst ungerechterweise in einer kollektiven Verdammung aller Etablierten und richtete sich gegen das ganze Dorf. Die Verdunkelungsrollos an den stillen, friedlichen Häusern ließen an den Rändern schmale Lichtstreifen durchschimmern. Dahinter saßen die Familien bei behaglichem Abendbrot. Das löste aber keine idyllischen Gefühle bei mir aus, nein: Ich neidete ihnen als Flüchtling ihren Besitz und ihr Behagen. Obwohl es weit Schlimmeres gab als dieses momentane Vagabun-

dendasein, erlebte ich doch einen Anflug von Verständnis für proletarische Ressentiments gegenüber der besitzenden Klasse. Schon kurz danach, als die Korntaler Freunde dem Bürgermeister doch noch ein widerwilliges Plazet abgerungen hatten, schämte ich mich dieser Gefühle; diese Erfahrung aber möchte ich nicht missen.

Mit Hilfe russischer Kriegsgefangener verluden wir den Rest unserer Habe auf einem Lastwagen. In der Nähe des Hauptbahnhofs kippte ausgerechnet die Schublade mit dem Porzellan vom Wagen. Ich sprang herunter, um das Scherbenmeer mit den Füßen an den Straßenrand zu treten und so die Reifen anderer Wagen vor Schaden zu bewahren. In diesem Augenblick explodierte wenige hundert Meter weiter auf unserem Weg eine Luftmine und hinterließ einen großen Krater. Ohne unser Mißgeschick wären wir wohl gerade an dieser Stelle gewesen.

Bis sich in Korntal ein Dauerquartier fand, sollten wir bei einer Lehrersfrau wohnen, deren Herz außer von frommen Gedanken mit einem extremen Besitzerstolz auf ihr Haus erfüllt war, das sich das Ehepaar unter Opfern von dem bescheidenen Gehalt abgespart hatte. Als wir bei ihr mit unseren beiden Jungen, die an fiebriger Grippe und heftigen Ohrenschmerzen erkrankt waren, einzogen, überschüttete sie uns mit geistlichen Sprüchen: jetzt komme es darauf an, »die Nackten zu bekleiden und den Unbehausten Obdach zu gewähren«.

Doch wir hörten bigotte Nebengeräusche und sollten die Dame dann sehr bald noch von einer anderen Seite kennenlernen: Sie forderte ein Kostgeld, das höher war als mein Monatsgehalt, und jammerte laut, wenn die kranken Kinder einmal das Bett näßten, da die kostbaren Bettücher auch bei sorgsamster Wäsche doch leiden müßten! (Meine proletarischen Instinkte begehrten wieder auf: Wir hatten keine Bettwäsche mehr, die leiden konnte!) Es gab noch viele andere Schikanen, durch die jene fromme Dame uns unsere Abhängigkeit spüren ließ. Als wir später bei der Besetzung Korntals hörten, daß Marokkaner sich mit ihren schlammigen Stiefeln in den so ängstlich gehüteten Betten unserer einstigen »Gastgeberin« geräkelt hätten, konnten wir den Anwandlungen einer wahrhaft unchristlichen Schadenfreude nicht widerstehen und haben ihr vorübergehend sogar freien Lauf gelassen.

Eine providentia specialissima, die uns mit tiefer Dankbarkeit erfüllte, führte dann dazu, daß wir von Frau Cläre Scheytt aufgenommen wurden. In dieser vitalen und anmutigen Frau begegnete uns die wahre, allem Bigotten abholde Frömmigkeit dieser Brüdergemeinde. In freundschaftlicher Verbundenheit mit ihr haben wir die schwere Schlußphase des Krieges und die neuen Schrecken der ersten Besatzungszeit durchgestanden.

Das neue Leben im »Exil«

Die Gottesdienste in der Brüdergemeinde, zu deren Predigtdienst ich immer wieder eingeladen wurde, öffneten uns viele Herzen, so daß wir in unserem »Exil« bald heimisch wurden und uns geborgen fühlten. Dabei ergab sich ein besonders enger Kontakt zu Simpfendörfers und einigen anderen geistig und geistlich aufgeschlossenen Familien. Da ich nichts publizieren durfte, hatten sich in meinen Schubladen mancherlei Manuskripte angesammelt, die ich an vielen Abenden im Freundeskreis vorlas. Die Gespräche über wesentliche Themen, die über die bedrückende Zeitgeschichte hinauswiesen, halfen uns, nicht im Grübeln über den Augenblick und die dunkel verhangene Zukunft zu versinken. Als wir später alle wieder in Freiheit wirken konnten, haben wir manchmal – nicht ohne Wehmut – dieser Stunden gedacht, in denen wir zu einer engen Gemeinschaft zusammenwuchsen und in denen Ewiges und Zeitliches unser gemeinsames Leben erfüllte.
Dieser Kreis wurde noch dadurch erweitert, daß ich in regelmäßigen Abständen eine Gruppe »verhinderter Autoren« zusammenrief, die sich in ähnlicher Lage wie ich befanden: Da trafen sich Bischof Wurm, der Historiker Gerhard Ritter aus Freiburg, der Indienkenner und Publizist Friso Melzer, der Pestalozzi-Biograph Friedrich Delekat, der theologische Kollege und Freund Edmund Schlink, dazu noch andere theologische Exulanten, die von der württembergischen Kirche aufgenommen worden waren: Hans Asmussen und Günter Dehn. Auch diese Form der Gemeinschaft, für die uns die Kriegsnöte – so merkwürdig das klingt – eine Art erzwungener Freizeit zur Verfügung stellten, habe ich in den späteren Lebensjahren, als der Beruf uns wieder voll in Beschlag nahm, in ähnlich beglückender Weise nie wieder erlebt.
Meine treueste Mitarbeiterin war bei alledem meine niederländische Sekretärin Diny Lipp, die heute wahrhaft unvorstellbare Strecken – mit der Bahn und zu Fuß – zurücklegen mußte, um zu mir nach Korntal vorzudringen, immer heiter blieb und sich keine Strapaze – einschließlich überstandener Ängste – anmerken ließ.

Die Korntaler trugen uns auf Händen, und immer wieder wurde mir für die Kinder auch etwas Nahrhaftes zugesteckt. Selbst die schlimmsten Zeiten sind eben nicht *nur* gräßlich – das war unsere immer neue Erfahrung. An ihren Rändern erwachsen Freuden und Überraschungen, die das normale Leben nicht kennt. So rief mir die Besitzerin einer kleinen Privatbadeanstalt, der wir den unerhörten Genuß heißer Wannenbäder verdankten, eines Tages aus dem Fenster zu: »D'r Heiland hat mir letzte Nach im Traum g'sagt, daß ich Ihne jede Woche drei frische Eier von meinem Hühnersegen sollt abgebe.« Ich war charakterlos genug, mich nicht auf theologische Erörterungen über die Stichhaltigkeit derartiger Träume einzulassen, wiegte vielmehr nur gedankenvoll mein Haupt und nahm die Eier gerne in Empfang. Als sie mir nach ungefähr zwei Monaten aus demselben Fenster versicherte, jetzt habe ihr der Heiland gesagt, daß es mit den Eiern genug sei, war ich immerhin so charaktervoll, diesen im Traum erfolgten Stoppbefehl ebenfalls widerspruchslos zu akzeptieren.

Von Korntal aus versuchte ich meine Dienste im Lande Württemberg wiederaufzunehmen. Das gestaltete sich wegen der ständig unterbrochenen Bahnverbindungen und der Bedrohung durch Fliegerangriffe, der wir unterwegs ausgesetzt waren, immer mühseliger. Wie oft hielt die Bahn wegen der besonders gefürchteten, auf Einzelziele angesetzten »Tiefflieger« jäh an, während wir Passagiere am Bahndamm Deckung suchten, um den Maschinengewehrgarben zu entgehen. Doch das herzliche Willkommen, das mir überall zuteil wurde, die Freude der Gemeinschaft und die tragende Kraft sachlicher Konzentration entschädigten für viele Mühen und Gefahren.

Vortragsreisen unter der Last der Fliegerangriffe

Vor allem lag mir daran, die Stiftsvorträge, nach denen ich immer wieder gefragt wurde, fortzusetzen. Da die Stuttgarter Kathedrale total zerstört war, mußte ich nach (zunächst noch!) verschont gebliebenen Ausweichquartieren Ausschau halten. In Stuttgart kamen nur noch der Saal der »Süddeutschen Gemeinschaft« und in dem benachbarten Bad Cannstatt die Stadtkirche in Betracht. Der Oberkirchenrat verbreitete einen kleinen Einladungszettel, der das damals hochentwickelte mündliche Weitersagen auslöste:

Lic. Dr. Helmut Thielicke

setzt seine bisher in der Stiftskirche gehaltenen Vorträge fort. Sie werden vorerst doppelt gehalten, und zwar:

in Stuttgart   jeden Mittwoch, ½ 8 Uhr, im großen Saal der »Südd. Gemeinschaft«, Eugenstraße 4. Beginn 13. September.

in Bad Cannstatt   jeden Donnerstag, ½ 8 Uhr, in der Stadtkirche. Beginn 14. September.

Themen u. a.:

Das Rätsel der göttlichen Weltregierung – Vom Sinn der Geschichte – Willensfreiheit oder Vorherbestimmung – Der Sinn des Leides.

Als ich an dem angekündigten Mittwoch nach einer strapaziösen Fahrradtour durch die Trümmerlandschaft – immer wieder mußte ich absteigen und Schuttberge überklettern – bei der »Süddeutschen Gemeinschaft« eintraf, fand ich einen völlig zerstörten Saal vor. Einige zu früh gekommene Hörer besahen sich mit mir die Stätte des Grauens. Nach einem bewegten Abschied machten wir uns traurig wieder auf den Heimweg. Auch in Cannstatt wurde unsere dortige Kirchenherberge wenige Wochen später völlig zerstört. Doch hatte man dort vorgesorgt: Die Hörerscharen wurden in den großen, noch unbeschädigten Luthersaal umgeleitet, wo die Menschen unvorstellbar eng zusammengepfercht saßen und standen. Ich machte mir klar, welche Opfer alle diese Hörer gebracht hatten, um weithin ohne Fahrmöglichkeit, oft in stundenlangen Fußmärschen durch staubige Trümmerlandschaften, zu den Vorträgen zu gelangen. Auch dieser geistige Hunger ist in unseren bequemen und überfütterten Zeiten kaum noch zu begreifen.

Die Cannstätter Reihe endete schon nach kurzer Zeit jäh und schrecklich. Eines Abends wurden wir von einem plötzlichen Vollalarm überrascht. Ich sprach den Schlußsegen und bat die Versammelten, in Ruhe die Schutzräume aufzusuchen. Mit dem Organisten hatte ich verabredet, daß er während eines solchen Auszuges einige stille Abendchoräle spielen sollte. Trotz des engen Ausgangs und der Langsamkeit des Exodus vollzog sich alles ohne Panik. Derweil stand ich mit dem Studenten Gerhard Simpfendörfer, von mir »Truxa« genannt – er wich nicht von meiner Seite – am Pult, winkte den Hörern immer wieder zu und verließ den Saal mit Truxa erst, als der letzte hinausgegangen war. Kaum waren wir draußen, sahen wir schon die »Christbäume« – die Feuerzeichen, die die

Bomberflieger über einem Gebiet entzündeten, das sie anzugreifen gedachten – über der Stadt aufflammen und alles taghell erleuchten. Wir beide rasten auf einen Betonbunker in der Nähe zu, den »Zuckerhut«, trommelten aus Leibeskräften an das verschlossene eiserne Eingangstor, während ringsum die ersten Bombendetonationen krachten. Man schien uns lange nicht zu hören oder wagte nicht mehr, das Tor zu öffnen, bis uns schließlich doch zwei Männer schnell hineinrissen.

Drinnen war ein großer Teil der Hörerschaft versammelt. Das Schweigen des Schreckens in unserem Turm stand in krassem Gegensatz zu den berstenden Detonationen um uns herum, die unsere Betonburg wie ein Schiff auf bewegter See schwanken ließen. Erst nach dem Angriff erfuhr ich, daß zwei Teilnehmer unseres Abends umgekommen waren; der eine war der Organist, der bis zum letzten Augenblick gespielt hatte.

Als der Angriff vorüber war und wir den Bunker verließen, brannte die Stadt lichterloh. Ich machte mich sofort auf den langen Fußmarsch nach Korntal. Unterwegs kam ich an einem Geländestück vorbei, auf dem eine Anzahl kleiner Steintempel stand, die aus schweren Seiten- und Dachquadern gebaut waren. War es nicht die Wilhelmina mit den maurischen Bogengängen? Ich kann den Weg nicht mehr rekonstruieren. Vor einem dieser Tempelchen, das zu einem Steinhaufen zusammengebrochen war, hockte ein junges Mädchen, das mich herbeiwinkte. Sie sagte: »Unter den Trümmern ist eine Mutter mit ihren vier Kindern. Die Kinder sind schon tot, die Mutter lebt noch, ist eingeklemmt und leidet schreckliche Qualen.« Ich hörte sie jammern und schreien, doch schien es auch mit ihr zu Ende zu gehen. Das Mädchen rief ihr rührende und tröstende Worte zu, während ich vergeblich versuchte, die schweren Quader wegzustemmen. Ich schrie aus Leibeskräften nach Hilfe. Aber kein Mensch war weit und breit. Während wir verzweifelt und hilflos an den Steinen hockten, wurde das schreckliche Stöhnen leiser und leiser und verstummte schließlich ganz. Es gab nichts mehr für uns zu tun.

So irrte ich weiter durch die Nacht, die von den Flammen der Stadt gespenstisch erhellt war. Ich überquerte eine Wiese, auf der eine erschlagene und zerfetzte Kuhherde hingestreckt lag, kam an Barakken ausländischer Zwangsarbeiter vorbei, die um ihre brennenden Unterkünfte bemüht waren. Niemand tat mir etwas. Es gab in dieser Nacht so etwas wie eine Bruderschaft der Geängsteten. Gegen Morgen kam ich äußerst erschöpft zu Hause an. Für Liesel endeten damit Stunden bedrängender Sorge: Sie hatte den Himmel über Cannstatt grell erleuchtet gesehen, auch die Wolkensäulen aus Qualm waren zu erkennen. Sie wußte, daß ich mitten darin war. Kaum hatten wir uns niedergelegt, heulte in Korntal die Sirene auf, und wir mußten die Kinder in den Keller bringen. Da merkte ich, in meiner Erschöpfung zugleich schrecklich frierend, daß mein Nervenkostüm fast zu zerreißen drohte: Zum ersten und wohl einzigen Male in meinem Leben klapperten mir die Zähne.

Der Rest der Vortragsreihe konnte von da an nur noch in Ludwigsburg gehalten werden. Auch dorthin machten sich die treuen Hörer auf.

Trotz aller Kompliziertheit des Anmarschweges besuchten uns immer wieder unsere Freunde, vor allem ehemalige Studenten von mir, die auf Urlaub waren und sich aussprechen wollten. Diese Gespräche waren trostvoll und beunruhigend zugleich. Sie waren erfüllt von den monotonen Qualfragen, die uns seit Jahren in ihren Fängen hielten: Wie werden wir damit fertig, unserem Vaterland eher ein Ende mit Schrecken als einen Schrecken ohne Ende wünschen zu müssen? Was hat unser Soldatendienst unter der Regie dieses verruchten Systems für einen Sinn? Wir kämpfen für einen Verbrecher, der alles kaputtmacht, was uns teuer ist. Warum machen wir das weiter mit? Doch was wäre die Alternative? Die Kameraden verlassen, an denen man hängt und die vielfach ihre Heimat, ihre Häuser und auch ihre Familien verloren haben? Und *wohin* sollte man denn entweichen? Zu den Dämonien dieses Systems gehörte es ja, daß es nicht einmal mehr Wüsten übrigließ, in denen man hätte Zuflucht finden können. Wohin wir auch blickten, wonach wir auch fragen mochten: Abgründe ringsum und die Düsternis einer Zukunft, die kein Auge durchdringen konnte. Wenn ich sie dann entließ, waren es letzte Abschiede, Aufbrüche in einen Untergang, von dem niemand wußte, ob wir ihn überstehen würden. Da wuchs der Reisesegen, den ich ihnen für den Weg ins Unbekannte mitgab, über alle harmlos formale Freundlichkeit hinaus und fand zurück in seinen Ursprung: Er wurde zum vollziehenden Wort, das begleitete und trug. Mehr mag ich über diese Abschiede nicht sagen.

Das Ende des Krieges

Schließlich war dann das Ende da. Die Marokkaner, denen Schrek-kensmeldungen voranliefen, überfluteten unsere Dörfer. Man hörte die Schreie der vergewaltigten Frauen. Auch in unser Haus drangen zwei schwerbewaffnete Kerle, die mir Armband- und Taschenuhr wild gestikulierend abforderten. Für meine Reaktion darauf hatte ich mich präpariert und einen passenden französischen Satz gelernt; ich rief ihnen in schärfstem Ton zu: »Erlaubt es euch Allah zu marodieren? Allez-hopp!« und streckte den Arm zur Tür. Und tatsächlich, sie trollten sich verlegen und eilig von dannen. Auch einer Nachbarin, die ihre Tochter vor ihnen versteckt hatte, gelang es, sie zu vertreiben, wenn auch auf sehr viel edlere Weise. Als die Kerle sich näherten, spielte sie auf ihrem Harmonium: »So nimm denn meine Hände . . .« Da sagte der gefürchtete Kriegsmann mit Tränen in den Augen: »Mama fromm«, holte aus einem Brotbeutel einige nahrhafte Sachen und setzte sich mit ihr zu Tisch. So gab es neben allen Grausamkeiten auch immer wieder menschlich rühren-de Szenen, die einen davor bewahrten, ein abfälliges Kollektivurteil über »die« Marokkaner zu fällen.

Die schlimmsten Nachrichten kamen aus dem Nachbardorf Ditzin-gen, so daß ich mich verpflichtet fühlte, nach Möglichkeit zu helfen, zumal die Pfarrstelle verwaist war. Ich stellte mir selber mit meinem Dienstsiegel und anderen erreichbaren Stempeln einen imposanten Passierschein aus. Wir durften ja das Dorf nicht verlassen! Der deftige Anschein des Superamtlichen machte auf die kontrollieren-den Wachen durchaus den erwünschten Eindruck, auch wenn sie den Passierschein verkehrt herum hielten und ihn gar nicht lesen konnten.

So schlug ich mich nach Ditzingen durch und fand das Schlimmste bestätigt. Viele Mädchen und junge Frauen waren in Gegenwart ihrer Eltern und Kinder vergewaltigt worden. Ich besuchte die besonders betroffenen Familien und fand sie verstört, manchmal in einem Schockzustand; sie zitterten vor der nächsten Nacht. Ich beriet mit einigen Autoritäten des Dorfes, wie man die Frauen schützen könne, und wir beschlossen, sie für die nächsten Nächte in der Kirche unterzubringen. Die Kinder sollten bei ihren Müttern bleiben. Eine Anzahl Männer war bereit, vor den Kirchenportalen Wache zu schieben. Wir konnten damit rechnen – das bestätigte sich dann –, daß die Marokkaner die »heilige Stätte« respektieren wür-den. So wurden in den nächsten Stunden Decken- und Strohlager in

die Kirche spediert. Als ich dann von der Kanzel aus eine Abend-
andacht in dieser seltsamen Klausur hielt, hatten die Frauen schon
Mut gefaßt, sie fühlten sich für die nächsten Stunden sicher und
waren ganz munter. Zu diesem Aufatmen trugen sicherlich auch die
vielen Kinder bei, die Ausnahmesituationen ja zu genießen wissen
und dann nur schwer zur Ruhe zu bringen sind. Ich erinnerte in
meinen Worten an den Stall von Bethlehem, wo es auch ein Lager
»von Heu und Stroh« gegeben habe. Ich war froh, auf einigen
Gesichtern schon wieder ein Lächeln zu bemerken, und suchte eher
Dur- als Molltöne anzuschlagen. Als wir dann noch miteinander das
Abendlied des Wandsbeker Boten »Der Mond ist aufgegangen«
sangen, wußten sich wohl alle in jener stillen Kammer behütet, »da
ihr des Tages Jammer verschlafen und vergessen sollt«.

Abenteuerliche Reise ins Hauptquartier Eisenhowers

Es waren erst wenige Wochen nach der Kapitulation verstrichen, als
die Kirchenleitung zusammen mit dem Stuttgarter Oberbürgermeister Überlegungen anstellte, was man tun könnte, um mit führenden Vertretern der Militärregierung – vor allem der amerikanischen
– Kontakt aufzunehmen und Vorschläge für den Wiederaufbau der
zerstörten Städte, für eine Ankurbelung des wirtschaftlichen Lebens, für die Beseitigung der ärgsten und oft unsinnigen Härten der
Entnazifizierung sowie die Wiedereröffnung von Schulen und Universitäten zu machen.
Da das Nazi-Regime ein totales Vakuum hinterlassen hatte und auf
deutscher Seite keinerlei politische Repräsentanten zur Verfügung
standen, fühlte sich die Kirche als einzig überlebende »autoritative«
und von der Besatzungsmacht respektierte Instanz zu einer Art
Notstellvertretung aufgefordert. Bischof Wurm galt damals, so
meinten wir, wegen seines tapferen Widerstandes wohl als der
angesehenste Deutsche. So setzte sich der Entschluß durch, über ihn
und mit seiner Hilfe Beziehungen zum Oberkommandierenden
Eisenhower in seinem Frankfurter Hauptquartier aufzunehmen.
Wir gingen mit Feuereifer an seine Realisierung und ließen auch
nicht ab, als sich Schwierigkeiten über Schwierigkeiten vor uns
türmten. Sie bestanden vor allem in nachrichtentechnischen Problemen. Oberbürgermeister Klett, der sich entschlossen für uns einsetzte, verfügte zwar über wenige karge Drähte und meinte auf dem
Umweg über einige Mittelsmänner eine ungefähre, recht vage

Zusage herausgehört zu haben, daß Eisenhower den Bischof empfangen würde. Viel mehr ließ sich nicht ausmachen. Das genügte
uns aber, um mit dem alten Wurm Vorbereitungen für eine abenteuerliche Fahrt nach Frankfurt zu treffen. Ich selber war nur ein
kleines Rädchen im Getriebe. Die Hauptmatadoren waren – außer
Pressel, dem persönlichen Referenten Wurms – drei Brüder aus der
Stuttgarter Familie Müller: Manfred Müller, der Landesjugendpfarrer und spätere Oberkirchenrat; Bernhard Müller, ein bekannter und
erfolgreicher Unternehmer, der einige Jahre in den USA zugebracht
hatte und einen herrlichen amerikanischen Slang beherrschte, wir
nannten ihn unseren »Amerikaner«; Eberhard Müller, der später
der erste Direktor der ersten Evangelischen Akademie in Bad Boll
wurde und die Akademie-Idee über die ganze Welt hin – bis nach
Afrika, den USA und Japan – mit einer Tatkraft sondergleichen
verbreitete und allenthalben Filialen gründete.
Die Brüder Müller hatten erreicht, daß der amerikanische Militärbefehlshaber von Württemberg uns aus beschlagnahmten Beständen
zwei üppige schwarze Mercedes-Karossen zur Verfügung stellte,
sogar mit gefüllten Benzintanks. Ich trieb noch einen Studenten
samt Motorrad auf. Er sollte uns mit einer Kirchenfahne voranfahren, wenn wir bei Eisenhower einzogen. Denn wir mußten ja, um
den damals hochnäsigen Amerikanern effektvoll zu begegnen, in all
unserer Kümmerlichkeit möglichst repräsentativ auftreten. Zu diesem Zweck beförderten wir Wurm, der ja auch Vorsitzender des
Rates der evangelischen Kirche war, zum Archbishop, was er sich
lächelnd gefallen ließ. Intern durften wir ihn natürlich nicht als
Erzbischof titulieren.
Da die Kirchenleitung seit der Zerstörung Stuttgarts in einem
ländlichen Ausweichquartier residerte, sprach sich der Reiseplan des
Bischofs unter den dortigen Bauern schnell herum. Und als er in
einer Predigt gar andeutete, unser Hauptproblem sei die Ernährungsfrage – es gab ja in Frankfurt kein Hotel, in dem Deutsche
neben einem Nachtquartier auch noch hätten essen können –, da
legten die treuen Leute ihm einen so imposanten Berg herrlichster
Viktualien zu Füßen, daß die Kofferräume unserer beiden Staatskarossen damit bis zum letzten Kubikzentimeter ausgefüllt waren:
Brote, Schinken, Schmalz, Würste, Marmelade und andere Herrlichkeiten, deren wir in dieser Fülle längst entwöhnt waren. Auch
ein gehöriges Quantum belebenden Mostes fehlte nicht. Wir
brauchten dann für die Strecke von Stuttgart nach Frankfurt zwei
Tage (!). Immer wieder waren Autobahn und Straßen zerstört, so

daß es zu zeitraubenden Umwegen kam und wir am ersten Tag nur bis Heidelberg gelangten. Dort verteilten wir uns zum Nachtquartier auf die Kollegenfamilien der theologischen Fakultät. Jedes Wiedersehen der Überlebenden war damals ein Fest. Und als wir gar unsere Fressalien auspackten, von denen jeder eine gehörige Portion mit in sein Quartier bekam, machten unsere Gastgeber Stielaugen. In dem Frankfurter Hotel, das nur noch über Notquartiere verfügte, ergab sich die groteske Situation, daß nicht die Kellner uns, sondern daß *wir* die Kellner mit zu Tisch baten. So kam es zu rauschenden Symposien, zumal sich bald auch Frankfurter Freunde hinzugesellten. Der alte Bischof war von all dem Wiedersehen und dem Drum und Dran so mitgerissen, daß er partout auf dem Beifahrersitz unseres Motorrades durch die Trümmerstadt fahren wollte, was er dann auch tat. Er trug dabei eine leichte, etwas abgewetzte Lüsterjoppe, deretwegen wir einen kleinen Streit mit Frau Wurm gehabt hatten. Wir wollten unseren Archbishop möglichst feierlich mit seinem besten Gehrock und dem goldenen Amtskreuz ausstaffiert sehen, um bei Eisenhower Eindruck zu schinden. Marie Wurm aber hatte wenig Sinn für Repräsentationsfragen und ließ uns abblitzen. Sie meinte, Theophil kriege bei der Hitze einen Schlag in der schweren klerikalen Montur. Außerdem verdienten die hochnäsigen Amis überhaupt nicht, daß er sich ihretwegen so herausputze. Tatsächlich behielt er beim Besuch des Hauptquartiers dann seine Lüsterjoppe an. Marie hatte sich durchgesetzt und vertraute auf die Macht der Persönlichkeit.

Wir waren zwar – angeblich! – für den kommenden Morgen zur Audienz angemeldet, doch kam es nun zu allerhand Komplikationen, wie es für Deutsche damals kaum anders sein konnte. Zunächst erfuhren wir, daß Eisenhower überhaupt nicht im Lande sei, sondern sich gerade in Washington befinde und daß uns höchstens ein Stellvertreter werde empfangen können. Das war natürlich enttäuschend. Obendrein war es unsicher, ob sich der Stellvertreter überhaupt unser annehmen würde. Unser »Amerikaner« war jedenfalls mißtrauisch und beschloß eine Erkundungsfahrt zu unternehmen. Als er zurückkam, berichtete er uns wahre Räuberpistolen: Eisenhowers Hauptquartier, das Gelände der IG, war mit zahlreichen Sperren, Kontrollstationen und Drahtverhauen armiert. Unser energisch auftretender und durch seinen american Slang beeindruckender Mann kam nicht weiter als bis zur äußersten Peripherie. Immerhin setzte er durch, daß die dortige Wache mit anderen Dienststellen telefonierte. Nach endlosem Hin und Her erhielt er schließlich die Auskunft, Leutnant H. sei beauftragt, den Archbishop zu empfangen und seine Wünsche entgegenzunehmen. Da schwoll unserem Freund Müller die Zornesader. In spontan angemaßter Kompetenz erwiderte er: »Der Herr Erzbischof bedauert, sich nicht von einem Leutnant empfangen lassen zu können. Er verzichtet.«

Das war natürlich sehr gewagt und hätte schiefgehen können. Da aber die Sieger in der damaligen Situation an ein meist recht leisetreterisches und serviles Auftreten der Deutschen gewöhnt waren, machte diese patzig-souveräne Antwort offenbar Eindruck, und man rief Müller, als er schon den Rückwärtsgang eingeschaltet hatte, noch einmal an. Erneute Telefongespräche ergaben dann – welcher Sieg! –, daß anderntags der politische Berater Eisenhowers, der bedeutende, später sehr bekannt gewordene Diplomat Robert D. Murphy, den Erzbischof mit seinem »Gefolge« empfangen werde. Nun bekam unser Freund Oberwasser und ging mit seinen Forderungen noch weiter: Es entspreche nicht der Würde des Erzbischofs, wenn er an jeder Sperre aufgehalten werde; er müsse freie Fahrt haben. Auch das wurde nach erneuten Rückfragen zugesagt. Dem alten Wurm machte das alles riesigen Spaß.

Mit einiger Sorge erfüllte es uns nun, daß der gute Bischof Wurm völlig unerfahren im Umgang mit Ausländern – erst recht mit Amerikanern – war. Um Pannen und Peinlichkeiten zu vermeiden, hatten wir uns eine genaue Gesprächstaktik zurechtgelegt und suchten sie ihm einzuüben. Nach der Begrüßung sollte Wurm einige gewichtige Sätze über die Lage unseres Vaterlandes und die Pflichten der Sieger gegenüber dem besiegten Volk sagen. Diesen Passus sollte er schließen mit dem Satz: »Das übrige werden meine Herren mit Ihnen besprechen« und sich in einem würdigen Abgang zurückziehen. Jeder von uns sollte sodann über sein Spezialthema mit dem General sprechen; mir war dabei die Rubrik »Wiedereröffnung der Schulen und Universitäten« zugedacht.

Die Müllersche Energie trug dann am nächsten Morgen sichtbare Früchte: Unser Motorradfahrer mit der Kirchenflagge fuhr unseren Karossen voraus. In der ersten saß der Bischof allein, wir anderen folgten in der zweiten. An der ersten Sperre empfing uns ein höflich salutierender Offizier, stellte sich auf das Trittbrett des Bischofswagens und brachte uns ohne Halt an allen Zwischenstationen vorüber, deren Besatzungen sogar vor dem Bischofswagen salutierten. Der alte Wurm winkte ihnen mit holdem Lächeln zu. An der Treppe zum Hauptquartier erwartete ihn Murphy in einer Art diplomatischer Galauniform (jedenfalls erschien mir das so), und wir grinsten unserem »Amerikaner« anerkennend zu.

Doch nun begann ein dornenreicher Pannenweg, weil unser guter Chef alles vergessen hatte, was wir ihm beigebracht hatten. Nur seine persönliche Würde verhinderte wohl das Allerärgste.

Kaum hatte Murphy uns zum Sitzen aufgefordert (sonst mußten in der No-fraternisation-Zeit die Deutschen immer stehen!), fragte er in höflichem Smalltalk, wie es ihm, dem Bischof und Mrs. Wurm gehe. Ahnungslos, daß es sich dabei um eine leere Routinefloskel handelte, erging sich der Bischof nun ausführlich über ein anhaltendes Beinleiden seiner Frau, während ein kürzlich durchgemachter Katarrh glücklich vorübergegangen sei. Ich vergesse nicht die perplexe Miene, die der Amerikaner bei diesem unerwarteten Krankheitenkatalog aufsetzte, und auch nicht den entsetzten Blick meiner Reisegenossen. Immer noch nicht begann Wurm mit den einstudierten Sätzen, nach denen er sich verabschieden sollte. Es kam sogar zu einer kurzen Verlegenheitspause, in der sich der erschrockene Diplomat wohl etwas erholte. Dann ging er in medias res und erkundigte sich nach den Wünschen des Herrn Archbishop. Die Antwort des Bischofs ließ uns vollends in der Tiefe unserer Sessel Deckung suchen. Als ersten Punkt seiner Wunschliste gab er nämlich kund, daß für die Weiterfahrt unser Benzinvorrat erschöpft sei. Ob er uns da nicht helfen könnte? (Von diesem Problem, das nachher durch einen listigen Raub unseres »Amerikaners« bei einer Militärtankstelle glatt gelöst wurde, hatten wir ihm kurz vorher leider erzählt.) Nun schien Murphy mühsam um Fassung zu ringen.

Ich weiß nicht mehr, wer von uns die Situation rettete und unserem guten Bischof einige thematische Stichworte zurief. Genug: Von einem würdigen Abgang konnte nicht mehr die Rede sein. Er blieb bis zuletzt, und wir anderen sagten, so gut es ging, unsere Sprüchlein auf. Ob sie fruchteten und die Dinge ein wenig vorantrieben, haben wir nie erfahren. Trotz allem war Murphy von der Persönlichkeit Wurms offensichtlich beeindruckt. Er geleitete ihn jedenfalls bis vor das Haus und verabschiedete sich respektvoll.

Da Wurms Anwesenheit sich in Frankfurt schnell herumgesprochen hatte, fand der Tag noch einen versöhnlichen und überaus bewegenden Abschluß: Bekannte und Unbekannte, vermißt oder gar tot Gewähnte strömten in unser Hotel. Zu unvergeßlichen Wiedersehensszenen kam es mit Martin Niemöller, der nach seinem langen KZ-Aufenthalt eben aus amerikanischem Zwischengewahrsam entlassen worden war, mit Hans Asmussen, damals Niemöller noch in Freundschaft verbunden, und mit Eugen Gerstenmaier, der vor dem Todesurteil des Volksgerichtshofs bewahrt geblieben und von den Amerikanern aus seiner Zuchthaushaft befreit worden war. Zu all denen, die sich an unserer reich gedeckten Tafel delektierten, stellten sich dann noch ein paar Vertreter des Weltkirchenrats aus Genf ein, die zufällig in Frankfurt waren. Für mich hatten sie eine besondere Überraschung: Ich sah bei ihnen zum ersten Mal meine in der Schweiz anonym erschienenen Bücher, deren Manuskripte seinerzeit im Diplomatengepäck aus dem Lande geschmuggelt worden waren: »Fragen des Christentums an die moderne Welt«, »Tod und Leben« sowie eine Predigtsammlung.

Unglücklicher als diese Frankfurter Konferenz war für mich die verpatzte Teilnahme an der ersten Kirchenführerkonferenz nach dem Krieg, die für Ende August 1945 in Treysa anberaumt worden war. Bischof Wurm, der sie leitete, hatte mich mit einem Hauptreferat betraut, das sich mit dem Weg der Kirche zwischen Ghetto und Öffentlichkeit beschäftigen und insbesondere die verhängnisvolle Rolle einer mißverstandenen Zwei-Reiche-Lehre im Luthertum des Dritten Reiches behandeln sollte. Als ich mich mit meinem umfänglichen Manuskript zur gemeinsamen Autofahrt einstellte, war ein dummes Mißverständnis daran schuld, daß die Wagen schon weg waren. Die Bahn fuhr noch nicht. Auch wenn mein Referat sicherlich keinen kirchengeschichtlichen Ruck bewirkt hätte – als Korrektiv zu einer gewissen Rekonfessionalisierungstendenz wäre es vielleicht ganz brauchbar gewesen –, war mir dieser Verzicht in einer wesentlichen Entscheidungssituation überaus schmerzlich.

Erste Signale aus Tübingen und Lockrufe in andere Ämter

Die letzten Korntaler Monate brachten dann die Präliminarien zu meiner Berufung nach Tübingen und damit die Rückkehr in meinen eigentlichen Beruf. Immer wieder gab es in den folgenden Jahrzehnten Möglichkeiten, im Rahmen der Kirche oder der Politik einen anderen beruflichen Weg zu gehen. Doch Angebote und Berufungen dieser Art konnten mein Gefühl, für den Beruf des akademischen Lehrers bestimmt zu sein, nie ernsthaft in Frage stellen. Ich hing an meinen Studenten, die Stunden auf dem Katheder und im Seminargespräch waren mir ein Fest, ich freute mich am Austausch mit Kollegen der anderen Fakultäten, an der Freiheit zum Bücherschreiben und an der Würde der Alma mater überhaupt – jedenfalls bis zu ihrem erschreckenden Verfall seit den späten sechziger Jahren. Ich habe fast jeden Tag neu und in Dankbarkeit jener Providentia specialissima gedacht, die mir einen Lebensberuf gewährte, in dem Pflicht und Neigung zu fast völliger Kongruenz kamen. Ich bemühte mich nie zu vergessen, daß für unzählige Menschen – und nicht nur für die Arbeiter am Fließband – ihr Broterwerb eine bittere und oft sinnentleerte Fron ist, während ich für mein »Hobby« sogar noch bezahlt wurde.

So fiel es mir nicht schwer, Lockrufen in andere Lebens- und Arbeitsbereiche zu widerstehen. Nur *ein* Punkt war es, der in solchen Fällen manchmal an mir zerrte: Ich verspürte oft den Drang zum Handeln, während ich in meinem Beruf »nur« das *Wort* zur Verfügung hatte. Davon allerdings habe ich in den folgenden Jahrzehnten in vielen öffentlichen Äußerungen reichlich Gebrauch gemacht; nicht immer glücklich übrigens, in früheren Jahren oft allzu lautstark und polemisch, wahrscheinlich wohl auch zu häufig. Die Waschkörbe mit postalischem Für und Wider, die ich dann jeweils empfing – zweimal waren es an die tausend Briefe –, sowie die ausgelösten Pressediskussionen brachten viel Unruhe in die Familie. Manchmal kam meine Frau mir vom Einkaufen mit einer Zeitung entgegen, die sie mir drohend unter die Nase hielt: »Was hast du nur da wieder geschrieben!« In der Tat: Manches schrieb ich heimlich, sozusagen unter dem Tisch, weil ich wußte, daß ich ihre wohlgemeinten Mahnungen zur Zurückhaltung wieder einmal in den Wind schlug. Besonders in der ersten Nachkriegszeit konnte ich nach dem jahrelangen Schweigen nur schwer widerstehen, wenn Presse und Rundfunk mich immer wieder zu oft delikaten Tagesfragen interviewten oder um Stellungnahmen baten. Schließlich hingen die Themen, um die es ging, ja auch mit meinem Beruf zusammen. Manchmal überkam mich dann dabei die Lust, über das Reden und Schreiben hinaus die Möglichkeit unmittelbaren *Handelns* zu gewinnen. Das pflegte sich aber schnell wieder zu legen, sobald ich mein Katheder betrat. Die Versuchungen des heiligen Antonius dürften schwerer gewesen sein. Um den späteren Fluß des Erzählens nicht zu unterbrechen, benutze ich diese Gelegenheit, wo mir die Rückkehr in mein geliebtes Amt winkte, um im Vorgriff einige jener Lockrufe zu nennen, die mich zum Verlassen der so glücklich gefügten Lebensbahn aufforderten:

Einige Male fragte man mich, ob ich ein Bischofsamt zu übernehmen bereit sei. Gleich in den ersten Tübinger Monaten erschien eine Delegation aus Freiburg mit Oberkirchenrat Dürr und den beiden Professoren Gerhard Ritter, der dem Nazi-Zuchthaus glücklich entronnen war, und Erik Wolf, um mich im Auftrag des Berufungsausschusses für die Leitung der badischen Landeskirche zu gewinnen. Ähnliches geschah später von seiten anderer Landeskirchen. Regelrecht berufen wurde ich in den frühen Tübinger Jahren zum Kultusminister für Nordbaden-Württemberg, doch lehnte ich nach kurzer Bedenkzeit ab.

Schließlich kam es noch zu einem anderen Angebot, das aber nicht in die Öffentlichkeit drang und auch von mir diskret behandelt wurde. Pfingsten 1965 rief mich der damalige Außenminister Gerhard Schröder aus seinem Sylter Haus »Atterdag« an. Wie ich wisse, stünde Bonn vor der Aufnahme diplomatischer Beziehungen mit dem Staat Israel. Da es sich nach dem Schicksal der Juden im Dritten Reich um eine besonders heikle Aufgabe handle, wolle man als ersten Repräsentanten der Bundesrepublik Deutschland einen Mann des Geisteslebens ins Auge fassen, der überdies aus der Nazizeit ohne Belastung sei. Er habe mich nun im Auftrag des Kabinetts Erhard zu fragen, ob ich bereit sei, das Amt des ersten Botschafters in Tel Aviv anzunehmen. Gerhard Schröder meinte, ich solle mich nicht sofort entscheiden, sondern mir die Sache überlegen. Er werde am nächsten Tag noch einmal anrufen. Trotzdem bat ich ihn, mir seine persönliche Meinung dazu zu sagen. Die wiche, so antwortete er, offengestanden etwas von der des Kabinetts ab, obwohl er dessen Motiv respektiere. Der deutsche Repräsentant in Tel Aviv werde sich vor allem mit wirtschaftlichen Problemen befassen müssen, und die seien ja nicht mein Ressort. So fürchte er, daß ich mich in diesem Amt verbrauchen könnte. Er selber habe deshalb für einen Berufsdiplomaten plädiert, sei aber im Kabinett nicht durchgedrungen. Man wollte halt unbedingt einen »Professor«.

Die Meinung eines so kompetenten und wohlgesonnenen Mannes war mir sehr wichtig. Bei seinem erneuten Anruf am nächsten Tag sagte ich ab, was er ziemlich erleichtert zur Kenntnis zu nehmen schien. Niemand zweifelt, daß die dann erfolgte Berufung des erfahrenen Diplomaten Rolf Pauls wohl die beste mögliche Wahl war. Seine Verdienste in Tel Aviv, vor allem sein Stehvermögen in der ersten schweren Zeit und sein diplomatischer Takt haben hohe Anerkennung gefunden. Golda Meir hat in ihren Memoiren Worte dankbarer Würdigung für ihn gefunden.

Mit dem letzten Abschnitt bin ich vorausgeeilt. Zunächst wartete ich, daß sich bewahrheitete, was mich in vagen Gerüchten seit Wochen umschwebte: daß die Franzosen den Ehrgeiz hätten, in Tübingen die erste deutsche Universität wiederzueröffnen, und daß die Fakultät mich berufen wollte.

Dann war es endlich soweit: Der Dekan der Fakultät, der mir später so freundschaftlich verbundene Spezialkollege Adolf Köberle, kam, mit einer legitimierenden Armbinde und gewichtigen Passierscheinen versehen, auf dem Fahrrad (!) von Tübingen angereist, um mir die offizielle Berufungsabsicht der Fakultät zu übermitteln. Gegen Ende Juli 1945 brachte dann ein Beamter des Kultusministeriums meine vorläufige Ernennung zum 1. August – genau ein Jahr nach der Zerstörung unseres Hauses. Als die Besatzungsmacht einige Zeit danach ebenfalls ihren Segen dazu gab, war ich endgültig Mitglied des Tübinger Lehrkörpers. Der Satz in der von Carlo Schmid unterschriebenen Ernennungsurkunde – er war der Präsident der vorläufigen Regierung von Südwürttemberg-Hohenzollern – »ich ernenne Sie zum ordentlichen Professor auf Lebenszeit« kam mir nach all den Jahren der Vorläufigkeit wie ein Märchen vor.

Für das schönste Finale meiner Exilzeit sorgte der alte Wurm, als er mir einige Zeit später schrieb: »Ich bin stolz darauf, daß ich Ihnen (erg.: in unserer schwäbischen Landeskirche) eine Zuflucht gewähren konnte. Sie haben wie keiner der anderen, denen wir auch Gastrecht gewährten, den Dank dafür durch eine hingebende Tätigkeit sowohl auf wissenschaftlichem Gebiet wie in der Verkündigung abgestattet. Unvergeßlich bleiben mir vor allem die Abendvorträge in der Stiftskirche, wo Sie in Stuttgarts schwerster Zeit als ein Herold der Wahrheit und unerschrockener Zeuge des Evangeliums im Gewühl des Kampfes standen und zugleich als Friedebringer für ein geängstetes Volk. Gott der Herr segne all Ihr weiteres Wirken zu seiner Ehre und zum Heil unserer Kirche und unseres Volkes.«

Diese Worte des verehrten alten Mannes bedeuteten mir mehr als die Verleihung eines Ordens. Sie beschämten mich auch, denn ich wußte am besten, wie irden und zerbrechlich das Gefäß war, in dem ich den Schatz zu verwahren und zu verwalten hatte.

Die Tübinger Jahre
1945–1954

Auf abenteuerlichem Wege gelangte ich, versehen mit den nötigsten
Textilien und einer eisernen Ration an Büchern, ins Schlatterhaus
auf dem Österberg, der Heimstätte der Studentengemeinde, wo mir
eine Studentenbude zur Verfügung gestellt wurde. Da keine Bahn
fuhr, hatten mir meine Korntaler Freunde ein Taxi besorgt, das ich
bis unter das Dach voll lud. Schon unterwegs eröffnete mir der
Fahrer, daß er sich in die französische Zone nicht hineintraue. Er
wußte Schauergeschichten zu erzählen, wie einigen seiner Kollegen
ihr unersetzbares Taxi weggenommen worden sei. Das waren ja
heitere Aussichten!
Und tatsächlich: Als die kurz vor Tübingen-Lustnau gelegene und
von Marokkanern bewachte Zonengrenze in Sicht kam, blieb mein
Taxi-Mann etwa hundert Meter davor stehen und räumte mit dem
traulichen Zuspruch: »Jetzt muß ich Sie leider rausschmeißen!«
meine Habseligkeiten an den Straßenrand, wobei ich ihm obendrein
noch helfen mußte. »Irgendwie werden Sie schon weiterkommen«,
versicherte er und machte sich aus dem Staube.
Wie ein Häufchen Elend saß ich am Straßenrand und wußte nicht,
wie ich mit all meinen Sachen an die Stätte meiner hochfliegenden
Lebenspläne gelangen sollte. Ganz in der Nähe stand ein einsames
Bauernhaus. Da mir nicht Besseres einfiel, lenkte ich meine Schritte dorthin und sang der rundlichen, gutmütig aussehenden Bäuerin
die Ballade von meiner Hilflosigkeit vor. Bei meinem Vortrag
merkte ich, welches Zauberwort die Dienstbezeichnung »Professor«
für Tübinger Gemüter ist. Daß ein derart zu Titulierender am Weges-
rand ausgesetzt war wie ein Zigeuner, dem sein Wagen geraubt war,
das erschütterte sie tief. Doch nach dem ersten Schrecken erhellte
ein rettender Einfall ihr gutes Gesicht. »I weiß, was mer machet«,
sagte sie in ihrem liebreizenden Schwäbisch. Die weibliche List
produzierte spornstreichs einen phantastischen Plan. Sie rief ihr
etwa sechsjähriges Töchterchen Annele, ein herziges Ding, und
befahl ihr: »Du bringst den Herrn Professor nüber!« Die Marokkaner seien nämlich sehr kinderlieb, erklärte sie mir, und die Wachleu-
te kennten ihr Annele. Wir würden jetzt »all mei Sach« auf ein

Leiterwägele laden, und Annele zöge es dann an dem Posten vorbei. Nach hundert Metern könne ich dann selber das Wägele übernehmen – sie würden es mir gerne für einen Tag borgen –, um es auf den Österberg zu ziehen.

Alles ging glatt! Der Marokkaner strich dem kleinen Mädchen sogar zärtlich über den Kopf und schob den Wagen selber eine kleine Strecke. Nach der nächsten Ecke übernahm ich ihn dann bis zum Schlatterhaus, wo die Hausdame, Fräulein Reich, mich amüsiert und kopfschüttelnd empfing. Am ärgsten war mir, daß ich nichts hatte, womit ich dem Annele beim Abschied danken konnte.

Auf dem Schlatterhaus – es hielt auch einen zeitgemäß kärglichen Mittagstisch bereit – residierte noch Dr. Ewald Katzmann mit seiner Familie. Er stammte ebenso wie ich aus Barmen, und wir genossen die Vertrautheit unseres gemeinsamen Idioms. Er wollte als frischgebackener Verleger die ersten Nachkriegspublikationen Ernst Jüngers verlegen (die Pariser Tagebücher »Strahlungen«, »Heliopolis« und anderes). Als er mir davon erzählte, hielt ich das für etwas phantastisch. Wie er dann eines Tages triumphierend mit den Manuskripten aus Kirchhorst, Jüngers damaligem Wohnsitz, zurückkehrte, war ich ziemlich platt. Die Lösung des Rätsels war einfach: Ernst Jünger und seine auch von mir sehr verehrte Lebensgefährtin Perpetua hatten nach der langen Zeit der Warenverknappung vielerlei Nachholbedarf an Gegenständen des Alltags. Katzmann aber war, ehe er sich anschickte, die höhere Ebene geistiger Produktionen zu erklettern, Steuer- und Wirtschaftsberater der schwäbischen Industrie gewesen. So verfügte er über enorme Beziehungen und Bezugsquellen, die er bei seiner Werbung um Jüngers Manuskripte listig zu erwähnen verstand. Ein Verleger, der gleichzeitig Nachthemden, Schlüpfer und Unterhosen bereithielt, war damals selbst für einen Ernst Jünger wohl unwiderstehlich.

Es war in den folgenden Jahren bemerkenswert, wen alles er mit seinem blauäugigen Charme und seiner lachenden, kinderreichen, singenden und musizierenden Familie in sein Haus zu locken und in festlichen Abenden zu vereinen wußte. Einmal war sogar fast die gesamte Pariser »Georgsrunde« um General Hans Speidel, einschließlich Ernst Jünger, Carlo Schmid und der faszinierenden Autorin Banine aus Armenien, bei ihm versammelt. Katzmann konnte bei seinen Phantasien auf dem Klavier von »Harre, meine Seele« über das »Ännchen von Tharau« zu »Heil dir im Siegerkranz« übergehen, so daß ein anwesender, mathematisch streng ausgerichteter

Musikerkollege sich vor Qualen wand, während mich in Erinnerung an unsere pietistisch-sentimentale Heimatstadt Barmen Behagen erfüllte.

Die Tübinger Theologische Fakultät

Von meinen Fakultätskollegen wurde ich überaus freundlich aufgenommen. Selbst Karl Fezer, der sich mit dem Nationalsozialismus nicht unerheblich eingelassen hatte und zu Anfang ein beflissener Helfershelfer des deutschchristlichen »Reichsbischofs« Ludwig Müller gewesen war, empfing mich geradezu emphatisch und sprach direkt oder durch die Blume seine Erwartung aus, daß ich mich bei der ihm drohenden Entnazifizierung als eine Art Schutzpatron betätigen werde. Vor 1933 war er ein bedeutender Predigtlehrer gewesen. Die Ausstrahlung seiner damals offenbar machtvollen Persönlichkeit und vor allem seiner dichten geistlichen Substanz zog jahrelang große Scharen von Studenten nach Tübingen, die von ihm eine biblisch gesättigte und zugleich gegenwartsoffene Verkündigung lernten. Von alledem war jetzt nichts mehr zu spüren. Auf der Kanzel wirkte er langweilig; er mutete mich wie ein ausgebrannter Vulkan an. Ich meinte zu erkennen, worin dieser Abstieg begründet war: Nie fand er ein Wort des Widerrufs oder der Reue für den Irrweg, den er gegangen war und auf dem er viele andere, die ihm vertrauten, mitgerissen hatte. So schien eine Art Bann auf ihm zu liegen. Als so viel Jüngerer fand ich leider nicht das Wort, das ich ihm wohl schuldig gewesen wäre; ich prallte immer wieder an der Mauer ab, die er um sich errichtet hatte. Daß ein Christ – denn der war er ja und wollte er auch bleiben – die Vergebung für sich selber nicht in Anspruch nahm, um den Bann der Vergangenheit zu durchbrechen, erschütterte mich; und wenn diese Verhärtung manchmal Zorn in mir aufkommen ließ, suchte ich ihn mit Erbarmen zu bekämpfen.

Zum älteren Freund wurde mir vor allem der Kirchenhistoriker Hanns Rückert, die wohl zentrale Figur unserer Fakultät. Er war ein großer Lehrer. Seine Vorlesungen wurden in oft selbstquälerischem Suchen nach der Wahrheit erarbeitet, und er ruhte nicht eher, bis er auch eine dem Gegenstand angemessene sprachliche Form gefunden hatte. Die Prägnanz seiner Prosa, seine immer neu zugeschliffene Diktion faszinierten mich. Dabei litt er unter einer gewissen »Papyrophobie«, so daß er nur wenig publiziert hat, und selbst dieses

Wenige wurde – von Ausnahmen abgesehen – erst von seinen Schülern herausgegeben. In unserer Freundschaft litt ich manchmal darunter, daß unser theologischer Austausch nicht ganz dem Grad unserer menschlichen Verbundenheit entsprach. Wir waren in unserer geistigen Konstitution wohl zu verschieden. Immerhin half sein etwas galliger Humor dazu, daß wir zusammen lachen konnten – und das ist nicht die schlechteste Form der Verbundenheit.

Der Neutestamentler Ernst Fuchs, der später hinzustieß, war für viele ob seiner provozierenden Fragestellungen und seiner aggressiven Intelligenz – die viele Schrecklegenden um ihn wuchern ließ – so etwas wie ein Enfant terrible. Auch die Studenten schieden sich sofort in Freunde und Feinde und waren in ihrem Pro oder Contra geradezu fanatisiert. Über ganze Redestrecken hin erging sich Fuchs – hier völlig konträr zu seinem Lehrer Bultmann – in sibyllinischen Wortkaskaden, die kein Mensch verstand. Das ließ seine Anhänger aber nicht irre werden, weil die prophetische Inbrunst seines Vortrages sie Einblicke von abgründiger Tiefe vermuten ließ, die ihnen bislang nur verschlossen geblieben waren. Daß sich hinter seinen esoterischen Dunkelheiten tatsächlich irgendein Sinn verbarg, merkten auch wir anderen. Denn inmitten der konturenlosen Wortströme konnte plötzlich eine Gedankenperle aufleuchten, deren Formulierung auch für vieles sonst leer Vorüberrauschende entschädigte. Ich war einer der wenigen Kollegen, die Ernst Fuchs trotz oder wegen seiner Absonderlichkeit gerne mochten. Für mich war er ein urschwäbisches Original, das der liebe Gott nun einmal so gemacht hatte und das man mit den chthonisch-tellurischen Elementen der Alb zusammensehen mußte, wenn einem daran lag, einen Schlüssel zu seinem vulkanischen Wesen zu finden.

Freunde aus früherer Zeit, die ich wiedertraf und mit denen mich gemeinsame Erinnerungen verbanden, waren der Neutestamentler Otto Bauernfeind, in dessen Proseminar ich in Greifswald gewesen war und der mich als Schwerkranker mit rührender Treue monatelang besucht hatte, sowie der Missionswissenschaftler Gerhard Rosenkranz, mit dem wir seit alten Heidelberger Zeiten verbunden waren. Die Weltweite des Vielgereisten umgab ihn, und seiner Erzählgabe gelang es, die ihm Lauschenden gleichsam mitzunehmen und zu Zeugen erlebter Völker- und Religionskunde zu machen.

Um den Neutestamentler und Judaisten Otto Michel angemessen zu skizzieren, müßte ich über Thomas Manns sublime Porträtierungskunst verfügen. Er legte keinen Wert darauf, (um eine nette schwäbische Metapher zu gebrauchen) »wie aus dem Schächtele« herausgeputzt zu sein. Das an Textilien ersparte Geld gebe er den Armen, so sagten seine Getreuen.

Michel war in seinem Fach ein angesehener Wissenschaftler und wurde später der Autor bedeutender Kommentare. Sein geistliches Temperament geriet nicht selten etwas außer Kontrolle. Er hatte etwa plötzlich während der Vorlesung eine Vision, schwieg lange verzückt, während seine Hörer erschrocken oder hingerissen – je nachdem – sein Schweigen teilten und in höchster Spannung auf das Ergebnis der Inspiration warteten. Gepreßte Urlaute brachen dann aus ihm hervor, die sich schließlich, einer Sirene ähnlich, in Heultönen entladen konnten. Viele hielten ihn für einen Charismatiker; andere, denen seine Art etwas fremd blieb, erklärten seine Ekstasen eher aus der Unruhe seiner Seele. Seine Studenten redete er gerne mit »mein Junge« und »du« an; gelegentlich konnte er auch elegant diskutieren. Jedenfalls hatte er viele Farben auf seiner Palette: prophetische, aber auch die eines Florettfechters. Ich selbst liebte in ihm ein ungewöhnliches Original.

Der verehrungswerte Senior der Fakultät, längst emeritiert, doch hie und da die Stiftskanzel und das Katheder noch besteigend, war der Systematiker Karl Heim. Er genoß Weltruhm und war jahrzehntelang der Magnet nicht nur der Fakultät, sondern der gesamten Universität gewesen. Die Scharen von Studenten, die sich unter seinem Katheder drängten, suchten nicht nur den großen Lehrer, der selbst das Schwierigste in fast joualistischer Lockerheit darzubieten wußte, sondern auch den Seelsorger, der den Nerv all jener Probleme traf, die seine Zeitgenossen bewegten. Das war in den ersten Jahrzehnten unseres Jahrhunderts, vor allem aber nach dem Ersten Weltkrieg, die Auseinandersetzung mit dem Relativismus, der von den Ebenen der Naturwissenschaft und auch der Historie her alles Unbedingte – und erst recht jeden Absolutheitsanspruch christlicher Wahrheit – in Frage stellte. Genau diese Kontroverse war das Lebensthema Karl Heims, das ihn von seiner ersten Jugendarbeit bis zu seinem Spätwerk nicht mehr losließ.

Er war bis dahin der einzige Theologe von Rang, der die Auseinandersetzung mit der Naturwissenschaft betrieb und ihrer Arbeitshypothese eines geschlossenen Kräftehaushalts der Natur und einer in sich ruhenden Endlichkeit den Ausblick in Transzendenz abzuringen suchte. Diese Auseinandersetzung fand ihren Niederschlag in bedeutenden Werken, die auch Physiker und Biologen nachdenklich zur Kenntnis nahmen und die selbst heute nicht vergessen sind. Die andere Front, wider die er sich wandte, war der Historismus als Weltanschauung, der jede für unbedingt gehaltene Wahrheit gleichsam entmythisierte und ihre funktionale Abhängigkeit von geschichtlichen Konstellationen aufweisen wollte. Seit Oswald Spenglers aufsehenerregendem Werk über den »Untergang des Abendlandes« waren gerade Intellektuelle von dieser Schau der Dinge hingerissen. All das griff Karl Heim auf.

Entsprechend fanden sich zu seinen Glanzzeiten Studenten und Kollegen fast aller Fakultäten in seinen Lehrveranstaltungen zusammen. Daß er seine Auseinandersetzungen mit dem Geist der Zeit nicht bloß als scharfsinniges Kalkül vortrug, sondern seinen schwäbisch-pietistischen Background dabei allenthalben durchschimmern ließ, daß er betont – wenn auch durchaus nicht penetrant – als Zeuge Jesu Christi sprach, erfüllte seine Vorlesungen mit einem existentiellen Anspruch, der in dieser Kombination von Intellektualität und Spiritualität einzig dastand und die Zuhörer in seinen Bann schlug. Es bedeutete mir viel, daß der stille alte Herr immer wieder in meinen Vorträgen auftauchte und mich mit gütigen Worten auf meinem Wege ermutigte.

Allerdings blieb gerade in Augenblicken, in denen ich ihm verehrend zugetan war, ein geheimer Vorbehalt in mir, der mich schon während meiner Studentenzeit davon abgehalten hatte, zu ihm nach Tübingen zu gehen. Erst im Lauf vieler Jahre ist mir klargeworden, warum ich instinktiv eine Art Schranke ihm gegenüber fühlte. Ich gewann den Eindruck, daß Karl Heims Person selbst *kaum* von Relativismus angefochten wurde, daß er vielmehr im Frieden einer Glaubensgewißheit ruhte, die durch keine ernsthafte Erschütterung bedroht war. Er war, wenn ich es so ausdrücken darf, eher ein »diakonischer Denker«, der die Nöte anderer auf sich nahm und sich zu eigen machte, um gleichsam stellvertretend – da *ihm* das entsprechende Ingenium verliehen war! – einen Ausweg aus der geistigen Umzingelung zu suchen.

Daß Karl Heim ein diakonischer, ein stellvertretender Denker war, wurde mir deutlich, als ich ihn im hohen Greisenalter beobachtete: Da schien all das, was sein Denkerleben erfüllt und seinen Namen in alle Welt getragen hatte, wie ein morsches Gewand von ihm abgefallen zu sein. Er war nur noch – das Wort »nur« ist wahrlich nicht abfällig gemeint! – der schwäbische Stundenbruder, der in priesterlichem Gebet für seine Menschenbrüder einstand. Er hatte die Welt überwunden, und für ihn hatte die Zwiesprache mit Gott alle

anderen Gespräche verdrängt. Nur weil mich das Verhältnis zu Karl
Heim so stark beschäftigt hat, teile ich diese Überlegungen mit,
wohl wissend, daß das nur ein schwacher Versuch ist, dem Geheimnis dieser großen Gestalt des Reiches Gottes nahezukommen.
Adolf Köberle, der wohl prominenteste Heim-Schüler und mein
Spezialkollege, war der gute Geist der Fakultät, der mir in meinen
Anfängen selbstlos und unermüdlich beistand. Die Studenten vertrauten seiner seelsorgerlichen Treue, und die Kollegen waren sich
immer gewiß, daß kein Falsch an ihm war. Trotz unserer in
manchem unterschiedlichen Art fühlten wir uns in vielen Zielset-
zungen unserer Arbeit und auch in Bildungsinteressen verbunden.
Nur seiner Musikalität gegenüber – er spielte vorzüglich Geige, und
seine Kinder haben es in künstlerischen Berufen weit gebracht –
kam ich mir wie ein arger Beckmesser vor, so dankbar ich ihm auch
für alle Bereicherungen war, die er uns durch seine Kunst und seine
interpretatorischen Hilfen zuteil werden ließ.
Last but not least erwähne ich Gerhard Ebeling, den Jüngsten von
uns, der erst in die Fakultät hineinwuchs. Eines Tages in der letzten
Korntaler Zeit erschien er bei mir. Er habe von meiner Berufung
nach Tübingen gehört und wollte sich erkundigen, ob es da wohl
eine Assistentur für ihn gebe, da er die akademische Laufbahn
einschlagen möchte. Obwohl er schon 1942 ein bedeutendes Werk
publiziert hatte, wußte ich nichts von ihm, weil fast die gesamte
Auflage im Fliegerkrieg verbrannt war. Doch merkte ich bald, daß es
sich um einen außerordentlichen Mann handelte, auch wenn damals
niemand ahnen konnte, welch unerhörte Bedeutung er später als
Kirchenhistoriker, Lutherforscher und Systematiker in Tübingen
und Zürich gewinnen würde. Gegenüber seiner immensen Gelehrsamkeit und seinem ausgebreiteten Quellenstudium kam ich mir
selbst eher wie ein Amateur vor.
Er erschien mir wie jemand, der an einem Riesenmikroskop sitzt
und immer nur die Mikrometerschraube dreht und Feinschnitte
verfertigt. Plastische Porträts von Kaisern und Päpsten, Hörbilder
eines rebellischen Volkshaufens, den Alltag in einem mittelalterlichen Kloster zu beschwören – einschließlich der Gerüche! –, lag ihm
weniger. Über seinen späteren systematischen Werken breitete sich
vielfach die dünne Luft entrückter Abstraktion, doch ließ sie gerade
dadurch seine Gegenstände in ihrer immateriellen Feinstruktur
erscheinen. Ich las seine Prosa stets mit hohem intellektuellem
Genuß.
Nie wieder bin ich einem Menschen mit vergleichbarer Arbeitsin-

tensität begegnet. Das lag wohl vor allem an dem unerhörten Nachholbedarf, unter dem er nach all der Kriegsunterbrechung litt. In seinem kleinen Assistentenkabuff türmten sich die Bücher um ihn so hoch, daß man ihn, wenn man eintrat, nicht sah. Trotz Hunger und Kälte stand er um fünf Uhr früh auf und verließ das Schlachtfeld seiner Arbeit erst am späten Abend. »Jeden Morgen freue ich mich auf den Wecker«, versicherte er mir. Er spielte virtuos Klavier, besonders Bach. Seine Frau Cometa war Konzertgeigerin und belebte das Tübinger Musikleben. Daß sie später ertaubte und in eine Welt des Schweigens verbannt war, empfanden wir alle als schreckliche Tragödie.

Oft ging ich damals an den Wochenenden mit Ebeling spazieren. Dann gestanden wir uns gegenseitig, wie froh wir waren, wieder bei unserer eigentlichen Arbeit zu sein. Und doch schwang manchmal auch ein leiser Ton der Trauer mit, daß wir nicht mehr als Verkünder mit einer Gemeinde zusammenlebten, daß die Verbundenheit mit einfachen Menschen uns nicht mehr trug und wir zu »Solisten« geworden waren.

Trotz der freundschaftlichen Fäden, die sich derart zu einigen Kollegen anspannen, war die Fakultät als Körperschaft eigentümlich leblos. Es gab keinen gemeinsamen theologischen Austausch, wir fanden nicht in aufgelockerten Stunden zusammen. Wir hatten nur Sitzungen mit dem Einerlei der üblichen Routinefragen: Wiederaufbau-Probleme, Examensbesprechungen und vor allem das leidige Thema der Entnazifizierung. Bald wurde dieser, bald jener von der Besatzungsmacht suspendiert oder endgültig entlassen und dann die Wiederbesetzung seines Lehrstuhls verlangt. Dabei waren ernsthafte und törichte Gründe oft miteinander vermischt, so daß unser Gerechtigkeitsgefühl rebellierte und Gewissenskonflikte uns quälten. In diesen Runden am grünen Fakultätstisch erschöpfte sich unsere Kommunikation, ein Klima der Unpersönlichkeit umgab uns. Das schien mit dem Genius loci zusammenzuhängen, denn schon Goethe hatte bemerkt, daß in Tübingen so etwas wie »die akademische Zirkulation« fehlte.

Friedrich Sieburg, Romano Guardini, Carlo Schmid

Fruchtbare Kontakte entstanden zu Kollegen der anderen Fakultäten und zu Menschen außerhalb der Universität. Die landschaftlich so zauberhafte und unzerstört gebliebene Stadt zog damals vor allem viele Größen aus der Welt des Theaters an. Paul und Traute Rose hatten ihre Berliner Bühne an den Neckar verlegt. Mit beiden pflegten wir freundschaftlichen Austausch. Erika von Tellmann, Elisabeth Flickenschildt und Theodor Loos verliehen den Tübinger Aufführungen großstädtisches Niveau. An der Kasse mußte man außer dem Eintrittsgeld auch ein Brikett entrichten.

Friedrich Sieburg, der ebenfalls zu den neuen »Immigranten« gehörte, war ein großartiger Gesellschafter – *wenn* man sich bei seinen erzählerischen Monologen mit der bescheidenen Rolle des bloßen Konsumenten begnügte. Sobald ein anderer nur den Mund auftat, hatte er mit einem Gähnkrampf zu kämpfen; man sah dann förmlich, wie er die nächste Attacke vorbereitete, um seine Rolle als Star-Causeur zurückzugewinnen. Ich hatte das bald heraus und beschränkte mich auf bloße Interviewfragen, die er sofort aufgriff. Beim Abschied pflegte er sich dann emphatisch für einen Abend zu bedanken, der ihm so unerhört viel gegeben und bei dem er so viele Anregungen empfangen habe. Dabei hatte nur er gesprochen und erzählt und erzählt: vom Stefan-George-Kreis und seinem tragischen Freund in Japan, dem Spion Richard Sorge, von der alten Königin von Württemberg, die er beim Einmarsch der Franzosen in Schloß Bebenhausen als Kammerherr zu hüten hatte und die von der Besatzungsmacht für einen verkleideten Hitler gehalten wurde, von der tragischen Einsamkeit Marschall Pétains – aber auch von Tübinger Professorenfrauen, die hinter der Gardine darauf lauerten, daß die Pferde eines benachbarten Bauernhofes ihre Äpfel fallen ließen, um dann einen Wettlauf anzutreten, wer sie als erste für ihr Kartoffeläckerle einheimsen konnte. Da er ein Freund verfeinerten Lebensgenusses war, ein rechter Gourmet und Epikuräer, bemächtigte sich Liesels stets ein hausfrauliches Lampenfieber, wenn er bei uns aß und unsere »Tafel« ihm eine zeitgemäße Askese zumuten mußte (wenigstens bis zur Währungsreform).

Sieburgs Entelechie brachte in die Schwarzweiß-Zeichnung unserer Gelehrtenrepublik jedenfalls ein glitzerndes Farbenspiel aus anderen Dimensionen der Kultur. Niemand hat diese Kultur wohl pointierter getroffen als Gottfried Benn, wenn er Sieburgs Stil mit einem »Baumkuchen« vergleicht, dem »edelsten und teuersten Gebäck, das es gibt. Nicht Makronen, nicht Marzipan, sondern dieser weiche, zarte Teig, in dem man so viel Verdecktes und Verstecktes schmeckt.« Vor allem gelang es Benn, mit vier Adjektiven Sieburgs Wesen in einzigartiger Prägnanz einzufangen: »sublim und lukullisch, gepflegt und opulent«.

Mein katholisches Gegenüber war neben dem gelehrten, von Menschenfreundlichkeit und Güte erfüllten Theodor Steinbüchl vor allem Romano Guardini, der – ungefähr gleichzeitig mit mir – einen Lehrstuhl für Europäische Geistesgeschichte übernahm: eine katholische Weltanschauungsprofessur sozusagen, die für Hörer aller Fachbereiche bestimmt war. Das neue, bisher nicht vertretene Fach war betont als Pendant zu meinem Lehrstuhl eingerichtet worden. Romano Guardini und ich führten in den folgenden Jahren viele freundschaftliche Gespräche. Er aß öfter bei uns zu Abend. Nicht selten mußte der würdige Mann dann im Sturmschritt nach Hause jagen, weil nach der Sperrstunde um 22 Uhr kein Deutscher mehr die Straße betreten durfte.

Unsere erste Begegnung ergab sich zufällig im Vorzimmer des Rektors. Als wir uns vorstellten, meinte Guardini: »Dies ist ein symbolischer Akt!«, worauf mir herausrutschte: »... daß wir uns in einem ›Vorzimmer‹ treffen?« Wir lachten und sprachen die Hoffnung aus, daß wir uns sicherlich auch im »eigentlichen« Sprechzimmer begegnen würden. Da ich einige Zeit vor ihm mit meinen Vorlesungen begann und er sich noch in einer gewissen Anonymität bewegen konnte, hörte er sie sich an. Seine sensiblen Beobachtungen meiner Redeweise und auch der Hörerreaktionen waren sehr aufschlußreich für mich.

Guardini überließ sowohl auf dem Katheder wie auch auf der Kanzel nichts dem Zufall. Jede Geste, jeder Tonfall, jede Pause waren genau einkalkuliert. Das wurde mir vor allem an seinen vielbesuchten Meditationsabenden in der katholischen Kirche klar.

Beim Betreten der Kirche empfing einen betont schlichte Orgelmusik – kein virtuoses Kirchen-»Konzert«. Der Hörer sollte zur Sammlung gebracht werden. Derweil saß Guardini, den Blicken aller preisgegeben, in sich versunken im Chor, sein Löwenhaupt auf die Hand gestützt. Hatte er schließlich die Kanzel betreten, benahm er sich für eine kurze Minute wie ein aufgeregter Manager, der in seinen Papieren wühlt und offenbar vergeblich etwas sucht. Dann aber wandte er sich mit einem Ruck, bei dem man förmlich zusammenzuckte, zum Altar, in dessen Anblick er eine Zeitlang mit gesammelter Ruhe verharrte. Sobald die Orgel schwieg, begann er in meditativem Stil seine Ansprache. Als er kurz danach bei uns war, wir eine Flasche Wein getrunken hatten und er in aufgelockerter Stimmung offensichtlich darauf wartete, etwas über meine Eindrücke an jenem Abend zu erfahren, stach mich der Hafer: »Ich habe Sie an diesem Abend durchschaut«, sagte ich ihm. Er sah mich erstaunt an: »Wieso durchschaut?« – »Sie haben nicht nur durch Ihr Wort wirken wollen, sondern Sie haben noch vielerlei andere Demonstrationen vollzogen, mit denen Sie auf bestimmte Effekte aus waren. Ich meine das durchaus nicht negativ.«

Guardini wollte nun ganz genau wissen, was ich damit meine: »Es war sicherlich beabsichtigt«, antwortete ich, »daß der Organist sich nicht produzieren, sondern nur einige gliedernde Linien in Raum und Zeit legen sollte. Derweil demonstrierten Sie durch Ihre statuarische Ruhe im Chor, wie man sich auf eine Meditation vorbereitet. Auf der Kanzel wollten Sie dann gleichnishaft den Übergang von Streß und Unruhe zur Sammlung verdeutlichen, als Sie sich nach dem Gewühle in Ihren Papieren plötzlich in schweigender Konzentration zum Altar wandten, um die andere Dimension zu veranschaulichen, in die Sie uns geleiten wollten.«

Guardini lächelte und sagte: »Sie könnten recht haben.«

Seine enorme Ausstrahlung stammte wohl nicht zuletzt aus den Gegensätzen, die seine Natur barg. Wie spirituell und sublim konnte Guardini sein, wenn er Hölderlins Hymnen interpretierte oder über den Engel in Rilkes »Duineser Elegien« sprach, und wie taktisch und raffiniert, wenn er irgend etwas durchsetzen wollte! Im Überschwang eines launigen Conviviums platzte ich einmal heraus: »Sie sind nicht nur ein Homo spiritualis, Sie sind auch ein Fuchs!« Ich meinte sein etwas genießerisches Lächeln so deuten zu sollen, daß er das gar nicht so ungern hörte. Auf manchen seiner Photos ist dieses Füchsische sehr genau zu erkennen.

Zu den beherrschenden Gestalten im damaligen Tübingen gehörte natürlich auch Carlo Schmid, der sehr bald der Ministerpräsident der vorläufigen Landesregierung von Württemberg-Hohenzollern wurde. Ehe er diese erste Anhöhe seiner staatsmännischen Karriere erklomm, lernten wir uns auf eine geradezu groteske Weise kennen. Noch geraume Zeit vor der Wiedereröffnung der Universität – die ersten Überlegungen zu meiner Berufung waren gerade angelaufen – hatte ich wieder einmal, noch von Korntal aus, einen Vortrag in Tübingen übernommen. Kurz nach meiner Ankunft bat mich Köberle, am Nachmittag einen gewissen Justizrat Schmid, der mich kennenlernen wolle, zu empfangen. Er werde sicherlich in Tübingen noch eine wichtige Rolle spielen und sei im übrigen ein höchst anregender Mann. Ich hatte an diesem Nachmittag gar keine Lust, ein neues Gesicht zu sehen, denn ich brütete noch über meinem Vortrag und war im übrigen hungrig und müde. Da Köberle aber so viel daran lag, sagte ich etwas mißmutig zu – im übrigen völlig ahnungslos, wen ich in Herrn Schmid vor mir haben würde.

Zur festgesetzten Stunde erschien er dann: ein sehr korpulenter Mann – so etwas fiel damals sofort auf! – in einem recht verknautschten Anzug, der mich nicht für ihn einnahm. Ich sagte ihm gleich, daß ich wenig Zeit habe, worauf er mir versicherte: »Sie brauchen nur mit den Augen zu winken, dann verschwinde ich wieder.« (Die Redefigur »mit den Augen winken« hatte ich noch nie gehört, darum erinnere ich mich genau an sie.) »Womit kann ich Ihnen dienen«, fragte ich, um schnell in medias res zu kommen. »Was macht die Regierungsbildung in Stuttgart?« war seine Gegenfrage. Ich hatte angenommen, er wolle über persönliche Dinge reden und fand seine Frage etwas weit hergeholt. Immerhin wußte ich einiges über die Regierungspläne, denn ich hatte gerade Theodor Bäuerle in Stuttgart besucht und von ihm erfahren, daß er anderntags höchstwahrscheinlich der erste Kultusminister, damals noch »Landesdirektor« genannt, der Zone Nordwürttemberg-Baden würde. (Statt dessen wurde Bäuerle aber, was ich nicht ahnen konnte, nur Ministerialdirektor und erst in einem späteren Schub Minister.) Als ich Carlo Schmid den Namen Bäuerles als des Ministerkandidaten nannte, meinte er: »Irrtum, der wird es nicht.« Wie konnte dieser Provinzler in Tübingen, so dachte ich hochmütig, eine solch dezidierte Behauptung aufstellen, wo ich doch gerade vom Ort des Geschehens kam! Darum fragte ich ihn etwas indigniert und nicht ohne Ironie: »Wer wird es denn dann?« – Schmid darauf schlicht und kurz: »Ich.« Daraufhin strafte ich ihn mit Schweigen und einem skeptischen Stirnrunzeln.

Das merkte er sofort und gab Gegendampf: Er brachte in längeren Monologen, die ich passiv über mich ergehen ließ, die Sprache auf allerhand Bildungsthemen, zitierte Verse aus der »Odyssee« auf griechisch, aus Baudelaires »Les fleurs du mal« (an deren deutscher Herausgabe er arbeitete) auf französisch und nicht zuletzt aus Dantes Göttlicher Komödie, »natürlich« auf italienisch. Dabei stellte er wie ein Conférencier hurtig die Übergänge und Assoziationen her, um seine Pointen anbringen zu können. Je mehr er spürte, daß ich abschaltete, um so mehr Zitate zog er aus seinem Bildungsgepäck hervor. Als schließlich der Name Ernst Jünger fiel und ich – fast widerwillig – erwähnte, daß ich gerade in das Manuskript der »Strahlungen« hineingeschaut hätte, behauptete er sogleich: »Vieles daraus geht auf meine Anregungen zurück.« Das war mir denn doch zu arg; ich hielt ihn für einen Scharlatan und Angeber. So

»winkte ich mit den Augen«, und er erhob sich. Unser Abschied war kühl.

Am anderen Morgen begab ich mich gleich zu Bäuerle in der Stuttgarter Hölderlinstraße, um ihm von dem seltsamen Mann zu erzählen, der sich mir statt seiner als der designierte Leiter der Kultusbehörde vorgestellt hatte. Carlo Schmid kam mir auf dem Flur entgegen und begrüßte mich mit triumphierender Gebärde: »Ich habe bemerkt, daß Sie mir gestern nicht recht glauben wollten. Aber Sie sehen, nun bin ich's halt doch geworden. Wenn Sie einmal einen Wunsch haben, der in mein Ressort fällt, lassen Sie es mich über mein Sekretariat wissen. Ich werde alles stehen und liegen lassen und Ihnen zur Verfügung stehen.« Diesmal blieb mir der Mund offen.

Später lernte ich ihn dann genauer kennen und immer mehr schätzen. In seinem Tübinger Regierungsamt hat er charaktervoll das deutsche Interesse gegenüber den Franzosen vertreten. Dabei kam ihm sein vollendetes Französisch, das einmal seine Muttersprache gewesen war, sehr zustatten. Ich bewunderte die Universalität seiner Bildung, die ich in unserem ersten Gespräch so gründlich mißverstanden hatte, ebenso seine kulturpolitischen Reformideen und nicht zuletzt die Fähigkeit, seine Mitarbeiter zu begeistern. Noch heute können die Leser seiner Memoiren bemerken, welches Format er hatte.

Wenn wir uns in den folgenden Jahrzehnten begegneten, blieb allerdings auf beiden Seiten ein Rest von Befangenheit. Unser erstes Gespräch war gewiß eines der wenigen gewesen, in denen er sich nicht ernst genommen fühlte – wenn auch nur für eine kurze Stunde. Und ich genierte mich, daß mein Instinkt für Menschen so völlig versagt hatte. Als er ungefähr dreißig Jahre später den Hansischen Goethepreis empfing, saß ich bei der Fahrt vom Rathaus zum Hotel Atlantic vor ihm im Bus. Da tippte er mir auf die Schulter: »Wissen Sie noch – damals in Tübingen, als ich Sie besuchte...?« Dabei lächelte er, und ich meinte, einen leisen Hauch von Verlegenheit zu spüren.

Eduard Spranger

Eine der ganz großen Gestalten, die mir in meinem Leben begegnet sind, war Eduard Spranger, der berühmte Kulturphilosoph der Berliner Humboldt-Universität. Tübingen war damals so attraktiv, daß Persönlichkeiten dieses Ranges seinem Ruf folgten, zumal der alte Herr vor und nach Kriegsende Schweres erlitten hatte und sich nach dem relativen Frieden unserer Gelehrtenrepublik sehnte. Er hatte in meiner Entwicklung schon von Jugend an eine erhebliche Rolle gespielt und würdigte mich in den Tübinger Jahren nun seiner väterlichen Freundschaft. Ich hatte als junges Semester seine »Psychologie des Jugendalters« gelesen – als ein Jüngling also, der nicht recht wußte, wer er selber war, und der ein kollektives Porträt suchte, in dem er sich wiedererkennen und damit *überhaupt* ein wenig erkennen konnte. Ich weiß noch, wie faszinierend polar der Eindruck war, den die Lektüre auf mich machte. Ich fühlte mich einerseits durchschaut und sogar besser verstanden, als ich mich selbst verstand; andererseits fühlte ich mich von Spranger zugleich relativiert: All das bedrängend Ungewisse, all diese ekstatischen Aufschwünge und rätselhaften Traurigkeiten des Neunzehnjährigen waren ja kein originales und einsames Geschick, sondern das alles war nur der Ausdruck von Wachstumsgesetzen, an denen *alle* teilhatten.

Nun sollte Spranger also nach Tübingen kommen, und ich sah ihm mit Neugierde und Bangen entgegen. Die Freude, einem Mythos der Jugendzeit nun in persona zu begegnen, war aber doch so groß, daß ich ihm zum Empfang einige Zeilen schrieb. Nach seiner Ankunft in Tübingen machte er dem weitaus Jüngeren einen Besuch, bei dem er sich mit altväterlicher Grandezza für die paar Begrüßungszeilen bedankte und spüren ließ, daß ein dem Herzen zugedachtes Wort auch so aufgenommen worden war.

Wie oft suchte seine Bescheidenheit den Abstand zu überbrücken, der sich vor dem Überlegenen einstellt, und wie merkwürdig mutete es an, daß nun – gerade bei ihm! – die Bescheidenheit selbst zur Signatur des Überlegenen wurde und den Abstand nur vergrößerte. Ich erinnere mich, wie wir einmal an einem Regentag miteinander spazierengingen und über Luther sprachen. Erst nachträglich wurde mir dieses Gespräch zu einem geistigen Ereignis: Er ließ den Jüngeren Thesen vertreten, die ihm offenbar fremd waren, und hob ihn dennoch durch die Art seines Zuhörens, durch ein kontrapunktisches Offensein gleichsam, über sich selber hinaus. Auf dem Spaziergang selbst hatte ich zu solchen Wertungen keine Zeit, weil wir dauernd über Pfützen springen mußten und ich alle Mühe hatte, seine Versuche abzuwehren, mich auf die sauberen Wegpartien abzudrängen und selber den glitschigen Lehm zu übernehmen. Dieses kleine Schlammballett der Höflichkeit ist mir immer ein liebenswürdiges Gleichnis für den Umgang mit Spranger geblieben.

Die Distanz, die dieser Mann schuf und die zu überwinden er so rührend bemüht war, beruhte nicht auf dem Prestigebedürfnis einer »Autorität«, sondern sie war Selbstschutz vor der Anfälligkeit des Herzens, der ihm in dem ständigen Umgang mit jungen Menschen und deren Auf- und Ab-Entwicklungen geboten schien. Und weil diese geheimrätliche Distanz nicht sein eigentliches Wesen war, konnte er es gut mit den schlichten Leuten (was alle die nicht wissen, die ihn nur vom akademischen Parkett her kennen). Man mußte nur einmal gesehen haben, wie er mit den dienstbaren Geistern der Alma mater Tübingen umging, mußte das entzückend steifbeinige, in den Gelenken ächzende Gedicht gelesen haben, das er der Tübinger Studentenmutter »Emilie« gewidmet hatte und das als einziges Poem dieses Meisters der Kathederprosa zum Knüller eines Jubiläumsbuches wurde. Und mit welcher Wärme konnte er einem von Gefängnisbeamten und Kalfaktoren erzählen, die ihn während seiner Berliner Haftzeit mit ihrer Fürsorge umgaben und ihn spüren ließen, daß er ein Herz für sie hatte!

Während meiner späteren Amtszeit als Präsident der Westdeutschen Rektorenkonferenz hatte ich viel mit Fragen der Hochschulreform zu tun, und natürlich suchte ich Spranger als starkes und wegekundiges Zugpferd vor meinen Wagen zu spannen. Selten erlebte ich eine so jähe Ernüchterung wie in der Stunde, als ich ihm meinen Antrag machte. Mit einem Blick, den man nur als wehmütig belustigt bezeichnen kann, meinte er (dem Sinne nach): Nett, wie ihr jungen Leute euch noch und immer wieder für etwas begeistern könnt, was ich mir vor Jahrzehnten schon an den Schuhsohlen abgelaufen habe. Und dann gab er zu verstehen, daß alle diese Reformmacherei nur eine Art »ewiger Wiederkehr«, im Zeitraffer gesehen, sei. Etwas Trauer darüber, daß eine gewisse Neigung zur Relativierung und Skepsis, der kein Wissender entgehen kann, ihm hier den naiven Impuls zum Handeln raube, schwang dabei mit. Aber er wollte den naiven Schwung der Jugend nicht vorzeitig mit dem Bazillus der Altersweisheit anstecken. In seinem Buch über die »Lebenserfahrung« spricht er vielmehr das gleiche aus, was Luther im Vorwort zum »Römerbrief« auf seine Weise auch sagt: daß jede Wahrheit und jedes Wissen um Wahrheit »ihre Zeit, ihr Alter und ihre Stunde« hätten – daß also die Altersweisheit für den Alten legitim, für den Jungen aber ein lähmender Bazillus sein könnte.

Ja, die Weisheit Eduard Sprangers! Er konnte sie mit den Worten Jacob Burckhardts als *Ziel* aller Erfahrung umschreiben. Denn »wir wollen durch Erfahrung nicht sowohl klug (für ein andermal), als weise (für immer) werden«. Diese Weisheit relativiert das Vergehende und führt doch nicht zum Relativismus, weil sie selber eines festen Punktes teilhaftig ist. Was dieser feste Punkt bei ihm sei, hat Eduard Spranger immer nur angedeutet, mündlich und literarisch. Es wäre unangemessen, hier analytisch zu werden. Er begnügte sich gleichsam, in Chiffren sichtbar zu machen, in welcher Richtung die Mitte seines Daseins zu suchen sei. Der Sokratiker in ihm ließ nur die Fährte erkennen, weil es nicht gut ist, den anderen mit Zielen zu überfallen und ihm das eigene Nachspüren zu nehmen.

Die Jugend hat einen wachen Instinkt dafür, ob ein Dasein sich im Vordergründigen erschöpft oder ob es tiefere Dimensionen besitzt, ob ein Autor in seinem Werk aufgeht oder ob er mehr ist als dieses Werk. Nur so läßt es sich erklären, daß dieser Mann, der idealistischen Traditionen entstammte, bis ins hohe Alter hinein eine sich anders entwickelnde Jugend hingerissen hat und daß die Studenten unter sein Katheder strömten. Gelegentlich, wenn er sich selber in einer Unmittelbarkeit gab, die nur dem great old man ansteht, äußerte sich ihre Dankbarkeit, ihr Echo des Verstehens in dröhnenden Ovationen. Dann verklärte sich sein beherrschtes Gesicht, und seine Hörer konnten ahnen, wie er als Jüngling ausgesehen hatte. Dieser reflektierende Mann in all seiner Distanz wußte in den verschlossenen Kindern der Nachkriegszeit immer wieder die Spontaneität der Jugend freizusetzen, ehe er sie scharf in die Zucht seines Denkens und seiner Begriffskultur nahm. Seine Briefe bewahre ich als kostbares Vermächtnis.

Wieder auf dem Katheder

Zunächst wurden nur die beiden theologischen Fakultäten eröffnet, weil deren Lehrkörper durch die Entnazifizierung weniger dezimiert waren als die anderen. Wir begannen mit einem Kurzsemester von Anfang September 1945 bis zur ersten Dezemberhälfte. Wenn ich mich recht erinnere, hatten wir etwa 350 Theologen, die das ihnen auferlegte Ausleseverfahren glücklich überstanden hatten. Alle Studienanwärter, später auch die der anderen Fakultäten, wurden nach dem Befehl der Besatzungsmacht durch allerhand mühselig arbeitende Zulassungsausschüsse geschleust. Offiziere, besonders solche höherer Ränge und Generalstäbler, hatten die größten Schwierigkeiten, angenommen zu werden.

Bevor die Vorlesungen begannen, kam ein merkwürdiges Gefühl der Vereinsamung über mich. Tübingen erschien mir wie eine Etappe, die vom Bombenkrieg verschont geblieben war. Trotz der wenigen Kilometer Entfernung von Stuttgart fühlte ich mich von den einstigen Schicksalsgenossen schmerzlich getrennt. Auf meiner abgeschiedenen Bude bereitete ich meine Vorlesungen vor; aber ich kannte ja noch nicht die, vor denen ich sie halten würde. Da der Kontakt mit den Hörern für mich ein rednerisches Lebenselement ist, fühlte ich mich in einen ungewohnten Leerraum verstoßen. Wenn ich in der Markuskirche vor meinen treuen Stuttgartern sprach – diese Gottesdienste behielt ich auch von Tübingen aus bei –, war es mir, als wenn ich in eine andere vertraute Welt eintauchte. Sollte *diese* Welt, sollte die Dimension der Verkündigung, die mein Leben in den letzten Jahren geprägt hatte, nicht doch die mir zugedachte Bestimmung sein? – so fragte ich mich. Überdies steigerte sich der starke Besuch dieser Gottesdienste in der Folgezeit dermaßen, daß Lautsprecher angebracht werden mußten, die die Feier aus der Kirche ins Freie übertrugen. Zur Dämpfung meiner Stimmung trug sicherlich auch die allgemeine Depression bei, die sich innerhalb der Universität wegen der Entnazifizierung ausbreitete. Jeden Tag schwirrten neue Gerüchte, wer wieder entlassen worden sei.

Anfang November konnten wir eine schöne Wohnung am Neckar, in der Gartenstraße, beziehen und waren als Familie wieder beieinander. Wir leimten den Rest unserer zerbrochenen Möbel zusammen und waren bald imstande, Studenten und Kollegen als Gäste bei uns zu empfangen. Nicht lange danach wurde uns gegenüber im Neckargrund eine große Baracke für das Innenministerium der vorläufigen Regierung errichtet. Diese Regierung des von der Besatzung abgesteckten Landstrichs Südwürttemberg-Hohenzollern blieb im Bewußtsein der Bevölkerung ein gewisser Fremdkörper. So konnte es passieren, daß jemand, der sich nach dem Innenministerium erkundigte, von einem Passanten die Auskunft erhielt: »Gegenüber von Thielickes, Nr. 79!«

Am 4. September 1945 war es dann soweit: Ich hielt meine erste theologische Vorlesung im kleinsten Hörsaal. Mein Fach, die systematische Theologie, wird in der Regel nur von fortgeschrittenen Studenten gehört, die die biblischen und historischen Fächer – vom Sprachenstudium ganz abgesehen – bereits hinter sich haben. Daß es diese zunächst kaum gab, tat meiner Begeisterung, wieder im alten Metier zu sein, keinen Abbruch, zumal die Hörerschar dann von Semester zu Semester wuchs.

Meine wichtigste Lehrveranstaltung aber war eine andere: Zu den Reformideen, die uns für die Neugestaltung der Universität beschäftigten, gehörte die Einrichtung eines *Dies academicus*, einer Art humanistischer Einführung in die abendländische Bildungswelt. Sie war vor allem der Jugend zugedacht, die nun aus Krieg und Gefangenschaft in ein Vakuum zurückkam, das der Zusammenbruch der Nazi-Ideologie hinterlassen hatte. So ergab sich eine Institution, die vom Blickpunkt der heutigen Examensrennerei und dem damit verbundenen »Fachidiotentum« aus fast wie ein Märchen anmutet: Der Donnerstag jeder Woche war ausschließlich diesem Studium generale vorbehalten; Fachvorlesungen wurden nicht gehalten. Von morgens 8 bis abends 20 Uhr fanden fächerübergreifende Kollegs für Hörer aller Fakultäten statt, in denen von der Basis der jeweiligen Disziplin aus eine Existenzorientierung des Menschen thematisiert werden sollte. Dieser Donnerstag-Dies fand einen überraschenden Anklang bei der innerlich nach neuen Wegen suchenden Heimkehrergeneration. Ich selber trug dabei unter dem Titel »Die geistige und religiöse Krise des Abendlandes« – er kommt mir heute reichlich bombastisch vor! – im wesentlichen den Inhalt meines damals in Deutschland noch unbekannten Buches »Fragen des Christentums an die moderne Welt« vor.

Bald mußte ich ins Audimax umziehen. Dann wurde die Vorlesung zusätzlich in noch zwei andere Hörsäle übertragen. Als auch das nicht mehr reichte, wurde mir der – jedenfalls damals – ängstlich gehütete Festsaal geöffnet, der sehr schnell ebenfalls überfüllt war. Ähnlich blieb es während der weiteren Tübinger Jahre. Bei den sehr viel indifferenteren Studenten von heute – Studium-generale-Vorlesungen gibt es seit Ende der sechziger Jahre sowieso kaum noch – fällt es schwer, sich vorzustellen, in welchem Maß die frühen Studentengenerationen nach dem Krieg durch Weltanschauungsfragen erregt waren.

Nicht daß mir nur Zustimmung zuteil geworden wäre! Es gab auch heftige Kritik und eine Fülle von Kontroversen. Ein Kollege der Philosophischen Fakultät, der mir aus unbekannten Gründen spinnefeind war, regte sich über den Andrang so auf, daß er allenthalben verbreitete, ich hielte demagogisch aufreizende Reden und putschte die Studenten nationalistisch (!) auf. Es kam sogar nach meinem von der Fakultät unterstützten Antrag hin zu einem Verfahren vor einer Art Ehrengericht des Lehrkörpers, aus dem ich ohne jede Schramme gerechtfertigt hervorging. Der Kollege mußte mich um Verzeihung bitten. Manchmal spürte ich auch Neid und allerhand andere inferiore Motive. Um so klarer hob sich Adolf Köberle davon ab, dem es in seiner charakterlichen Reinheit stets und allein um den Erfolg der gemeinsamen »Sache« ging und der frei von allen Ressentiments war. Dem französischen Universitätsoffizier Cheval behagte dieser »Aufmarsch« der Jugend ebenfalls nicht. Das Begrüßungsgetrampel – viele trugen ja noch ihre benagelten Kommißstiefel –, das den Weg vom und zum Katheder im Festsaal begleitete, regte ihn so auf, daß er mich zu sich bestellte und sowohl besorgt wie abweisend von einer »magischen und dionysischen Geladenheit der Atmosphäre« (!) sprach, in die ich die Studenten versetze. Das befremde die Besatzungsmacht, und man wisse nicht, wohin das noch treibe.

Cheval war mir im Grunde wohlgesonnen und konnte sich bei unseren Besprechungen gelegentlich auch ganz positiv äußern. Er grübelte immer wieder über meine »Persönlichkeitsstruktur« nach, die ihm wohl etwas rätselhaft blieb. Im übrigen war er ein hochgebildeter, feinnerviger Germanist, nur etwas schreckhaft, wie mir schien. Als Franzose schlug er sich im Blick auf die einstige Niederlage immer noch mit gewissen Inferioritätsgefühlen herum, die er durch das Pathos kultureller Überlegenheit zu kompensieren strebte. Im allgemeinen pflegte er höfliche Umgangsformen, war dazu ehrlich und nicht ohne Ehrgeiz um den Aufstieg »seiner« Universität bemüht. Unangenehm hochfahrend konnte er nur dann werden, wenn er das französische Prestige in Frage gestellt sah. Ich hatte noch manchen Strauß mit ihm auszufechten, genoß aber zwischendurch auch immer wieder seine geistvolle Konversation. Gelegentlich, in fast vertrauten Stunden, teilte er mir sogar Beobachtungen über mich mit, über die ich staunte und die mir eine wirkliche Hilfe waren. So findet sich in meinem Tagebuch das Protokoll eines Gesprächs, in dem er meine Hörsaalwirkung analysierte:

»Er selber halte meine Grundintentionen für richtig und begleite das meiste mit Zustimmung. Die Wirkung aber sei, sicher unbeabsichtigt, oftmals gefährlich. Selbst meine größte Gabe wirke sich bei manchen ungut aus. (Er sagte das übrigens sehr freundlich und bat um die Erlaubnis, als Mensch und Kollege freimütig darüber reden zu dürfen.) Ich würde meine ›Deduktionen‹ bis ins letzte durchfeilen und in großzügig aufgebauten Reflexionen logisch durchsichtig aufbauen. Gerade damit aber nähme ich den Studenten die eigene

Denkarbeit ab. Dazu komme, daß ich pointierte Formulierungen liebe, die zusammen mit dem Umstand, daß ich eine ›willensbetonte Persönlichkeit‹ sei, überaus suggestiv wirkten, so daß sich die Studenten mit dem passiven Konsumieren zufriedengäben. Er würde mir ein stärkeres ›mäeutisches Element‹ wünschen. Ich solle lieber einmal etwas Halbfertiges, Fragmentarisches unter das Volk werfen. Dann höre die ›dionysische Umnebelung‹ sehr bald auf, die ihn so störe.«

Ich glaube noch heute, bald vier Jahrzehnte später, daß Cheval damit ein wesentliches Minus in meiner Tätigkeit als akademischer Lehrer erkannt und mir einen Rat gegeben hat, den ich leider nicht genügend beherzigte (vielleicht auch nicht beherzigen konnte). Keiner meiner Kollegen hat je so offen und eindringlich mit mir gesprochen. Dieser Franzose aber tat es – und war doch der Kontrolleur der Besatzungsmacht.

Die kritische Aufnahme meiner Dies-Vorlesung bei den Franzosen spitzte sich zu, als Karl Barth in Tübingen einen sensationell wirkenden, die Gemüter erhitzenden Vortrag hielt über die jüngste deutsche Geschichte, speziell über die Frage der Kollektivschuld. Ich befand mich gerade auf einer Vortragsreise und verfehlte ihn leider, studierte aber sehr genau mehrere verläßliche Hörernachschriften und antwortete ihm ausführlich in der nächsten Dies-Vorlesung. Obwohl ich mein Temperament zu zügeln bemüht war und betont ruhig sprach, war die allgemeine Erregung so groß, daß jede polemische Pointe einen mir nicht willkommenen Szenenapplaus auslöste, der die anwesenden Vertreter der Besatzungsmacht mit äußerstem Ärger, auch mit einer Art Panik erfüllte. Sie schritten bald danach, unter Berufung auf die Hörererregung, zu Konsequenzen, über die ich noch berichten werde.

Zunächst aber muß ich etwas über das strittige Schuldthema sagen, das damals die Gemüter erhitzte. Das durchaus maßvoll und besonnen gehaltene sogenannte »Stuttgarter Schuldbekenntnis« der Evangelischen Kirche in Deutschland konnte nicht verhindern, daß die Alliierten immer wieder das Eingeständnis einer pauschalen, höchst undifferenzierten Kollektivschuld erwarteten. Viele Menschen gingen darauf ein, nicht selten aus Gründen eines unbewußten oder auch taktisch durchaus kalkulierten Opportunismus: Wer sich rücksichtslos selber verdammte und am deutschen Volk kein gutes Haar ließ, war bei den Besatzern wohlgelitten. Noch als ich 1947 in der Schweiz war, merkte ich, wie selbst den Eidgenossen diese masochistische Selbstbezichtigung der Deutschen entgegenkam, wie sehr sie das Wohlgefühl moralischer Überlegenheit in ihnen bestärkte (und ihr eigenes Versagen gegenüber den verfolgten Juden gleichsam wegretuschierte). Ich habe bestürzende Erfahrungen gemacht, welche Vorteile sich durch Schuldbekenntnisse erringen ließen, und scheute den Zynismus nicht, vom »Schuldbekenntnis als Trick« zu sprechen.

Viel schlimmer aber als diese Verführung der Nicht-Deutschen zum Pharisäismus war etwas anderes: Einseitige alliierte Pauschalverdammungen, die den Balken im eigenen Auge übersehen ließen, riefen bei den also Verklagten oft blindwütige Abwehrreaktionen hervor, die es dann verhinderten, selbst die wirklich *vorhandene* Schuld noch zu sehen. Diese Reaktionen führten immer wieder dazu, daß man nur noch die Sünden der Alliierten – etwa daß sie Hitler hatten gewähren lassen, ihn bei den Olympischen Spielen 1936 umschmeichelt hatten oder den Massenmord durch Flächenbombardements in Hamburg und Dresden, die Quälereien in alliierten Gefangenen- und Straflagern – gegen die Nazi-Untaten aufrechnete. So schaukelte man sich in gegenseitigen Schuldzuweisungen hoch und schien der eigenen Buße enthoben zu sein.

Obwohl der Barth-Vortrag unvergleichlich milder gehalten war als etwa die massiv-undifferenzierten Selbstanklagen Niemöllers, so meinte man doch auch bei ihm jene irritierenden Zwischentöne eines Verklägers herausgehört zu haben, der selber nicht unter dem Druck der ideologischen Tyrannis ausgeharrt, sondern von außen her, aus dem Zuschauerraum der Schweiz, den Akteuren auf der Bühne seine kritischen Bemerkungen zugerufen hatte.

Mich bedrückte es sehr, daß auf diese Weise jede Hörbereitschaft blockiert wurde, daß die Botschaft der Kirche sogar in den Verdacht geriet, mit den Alliierten gemeinsame Sache zu machen und entsprechend auf verschlossene Ohren und Herzen stieß. Dagegen anzukämpfen und eine *differenzierte* Diagnose der deutschen Schuld – die es ja wahrlich gab! – zu betreiben, überdies auch die Selbstgerechtigkeit der Verkläger zu geißeln und ihren »Dreck am Stecken« bloßzustellen: das war die vielleicht gewichtigste Auseinandersetzung, die ich in den folgenden Jahren auf mich nahm, und zwar besonders, nachdem ich die alliierten Gefangenenlager besucht und den Jammer der dort Eingeschlossenen mit eigenen Ohren gehört und eigenen Augen gesehen hatte. Es war für mich ein tiefempfundenes geistliches Glück, ungezählten Gesprächen und Briefreaktionen zu entnehmen, daß auf *diese Weise* Schuldeinsicht und Bußbereitschaft, aber auch die Annahme von Vergebung wieder möglich wurden. Zugleich aber setzte ich mich damit einem fast unvorstellbaren Ansturm von Haßreaktionen aus. Daß sie gelegentlich auch kuriose Formen annehmen konnten, war nur ein geringer Trost. So erinnere ich mich an eine Postkarte aus der Schweiz (wohin allerhand Nachschriften meiner Äußerungen gelangt und in der Presse publiziert worden waren): »Zu Ihrer Barth-Vorlesung: Pfui Teufel! Ohne Hochachtung Pfarrer X.«

Diese Vorlesung nun war für die Franzosen sozusagen der Tropfen, der den Eimer überlaufen ließ. Sie meinten – nichts hatte mir ferner gelegen! –, ich peitschte die Massen nationalistisch auf, da ich die Deutschen »in Schutz nähme« und statt dessen den Alliierten am Zeuge flickte. Es gab und gibt offenbar Mißverständnisse, gegen die man sich selbst durch noch so große Bemühung um Abgewogenheit nicht schützen kann.

Eben hatte ich angekündigt, daß ich auf vielfachen Wunsch hin die Dies-Vorlesung auch *nach* dem theologischen Semesterschluß fortsetzen würde, als mich der Bannstrahl traf: Die Franzosen verboten im Hinblick auf die Unruhe in der Stadt meine Vorlesung. Ich gestehe, das nicht gerade mit innerer Überlegenheit entgegengenommen zu haben: Kaum von dem Nazidruck befreit, gab es gleich im ersten Semester abermals ein Verbot, und ich hockte, gewissermaßen aufs neue »arbeitslos«, in meinem Studierzimmer, ohne einen Antrieb zu ernsthafter Tätigkeit zu verspüren. Ich fragte mich, was nun werden solle. Auch meine Freunde sorgten sich mit mir, ob es bei diesem Verbot bleiben oder ob es zu einer erneuten Absetzung – unter anderem Vorzeichen – kommen werde.

Das Verbot meiner Dies-Vorlesungen sprach sich wie ein Lauffeuer in der Stadt herum. Derweil rangen Carlo Schmid und der Rektor Hermann Schneider mit Cheval und dem zuständigen Gouverneur Widmer, um das Mißverständnis aufzuklären und den Wiederbeginn der Vorlesung zu erreichen. Sie sparten dabei nicht mit Hinweisen, wie groß die allgemeine Erregung sei, wie sehr sich die Nachricht von den Tübinger Ereignissen in den anderen Zonen verbreiten würde und die Toleranzbereitschaft der Franzosen kompromittieren könnte.

Im Januar wurde das Verbot überraschenderweise wieder aufgehoben. Allerdings unter neuen Bedingungen: Ich wurde aus dem Festsaal verbannt, weil dieses weite theatralische Forum emotionale Effekte nicht eben verhindern helfe. (So meinten die Franzosen.) Die Vorlesung sollte ins Audimax zurückverlegt und höchstens in zwei andere Hörsäle übertragen werden. An den Eingängen hatte eine Kontrolle der Studentenausweise stattzufinden, um »universitätsfremde Elemente« auszuschließen.

Ich ahnte nichts Gutes. Während ich mich im Dozentenzimmer aufhielt, bat mich der Rektor, das Podium schnell zu betreten, sofort mit dem Reden zu beginnen und so jeder Begrüßungsdemonstration zuvorzukommen. Ich wisse ja, wie empfindlich die Franzosen seien. Einige hätten sich für die heutige Stunde angesagt, auch einige Herren der Landesregierung. Außerdem seien Reporter des »Figaro« und des »Corriere della Serra« da.

Der Rektor hatte sich kaum entfernt, als Studenten mich baten, sofort auf den Flur vor dem Audimax zu kommen; dort gebe es Tumulte und Streit mit den Pedellen, die niemanden mehr in den überfüllten Saal hineinlassen wollten. Ich müsse unbedingt beruhigend auf die Leute einwirken. Mein Puls schlug schneller, als ich mich sofort hinunterbegab und das Menschenknäuel auf dem Flur um Ruhe und Verständnis bat, da es sonst zu bedenklichen Folgen für die Universität und ihre Wiedereröffnung kommen könnte.

Tatsächlich ließ die tumultuarische Unruhe etwas nach, und ich drängte mich, zunächst unbemerkt, durch die Menschentrauben zum Katheder und fing sofort an: »In der letzten Stunde vor Weihnachten sprach ich über...« Der diesmal so unerwünschte Applaus war glücklich vermieden. Als ich nach der frei vorgetragenen Kurzwiederholung dann mein Manuskript aufschlug, sah ich zu meinem Entsetzen, daß ich in der Verwirrung das Konzept des letzten Kollegs eingesteckt und das richtige im Dozentenzimmer hatte liegen lassen. Einige Schrecksekunden lang kreiste ich in bänglichen Redeschleifen über dem Flugplatz und überlegte krampfhaft, ob ich die Panne eingestehen und das Manuskript schnell holen sollte. Dann aber dachte ich an die unruhige Menge draußen. Eine Unterbrechung könnte zu erneuten Komplikationen führen. Daß mir sowas ausgerechnet passieren mußte, wo soviel auf dem Spiel stand und scharfe Beobachter mich belauerten! Dann gab ich mir einen Ruck und rief meinem geängsteten Gemüt zu: »Mit Gottes Hilfe im Blindflug!« Ich steckte das falsche Manuskript weg und legte ohne Konzept in freier Rede los. Dabei erfuhr ich die Wahrheit dessen, was Christian Morgenstern in seinem Galgenlied über das »Butterbrotpapier« schreibt: daß Angst dem Geist unerhörten Auftrieb geben kann. Mir gelang, aus der Not geboren, besondere rednerische Unmittelbarkeit. Aber noch einige Stunden lang zitterten der Schreck und die übermäßige Konzentration in mir nach.

Die Studenten und andere gute Geister

Ich erwähnte schon, daß das Echo auf die Dies-Vorlesung zu sehr vielen Einzelgesprächen – weniger diskutierender als seelsorgerlicher Art – führte. Die inneren Nöte, der Ernst dieser schwergeprüften Nachkriegsgeneration und die gewaltige, mir zugewiesene Verantwortung ließen mich immer wieder die Erschöpfungszustände überwinden, die der Hunger noch verstärkte.

In den angesetzten Sprechzeiten hatte ich regen Studentenbesuch zu verzeichnen. Die freundliche Hausdame des Schlatterhauses ließ mir immer eine Anzahl zusätzlicher Brotschnitten zukommen, denn bei Häusern mit Wirtschaftsbetrieb wurde damals die Zuteilung etwas großzügiger gehandhabt. Ich wäre mir aber als Bonze vorgekommen, wenn ich sie selber verzehrt hätte; darum steckte ich, solange der Vorrat reichte, jedem mich besuchenden Studenten eine Schnitte zu. Erst lange danach, als die Hungerzeit überwunden war, lüftete einer von ihnen das Geheimnis dieser florierenden Sprechstunden: Es sei ihnen eigentlich nur um die Brotschnitte gegangen. Vorher hätten sie sich alle möglichen Probleme überlegt, die sie bei mir zur Sprache bringen wollten – um den *wahren* Anlaß ihres Besuchs zu kaschieren!

Neben den vielen Gesprächen hatte ich eine enorme Korrespondenz zu bewältigen, bei der mir meine Sekretärin nur sehr begrenzt helfen konnte. Gerade meine in Umdrucken verbreitete Antwort an Karl Barth löste eine starke Briefresonanz aus, bei der es immer wieder – oft unter sehr persönlichem Aspekt – um die Schuldfrage ging. Viele Menschen, darunter auch höhere und hohe Offiziere, gaben zu erkennen, daß diese Art, das Schuldproblem differenziert anzugehen, sie zum Eingeständnis dessen gebracht hätte, was ihr Gewissen belastete. Und sie schrieben mir dann davon fast im Ton einer Beichte.

Denke ich an die Tübinger Studenten zurück, tauchen noch heute zwei Gesichter vor mir auf, die ich beim Eröffnungsgottesdienst des ersten Semesters nebeneinander unter der Kanzel erblickte: Da saß der stud. theol. (bislang Oberstleutnant und Frontoffizier) Conrad Weymann mit seinem tief zerfurchten und leiderfahrenen Antlitz, daneben ein blutjunges Knäblein, »frisch von der Mutter«. Beide waren typische Repräsentanten der ersten Studentenwelle nach dem Krieg.

Einige Studenten traten mir in der Folgezeit freundschaftlich nahe, zumal wir bei der großen Wohnungs- und materiellen Not immer zwei als Gäste bei uns wohnen ließen. Wie gerne möchte ich sie alle vorführen; einige aber muß ich erwähnen:

Da war Hans Schmidt aus Eßlingen, der als Sechzehnjähriger nach einem Stiftsvortrag bei mir aufgekreuzt war, und zu dem sich trotz des Altersunterschieds sofort eine enge Freundschaft entwickelte, die bis zu seinem tödlichen Verkehrsunfall 1981 währte. Von Anfang an habe ich ihn zu fördern und zu führen gesucht. Er promovierte und habilitierte sich später bei mir, war mein Assistent und wurde später Ordinarius in Frankfurt. Seine große Begabung hat mir in Anregung und Kritik viel bedeutet, seine Treue das Leben leichter gemacht.

Eine ähnliche Lebensfreundschaft ergab sich mit Heiner Paret, der mir durch seinen Charme und seine Musikalität die Tübinger Jahre erhellte. Ich bin ihm noch heute verbunden; er ist Pfarrer im Tübingen nahen Kusterdingen.

Der dritte im Bunde war Heinz Schladebach, den wir um seiner ephebenhaften Zartheit und seines Violinspiels willen »unseren Mozartknaben« nannten. Zur Winterzeit legte er sich in unserer ungeheizten Dachkammer ins Bett und las genießerisch Partituren, obwohl er sie in seinen klammen Fingern kaum halten konnte. Während der Studentenkrawalle in den sechziger Jahren leitete er in Berlin ein aufsässiges Predigerseminar und legte ein Stehvermögen an den Tag, das wir seiner musisch-empfindsamen Natur kaum zugetraut hätten. Auch heute noch entwickelt er im geistigen Kampf Feuer und Entschlossenheit.

Die Notzeit brachte vieles mit sich, was Professoren und Studenten auch außerhalb der Universität miteinander verband. Da es noch keine Kohlen gab, wurden jedem von uns in den Tübinger Forsten ein paar gefällte Bäume zugewiesen, die wir dann in eigener Regie zu Brennholz verarbeiten konnten. Dabei halfen uns weltfremden Gelehrten unsere Studenten, und zwar mit Feuer und Flamme, mit Liedern und großem Hallo. Das Zersägen und Zerhacken, endlich der Transport in vielen Schubkarrentouren zum Haus war wie ein kleiner Festzug. Als einzigen Wermutstropfen empfand ich, daß wir nichts hatten, um den hungrigen und durstigen Männern die schuldige Mahlzeit zuteil werden zu lassen.

Die Alltagslasten jener ersten Nachkriegsjahre hinderten uns nicht, miteinander Feste zu feiern von einem Glanz, der gegenüber den heute in Anspruch genommenen Tonkonserven, Disco-Hohlheiten und Routine-Heiterkeiten professioneller Entertainer geradezu unwahrscheinlich wirkt. Damals verströmte sich noch der Einfallsreichtum in Knüttelversen, Theaterstücken und eigenen Liedern. Der gegenwärtige Hauptpastor von St. Michaelis zu Hamburg, Hans-Jürgen Quest, war als Student ein virtuoser Steptänzer und einfallsreicher Liedermacher, dessen Auftritte stets eine obligate Programmnummer bildeten. Wer von den Professoren die eigenen Schwächen noch nicht durchschaut hatte, bekam sie im Spiegel studentischen Kabaretts drastisch vorgeführt. Dazu gab es ein schwarzes Brötchen und einen obskuren Tee. Der Geist schien noch keiner alkoholischen Stimulanzien zu bedürfen, er lebte aus der eigenen Kreativität.

Den Höhepunkt der Woche bildeten, jedenfalls aus meiner Perspektive, unsere *Offenen Abende*, zu denen Liesel und ich die Studenten an jedem Semestersonntag in unsere Wohnung einluden. Äußerlich ging es auch da primitiv genug zu. Wir versammelten unsere Gäste im größten Zimmer, in dem auch die Kinder schliefen. Die ließen sich durch unser Singen nicht stören. Zwischendurch wurden sie von kundiger studentischer Hand auch einmal getopft. Einer versorgte den einzigen kleinen Ofen mit Holz. Die Zahl der Teilnehmer schwankte zwischen vierzig und achtzig, so daß manche auf dem Boden, dem Tafelklavier und dem Schaukelpferd sitzen mußten. Ich gab jedesmal irgendein ausgefallenes Thema an, das möglichst fern von der Theologie lag, führte das Gespräch aber so, daß es uns immer wieder in der Theologie landen ließ. Mein Hintergedanke dabei war, den Studenten zu zeigen, daß die Theologie nicht in abgeschiedenen Elfenbeintürmen betrieben wird, sondern daß es kaum eine Lebensfrage gibt, die ohne Bezug zu ihr wäre.

Besonders erinnere ich mich eines Abends, an dem wir noch enger als sonst zusammenrücken mußten. Als Thema hatte ich angekündigt: »Der Wunderbegriff bei Zarah Leander.« Damit spielte ich auf den Schlager »Ich weiß, es wird einmal ein Wunder gescheh'n« der populären Filmschauspielerin und Sängerin an, einen Song, der besonders in der Schlußphase des Krieges in aller Munde gewesen war und von seiner Beliebtheit noch nichts eingebüßt hatte. Er galt damals als das »Wunderwaffen-Lied«: Alles ist völlig aussichts- und ausweglos, einen Fluchtweg kann es nur noch nach oben geben, einzig ein Wunder könnte uns retten. Dieses Lied löste die Assoziation zu der von Hitler angekündigten Wunderwaffe aus, die mit einem Schlag die Kette katastrophaler Niederlagen sprengen und das Kriegsgeschick um hundertachtzig Grad wenden würde. Zur Interpretation dieses Songs hatte ich zwei Referenten bestellt: einen für

die Melodie und einen für den Text. Der für den Text war übrigens der später als Autor bekanntgewordene Jörg Zink.
Alle erwarteten eine Mordsgaudi. Darum waren wohl auch so viele gekommen. Obwohl es tatsächlich viel zu lachen gab, war der Abend in seinem Grundtenor sehr ernsthaft: Wir stießen auf einen Nihilismus, der im Wunder nur ein verzweifeltes Notventil sah und sich von musikalischem Kitsch in Hoffnungsträume einlullen ließ. So kamen wir auch dieses Mal wieder auf unserem theologischen Landeplatz an.
Dieser Abend hatte noch ein Satyrspiel im Gefolge: Als ich am anderen Morgen in mein Kolleg ging, sah ich auf der anderen Straßenseite einen Kollegen, der sich stets für meine Arbeit interessierte und mich öfter nach ihr fragte. Diesmal schrak ich etwas vor dieser Möglichkeit zurück. Er war ein vom schwäbischen Pietismus geprägter Ur-Tübinger, der trotz allen Verständnisses *diesem* Grad von ausgefallener »theologischer« Thematik wohl nicht gewachsen sein würde. So hoffte ich, daß er vorübergehen und mich nicht nach dem gestrigen Abend fragen würde.
Aber siehe da: Er lenkte seine Schritte herüber. Wir hielten einen kleinen Schwatz, bis er zu meinem Schreck die Frage stellte, worüber wir diesmal beim Offenen Abend gesprochen hätten. Was macht ein Theologe, der schon von Berufs wegen nicht lügen darf, zugleich aber das Gefühl hat, daß der andere der Wahrheit nicht gewachsen ist? Da kam mir eine Idee, wie ich aus dieser Bredouille herauskommen könnte: »Gestern abend«, erwiderte ich, »da haben wir über die Theologie Leanders gesprochen.« (Man muß lange suchen, bis man in der Fußnote eines historischen Werkes irgendeinen Leander findet; de facto gibt es gar keinen relevanten Theologen dieses Namens.) Mein Gesprächspartner war denn auch sichtbar perplex, wollte sich gegenüber einem Kollegen aber keine Kenntnislücke anmerken lassen. So reagierte er mit nachdenklich-wissender Miene und tat so, als ob ihm das ganze System Leanders vor Augen stünde: »Sehr interessant, sehr interessant!« Ich dachte schon: das hat er gefressen, und war etwas schadenfroh, daß nicht ich, sondern daß *er* hatte schwindeln müssen (obwohl auch ich mich vor einem Kollegen nicht gerne durch Ignoranz blamiert und deshalb wohl ähnlich geheuchelt hätte). Nach einigen Schritten fragte er noch einmal: »›Leander‹ sagten Sie?« – »Natürlich: ›Leander‹!« – Da schlug er sich an die Stirn, wie wenn es ihm peinlich sei, diesen bekannten Namen nicht gleich realisiert zu haben. »Ja, klar!« fügte er noch hinzu. Ich brachte schnell die Sprache auf etwas anderes.

Dieses verruchte Spiel mit der Professoren-Eitelkeit war mir doch etwas peinlich. Plötzlich aber kam er noch einmal auf den dubiosen Namen zurück: »Verzeih'n Sie: Bei Ihrem Offenen Abend ging es wohl um ›Neander‹, nicht wahr?« (Den gibt es nämlich.) – »Nein: ›Leander‹!«, erwiderte ich mit Emphase. »Dachte ich mir's doch!« schloß er unseren kleinen Disput ab und schüttelte ein wenig den Kopf, wie wenn er von dem Selbstvorwurf geplagt sei, dem großen Leander Unrecht getan zu haben.

Erst als ich fast neun Jahre später Tübingen verließ und die Fakultät einen Abschiedsabend veranstaltete, hat dieser Kollege in anmutigen Knüttelversen diese kleine Blamage vor uns allen eingestanden und in herrlicher Selbstironie noch die Nachgeschichte berichtet: Gleich als er nach Hause kam, wälzte er vergeblich allerhand Lexika, um Näheres über den großen Unbekannten Leander zu erfahren. Nach dieser fruchtlosen Mühe brachte er in einigen Studentengesprächen die Rede auf meine Offenen Abende, bis er schließlich die Wahrheit erfuhr. Allzu schwer hat er aber meine Irreführung und seinen Reinfall wohl nicht genommen, denn mit Hilfe seines Humors wird er sich klargemacht haben, daß er einer Professorenschwäche zum Opfer gefallen war, die er mit uns allen teilte.

Ein fruchtbarer Gesprächskontakt mit Kollegen anderer Fakultäten und zu Kreisen außerhalb der Universität ergab sich, als ich zusammen mit Theodor Eschenburg unseren Mittwochsclub gründete, eine sorgfältig ausgewählte Tafelrunde, die – zuerst kümmerlich, später üppiger – im »Kaiser« miteinander aß, um danach Referate zu besprechen, die wir reihum hielten. Zu diesen Abenden gehörten außer dem einen oder anderen Vertreter der Wirtschaft der Chef des Wunderlich-Verlags, Hermann Leins, der Oberbürgermeister Mühlberger, General Hans Speidel und die Kollegen Gallas, Stadelmann, Spranger, Wenke und Butenandt. Diese Gesprächsstunden waren ungemein belebend und voller Informationen. Vor allem an Butenandt wurde mir klar, wie ein großer Forscher über die Mysterien seines Faches oft viel schlichter und in größerer Transparenz zu berichten vermag als ein didaktisch noch so geschulter Pädagoge, der aus zweiter Hand lebt. Wenn ich jemals vor den Wundern des Lebens erschauerte, dann war es, wenn *er* über sie sprach. Zugleich erweckte er in uns eine erste Ahnung dessen, was wir heute als die Gefahren der Gen-Manipulation sehr viel deutlicher begreifen und als die Auseinandersetzung des Homo faber mit unserer schöpfungsmäßigen Bestimmung zu verstehen beginnen. Darüber hinaus beeindruckte mich seine Bescheidenheit.

Auch Hans Speidel, der spätere Oberbefehlshaber der NATO-Land-streitkräfte Europa-Mitte, war in unserem Kreis eine herausragende Gestalt: nicht nur, weil er der Stabschef Rommels gewesen war und im Offizierswiderstand gegen Hitler eine Rolle gespielt hatte, sondern auch, weil er durch seine damalige Verbindung mit amerikanischen Stäben über Informationen verfügte, die unsereinem sonst nicht zugänglich waren. Bei alledem hatte er eine liebenswürdige Schwäche: Er konnte seine Mitteilungen mit der Aura des höchsten Geheimnisses umhüllen und seine Hörer in der Illusion wiegen, er lasse sie in die Karten des Weltgeistes schauen. Als er einmal über die ost-westlichen Truppen- und Waffenstärken referierte, ließ er alle Türen schließen und befahl dem Wirt, jeden Lauscher fernzuhalten; uns verbot er jede Notiz über seine Top-secret-Mitteilungen. Eduard Spranger aber kritzelte unter dem Tisch doch einiges mit. Kaum hatte Speidel das erspäht, als er ihn mit scharfer Stimme aufrief und sich das verbat. Ich sehe noch, wie Spranger blitzschnell den Zettel fallen ließ, die Hände brav auf den Tisch legte und wie ein ertappter Schüler errötete. Die freundschaftliche Verbindung mit Speidel ist mir auch später geblieben und hat sich immer wieder in unserem Briefwechsel niedergeschlagen.

Die Tübinger Zeit war aber auch von tiefen Depressionen durchzogen, über die ich mich nicht weiter verbreiten möchte und deren Grund ich nur andeuten kann. In der Erregung und Labilität dieser ersten Nachkriegsjahre gediehen leicht allerhand Gerüchte und ballten sich nicht selten zu bösartigen Verleumdungen, ja zu Denunziationen bei der Besatzungsmacht. Was alles sollte ich in meinen Vorlesungen gesagt haben, wie schädlich sollte mein Einfluß auf die Studenten sein! Von anderen wurde ich wieder in den Himmel gehoben, und sie rühmten, daß ich das Wort zur Stunde gefunden hätte und dieser Generation in ihrer tiefen Verstörtheit hülfe. Diese gegensätzlichen Meinungen, dieses tägliche Auf und Ab der Reaktionen, die mich erreichten, schlugen sich in einer steilgezackten Kurve von Stimmungen nieder, denen ich kaum gewachsen war. Ich war ja kein abgeklärter Weiser, der souverän »darüber« gestanden hätte. Gerade weil ich jung und aufs höchste engagiert war, sah ich mich in den Strudel dessen, was ich zum Teil selber aufgewühlt hatte, mit hineingezogen. So gab es für mich immer wieder Stunden äußerster Verzweiflung, denen gegenüber ich durch Tagebuchschreiben Distanz zu gewinnen suchte. Wie gut habe ich später Gerhard Nebel verstanden, wenn er das Tagebuch als

»die Literaturform des Kerkers« und als ein Instrument der Selbstbefreiung bezeichnete.

Hinzu kam die Labilität der weltpolitischen Lage, die uns immer wieder vor der Möglichkeit erstarren ließ, daß morgen oder übermorgen alles zu Ende sein könnte. Würde die Spannung zwischen Ost und West sich nicht eines Tages in einer neuen Weltkatastrophe entladen? Was bedeuteten gegenüber dieser apokalyptischen Perspektive die kleinen Tübinger Lokalsorgen, die sich so unverhältnismäßig aufblähten? Die kommunistische Machtübernahme in Prag, die Abschnürung Berlins (1948) und der 1950 beginnende Korea-Krieg waren etwa solche Signale, die uns an mögliche Sintfluten denken ließen. Diese Ängste waren im Hintergrund unseres Bewußtseins ständig präsent, manchmal übertönten sie massiv die kleinen Sorgen unseres Alltags.

Familienleben

Ein Lichtblick, ein ruhender Pol in diesem Wechsel von Euphorie und Traurigkeit waren die Kinder. Liesel war ihnen eine Mutter, die in Güte und Strenge ein wohltuendes Gleichmaß walten ließ, das mir versagt war. Wolfram und Berthold waren ja schon geboren, als wir nach Tübingen übersiedelten. Elisabeth, die unter dem Jubel ihrer kleinen Brüder 1947 auf die Welt kam, behielt in ihrem Wesen immer etwas von dem sonnigen Maitag, an dem sie uns geschenkt wurde. Schließlich vervollständigte sich unser Nachwuchs 1949 durch Rainer, der schon als Kind ein besonderes Original war. Davon muß ich später noch erzählen.

Manchmal fragten wir uns, ob bei den beiden Großen von der Angst der Bombenzeit etwas zurückgeblieben sei. Zumindest Wolfram hatte sie doch schon bewußt miterlebt. Als sich eines Tages ein schweres Gewitter über Tübingen entlud und die Kinder bange wurden, nahm ich sie in den Arm und suchte sie zu beruhigen. Berthold fragte trotzdem ängstlich, ob da die Bomben krachten und gleich alles kaputtmachten. Da fand nicht ich, sondern Wolfram das tröstende Wort: »Das sind *liebe* Flieger, die tun uns nichts; die kommen vom lieben Gott.« Er war überhaupt ein »Seelchen« und hatte ein zartes, liebevolles Gemüt. Wir sorgten uns manchmal, besonders zur Nazi-Zeit, wie er in unserer egoistischen, dem Vorteil verschworenen Welt durchkommen werde, und ahnten nicht, welch gestandener Mann er später werden würde. Unvergeßlich ist mir, wie ich dem kleinen Kerl, der gerne bei mir im Arbeitszimmer war, in einer Stunde schwerer Erschöpfung anvertraute: »Vater ist sooo kaputt und muß doch arbeiten!« Da zeigte er mit seinem kleinen Arm auf das Dürersche Christushaupt, dessen Bildnis über meinem Schreibtisch hing, und sagte nur: »Heiland!«. Es ging uns nahe, als während der Hungerzeit die beiden Jungen einmal das Kochbuch der Mutter aufgestöbert hatten und die bunten Torten- und Bratenbilder abschleckten.

Ein besonderes Kinderfest war natürlich immer der Nikolaustag, an dem zu ihrem Vergnügen auch immer einige Studenten teilnahmen. Einer von ihnen, mein späterer Assistent Rainer Röhricht, ein Zwei-Meter-Mann, war zum Nikolaus förmlich prädestiniert. Wir hatten vorher eine eingehende Besprechung über allerhand kindliche Untugenden, nach denen er fragen sollte, um sich dann Besserung geloben zu lassen. Das klappte auch in der Regel und blieb – vorübergehend! – nicht ohne positive Wirkung. Einmal aber suchte Berthold dem ihm peinlichen Sündenregister zuvorzukommen und fragte ihn: »Du kommst doch vom Himmel, Nikolaus. Wer hat denn nun eigentlich den lieben Gott gemacht?« (Er mußte wohl irgend etwas aus Gesprächen über die »Aseität« aufgeschnappt haben.) Ich sah, wie der sonst so schlagfertige, mit Berliner Mutterwitz ausgerüstete Röhricht einen Augenblick um Fassung rang, bis er Berthold erwiderte: »Das ist eine Frage für irdische Theologen, mein Junge. Da mußt du deinen Vater fragen. Wir im Himmel haben andere Sorgen!«

Besuche in den Interniertenlagern

Neben der Tübinger Arbeit hatte ich immer wieder, vor allem in der vorlesungsfreien Zeit, langwährende Vortragsreisen zu absolvieren. Gelegentlich waren es zehn Städte hintereinander, in denen ich – gleichermaßen im Westen und in der »Ostzone« – zu reden und für Diskussionen sowie zahlreiche Einzelgespräche zur Verfügung zu stehen hatte. Es lag neben den neu erschienenen Büchern vor allem an meinen Äußerungen zur Zeitlage, daß ich so viel gerufen wurde und längst nicht alles annehmen konnte.

Betroffen machten mich Besuche in den Interniertenlagern, in denen wirkliche und auch nur vermeintliche Nazis zu vielen Tausenden, oft unter schauerlichen Umständen, eingesperrt waren. Wegen meiner Schwierigkeiten im Dritten Reich gehörte ich zu den

wenigen, denen man den Eintritt erlaubte, wenn die Gefangenen –
unmittelbar oder auf dem Weg über ihre Lagerpfarrer – nach uns
riefen. So besuchte ich das Lager der gefangenen Generale in der
Ludendorff-Kaserne Neu-Ulm, das als »Vernichtungslager« apo-
strophierte Camp in Darmstadt, das »Prominentenlager Kornwest-
heim« – höhere SS-Führer, Generale und hohe Chargen aus Staat
und Partei, Prinz August Wilhelm (Auwi) von Preußen, Reichsar-
beitsführer Hierl und Hjalmar Schacht saßen da vor mir –, und
schließlich das Interniertenlager Ludwigsburg, in dem ich alte Bekannte wiedertraf: so den einstigen Reichsstudentenführer und
späteren Gauleiter Gustav Adolf Scheel, der mir nach meiner Absetzung auf Bitten seines Vaters vergeblich zu helfen suchte; auch den
Heidelberger Kreisleiter Seiler, der sich ebenfalls mir gegenüber
anständig verhalten hatte, und den Gestapomann, der nach meiner
Hochzeit eine Haussuchung durchgeführt und sich dabei entsetzlich
geniert hatte und jetzt rührend-armselig vor mich hintrat: »Kennen
Se mich denn gar nimmer?« Mich beeindruckte, wie Scheel seine
Würde wahrte. Nach dem Vortrag berichtete er in einem langen
Gespräch über einige Hintergründe seiner Laufbahn:
Er war vor 1933 an den studentischen Aktionen gegen den jüdisch-
pazifistischen Privatdozenten Gumbel führend beteiligt gewesen
und ging in der Nazi-Agitation so auf, daß er sein Medizinstudium
darüber völlig vernachlässigte. Er hätte schon damals ein schlechtes
Gewissen gehabt und immer darauf gewartet, daß einer seiner
Professoren ihm einmal den Kopf waschen würde. Doch hätten sie
ihn bei seinem damaligen Einfluß immer nur servil umschmeichelt
und ihm trotz seiner erbärmlichen Kenntnisse sogar die Examens-
note »Eins« gegeben. Daß das seiner charakterlichen Entwicklung
geschadet und ihm eine gewisse Menschenverachtung eingeflößt
hätte, sei ihm mehr als deutlich. Er war einer der Anständigsten in
den höheren Nazi-Regionen gewesen. In den späteren fünfziger
Jahren traf ich ihn in Hamburg wieder, wo er eine Arztpraxis
betrieb, nachdem er bei Professor Kunstmann seine Fachversäum-
nisse nachgeholt hatte. Wie zur Sühne nahm er sich besonders
seiner jüdischen Patienten an, deren Vertrauen er gewann.
An die Rolle servil sich erniedrigender »Autoritäten« in Scheels
früher Lebensgeschichte habe ich manchmal gedacht, wenn ich
dasselbe Verhalten gegenüber den rebellischen Studenten der späten
sechziger Jahre beobachtete. Auch sie sehnten sich vergeblich danach, daß ihrem Psychoterror Einhalt geboten wurde, doch stießen
sie sowohl bei den Politikern wie auch bei vielen Professoren nur auf

eine weiche, schwammige Masse. *Darauf* und nicht auf die Torheiten der jungen Generation ist der erschreckende Niedergang der deutschen Universität zurückzuführen.

Besonders bewegte mich die Begegnung mit den Generalen in Neu-Ulm. Als Lagerältester begrüßte mich Generaloberst Reinhard. Da ich der Rolle, die die Generalität im Dritten Reich gespielt hatte, sehr kritisch gegenüberstand – Goerdeler hatte uns da ja mit deprimierenden Informationen versorgt –, ersparte ich ihnen nichts, versuchte aber jeden Pharisäismus zu vermeiden und ließ sie vor allem mein Verständnis für ihre oft ausweglosen Konfliktsituationen spüren. So bemühte ich mich, ihre Hörbereitschaft nicht zu blockieren. Es war eine stille, mir nachdenklich und aufgeschlossen folgende Versammlung. Als in meiner Rede einmal das Stichwort »Versailles« fiel, gab es einen Zwischenfall: Der aufsichtführende amerikanische Offizier unterbrach mich mit dem Vorwurf, ich begäbe mich auf eine unerlaubte politische Ebene. Erst nach einer lebhaften internen Auseinandersetzung durfte ich weiterreden.

Danach führten mich die Generale in ihre Unterkunft, an deren Wänden Feldbetten übereinandergetürmt waren. Da es keine Spinde gab, waren an Haken Ballen von Uniformstücken befestigt, aus denen die roten Generalsstreifen hervorleuchteten. Man bat mich, auf einem Hocker Platz zu nehmen, vor den ein anderer Hocker gestellt wurde, der den Tisch darstellte. Eine Konservenbüchse mußte die Rolle der Tasse spielen, in die aus einer anderen Büchse ein kaffeeähnliches Getränk gegossen wurde. Ein zerbrochenes Stück Biskuit vertrat das Kaffeegebäck. Während man mich zum Sitzen nötigte, standen die Generale um mich in dichten Scharen herum.

Ich hatte Mühe, meine Tränen zu unterdrücken: Ein bewegenderes Gleichnis für den Fall und den Abstieg meines Vaterlandes konnte es kaum geben. Sie erzählten mir dann von den Schikanen, die ihnen zugefügt wurden. Trotz winterlicher Kälte mußten die Türen ausgehängt werden: »Wegen der Erdbebengefahr«, begründete das der Kommandant. Niemand konnte ihm dieses Argument ausreden. Es war ein Glück, daß die Generale eine Anzahl junger Adjutanten bei sich haben durften. Sie selber waren ziemlich hilflos, sich in den Primitivitäten des Lagers zurechtzufinden, weil sie an Bedienung gewöhnt waren. So verdankten sie der Findigkeit und dem Geschick ihrer Helfer viel, zum Beispiel auch, daß aus Konservenbüchsen die nötigsten Haushaltsgeräte herzustellen waren. Wir hatten dann noch ein langes Gespräch über die Schuldfrage. Die Distanz zu ihrem bisherigen Beruf ließ sie manches erkennen, was im Streß des täglichen Entscheidungszwangs und erst recht während der verzweifelten Schlußphase des Krieges in den Hintergrund getreten oder verdrängt worden war.

Aber ich erfuhr auch von grausamen, oft sadistischen Quälereien, besonders in den SS-Lagern. Der »Kreuzzug« der Alliierten gegen den Nationalsozialismus drohte hier seine Glaubwürdigkeit völlig zu verlieren, so daß auch solche, die sich eben vom falschen Zauber des Nazi-Regimes abzuwenden begannen, der Versuchung einer Renazifizierung erlagen. Die Reedukations- und Entnazifizierungspraktiken waren für die innere Entwicklung unseres Volkes überhaupt verhängnisvoll. Vereinfacht, aber nicht übertrieben ausgedrückt sahen sie so aus: Alle formal einer Nazigliederung Angehörenden wurden, abgesehen von der tatsächlich an den Tag gelegten Einstellung, zunächst aus ihren Berufen entfernt. Das gleiche traf auf alle zu, deren Berufsbezeichnung auf ». . .rat« endete: Studien-, Amtsgerichts-, Regierungsräte usw. Sie galten a limine als systemfromm und nazistisch. Um wieder rehabilitiert und berufsfähig zu werden, mußten sie »Persilscheine« von seiten Nichtbetroffener beibringen, die ihre Unschuld, ihre Hilfeleistungen für bedrohte Juden, oppositionelle Äußerungen und ähnliche nonkonformistische Tugenden bezeugten. Durch diese geradezu perverse Methode der Entnazifizierung wurde ein verhängnisvoller psychologischer Effekt erzeugt: Selbst Spurenelemente einer Zerknirschung, einer Trauer über das eigene Versagen wurden im Keim erstickt. Statt dessen provozierte man die Autosuggestion: Eigentlich bin ich doch ganz wacker dagestanden, habe sogar eine heroische Widerstandsrolle gespielt. Welch edles Porträt blickt mich aus meinen Persilscheinen an! So entstand die »Unfähigkeit zu trauern«. Wer als Seelsorger oder tiefer blickender Zeitkritiker diese Innengeschichte verfolgte, wer den Verwirrten und Umkehrbereiten in dieser Zeitenwende ein rettendes Stirb-und-Werde wünschte, konnte ob dieser Torheiten nur verzweifelt sein Haupt verhüllen.

Immer wenn ich das beobachtet, ganz besonders aber, wenn ich ein Internierungslager besucht hatte, quälte es mich, daß man zwar permanent – manchmal lustvoll-masochistisch, manchmal routinemäßig, weil es zum guten Ton gehörte – Vergangenheitsbewältigung betrieb, daß aber alles das, was in den Lagern geschah und was sonst jene Bewältigung gerade blockierte, einem öffentlichen Totschweigen unterlag und tabuiert war. Hatten wir im Dritten Reich nicht schon genug geschwiegen? Sollten wir diese Schuld nun abermals auf uns laden? Mußte ich nicht das, was gerade *mir* an Erfahrungen zuteil geworden war, an die große Glocke hängen? Aber *wie* sollte ich das machen?

Die Karfreitagspredigt von 1947

Der auf mir liegende Gewissensdruck verschärfte sich derart, daß ich beschloß, ihm bei einer Karfreitagspredigt in der Stuttgarter Markuskirche unverblümt Ausdruck zu verleihen. Ich nahm mir vor, öffentlich zur Sprache zu bringen, wie diesmal durch fremde Schuld die innere Genesung unseres Volkes verhindert werde. Liesel packte mir außer der Bibel auch noch Zahnbürste und Schlafanzug ein, weil sie damit rechnete, daß die Besatzungsmacht mich einbehalten würde. Sie sorgte sich, aber sie hinderte mich nicht; sie tat es nie. Unter dem Thema »Die Passion ohne Gnade« legte ich das Wort Jesu aus: »Wehe der Welt der Ärgernisse halben! Es muß ja Ärgernis kommen, doch weh dem Menschen, durch welchen Ärgernis kommt!« (Matthäus 18,7) Im späteren Verlauf der Predigt berichtete ich dann von dem, was mir bei meinen Lagerbesuchen bekannt geworden, und fuhr fort:
»Angesichts des Jüngsten Gerichts, vor dem wir alle einmal stehen werden – wir alle, die wir den Höllenhund durch unser Schweigen und Mitmachen haben entbinden helfen, *und* auch die, die ihn nun weiter rasen lassen, obwohl sie im Namen des Christentums zu kommen vorgaben –, spreche ich es aus: *Das ist Unrecht, das ist Ärgernis.* Nicht nur die Leiber, sondern auch die Seelen der Gefangenen drohen daran zu sterben, und der glimmende Docht ihres Glaubens erlischt mehr und mehr.
Ich denke an die vielen Flüchtlinge, die auf eiskalten Transporten in Viehwagen sterben und die gnadenloser verenden als das Vieh in den Schlachthäusern.
Ich denke an die Kriegsgefangenen und ihren vieltausendfachen Hungertod, den diejenigen sie sterben ließen, die im Namen der Menschlichkeit kamen. Ich fordere im Namen Jesu Christi die Seelen unserer Jugend von ihnen, unserer Jugend, die nichts mehr glaubt, weil sie nichts Glaubenswertes mehr sieht. So soll sie wenigstens dies eine noch glauben: daß es eine Gemeinde Jesu gibt, die sich *vor* die Seele der ihr Anvertrauten stellt und es in die Welt hinausschreit, was hier im Namen des Christentums und der Menschenrechte geschieht.

Ich sehe, wie im Namen der Entnazifizierung nicht die Schuldigen bestraft und der Gerechtigkeit zum Siege verholfen wird, sondern wie Unrecht und Willkür geschehen und wie das gepeinigte Volk (nun in einer *neuen* Wallung des Wahnsinns und der Verbitterung) die Namen seiner verflossenen Machthaber beschwört und sich in gramvollem Hohne zu fragen beginnt, ob die denn nicht *recht* gehabt hätten, wenn sie nichts als Haß und Vernichtung weissagten, ob die nicht *doch* die wahren Freunde ihres Volkes gewesen seien, wenn sie den Kampf bis zum Endsieg oder bis zur Selbstvernichtung gefordert hätten.

Was im Namen der Entnazifizierung unter uns geschieht ist nicht nur Unrecht: es ist Seelenmord und Glaubensmord. Es gibt durch sie nicht nur verzweifelte Familien, die vor dem *irdischen* Nichts stehen, sondern Menschen, denen das Nichts der *Ewigkeit* entgegengähnt, weil ihnen der Glaube zu zerbrechen droht, daß mit diesem Hexenkessel des Wahnsinns ein himmlischer Vater noch irgend etwas zu tun haben könnte.

Ich denke auch an das, was im Osten unseres Vaterlandes geschieht, wo die Unmenschlichkeit regiert. Ich denke an die Verschleppung lebendiger Menschen heimlich und bei Nacht, an die Beraubung aller wirtschaftlichen Existenzmöglichkeiten, an die Demontage der Maschinen und an die Demontage der deutschen Intelligenz.

Vielleicht würde ich zu alledem schweigen dürfen, wenn die, die dieses tun, samt ihren deutschen Bütteln gesagt hätten, daß sie im Namen der Rache kämen. Dann würde unsere Jugend eben sehen, wohin Recht- und Gottlosigkeit, wohin das furchtbare Gesetz des Echos und der Vergeltung führen. Dann würden wir uns nur stumm den furchtbaren Zuchtruten Gottes beugen müssen.

Aber sie haben ja nicht gesagt, daß sie im Namen der Rache kämen, sondern sie haben es feierlich verkündigt, daß sie im Geiste des Christentums und der Menschlichkeit kämen, während unsere verflossenen Machthaber immerhin so ehrlich waren, nicht das Bild des Gekreuzigten, sondern die ›blonde Bestie‹ als Aushängeschild zu benutzen.

Darum haben wir uns als Gemeinde Jesu – wie das einige unter uns auch im Dritten Reich immerhin zu tun versuchten – vor das geschändete Bild unseres Herrn zu stellen – und *auch* vor die Jugend unseres Volkes, der mit dem enttäuschten Glauben an die Gerechtigkeit der Sieger auch der Glaube an jenes Christentum zerbricht, in dessen Namen doch die Sieger zu kommen behaupteten. Und wer die Stimmen in der Verborgenheit raunen hört, wer nachts auf den dunklen Bahnen fährt, in denen die Menschen unerkannt miteinander reden, der weiß, daß über dem allem an die Stelle der erhofften, von uns allen erhofften Entnazifizierung eine *Renazifizierung großen Stils* zu treten droht.

Ein englischer Berichterstatter schreibt in der ›Neuen Zeitung‹: Das erschütterndste Wort, das er auf seiner Deutschlandreise gehört habe, sei der flehende Ruf eines jungen Studenten gewesen: ›Macht uns um Gottes willen nicht wieder zu Nazis!‹

Einer soll aufgestanden sein und dies alles hinausgeschrien haben, damit es nicht noch einmal heiße, die Kirche habe geschwiegen, die Kirche habe sich am Seelenmord mitschuldig gemacht und habe durch ihr Schweigen Christus aufs neue gekreuzigt.«

Die Wirkung dieser Predigt war unbeschreiblich. Draußen umringte mich eine Menge, viele schluchzten, viele sorgten sich um mich, obwohl das ganz überflüssig war: Wir lebten in dieser Hinsicht alle noch etwas in vergangenen Zeiten, in denen derartige Reden Kopf und Kragen gekostet hätten. Liesel hätte nichts einzupacken brauchen. Niemand tat mir etwas.

Kaum aber war ich zu Hause, kam ein Offizier, um mir das Manuskript abzuverlangen. Es wurde sofort übersetzt und zu General Clay geflogen, der entscheiden sollte, was mit mir zu geschehen hätte. Seine Antwort lautete schlicht, wie ich später erfuhr: »Nothing.« Das war *auch* eine Art Distanzierung von meinen Vorwürfen...

Die Predigt erschien in vielen ausländischen Zeitungen, auch in den USA und in England. Der englische Verleger und Autor Viktor Gollancz schrieb mir einen zustimmenden Brief und versicherte mir, daß er die Predigt nach Kräften weiterverbreiten werde. Sein Name stand damals bei uns in hohem Ansehen: Obwohl jüdischer Abstammung, warb er öffentlich für eine Versöhnung mit Deutschland und unterschied deutlich zwischen »den« Deutschen und »den« Nazis.

In Deutschland – auch in den Lagern – wurde die Predigt in ungezählten Nachdrucken vervielfältigt. Von überall her erreichte mich eine Fülle von Briefen, es waren viele hundert. Ein kleiner Teil dankte, weil ich das Gewissen frei gemacht hätte für eine wirkliche Umkehr. Ein weiterer kleiner Teil schalt mich als Konjunkturritter, der auf den Wellen eines aufkommenden Nationalismus zu schwimmen versuchte und sein kirchliches Amt verriete. Der wohl größere Teil dankte mir in einer Weise, die mich wiederum erschrecken ließ:

Er begriff meine eigene Gewissensnot nicht und übersah meine geistlichen Motive, er hörte nur das kämpferische Wort gegen die Alliierten heraus. Der »Volk-ohne-Raum«-Autor Hans Grimm schrieb mir aus Lippoldsberg: »Sie haben als wackerer deutscher Mann gesprochen. Der liturgische Teil Ihrer Predigt hat mich nicht interessiert.«

So endete das Unternehmen in schweren Gewissensnöten: War es richtig gewesen, daß ich nun meinerseits viele wieder verhärtet hatte? Wenn man das aber nicht in Kauf nahm – konnte man dann *überhaupt* noch den Mund aufmachen? Einigen hatte ich ja wohl geholfen. Galt nicht auch hier das Wort des Neuen Testaments, daß mehr Freude sei über den *einen* Sünder, der Buße tut, als über neunundneunzig Gerechte – als über *die* neunundneunzig also, die alles und jedes benutzen, um das Gift der Selbstrechtfertigung daraus zu saugen? Mir wurde wieder einmal klar, wie fragwürdig alle menschlichen Unternehmungen sind, wie fragwürdig auch das Unternehmen »Theologie« ist: daß wir das eigene Herz nicht kennen und über die Herzen der anderen nicht verfügen, daß wir darum alles dem Gericht und der Gnade eines Höheren überlassen müssen.

Das alles bedrückte mich mehr als die Zorn- und Haßausbrüche, die mich von der einstigen Bekennenden Kirche erreichten. Mit einem Lachen, das von Bitterkeit nicht ganz frei war, sagte ich meinen Freunden: »Ich sitze zwischen den Stühlen – aber unter dem Schirm des Höchsten.« Mit einem meiner Hauptgegner, dem von mir respektierten Hermann Diem, führte ich einen längeren theologischen Briefwechsel über die Predigt. Er erschien zusammen mit der Predigt unter dem Titel »Die Schuld der Andern« in einer vielgelesenen und besprochenen Broschüre.

Durch Vermittlung der amerikanischen Militärregierung war ich in die USA eingeladen worden mit großzügigen Besichtigungsprogrammen. Natürlich beglückte mich nach der langen Ghetto-Existenz diese Aussicht.

Nicht lange nach Ostern aber erhielt ich einen Brief der amerikanischen Militärregierung, in dem mir mitgeteilt wurde, man sei sorry, daß aus Etatgründen meine Amerikareise abgesagt werden müsse. Es gehörte nicht viel Phantasie dazu, um den Zusammenhang dieses Widerrufs mit meiner Karfreitagspredigt zu erraten. Um so erstaunter war ich, als unmittelbar danach ein amerikanischer Offizier aus dem Stab der Militärregierung mich in Tübingen besuchte, um mir folgendes zu eröffnen: Sein Gewissen als Christ zwinge ihn, mir einzugestehen, daß sie die Unwahrheit gesagt hätten. Aber sie hätten den wahren Grund – eben die Karfreitagspredigt – offiziell nicht nennen können. Er bat mich um Verständnis, daß die Army mich unmöglich habe nach den USA reisen lassen können. Die Predigt sei durch die amerikanische Presse verbreitet worden, so daß die Reporter sich sofort auf mich gestürzt hätten, um mir weitere Fragwürdigkeiten im Verhalten der Besatzungsmacht zu entlocken. Er bitte mich, ihre Zwangslage zu bedenken. Es sei ihm aber unerträglich gewesen, einem Mann gegenüber, der sein Gewissen habe sprechen lassen, nun die Stimme des eigenen Gewissens zu verschweigen. Immer wenn ich bei späteren USA-Aufenthalten nach dem Verhalten der amerikanischen Besatzung gefragt wurde, habe ich diesen Offizier erwähnt. Er blieb für mich ein Symbol der amerikanischen Christenheit, die mir in vielen eindrucksvollen Gestalten begegnete.

Gründung der Evangelischen Akademie Bad Boll

Mitten im Krieg, angeregt durch die weit vorausschauenden Friedenspläne unseres Freiburger Widerstandskreises, brütete ich an einem Projekt, das mir für die Zeit *nach* dem Untergang des Nationalsozialismus sehr bedeutsam zu sein schien. Ich wollte manches von dem vertiefen, was mir in unserer Kieler Dozentenakademie positiv aufgefallen war: das Miteinander der verschiedenen Fachrichtungen zum Beispiel, und zwar nicht nur in der bloßen Diskussion, sondern in einer Lebensgemeinschaft, die sich über Tage oder gar Wochen erstreckte. Konnte das, was hier unter *ideologischen* Vorzeichen geschah, nicht in einem *christlichen* Kontext eine völlig neue Form der Verkündigung und prägender Gemeinschaft eröffnen?

Ich verfaßte eine Planungsstudie, die ich im Oktober 1942 der württembergischen Kirchenleitung einreichte und die von Bischof Wurm aufgeschlossen begrüßt wurde. Ihr Titel: »Über den Plan einer Evangelischen Akademie.« Ihre Grundgedanken konzentrierten sich auf drei Punkte:

Erstens: Auf die Kirche kommt die Aufgabe zu, das geistige Vakuum zu füllen, das nach dem Krieg entstehen wird. Es ist für die Erneuerung christlichen Verkündigungsdienstes wichtig, daß das Evangelium nicht nur der Innerlichkeit dient, sondern daß es in seiner sachlichen Relevanz für *alle* Lebensgebiete und Kulturbereiche aufgewiesen wird. Nur so kann bezeugt werden, daß es sich an den *ganzen* Menschen wendet.

Zweitens: Zu diesem Zweck sollten die einzelnen Berufsgruppen jeweils zu mehrtägigen Konferenzen zusammengerufen werden und in einer Vita communis christliche Gemeinschaft erleben.

Drittens: Das christliche Vorzeichen sollte nicht nur in der theologischen Basis des Dargebotenen zum Ausdruck kommen, sondern auch in Gottesdiensten und Meditationen, bei denen der Bezug zum Tagungsthema erkennbar bleiben mußte. Darauf gründete sich mein Ziel, vom Evangelium her eine zwar beruflich gegliederte, gleichwohl aber universale Lebenshilfe zu konzipieren, die aus dem vielfach zu beobachtenden Ghetto kirchlicher Verkündigung herausführen und auf der Basis beruflicher Sachfragen die Breite des christlichen Spektrums verdeutlichen könnte.

Diese Idee einer Evangelischen Akademie hat von allem, was ich mir ausgedacht habe, wohl die weitestreichenden Folgen gehabt. Zunächst wurde in der ersten Nachkriegszeit die Akademie in Bad Boll gegründet, die die Urzelle von Tochtergründungen in den einzelnen deutschen Ländern, später auch in Übersee (USA und Japan zum Beispiel) wurde. Sehr bald griff der Katholizismus ebenfalls diese Idee auf und gründete eine Anzahl analoger, teilweise sehr eindrucksvoller Institute.

Dennoch wäre es anmaßend, wenn ich mich, wie es von mancher Seite gelegentlich geschieht, als »Vater« der Evangelischen Akademien bezeichnen wollte. Ich war in praktischen Dingen viel zu ungeschickt, um einen solchen Plan zu realisieren. Der große »Macher«, dem die konkrete Gründung in Bad Boll gelang und der zugleich den Aufbau von Filialen in aller Welt vorantrieb, war Eberhard Müller. Als ich mich gleich nach meiner Tübinger Berufung mit ihm traf, zeigte sich, daß seine Gedanken in ähnliche Richtung gingen, und wir machten uns unverzüglich ans Werk. Mein Beitrag bestand vor allem in den Programmreden bei der Eröffnung und den ersten Tagungen in Bad Boll und später Hermannsburg (woraus die Akademie in Loccum erwuchs).

Dabei lernte ich viel von den Realisierungskünsten Eberhard Müllers. Er hielt wenig davon, eine Kirchenbehörde für solche Projekte in Anspruch zu nehmen, wie ich es in meiner Naivität getan hatte, sondern bediente sich der Strategie, daß man an *einer* Stelle ein überzeugendes, zur Nachahmung reizendes Modell hinstellen müsse. Mit Umsicht und Energie ließ er sich das Kurhaus von Bad Boll zur Verfügung stellen und richtete es entsprechend ein. Zugleich nutzte er die Begleiterscheinungen der Entnazifizierung aus: daß Lehrer der Volks- und höheren Schulen, aber auch Verwaltungsbeamte und angestellte Ärzte vorerst arbeitslos auf der Straße lagen. Die rief er durch eindrucksvoll gedruckte Programme (woher er nur das Papier kriegte!) zu Tagungen zusammen, die in der ersten Zeit nicht selten länger als eine Woche währten. Für diese Menschen bedeuteten die Konferenzen nicht nur eine Orientierungshilfe in ihrem Beruf – zumal Müller hochkarätige Referenten zu gewinnen wußte –, sondern auch eine sie aufrichtende seelsorgerliche Hilfe. Ich gedenke heute jener ersten Zeit der Akademie nicht ohne Wehmut. In den späteren Jahrzehnten ist das Werk zwar äußerlich weiter gediehen, doch öffnete es sich immer wieder allzu willig dem jeweiligen Zeitgeist, und manchmal waren die Tagungen mehr von neuen soziologischen und allerhand anderen Ideologien bestimmt als vom Evangelium. Die Grundidee aber, daß die Kirche Menschen und gesellschaftlichen Gruppen, die oft in Spannung zueinander stehen – wie etwa Gewerkschaften und Unternehmer –, einen Freiraum zur Verfügung stellt und ihnen menschliche Begegnungen ermöglicht: diese Idee behält auch weiter ihre Verheißung.

Berufungen

Zu dieser Zeit bat mich Ethelbert Stauffer, der Dekan der Bonner Fakultät, dringend, einen Ruf nach Bonn anzunehmen. Dahinter stand die Sorge, daß Karl Barth an seine alte Wirkungsstätte zurückkehren und es dann zu einer Monokratie seiner Schule kommen würde. So war man bemüht, noch einige andere Farben auf die Palette zu bekommen. Die Korrektivfunktion, die man von mir erwartete, konnte mich aber von meiner Tübinger Aufgabe nicht ernsthaft weglocken.
In größere Entscheidungsnöte stürzte mich hingegen der Ruf nach Heidelberg. Das Schreiben des Ministeriums berief sich auf meine einstige Arbeit dort und war in einem besonders dringlichen und anerkennenden Ton gehalten. In Heidelberg wirkten einige meiner nächsten theologischen Freunde: Hans von Campenhausen, Martin Dibelius, Ludwig Hölscher, Edmund Schlink, Günter Bornkamm und Gerhard Rosenkranz. Auch Gerhard von Rad wurde erwartet. Das war eine glänzende Phalanx von Namen, mit der sich kaum eine andere Fakultät in Deutschland messen konnte. Sie alle unterstützten den Ruf des Ministeriums durch »Liebes«-Briefe. Schlink be-

suchte mich in Tübingen, um dem Wunsch unserer gemeinsamen Freunde Nachdruck zu verleihen. Mit allen Fasern meines Herzens strebte ich zu ihnen hin. In Heidelberg würde ich auch die kollegiale Arbeitsgemeinschaft finden, die ich in Tübingen so schmerzlich vermißte.

Mir war von vornherein klar, daß ich ohne den Segen meines größten Wohltäters, des württembergischen Bischofs, Tübingen nicht verlassen durfte. Und abermals erwies er seine noble, ritterliche Gesinnung dadurch, daß er mich freigeben wollte. Er ließ aber auch durchblicken, wie schwer ihm dieser Abschied fiele. Schon damals, als er mir als einziger eine Heimstatt in seiner Kirche anbot, hätte er damit gerechnet und gehofft, daß ich später einmal als Tübinger Professor an der Ausbildung seiner Pfarrer mitwirken würde. Schließlich konnte ich das Gefühl nicht überwinden, dieser alte, mir so teure Mann könnte mich für undankbar halten, und ich sagte den Heidelbergern ab. Sie verstanden meine Entscheidung und beschämten mich sogar dadurch, daß sie mich in einem besonders feierlich gestalteten Diplom zu ihrem Ehrendoktor ernannten. Erleichtert wurde mein Bleiben außerdem durch einige Zeichen, daß ich in Tübingen doch schon tiefer Wurzeln geschlagen hatte, als mir bisher bewußt geworden war: Universität und Fakultät, ja sogar die Franzosen – womit ich am wenigsten gerechnet hatte! – drängten mich zum Bleiben. Die Studenten veranstalteten einen Fackelzug und erklärten mir in rührenden Worten ihre Anhänglichkeit.

Kaleidoskop von Vortrags- und anderen Reisen

Ich erzählte schon, wieviel ich in den Tübinger Jahren unterwegs war. Gewiß brachte das bei den zeitbedingten Behinderungen manche Überanstrengung mit sich. Doch war die neugespürte Freiheit nach der langen Zeit des Ghettos zugleich ein Genuß, der viele Mühen ausglich. Bei der Fülle des Erlebten begnüge ich mich mit einigen Schlaglichtern, die vor allem persönlich wichtige oder auch kuriose Erfahrungen streifen sollen.

Im Februar 1946 wurden die Stuttgarter Technische Hochschule sowie die Kunstakademie und die Musikhochschule feierlich durch einen Gottesdienst eröffnet, den zu halten ich gebeten wurde. Dafür kam als einziger wieder einigermaßen verfügbarer Raum nur die katholische Kirche an der Königstraße in Betracht. Aber auch da mußten die Handwerker noch bis zum letzten Augenblick Hand anlegen, so daß wir fast eine volle Stunde auf den Einlaß zu warten hatten. So standen auf dem von Trümmern grundierten, ringsum von höheren Schuttbergen abgeschlossenen Platz etwa fünfhundert Studenten und hundert Professoren mit allerhand Ehrengästen. Mangels einer Sakristei zog ich inmitten der Professorengruppe meinen Talar an. Da es ziemlich kalt war, überkam mich bei dem langen Warten ein menschliches Rühren, dessen rechtzeitige Beseitigung mir wünschenswert und auch der Spontaneität der Verkündigung durchaus dienlich zu sein schien. Deshalb winkte ich den Küster herbei und fragte ihn: »Kann man hier irgendwo verschwinden?« Als er daraufhin nur erwiderte: »Ich will mal sehen«, war mir klar, daß das ziemlich schwierig sein würde. Ich hatte mich schon damit abgefunden, als ich den guten Mann auf einem Erkundungsgang erblickte, bei dem er hinter alle Trümmerberge spähte. Auf der entferntesten Anhöhe legte er seine Hände um den Mund und rief so laut er konnte: »Herr Professor!«, worauf alle hundert Professoren ihren Blick zu ihm erhoben und alle fünfhundert Studenten zu den Professoren hinsahen. Da machte er mit seinen Armen eine verneinende Bewegung und rief: »Ich meine Professor Thielicke!« Darauf sahen alle Studenten und die Hundertschaft der Professoren und Ehrengäste mich an, während ich, Ungutes ahnend, dem fernen Späher aus Leibeskräften abwinkte. Doch es war zu spät. Mit der gleichen Stentorstimme rief er, wieder die Hände als Trichter verwendend: »Ist es groß oder ist es klein?« Ich hatte dann große Mühe, die erheiterte Versammlung wieder in liturgische Bahnen zu lenken.

Auf einer anderen Reise sprach ich auch in Kassel und freute mich auf die Wiederbegegnung mit dem von uns Barmer Gymnasiasten einst so angeschwärmten Direktor Paeckelmann, der nun dort das Humanistische Gymnasium leitete. Ich entdeckte inmitten der Menge sofort sein weißes Haupt. Seine Anwesenheit feuerte mich an, und ich hatte manchmal das Gefühl, nur für ihn zu sprechen. Für den folgenden Morgen lud er mich zu einem Spaziergang ein. In einem Winkel meines Herzens hegte ich die Erwartung, diese besondere Respektsperson meiner Jugendzeit würde nun ihrer Freude Ausdruck geben, daß etwas ganz Ordentliches aus mir geworden sei. Statt dessen empfing ich eine völlig unerwartete kalte Abreibung: »Für wen regen Sie sich eigentlich auf der Kanzel so auf? Was wollen Sie damit erreichen?« fragte er mich in einer für ihn ungewohnten Barschheit. Als ich schüchtern erwiderte, ich verfolgte damit doch keine Taktik! Wenn ich etwas temperamentvoll

würde, so käme das wohl daher, daß mich meine »Sache« hinrisse.
Ob ich dem denn nicht nachgeben dürfe? Damit kam ich aber
schlecht bei ihm an: »Was Sie Ihr Temperament nennen, ist eine
manchmal ganz unkontrollierte Emotionalität. Inhalt, Ton und
Gesten Ihrer Rede können dann so auseinanderklaffen, daß die
Grenze des Erträglichen naherückt. Als Sie gestern den Satz Jesu
zitierten: ›Kommet her zu mir alle, die ihr mühselig und beladen
seid‹, haben Sie das mit drohend erhobener Faust herausgeschmet-
tert, das paßt mitnichten zu der stillen und tröstlichen Lockung des
Herrn!«
Ich hatte schon einiges an Kritik einstecken müssen, Berechtigtes
und Unberechtigtes; so hatte noch niemand mit mir gesprochen.
Mir wurde blitzartig klar, daß er recht hatte; und von ihm, der es
gut mit mir meinte, konnte ich es auch annehmen. Die hingegeben
lauschende Menge der Hörer hatte mich – nicht nur in Kassel! –
gelegentlich in eine Art Rauschzustand versetzt; ich hatte, ohne mir
klar darüber zu sein, die rhetorische Macht genossen. Das war eine
teuflische Versuchung. Ich danke es noch heute meinem alten
Lehrer, daß er sich nicht von meinem Redeschwall beeindrucken
ließ. Als Dauerwirkung erzeugte seine Kritik eine erhöhte Selbstkontrolle; ich habe mich seitdem als Redner nicht mehr leicht
»gehenlassen« (soweit man sich selber kennt).

Besuch in Barths Studio

Als ich einmal im Ökumenischen Institut Château de Bossey bei
Genf Vorträge zu halten hatte, nahm ich mir vor, einen Abstecher
nach Basel zu machen und Karl Barth zu besuchen. Ich erkundigte
mich, ob ihm das überhaupt erwünscht sei, denn unser Verhältnis
war ja ziemlich belastet: Natürlich hatte er die Pressenachrichten
über meine Erwiderung auf seinen Tübinger Vortrag gelesen, natürlich kannte er auch die Karfreitagspredigt, die ihm unmöglich
gefallen haben konnte. Und schließlich hatte ich mich in einem
längeren Presseartikel, den ich gleichzeitig in verschiedenen Radio-
sendungen zu verlesen hatte – zweimal brachte ihn auch Beromün-
ster –, heftig gegen Niemöller gewandt, vor allem gegen die verhär-
tende Wirkung seines Begriffs der Kollektivschuld, aber auch gegen
einige Beschimpfungen unseres Staates. Das hatte heftige Protest-
stürme in der Presse und in vielen Schmähbriefen hervorgerufen,
allerdings auch eine Flut von Zustimmungen. Da Niemöller sich

immer wieder auf Barth berief und überdies mit ihm eng befreundet war, mußte ich ihn damit zweifellos geärgert haben.

Doch siehe da, ich wurde freundlich willkommen geheißen, zu einem »schwarzen Kaffee« eingeladen und blieb dann, trotz aller Aufbruchversuche immer wieder zum Bleiben aufgefordert, dreieinhalb Stunden bei ihm in der Pilgerstraße 25. Ich betrat sein Arbeitszimmer mit der militärischen Meldung: »Helmut Thielicke zur Gardinenpredigt angetreten!« Er wehrte ab und versicherte, er wolle »wie ein Bär in seiner Höhle bleiben«, nur zuhören und sich mein Verhalten erklären lassen. Zunächst wolle er mir aber gestehen, was alles er gegen mich gesagt hatte, um »reinen Tisch zu machen« und mir Gelegenheit zu geben, darauf zu erwidern. Dabei stellte sich heraus, daß er nicht nur alle meine Verlautbarungen sorgfältig gelesen, sondern auch Tübinger Studenten, die ein Basler Semester bei ihm verbrachten, nach mir ausgeforscht hatte. Manchmal sei er zornig auf mich gewesen, dann wieder hätte er – gerade nach Studentenberichten – gedacht: »Teufel noch eins: der Thielicke ist jemand, der Spaß machen und Spaß verstehen kann«, und damit hätte man bei ihm stets gewonnen.

Dann fragte er im Blick auf meine zeitkritischen Stellungnahmen: »Wer hat Sie eigentlich zum ›Weltbeleuchter‹ legitimiert?«, und meinte, ich mischte mich in viel zu viele Dinge ein und kanzelte Leute von Verdienst und Reputation wie Niemöller von oben herab ab. Auch er stünde ihm durchaus nicht unkritisch gegenüber und ärgere sich oft über manches allzu Kurzschlüssige und übertrieben Aggressive seiner Formulierungen. »Vielleicht sind Sie innerlich noch ungeheuer jung«, meinte er. Und dann mit jenem schalkhaften Lächeln, das wir schon als Studenten an ihm liebten: »Sie machen gelegentlich sogar noch Jugendstreiche. Doch nun sind Sie Professor und Doktor der Theologie. Jetzt müssen Sie allmählich gesetzt werden und sich ein bißchen aus dem Tageskampf heraushalten. Konzentrieren Sie sich fortan lieber auf eine anständige Theologie! So mache ich es auch.«

Wir kamen auch auf unsere grundsätzlichen theologischen Differenzen zu sprechen, vor allem was die Unterscheidung von Gesetz und Evangelium und die lutherische Lehre von den zwei Reichen betraf. Da ging es dann scharf und pointiert her. Gesprächsphasen über den Krieg brachten ihn zu dem Eingeständnis, daß er gerne mit Bleisoldaten spiele und daß er die Schlachten von Königgrätz und Sedan noch genau aufbauen könne. In Gesprächen über das Preußentum (dem er wahrlich nicht gewogen war) hätte er seine Gegner

gelegentlich in Verwirrung gebracht, wenn er ihnen mit Spezial-
kenntnissen der Kriegsgeschichte aufwartete. Einen jungen deutschen Adligen, der ihm mit Stulpenstiefeln auf die Bude gerückt sei,
um ihn auszuschimpfen, habe er schlagartig versöhnt, als er ihn
gefragt hätte: »War ein Vorfahr von Ihnen nicht General unter
Friedrich Wilhelm III.?«

Besonders hellwach wurde Barths Interesse, wenn wir auf Personen
zu sprechen kamen, die ihm wichtig waren, deren Entwicklung er
aber nur kopfschüttelnd verfolgte. Zu ihnen gehörte Georg Merz,
Mitbegründer der Dialektischen Theologie und einstiger Herausgeber der Zeitschrift »Zwischen den Zeiten«, eines zu seiner Glanzzeit
höchst einflußreichen Organs der Barth-Schule. »Ich verstehe und
verstehe seinen Weg nicht«, sagte er betrübt. »Früher war er einer
meiner wichtigsten Leute, ließ aber später im Kirchenkampf eine
eindeutige Linie leider vermissen und ist nun ein lutherischer
Konfessionalist von der Art, wie ich sie nicht mag – begreifen *Sie*
das?«

»Ich glaube schon«, erwiderte ich. »Merz ist ein Magier der Anekdote; wie oft hat er uns alle mit seinen Erzählkünsten bezaubert!
Wie lebendig wurden selbst große geschichtliche Gestalten, die er in
ihrem Alltag erscheinen ließ! Wenn man nun einen Menschen
›anekdotisch‹, daß heißt von unten her, aus seinem Milieu und von
seinen chthonischen Wurzeln her versteht, dann erscheint er in
hohem Maße milieubedingt: Wenn Merz in der Luft von Karl Barth
– und ganz früher auch in der von Emil Brunner und Friedrich
Gogarten – atmet, ist er anders, als wenn er in der theologischen
Atmosphäre von Neuendettelsau lebt oder als lutherischer Dekan in
Würzburg amtet. Ein Hauch von Relativismus ist um ihn, und
manchen Leuten mag er wie ein Chamäleon erscheinen. Das braucht
in solchen Fällen nichts mit charakterlicher Labilität zu tun zu
haben. So erkläre ich mir jedenfalls, daß Georg Merz einst mit
Ihnen muntere Husarenattacken gegen einen abgestandenen Kul-
turprotestantismus ritt, während er gegenwärtig unter einem großen schwarzen Hut und mit dem Lutherrock angetan gemessenen
liturgischen Schritts durch die Gassen Würzburgs wandelt.« Barth
stimmte lachend diesem Merz-Porträt zu und erzählte gleich seiner
Mitarbeiterin Charlotte von Kirschbaum davon, als sie gerade her-
einsah.

Alles, was mir an Karl Barth groß und liebenswert erschien, berührte mich in diesen Stunden gleichsam konzentriert. So fremd mir
seine Theologie in mancher Hinsicht auch blieb, soviel Kritisches ich

immer wieder dazu schrieb, so habe ich sie doch bis zum heutigen Tag stets begierig in mich aufgenommen. Im Unterschied zu dem Abgeleiteten und Indirekten vieler zeitgenössischer Produktionen spürte ich bei ihm einen originalen Ton, der mich immer aufs neue gefangennahm. Dem oft so »zerfallenen Antlitz der Theologie« hielt ich in einem späteren Brief entgegen, daß *sein* theologisches Denken stets ein »frisch gewaschenes, lachendes Gesicht« zeige, »und selbst die Sommersprossen, an denen unsereins dann herummäkelt, möchte man nicht missen«.

Seit diesem Nachmittag in Basel und erst recht, seitdem sein theologischer Lebensgefährte Eduard Thurneysen mich seiner Freundschaft würdigte und Karl Barth für mein Dogmatik- und Ethik-Werk zu interessieren wußte, war unser Verhältnis bleibend entspannt, und es gingen wiederholt Grüße zwischen Hamburg und Basel hin und her.

Weitere Reise-Kuriosa der ersten Nachkriegszeit

Dem Besuch bei Karl Barth war in der ersten Tübinger Zeit, noch vor der Währungsreform, 1947 eine Schweizer Reise vorangegangen. Ich schiebe sie hier ein, weil sie von zeitgeschichtlichem Interesse ist. Sie zeigt das wahrhaft groteske Drum und Dran, dem ein Deutscher damals bei einer Auslandsreise unterworfen war.

Bereits 1946, zu dieser Zeit eine Sensation, erhielten meine Frau und ich von der Schweizer Kirche die Einladung zu einer Erholungsreise. Es dauerte fast ein ganzes, von Papierkrieg und abwechselndem Ja und Nein erfülltes Jahr, bis die Franzosen sich endlich zu einem Ausreisevisum bereitfanden. Inzwischen erwartete Liesel unsere Tochter Elisabeth, so daß sie zu Hause bleiben mußte, und ihr das Wasser im Munde zusammenlief, wenn ich ihr von den traumhaften Speisekarten meines Hotels in Heiligenschwendi berichtete.

Bis ich aber das Land der Phäaken und in ihm mein Ferienquartier erreichte, hatte ich noch eine kleine Odyssee zu bestehen. Mit einem etwas unförmigen Holzkoffer eine Reise anzutreten war damals ein Abenteuer, weil die Bahnen überfüllt waren. Konnte man nur durchs Fenster in den Waggon klettern, kam es gelegentlich vor, daß einem blitzschnell die Schuhe von den Füßen gezogen wurden. Deshalb nahm ich mir bis zur Grenze einen Studenten als Begleiter mit. Er war ein Sportsmann, konnte sich elegant durch das

Fenster schwingen, ließ sich mein Koffermonstrum dann von mir nachreichen und zog den Besitzer gleich hinterher. In Lörrach mußte er mich wieder verlassen.

Da es zu dieser Zeit kaum einen Deutschen gab, der die Grenze überschreiten konnte, fand ich mich plötzlich mit einem freundlichen Eidgenossen allein im Abteil. Den plagte offensichtlich die Neugierde, wie es möglich sei, daß ich in die Schweiz reisen konnte. Auf seine Frage erklärte ich ihm kurz das Warum und Wieso. Da brachte er sogleich die Sprache auf meine Geldprobleme. Die wertlose Reichsmark galt in der Schweiz nichts und war nicht zu verwenden. »Wie wollen Sie denn drüben ohne Geld weiterkommen?« fragte er besorgt. – »Ich werde in Basel abgeholt; das ist fest zugesagt.« – »Wenn Sie aber *nicht* abgeholt werden, was machen Sie dann?« – »Ich *werde* aber abgeholt!« – Der gute Mann ließ jedoch nicht locker und meinte, man müsse immer auf das Schlimmste gefaßt sein; zumindest aber müsse ich Telefongeld haben, sonst stünde ich hilflos auf dem Bahnhof. Sprach's und drängte mir liebevoll einen Franken, den er in zehn telefonfähige Rappen abgeteilt hatte, auf. Ich kam mir damit fast wie ein Kapitalist vor.

Und tatsächlich: Der mir später so freundschaftlich verbundene Herr Jent war *nicht* auf dem Bahnsteig. Irgendein dummes Mißverständnis mußte hinter dieser Panne stehen. Nach längerer Zeit bibbernden Wartens und Ausschauens rief ich ihn an – vergeblich. Danach wählte ich mir bekannte Namen der Theologischen Fakultät an. Sie waren alle in Ferien. Schlimm war nur, daß irgendein dienstbarer Geist jeweils den Hörer abnahm, so daß meine Rappen zusammenschmolzen und ich schließlich nur noch einen hatte. Nach einem Stoßgebet zum Himmel drehte ich die Scheibe noch einmal – und siehe da: Es meldete sich der Sohn des Kirchenhistorikers Ernst Staehelin, dessen Gast ich vor dem Krieg schon einmal gewesen war. Er holte mich ab und nahm mich mit in sein kultiviertes Elternhaus. Als ich abends durch die Straßen von Basel streifte, die gefüllten Schaufenster sah und den Strom gepflegter und entspannter Menschen an mir vorüberziehen ließ, überwältigte mich das. Zugleich dachte ich traurig an die kläglichen Zustände daheim. Ob die Wüstenei der Trümmerstädte je wieder einem Neuaufbau weichen würde, ob wir je aus der Balkanisierung unseres einst so kultivierten Landes herauskämen? Ich weiß noch, daß ich in der ersten Schweizer Nacht kein Auge zutat, weil der Kontrast der Bilder mich nicht zur Ruhe kommen ließ.

Als ich dann nach schönen, erholsamen und kalorienreichen Wochen, die nur unterbrochen wurden von Einladungen in die Redaktion der »Zürcher Weltwoche« und zu Emil Brunner, zurückfuhr, holte mich der Student wieder an der Grenze ab. Irgendwo mußten wir die Reise unterbrechen und brachten die Nacht mit Erzählen im Studierzimmer eines Pfarrers zu, der uns freundlich Obdach gewährte. Dabei tranken wir eine meiner kostbaren Nescafé-Büchsen leer und warfen sie – was man nie tun sollte – durchs Fenster auf die Straße. Die Strafe des Himmels ereilte mich sofort: Ich hatte aus Versehen die volle Büchse erwischt, mit der ich Liesel überraschen wollte, und behielt die leere. Dafür hatte ich aber an der Grenze größeres Glück: Man durfte nur hundert Gramm Tabak mitnehmen, ich aber hatte ein Kilo im Holzkoffer und zitterte der Kontrolle entgegen. Die paar Mitreisenden im Coupé gaben auf die Frage der Zöllner die zulässige Tabakwarenmenge an. Ihr Gepäck wurde trotzdem mit mißtrauischer Genauigkeit gefilzt. Das Herz sank mir inzwischen vollends in die Hose; und als ich dann gefragt wurde, antwortete ich ohne Hoffnung, damit durchzukommen: »Ein Kilo Tabak.« – »Schön wär's«, erwiderte lachend der Kontrollmann, ließ mich ungeschoren, grüßte sogar freundlich und ging ins nächste Abteil. »Ist das wirklich wahr, ein Kilo?« fragte ein Mitreisender fassungslos. »Stimmt genau: ein Kilo! Ehrlichkeit als List – kann ich jedem raten.«

Ein anderes zeittypisches Erlebnis widerfuhr mir, als ich in der Bremer »Wittheit«, einem angesehenen Bildungsforum der Stadt, einen Vortrag zu halten hatte. Etwa 1946 muß das gewesen sein. Als ich nach ermüdender Fahrt – meine Tournee war schon durch mehrere Städte gegangen – den Bremer Bahnhof verließ, fiel mein erster Blick auf den bunten Betrieb des »Freimarktes«, einer traditionsreichen und sehr populären Kirmes. Dabei erspähte ich auch eine Achterbahn, der von jeher meine Leidenschaft galt und die ich seit reichlich sieben Jahren hatte entbehren müssen. Das durfte ich mir keinesfalls entgehen lassen! Sogleich löste ich mir eine Karte und schleppte meine beiden Koffer an einen Wagen, um sie mit auf die Fahrt zu nehmen. Man konnte damals so etwas nicht ohne das größte Risiko aus der Hand geben. Kaum hatte der Boß des Unternehmens gesehen, wie ich die Koffer auflud, stürzte er herbei und wollte sie in rüder Weise wieder herunterholen. So etwas ginge »ganz und gar nicht an«. Auch als ich den doppelten Fahrpreis bot, machte ihm das keinen Eindruck: Die Koffer seien in höchstem Maße »verkehrsgefährdend«, sie könnten herausfliegen und Menschen erschlagen. Doch ich blieb stur, selbst als meine Mitpassagiere wegen der Verzögerung allmählich eine drohende Haltung annahmen. Da dem Mann inzwischen wohl klargeworden war, daß er bei mir nicht weiterkam, gab er schließlich verdrossen nach und zurrte unter fürchterlichen Verwünschungen meine Koffer fest, und die genußreiche Fahrt konnte endlich losgehen.

Eine andere Erinnerung möchte ich noch erzählen, und zwar an eine Vorlesungsreise nach Schweden, Norwegen und Finnland. Da ich nicht wußte, ob und wie meine Dienste in Schweden bezahlt würden, lehnte Liesel es ab, in das Paradies eines kriegsverschonten Landes mitzukommen, obwohl sie sich nach ein bißchen Weite sehnte. Der Gedanke war ihr unerträglich, ausländischen Gastgebern als »arme Deutsche« womöglich auf der Tasche zu liegen. So blieb sie traurig zurück. Nun erhielt ich aber ganz unverhofft in Schweden Honorare, die mich damals märchenhaft hoch dünkten. Doch wußte ich nichts damit anzufangen: Ich durfte das Geld nicht mitnehmen, und allerhand schöne und lang entbehrte Dinge konnte ich nicht durch den Zoll bringen. Als mich dann telegrafisch noch Einladungen an die Fakultäten von Åbo und Helsinki erreichten, nahm ich mir vor, wenigstens eine Luxuskabine für die Überfahrt zu buchen, um mein Geld loszuwerden. Da kam ein neues Telegramm, daß ein Schiffsplatz 1. Klasse bereits bezahlt sei und daß ich in Finnland wiederum Honorare erhalten würde. Zum ersten und einzigen Mal in meinem Leben war ich verzweifelt, weil ich zuviel Geld hatte. Ähnlich muß einer Kuh zumute sein, die ein übervolles Euter hat und nicht gemolken wird.

Auf dem Schiff begegnete ich dann einer Gruppe von europäischen Studenten aus verschiedenen Ländern, die als Zwischendeckpassagiere reisten. Ich unterhielt mich mit ihnen sehr nett und hatte plötzlich eine Idee, wie ich mein Geld loswerden könnte: Ich lud sie alle zum Abendessen ein und sah mit Vergnügen, wie sie über die üppige Fülle der Schwedenplatten herfielen. Hin und wieder schnappte ich Äußerungen der Verwunderung auf, daß ausgerechnet ein Deutscher ihr Gastgeber sei: die hätten doch selber nichts. Wie das zusammenhing, habe ich ihnen aber nicht auf die Nase gebunden.

Eine der eindrucksvollsten Reisen, die ich von Tübingen aus unternahm, führte mich zu mehrwöchigen Vorlesungen an die eben neugegründete Freie Universität Berlin. Wir Professoren, die wir im Gästehaus der Universität bestens untergebracht waren und uns allabendlich zu einer höchst lebhaften Gesprächsrunde zusammenfanden – unvergeßlich ist mir besonders die Begegnung mit Paul Hindemith –, wurden vom Rektor und vor allem von den Studenten mit überschwenglichem Dank empfangen und in viele ihrer Gruppen eingeladen. Wie nirgendwo sonst betrachteten die Studenten die neue Universität als »ihre« Sache. Sie schwärmten in alle Welt aus und holten aus Antiquariaten und von Ruheständlern in Rucksäcken und Koffern die Bücher für die Bibliothek zusammen. Gerade ihr Einsatz für diese geistige Festung der isolierten Insel Berlin hat wohl wesentlich dazu beigetragen, daß ihnen die Verfassung der Universität weit höhere Mitspracherechte als üblich zusprach. Während der späteren Studentenrevolte, die ja von der Freien Universität ausging und sich in beispiellosem Terror gegen unliebsame Professoren, in Zerstörungswut und unflätigen Wandschmierereien austobte, habe ich oft an diese Zeit der »ersten Liebe« denken müssen, in der niemand ahnen konnte, wie diese studentischen Privilegien zwei Jahrzehnte danach mißbraucht würden.

Ich hielt meine Kollegs in Kino- und Theatersälen, denn normale Hörsäle gab es noch nicht. Obwohl die Studenten weite Fahrstrekken zu ihren Vorlesungen absolvieren mußten, war der geistige Hunger so groß, daß sie allenthalben in Scharen zusammenströmten und immer wieder um zusätzliche Aussprachen in kleinen und großen Gruppen baten. Gerade ihre Abgeschlossenheit und die ständige Bedrohung Berlins ließen eine Gemeinschaft der Lehrenden und Lernenden wachsen, wie sie die spätere Zeit der Wohlstandsvöllerei, aber auch die heutige Periode des »Studentenbergs« und des Numerus clausus nicht mehr kennt.

Überströmende Dankbarkeit und aufmerksame Zuhörer fand ich – wie alle Besucher aus dem Westen – auch bei wiederholten Reisen in den anderen Teil Deutschlands, um in Leipzig (in der Thomaskirche), Dresden, Cottbus und anderen Städten zu predigen und zu lehren. Die Menschen kamen in großer Zahl, und viele sprachen mich auf meine Bücher an, die sie aus der Gefangenschaft kannten und die sie jetzt in allerhand Zirkeln miteinander lasen.

Diese Reisen nahmen für mich ein jähes Ende, als ich Anfang der sechziger Jahre in Leipzig und Jena bei großen Studentenversammlungen eine theologische Auseinandersetzung mit der marxistisch-leninistischen Anthropologie vortrug und trotz der vielen marxistischen Zuhörer – wie mir berichtet wurde – starken Beifall erhielt. Überdies wurde in den anschließenden Diskussionen immer wieder eine eindeutige und oft temperamentvoll vorgetragene Zustimmung laut, während die Marxisten stumm blieben. Danach durfte ich das Gebiet der DDR nicht mehr betreten (jedenfalls nicht bis zum »Rentenalter«, und auch in dieser Zeit nur einmal zu einem Privatbesuch). Ich galt als unerwünschte Person und wurde in Presse und Rundfunk einer abfälligen und häufig verleumderischen Polemik unterzogen, die später von den Flugblättern der APO unbesehen übernommen wurde. Mir wurde sogar die Ehre zuteil, zum heruntergeputzten Objekt einiger Bücher zu werden, die zur offiziellen Literatur des kommunistischen Geländes gehörten. Postsendungen mit meinen Büchern wurden immer wieder von der Zensur abgefangen und gingen entweder an die Absender zurück oder verschwanden einfach. Doch wurden sie immer wieder auf abenteuerliche Weise hinübergeschmuggelt.

Rektor der Eberhard-Karls-Universität und Präsident der Rektorenkonferenz

Im Jahr 1951 erschien der erste Band meiner »Theologischen Ethik«. Daß ich diese erste Etappe des weiträumig angelegten Werkes trotz aller sonstigen Belastungen hinter mich gebracht hatte, gab mir nicht zuletzt die innere Freiheit, mich auf Anfrage zur Leitung der Universität bereitzufinden, obwohl ich von Anfang an klar zu erkennen gab, daß ich nur für *ein* Jahr meine wissenschaftliche Arbeit unterbrechen und mich nicht ein zweites Jahr wählen lassen würde. Nicht wenige fanden nach einer mehrjährigen Managerarbeit dieser Art nicht mehr an den Schreibtisch zurück und verzettelten sich nachher häufig in allerhand Ehrenämtern bei vielerlei Gremien. Obwohl mich mein Dekanatsamt schon sehr in Anspruch genommen hatte, schreckte ich vor einer so *begrenzten* Rektorzeit nicht zurück.

Die Vorgeschichte meiner Wahl war etwas kompliziert und sogar delikat. Nicht meine, sondern die Naturwissenschaftliche Fakultät war an der Reihe, den Rektor zu stellen. Der honorige Kollege, den sie präsentierte, war aber aus Gründen, die hier keine Rolle zu spielen brauchen, innerhalb des Gesamtlehrkörpers nicht sehr beliebt und stieß auf erhebliche Widerstände. Aus den anderen Fakultäten erreichten mich viele Bitten, als Gegenkandidat zur Verfügung zu stehen. Das war eine peinliche Lage, weil ein derartiger Fakultätenstreit in Tübingen ganz unüblich war. Meine Fakultät, die gleichfalls entsprechend bedrängt wurde, war einmütig bereit, mich zu präsentieren; ich bat sie, sich völlig zurückzuhalten – ebenso wie ich das selber tat – und den Dingen ihren Lauf zu lassen. Der Große Senat wählte mich dann am 15. Februar 1951 »außer der Reihe« im ersten Wahlgang mit absoluter Mehrheit zum Rektor. Der unterlegene Kandidat verhielt sich untadelig und war ebenso wie seine Fakultät während des ganzen Jahres an Loyalität nicht zu übertreffen. Ich war sehr glücklich, bei dieser Gelegenheit zu merken, wie sehr mir die Universität und auch die Stadt inzwischen zur Heimat geworden waren.

Die Zwischenzeit bis zum Antritt meines Amtes nutzte ich, um Antrittsbesuche bei führenden Persönlichkeiten des Landes zu machen, vor allem bei Politikern und Männern der Wirtschaft. Als der Generaldirektor von Daimler-Benz, Wilhelm Haspel, meinen alten Dienstwagen sah, schenkte er mir sogleich ein funkelnagelneues Modell für mein Amt. Bei einigen Unternehmern ließ ich durchblicken, daß mir sehr an einem Verfügungsfonds liege, der mich unabhängig von staatlichen und damit Steuergeldern mache und mir die Freiheit gebe, ihn beliebig in Anspruch zu nehmen. Die Herren waren sehr feinfühlig und statteten mich reichlich mit derartigen Geldern aus. Ließ ich listig durchblicken, welche Summe ich von Herrn X oder Herrn Y erhalten hatte, wollte der nächste sich nicht lumpen lassen und übertrumpfte seine Vorgänger womöglich noch.

Dieser Fonds kam mir in meinem Amt sehr zustatten: Ich konnte großzügig Zusammenkünfte mit Studenten und Kollegen veranstalten, sie durch Mahlzeiten auflockern und damit manche Verhandlung, die in allzu tierischen Ernst auszuarten drohte, erleichtern. Auch unseren Segelfliegern konnte ich bei der Anschaffung eines Flugzeugs wirksam unter die Arme greifen. Zum Dank durften unsere beiden älteren Jungen samt ihren Eltern mit durch die Lüfte segeln. Die Knaben waren davon so angetan, daß sie später selbst Segelflieger wurden.

Vor allem aber konnte ich eine besondere Lieblingsidee mit Hilfe dieses finanziellen Polsters verwirklichen, und ich will das gleich hier erzählen:

Damals war noch nicht so großzügig für den wissenschaftlichen Nachwuchs gesorgt wie gegenwärtig. Er erwuchs ja aus dem Korps der Assistenten, von denen es aber nur sehr wenige gab. Im Gegensatz zu heute, wo jedes Ordinariat, selbst bei den Geisteswissenschaften, mindestens mit einem, meist mehreren Assistenten ausgestattet ist, war das damals eher die Ausnahme. An dieser

Schwachstelle mußte man, so meinte ich, mit der Förderung junger Wissenschaftler einsetzen. Da der Staat damit seinerzeit überfordert war, hielt ich nach Mitteln und Wegen Ausschau, in eigener Initiative die Dinge voranzutreiben. Zu diesem Zweck veranstaltete ich während meines Rektorjahrs sogenannte »Universitätstage« überall im Land und nahm dazu jeweils zwei namhafte Kollegen mit. Regelmäßig war mein Freund, der Pädagoge Hans Wenke, mit von der Partie. Er hatte eine besondere Gabe, allgemeinverständlich zu reden.

Die oft kleineren Städte, in denen wir als Vertreter der Landesuniversität auftraten und sie dem Bewußtsein der Menschen näherzubringen versuchten, empfanden das als Ehre und belohnten unsere Mühe durch starke Resonanz. Vom jeweiligen Bürgermeister ließ ich mir die wichtigsten Firmen nennen und lud deren Vertreter zu einem Empfang ein, ich hatte ja Geld! Dabei entwickelte ich ihnen den Plan, daß die Wirtschaft und auch die Städte uns Diäten-Assistenturen und -Dozenturen stiften möchten, um der (lebhaft geschilderten!) Notlage des wissenschaftlichen Nachwuchses abzuhelfen. Ich sprach dabei von »Patenschaften«, die zugleich eine engere Verbindung der Stifter mit »ihrem« Nachwuchsmann beinhalten sollten, und erlebte die Freude, daß wir der Universität eine nicht unerhebliche Zahl solcher Patenschaften bringen konnten. Nachdem so einmal der Anfang gemacht war, trat später der Staat mehr und mehr in die Sorge für dieses Schlüsselproblem der Universität ein.

Die »Inthronisations«-Feier verlief glanzvoll nach der Überlieferung dieser alten, fast fünfhundertjährigen Alma mater: Der langen Doppelreihe der Professoren, deren Talare aus einer alten Ordenstracht hervorgegangen waren – all das wurde später in schäbiger, »demokratisierender« Weise abgeschafft –, schritten in feierlicher Gewandung zwei Pedelle mit den alten Szeptern der Universität voraus. Musik begleitete diesen Introitus. Der festliche Raum tat das übrige, um der Stunde Glanz zu verleihen. Viele Freunde waren von nah und fern gekommen. Besonders bewegte mich, daß meine alten Eltern und auch Bischof Wurm dabei waren.

Für meine Eröffnungsrede hatte ich ein sozialethisches Thema gewählt, das mir auch für die anderen Fächer relevant zu sein schien: »Mensch und Arbeit im technischen Zeitalter. Die industrielle Rationalisierung als Problem der Humanität.« Die Amtskette, die mir umgelegt wurde, hatten schon die württembergischen Könige getragen, wenn sie jeweils als Rector magnificus zu einer festlichen Veranstaltung der Universität erschienen waren. Sie war aus purem Gold.

Es war ein *schönes* Amt, das ich nun in meinen ehrwürdigen, mit alten Möbeln und Bildern ausgestatteten Diensträumen zu versehen hatte. Auch im Bewußtsein der Bevölkerung war es tief verwurzelt. Wir amüsierten uns, als selbst der Metzger sich anbot, der »Magnifica« von nun an die Fleischportionen persönlich ins Haus zu tragen. In den Vorzimmern waltete Fräulein Becker, die den Siebenbürger Sachsen entstammte. Sie brachte den »Rektor-Babys«, wie sie die Anfänger liebevoll nannte, die ersten Handgriffe bei und klärte sie hinter vorgehaltener Hand über personelle Geheimnisse der Universität auf. Im übrigen schied sie als ein liebevoller Zerberus (so etwas gibt es, ich hätte es vorher auch nicht gedacht!) mit untrüglichem Instinkt unerwünschte Besucher, die sie unerbittlich, aber bestrickend höflich hinauskomplimentierte, von Leuten mit ernsthaften Anliegen. Einmal freilich versagte ihr Instinkt: Sie ließ einen Hochstapler nicht nur zu mir herein, sondern empfahl ihn mir sogar glühend, weil er sie tief beeindruckt hatte. Als am nächsten Tag die Kriminalpolizei erschien und nach ihm fragte, empfand sie das als persönliche Niederlage und war einige Tage lang kaum noch ansprechbar.

Wie vielfältig war dieses Amt! Als ich es später an der Hamburger Universität noch einmal zu übernehmen hatte, war es in den ruhiger gewordenen Zeiten und in den größeren Dimensionen der Weltstadt sehr viel nüchterner. Am Ende habe ich es in meiner Rechenschaftsrede gerühmt: »Der Rektor hat über den Sinn der Universitas litterarum zu wachen und wird zugleich mit einem armen Mann befaßt, der seinen Körper an die Anatomie verkaufen will. Er muß die Universität nach außen – und häufig in festlichem Rahmen – vertreten und sich zugleich um den Kommilitonen aus dem Osten kümmern, der plötzlich und ohne Mittel im Vorzimmer auftaucht. All dies in großen und kleinen Entscheidungen zu erleben, eine zögernde Behörde anzutreiben, die manchmal temperamentvollen Diskussionen in den verschiedenen Gremien zu steuern, bei der Anhäufung von Ärger die Nerven zu behalten und anderen gut zuzureden, ein Hausvater für das Personal und ein guter Kamerad für die Studenten zu sein: das alles macht die Last, aber auch den Zauber dieses reichen und lebendigen Amtes aus.«

Einer meiner Beamten, der unter anderem die Kondolenzbriefe des Rektors zu entwerfen hatte, versicherte mich gleich zu Beginn seiner besonderen Loyalität: Er sei persönlich zwar Atheist, aber da sein Chef nun Theologe sei, werde er sich während meiner Amtszeit ausdrücklich *christlicher* Formulierungen bedienen. Ich habe auf diese Dienstbereitschaft jedoch gerne verzichtet und meine Beileidsbriefe selber geschrieben. Überhaupt bemühte ich mich, allen meinen Verlautbarungen ein persönliches Kolorit zu geben, auch die unzähligen Ansprachen selbst zu entwerfen, sie nicht abzulesen, keine Langeweile aufkommen und die Leute auch gehörig lachen zu lassen. Das machte eine Menge Arbeit, lohnte sich aber. Zugleich nahm ich mir vor, mich bei meinen Reden auf eine nicht penetrante Art stets als Theologen zu erkennen zu geben.

In allen wirtschaftlichen Fragen war ich leider schwach auf der Brust und mußte mich auf meine Berater, vor allem auf den treuen Universitätsrat Balbach verlassen. Er und andere hatten aber meine Schwäche bald heraus und konnten ein gewisses Überlegenheitsgefühl gelegentlich nicht ganz unterdrücken. Einmal jedoch gelang es mir, ihnen trotz dieses Begabungsmangels zu imponieren: Für die Heizung der Universität und ihrer vielen Institute waren für den Winter 1951/52 partout keine Kohlen zu kriegen. Das wurde mir in großer Sorge vorgetragen, worauf ich schlicht erwiderte: »Ich werde einige Eisenbahnwaggons Kohlen kommen lassen.« Natürlich empfand man das als Ausdruck äußerster Weltfremdheit – einige peinlich berührte Blicke signalisierten es mir deutlich –, und man bemühte sich taktvoll, schnell darüber hinwegzugehen und ein anderes Thema anzusprechen. Binnen kurzem aber waren die Waggons da, und die Universität wurde so mollig warm wie seit Jahren nicht. Natürlich mußte ich, als sie voll Reue über ihren Zweifel bei mir erschienen, mein Geheimnis verraten: Ich hatte ein Jahr zuvor einen Vortrag bei der deutschen Kohlenbergbauleitung gehalten und zu den leitenden Herren guten Kontakt gefunden. Als ich sie dann über mein waghalsiges Versprechen unterrichtete und sie flehentlich bat, mich nicht zu blamieren, schickten sie unverzüglich einen Kohlenzug gen Tübingen.

Eine meiner wichtigsten Amtspflichten war es, die Tagesordnung für die monatlichen Sitzungen des Großen Senats vorzubereiten und diese zu leiten. Der Große Senat bildete die mit vielen Vollmachten ausgestattete Versammlung aller ordentlichen und außerordentlichen Professoren, ergänzt durch Vertreter der Nichtordinarien. Ich liebte diese Institution schon deshalb, weil sie den größten Teil des Lehrkörpers umfaßte und dessen Glieder so in einen engen Kontakt zueinander brachte; jeder lernte die Kollegen der anderen

Fakultäten kennen. Eine der vielen Aufgaben des Senats – vielleicht
die schönste – bestand darin, dem Ministerium die Listen der neu zu
berufenden Professoren vorzulegen, nachdem die Fakultäten ihren
fachlich begründeten Berufungsplan dem Großen Senat über den
Rektor zugeleitet hatten. Dieser bestimmte dann seinerseits einen
Senatsreferenten, der selbständig und unabhängig diese Liste prüfte
und unter Umständen sogar beantragte, sie der Fakultät zu einer
Neufassung zurückzureichen. Der Referent mußte jeweils einer
anderen, also fachfremden Fakultät entstammen. Damit sollte zweierlei erreicht werden: Zum einen sollte auf diese Weise jeder
Schulegoismus und jede Parteibildung verhindert, gegebenenfalls
auch rechtzeitig entdeckt, zum anderen anhand der veröffentlichten
Literatur der Kandidaten herausgefunden werden, ob sie sich auch
einem aufgeschlossenen Nicht-Fachmann verständlich machen und
damit bei unserem Studium generale eine Rolle spielen könnten.
Ein Pedell brachte einem – so ist es mir selber gegangen, als ich über
eine juristische Berufungsliste zu berichten hatte – einen Koffer mit
Literatur ins Haus. Und wehe dem, der faul gewesen wäre und in
einem immer wieder aufflammenden Kreuzverhör durch Fachleute
nicht Rede und Antwort hätte stehen können! Der Lehrkörper
unterzog sich so selber einem Studium generale.
Gewiß hat die Sorge, vor dem Forum des Großen Senats bestehen zu
müssen, bewirkt, daß die Fakultäten schon bei der Aufstellung ihrer
Listen besondere Sorgfalt walten ließen. Wieviel reeller und trans-
parenter war dieses Verfahren als der alberne Usus von heute, daß
Professorenämter öffentlich ausgeschrieben werden und daß man
sich um sie bewerben muß! Ich wußte aus skandinavischen Erfahrungen, welches Hintergrund-Mauscheln und -Drahtziehen damit
verbunden ist, und habe vergeblich davor gewarnt. Um so leuchten-
der hebt sich aus der Erinnerung die klare und saubere Berufungs-
praxis des Tübinger Großen Senats. Ich habe stets vertrauensvoll
mit ihm zusammengearbeitet, habe auch nie eine Intrige bemerkt,
weil Sachlichkeit zu seinem Ehrenkodex gehörte. Bei Auseinandersetzungen mit dem Kultusminister, die es immer wieder gab, konnte
ich mich auf seine Loyalität verlassen.
In lebhafter Erinnerung ist mir ein Bundes-Apotheker-Kongreß,
den ich als Hausherr eröffnen mußte. Vorher hatten die Fachkolle-
gen mich über die desolaten Verhältnisse unseres pharmazeutischen
Instituts aufgeklärt und dabei die Peinlichkeit beklagt, die sich für
sie ergeben müßte, wenn Kongreßmitglieder es zu besichtigen
wünschten. Die Primitivität und Überalterung dieser »Klitsche«

spottete in der Tat jeder Beschreibung. Man bat mich, die Anwesenheit des Staatspräsidenten und des Finanzministers beim Apothekertag auszunutzen und in meiner Rede die Situation zu schildern, vor allem aber dringlich um Abhilfe zu bitten. Ich nahm dann, worüber sich mancher wundern mochte, ein dickes Papierbündel von etwa zweihundert Blättern mit aufs Rednerpult und sprach nach einigen lichtvollen Worten über den seit ältesten Menschheitstagen so segensreichen Apothekerberuf davon, wie wenig das Tübinger Institut dieser ruhmreichen Überlieferung entspreche. Darauf schilderte ich so drastisch wie möglich die Verhältnisse in optischer, akustischer und nicht zuletzt odorischer Hinsicht. So hatte ich bald die Lacher auf meiner Seite, während die staatlichen Repräsentanten meine sich steigernde Eloquenz mit sichtlicher Besorgnis begleiteten. Ich fuhr dann fort: »Sie sehen, meine Damen und Herren, welch dickes Redemanuskript ich hier noch vor mir liegen habe« – ich hob es kurz hoch –, »ich werde so lange in der Schilderung dieser schauerlichen Details und der so viel bessergestellten Institute an anderen Universitäten fortfahren, bis die beiden maßgebenden Herren in der ersten Reihe mir durch ein Kopfnicken zu verstehen geben, daß sie einen radikalen Wandel schaffen und der Universität ein neues Institut bauen werden.« Während ein donnernder Applaus den Festsaal erbeben ließ, flüsterten die beiden Herren miteinander und nickten mir dann lachend und erleichtert zu. So brauchte ich in meinem Scheinmanuskript nicht mehr weiter fortzufahren, sondern nur noch von dem erfolgten Kopfnicken zu berichten. Diesmal erhielten die beiden Staatsrepräsentanten den schuldigen Beifall. Der Bau des neuen Instituts wurde gleich darauf in Angriff genommen.

Ganz besonders bemühte ich mich um Kontakt mit den Studenten, für die der Rektor in der Regel eine weit entrückte Figur ist. Ich freute mich, während dieses Jahres von ihnen immer wieder als »Studenten-Rektor« bezeichnet zu werden. So stand der gesamte Mittwoch nur für Studenten-Sprechstunden und für Sitzungen mit dem AStA zur Verfügung. Niemand anders – außer ganz besonderen »Staats«-Besuchen – wurde an diesem Tag vorgelassen. Meine jungen Besucher kamen nicht nur mit Studiennöten, Professorenkonflikten und ähnlichem, viele suchten bei mir einfach menschlichen Rat und Beistand. Ich erfuhr auf diese Weise vieles Problematische aus dem Umkreis der Universität, das mir sonst verborgen geblieben wäre. Oft konnte ich helfend eingreifen.

Daneben veranstaltete ich regelmäßig »Diskussionsabende des Rektors«. Ich hielt dabei eine kurze, einführende Rede zu einem gerade aktuellen Thema und gab dann die Aussprache frei. Ein besonders aktuelles Problem war damals die Frage, ob und in welcher Form ein Neuerstehen studentischer Korporationen zu wünschen sei. Ich hatte Grund zu befürchten, daß eine stupide und reaktionäre Wiederaufnahme überfälliger Traditionen in puncto Mensur und Komment drohte. In der Diskussion kam es immer wieder zu allerhand Streitgesprächen, da ich bei diesem Thema einen sehr entschiedenen Standpunkt vertrat. Allerdings muß ich zur Ehre der Tübinger Verbindungen bekennen, daß sie stets diskussionsfähig blieben und meist auch einsichtig waren, wenn ich sie aus gegebenem Anlaß zu mir zitieren mußte. Diese Abende wurden gut besucht und allseits als nützlich empfunden.

Am meisten erlebte die Universität sich selber bei den großen Festen – vor allem beim Winterball –, die der Rektor auszurichten hatte. Ich nutzte außerdem unseren herrlichen Botanischen Garten und veranstaltete ein zusätzliches Sommerfest, weil ich glaubte, daß man nicht genug miteinander feiern könnte, um der »Abstraktheit« der Institution Universität entgegenzuwirken und menschliche Verbundenheit zu stiften. Der winterliche Ball fand in den eigenen Räumen statt. Auf den schönen, herrlich weiträumigen Korridoren des Hauptgebäudes wurde die Tafel für die vielen hundert Gäste gedeckt; die Klinikküchen sorgten für das Festmahl. Musiker und Vortragende hatten wir genug, so daß wir alles in eigener Regie bestreiten konnten. Fräulein Becker lag vor allem an einer totalen Beleuchtung, damit es keine dämmrigen Schmus- und Knutschecken gebe. Der Universitätsrat warnte mich vor »Mohnweckle« auf den Tafeln, weil die Krümel den älteren Herrschaften leicht unter die Gebisse gerieten. So lernte ich täglich etwas Neues. Nach all den Vorbereitungen wurde ich kurz vor dem Ball krank, so daß meine Frau allein – allerdings unter dem ritterlichen Schutz von Eduard Spranger – das Fest zu gestalten hatte.

Eines Tages erschien der AStA, um mir seinen Plan zu unterbreiten, die schöne alte Sitte eines studentischen Fackelzuges neu zu beleben. Ich war sofort Feuer und Flamme und fragte sie, wen sie sich denn für diese schönste aller akademischen Ehrungen erkoren hätten. Darauf kam die verblüffende Antwort: »Das eben wissen wir nicht. Wir hatten darum die Idee, *Sie* einmal zu fragen, wen Sie vorschlagen könnten.«

Diese Frage hat mich damals zugleich beglückt und erschüttert. Als ich später, 1962, einmal im Bundestag die Rede zum 17. Juni zu halten hatte, habe ich diese Geschichte als Beispiel für den inneren Zustand der deutschen Jugend erzählt: In früheren Generationen begeisterte man sich für einen Lehrer, einen Staatsmann oder einen Künstler und brachte dann die Verehrung in einem Fackelzug zum Ausdruck. Nun aber war es umgekehrt: Jetzt spürten die Jungen ihr Potential an Begeisterungsfähigkeit und wollten etwas verehren. Aber sie wußten nicht, in welche Richtung sie ihre Begeisterung lenken sollten. So kamen sie mit der Frage zu dem Älteren: Sagen Sie uns, *wofür* wir uns begeistern können. (Als ich später John Osbornes Drama »Blick zurück im Zorn« las, mußte ich an diese Szene in meinem Dienstzimmer denken: »Herr Gott, wie sehne ich mich nach etwas Enthusiasmus! Ganz gewöhnlichem menschlichem Enthusiasmus. *Einmal* eine warme begeisterte Stimme ›Hallelujah‹ in die Welt hinausschmettern zu hören... Wie lange bin ich nicht mehr mit jemandem zusammengewesen, der sich für irgend etwas begeistern konnte.«)

Ich dachte einen Augenblick nach. Dann kam mir der rettende Gedanke, und ich schlug ihnen »Tante Emilie« für den geplanten Fackelzug vor. Diese alte Dame führte eine sehr beliebte, ja berühmte Studentenkneipe. Sie schrieb an, bis ihre jungen Herren in Arbeit und Brot waren. Ihr Lokal war Abend für Abend von singenden und diskutierenden Studenten erfüllt. Sie saß gebeugt mitten unter ihnen und ließ sie selber die Kellnerdienste versehen. Manchmal griff sie auch höchstselbst in die Diskussionen ein und »wehrte den Knaben und lehrte die Mädchen«. In der ärgsten Hungerzeit holte sie ihren Studenten im eigenhändig gezogenen Leiterwägele allerhand Nahrhaftes vom Lande. Sie scheute sich nicht, mit groben Worten selbst einen Prominenten an die Luft zu setzen, wenn er zu ungelegener Zeit kam, darunter sogar einmal einen General in Uniform. Sie hatte wenig Sinn für Respekt, besaß aber ein liebevolles Herz für junge Leute und erweckte in ihnen stürmische Gegenliebe. Zu einem runden Geburtstag bekam sie sogar eine Festschrift, zu der selbst Spranger einen Beitrag geliefert hatte. Als ihr ebenso beliebter, völlig verfetteter Mops mit dem schönen Namen »Asta« einging, stand das in mehreren Zeitungen.

Der Gedanke, dieser Tante Emilie einen Fackelzug zu bringen, elektrisierte meine AStA-Jünglinge, und sie gingen mit Verve an die Vorbereitungen. Ganz Tübingen war dann auf den Beinen und füllte den Marktplatz, als der Fackelzug sich dem Rathaus näherte. Tante Emilie saß, frisch onduliert und angetan mit einem ungewohnten

Feierkleid, in einer schönen altmodischen Kutsche und genoß sehr die Ovationen. Der Philosoph Theodor Häring, Verfasser des heiteren Buches »Der Mond braust durch das Neckartal«, hielt mit mir zusammen inmitten des Fackelscheins die Lobreden auf sie. Immer wieder wurden wir von der jauchzenden Zustimmung der Menge unterbrochen. Als ihr Lokal später verschwinden sollte, trat ich bei den Behörden für sie ein und stellte ihr auf Gratulationsbütten und mit dem Rektorsiegel versehen einen Schutzbrief aus, der noch lange nach ihrem Tod, wie mir erzählt wurde, wohlgerahmt in dem Lokal hing.

Von den ernsteren Repräsentationspflichten des Rektors erinnere ich mich noch an die Bestattung des einstigen deutschen Kronprinzen auf der Hohenzollernburg. Als der mit der preußischen Königsflagge bedeckte Sarg unter den Klängen des Hohenfriedberger Marsches zu Grabe getragen wurde und die Kronprinzessin Cäcilie, mit dem preußischen Adlerorden angetan, uns voranging, spürte ich, daß ein später Epilog deutscher Geschichte sein Ende fand. Der Kronprinz war ja eine umstrittene und vielleicht – trotz seiner eindrucksvollen Erscheinung – zwielichtige Figur. Das alles versank aber in diesen Augenblicken vor dem Pathos der Geschichte, die den Schlußstrich unter eine ihrer Epochen zog.

Selbst an diesem tragischen Tag sorgte Aristophanes für ein komödiantisches Vorspiel: Erscheint der Rektor irgendwo in seiner Amtstracht, erfordert es die Etikette, daß er begleitet wird. Ehe ich mich nach einem Kollegen umsah, den ich dazu einladen könnte, meldete sich bei mir der emeritierte Chef der Frauenklinik, August Mayer, und bat mich, als meine Begleitperson zu fungieren: »Wieviel Königinnen und Prinzessinnen habe ich nicht entbunden!« sagte der berühmte und in viele Schlösser gerufene Gynäkologe. »Auf der Hohenzollernburg würde ich viele von ihnen wiedersehen!« So nahm ich ihn gerne mit. Unterwegs gab es bei Kopfsteinpflaster in meinem Wagen immer ein penetrantes Klirren. Das Rätsel war schnell gelöst: Mayer hatte eine große Zylinderschachtel auf den Boden gestellt, buchstäblich bis zum Rand angefüllt mit Orden, die er jeweils bei der Entbindung einer Fürstlichkeit erhalten hatte. Einige blitzende Kostbarkeiten nahm er heraus und erklärte mir, bei welcher hohen Geburt sie ihm verliehen worden waren. Da ich den Hohenzollernberg im Talar nicht gut erklettern konnte, hatte ich eine Ausnahmegenehmigung, so daß ich mit dem Wagen bis in den Burghof fahren durfte. Beim Aussteigen geschah es dann: Herr Mayer warf mit seinem langen Talar die Ordensschachtel um, so daß sich die ganze Herrlichkeit klirrend über das Pflaster verstreute. Wir boten gewiß einen recht unfeierlichen Anblick, als wir sie halb unter dem Auto – bei unserer Aufmachung! – möglichst schnell zusammenzuraffen bemüht waren.

Welche Autorität das Rektoramt damals ausstrahlte, wurde mir einmal im Reitstall der Universität deutlich, in dem ich öfter auftauchte, weil ich als Ausgleich für die Büroarbeit den früher einmal (mäßig!) betriebenen Reitsport wiederaufnehmen wollte. Der adlige Leiter des Reitstalls fragte mich, als ich mich bei ihm anmeldete, wann ich zuletzt geritten sei. Da das schon eine Weile her war, riet er mir, vor Ausritten ins Gelände einige auffrischende Exerzitien auf dem Übungsgelände zu absolvieren. Das geschah dann auch. Da ich aber sein Chef war, fühlte sich dieser vornehme und schüchterne Mann so gehemmt, daß seine korrigierenden Zurufe allzu zartsinnig und bloß andeutend ausfielen. Ich mußte sie mir erst ins gröbere Kavallerie-Deutsch übersetzen, um sie zu verstehen. Wie mochte in dieser kernigeren Sprache wohl seine Bitte geklungen haben: »Wollen Magnifizenz bitte das Gesäß ein wenig nach vorne nehmen!« – –?

Jeder Rektor einer deutschen Universität macht seine Erfahrungen mit der Titelsucht der Menschen. So mancher Firmeninhaber etwa ließ mich durch einen führenden Angestellten wissen, wie sehr sich sein Chef bei einem runden Geburtstag über ein Ehrendoktorat freuen würde, er werde sich ganz gewiß auch erkenntlich dafür zeigen. Manchmal erwiderte ich dann, unter einer Million sei ich unbestechlich, machte ihn aber vor allem – nun mit ernsteren Worten – darauf aufmerksam, daß dieser Titel ausschließlich für *wissenschaftliche* Verdienste von uns verliehen werde. Wenn es sich um wirklich bedeutende Persönlichkeiten handelte, konnten wir in solchen Fällen den Titel eines »Ehrensenators« verleihen. Doch daran lag den Bittstellern in der Regel wenig. Ich war boshaft genug zu vermuten, daß es vornehmlich die Ehefrauen dieser Prominenten waren, die sich nicht mit ihm befreunden konnten, weil sie gerne »Frau Doktor« werden wollten (wie es in Süddeutschland vielfach noch üblich ist).

Die entsprechende Titelbitte einer Dame bewahre ich noch heute in meiner Mappe erlebter Anekdoten: Sie schrieb mir, daß ihr allzu verbreiteter Name (Meier, Müller oder Schulze) bei ihrem journalistischen und schriftstellerischen Metier ein großes Handicap sei. Ihre Mutter habe es da mit dem Doktortitel ihres Mannes sehr viel leichter gehabt. Diese Erinnerung habe sie auf die Idee gebracht, anläßlich ihres bevorstehenden 60. Geburtstages einmal anzufragen, ob ihr die Universität wegen ihres Lebenswerkes nicht den Dr.phil.h.c. verleihen könne. Sie legte ein Verzeichnis mit den Artikeln bei, die ihrer Feder entstammten. Es waren harmlose Kommentierungen von Lokalereignissen. Am Schluß fügte sie hinzu: wenn ich wider Erwarten keine Möglichkeit zu dieser Ehrung sähe, möchte ich »keinen Gebrauch davon machen«.

Bei der Lektüre dieses Briefes juckte mich die Feder und drängte zu einer kleinen Sottise, die den Ehrgeiz der Dame ein wenig dämpfen sollte. Ich antwortete ihr, sie sei bei mir leider an der falschen Adresse, weil die Verleihung von Doktorgraden in die Autonomie der Fakultäten falle und der Rektor nur die Diplome zu unterschreiben habe. Am Schluß ihres Briefes, fuhr ich fort, habe sie mich gebeten, im negativen Fall »keinen Gebrauch« von ihrem Begehren zu machen. Dann schloß ich: »Allen meinen Befugnissen zum Trotz ernenne ich Sie hiermit zum Dr.phil. honoris causa – unter der Bedingung, daß Sie *auch* ›keinen Gebrauch davon machen‹.«

Ich hatte selbst solchen Spaß dabei, daß ich beschloß, auch einige Kollegen daran teilnehmen zu lassen, und übersandte den Dekanen – natürlich ohne Namensnennung – eine Kopie. Die freuten sich denn auch mit – außer den Juristen. Deren Haupt kam ganz entgeistert in mein Zimmer und versicherte mir mit allen Anzeichen des Entsetzens, ich hätte eine Ernennung vollzogen und mich damit einer Amtsanmaßung schuldig gemacht. »Ein Titel, der nicht gebraucht werden kann, ist doch gar kein Titel«, erwiderte ich ihm. »Die Dame kann höchstens im Nachtgewand vor ihren Schlafzimmerspiegel treten und zu sich selber sagen: ›Gute Nacht, Frau Doktor!‹. Dagegen können Sie doch wohl nichts haben – oder?« Der Mann hatte aber wohl keine Spur von Humor und überdies wenig Sinn für Paradoxe. So verließ er mich kopfschüttelnd und verstand die Welt nicht mehr.

Hatte ich gehofft, nach einem Jahr aller Verwaltungsarbeit Valet sagen und mich wieder – ausschließlich! – meiner Professur widmen zu können, so sah ich mich getäuscht. Zwar blieb ich bei meinem Entschluß, mich nicht für ein zweites Jahr zur Verfügung zu stellen, doch wählte mich die Rektorenkonferenz zu ihrem Präsidenten. Das war ein Nobile officium, dem man sich nicht entziehen konnte. Im Unterschied zum Rektoramt nahm es aber doch ein geringeres Zeitquantum in Anspruch, so daß ich wenigstens meine Seminare, mit einigen Ausfällen allerdings, wieder halten konnte. Doch nie wurde ich in diesem Amt so heimisch wie in dem geliebten Rektorat: Bei einem derart übergreifenden, alle Universitäten, Technische Hochschulen und andere Bildungsstätten umfassenden Tätigkeitsfeld kam es seltener zu näheren menschlichen Kontakten als in unserer noch überschaubaren Alma mater. Erschwerend kam hinzu, daß mein in Göttingen liegendes Büro einen schwerkranken Leiter hatte, der trotz aller Anstrengung nur einen Teil seiner Aufgaben erledigen konnte. Auch die Arbeit selbst strahlte nicht jene Faszination aus, die die Leitung einer einzelnen Hochschule auf mich ausgeübt hatte: Ich mußte die Rektorenkonferenzen mit ihren oft spröden Stoffen vorbereiten, die Anträge ordnen, mir eine Meinung über sie bilden und die Verhandlungen dann in der mir wünschbar erscheinenden Richtung steuern.

Einer der Schwerpunkte war zu meiner Zeit der von uns einmütig gewünschte Kampf gegen steril gewordene Gepflogenheiten der Korporationen, vor allem gegen bestimmte Formen der Mensur und den dahinterstehenden Ehrbegriff. Er erschien uns nach all dem, was wir überstanden hatten, anachronistisch und irreführend. Die einzelnen Universitäten wurden dadurch immer wieder in gerichtliche Auseinandersetzungen mit den Studentenverbindungen verwickelt. So mußte der Präsident viele Reisen machen, um den Rektoren und Senaten den Rücken zu stärken und sie bei der Stange zu halten. Hinzu kamen noch unzählige Presseinterviews und -konferenzen sowie allerhand Repräsentationspflichten. Ich empfand es als schmerzhaft, daß ich den größten Teil meiner eigentlichen Arbeit dieser Präsidentschaft zum Opfer bringen mußte. Der Kontrast zwischen der managerhaften Mobilität und der wenigstens partiell beibehaltenen Arbeit für meine Seminare, die gesammelter Stille bedurften, empfand ich als quälend. Meiner Natur entsprach es mehr, nur *eines* zu tun – und das dann ganz.

Der Dürre des Konferenzstoffes suchte ich dadurch entgegenzuwirken, daß ich das Tagesprogramm der Plenarsitzungen stets mit einem grundsätzlichen, über den Augenblick hinausweisenden Referat beginnen ließ. Ich hielt es entweder selber oder lud andere dazu ein. Dabei gewann ich den Eindruck, daß man diesen Ausblick auf das Wesentliche und die nachfolgende Aussprache als wohltuend empfand. Auch war ich bemüht, den Stellenwert des Humanum inmitten aller Sachdebatten zu erhöhen, sei es durch abendliche Feste, bei denen jede Fachsimpelei verpönt war, sei es durch einige Ideen, die man wohl etwas erstaunt zur Kenntnis nahm, dann aber doch, wie mir schien, ganz gerne akzeptierte.

So bin ich bisher wohl der einzige Präsident gewesen, der die Rektorenkonferenz dazu brachte, gemeinsam zu singen. Das geschah, als Tübingen einmal der Konferenzort war und die Landesregierung die versammelten Rektoren zu einem festlichen Abend in das herrliche Königsschloß Bebenhausen einlud. Ich hatte den geplanten Liedtext heimlich vervielfältigen und auf die Plätze legen lassen. Nach der Begrüßungsrede von Staatspräsident Gebhard Müller erhob ich mich zu einer kurzen Erwiderung und dankte insbesondere ihm als dem getreuen Ekkehard seiner Landesuniversität. Ich wünschte all meinen Kollegen eine ähnlich erfreuliche »Obrigkeit« und bat sie, als Huldigung für den Staatspräsidenten, »Württembergs geliebten Herrn«, das Lied anzustimmen: »Preisend mit viel schönen Reden...« Einen Moment der Verblüffung bei diesem ungewohnten Programmpunkt hatte ich einkalkuliert. So setzten zunächst nur einige zaghafte Stimmen ein. Doch dann muß ich zur Ehre meines Kontrahenten, des Kultusministers Sauer, sagen, daß er es war, der zuerst mit der zweiten Stimme einfiel, und daß sich spätestens bei der dritten Strophe ein hochgestimmter Männerchor vernehmen ließ. Er hat sicherlich mit dazu beigetragen, daß dieser Abend zu einem beschwingten, gelockerten und mit mancherlei Stegreifreden bereicherten Zusammensein gedieh.

Gerne erinnere ich mich auch einer Szene, als ich dem früheren amerikanischen Hochkommissar und späteren Weltbank-Präsidenten John J. McCloy bei seinem Abschied aus Deutschland eine Dank- und Ehrenurkunde aller westdeutschen Universitäten zu überreichen hatte. Dazu war aus den einzelnen Bundesländern je ein Rektor nach Bonn gekommen. Unter ihnen war als Vertreter Baden-Württembergs der Freiburger Rektor Johannes B. Vincke, ein katholischer Theologe, den wir alle ins Herz geschlossen hatten. Er war von hoher gebietender Gestalt, hatte einen eindrucksvollen Charakterkopf und trug stets seine Priesterkleidung. Bei unseren Konferenzen fiel er angenehm auf durch seine äußerst kurzen Beiträge, die stets den Nagel auf den Kopf trafen und auch mit Humor gewürzt waren.

Nach dem feierlichen Aktus in der Universität lud ich das Ehepaar McCloy und meine Rektorenkollegen in den Bonner »Königshof« zum Mittagessen ein. Es war ein strahlend schöner Sommertag, und wir pilgerten zu Fuß in das Hotel. Mrs. McCloy war eine äußerst liebenswürdige Dame von bestrickendem Charme und jugendlichem Aussehen. Sie fiel zu dieser Zeit durch ihr amerikanisches Make-up auf, das ihr für den damaligen Durchschnittsblick eine gleichsam unbürgerliche Note verlieh. Sie hatte schnell heraus, daß Vincke mit Abstand die schönste und sicherlich auch die würdigste Erscheinung unter den deutschen Rektoren war. So hakte sie sich in der netten legeren Art ihrer Landsleute bei ihm unter und suchte ihn in ihrer lebhaften Art zu einer Konversation zu bewegen. Dabei tätschelte sie immer wieder seinen Arm. Es war ein wahrer Augenschmaus, die beiden zu beobachten: Vincke, entwöhnt solcher weiblichen Nähe, richtete sich in verlegener Starrheit steil und unnahbar auf, um sich einer Situation zu entziehen, die er vielleicht als eine Vertraulichkeit empfand, vor der ein Priester sich zu hüten habe. Doch das war wohl nicht der einzige Grund, der ihn zu distanzierenden Gesten trieb: Er mußte nämlich mit Schrecken sehen (und wir anderen sahen es mit Vergnügen), daß das begegnende Bonner Volk sich immer wieder anstieß, um sich gegenseitig darauf aufmerksam zu machen, wie hier am Arm eines ungewöhnlich würdigen Priesters eine ungewöhnlich weltlich aussehende junge Dame hing, die ihrer Zuneigung freimütig Ausdruck verlieh. Je steifer und starrer Vincke wurde, um so rührender und »affektionierter« suchte Mrs. McCloy seine vermeintliche Schüchternheit zu überwinden. Es war eine herrliche Begegnung deutscher und amerikanischer Mentalität. Bei Tisch, als wir dann unter uns waren, verschwand diese Gehemmtheit Vinckes schnell wieder, so daß Anmut und Würde sich in schöner Eintracht begegnen konnten. Es war ein fröhliches Schmausen, zumal wir unserem Ehrengast wegen seiner Verdienste und seiner oft bewährten freundschaftlichen Verbundenheit mit den Deutschen aufrichtig zugetan waren.

Die Universität tat sicherlich einen Mißgriff, als sie mich in der Endphase meiner Tübinger Zeit bat, als ihr Vertreter Mitglied des Stadtrates zu werden und mich besonders um die kulturellen Belange der Stadt zu kümmern. Von denen war aber in den Sitzungen herzlich wenig die Rede. Meist ging es um das »unterirdische« Tübingen, um Kanalisation, Abwässerrohrführungen und andere Zu- und Ableitungen. Diese »Orkus«-Dimensionen der Musenstadt, die weit unterhalb der Ebene von Hölderlin, Hegel und Uhland lagen, waren bisher, zu meiner Schande sei es gesagt, meinem Bewußtsein total entgangen, weil ich allzu ausschließlich (und allzu weltfremd!) im »Überbau« gelebt hatte. Da der Stadtrat über genug sachkundige und fleißige Experten zu diesem Thema verfügte – es schloß die Fürsorge für Kindergärten-, Schul- und öffentliche Bedürfnisanstalten ein –, war ich eigentlich nur unnützer Ballast und las heimlich unter dem Tisch in allerhand Druckschriften, die mir näherlagen. Ich machte das wirklich ganz diskret, um der Presse nicht unangenehm aufzufallen und auch den Schülern, die mit ihren Lehrern regelmäßig die Zuhörerbänke füllten, nicht ein schlechtes Beispiel zu geben.

Eines Tages nun hatte ich nur mit halbem Ohr mitbekommen, daß es um einen Kanalisationstrakt für neu erbaute naturwissenschaftliche Institute und, wenn ich mich recht erinnere, auch für das biochemische Institut ging. Diaprojektionen darüber entfesselten einen lebhaften Meinungsstreit, während ich wieder einmal abschaltete und las. Die Strafe folgte diesmal auf dem Fuß, denn ich hörte plötzlich meinen Namen und dann die Bitte des Oberbürgermeisters, daß der Vertreter der Universität doch einmal seine Meinung dazu äußern möchte. (Ob er mich ertappt hatte und an den Ohren ziehen wollte?) Alle sahen mich an, auch die Schüler, auch die Lehrer. Ich geriet in schreckliche Verlegenheit, denn ich hatte von Tuten und Blasen keine Ahnung. Doch wie hätte ich das eingestehen dürfen! Ich *mußte* einfach irgend etwas sagen – aber was? Dann erhob ich mich und verkündete mit nachdrücklicher und zum Nachdenken auffordernder Gewichtigkeit: »Meine Damen und Herren! Daß Professor Butenandt den Ruf nach München angenommen hat und Tübingen verläßt, ist ein Alarmsignal. Mehr habe ich dazu nicht zu bemerken.«

Dieser Ausdruck meiner Verlegenheit war natürlich der blanke Unsinn und hatte mit dem Gegenstand der Verhandlung nichts zu tun. Doch da ich in Tübingen einen ganz guten Ruf hatte, dachten alle einen Augenblick betroffen nach. Sie meinten offenbar, es müsse irgendein tieferer Sinn dahinterstecken, den sie nur noch nicht begriffen hätten, und wollten sich ihre vermeintliche Begriffsstutzigkeit natürlich nicht anmerken lassen. Einige nickten sogar bedeutungsvoll. Mein taktischer Rückzug hatte also geklappt.

Am nächsten Tag stand in großen Buchstaben mein hochstaplerischer Nonsenssatz zusammen mit meinem Namen in der Zeitung. Die Namen derer aber, die sich redlich mit dem Kanalisationsproblem abgeplagt und vernünftig diskutiert hatten, blieben unerwähnt. Das genierte mich doch sehr, und ich machte mir mit Betroffenheit klar, wie ungerecht die veröffentlichte Meinung oft sein und wie sehr sie die wahren Proportionen verzerren kann. Später erfuhr ich das in noch sehr viel drastischeren Formen.

1954 sagte ich diesem reichen Lebensabschnitt Adieu, weil ich einen Ruf nach Hamburg annahm. Dort bin ich seither geblieben und werde wohl auch meine letzten Tage in der Hansestadt verbringen.

Der Abschied von Tübingen fiel mir sehr schwer, auch Liesel und den Kindern. Bei solchen Gelegenheiten merkt man, wie tief sich die Wurzeln der eigenen Existenz in den Boden der bisherigen Wirkungsstätte eingesenkt haben. Noch einmal ließen die Menschen – die großen und die kleinen – uns ihre Liebe spüren. Die Studenten konnten es kaum verstehen, daß ich die Hochburg der Theologie in Tübingen mit ihren Studentenscharen verließ und in die »leere norddeutsche Tiefebene« zog, wo ich gar keine Theologische Fakultät vorfand, sondern erst eine gründen sollte und also beim Nullpunkt anzufangen hatte. Wie konnte man nur – so fragten sie mich in mancherlei Variationen – vom Neckarstrand an die Elbe, von einem Musentempel in ein nüchternes Geschäftshaus umziehen! Doch es gab kein Zurück; die Hamburger hatten mich in die Pflicht genommen. Es ging um Aufgaben, für deren Bewältigung ich nach ihrer Meinung unabkömmlich war.

Mehr als fünfundzwanzig Jahre später hielt ich zum ersten Mal wieder eine Gastvorlesung in Tübingen. Von den alten Fakultätsgenossen, den Pedellen und den Putzfrauen war längst niemand mehr da. Die neuen Kollegen kannte ich nur aus ihren Publikationen. In den verkehrsüberfluteten Einbahnstraßen fand ich mich kaum mehr zurecht. Gleich nach der Ankunft holte mich die Redaktion der »Tübinger Chronik« in ihr Haus und forschte in ungemein lustiger Stimmung nach nicht wenigen Legenden, die über mich im Schwange seien. Zwei Tage haben sie dann über dieses Wiedersehen berichtet. Die Fakultät nahm mich so freundlich auf, als ob ich immer noch einer der ihrigen sei.
Und dann geschah das fast Gespenstische, mich Erschütternde: Als ich den Flur zwischen Audimax und Festsaal betrat, in dem sich die Menschen drängten, war eben bekanntgemacht worden, daß wir in den Festsaal umziehen müßten. Und nun eilten die Hörer vom Audimax in den mir so vertrauten Saal, in dem ich einst meine Dies-Vorlesungen gehalten und die Rektorkette empfangen hatte. Ich rieb mir die Augen, es war genau wie damals: Sie stürzten vom einen Saal in den anderen, es war das gleiche Gedränge wie früher manchmal, und doch war es *nicht* genauso wie damals: es war eine andere Generation, es waren neue Gesichter. Das Einstige war fern und doch höchst gegenwärtig. Auch ich war ja ein anderer geworden. Aber irgendwo war ein fester Grund im Strom der Zeit, ein Flußbett, das inmitten aller Veränderung in seiner Identität verharrte. Ich habe immer nach diesem Bleibenden gesucht.

Das erste Jahrzehnt in Hamburg
1954–1964

Bei mancherlei Vorträgen, die ich seit Kriegsende in Hamburg gehalten hatte, und selbst noch bei den ersten Verhandlungen über die Gründung einer Theologischen Fakultät, hatte ich keine Ahnung, daß dies die Stadt sein würde, in der wir unser endgültiges Domizil aufschlagen würden.

Die Universität hatte mit der Begründung, sie wollte zur »Volluniversität« werden, wiederholt an Senat und Bürgerschaft appelliert, ihrem Wunsch nach einer Theologischen Fakultät zu entsprechen. Tatsächlich wurde deren Gründung dann mit einer Einmütigkeit, wie sie sonst nur beim Thema »Hafen« zustandezukommen pflegt, beschlossen. (So erzählte es mir strahlend der zuständige Senator Landahl, der einer der eifrigsten Förderer dieses Planes war.)

Doch wie gründet man eine Theologische Fakultät? In Hamburg gab es seit fast zehn Jahren eine Kirchliche Hochschule, die den Aufgaben einer Theologischen Fakultät im Rahmen ihrer begrenzten Möglichkeiten nachzukommen suchte. In ihrem Lehrkörper wirkten einige bedeutende Theologen wie der in der Ökumene weltbekannte Missionswissenschaftler Walter Freytag und der renommierte Kirchenhistoriker Kurt Dietrich Schmidt, den die Nazis von seinem Kieler Lehrstuhl vertrieben hatten. Da es den akademischen Gepflogenheiten entsprach, daß die Universität in autonomer Selbstverwaltung ihre Lehrstuhlinhaber wählte, konnte die Kirchliche Hochschule nicht einfach übernommen werden. Deshalb setzte der Universitäts-Senat einen Berufungsausschuß ein, der stellvertretend die Funktionen einer Fakultät in allen Berufungsfragen wahrnehmen sollte. Er war zusammengesetzt aus den Mitgliedern verschiedener akademischer Gremien sowie aus mehreren auswärtigen Theologieprofessoren, darunter ich.

Dieser Berufungsausschuß holte sich zunächst eine Anzahl prominenter und handfester »Körbe«, die schließlich in Hamburg zu Beklommenheit und Entmutigung führten. Für die Ordinarien in Amt und Ehren war es schließlich kein leichter Entschluß, das gemachte Bett einer gewachsenen Fakultät zu verlassen und sich einem Experiment mit vielen unbekannten Größen anzuvertrauen.

In dieser Phase der Depression eröffnete mir der Berufungsausschuß, daß ich jetzt selbst heran müsse, obwohl ich Mitglied dieses Ausschusses war. Als ich mich sträubte, auf meine Tübinger Arbeit hinwies und auch meine Furcht vor dem möglichen Verdacht bekannte, daß ich zu meiner Berufung beigetragen haben könnte, beschied man mich mit der Versicherung: »Wenn Sie ablehnen, wird der Berufungsausschuß zurücktreten und den staatlichen Stellen mitteilen, die Theologische Fakultät sei nicht konstituierbar.«

Das stürzte mich in quälende Entscheidungsnöte. Konnte ich es verantworten, daß in dieser Stadt und in diesem geistigen Raum *keine* Theologische Fakultät zustandekäme? Während ich so hin- und hergerissen war, fuhr ich mit meinem Freund Hans Joachim Kraus, der für den alttestamentlichen Lehrstuhl vorgesehen war und sich ebenfalls entscheiden mußte, in meinem Wagen durch die Stadt. Über unseren Gesprächen hatten wir nicht auf den Weg geachtet und die Orientierung verloren. Wir stoppten, winkten von der anderen Straßenseite einen Müllwerker herbei, der dann lächelnd fragte: »Habt ihr euch verfranzt?« Dann gab er uns freundlich eine erstklassige Geländebeschreibung, so daß wir schnell wieder zurecht kamen. Wie aus *einem* Munde sagten wir: »Du: wenn die einfachen Leute hier so nett sind, dann gehen wir nach Hamburg!« Es war gleichsam der letzte Tropfen, der den Eimer unserer heranreifenden Bereitschaft überfließen ließ, fast ein Zeichen des Himmels! Gleich darauf wurde ich zum ersten Dekan der neuen Fakultät gewählt.

Die Erfahrung dieses Augenblicks hat sich später bestätigt. Zum schlichten Volk von Hamburg habe ich immer einen erfreulichen Zugang gefunden. Postboten, Pedelle und Handwerker: Das sind in ihrer Weise »Herren«, selbstbewußt, höflich und niemals plumpvertraulich oder grob. Zu einigen ergab sich im Lauf der Jahre so etwas wie ein Treueverhältnis.

Während ich zu dieser Zeit zwischen Tübingen und Hamburg ständig im Schlafwagen hin und her fuhr, erschien mir im letzten Tübinger Sommersemester der Neckar schöner denn je, Studenten und Kollegen zeigten ihre Anhänglichkeit in einer Weise, die mich anrührte. Sogar Tante Emilie machte mir mit ihrem Mops »Asta« einen Abschiedsbesuch. Die letzte Predigt in der Markuskirche ließ viele Tränen fließen, und mir selber war auch zum Heulen. Als ich schließlich an meinen Wagen trat, waren mehrere Mercedes-Direk-

toren um ihn versammelt und meinten: »Mit diesen Reifen lassen
wir Sie nicht nach Hamburg.« So rollte ich dann mit neuem Gummi
gen Norden.

Mein Auto war bis unters Dach voll mit lauter Dingen, die ich in
meiner ersten Strohwitwer-Zeit brauchte: Bettzeug, Anzüge, Wäsche und ziemlich viele Bücher. Nur *einer* meiner schwäbischen
Studenten fuhr mit mir gen Norden: Hartmut Jetter, späterer
Pädagogikprofessor und heute Mitglied der württembergischen Kirchenleitung. Er sollte feststellen, wie sich die Neugründung in
Hamburg anließe, dann wollten einige andere vielleicht nachkom-
men. So geschah es auch: Einmal in der Woche aß ich nach der
Vorlesung mit meinen Schwaben im Dammtorbahnhof Erbsensup-
pe; ein anderes Mal mit meinen Amerikanern, die ebenfalls bald
kamen.

Als wir beide uns Hamburg näherten, rief ich von der Autobahn aus
meine beiden Assistenten an – Hans Schmidt und Jochen Rothert,
beide später gleichfalls Theologieprofessoren –, um unsere baldige
Ankunft zu melden. Sie empfingen uns vor der Tür unseres Instituts mit der Nachricht, im Hafen liege das Passagierschiff »Italia«,
und man könne es für eine Mark besichtigen. Daß das ein alter Kahn
war, wußten wir Binnenländer nicht; uns elektrisierte nur das uns
neue Phänomen »Schiff«. So fuhren wir gleich hin und ließen
Hamburg auf diese Weise mit einem Abenteuer beginnen, denn wir
hatten keine Ahnung, daß der Hafen von Zollschranken umgeben
war und daß wir bei der Ausfahrt mit meinem vollgeladenen Wagen
die größten Schwierigkeiten haben würden. Als dann der Zöllner
nach meinem zu verzollenden Gut fragte, redeten wir vier, was das
Zeug hielt, auf ihn ein, um ihm die Lage zu erklären. Daß ich ein
neu berufener Professor mit seiner ersten Ausstattung sei, machte
auf ihn keinen Eindruck, weil er vermutlich gar nicht wußte – was in
Tübingen unmöglich gewesen wäre –, daß Hamburg überhaupt eine
Universität hatte. Daß wir sogleich die »Italia«, dieses bald auszu-
rangierende Uralt-Möbel, besichtigt hätten, erschien ihm nur als
wenig stichhaltiger Vorwand für eine höchst verdächtige Schmug-
gelaffäre. Schließlich aber ließ er uns wegen unserer »ehrlichen
Gesichter« doch ziehen, wenn auch mit fassungslosem Kopfschütteln, denn ähnliches habe er in seiner langen Praxis noch nicht
erlebt, versicherte er uns.

Dann fuhren wir ins Alsterglacis 1, zu unserem Institut, einer
ehemaligen Zahnklinik, die noch mehr unter Altersschwachheit litt
als das Schiff »Italia«. Es war ein Eckhaus, das mitten im branden-

den Verkehr der City stand und heute längst abgerissen ist. Ich fand es schön und angemessen, daß wir unsere Zelte nicht in einer entrückten Idylle aufschlugen, sondern dem »Tor zur Welt« ganz nahe waren.

Mein Dekanatszimmer, zugleich der Sitzungsraum für die Fakultät, befand sich in einem kleinen, ringsum verglasten Turmaufbau, der den Blick auf Straßenverkehr, auf Eisen- und S-Bahn freigab und auch einem gewaltigen Geräuschpegel Zugang gewährte. Später hatte ich mein Zimmer in einem fensterlosen, primitiven Baderaum, der mir nichts ausmachte, in dem allerhand hamburgische Prominenz zu empfangen und ihren befremdeten Blick zu beobachten mir aber ein christliches Vergnügen bereitete.

Die Seele des Ganzen, Trösterin und Kaffeekocherin verängstigter Examenskandidaten sowie nie ermüdender Beistand von uns allen war unsere damals einzige Sekretärin, Fräulein Dohrmann, die als guter und humorvoller Geist die Mängel der ersten Zeit (an Bleistiften, Büroklammern und ähnlich Elementarem) mit ihrer Unverdrossenheit überspielte.

Planung und Werden der neuen Fakultät

Es war nicht eben beflügelnd, als meine Mitarbeiter mir sagten: »Wir haben bisher neunzig Bücher und erwarten etwa neunzig Studenten.« Doch das sollte sich bald ändern. Die Studentenzahl wuchs schon in den ersten Semestern auf mehrere hundert an. Daß unter ihnen viele Lehrerstudenten waren, die noch andere Fächer studierten, machte unsere Seminare oft besonders anregend. Die Bibliothek dehnte sich fast lawinenartig aus. Wir plünderten Antiquariate und Nachlässe; da wir über einen recht großen Bücheretat verfügten, konnten wir kräftig zulangen. (Es waren erst wenige Semester ins Land gegangen, als unsere »Bruchbude« fast polizeilich geschlossen worden wäre. Die Masse der Bücher bedrohte sie mit Einsturzgefahr.)

Allenthalben waren wir von einem ungeahnten Wohlwollen getragen. Die Zeitungen brachten fortgesetzt Artikel über uns, es gab viele Interviews, und alle Berichte waren auf den Ton gestimmt, daß die Universität nun endlich eine »Voll«-Universität sei, was wir nicht ohne ein gewisses hintergründiges Lächeln quittierten.

In meinen Berufungsverhandlungen hatte man uns zugestanden, daß wir zur Ergänzung des eigenen Lehrkörpers in jedem Semester auswärtige Gastprofessoren einladen dürften. So schmückten gleich zwei glanzvolle Namen das Eröffnungssemester: der aus den USA herbeigeeilte und auch später wiederholt bei uns tätige Systematiker Paul Tillich – er erhielt 1958 den Hansischen Goethe-Preis – und der Heidelberger Kirchenhistoriker Hans von Campenhausen. Zudem konnten wir für spezielle Fachgebiete Lehrbeauftragte einstellen. Die Ordinariate, zunächst nur einfach besetzt, wurden später für die meisten Disziplinen verdoppelt.

Für die Gründungszeit der Fakultät und ihre erste Aufbauphase war es von großer Bedeutung, daß mein alter Tübinger Freund und Kampfgefährte Hans Wenke nun der zuständige Senator in Hamburg war. Wir hatten in allen hochschulpolitischen Fragen von jeher übereingestimmt, und Wenke tat alles – ebenso wie sein Vorgänger und Nachfolger Landahl –, um den Stapellauf und die ersten Probefahrten unseres Schiffs reibungslos zu gestalten. Auch die beiden Rektoren, mit denen wir am Beginn zu tun hatten, der Jurist Eduard Bötticher und der Geograph Albert Kolb, waren uns bei der Eingliederung in die Universität nach Kräften behilflich. Ich empfand es als besonders wohltuend, mit welchem Takt mir Bötticher bei den ersten Gründungsgesprächen beistand, als es um oft recht delikate Auseinandersetzungen über Mitglieder der bisherigen Kirchlichen Hochschule ging.

Schon in der ersten Phase, als unser Professorenkollegium noch eine Keimzelle, ein vorläufiges »Rumpfparlament« war, stellten wir beglückt unseren Konsens in allen wesentlichen Zielen fest. In dieser Einmütigkeit bestimmten wir auch die Kriterien, die für unsere weitere personelle Ergänzung maßgeblich sein sollten: Neben der fachlichen Qualität der zu Berufenden kam es uns darauf an, daß jeder von uns ein oder mehrere Male im Semester auf der Kanzel stand. Wir wollten, daß unsere Studenten von ihren Lehrern in persona vorgeführt bekamen, daß und wie alle Theologie aus der Verkündigung wächst und in sie zurückführt. Von Anfang an trafen wir uns einmal im Monat zu intensiver theologischer Arbeit in unseren Häusern, um jedem bloßen Solistentum entgegenzuwirken und zu einer Gemeinschaft der Lehrenden zusammenzuwachsen. Ich wollte damit gewisse Defiziterfahrungen aus Tübingen positiv fruchtbar machen.

Ebenso schien es uns wichtig, die Erwartungen zu erfüllen, die die anderen Fachbereiche uns entgegenbrachten und die man mit dem etwas ulkigen Begriff der »Voll«-Universität umschrieb: Wir wollten uns in das Gesamte der Universitas litterarum integrieren und in ein lebendiges und permanentes Gespräch mit den anderen Fakultäten eintreten.

So hielten wir etwa im Tübinger Stil Dies-Vorlesungen für Hörer aller Fakultäten. Wiederholt ließen wir auch – das ergab sich allerdings erst später – in gemeinsam gehaltenen Ringvorlesungen, die sich über ein ganzes Semester erstreckten, *alle* theologischen Disziplinen zu Wort kommen. Der Erfolg gerade dieser Versuche ermutigte uns sogar, einige Ringvorlesungen als Buch erscheinen zu lassen. Sie fanden auch da erfreulichen Anklang. Die gemeinsame Vorbereitung dessen war eine zusätzliche Hilfe, um uns fachlich und menschlich weiter zusammenwachsen zu lassen. Wir wurden ein Bund von Freunden und haben in den ersten zehn Jahren auf alle Mehrheitsabstimmungen verzichten können. Von den heutigen Usancen aus wirkt das wie ein unwirklicher Traum.

Ich hielt vom ersten Semester an neben dem Fachkolleg regelmäßig Vorlesungen für Hörer aller Fakultäten, die einen ähnlichen Zuspruch wie in Tübingen fanden. Zu den ersten Themen gehörte eine Reihe über Anthropologie (»Was ist der Mensch?«) und über das Tragische (»Schuld und Schicksal«), Gegenstandsbereiche also, die sofort als fächerübergreifend erkennbar waren und entsprechend auch von Kollegen und Studenten der Gesamtuniversität gehört wurden. Parallel zu unseren allgemeinen Vorlesungen bot auch die Evangelische Akademie unter ihrem unvergeßlichen Leiter Gerhard Günther in der Universität ähnliche interfakultative Referate an, zu denen vor allem das gebildete Publikum aus der Stadt strömte. Während all der Jahre, in denen Günther einer der kulturellen Brennpunkte Hamburgs war, haben wir Theologen in fruchtbarer, uns gegenseitig ergänzender Zusammenarbeit mit ihm gestanden.

Wir kamen ferner überein, den Lehrkörper unserer Alma mater auch in corpore mit theologischen Fragestellungen zu konfrontieren. Das versuchten wir, indem wir einmal im Semester die Professorenschaft insgesamt zu einem ganztägigen Symposion an einen außerhalb gelegenen, landschaftlich reizvollen Tagungsort einluden, um ein von uns vorgeschlagenes, mehrere Fakultäten betreffendes Thema zu besprechen. Einer der unseren hielt das Eröffnungsreferat, ein nicht-theologischer Kollege korreferierte. Im Mittelpunkt unseres ersten interfakultativen Zusammenseins stand, wenn ich mich recht erinnere, der Begriff der »Schuld« im theologischen und strafrechtlichen Sinn. Das führte zu einer höchst lebendigen Begegnung speziell mit den Juristen, zu denen wir auch sonst engen

Kontakt unterhielten. Gelegentlich habe ich sogar ein gemeinsames Seminar mit ihnen gehalten, bei dem Kollegen, Assistenten und Studenten beider Fakultäten ein ganzes Semester lang eng zusammenarbeiteten.

Später stand bei diesen Symposien noch einmal das Schuldproblem im Mittelpunkt, als das Buch von Konrad Lorenz über »Das sogenannte Böse« erschienen war und der Autor an unserem Treffen teilnahm. Diese erste Begegnung mit ihm ist mir unvergeßlich. Der große Name hatte ein erhebliches Kontingent des gesamten Lehrkörpers angelockt. Im Unterschied zu den vielen Bildern, die ihn »auf freier Wildbahn« mit seinen Graugänsen und anderem Getier zeigten, erschien er bei uns – etwas ungewohnt – in korrekter ziviler Tracht. So machte er mit seinem schönen, ausdrucksvollen Kopf auf dem Katheder eine überaus würdige Figur, bis er es plötzlich mit einigen tierischen Schreien umkreiste, um animalische Mitteilungssignale zu verdeutlichen. Ich sehe noch den erschreckten Blick einiger geheimrätlicher Emeriti, die diese im akademischen Raum neuartige Verwandlung fassungslos bestaunten. Das Streitgespräch mit ihm hatte ein ungewöhnliches Niveau, weil sich da seine große – in der Öffentlichkeit noch kaum bekannte – philosophische Reflexionskraft enthüllte, die später dann durch sein Buch »Die Rückseite des Spiegels« zum Gegenstand allgemeiner Bewunderung wurde.

Zu einer zweiten Begegnung mit Konrad Lorenz kam es – das darf ich hier gleich einfügen –, als Liesel und ich beim ersten Deutschlandbesuch der englischen Königin ins Schloß Brühl eingeladen waren und das Glück hatten, mit dem Ehepaar Lorenz am selben Tisch zu sitzen. Er stand mit einigen anderen zusammen auf einer leicht erhöhten Balustrade, von der aus wir einen Überblick über die vielen Gäste aus der gesamten Bundesrepublik hatten. Dabei konnten wir gemeinsam verhaltenspsychologische Studien über die westdeutsche »Society« anstellen, die uns einen Grad von Heiterkeit erreichen ließen, der immer wieder über die Grenzen höflicher Gehaltenheit hinausschwappte. Nur mit einiger Mühe verkneife ich mir zu berichten, welche Eitelkeiten wir dabei enthüllten und nachäfften.

Einen Tag im Semester erklärten wir für unseren Bereich zum Dies academicus, hielten ihn von Fachvorlesungen frei und luden einen Professor der anderen Fakultäten – einen Juristen, Soziologen, Mediziner oder Naturwissenschaftler – zu uns ein, um ein Thema aus seinem Forschungsgebiet zu diskutieren. Dabei ging es oft hoch her, und unsere Studenten verfolgten gespannt unsere Colloquien, besonders wenn es professoralen Streit gab. Sie selber beteiligten sich ebenfalls mit Fragen und Einwänden. So erinnere ich mich einer heftigen Auseinandersetzung mit unserem höchst beredten und witzigen Psychiater Bürger-Prinz über Kierkegaard, den er nur als »pathologischen Fall«, als einen Mann mit nicht bewältigtem Vaterkomplex verstanden wissen wollte. Wir hielten ihm entgegen, daß psychopathische Züge dieser Art gewiß nicht zu leugnen seien, stellten ihm aber die Gegenfrage, ob es nicht möglich sei, daß gerade ein krankhaftes Gemüt über einen Sensus für existentielle Hintergründe verfüge, der den sogenannten »Normalen« abginge; ob nicht durch die allzu dünnen Seelenwände eines so Hypersensiblen manches hereindrängen könne, was die grobschlächtig Gesunden überhaupt nicht wahrnähmen. Ich weiß nicht, ob es uns gelungen ist, seine nur psychiatrische Kategorientafel mit einigen störenden Tintenflecken zu bespritzen. Fast meine ich in der Autobiographie von Bürger-Prinz einige Spuren unseres Stör- und Entsicherungsfeuers zu entdecken. Denn dort spricht er davon, wie viele psychopathische Züge gerade *kreativen* Menschen zu eigen seien, so daß sie für ihr schöpferisches Vermögen von konstitutiver Bedeutung sein könnten. Er sei darauf, so berichtet er, durch eine ihn verwirrende Beobachtung gestoßen: Gelang es ihm, sie von ihrem Psycholeiden zu heilen, hätten sie nicht selten ihre künstlerische Potenz verloren und seien in einem sterilen Sinne »normal« geworden.

Was mich selber betrifft, so unternahm ich noch einen weiteren Versuch, unsere Studenten vor einem theologischen Elfenbeinturm zu bewahren und die Fenster nach draußen offen zu halten: Ich erneuerte die schöne Institution meiner Tübinger *Offenen Abende*. Bei den Hamburger Entfernungen war es allerdings nur in Ausnahmen möglich, sie in unserem entlegenen Vorstadthaus stattfinden zu lassen. Doch erschloß sich mir da ein erfreulicher Ausweg: Eine der Mineralölgesellschaften, bei deren Kulturveranstaltungen ich wiederholt sprach, bot mir ihr zentral gelegenes Haus für die Offenen Abende an. Und nicht nur das: Sie machte das Maß ihrer Großzügigkeit voll durch riesige Platten mit belegten Broten und mit erlesenen Getränken. Waren einst in Tübingen meine Sprechstunden im Schlatterhaus vor allem deshalb so stark frequentiert worden, weil ich den Studenten in der Hungerzeit eine Brotschnitte gab, so kann es durchaus sein, daß auch der Besuch der Offenen Abende in Hamburg mehr durch diese nahrhaften Platten veranlaßt wurde als durch den dargebotenen Geist. Da dieser Geist aber nicht von mir, sondern von den Gästen stammte, die ich einlud, darf ich das Dargebotene dennoch rühmen.

Meine Vorliebe für biographische Lektüre – in meiner Bibliothek sind ganze Regale mit Biographien gefüllt! – gab mir die Idee ein, hervorragende Persönlichkeiten des öffentlichen Lebens, Politiker, Wirtschaftsmagnaten, Schauspieler, Künstler und Gelehrte zu meinen Offenen Abenden einzuladen und sie aus ihrem Leben erzählen zu lassen. Kaum einer von denen, die ich dazu aufforderte, sagte ab. Offenbar machte es ihnen Freude, ihren Lebensweg einmal jungen Leuten vorzuführen. Den Studenten wurden auf diese Weise ganz fremde Berufsprobleme und vielerlei Lebenskonflikte unmittelbar nahegebracht – oft lebendiger und plastischer, als es auf literarischem Weg wohl möglich gewesen wäre.

Manchmal wurden auch Themen behandelt, die von einem anderen Fachgebiet aus an erregende Grundfragen der Theologie rührten. Einen Höhepunkt dieser Art bildeten drei Abende, die unser berühmter Neurologe Rudolf Janzen über das Thema »Gehirn und Persönlichkeit« hielt. Dazu hatte er seine Assistenten und einige ausgewählte Studenten mitgebracht. Die Diskussion rührte an die empfindlichsten Punkte der theologischen Wahrheitsfrage.

Unvergeßlich ist mir noch ein anderer Abend: Im Hamburger Schauspielhaus war in der Regie von Ulrich Erfurth Dürrenmatts Drama »Besuch der alten Dame« mit Elisabeth Flickenschildt in der Hauptrolle aufgeführt worden. Da dieses Stück zum Bersten voll ist von theologischen Problemen, lud ich den Regisseur und die Schauspieler zur Diskussion in meinen Offenen Abend. Auf meine Anregung hin hatten die meisten Studenten die Aufführung gesehen. Am Ende des von beiden Seiten leidenschaftlich geführten Gesprächs meinte Frau Flickenschildt, ihr seien erst jetzt die Augen für das aufgegangen, was sie da gespielt hätte, und sie bedaure, daß sie und ihre Kollegen nicht *vorher* mit den Theologen darüber gesprochen hätten. Dem widersprach ich entschieden: »Wir hätten durch solche Reflexionen nur die Unbefangenheit Ihres Spiels gestört.« Ich konnte unsere Gäste auf die Regieanweisung Dürrenmatts hinweisen, daß er seine tragische Komödie »vordergründig« gespielt haben wolle und daß er nicht möchte, daß man wie auf einem Tablett den Tiefsinn vor sich hertrage. Auch naive Zuschauer sollten sich amüsieren können, die Hintergründe würden sich für den Tieferblickenden ganz von selber einstellen.

Ich erinnerte dabei an das Wort Goethes zu seinem »Faust«: »Wenn es nur so ist, daß die Menge der Zuschauer Freude an der Erscheinung hat; den Eingeweihten wird zugleich der höhere Sinn nicht entgehen.« – An diesem Abend gelang es, den Schauspielern und Studenten einen meiner Lieblingsgedanken nahezubringen: daß auch im Hintergrund ganz »weltlicher« Perspektiven theologische Fragen auftauchen.

Pathetisches und Komisches bei der feierlichen Eröffnung

Doch nun zurück zu den Anfängen in Hamburg, in denen wir begannen, unsere Pläne zu verwirklichen. Die Feierlichkeiten zur offiziellen Eröffnung (1954) leitete ein Gottesdienst in der Hauptkirche St. Petri ein, an dem Bürgermeister und Senat, Rektor und Dekane, Bischöfe und Pastoren in ihren Ornaten teilnahmen. Die Festpredigt hielt der spätere Hamburger Bischof Volkmar Herntrich, der in dieser solennen Versammlung den richtigen – gar nicht leicht zu findenden! – Ton traf. Er sprach als Verkünder, ohne jedes peinliche klerikale Nebengeräusch.

Wenige Tage später war dann der feierliche Staatsakt im Festsaal des Rathauses, zu dem der Senat eingeladen hatte. Festlich war auch hier der äußere Rahmen: die Ratsdiener in ihren Livreen mit Escarpins, die imposanten Räume mit ihrer gemessenen, »legitimen« Pracht, der Anblick der bunten Roben in- und ausländischer akademischer Würdenträger, unter ihnen ein russischer Metropolit. Der Knabenchor von St. Michaelis mit seinen engelreinen Stimmen verlieh der Würde der Stunde einen Zug des Rührenden. Der erste Bürgermeister Kurt Sieveking hielt eine überaus geistvolle, von Anmut und Würde gleichermaßen getragene Rede, zum Teil in lateinischer Sprache. Man meinte, in der Versammlung ein bißchen den Stolz darüber zu spüren, daß ein Regierungchef – Schüler der Gelehrtenschule »Johanneum« – Worte von unvergeßlicher, den Augenblick überdauernder Bedeutung fand. Er war auch der Sache lebendig verbunden, der alle theologische Arbeit gilt.

Ich hielt dann noch eine Programmrede über die Frage »Was ist Wahrheit? Die Theologie im System der Wissenschaften«, in der ich mich bemühte, die Spannung zwischen einem säkular-rationalen und einem theologischen Wahrheitsverständnis zu verdeutlichen, aber auch das gleichsam komplementäre Auf-einander-Angewiesensein beider sichtbar zu machen. Der Schlußpassus vermittelte vielleicht einen Eindruck von dem, was ich den Vertretern von Staat, Universität und Kirche sagen wollte:

»Die Anwesenheit einer Theologischen Fakultät bedeutet eine bleibende Anfrage an die letzten Voraussetzungen unserer Erkenntnis. Und da das Eigentliche der Erkenntnis nicht eine Wahrheit ist, die ›gilt‹, sondern eine Wahrheit, in der man ›ist‹, richtet sich diese Frage letztlich an den forschenden Menschen selber und also an seine Existenz. Das Wort des Neuen Testaments: ›Nur wer aus der Wahrheit ist, der höret meine Stimme‹, spricht das Geheimnis an, daß die Wahrheit letzten Endes nicht ein Gegenstand des Erkennens, sondern ein Zustand meiner selber ist.

Wenn die Theologische Fakultät vielleicht so etwas wie das Gewissen ihrer Universität ist, dann ruft die Stimme dieses Gewissens dazu auf, die Wahrheit nicht nur nach vorwärts – in den möglichen Gegenständen unserer Erkenntnis –, sondern sie auch nach rückwärts zu suchen, nämlich in der Wahrheit unseres Seins.

Vielleicht daß damit die Theologische Fakultät so etwas wie ein Pfahl im Fleische der Universität ist. Doch sagt man wohl besser: eine Gaze in der Wunde unserer Existenz – in einer Wunde, die ein geheimnisvoller Speer uns schlug: der Speer des Seins, das uns anruft und das der ›alétheia‹, der Entschleierung begehrt. Diese Wunde sollte nicht vorzeitig zuheilen. Die glatten Häute der Fertigen können trügen. Die Universität sollte nie fertig sein – nicht nur nicht im Fortschritt ihrer Erkenntnis, sondern auch nicht in den Revisionen, denen die Erkennenden sich selber unterziehen. Darum mag jene Gaze in der Wunde, darum mag die Theologische Fakultät ihr dienen können. Und in diesem Sinne wollen wir als Dienende und im Dienst der Erkenntnis Mitdenkende, wenn Gott Gnade gibt, gute Gefährten sein.«

Mit einem Festessen im Kaisersaal des Rathauses, mit lebendig hin und her fliegenden Tischreden und Toasten klang der ereignisreiche Tag aus – und zwar etwas jäh, denn Kaiser Haile Selassie war inzwischen zu einem Besuch eingetroffen. Und schon während wir aufbrachen, räumten zahlreiche Heinzelmännchen das Rathaus um, damit der Vertreter des »ältesten Kaiserreiches der Welt« würdig empfangen werden könne.

Mit einem unserer würdigsten Festgäste, dem bayerischen Landesbischof und damaligen Haupt der deutschen Lutheraner, D. Hans Meiser, trieb ich einen Schabernack. Der stattliche weißhaarige Kirchenfürst war persönlich ein bescheidener Mann, stilisierte aber das Bischöfliche durch eine ständig zur Schau getragene Amtswürde derart, daß es meine Spottlust herausforderte (bei allem ehrlichen Respekt, den ich ihm durchaus zollte). Diese Art, sich zu geben, teilte er mit manchen seiner Amtskollegen, zum Beispiel dem Hannoverschen Kirchenhaupt Hanns Lilje, dem Abt Johannes von Loccum, der virtuos die bischöfliche Kunst beherrschte, auch das Alleralltäglichste so auszusprechen, daß es in seinem Munde sonntäglich klang.

Ich lud Bischof Meiser vor dem Festakt zum Mittagessen in den Hamburger Ratskeller, geriet aber bald in gewisse Konversationsnöte, weil er auch dort etwas steif und hölzern seine bischöfliche Ernährung zelebrierte. Schließlich fragte ich ihn unvermittelt: »Wissen Sie eigentlich, Herr Bischof, daß Sie einmal bei einer Schönheitskonkurrenz der deutschen Bischöfe den ersten Preis gewonnen haben?«

Ich sehe noch, wie er mich fassungslos anstarrte, daß ich ihn, den Erhabenen, in Verbindung mit einem Laufsteg brachte. Auf einer Gabel führte er gerade einige Erbsen zu seinem Mund, der schon zum Empfang geöffnet war. Er blieb auch offen, und die Erbsen kullerten auf den Teller zurück. Ich selber aß weiter und wartete gespannt auf seine Reaktion. Schließlich kam sie: »Wieso der Schönste?«, fragte er. Aha, dachte ich: es interessiert ihn also; auch so jemand ist lieber der Schönste als der Unscheinbarste. »Nun, wegen Ihrer schönen weißen Haare«, klärte ich ihn auf. »Bei einer Fidulität nach anstrengenden Sitzungen haben Ihre bayerischen Pfarrer Sie in diesem Sinne besungen. Das Poem schloß übrigens mit dem Vers: ›Vergebens strebt nach diesem Zielje, / wie du wohl weißt, auch Bischof Lilje‹« (der hatte nämlich eine Glatze).

Ich bemerkte, wie der würdige Mann sich bemühte, erhaben über solche Kindereien zu erscheinen. Doch war es, als ob in seinem Innern eine Tausendwattlampe angeknipst worden sei, die durch seine Gesichtshaut leuchtete und deren Glanz er mit Gewalt zu dämpfen strebte, ohne daß es ihm gelingen wollte. Ich empfand es jedenfalls als wohltuend menschlich, daß selbst *er* dem Zugriff kleiner Eitelkeiten und des »Menschlich-Allzumenschlichen« immer noch eine offene Flanke bot.

Diese Kurzkomödie hatte übrigens noch einen zweiten Akt, bei dem ich abermals mit meiner Nadel in dieser Schwäche bischöflicher Amtswürde stochern konnte: Wenige Augenblicke später griff Meiser sichtlich erschrocken nach seiner rechten Hand. »Mein Bischofsring ist weg«, stöhnte er; »das ist schrecklich! Ich habe ihn seinerzeit zum Augustana-Jubiläum von der Stadt Augsburg bekommen.« Ich tröstete ihn, daß er doch sicherlich wiedergefunden werde, winkte dem Kellner und bat ihn, danach suchen zu lassen. Es

dauerte nicht lange, bis er ihn auf einem silbernen Tablett heranbrachte. »Wo war er denn?« flüsterte ich ihm ahnungsvoll zu. »Auf der Toilette!« war seine Antwort, die, obwohl ebenfalls nur gehaucht, doch dem Bischof nicht entgangen war. Eben noch war er mit einem Laufsteg in Verbindung gebracht worden und jetzt gar mit diesem Ort. Aus seiner Verlegenheit mußte ich ihm unbedingt heraushelfen. »Das ist doch alles ganz natürlich«, sagte ich ihm. »Die normalen Bischöfe, habe ich gehört, legen auf dem WC nur die Kette ab. Aber ein bayerischer Bischof zieht auch den Ring vom Finger!«
Sein Lächeln belohnte mich. Ob diese Episode ein kleines Exerzitium für ihn gewesen war? Das alles geschah *auch* – ganz am Rand des historischen Ereignisses.

Der Nestbau in Wellingsbüttel

Ich erwähnte schon, daß wir uns des besonderen Entgegenkommens der Hamburger Behörden erfreuen durften. Es zeigte sich auch darin, daß sich der Hochschulreferent mit mir und einigen Wohnungsfachleuten in zwei Autos auf die Suche nach einem geeigneten Haus begab. Was wir dann fanden, war die berühmte Liebe auf den ersten Blick: ein anheimelndes, im Jahr 1936 solid gebautes Klinkerhaus in Wellingsbüttel. Wir haben es später noch durch einen Anbau erweitert, um eine größere Zahl von Gästen einladen und vor allem Kollegen und Studenten zu regelmäßigen Semesterfesten bei uns versammeln zu können. Daß Wellingsbüttel vor wenigen Jahrzehnten ein Wald- und Jagdgebiet gewesen war, das ein beliebtes Ziel für Schulausflüge bildete, zeigt sich heute noch an dem herrlichen alten Baumbestand unseres großen Gartens. Für die Kinder war er ein Paradies, und sie bekamen jeweils ein Blumenbeet zur eigenen Pflege, während ich selber den Rasen zu mähen und im Herbst das Laub zu entfernen hatte. Die Königin des Gartens ist eine hundertjährige Rotbuche, die wir »Tillich-Baum« nannten. Das hatte natürlich einen besonderen Grund:
Wenn Tillich als Gastprofessor in Hamburg war, hatten wir ihn häufig bei uns zu Gast. Er schätzte Liesels Küche. Sie hielt auch stets seinen Lieblingswein parat. Davon machte er so reichlichen Gebrauch, daß einige Studenten, die wir zu ihrer und Tillichs Freude immer mit einluden, ihn in sein Hotel und bis auf sein Zimmer geleiteten. An einem dieser Abende diskutierten wir über die Frage,

ob die *Engel* ein ernst zu nehmendes theologisches Thema seien. (Im Unterschied zu heute hatte ich damals keinen rechten Sinn dafür.) Tillich meinte, die Engel seien so etwas wie »Seinsmächtigkeiten« (powers of being) und hätten eine ähnliche ontologische Bedeutung wie die griechischen Götter. Das leuchtete mir nun gar nicht ein, und ich fragte ihn: »Können Sie sich Pallas Athene als Weihnachtsengel vorstellen?« Er verneinte lachend und gestand ein, daß sein Vergleich wohl doch etwas hinke. »Aber im Hain von Delphi«, fuhr er fort, »habe ich die Götter wirklich erschaut und *jetzt* sehe ich sie in den Zweigen Ihrer herrlichen Rotbuche.« Die Abendsonne übergoß sie gerade mit ihrem Schein, und ich konnte verstehen, daß der Baum ihn verzauberte. Trotzdem äußerte ich die Vermutung, daß an seiner Inspiration die beiden Flaschen Wein vielleicht nicht unbeteiligt seien, was er im Wohlgefühl der beschwingten Stunde auch zugab.

Am nächsten Tag bereitete ihm die Fakultät ein kleines Fest, bei dem ich eine Tischrede zu halten hatte. Ich erzählte dabei das Engelserlebnis mit der Rotbuche und beschloß meinen Toast mit dem Satz: »Als Tillich seiner nicht mehr mächtig war, sah er Seinsmächtigkeiten.« So locker ging man damals miteinander um.

Der Tag des Einzugs in das neue Haus verlief etwas dramatisch. Die Familie war morgens im Schlafwagen aus Tübingen angekommen. Die Studentengemeinde hatte ein festliches Frühstück vorbereitet. Danach ging ich zu meinem Dienst, während Liesel »daheim« die Möbelwagen erwartete, um sogleich mit der Einrichtung des Hauses zu beginnen. Als ich abends voll Spannung das neue Heim aufsuchte, bebten allen die Knie, weil der fünfjährige Rainer plötzlich verschwunden war. Seine Mutter geriet in höchste Unruhe, weil gleich am Haus ein Wald beginnt, in dem er sich verirrt haben könnte (der vermeintliche Wald stellte sich schon bald als ein winziges Wäldchen heraus) und in der Nähe die Alster vorüberfließt. Was konnte da alles geschehen sein! Kurz: Das gesamte Einzugsmanöver wurde gestoppt, und alle Möbelpacker gingen auf die Suche nach dem verlorenen Kind.

Als man ihn partout nicht fand, fragte sich einer zur Polizei durch – und siehe: dort saß, aufs freundlichste bewirtet mit Kakao und das große Wort führend, der kleine Rainer. Er wollte sich von »Onkel Polizei« gar nicht mehr trennen. Die Beamten waren sehr erleichtert, weil sie mit Rainers Angaben nichts anzufangen wußten. Er nannte als Adresse immer wieder die (Tübinger) Gartenstraße, die es in Wellingsbüttel gar nicht gibt. Erst als die überglückliche Mutter den Wiedergefundenen ins Verhör nahm, klärte sich alles auf: Rainer war sich in dem Umzugsgewühl etwas verloren vorgekommen, hatte seine Sparbüchse genommen und wollte damit zu Tante Bechtle, der vertrauten Café-Besitzerin in der Nähe unserer Tübinger Wohnung. Da er in der Bahn die räumliche Entfernung überschlafen hatte, war ihm nicht klar, daß er inzwischen anderswo war. Als er das so nahe Café nicht fand, und alles so ganz anders und fremd war, blieb er frierend und weinend im Ostwind stehen, bis eine mitleidige Seele sich des Kindes erbarmte und es zur Polizei brachte.

Am anderen Morgen erlaubte ich den Kindern – ja, ich forderte sie sogar dazu auf! –, eine Stunde lang so laut zu toben und zu schreien, wie sie nur konnten. Jetzt wohnten wir ja im eigenen Haus und brauchten auf keine Mitbewohner mehr Rücksicht zu nehmen. Daß der Vater selber der Initiator eines Lärm-Exzesses war, vermittelte ihnen schlagartig ein neues Lebensgefühl. Gerade *das* war es aber, was ich erreichen wollte.

Trotzdem wurde das neue Nest noch nicht ganz von ihnen akzeptiert. Als etwas mehr Ruhe und Ordnung eingekehrt waren, überkam sie das Heimweh nach Tübingen und ihren Freunden. Die differierenden Schulverhältnisse in den Bundesländern taten ein übriges, um den beiden Ältesten das Einleben zu erschweren: In Württemberg begann das Gymnasium nach vier Volksschuljahren, in Hamburg dagegen erst nach sechs. Die Folge war, daß der Älteste, Wolfram, zwar auf die Gelehrtenschule des Johanneum konnte, Berthold aber wieder auf die Volksschule zurückversetzt wurde. Seine Trennung von dem älteren Bruder traf ihn hart, und auch Wolfram mußte sich erst an die langen Bahnfahrten und das entsprechend frühe Aufstehen gewöhnen. Eines Abends gestand mir Liesel, daß sie mit den schluchzenden Kindern eng umschlungen auf dem Sofa gesessen hätte und vergeblich bemüht gewesen sei, ihnen gut zuzureden. Besonders empört seien sie gewesen, daß sie mit ihrem schwäbischen Dialekt ausgelacht würden.

Bei Berthold steigerte sich die Heimwehtrauer so sehr, daß er kaum noch aß, bis mein treuer Mitarbeiter und Freund Jochen Rothert ihn in seinen Wagen lud und ihm die Attraktionen von Hamburg zeigte: den Hafen, die Elbe, die großen Ozeandampfer und die schöne Alster. Auch sonst bekümmerten sich meine Assistenten rührend um die Kinder, spielten mit ihnen und erzählten in der Dämmerstunde Geschichten, so daß sie allmählich heimisch wurden. Und als sie gar ihre neuen Freunde ins Haus brachten, verblaßte Tübingen immer mehr zu einer fernen Erinnerung.

Trotz andauernder Schul- und Zensurennöte gestaltete sich unser Familienleben heiter und behaglich. Das war ausschließlich Liesels Verdienst, während ich selber wie eh und je – zu meiner Schande sei es gestanden – durch meinen Beruf absorbiert war und für die Erziehung der Kinder weithin ausfiel. Sie las ihnen jeden Tag eine Stunde vor: neben Märchen und Kindererzählungen für die Kleinen auch dicke Bücher. Dickens' »David Copperfield« und »Oliver Twist«, Defoes »Robinson Crusoe« und Swifts »Gullivers Reisen« sind ja Werke von jener seltenen Art, die sowohl Kinder wie Erwachsene fesseln und zu Lebensbegleitern werden können. Carlo Schmid erzählte mir einmal, er lese eben diese Bücher immer wieder aufs neue und komme aus dem Staunen nicht heraus, wie dicht ihre philosophische Substanz, wie das Lebens- und Sozialwissen in schlicht-erzählerische Form gebracht sei und ein solches Buch selbst ein Kind interessieren könne, dem die Hintergründe noch ganz verschlossen sind.

Als die Kinder größer wurden, las ich ihnen – selten genug! – auch selbst etwas vor, und ich war so waghalsig, dafür einmal ein Buch zu wählen, das für meine Jugend von Bedeutung gewesen war: den »Wanderer zwischen beiden Welten« von Walter Flex. Davon wollten sie aber nichts wissen. Es war ihnen im Ton zu überschwenglich, in der Sprache zu plerophorisch. Auch einige meiner Schulaufsätze, die ich ihnen in der eitlen Erwartung ihres Lobes vorlas, erregten nur ein Spottgelächter, das in seiner Intensität nur noch einmal überboten wurde: als ich Schallplatten mit meinen in Englisch gehaltenen Reden herbeiholte. Schon nach wenigen Umdrehungen mußte ich den Apparat abstellen. Diesmal stimmte ich allerdings gerne in ihr Gelächter ein. Einzig Ernst von Wildenbruchs Novelle »Das edle Blut« ging auch ihnen unter die Haut.

Fast jeden Tag, sogar im anstrengendsten Berufsleben, habe ich für mich selbst immer eine Stunde gefunden, in der ich nichtfachliche Bücher las, auch wenn ich Liesels Belesenheit in der Sparte »schöne Literatur« nie erreicht habe. Kontinuierlich hielten sich bei mir vor allem Goethe und Fontane, nicht zuletzt auch Joseph Conrad. Joyce und Musil dagegen sind mir trotz wiederholter Anläufe immer fremd geblieben. Eine erstklassige Prosa konnte und kann ich mit ästhetischem Behagen förmlich schlürfen und mich dabei von dem erholen, was gerade in der heutigen theologischen Literatur meine Sprachempfindlichkeit strapaziert, vornehmlich durch jene

gräßliche »Substantivitis«, die ein Zeichen statischer Unbeweglich-
keit und allem Narrativen feind ist. (Da die Bibel – vor allem das
Alte Testament und die Evangelien – ein Erzählbuch ist, zeigt dieser
theologische Stil zugleich eine beklemmende Bibelfremdheit an.)
Zwei Autoren, mit deren Hilfe ich den ästhetischen Schmerz, den
mir die theologische Fachliteratur verursacht, bekämpfe, sind für
mich Ernst Jünger und Gerhard Nebel. Besonders mit Gerhard
Nebel schloß ich im Lauf der Jahre eine mich beglückende Freundschaft. Er hatte durch meine Bücher, wie er wiederholt bekannte,
einen neuen Zugang zum christlichen Glauben gefunden und suchte
von daher die Verbindung. Für mich war es faszinierend, wie dieser
große Kenner des Mythischen und des Griechentums die Botschaft
des Evangeliums in ihrem totaliter-aliter entdeckte. Zugleich empfand ich es als bestürzend, wie unbekannt er seinen Zeitgenossen
geblieben ist und in welcher materiellen Armut er deshalb als freier
Schriftsteller leben mußte.
Vor allem aber war und bin ich, wie schon erwähnt, ein Nimmersatt
im Verschlingen von Biographien. Mich fesselt dabei die Frage, wie
andere Erdenwanderer ihre Freuden auf diesem Stern erlebt haben
und wie sie mit ihren Problemen und Kümmernissen fertig geworden sind. So vertragen sich in meinem Gemüt viele und sehr
verschiedene Geister miteinander: Ich liebe Rilke *und* den Wandsbeker Boten, Wilhelm Busch *und* Winston Churchill (dessen sämtliche
Werke ich, zum Teil wiederholt, gelesen habe), Georges Bernanos,
C. S. Forester und Dorothy Sayers.

Der Erfahrungsschatz, der sich bei der Erziehung der älteren Kinder
angesammelt hat, verhilft den Eltern dazu, daß sie das konstitutio-
nelle Eigensein, sein Erwachen und seine Entwicklung bei dem
jüngsten Kinde mit geschärftem Blick beobachten. Dafür war
Rainer, der letzte in unserer Kinderschar, ein besonders dankbares
Objekt. Er sorgte ständig für Aufregungen. Eine davon habe ich
schon erzählt. Das war auch in Tübingen nicht anders gewesen:
Kurz vor der Abreise nach Hamburg hatte er beim Besuch des
kleinen Tübinger Zoos in den Affenkäfig gelangt, um das Tier zu
streicheln, und war prompt gebissen worden. Die gerade abwesende
Mutter erinnert sich noch heute an den Schreck, als sie meinen
Zettel vorfand: »Rainer vom Affen gebissen. Bin mit ihm in der
Klinik.«
Eine erst keimhaft entwickelte Naturphilosophie des Sechsjähri-
gen gab sich sehr bald kund, als wir uns in Wellingsbüttel nieder-

gelassen hatten: Ein Besucher hatte mir eine Kiste mit besonders edlen Zigarren geschenkt, die auf rätselhafte Weise verschwunden war. Auch die zum Suchen ausschwärmende Familie konnte sie nicht finden. Als ich den Kummer über meinen Verlust längst überwunden hatte, wurde das Rätsel gelöst: Liesel fand beim Rosenharken in der Erde halb verfaulte Zigarren. Ich ahnte gleich des Pudels Kern und nahm mir Rainer vor. Mit geheimnisvoll wissendem Lächeln eröffnete er mir: »Eigentlich solltest du es erst später erfahren, wenn der Zigarrenbaum aufgegangen ist!« Er hatte beobachtet, daß seine Mutter Blumenzwiebeln in die Erde gepflanzt hatte, und das hatte ihn auf die Idee gebracht, seinem Vater einige Zigarrenbäume zu pflanzen. Da ich soviel rauchte, würde so etwas Selbstgezogenes uns einige Kosten ersparen, zumal wir doch das Haus noch abzahlen müßten. Natürlich konnten wir ihn wegen seiner guten Absicht nur loben. Er ahnte nicht, daß er durch sein Experiment die Lehre des sowjetischen Botanikers T. D. Lysenko von der »Vererbung erworbener Eigenschaften« auf eine extreme Probe gestellt hatte. Es amüsierte meine Studenten nicht wenig, als ich bei der Darstellung von Lysenkos Theorie deren Widerlegung durch Rainer erwähnte und sie darauf hinwies, daß auch die Sowjets diese ideologiegezeugte Theorie gewiß noch durchschauen würden (was dann auch geschah). Daß nicht zuletzt wirtschaftliche Überlegungen den kleinen Mann zu seinem Experiment getrieben hatten, kündigte seine spätere Entwicklung an: Er wurde Steuerberater.

Diese Begabung zeigte sich auch noch auf andere Art und Weise: In einem benachbarten Laden half er oft beim Kassensturz und bei der Inventur, und der Inhaber war erstaunt über seine Rechenkünste und sein Organisationstalent, obwohl er noch so klein war. Hingegen war er in den ersten Schuljahren im Diktat nicht gerade ein Star. Als ich ihm sagte, sein Lehrer habe mir eröffnet, daß er da zu den Schwächsten gehöre, meinte er: »Aber von den Schwächsten bin ich der Stärkste.« In Wellingsbüttel war er bald so bekannt, daß ich selber mich mit der Rolle begnügen mußte, »Rainers Vater« zu sein.

Elisabeth, die Zweitjüngste, war schon in früher Kindheit eine unersättliche Leserin. Auch Romane, die sich die Eltern zurechtgelegt hatten, waren vor ihr nicht sicher, ebensowenig Zeitungen und Zeitschriften. Mit ihren Fragen dazu platzte sie gerne in den unpassendsten Augenblicken heraus; so fragte sie ihre Mutter einmal inmitten eines Damen-Kaffeekränzchens: »Mutter, was ist eigentlich ›Sexualschwäche des Mannes‹?« Im übrigen hatte sie ein zartes Gemüt und war voller Erbarmen, wenn sie irgendwo ein verkrüppeltes Kind oder einen »Neger mit traurigen Augen« sah. Zugleich war sie ein sehr nachdenkliches Kind, das von manchem Elend der Welt nicht nur emotional angerührt war, sondern darüber auch reflektierte und es später zum Thema sozialwissenschaftlicher Arbeiten machte. Ihre große Sprachbegabung – sie besitzt heute Übersetzerdiplome für Französisch, Englisch und Italienisch, ist aber noch in weiteren Sprachen bewandert – ließ sie nach ihren Studienjahren an einem Forschungsunternehmen teilhaben, das sich mit Sprachproblemen der Gastarbeiter, speziell der türkischen, beschäftigte. Dazu lebte sie eine Zeitlang als Arbeiterin mitten unter ihnen.

Weil sie als Kind ein »Seelchen« war, sorgten wir uns manchmal, ob sie der Rauheit des Lebens gewachsen sein würde. Heute wundern wir uns, wie selbständig sie im Leben steht und wie sie in eigener Initiative, ohne die Prothesen einer Tourismusgesellschaft zu benutzen, die Welt bereist hat.

Berthold war, besonders in den Entwicklungsjahren, der Unruhigste der drei Brüder. Er hatte einen scharfen und äußerst kritischen Verstand, der es ihm unmöglich machte, die Schwächen seiner Mitmenschen zu übersehen. Er schüttelte schon als junger Bursche über meinen Mangel an Menschenkenntnis den Kopf und beklagte sich oft bei seiner Mutter, daß der Vater diese oder jene »Flasche« wieder einmal nicht durchschaue. Nicht allzu selten mußte ich ihm später recht geben. Die Probleme ballten sich für ihn, als die Konfirmation herannahte und er mit seinem pastoralen Lehrer, aber auch mit seinen Kursgenossen nicht zurechtkam. In der Erwartung, daß ich als sein theologischer Vater wohl in die Luft gehen würde, eröffnete er mir eines Tages, er würde sich *nicht* konfirmieren lassen. Zu seinem Erstaunen nahm ich das gelassen hin und sagte ihm sogar, daß er damit vielleicht ganz recht täte, denn das sei eine Frage des Gewissens, und wenn sein Gewissen es ihm verbiete, sich dazu zu bekennen, dann *dürfe* er sich nicht einmal konfirmieren lassen.

Als ich dann nach seinen Gewissensproblemen forschte, gab er zwei Gründe an: Zum einen hätte ihn der Konfirmandenunterricht überhaupt nicht berührt. Zum anderen – und vor allem – sei es ihm widerwärtig, daß »die anderen« dies nur aus Tradition mitmachten, um Geschenke zu kriegen, und daß alles eine hohle Festivität sei. In dieser Gesellschaft wolle er nicht gesehen werden.

Ich erklärte mich mit seiner Verweigerung einverstanden und verlangte nur zweierlei von ihm: *erstens*, daß er das selber – und nicht durch seinen Vater! – dem Pastor mitteilte; und *zweitens*, daß ich ihm selbst ein Jahr Unterricht erteile und er sich dann frei entscheiden sollte, ob er sich anderswo konfirmieren lassen würde.

Mit beidem war Berthold einverstanden. Der Pastor behandelte ihn sehr nett und großzügig, gab ihm sogar Tabak für seine Pfeife und redete »von Mann zu Mann« mit ihm. Nach der Rückkehr sagte er nur: »Er hat mich nicht herumgekriegt.« Ich gab ihm dann selber Unterricht, und mein früherer Assistent und Freund Quest, damals Pastor in Niedersachsen, konfirmierte ihn nach einem Jahr mit seiner vollen Zustimmung. Unser weiteres Zusammenleben ging bei Bertholds Neigung zur Opposition nicht immer ohne Konflikte ab. Jetzt steht er in einem sozialpädagogischen Beruf, wir verstehen uns gut, und vor einiger Zeit legte er mir nach wohlbestandener Promotion sein erstes Buch in die Hand.

Wolfram, der Älteste, war schon als Kind von einer fast fanatischen Aufrichtigkeit. Es muß wohl noch in Tübingen gewesen sein, als er an einem Vormittag mit seiner Klasse einen Schulausflug gemacht hatte und der Lehrer für den anderen Tag einen Aufsatzbericht aufgab: »Erlebnisse auf einem Ausflug.« Am Nachmittag setzte er sich an diese Arbeit und kaute etwas hilflos an seinem Federhalter, weil er nicht wußte, wie er anfangen solle. Als die Mutter ihm vorschlug: »Schreib doch als ersten Satz einfach: ›Heute machten wir einen Schulausflug‹«, verweigerte er das, weil es »gelogen« sei, »denn morgen, wenn ich mein Heft abgebe, ist es ja nicht mehr ›heute‹, sondern schon ›gestern‹!«

Auch wenn sich derart bizarre Auswüchse mit dem Älterwerden legten, blieb er stets das Urbild einer Lauterkeit, die nichts Eiferndes hatte, sondern selbst dann, wenn er Schwächen seiner Mitmenschen enthüllen mußte, stets von einem liebenswerten Humor getragen war und ist. Obwohl er Ingenieur werden wollte und dann auch wurde, betonte er stets, daß ihm Maschinen allein nicht genügten, sondern daß sein Beruf ihn vor allem mit Menschen zusammenbringen solle. Entsprechend hat er dann seine Berufswahl getroffen.

Während seiner Entwicklungsjahre war Wolfram ein Träumer, gleichermaßen zu Hause und in der Schule, so daß er fast immer »weggetreten« war. Das wirkte sich natürlich in seinen Schulzeugnissen aus, so daß wir (was man außer in extremen Fällen nicht tun sollte) eine Jugendpsychiaterin um Rat und Hilfe baten. Ihre Diagnose lautete, Wolframs Intelligenzquotient lasse mit Sicherheit erwarten, daß er es nie zum Abitur bringen, höchstens die Volksschule absolvieren könne. Als wir das einem befreundeten Kinderarzt berichteten, lachte er uns aus: »Man braucht diesem Jungen doch nur ins Gesicht zu sehen, um sicher zu sein, daß etwas Besonderes in ihm steckt – etwas, das sich erst langsam aus seiner gegenwärtigen Traumverlorenheit emporringen muß.« Dieses stärkende Wort hat uns vor der törichten Konsequenz bewahrt, ihn wieder auf die Grundschule zurückversetzen zu lassen. Kein Geringerer als der große Pädagoge Kurt Martin Hahn – der Gründer von »Salem« und »Gordonstown«, dem Internat der britischen Prinzen in Schottland –, den ich bei einer Gesellschaft traf, hat Wolfram dann den Weg in das holsteinische Landeserziehungsheim Luisenlund geöffnet, wo er sich entfaltete und auch seine Reifeprüfung ordentlich bestand. Wir machten mit dieser Schule so gute Erfahrungen, daß wir auch Berthold dorthin schickten.

Für die Mutter des Hauses waren diese ersten Hamburger Jahre überaus arbeitsreich und auch sonst nicht leicht. Sie konnte vielen Neigungen und Interessen nicht nachgehen, weil Haushalt, Erziehung, Schulnöte und Gäste sie voll beanspruchten. Am Leben draußen nahm sie teilweise nur indirekt teil: durch das, was ich ihr berichtete. Zum Glück war der feministische Selbstverwirklichungsdrang von heute noch nicht ausgebrochen, obwohl sie nicht der Typ von Mensch war und ist, der für solche kollektiven Infektionen der Seele anfällig ist. Sie nahm diese Entsagungsjahre opferwillig auf sich, wohl wissend, welche Freuden ihr auch in dieser Zeit erblühten, und vielleicht ahnend, daß ihr Wesen selbst an dem wuchs und sich bildete, was sie zunächst – wie Goethes orphische Urworte es deutlich machen – von sich »wegzuführen«, sich selber zu entfremden schien. Später, als die Kinder ausgeflogen waren, als höchst erfreuliche Schwiegertöchter und eine Schar von Enkeln die Familie erweiterten, konnte sie auch zu sich selbst zurückkehren. Selbstfindung und Selbstverwirklichung kann man nicht unmittelbar wollen, sie sind nur indirekt auf dem Weg über Selbstentäußerung zu haben. Auch das hat Goethe gewußt – vom Neuen Testament einmal ganz zu schweigen.

Auf der Michaeliskanzel

Das Nest, das Liesel den Kindern und mir bereitete, war für mich der ruhende Pol in der Unruhe der Berufsarbeit, so bewegt es auch daheim in der Familie zugehen mochte. Liesel war und ist in allem viel gelassener als ich. Sie hat nicht meine verhängnisvolle Neigung, den Augenblick zu verabsolutieren, sondern sieht ihn als Glied von Entwicklungen, durch die er immer wieder überholt und insofern relativiert wird. Dadurch strahlt sie eine Ruhe aus, die auch andere empfinden, so daß sie von allerhand Menschen in ihren Lebensfragen um Rat und Hilfe angegangen wird.

Zum Bereich der Universität kam sehr bald ein zweites Tätigkeitsfeld, das hohe Ansprüche stellte: die *Predigtarbeit*. Ich habe schon gesagt, daß und warum ich sie unlösbar mit dem Amt eines theologischen Lehrers verbunden sehe. So bemühte ich mich in Hamburg gleich um eine Kanzel und freute mich, daß Hauptpastor Drechsler sie mir in der herrlichen mittelalterlichen Jacobi-Kirche mit ihrer weltberühmten Arp-Schnitger-Orgel zur Verfügung stellte. Es hing sicherlich damit zusammen, daß die Presse der Gründung unserer Fakultät viel Aufmerksamkeit geschenkt hatte, daß die Hamburger gleich beim ersten Mal, als ich meine Predigtreihe über die Gleichnisse Jesu begann, in die Jacobi-Kirche strömten. Als dann gar die bekannte Journalistin Edith Oppens einen Zeitungsbericht über das (angeblich) »moderne Kanzelerlebnis« schrieb, mußten beim nächsten Mal viele Gottesdienstbesucher umkehren, zumal wegen Bauarbeiten nur das Südschiff zur Verfügung stand.

Daraufhin bot mir der alte ehrwürdige Bischof Simon Schöffel, der mir bis zu seinem Tod ein väterlicher Freund blieb, die Kanzel der Großen Michaeliskirche an, von den Hamburgern »Michel« genannt. Als ich zur Besichtigung allein in dem Riesenrund dieser herrlichen, lichtdurchfluteten Barockkirche stand, wurde mir etwas bänglich zumute, doch diese Sorge erwies sich als unberechtigt. Ich war dankbar, daß die in allen Stadtteilen und dem Umland beheimatete Gemeinde mir bis zum Ende meiner regelmäßigen Predigtarbeit und darüber hinaus treu blieb. Um meinen Mitbrüdern im Amt nicht ins Gehege zu kommen, verlegte ich bald die monatlichen Predigten vom Sonntagmorgen auf den Samstagnachmittag, 17 Uhr. Bei der Reihe über die ersten elf Kapitel der Genesis mußte ich die Gottesdienste jeweils doppelt halten, sie also am Sonntagmorgen wiederholen.

Der starke Besuch der Michelpredigten führte zu einem lebhaften Presseecho, das im Dezember 1955 in einer Titelgeschichte des Magazins »Der Spiegel« gipfelte. Da dieser Beitrag – fast ohne die sonst übliche Häme – über die Fakten berichtete, darf ich einiges von den Beobachtungen des Reporters zitieren, obwohl sie natürlich nur den Außenaspekt betreffen.

»Predigt er – gewöhnlich einmal im Monat – in der größten Hamburger Kirche, dem ›Michel‹, dann beginnen sich die fast dreitausend Plätze bereits eine Stunde vor Beginn des Gottesdienstes zu füllen. Vor der Tür steht ein Verkehrspolizist mit weißer Mütze und weißen Ärmeln, der an solchen Sonntagen abkommandiert werden muß, um die Wagenauffahrt vor dem Portal zu regeln. Wer etwa erst eine halbe Stunde vor Beginn ankäme, könnte keinesfalls mehr hoffen, noch einen Sitzplatz zu bekommen...

Dabei bietet er seiner Gemeinde kein Schauspiel und keine Ekstasen. Er hat keinerlei Ähnlichkeit mit dem katholischen Arbeiterpater Leppich, jenem ›Marktschreier Gottes‹, der von einer Kiste oder einer Maschine herab den Industriearbeitern mit rauher Stimme und in einem verwegenen Jargon die Leviten liest. Er hat erst recht keine Ähnlichkeit mit dem amerikanischen Evangelisten Billy Graham, der in Sportarenen und Aufmarschgeländen seine hunderttausend Zuhörer schwitzend vor Eifer und mit geschäftsmäßigem Stakkato zur Einkehr auffordert.

Thielicke fühlt sich nicht als Werbechef des lieben Gottes. Er verkündet seine Botschaft nicht auf der Straße und nicht auf Fußballplätzen. Er predigt in der Kirche, sonntagvormittags, vor korrekt angezogenen Leuten. Er trägt den Talar und jene blütenweiße, mittelalterliche Halskrause, die zur traditionellen Kleidung der Hamburger Pastoren gehört. Er spricht deutlich und gepflegt.

Er spricht vor Leuten, die ihre Zeitung gelesen haben, über das, was sie in der Zeitung gelesen haben. Er erläutert die Bibelstelle, die an der Reihe ist, mit den Ereignissen, die an der Reihe waren – in der Politik, in der Wirtschaft. Er kennt die Wochenschau, er kennt das Alltagsdeutsch, er kennt den Bundesbürger. Er weiß in dieser Welt Bescheid, und er nutzt diese Kenntnis, um sich mit seiner Zuhörerschaft auch über die andere Welt zu unterhalten.

Thielickes Zuhörerschaft bietet durchaus einen zuverlässigen Querschnitt durch das Großstadtpublikum. Zu ihm kommen tatsächlich nicht nur Gewohnheits-Christen. Vielmehr sitzen in den kreuz und quer aufgestellten Bankreihen des hafennahen ›Michel‹ und auf der barock schweifenden Empore teuer angezogene Damen, Herren mit breitrandigen Managerbrillen, Studenten und subalterne Beamte ebenso wie jene Leute aus dem nahen St. Pauli – Mädchen, Matrosen und Landstreicher –, die abends den Vergnügungsbetrieb an der Reeperbahn produzieren, konsumieren oder von seinen Abfällen ihr Leben fristen.

Die Kirche weiß, daß sie mit der Predigt steht und fällt, und sie sorgt sich, die Zeit der Predigt könnte vorbei sein. Thielicke müht sich erfolgreich um den Nachweis, daß die Zeit der Predigt nicht vorbei ist. Aber er weiß auch, daß ein völliger Verzicht auf die traditionellen Gepflogenheiten des christlichen Gottesdienstes – etwa im Stile der Massen-Evangelisationen Billy Grahams – der Kirche auf die Dauer wenig nützt. Er hält sich an die gewohnte, bürgerliche Form des sonntäglichen Kirchgangs.

Der hochgewachsene, wohlgebräunte Mann auf der vorspringenden Kanzel, ringsum von seiner Gemeinde eingerahmt, die jeden Sitz und freien Platz in der riesigen Kirche besetzt hat, hat nichts von den Allüren eines Fanatikers an sich. Er weiß, daß es der pastoral gewölbte Brustton war, der die Predigt in Mißkredit gebracht hat, und er hütet sich, in diesen Ton zu fallen. Er spricht sachlich, mit der wohlgeübten, rhetorischen Sorgfalt des modernen Hochschullehrers...«

Bevor ich dieses Reportagebild durch einige Bemerkungen über die *innere* Dimension der neuen Aufgabe ergänze, möchte ich den Leser doch gerne an dem Vergnügen teilnehmen lassen, das mir durch eine bestimmte Auswirkung jenes »Spiegel«-Artikels zuteil wurde.

Ausgerechnet in der Woche seines Erscheinens fand in Berlin ein deutschsprachiger Theologenkongreß statt, bei dem ich mitwirken mußte. Ich konnte mir denken, daß meine Kollegen den Artikel inzwischen kannten und von sehr verschiedenartigen Gefühlen erfüllt waren. Von jedem Kiosk leuchtete mir mein farbiges Titelporträt entgegen, und beim Begrüßungsabend sah ich das Heft aus vielen Taschen hervorlugen. Es kam zu allerhand munteren Reden und Gegenreden.

Als ich am anderen Morgen den Frühstückssaal des Hotels betrat, der nur für Besucher des Theologentages reserviert war, sah ich an einem von zwei Herren besetzten Tisch noch einen freien Platz. Den einen der beiden kannte ich: Es war mein Freund Gerhard Rosenkranz aus Tübingen. Er stellte mir den anderen vor, einen Schweizer Kollegen. Meist sagt man ja bei einer solchen Vorstellung irgend etwas, zumal man sich literarisch kennt. Er aber sagte nichts, sondern genoß sein Frühstücksei mit einer solchen Hingabe, daß auch ich keine Gelegenheit hatte, etwas zu sagen. Ich nahm an, daß er meinen Namen gar nicht verstanden hatte. Endlich war er fertig.

Als zufällig für einige Sekunden das Stimmengewirr verstummte –
man sagt von solchen Augenblicken, daß ein Engel durchs Zimmer
schwebe –, sprach er in diese Stille hinein seine ersten Worte, und zwar
sehr vernehmlich und in Schwyzer Hochdeutsch: »Wir haben ja
heut einen ulkigen Mann unter uns!« Man drehte sich nach ihm
um: »Wieso das?«
Er: »Ja, haben Sie's denn nicht im ›Spiegel‹ gelesen: ›Hoch gewachsen und wohlgebräunt‹ –? Der kann sich nicht mehr in der Schweiz
blicken lassen, der wird schallend hinausgelacht!«
Die Wirkung war unbeschreiblich. Diese seriösen Herren kicherten
wie eine aus Rand und Band geratene Schulklasse. Denn sie hatten
sofort spitz bekommen, daß er mich meinte, doch keine Ahnung
hatte, daß ich ihm gegenübersaß. Einer fragte scheinheilig: »Wen
meinen Sie denn überhaupt?«
»Den Thielicke!«
Als darauf wieder ein Gelächter aufbrandete, schien er sich zu
wundern, genoß es aber auch sichtlich. Denn er war ein etwas
trockener Mann, von gesellschaftlichen Erfolgen sicherlich nicht
verwöhnt. Diese Deutschen aber schienen ein dankbares Publikum
zu sein und über jede Trivialität zu lachen. Jetzt warf er sich sogar in
Pose, um die nächste seiner zündenden Bemerkungen zu starten:
»So ein eitler Geck!« Als die wieder sich erhebende Wonne-Welle
etwas nachließ, zog er noch einen letzten Pfeil aus seinem Köcher:
»So ein geschminkter Affe!« – Jetzt wand sich die Frühstücksrunde
förmlich in einem Paroxysmus entfesselter Heiterkeit.
Leider kam gerade in diesem Augenblick der Omnibusfahrer, um
uns zur Fahrt an die Tagungsstätte zu rufen. Ich mußte für einen
Moment verschwinden, um meinen Koffer zu holen. Als ich zu-
rückkam, war der Schweizer Kollege weg, doch die Euphorie der
anderen, die sich im Aufbruch befanden, war noch nicht verebbt.
Freund Rosenkranz erzählte mir, daß unser Eidgenosse ihn nach
meinem Weggang gefragt habe: »Wer war eigentlich der nette
Herr?« (Er fand mich vermutlich deshalb nett, weil ich meiner
Belustigung freien Lauf gelassen hatte.) Als Rosenkranz ihm dann
meine Identität enthüllte, war er entsetzt weggelaufen.
In diesem Augenblick wurde mir klar, wie unfair wir eigentlich
gewesen waren, wenn wir ihn so in sein »Unglück« und in eine
blamable Situation rennen ließen. Ich nahm mir vor, beim Kongreß
nach ihm zu suchen und ihm klarzumachen, daß ich ihm nichts
krumm nähme und daß wir doch *mit*einander über diese bizarre
Konstellation der Umstände lachen sollten. Kaum aber betrat ich

einen Saal, um Ausschau nach ihm zu halten, sah ich irgendwo eine Staubwolke, in der jemand schnell zum Ausgang sauste. Auch er paßte offenbar auf, wann und wo ich auftauchte, um mir fluchtartig auszuweichen. Doch dann hat uns die Vorsehung (ich nehme an, daß sie es war) *doch* zusammengeführt, und zwar auf einer Herrentoilette. Da braucht der Mensch einige Sekunden, bis er weglaufen kann. Und in diesen paar Sekunden habe ich ihm gut zugeredet. Wir sind dann als gute Freunde voneinander geschieden.

Diese Episode taucht hier als kleine Marginalie zu einem Text auf, in dem die Michel-Predigten als eine zwar mit Freude und Dankbarkeit übernommene, aber auch mit schwerer Verantwortung belastete Aufgabe zu beschreiben sind. Wenn ich in dem großen Rund dieser Kirche die Menschen versammelt sah – unter mir, über mir, um mich herum –, die kleine Schar der treuen Kirchenchristen und die viel größere der Randsiedler und der geistlich oft so Heimatlosen, dann bedrückte mich neben dem Glück des Auftrags auch seine Unermeßlichkeit. Die vielen Briefe und Gespräche, in denen Hörer sich äußerten, zeigten mir, daß die Menschen in einer so säkularisierten Stadt wie Hamburg nicht eigentlich »heils«-begierig, eher »neu«-gierig sind: Sie möchten wissen, wie jemand, der aussieht und sich im Leben bewegt wie sie selber, als Christ existiert.
Ich habe manchmal bei Abendgesellschaften, wenn die Sprache auf religiöse Dinge kam – und das geschieht immer wieder –, ganz schlicht »biblische Geschichten« erzählt, weil die Fragen so elementar und lebensecht sein konnten, daß man die Lust am bloßen Diskutieren verlor und sich zur unmittelbaren Verkündigung gedrängt sah. So erinnere ich mich an einen Abend, als wir nach einer Schiffstaufe im Frack und mit Sektgläsern in der Hand im Foyer eines Nobelhotels zusammenstanden und ein bekannter Reeder mir in Gegenwart der anderen vom Sterben seiner Frau erzählte: »Ich kann mit dem schwarzen Buch nichts anfangen«, sagte er, »ich lese lieber Homer oder Hölderlin.« (Er war ein hochgebildeter »königlicher Kaufmann«, wie man sie in Hamburg gar nicht so selten findet.) Seiner Frau sei es stets ein Kummer gewesen, daß er ihrem Glauben fernblieb – trotz aller innigen Lebensverbundenheit, deren sie sich sonst erfreuten. Als sie dann starb, sei eines ihrer letzten Worte gewesen: »›Wenn du wüßtest, wie das ist, beim letzten Weg einen Heiland zu haben, dann würdest auch du diesen Weg gehen.‹ Können Sie sich vorstellen, was sie damit gemeint hat?« – Alle sahen mich erwartungsvoll an. – Bitte: eine solche Frage im Kreis

der sogenannten Gesellschaft mit einem Sektglas in der Hand! Und dann ein Stoßgebet zum Himmel, daß man seine Sache klar bekennen möge, ohne sich im Ton zu vergreifen. Ich kann mir keine andere Stadt denken, in der so unverblümt, so realistisch und unmittelbar gefragt und gesprochen wird, ganz gleich, ob es um Börsenprobleme oder um die letzten Fragen geht. Das ist es, was ich an den Menschen in Hamburg liebe. Und weil sie auch jene »letzten« Fragen nicht verschweigen oder verblümt um sie herumreden, darum geben sie einem die Freiheit und die Lust, sie auch auf der Kanzel unverblümt anzureden.

Alle Freude an der Verkündigung wurde freilich überschattet vom Bewußtsein eines großen Schuldigbleibens, also wirklich einer »Schuld«: Ich trat von der Kanzel ab und ging wieder meiner sonstigen Arbeit nach; die Menschen aber hätten gesammelt werden müssen, ich hätte mich persönlich um sie kümmern und ihnen die Gelegenheit zu einer Aussprache geben müssen. Zu alledem langte die Kraft und reichte die Zeit nicht. Vor allem aus Briefen erfuhr ich, daß ihnen die primitivsten materiellen Voraussetzungen des Glaubens fehlten: Sie wußten und wissen nicht, wie man die Bibel benutzt und etwas in ihr findet, ja nicht einmal, wo man sie kaufen kann. Daß ich gerade das, was durch die Predigten in Bewegung gekommen war, nicht angemessen pflegen konnte, wurde mir zur drückenden Gewissenslast. Diese Fernstehenden einfach an eine konventionelle Gemeinde zu weisen, die vielleicht wenig Verständnis für ihre Fragen hatte, war nicht immer die richtige Lösung.

Eines Tages kamen zwei Philologie-Studenten zu mir, die um eine Besprechung über Glaubensfragen baten. Sie stammten aus respektablen sozialdemokratischen Familien, die sich seit Generationen – entsprechend dem frühen Antiklerikalismus des »vierten Standes« im 19. Jahrhundert – von der Kirche losgesagt hatten. Diese beiden jungen Leute hatten keinerlei Religionsunterricht gehabt, sie waren religiös eine absolute Tabula rasa. Irgend jemand hatte sie nun zu einem Michelbesuch angeregt, während sie vorher niemals eine Kirche von innen gesehen hatten – jedenfalls nicht »im Betrieb«. Die andächtige Menge, vor allem aber der mächtige Gesang und das gemeinsam gesprochene Vaterunser, das sie ebenfalls nicht kannten, hatten sie beeindruckt. Wir sprachen dann einen ganzen Abend miteinander. Ich beantwortete ihre Fragen, so gut ich konnte, erzählte ihnen aus dem Evangelium und berichtete ihnen auch von eigenen Glaubenserfahrungen. Nach einigen weiteren Abenden schenkte ich ihnen mein Vaterunser-Buch, das eine Predigtreihe enthält, die ich während des Bombenkrieges in Stuttgart gehalten hatte. Sie bedankten sich beinahe überschwenglich dafür und erzählten mir dann eine fast unwahrscheinliche Geschichte, die gleichwohl – wenn auch im Extrem – etwas Typisches zeigte:

Als die beiden von dem gemeinsam gesprochenen Vaterunser wenigstens einige Fetzen verstanden hatten, wollten sie unbedingt den ganzen Wortlaut wissen. Weil aber alle ihn zu kennen schienen und auswendig sprachen, genierten sie sich, ihre Ignoranz einzugestehen und jemanden nach dem Text zu fragen. So begaben sie sich in die Staatsbibliothek, um dort nach dem Vaterunser zu fahnden, ohne es aber zu finden. (Wo sollten sie es denn auch suchen?!) Sodann bemühten sie sich, wiederum ohne Erfolg, in der Bibliothek der Theologischen Fakultät. Die Sache wurde ihnen immer rätselhafter – *bis* sie sich schließlich erinnerten, daß doch im Rundfunk Sonntagsgottesdienste gesendet würden, bei denen das Vaterunser vielleicht vorkäme. Sie setzten sich deshalb mit dem Stenogrammblock vor den Lautsprecher. »So hatten wir das Vaterunser schließlich ›im Kasten‹«, schloß der Bericht.

Wir trafen uns dann immer wieder zu einem Glaubensgespräch, sobald ich nur die Zeit dafür finden konnte. Eines Tages eröffneten sie mir dann ihren Wunsch, die christliche Taufe zu empfangen, am liebsten in einem Michel-Gottesdienst, wo sie zu einer ersten Berührung mit dem Glauben gekommen waren. Natürlich ging ich überrascht und dankbar darauf ein. Dann aber blieben sie plötzlich weg – monatelang. Eines Tages kam schließlich einer und berichtete mir, was geschehen war: Vor dem schon ausgemachten Tauftermin sei ihnen auf einmal klar geworden, daß sie das Christentum ja nur durch meine Vermittlung kennengelernt hätten und daß sie unbedingt, um zu eigenem Urteil zu kommen, auch die katholische »Variante« noch kennenlernen müßten. So gingen sie zu einem Jesuitenkolleg in Hamburg, das sich speziell missionarischen Aufgaben in unserer säkularisierten Stadt widmet. Dort nahm sich ein Pater ihrer an, der unbeschränkt Zeit für sie hatte, eine Art religiöser »Intensivkur«. Dieser Einfluß führte dann dazu, daß sie der katholischen Kirche beitraten.

Der junge Mann berichtete mir das nicht ohne Hemmungen, weil er fürchtete, daß ich das indigniert zur Kenntnis nehmen würde. Ich freute mich aber, daß sie auf diese Weise eine Heimat für ihren jungen Glauben gefunden hatten. Und wenn diese Freude nicht ganz ohne Trauer war, dann nur deshalb, weil ich in der Intensität meiner Zuwendung versagt hatte. Ich mußte meine Lehrveranstaltungen, meine Predigten und vieles andere vorbereiten; ich hatte nicht soviel Zeit wie der Pater, der sich hauptamtlich dieser Aufgabe widmen konnte. Und doch quälte mich die Frage, ob die Proportionen in meiner Arbeit stimmten: Hätte nicht alles andere zurücktreten müssen?

Die Vorbereitung der Michel-Predigten nahm von all meinen Tätigkeiten die meiste Zeit in Anspruch. Ich hielt und halte die Predigt für die größte geistige Leistung, die einem Theologen abverlangt wird – und nun speziell bei *der* Gemeinde, mit der ich es zu tun hatte. Wie viele Arbeitsgänge waren das: Einmal war der biblische Text genau zu interpretieren und in eigener Übersetzung zu bringen. Dann ging es darum, die Menschen von ihren Fragen, Nöten und Lebenssituationen aus zu ihm hinzuführen. (Das meinte der »Spiegel«-Reporter wohl, wenn er von der Zeitungslektüre sprach, die in meinen Predigten eine Rolle spielte.) Ich durfte auch nicht in abstrakten Gedankengängen steckenbleiben, wie sie in der Vorlesung möglich und angemessen sind, sondern mußte plastisch, bildhaft und auch erzählerisch (»narrativ«) reden, damit einfache Menschen ebenfalls mitkamen und die Gebildeten dennoch nicht leer ausgingen. Schließlich soll die Predigt doch etwas Lebendiges *bewirken* und in Bewegung bringen, darum kann sie sich nicht nur an den Verstand, sondern muß sich auch zugleich an das Gewissen, an den Willen, an die Phantasie wenden. Der *ganze* Mensch ist ja ihr Adressat! Entsprechend der Vielschichtigkeit dieses Ziels ist auch die Fülle der Überlegungen, die einen vor dem Weg auf die Kanzel beschäftigen.

Die höchst pluralistische Zusammensetzung meiner Hörerschaft nötigte zu noch weiteren Reflexionen: Die Verschiedenheit der Bildungsstufen und der sozialen Herkünfte machte es unausweichlich, nach *der* Schicht im Menschen zu fragen, die bei allen gleich ist, in der alle – wenn auch je auf ihre Weise – von Furcht und Hoffnung, von ihrer Endlichkeit, von Ehrgeiz, Trieben, Suchen nach Sinn, von Schuldbelastung und Gewissensbedrängnis bewegt sind. Mein Ziel – und ich strebte danach, es zumindest entfernt zu erreichen – mußte ja sein, daß jeder nachher sagen könnte (weil er sich in dieser Schicht getroffen fühlte): »Ich kam in dieser Predigt vor, er hat mich gemeint.«

Um Assoziationen zu meinem Predigttext zu finden, Bilder, Geschichten und Menschliches-Allzumenschliches für seine Illustration auszumachen, achtete ich bei meiner vielfältigen Lektüre stets auf alles, was ich für die Kanzel gebrauchen konnte. Ich legte verschiedene Sammlungen in Ordnern und Zettelkästen an, um geeignete Zitate und anderes Material zur Hand zu haben. Wenn es dann gleichwohl zu »Fehlfarben« kommen mochte, konnte ich mir wenigstens sagen: Du hast getan, was du nur konntest.

Im übrigen hielt ich mich nicht an die vorgeschriebenen »Perikopen«, das heißt an die verordneten kirchlichen Predigttexte. Sie haben allenfalls *eine* sinnvolle Funktion: Sie bewahren den Prediger davor, den Text als Motto seiner Lieblingsgedanken zu wählen und insofern zu mißbrauchen. Prediger, die es so machen, sind schnell leer gepredigt und erregen durch immer neues Wühlen in längst ausgedroschenen Ähren nur tödliche Langeweile – vermutlich nicht nur bei den Hörern, sondern auch bei sich selber. Gegen dieses Walten des Trägheitsgesetzes ist ein verordneter Text sicherlich der beste Schutz. Man kann den Abwehrwall gegen diese Versuchung aber auch selber bauen:

Ich zwang mich zu fortlaufenden Predigtreihen, die sich an einer biblischen Textfolge oder an einem Thema orientierten. So kam es zu den erwähnten Reihen über das Vaterunser, die Gleichnisse, die biblische Urgeschichte, über seelsorgerliche Gespräche Jesu, über das Glaubensbekenntnis und manches andere. Ebenso hielt ich ausgesprochene »Lehr«-Predigten, eine Art Katechismusunterricht für Erwachsene, in denen ich etwa die theologische Bedeutung der historisch-kritischen Schriftforschung erörterte und die Gemeinde einen Blick in die Werkstatt wissenschaftlicher Theologie tun ließ. Dieses Prinzip der Reihenpredigt erwies sich für beide Seiten als fruchtbar: Der Prediger setzte sich damit einem heilsamen Zwang aus und schützte sich vor der Willkür eigenmächtiger Textwahl; die Hörer aber wurden »bei der Stange« einer bestimmten Themen- und Gedankenfolge gehalten, sie waren stets auf die Fortsetzung gespannt.

Daß dabei auch Tagesereignisse herangezogen wurden, konnte nicht bedeuten, daß ich auf der Kanzel politisiert hätte. Es gibt, so meine ich, zwei *Entartungen der Predigt*, die beide – so gegensätzlich sie in sich selber sind – heute wie eine ruinöse Infektion auf das gottesdienstliche Leben wirken:

Die eine dieser Dekadence-Formen ist die Ummodelung der Predigt in eine politische Programmrede, die eine bestimmte politische Konzeption als »die« christliche proklamiert. Sie gewinnt nach meiner Erfahrung meist bei denen die Oberhand, deren geistliche Substanz zu verdünnt ist, als daß sie noch eine mitreißende Verkündigung hergäbe. Dann müssen eben *politische* Vitaminspritzen herhalten, um der erstorbenen Spiritualität ein Scheinleben zu verleihen. Doch diese Form der Verkündigung hat keinen Bestand. Man fragt sich sehr bald, warum es dazu des Umwegs über die Kanzel bedarf und ob man das gleiche nicht billiger *ohne* christliche Etiketten haben kann, wenn man sich *gleich* in eine politische Versammlung begibt.

Die zweite Entartung ist ein bestimmter Liturgismus, der durch übermäßige Verwendung altehrwürdiger Sentenzen und der traditionellen Musica sacra das Bekenntnis des persönlich haftenden Zeugen verdrängt oder wenigstens überwuchert.

Bei diesem kurzen Blick ins »theologische Labor« geht es noch nicht um die eigentlichen »Interna«. Sie bleiben fremden Augen verborgen. Ich kann nur andeuten, in welcher Richtung sie zu suchen sind: Wer so viele Augen auf sich gerichtet sieht, ist in großer Gefahr. Er kann meinen, sie seien auf »ihn« gerichtet, während er doch nur Botschafter eines anderen ist. In der Sakristei der Michaeliskirche ist ein kleiner Altar, an dem der Prediger sich für den Gang auf die Kanzel vorbereitet, um sich wider die Anfechtungen zu wappnen, die ihn bedrohen. Mehr möchte ich darüber nicht sagen.

In deutlicher Anspielung auf die Michelpredigten brachte damals ein Wochenblatt den Vergleich zwischen einem Prediger, zu dem viele Menschen strömen, und einem anderen irgendwo in Schleswig-Holstein, der wartet, ob außer seiner Frau und dem Küster noch jemand zum Gottesdienst erscheint. Der Verfasser stellte dann die Frage, wer im Reiche Gottes mehr gelte: der »Erfolgreiche« oder der »Treue«. Ich glaube nicht, daß das eine Alternative ist. Aber ich habe seitdem an jenem kleinen Altar immer jener Mitbrüder gedacht, die treu sind, obwohl sie nichts von einer aufgehenden Saat bemerken.

Diesen gewichtigen Fragen des Berufs mag wieder ein kurioses Zwischenspiel folgen, wie es fast schon zum Stil dieser Lebenserzählung gehört:

Die Säkularisiertheit Hamburgs hat auch ihre heiteren Varianten. So verfügen die Hamburger kaum noch über das geistliche Vokabular, um ihren Dank für eine Predigt in passende Worte zu fassen. Wenn ich daran denke, wie schwäbische Pietisten ihrem Bedürfnis nach Dank Ausdruck geben, dann fällt mir diese verbale Mangelerscheinung besonders auf. So sagen die Schwaben etwa einem Prediger, wenn sie dankend ihre Zustimmung aussprechen wollen: »Sie waren eine Posaune des Herrn!« oder »Hallelujah, amen!« Der Hamburger aber sagt meistens: »Dank für die ›nette‹ (oder auch: die

›schöne‹) Predigt!« Blick und Stimme deuten dabei oft sehr viel mehr an als die Worte – und das entschädigt reichlich für das verbale Defizit. Irgendeine meiner Michelpredigten war einem Hörer besonders unter die Haut gegangen; mit Tränen in den Augen und sichtlich bewegt sagte er zu meiner Frau: »Ihr Mann ist mit dem Munde wirklich gut zu Fuß!« Ähnlich verwunderliche – nur nach *außen* hin verwunderliche – Äußerungen gab es, als sich Rundfunkreporter vor dem Michel aufgebaut hatten, zahlreichen Hörern ihre Mikrophone unter die Nase hielten und sie fragten: »Warum gehen Sie zu Thielicke in den Michel?« *Eine* Antwort ist mir noch erinnerlich. Eine alte Frau sagte mit schönem rollendem »R«: »Ich brrrauche Herrrn Thielickes Prredigten für mein körrperliches Wohlbefinden.«

Die als Bücher veröffentlichten Predigtreihen wurden im Lauf der Jahre in zwölf Sprachen übersetzt, darunter auch in Japanisch und Afrikaans. So aktualisierte sich für mich noch einmal und sogar verschärft die soeben gestellte Frage, ob es jene gemeinsame Schicht, an die christliche Verkündigung appelliert, in allen Menschen gebe. Wenn es sie *nicht* gibt: welchen Sinn könnte es dann haben, daß Menschen der verschiedenen Erdteile und Rassen dieselbe Botschaft in ihrer Sprache empfangen? Damit stellt sich zugleich das Problem der Mission.

Es war für mich ein großes Geschenk, in John W. Doberstein einen geradezu charismatischen Übersetzer für den englischen Sprachraum zu haben. Ich trauerte sehr, als dieser auch menschlich so großartige Mann, mit dem mich schließlich eine enge Freundschaft verband, früh sterben mußte. Er verstand es, mit unsäglicher Mühe die deutsche Idiomatik in die angelsächsische abzuwandeln und die Sprache so zu »amerikanisieren«, daß viele Leser und Rezensenten meinten, einen amerikanischen Text vor sich zu haben. Zweisprachige Leser haben mir versichert – was ja nicht unbedingt schmeichelhaft für den Autor ist –, daß die amerikanische Ausgabe stilistisch wesentlich besser sei als das deutsche Original. Das erste von Doberstein übersetzte Buch waren die Gleichnisreden; ihm folgten die anderen Bände rasch nach.

So kam es, daß ich im angelsächsischen Bereich zunächst nur als »Prediger« bekannt wurde, weil die englischen Ausgaben der »Ethik« und der »Dogmatik« erst später erschienen. Bei meinen ersten Reisen in die USA war ich darüber nicht gerade froh, daß man meine Arbeit nur unter diesem einseitigen Aspekt sah, und

sagte das einmal einem Kollegen in Princeton. Er gab mir eine weise
Antwort, deren Richtigkeit mir später die Erfahrung bestätigte:
»Seien Sie froh«, sagte er, »daß Sie den Amerikanern zuerst als
Verkünder und nicht als Wissenschaftler begegnen. Würden die
theoretischen Bücher die ersten sein, käme es gleich zu einem
Meinungsstreit. Die so bei einer Minorität sich bildenden Vorurteile
wären Ihrer Wirkung nicht förderlich. Durch die Predigten aber
kommt es bei einer breiten Schicht zu einer Art geistlichen Vertrauens. Dann wird man später auch Ihrer Theologie viel unbefangener
gegenüberstehen.«
Tatsächlich kam es wohl durch die Predigtbücher, daß selbst die
Fundamentalisten (eine große, strenggläubige Gruppe, die jede hi-
storisch-kritische Bibelforschung radikal verneint) sich mir nicht
von vornherein verschlossen. Sie sahen, daß ich mich mit biblischen
Textauslegungen befaßte. Die Liberalen meinten: Er spricht in
einem »modernen« Stil, also gehört er zu uns. Die Baptisten sagten:
Er hat die Predigtlehre unseres »Heiligen« Spurgeon herausgegeben
und kommentiert, also ist er uns nahe. Die Lutheraner dachten: Die
Michaeliskirche, auf deren Kanzel er diese Predigten hielt, steht auf
unserem konfessionellen Territorium. So hörten mir, wann immer
ich in den USA war, alle Denominationen und Schulrichtungen
erstaunlich unbefangen zu.
Allenthalben traf ich bei meinen Reisen Menschen an, zu denen das
gedruckte Wort eine Brücke geschlagen hatte. Als wir bei einer
Schiffsreise einen Abstecher zu einer südafrikanischen Zulu-Uni-
versität machten, kramte der Kapitän in den Zettelkästen der Bibliothek und reichte mir ein ganzes Päckchen mit den englischen
Buchtiteln. Allerdings erregte – um meinen kleinen Fall mit dem
großen Apostel Paulus zu vergleichen – das persönliche Erscheinen
des Autors oft eine arge Enttäuschung: Vor allem, weil ich als alter
Humanist mit dem Englischen recht schwach auf der Brust bin.
Darauf sind die ausländischen Leser gar nicht gefaßt. Sie nehmen
meist naiv an, der Verfasser spreche das gleiche exzellente Englisch,
in dem seine Bücher geschrieben sind. In der Regel brauchen sie
eine Weile, bis sie sich darüber klarwerden, was ich gleich beteuerte
(und dies sogar in Englisch): »Meine Bücher sprechen besser Englisch als der Autor.« Nach meiner ersten Englisch gehaltenen
Vorlesung in Chicago trat sogar ein Herr an mich heran, um mir
beglückt zu versichern (natürlich auch in Englisch): »Ich habe
immer gedacht, Deutsch sei eine sehr schwere Sprache; doch habe
ich mindestens zwei Sätze in Ihrer lecture verstanden!«

Eine andere Spracherfahrung machte ich in Japan. Dort sind die großen wissenschaftlichen Bücher (»Ethik« und »Dogmatik«) noch nicht übersetzt. (Die Übersetzung der Anthropologie »Mensch sein – Mensch werden« ist in Vorbereitung.) Es ist aber damit zu rechnen, daß diejenigen, die wissenschaftliche Theologie im engeren Sinn betreiben, deutsche Werke im Original lesen können. Da meine Vorlesung in Tokio simultan übersetzt werden sollte, sah ich mich zu einer skeptischen Rückfrage veranlaßt: Wenn die Hörer eine in Deutsch gehaltene Vorlesung nicht verstünden, dürfte ich die Kenntnis meiner »Theologischen Ethik« doch kaum voraussetzen – oder? Dann aber müsse ich meine Vorlesung umstellen. Die verblüffende Antwort lautete: Alle anwesenden Dozenten und Studenten seien bestens mit den Büchern vertraut, man habe sie im Original studiert und in Seminaren behandelt, auch wenn sie das Deutsche nicht sprechen könnten. Gleichwohl müssen sie aber doch, sagte ich mir, irgendeine Lautvorstellung bei der Lektüre haben! Darüber hätte ich zu gerne etwas erfahren. Manchmal bat ich meine japanischen Doktoranden, mir doch einmal einige Sätze so vorzulesen, wie ein Japaner, der nicht Deutsch sprechen kann, sie sich lautmäßig vorstelle. Obwohl wir ein durchaus vertrautes Verhältnis zueinander hatten, waren sie dazu *nie* zu bewegen. So weiß ich es bis heute noch nicht.

Die italienischen Übersetzungen erscheinen teilweise in ausgesprochen katholischen Verlagen, wie denn überhaupt, wenn mein Eindruck nicht allzu sehr trügt, die katholischen »Stiefbrüder« sich meiner Arbeit gegenüber aufgeschlossener zeigen als die eigene Konfession. Aber die Bücher eines protestantischen Theologen im unmittelbaren Kraftfeld Roms: das kann wohl nicht ganz ohne Friktionen abgehen! Sie waren allerdings sanft und äußerten sich beispielsweise in der Bitte des Verlages, hier und da eine Fußnote anbringen zu dürfen: »Hier irrt Thielicke!« Doch ginge es dabei, versicherte man mir, inmitten aller ökumenischen Gemeinsamkeit nur um Nuancen. Bei einem dieser Bücher wurde mir sogar die Ehre eines bischöflichen »Imprimatur« zuteil.

Hamburger Gestalten und Episoden

Zu den gewichtigen Persönlichkeiten in Hamburg gehören nicht zuletzt die Chefportiers großer Hotels und bedeutender wirtschaftlicher Unternehmungen. Einer von ihnen nahm schon Verbindung mit mir auf, als ich noch in Tübingen wohnte. Er verschaffte mir ungewollt einen Eindruck von der lockeren und zugleich ernsthaften Art, wie Hamburger »Weltkinder« mit Theologen, Klerikern und anderen »frommen« Leuten umgehen. Wenn ich nach Hamburg käme, so ließ er mich wissen, müsse ich unbedingt Remedur unter der ärgsten Clique schaffen, die hierzulande ihr Unwesen treibe. Er meinte damit die Werbefachleute (!). Ihnen galt aus irgendwelchen Gründen seine besondere Abneigung. Ich antwortete ihm im Sinne eines unverbindlichen »So, so, ja, ja«.

Kaum war ich in Hamburg, wurde ich von einer auf Bütten gedruckten Einladung zu einem Gespräch überrascht, das ich da und da mit leitenden Persönlichkeiten der Werbebranche führen würde. Als Initiator zeichnete eben jener Chefportier. Der Mann hatte offenbar keine Ahnung, wie man so etwas macht, vor allem, daß man vorher den Betroffenen informieren und sich seines Einverständnisses versichern muß.

Nun saß ich in der Bredouille und mußte wohl oder übel hingehen. Mein Chefportier stand in einem schwarzen Sakko und mit randloser Brille am Eingang. Er wirkte würdig wie ein Konsistorialrat. Im Konferenzraum saßen die versammelten Herren schon in einem großen Halbkreis. Davor stand ein Sessel, der für mich bestimmt war. Wir sahen uns gegenseitig ziemlich mißtrauisch an, und niemand wußte so recht, was sich nun abspielen sollte. Schließlich hielt der Chefportier eine kurze Begrüßungsansprache, in der er ankündigte, daß ich jetzt »aus gegebenem Anlaß« (!) eine Rede halten würde. In diesem Augenblick war mir klar, daß ich mich *auch* nicht geschickt verhalten und die Gelegenheit versäumt hatte, spätestens beim Eintreten die nötigen Absprachen mit ihm zu treffen. Jetzt blieb mir nichts anderes übrig, als meinen Kopf tunlichst aus der Schlinge zu ziehen.

So sagte ich den Herren, ich sei nicht gekommen, sie zu belehren, sondern möchte zunächst einmal etwas von *ihnen* hören und lernen. Da Leute dieses Metiers schon von Berufs wegen nicht auf den Mund gefallen sind, ergriff denn auch einer von ihnen sogleich das Wort, um auf meine Demonstration der Bescheidenheit einzugehen: »Herr Professor«, sagte er, »ich weiß nicht, ob Sie sich darüber klar sind, daß Sie und wir eine ähnliche Branche betreiben: Sie verkaufen Religion (mir blieb fast die Luft weg!), und wir verkaufen Margarine. Uns geht es dabei gleichermaßen um die Frage, wie wir unser Produkt an den Mann bringen. Und da kann die Kirche von uns Margarine-Leuten einiges lernen! Vor allem darf man nicht über die Köpfe weg reden: Wenn wir unsere Margarine mit Vitamin- und Kalorienangaben anpreisen würden, kämen wir damit bei unseren Kunden ebensowenig an, wie wenn Sie von hochgestochenen Dogmen und überkandidelten Formeln handeln. Bei der Werbung muß man sich immer nach dem geistig schwächsten Partner richten. Das ist bei uns die deutsche Hausfrau. Darum plagen wir sie nicht mit chemischen Angaben über unser Produkt, sondern setzen ihr ein buntes Plakat mit einem kleinen Kind vor, das lustvoll in eine Margarinestulle beißt, und schreiben darunter: ›O Mutti, schmeckt das gut!‹ Das versteht die deutsche Hausfrau, damit komme ich an. Und seh'n Sie: so müssen Sie es auch mit der Religion machen!«

Das waren Töne, wie ich sie im Schwabenland nie vernommen hatte. Der Mann war höflich, gegenüber einem ihm fremden Metier aber ganz ohne Hemmungen. Es erschien ihm nicht einmal fremd, da er alles – von der Religion bis zur Margarine – über den gleichen ökonomisch-psychologischen Leisten schlug. An Direktheit ließ er jedenfalls nichts zu wünschen übrig. Er fühlte sich von seiner Branche her als Menschenkenner, und da auch die Prediger es mit Menschen zu tun haben, war er überzeugt, daß sie sich von seinen Profikenntnissen eine Scheibe abschneiden könnten. Das Tolle dabei war, daß in seinem abenteuerlichen Vergleich wenigstens ein Spurenelement, ein »Senfkorn« an Wahrheit steckte.

So also redeten Hamburger »Weltkinder« mit unsereinem! Man mußte auf alles gefaßt sein. Deshalb hatte diese Stunde durchaus Bedeutung für mich: Von nun an beschäftigte mich *noch mehr* als vorher die Frage: »Wie sage ich's meinem (Welt-)Kinde?« Ich überschritt die Schwelle zu völlig neuen Überlegungen, die sich auf das Wie von Verkündigung und Seelsorge im Bereich extremer Säkularisation bezogen.

Nach diesem erfrischend kühlen Bad im Saeculum lernte ich die Weltlichkeit Hamburgs auch in ihren sublimeren Formen kennen. Schon sehr bald wurde ich aufgefordert – wie später noch öfter – in dem berühmten »Übersee-Club« Hamburgs zu sprechen. Danach pflegte man mit dem Redner zu Abend zu speisen. Da kam ich schnell mit denen in Kontakt, die in Hamburg »das Sagen« hatten: mit den Stadthäuptern und Senatoren, mit Handelsherren und Bankern, Reedern und Künstlern. Mehrere der Großunternehmer waren berühmte Mäzene, die ihrer Vaterstadt bedeutende Kultureinrichtungen stifteten. Einer von ihnen setzte Preise für soziale Leistungen, Literatur, Kunst, Naturschutz, Mundartdichtung und anderes aus, die in ihrer Höhe dem Nobelpreis nahekamen oder ihn gar übertrafen. An ihnen zeigte sich das Königliche des hanseatischen Kaufmanns: Er wußte, welche Verpflichtung großer Reichtum auferlegt. Nicht wenige dieser sogenannten Pfeffersäcke – welche Verkennung! – lebten persönlich bescheiden und steckten große Teile ihres Vermögens in den Dienst an der Allgemeinheit.

Ebenso verwundert war ich über den geistvollen Charme, über die Weltläufigkeit der Tisch-, Begrüßungs- und Dankansprachen bei solchen Gelegenheiten, wie ich sie noch in keiner anderen Stadt erlebt hatte. Über welche geistige Potenz und Bildung diese Kaufleute verfügten, zeigte sich auch am Niveau der Gespräche im Übersee-Club. Ein mir befreundeter Reeder sammelte französische Impressionisten; ein Versicherungsmakler übersetzte als Hobby Horaz-Oden; ein anderer war Experte für ostasiatische Religionen. Entsprechend kultiviert waren die Häuser, in die wir zu Gast geladen wurden. Immer war es ein gewachsener, aller Protzerei abholder Reichtum an kostbaren Möbeln und Kunstwerken, der den Gast ebenso beglückte wie die menschliche Warmherzigkeit des Umgangs und der – bei aller Wahrung von Form und Stil – Freimut der Gespräche.

Ich habe vermieden, Namen zu nennen, weil die Auswahl zu delikat wäre und das den fern von Hamburg lebenden Leser auch nicht interessiert. *Einen* Namen aber kann ich nicht verschweigen, weil uns mit seiner Trägerin eine besondere Freundschaft verbindet: Liselotte von Rantzau, die »Chefin« der Deutschen Afrika-Linien. Oft waren wir Gäste auf ihren herrlichen Besitzungen in Trittau, Österreich, Kapstadt oder im ostafrikanischen Mombasa, vor allem aber auf dem Schloß an der Elbe, dem »Weißen Haus«, das eine der kostbarsten Porzellansammlungen Europas birgt. Immer wieder ist uns, wenn wir dies nur von Kerzen erleuchtete Haus betreten, als tauchten wir in eine Märchenwelt. Liselotte von Rantzau ist für mich eine bewundernswerte Frauengestalt: Sie regiert ihr Imperium »eigenhändig«, ist immerfort zu Verhandlungen mit Unternehmern und Staatsmännern in aller Welt unterwegs und mag dabei durchaus so etwas wie eine »Eiserne Lady« sein. Aber alle, die ihr begegnen, sind beeindruckt von ihrer Anmut und Güte, von ihrer Fürsorge und Menschlichkeit. Ich bin auf nicht wenigen ihrer Schiffe gefahren und erfuhr von der Besatzung immer wieder, was sie daheim für die Familien der Offiziere und Mannschaften tut, um sie für das lange Fernbleiben des Vaters und Gatten zu entschädigen. Sie hat vor allem dazu beigetragen, daß uns Hamburg zur Heimat wurde.

Wie sie mir während der Studentenrevolte geholfen hat – als einziger Mensch unter all den Einflußreichen – werde ich noch erzählen.

Auch die Universität verfügte über eindrucksvolle Gestalten: Der Lehrkörper versammelte sich damals – bis eben alles mit der Studentenrevolte und der deformierenden Umgestaltung der Universität aufhörte – immer wieder auch zu Festen und gesellschaftlichen Zusammenkünften. Dabei begegneten sich die verschiedenen Fakultäten, und es entstanden menschliche Verbindungen, die sich bis ins Private fortsetzten. Gerade unter den ganz alten Kollegen gab es eine Reihe berühmter Originale wie etwa den großen Neurologen Max Nonne, der im Ersten Weltkrieg die Schocktherapie erfunden hat. Als der Rektor nach der Eröffnung unserer Fakultät dem gesamten Professorium ein festliches Essen gab, begegnete ich Nonne zum ersten Mal. Zu dieser Zeit hatte er schon die Neunzig überschritten. An meinem Tisch boten mir die Kollegen einiges aus dem Anekdotenkranz, der sich um ihn gerankt hatte. Jetzt sei er zwar etwas schwerhörig, habe aber immer noch eine flinke und spitze Zunge, vor der man sich in acht nehmen müßte. Im Laufe des Abends ging ich mit meinem jüngeren Kollegen Hans-Joachim Kraus zu seinem Tisch: »Dürfen wir uns Ihnen, verehrter Herr Nonne, als Vertreter der jüngsten Hamburger Fakultät vorstellen?« Er legte die Hand ans Ohr und hatte wohl nur irgend etwas von »jung« oder »jüngst« verstanden. Jedenfalls fragte er Freund Kraus: »So so – welches Semester sind Sie denn, junger Mann?« Der war darob etwas erschüttert, so daß ihm entfuhr: »Ich bin kein Student mehr, ich bin Ordinarius!« Sofort entschuldigte sich der alte Nonne: »Das müssen Sie mir schon nachsehen, Kollege: Alles, was zwischen der Pubertät und dem Vierzigsten liegt, kann ich nicht mehr ›auseinanderhalten‹!« Bald danach sahen wir, daß der ehrwürdige Präsident der Bürgerschaft, Adolph Schönfelder, auch schon um die Achtzig und ebenfalls Gegenstand vieler Anekdoten, auf Nonne zusteuerte. Einige von uns traten blitzschnell hinzu, um zu erlauschen, was zwei so uralte Männer sich – vermutlich an Lebensweisheiten – mitzuteilen hätten. Das einzige, was wir zu hören bekamen, war die Frage des alten Nonne: »Kommen Sie noch allein in die Hosen rein? Ich schon!«

Als ich in den ersten Hamburger Jahren gebeten wurde, den Vorsitz der überparteilichen »Gesellschaft für Wirtschafts- und Sozialpolitik« zu übernehmen und dabei das große Konferenzhaus Rissen zu betreuen hatte – in dem wir dann auch gern unsere interfakultativen

Tagungen abhielten –, erschloß sich mir noch ein weiterer Lebensbereich dieser so facettenreichen Stadt. Hier organisierten wir Gespräche zwischen Unternehmern, Gewerkschaften und der Generalität der jungen Bundeswehr. Viele Firmen benutzten das schöne, in einem Park gelegene Haus auch für ihre Aus- und Weiterbildungskurse. Da die Begegnungen dort nicht am grünen Tisch stattfanden, sondern in gepflegter geselliger Atmosphäre, blieben auch heftige Sachauseinandersetzungen stets in den Grenzen wohltuender Humanität. Das Hauptverdienst dafür gebührt aber nicht mir, sondern den Studienleitern, die hauptamtlich in Haus Rissen tätig waren.

Die Menschen Hamburgs, mit denen ich zu tun hatte und habe, wären sehr unzulänglich charakterisiert, wenn ich nicht auch die sogenannten einfachen Leute in diese Bildergalerie aufnähme: die Handwerker vor allem, die sich ihres Standes und ihres Könnens bewußt sind und die dennoch – selbst wenn sich ein geradezu freundschaftliches Verhältnis ergibt – nie plump vertraulich werden. Von der nordischen Kühle und Distanziertheit, vor der ich in Tübingen gewarnt worden war, haben wir niemals etwas bemerkt. Ich sehe unsere Kinder noch um den alten, weisen und erzählfrohen Maurer geschart, der uns den Kamin baute und versicherte, daß er alle seine Liebe in diese Stätte des Behagens und menschlicher Gespräche mit einmauere.
Und dann die Toilettenfrauen in Hamburg! Oft trifft man unter ihnen wahre Originale, selbstbewußt, zu ihrem Beruf stehend, nicht zuletzt deshalb wohl, weil er sie in entspannten Phasen zu Beichtmüttern vieler Menschen macht. Ein kleines Medaillon mit dem Bild einer solchen Frau möchte ich hier aufhängen; es illustriert zugleich das Milieu um den Michel.
Als ich eines Tages das Studierzimmer eines der Michel-Pastoren betrat, las er kopfschüttelnd eine Postkarte und murmelte vor sich hin: »Was soll man da nur machen?« Zur Vorgeschichte der Karte dies: An St. Pauli-Landungsbrücken befand sich eine Damentoilette, deren Wärterin ein treues Glied der Michelgemeinde war. Diese Toilette wurde aus irgendwelchen Gründen abgerissen, worauf die Frau verzweifelt zu ihrem Pastor stürzte und ihm ihr Herz ausschüttete: »Mein ganzer Lebensinhalt ist futsch. Ich hab für meine Toilette gelebt!« Sie hatte ein lutherisches Berufsethos – mitten in den Gefilden der Kloake – und hatte damit den Reformator sehr genau verstanden.
Der Pastor versuchte nun, wie es ja seines Amtes war, sie zu trösten,

wollte sich aber zugleich als ein Mann der Tat bewähren und alles tun, um der Frau ihren Lebensinhalt zurückzugeben. Deshalb antichambrierte er bis zum Senat hinauf bei den zuständigen Behörden, um sich für eine Wiedererrichtung dieser nützlichen Institution einzusetzen. Er nahm Spott und nachsichtiges Lächeln auf sich, wenn man sich darüber wunderte, daß ein Pastor seine seelsorgerliche Arbeit bis in diese Bereiche ausdehnte. Und siehe da: seine Mühe war nicht vergeblich. In der Nähe des alten Standplatzes wurde eine neue und schönere Damentoilette erbaut, so daß die Frau überglücklich war und weiterhin ihrer Berufung leben konnte.

Jetzt also hielt der Pastor die ominöse Postkarte in der Hand und ließ sie mich lesen: »Werter Herr Pastor! Lade Sie Montag früh 8 Uhr zur Geschäftseröffnung ein. Mit Dankesgruß Ihre ...« Ihr Seelenhirte war sich nun nicht recht klar darüber, wie er dieser Einladung am besten gerecht würde. Sollte er etwa den ersten Zug an der Spülung tun? Wir einigten uns darauf, daß seine Frau sich Montag früh mit einem Blumenstrauß einfinden solle.

Von den Studenten, mit denen ich am meisten zusammen war, habe ich schon einiges erzählt: von ihrer Mithilfe beim Aufbau der Fakultät und von den Offenen Abenden, die wir im Hause und auswärts veranstalteten. Doch gab es auch Zusammenkünfte, die ganz aus dem üblichen Rahmen fielen. Ich will nur eine von ihnen erwähnen, weil sie für unser aller Leben viel bedeutet hat. Wir hörten, daß die Kasernen in dem Hamburg benachbarten Wentorf mit Flüchtlingsfamilien aus Polen, der Tschechoslowakei, Rumänien und anderen Ländern voll belegt seien, daß sie dort oft monatelang unter mehr als dürftigen Bedingungen ausharren müßten und daß sich Verzweiflung und Hoffnungslosigkeit unter ihnen ausbreiteten. Daraufhin überlegte ich mit meinen Studenten, ob es nicht unsere Aufgabe sei, uns nach dem Ende des Wintersemesters 1957/58 dort helfend zu betätigen.

Unser Hilfsangebot wurde freudig von der Lagerleitung angenommen. So machte ich mich für drei Wochen mit zwanzig Studenten und Studentinnen dorthin auf. Wir bezogen Quartier in einer Jugendherberge und charterten einen Omnibus, der uns jeden Morgen in die Kasernen brachte und abends wieder abholte.

Den ganzen Tag über besuchten wir dann, in einzelne Gruppen aufgeteilt, die vielen Säle des großen Kasernenkomplexes, um mit den Menschen zu reden, uns nach ihren Nöten zu erkundigen und nach Kräften zu helfen. Die einzelnen Familien hatten sich ein

»eigenes Revier« durch Vorhänge abgeteilt. Sie schliefen auf über-
einandergestellten Feldbetten. Im übrigen herrschte allenthalben
ein großes Durcheinander von Kleidung und allerhand Haushaltsge-
räten, für die es kaum Spinde gab. Vor allem die Kinder und
Jugendlichen konnten sich zu wenig frei bewegen. Viele Menschen
konnten kaum Deutsch; entsprechend hilflos war ihr Umgang mit
den Behörden. Die vielen Fragebogen lasteten wie ein Alpdruck auf
ihnen. So waren sie glücklich, daß wir uns vor allem des Papierkriegs
annahmen und sie auf die Ämter begleiteten. Daß sich überhaupt
jemand um sie kümmerte, war ihnen schon ein Trost. Abends hielt
ich in der Lagerkirche eine Andacht, und unsere Studenten sangen
mit ihnen. Wir spürten, wie sie ruhiger wurden.
Jeden Tag wurde die eine oder andere Familie »ausgeschleust«, um
in irgendeinem norddeutschen Ort angesiedelt und dem normalen
Leben wieder eingegliedert zu werden. Wenn wir abends auf den
Gängen der Kasernen ein Abendlied sangen, durfte sich jede Familie, die am nächsten Tag das Lager verlassen sollte, ein Lied wünschen. Das war fast immer »So nimm denn meine Hände«. Zuerst
gab es unter uns einige, die davor zurückzuckten. Dies Lied verletzte
gewissermaßen ihr liturgisches Stilgefühl. Doch dann sahen sie die
Ergriffenheit der Menschen, die nach dem Verlust von Heimat, Hab
und Gut und einem unsteten Flüchtlingsschicksal nun am Vorabend
einer Schicksalswende standen, sie sahen ihre Tränen – und siehe
da: Das gewann die Oberhand über jegliche Geschmacksfragen.
Jeden Nachmittag war ich etwa zwei Stunden mit meinen Leuten
beisammen, um mit ihnen über alles Elend zu sprechen, dessen
Zeuge sie tagsüber geworden waren, und sie bei der Lösung von
aufgetauchten Problemen zu beraten.
Dabei stellte sich auch die Frage, wie wir die Jugendlichen aus ihrer
Lähmung, Verkrampfung und zunehmenden Stupidität befreien
könnten. Wir entschlossen uns zu abendlichen Tanzvergnügen in
der Hoffnung, daß sie dadurch aufgelockert würden. Nach anfängli-
chen Hemmungen gelang das auch aufs schönste. Sie begannen
wieder zu lachen, aus sich heraus- und aufeinander zuzugehen. Für
die Kinder richteten wir ein tägliches Kasperle-Theater ein, für das
wir zunächst die Puppen herstellen mußten. Während der Omni-
busfahrten überlegten wir den Gang des vorzuführenden Dramas,
was uns großes Vergnügen machte. Bei diesen Spielen habe ich
sogar eine theologische Erfahrung gemacht:
Ich mußte immer den Teufel spielen. Die von mir geführte Puppe
hatte feuerrote Haare. Die Studenten nannten das, was ich mit

dieser Puppe trieb, »Thielicke-Ethik«. In der Tat hatte ich mir eine »moralische« Aufgabe vorgenommen. Ich erkundigte mich jeweils bei den Erwachsenen nach besonderen Untugenden der Kinder und erfuhr dabei mancherlei kleine Sünden: Sie wollten sich nicht waschen lassen, sie warfen die Bananenschalen einfach auf die Lagerstraße und dergleichen mehr. Um nun ein bißchen für Ordnung zu sorgen, tat ich etwas, das die erwachsenen Zuschauer zunächst schockierte: Ich stellte mich als Teufel vor und kündigte an, daß ich sie viele schlechte Dinge lehren würde. Schon wurde ich von den Kindern niedergeschrien. Mit dem Teufel wollten sie nichts zu tun haben. Dann riet ich ihnen, nur ja nicht ihre Füße zu waschen. Ich röche so gerne den Duft ungewaschener Kinder. Ich regte sie ferner an, die Bananenschalen möglichst auf die Straße zu werfen, weil ich so gerne das Quieken höre, wenn jemand darauf ausglitte. Die Kinder waren so empört über diese teuflischen Ratschläge, daß ich bei dem immer neu aufbrausenden Protestgeschrei kaum noch die eigene Stimme hörte. Ich war schließlich so heiser, daß ich mich behandeln lassen mußte.

In diesem Erlebnis steckt tatsächlich eine theologische Pointe: Zum biblischen Sündenfall konnte es nur deshalb kommen, weil die Schlange ihre teuflische Anonymität wahrte und der Eva so als eine seriöse Gesprächspartnerin erschien, die mit ihr über das Thema »Gott« reden wollte. Hätte die Schlange sich in ihrer satanischen Rolle zu *erkennen* gegeben, so wäre Eva zurückgezuckt und auf ihre bösen Anschläge sicherlich nicht eingegangen. Auf diese Zusammenhänge spekulierte ich, wenn ich mich als Teufel zunächst einmal offen zu erkennen gab und danach erst meine verruchten Ratschläge vom Stapel ließ. Ein Teufel, der seine Karten aufdeckt, löst sofort Protest und Widerstand aus. Deshalb waren meine pädagogischen Erfolge so verblüffend: Die Kinder ließen sich von nun an bereitwillig waschen, und der weggeworfene Unrat nahm sichtlich ab. Die Eltern flüsterten mir manchen augenzwinkernden Dank zu.

Jeden Abend erzählte ich meinen Studenten im Schlafsaal noch eine Geschichte, so wie man Kindern ein Betthupferle gibt. Die Studentinnen waren etwas neidisch, daß ihnen das versagt blieb. Wir ertappten sie hin und wieder, daß sie – vom Gelächter der Männer angelockt – an der Tür lauschten. Es war trotz allem Schweren eine herrliche und erfüllte Zeit. Selbst viele Jahre später hat mir mancher alte Wentorfer gestanden, daß dieser menschliche und geistliche Intensivkurs ihm etwas für sein Leben mitgegeben habe. Auch bei mir ist das so gewesen.

Da ich gerade von meinen Studenten erzähle, muß ich noch einen Ritus erwähnen, der sich alle drei Jahre wiederholte, wenn ich meine Vorlesung über Theologiegeschichte hielt. Das war mein liebstes Kolleg – ich glaube auch für meine Hörer –, weil es da nicht nur darum ging, große theologische und philosophische Konzeptionen nachzuzeichnen, sondern auch die Gestalten großer Denker plastisch darzustellen und zu vergegenwärtigen. Hierbei scheute ich auch drastische Illustrationsmittel nicht.

Ich hatte einen katholischen Pfarrer der Barockzeit ausgegraben, Michael von Jung, der ein schwäbisches Original von hohen Graden gewesen war. Er hielt keine Beerdigungspredigten, sondern sang jeweils am Grab Lieder zur Laute, in denen er vom Leben und Sterben des Dahingegangenen im Moritatenstil berichtete. Das Volk strömte von weither zu dieser wahrhaft ungewöhnlichen Form christlicher Verkündigung. Der Bischof wollte diese ihm stillos scheinenden Grabreden verhindern, der König aber war davon so angetan, daß er Jung einen hohen Orden verlieh, der mit dem Adelsprädikat verbunden war. Das wiederum beglückte den Pfarrer so ungemein, daß er am Sonntag darauf auf der Orgel einen Militärmarsch spielen ließ, nach dessen Takt durch die Kirche marschierte und genau im Marschrhythmus mit dem Weihwasserwedel die Gemeinde besprengte.

Eine Sammlung mit besonders ausgefallenen Moritatenliedern – über einen Jüngling, der sich zu Tode tanzte, über einen Mann, der sich beim Schweinediebstahl erhängte und viele andere – ist erhalten. (Ich habe sie später als Herder-Taschenbuch herausgegeben.) Immer wieder, wenn die Epoche von Barock und Aufklärung bei mir an der Reihe war, fand ich einen meiner Hörer, der sich als Michael von Jung verkleidete und in der Vorlesung einige dieser Lieder vortrug. Dazu waren jeweils die Garderobenfrauen und die Pedelle eingeladen, so daß es eine große Gaudi wurde. Vor allem die zeittypischen moralischen Nutzanwendungen blieben dabei in den Köpfen haften und wurden manchmal zum geflügelten Wort, das im Semester weiterschwang. So wurde der erbauliche Schluß jener Ballade, die vom Herzschlag bei übermäßigem Tanzen handelt, einmal zum Motto eines Fachschaftsballes:

> Es tanzen zwar die Weisen auch,
> Doch nur sich langsam drehend;
> Sie tanzen mit Vernunftgebrauch
> Und nur vorübergehend.

Große Reisen in den fünfziger Jahren

Gerade die ersten Eindrücke, die wir bei der Fahrt in ein fremdes
Land empfangen, sind in der Regel die stärksten und darum viel-
leicht die aufschlußreichsten. Die Gewohnheit hat den Blick für das
Alltägliche noch nicht abgestumpft. Darum möchte ich die erste
Begegnung mit den Vereinigten Staaten hervorheben, während ich
die vielen späteren Reisen nach Nord- und Südamerika und nach
Kanada nur sehr summarisch abhandle.

Die erste USA-Reise, Frühjahr 1956

Meine erste Einladung als Gastprofessor in die USA erhielt ich von
der Drew University in Madison, New Jersey. Amerika begann für
mich mit dem kleinen Umtrunk, den wir im Hafen von New York
mit den Freunden hielten, die zu uns an Bord der »Göttingen«
gekommen waren. Einer älteren Dame, mit der wir viele gemeinsame Stunden bei Sturm und Schnee, beim leckeren Mahl und beim
abendlichen Erzählen im Rauchsalon verbracht hatten, küßte ich
beim Abschied die Hand. Diese gute mütterliche Frau aus dem alten
Europa wirkte wie ein blasser Fleck inmitten der bunten Gesichter
und der noch bunteren Hüte, die alle den Freundinnen ihrer Alters-
klasse gehörten. Dieser Handkuß war ein kleines Signal: Die far-
benfrohen Freundinnen schauten mit einer Art belustiger Wehmut – das Fremd-Vertraute solcher Begegnungen nötigt zu Parado-
xen – auf dies kleine Zeremoniell der Alten Welt. Und eine von
ihnen rief mir mit jener schönen Spontaneität Amerikas, die dem
geordneten Äußerungsstil des Europäers so entzückend in die Quere
kommt: »Professor, kiss my hand too!«
Später lernte ich verstehen, daß diese harmlose Szene so etwas wie
ein exemplarischer Vorgang gewesen war. Der Stil der Improvisation, in dem der Amerikaner lebt, der ihn seiner Laune wenig
Zwang antun, ihn beim Essen formlos sein und nicht selten auch
beim Kirchengebet den Kaugummi im Mund behalten läßt, dieser
Stil trägt eine kleine Sehnsucht nach der legitimen Form in sich. Sie

324

zeigt sich etwa in der leicht ironisch getönten Verliebtheit (wieder ein Paradox!) in das Gepränge europäischer Fürstenhochzeiten, und vielleicht verrät sich das gleiche Motiv – neben anderen! – auf kirchlichem Gebiet in der wachsenden Tendenz zu liturgischen Formen. Der geschichtslose Mensch scheint gelegentlich zu frieren und sich nach der Bekleidung mit Historie zu sehnen. Gewiß: die Zukunft hat schon begonnen. Man sitzt in der Schnellbahn eines immer noch fröhlichen Fortschrittsglaubens auf einem Sitz in Fahrtrichtung. Aber gelegentlich nimmt man doch gegenüber Platz und blickt zurück in die durchmessene Landschaft. Der Mensch ist ein Wesen, das irgendwoher kommt.

Die Sehnsucht nach Geschichte sollte mir später noch öfter auffallen. Es war rührend, wie uns die Freunde die ehemaligen Schlachtfelder der Befreiungskriege zeigten, wie sie uns in den neugotischen Kirchen herumführten, auf die man als Europäer zunächst rein ästhetisch und eben damit falsch und ungerecht reagiert. In alledem manifestiert sich die Auseinandersetzung mit der Vergangenheit, das *Erraffen* von Vergangenheit. Alles ist machbar. Sollte nicht auch die Vergangenheit machbar sein? Dieser oft gewaltsame Akt der Vergegenwärtigung mag durch eine gewisse Sentimentalität bestimmt sein: Die Auswanderer möchten ein Stück England, ein Stück Deutschland in ihrer Mitte haben. Sie suchen in dieser Präsenz des Vaterlandes eben den »Vater«, suchen das eigene Herkommen, den Anschluß an das bleibend Gegenwärtige. Sie wissen, daß sie sich selber aus einer Vergangenheit übernehmen müssen.

Darum ist die Kategorie des Geschmacks, wenn sie zum ausschließlichen Maßstab wird, hier so unangemessen. Wir Theologen müßten vielleicht sagen: Man darf die neugotischen Dome nicht ästhetisch, sondern muß sie existential interpretieren. So kann man auch die Neugotik der Amerikaner nur lieben, wenn man die Amerikaner selber liebt.

Indem man nun sieht, wie die Menschen in einem relativ geschichtslosen Lande leben, indem man feststellt, daß es tatsächlich so etwas gibt wie eine Art »punktueller Existenz« im Augenblick, merkt man selber zweierlei: *erstens*, daß der Mensch auch *so* leben kann – obwohl sich der Character indelebilis (der unzerstörbare Charakter) des geschichtlichen Wesens in jenem schmerz- und liebevollen Angeln nach Historie immer wieder verrät. Und *zweitens*, welche Fracht an Geschichte, an gewachsenen Formen und Vorurteilen wir Abendländer mit uns herumschleppen. Das alles merken wir normalerweise nicht. Es steht uns zu nahe und ist gleichsam ein Stück von uns. Wir sind sozusagen mit Geschichte umkleidet und meinen, sie sei unsere Haut, sie sei ein Stück von uns selber. Erst wenn wir in den USA sind, wo Wohnungen und Mobiliar nur selten geerbt werden, wo in ständigem Wechsel ein- und ausgezogen und wieder veräußert wird, kommt einem zum Bewußtsein, daß der Mensch nicht an ein Gewordenes und von ihm Besessenes angewachsen ist, daß er vielmehr davon abgelöst werden kann und dann *trotzdem* noch etwas ist. Gerade in den reichen USA wurde mir klar, wie der Mensch in puris naturalibus ist. Und das, was wir Europäer zunächst leicht schockiert und dann so angenehm als die Unmittelbarkeit des Amerikaners empfinden, ist wohl mehr als eine bloße Umgangsform.

Auf einem Universitätscampus wie dem in Drew (oder auch sonst allenthalben in den USA) leben Studenten und Professoren gemeinsam. Seit meiner Studentenzeit hatte ich nicht mehr so eng mit Studenten zusammengelebt wie in diesen Wochen. Sie schauten in mein Fenster, und selbst wenn ich schon im Pyjama war, kam der eine oder andere noch herein, um zu diskutieren. Wohltuend war das Fehlen eines falschen Distanzgefühls, das so leicht in einen inhumanen Respekt übergeht, und doch erlebte ich nie so etwas wie plumpe Vertraulichkeit, immer nur eine oft rührende Zutraulichkeit. Die Differenzierung der Altersstufen und der Rangunterschied zwischen Lehrenden und Lernenden war durchaus und allen Berichten zum Trotz vorhanden, aber das alles wirkt sublimer als bei uns, nicht zerstörerisch, sondern eher wohltuend.

Immer neuen Stoff zum Nachdenken bot mir der nahezu vollständige Wegfall des Begrüßungs- und Abschiedszeremoniells. Nicht nur, daß die Hände nicht gedrückt werden, nein, auch das Hallo bei der Begrüßung wird nicht immer zugerufen. Häufig ist es so, daß man plötzlich und ohne jede Begrüßungspräambel miteinander im Gespräch ist. Und gerade, wenn es eine gute Unterhaltung war, ist man verwundert, ebenso plötzlich den anderen entschwinden zu sehen, ohne daß er Good-bye gesagt hat. Dies abrupte Zusammen- und Auseinander-Sein schockierte mich in der ersten Zeit, ich meinte, ich hätte irgend etwas falsch gemacht.

Sicherlich ist diese Weise der Begegnung mehr als eine bloß bedeutungslose Form. Wir Europäer legen alles, was wir für oder gegen den anderen empfinden, in unsere Begrüßungen und Abschiede hinein. Vielleicht war unser Gespräch unpersönlich und ohne erkennbare Kommunikation, dann holen wir das durch Blick und Händedruck beim Abschied nach. Oder wir machen das Umgekehrte: Wir bestätigen den Ausfall der Kommunikation durch einen steifen und frostigen Abschied. In den USA hingegen sind Begrüßung und Abschied in genormter Weise unbetont und indifferent. Solange man zusammen ist, herrscht Herzlichkeit, und man ist ganz für den anderen da; doch dann geht man vielleicht nicht einmal mit zur Tür.

Woran mag das liegen? Ich habe mit manchen klugen Amerikanern darüber gesprochen. Eine historische Erklärung war mir etwas zu einfach; sie besagte: In der Pionierzeit sei das Leben außerordentlich hart gewesen. Habe man sich damals getrennt, so sei es ungewiß gewesen, ob man sich je wiedersehen würde, darum habe man sich zu einem unsentimentalen Abschied gezwungen. Der andere ist einfach »fortgegangen«. Das gleiche konnte man in den USA auch bei einem Sterbefall beobachten; er wird gewissermaßen rücksichtsvoll übergangen und tabuiert. Man bedient sich auch hier der euphemistischen Umschreibung: »Er ist fortgegangen.«

Gerade diese Parallele zu Abschied und Tod drängt mich zu einer anderen Erklärung. Geistesgeschichtlich ist unschwer aufzuzeigen, daß der individuelle Tod um so unbetonter ist, je weniger sich die Individualität bereits durchgesetzt hat oder je mehr sie schon wieder geschwunden ist: Bevor im Germanentum die Individualität erwacht war, galt das Sterben als ein relativ gleichgültiger Akt. Der gefallene Held war im Heil und in der Ehre der Sippe aufgehoben. Und weil der Tod keine Individualität beendete, sondern sie im Überindividuellen aufgehen ließ, darum fehlte auch der Stachel, der den Glauben an eine persönliche Unsterblichkeit hervortrieb.

Und nun überlege ich mir: Könnte die Unbetontheit des Sterbens genauso wie die merkwürdige Begrüßungs- und Abschiedspraxis nicht mit einer allgemein spürbaren, in den USA nur besonders markant hervortretenden Nivellierungstendenz zusammenhängen, die die Individualität abgeschliffen hat? In Amerika – so haben mir nicht wenige gesagt, die ihr Land lieben – sei es gefährlich, »anders« zu sein. Man trägt eben erst von dem und dem Tage an weiße Schuhe und hört auch an dem und dem Tage damit auf. Wer sich, statt nach seinen Mitmenschen, unmittelbar nach der Sonne richtet und seine weißen Schuhe zum Gegenstand individueller Entschlüsse macht, fällt unangenehm auf.

Eines steht jedenfalls fest: In dem Maße, wie die Individualität verschwimmt, verliert die Begegnung von Individualitäten an spezifischem Gewicht. Je konkreter und einmaliger der andere ist, um so mehr wird die Begegnung mit ihm zum Ereignis. Je mehr er bloßer

Typus ist, um so leichter ist es, ihn auszutauschen und sich einem anderen zuzuwenden. Das Begrüßungszeremoniell zeigt an, daß in der Begegnung kein Ereignis stattfindet. Hallo Dick! Hallo Jack! Dick und Jack sind, pointiert gesprochen, zwei Ausprägungen derselben Gattung Mensch. Oh, es ist schön, daß das Wesen »Mensch« in so mancherlei Spielarten existiert und einem die gefürchtete Einsamkeit nimmt! – Natürlich gilt auch dies alles nur wieder sehr bedingt. Wie viele Amerikaner von höchster Originalität habe ich kennengelernt, wie manche zeigten eine scharfe, unverwechselbare Kontur ihres Wesens! Und andererseits: Wie viele wesenlose Schatten geistern im alten Europa herum! Das Leben ist voller Widersprüche. Indem man irgendein deutendes Wort formt, muß man es im nächsten Augenblick fast wieder zurücknehmen.

Erstaunlich war, in welchem Maße die *Psychoanalyse* zur säkularen Religion und gleichzeitig zum Unterhaltungsstoff bei Parties geworden ist. Auch die kirchliche Seelsorge begnügt sich weithin nicht nur damit, mit Psychotherapeuten zusammenzuarbeiten und die Geistlichen psychologisch zu schulen, sondern sie läßt selbst in die Predigten psychoanalytische Themen einsickern, und es kann vorkommen, daß eine Predigt geradezu das Thema »Heilung vom Minderwertigkeitskomplex« hat.

Neal, der junge lutherische Pfarrer in New York, erzählte mir, in seiner Gemeinde gebe es viele junge Menschen, die die City noch nie verlassen hätten. Sie wüßten überhaupt nicht, wie eine Landschaft aussieht, kennten praktisch keine Wiesen, Bäume und Wälder. Die Kulisse ihres Lebens seien die flirrenden Lichtreklamen ihres engeren Stadtviertels. Und obwohl sie in einer Weltstadt lebten, hätten sie einen unvorstellbar engen Horizont. In der Stadt New York York mit ihren Wolkenkratzern und sagenhaften Brücken- und Tunnelbauten, mit ihrer verwirrenden menschlichen Vielfalt, ihren Neger-, Chinesen- und Judenvierteln, in dieser Stadt, die auf mich so faszinierend wirkt, berühren sich Asphalt und Urwelt – wie in den USA überhaupt.

Dafür möchte ich ein Beispiel anführen. Im Kino sahen wir einen Western. Ich hatte als Publikum vor allem Halbwüchsige erwartet, wie man sie bei solchen Filmen in Deutschland sehen kann. Dem war aber keineswegs so. Es waren alle Altersstufen und wohl auch alle Berufe vertreten. Gerade das starke Kontingent von »Seriösen« erstaunte mich. Natürlich gab es darüber gleich wieder eine Debatte. Ein junger schweizerischer Professor, Markus Barth, der schon einige Jahre im Lande lebte, vertrat die Meinung, die Amerikaner seien ein junges Volk, und sie hätten das, was sie die »Sehnsucht nach der Geschichte« nennen. Diese Sehnsucht wolle aber noch mehr als Geschichte, sie wolle auch Mythos. Da den Amerikanern hierfür keine vorgeschichtlichen Perioden zur Verfügung stünden, erhöben sie die Pionierzeit zu mythischem Rang. »Sie werden«, meinte er, »immer die gleichen mythischen Grundfiguren in den Western beobachten können. Da ist der Vertreter des guten Prinzips, der irgendwo von einem bösen Widerspieler bedroht ist. Diesen Bösen gilt es, möglichst frühzeitig zu erkennen. Und dann muß man mit ihm kämpfen.« Die Geschichte geht auch immer gleich gut aus. Der Gute – und wenn man die mythische Botschaft direkt formuliert: »das« Gute – siegt. »Die Struktur des Mythos«, fuhr er fort, »zeigt sich auch darin, daß man die Kategorie der Gleichzeitigkeit beobachten kann. Was sich in diesen Filmen abspielt, wird nicht als ein Stück Vergangenheit erlebt, sondern der Zuschauer identifiziert sich damit. Er selber wächst in die Rolle des Guten hinein: *Sein* Leben ist von jenem Widerspieler bedroht, er selber vernimmt nun den Imperativ, kämpferisch auf den Plan des Lebens zu treten, und zugleich die Verheißung, daß er als Anwalt des Guten letzten Endes triumphieren wird.«

Professor Barth statuierte gleich noch ein zweites Exempel: »Genau denselben mythischen Vorgang können Sie in bestimmten Fällen beobachten, die wir Gebildeten zunächst als Kitsch empfinden, zum Beispiel bei dem Presserummel um die Hochzeit des Monaco-Prinzen Rainier mit seiner Grace. Von den Berichten sind ja wohl die Nähte nahezu aller Zeitungsspalten fast geplatzt, keineswegs nur in den USA, hier aber ganz besonders. Eine hiesige Zeitung hat nun eine interessante Leserumfrage gestartet, die sich danach erkundigte, ob die Redaktion weiterhin alle Lappalien über Grace' Lieblingshund, über die Spitzen ihres Nachthemds und die Geheimnisse ihres Make-up bringen solle. Die ziemlich einhellige Antwort darauf referiere ich am besten mit der Antwort eines jungen Mädchens: ›Fahren Sie fort, uns alle Einzelheiten genau mitzuteilen. Wir können uns dann besser in Grace hineinversetzen und wissen, was wir in der gleichen Situation zu tun hätten.‹ In der gleichen Situation! Das ist es. Hier sind wiederum die mythischen Urfiguren sichtbar: daß man zu jenen Vorgängen in das Verhältnis der Gleichzeitigkeit tritt und daß man sich mit den maßgebenden Figuren identifiziert. Man wird ein bißchen barmherziger mit den Leuten«, so schloß er, »wenn man dies Stückchen Urwelt plötzlich dort auftauchen sieht, wo die Optik des bloß Ästhetischen nur Kitsch zu sehen meint. Natürlich ist es in diesem Fall Kitsch. Aber dieser Begriff umgreift nicht das Ganze dessen, was hier zur Erscheinung drängt.«

Einen deprimierenden Eindruck machten immer wieder *die alten Menschen* auf mich. Ich sehe noch die große Halle eines Hotels an der Küste vor mir. Da saßen die alten Ladies mit ihren nicht nur geschminkten, sondern geradezu gespachtelten Faltengesichtern, sie erschienen mir wie Masken, verzehrt von Langeweile. Sie starrten vor sich hin oder schauten blicklos durch die Spalten der Sonnenrollos auf eine Straße, wo sich nichts ereignete, oder sie saßen stundenlang vor dem Fernsehapparat. Einige legten Patiencen. Oder die alten Leute, mit denen ich einige Tage in einem Haus zusammenlebte: Keiner las Bücher, höchstens mal ein Magazin. Und immer wieder dies blicklose Starren. Immer wieder auch die Television als verzweifelter Schutz gegen das Ertrinken in Langeweile. Die Freunde bestätigten mir diesen Eindruck.

Woher mag dieses verzweifelte Altern kommen? Sicherlich liegt es nicht zuletzt daran, daß die ausschließliche Fortbewegung im Auto eine wirkliche Korrespondenz mit der Landschaft ersterben läßt. Man kann sich die Natur wohl erwandern, aber nicht erfahren. Als Moltke nach Beendigung seines aktiven Dienstes gefragt wurde, was ihm, dem immer Tätigen, denn nun noch zu tun übrigbliebe, antwortete er: einen Baum wachsen zu sehen. Ob es viele alte Amerikaner gibt, die so antworten könnten? (Natürlich wäre die Frage ebenso an viele alte Europäer zu richten.)

Das ausschließlich von außen gesteuerte Leben drängt zu einer Scheinlebendigkeit, die ihren Pseudocharakter enthüllen muß, wenn der Kontakt mit der Außenwelt schwächer wird, wenn die Empfänglichkeit für Eindrücke abnimmt und man ein eigenes Leben haben müßte. Die freundlichen Umgangsformen in Amerika verhüllen nur schlecht, daß die alten Menschen nicht selten als Ballast empfunden werden. »Aber wir haben auch nicht solche alten Menschen wie in Europa«, sagte mir eine kluge Frau, mit der ich darüber sprach und die aus der Erinnerung heraus die Alte Welt vielleicht allzusehr idealisierte. »So etwas wie Abklärung des Alters gehört hier eher zur Ausnahme.« Daneben zeigt das Problem des Alterns wohl auch eine soziologische Seite: Der jugendliche Mensch wird vergöttert. Nach dem Verlust der Jugend ist das Leben ein Abstieg, vor dem man sich fürchtet. Darum bejaht man das Älterwerden im Grunde nicht, sondern man konserviert die Jugend.

Eines Tages empfing ich eine wunderbare Lektion in Sachen *Demokratie*. Auf dem Campus führte mich ein Student zum Mittagessen in das Refectory. Dabei überquerten wir, weil die Gerade die kürzeste Verbindung zwischen zwei Punkten ist, den Rasen. Ich machte meinen Begleiter darauf aufmerksam, daß man so etwas bei uns zu Hause nicht tun dürfe, sondern die dafür bestimmten Wege zu benutzen habe. Dabei hatte ich ein etwas pharisäisches Gefühl der Überlegenheit, wie es »ordentliche« Menschen gegenüber »unordentlichen« haben. Der Student fragte: »Ja, wie entstehen denn solche Wege bei euch?« Ohne zu wissen, worauf er mit dieser seltsamen Frage hinauswollte, sagte ich ihm wahrheitsgemäß: »Sie werden vom Architekten eingeplant. Natürlich macht er sich dabei schon seine Gedanken, wo die Wege zweckmäßig zu verlaufen haben.« Darauf er: »Das ist bei uns anders. Entweder man läuft nur zufällig mal über den Rasen. Dann macht es ihm nichts. Oder aber die Leute laufen immer wieder an derselben Stelle rüber. Dann gibt es einen Trampelpfad, und der Rasen ist hin. Dann baut man den Trampelpfad möglichst zu einem regulären Weg aus, weil die Leute eben dort rübergehen wollen.«

Nachdenkenswert ist die Beziehung des Amerikaners zur *Autorität*. In der kleinen Universitätsstadt gastierte ein berühmter Studentenchor. Der Dirigent beherrschte die Veranstaltung – nicht nur, wie er den Chor leitete, sondern auch wie er den ganzen Abend gestaltete und wie er die verbindenden Worte sprach. Er war die tragende und bewegende Kraft. Er hatte Autorität.
Am nächsten Tag sah ich ihn im Refectory, wie er den anderen völlig gleichgeordnet in der Schlange der Wartenden stand, um sein Essen zu holen. Dann suchte er sich mühsam, weil er zuletzt gekommen war, einen Platz, den er schließlich inmitten seiner Mannschaft fand. Sie waren eher da gewesen als er, hatten schon Platz genommen und mit ihrer Mahlzeit begonnen. Man nahm nicht *mehr* Notiz von ihm als von jedem anderen Kameraden. Das gleiche Phänomen zeigte sich einige Tage später im Konzertsaal, als Mozart gespielt und gesungen wurde. Die junge, aber schon recht bekannte Sängerin kam nach ihren Liedvorträgen vom Podium herunter und setzte sich in ihrer Solistengarderobe unter das »Volk« zu ihrer Familie. Indem sie im Parkett Platz nahm, hörte sie sofort auf, solistisch ausgezeichnet zu sein, sie war ebenfalls Publikum, und wir waren wohl die einzigen, die verstohlen zu ihr hinüberlinsten. Ich konnte durchaus Vergleiche mit unseren Verhältnissen ziehen, weil

ich einmal in Bonn erlebt hatte, wie Elly Ney vom Podium heruntergekommen war, um den letzten Teil des Konzerts vom Parkett aus mit zu erleben: Das war eine Unruhe, ein heimliches Lugen, Tuscheln und Bewundern! Es war wirklich ganz anders in dieser kleinen amerikanischen Stadt:

Das Auszeichnende ist ausschließlich die *Funktion* – in diesem Fall das Singen und das Dirigieren –, nicht aber oder jedenfalls nicht im gleichen Maß der *Mensch*, der die Funktion ausübt. Man scheint geradezu ängstlich darüber zu wachen, daß sich die hervorhebende »solistische« Funktion nicht auszeichnend auf den Menschen selber überträgt. Im Gegenteil, man beweist ihm nach Ausübung seiner Funktion durch betonte Indifferenz oder durch burschikose Unmittelbarkeit, daß seine Rolle nun ausgespielt und daß er in die Front der allgemeinen Gleichheit zurückgekehrt ist. Die Funktion wird nicht zu einem Würdeprädikat des ausübenden Menschen, sondern hat lediglich die Bedeutung des Dienstes innerhalb der Gemeinschaft. Die Gemeinschaft läßt sich diesen Dienst gefallen, ja, sie nimmt ihn als selbstverständlich hin. Indem die Funktion der Gemeinschaft zugute kommt, zeichnet sie diese, aber nicht den Träger der Funktion, zum Beispiel den Künstler, aus. So wird auch die Person nicht durch ihre Funktion bestimmt. Es findet eine ungleich strengere Scheidung statt zwischen dem, was ein Mensch ist, und dem, was er tut.

Aus alledem erwächst ein besonderes Gemeinschaftsgefühl, das man sofort spürt. Aber es ist nicht eine Gemeinschaft in unserem Sinne. Ihr fehlt, wenn man das in dieser Allgemeinheit sagen darf, nicht selten die Tiefe. Das äußert sich in den immer wiederholten Routineworten der Umgangssprache: Wie geht es Ihnen? Sagen Sie mir, wenn ich etwas für Sie tun kann! Besuchen Sie mich! Ich bin sehr erfreut, Ihnen zu begegnen. Und welcher phonetischen Abwandlungen, welcher girrenden Wunder ist das Wort »very« dabei fähig! Gemeinschaft ist ein höchst dialektisches Zueinander, sie ist voller Spannungen zwischen den Individualitäten und überwindet sie zugleich auf den anderen hin. Da diese Spannung aber im Maße der allgemeinen Nivellierung ebenfalls abnimmt, kommt es – wiederum im Extrem – leicht zu einem vordergründigen Kommunikationsgeplätscher.

Das hat dann seine positiven und seine negativen Seiten. Man ist immer sofort dabei und mitten drin. Die Menschen reden einen an, zum Beispiel die Banknachbarn in der Kirche oder die Studenten in der Mensa. Man ist rührend hilfsbereit und aufgeschlossen für

seinen Nächsten. Aber man meint ihn wohl weniger als Person; er könnte jederzeit mit einem anderen ausgewechselt werden, zu dem man dann genauso nett wäre. Er ist ein Menschpartikel, der auf dem Fließband des täglichen Verkehrs an einem vorüberzieht und von anderen Partikeln derselben Spezies sofort abgelöst wird. Das Negative ist damit schon angedeutet: Die Kommunikation bleibt häufig vordergründig. Es ist nicht leicht, mit dem berühmten Jedermann auf etwas Wesentliches zu sprechen zu kommen und das Routineschema der üblichen Konversation zu durchbrechen. Mit einem schwäbischen Tankwart kann man gelegentlich philosophieren. Ob er aber mit der gleichen Selbstverständlichkeit wie sein amerikanischer Kollege die Scheiben blank poliert, ist nicht ganz so sicher.
Uns fehlt diese allgemeine Aufgeschlossenheit, die gerade dem Neuling das Leben in den USA so angenehm macht. Entweder besteht eine tiefere Kommunikation in Form von Freundschaft oder Kameradschaft, oder es gibt gar keine, und dann entsteht nicht selten sogar Abwehr. Darum rücken die Freunde in der Mensa zusammen, darum gibt es die sich abschirmenden studentischen Gemeinschaften und die exklusiven Zirkel der Gesellschaft, während in den USA jeder an jeden heranrückt und ihm so lange aufgeschlossen gegenübersteht, bis er sich als »fieser Kerl« entpuppt hat. Diese Bereitschaft zum Vertrauensvorschuß hat mich stark beeindruckt.
Goethe hat einmal gesagt, daß man nur das verstehen kann, was man liebt. In diesem Sinne müßte ich einiges von den Amerikanern verstanden haben. Doch man liebt wohl nicht recht – jedenfalls nicht als Christ –, wenn einen die Liebe blind macht. Wirkliches Lieben macht hellwach und darum auch kritisch. Diese Liebe distanziert dann aber nicht, sondern sie liebt die Fehler mit. Ich habe die Amerikaner gern, so wie sie sind.

Heiteres und Ernstes in Schottland

Mitte der fünfziger Jahre verlieh mir die Universität Glasgow ihr Ehrendoktorat. So brach ich denn nach Schottland auf, um den feierlichen Aktus mitzuerleben, in dem mir mit einigen anderen zusammen diese Würde zugesprochen werden sollte. Es war die Zeit, in der ich noch kaum ein Wort Englisch sprach. Entsprechend zaghaft sah ich mit einem versiegelten Mund dieser Zeremonie entgegen, denn immerhin hatte ich Lebenserfahrung genug, um zu wissen, daß mit dem Grad der Feierlichkeit auch die Möglichkeit der Blamage wächst und daß der Fluch der Lächerlichkeit dann nahe ist. Und genau dieses Gesetz sollte sich an mir vollstrecken, wenn auch in gedämpfter Form und vielleicht mehr in *meinen* Augen als in denen der Zuschauer. Jedenfalls fielen mir die Sünden der Jugend in Gestalt meiner Fremdsprachenversäumnisse ziemlich schwer auf die Seele.

Die Universität hatte mir mitgeteilt, daß ein Empfangskomitee mich auf dem Flugplatz erwarten und in das Haus des theologischen Dekans geleiten werde, dessen Gast ich während der Glasgow-Tage sein sollte. Als ich auf dem kleinen Flugplatz landete, war aber niemand da. Ich nahm an, daß man sich verspätet habe und wanderte auf dem knarrenden Holzfußboden an den Schaltern vorbei auf und ab, auf und ab, fast zwei Stunden lang und mit immer mehr schwindender Hoffnung. Den Stewardessen hinter ihren Schaltertischen fiel mein einsames Wandern natürlich auf, und mir entging auch nicht, daß sie manchmal erstaunt zu mir herübersahen und miteinander flüsterten. Ich hätte sie ja fragen können, doch genierte ich mich, meine Sprachignoranz zu offenbaren. Als ich mir schließlich nicht mehr zu helfen wußte, trat ich vor ein großes Bild der englischen Königin in ihrem Kronschmuck, rang die Hände und sagte laut: »Elizabeth, du kannst mir auch nicht helfen!« Das wirkte wie ein Signal, auf das hin zwei Stewardessen zu mir hinstürzten: »Can we help you?« Nun zog ich einfach das feierliche Einladungsschreiben der Universität hervor und ließ es die Damen lesen. Ihre Mienen zeigten auch nicht die geringste spöttische Anwandlung, im Gegenteil: sie überschlugen sich in ihrer Hilfsbereitschaft, telefonierten mit der Universität, bestellten mir ein Riesentaxi und schickten mich damit – ohne daß ich englisches Geld bei mir gehabt hätte, so daß ich neue Komplikationen erwartete – unter freundlichem Abschiedswinken auf eine riesenlange Fahrt.

Als ich bei meinem Gastgeber, dem Dekan Henderson, ankam, war ihm die Sorge über mein rätselhaftes Ausbleiben noch deutlich anzumerken. Dann klärte sich alles schnell auf, und ich konnte wieder einmal feststellen, daß ich merkwürdige Schicksalsverkettungen förmlich anziehe. Bisher hatte der Flugweg von Hamburg nach Glasgow über London geführt. Meine Maschine hatte als eine der ersten Glasgow direkt angeflogen und war auf einem anderen Flughafen gelandet. Das wußten die Herren noch nicht, und so hatten sie mich an der falschen Stelle erwartet.

Der Verleihungsakt für uns neu designierte Doktoren verlief überaus feierlich. Die Aula war erfüllt von personalem Glanz: Bischöfe und hohe Richter mit ihren Ketten und in farbigen Talaren, dazu der Lehrkörper in seiner traditionellen Tracht. Die drei zu Promovierenden wurden einzeln aufgerufen und mußten auf einem dem Publikum zugewandten Podest die Laudatio über sich ergehen lassen. Dann knieten wir nieder, um von dem unerhört würdig aussehenden Kanzler den Ritterschlag in Gestalt des Doctor-hood zu empfangen.

Nachdem mein Name aufgerufen worden war, stand ich also in meinem feuerroten Glasgow-Talar mutterseelenallein auf meinem erhöhten Podest und sah in all den Glanz vor mir. Kurz vorher hatte mir der Dekan noch zugeflüstert, es sei üblich, daß in jeder Laudatio zwei Witze vorkämen. Wenn ich sie nicht verstände, mache das gar nichts; ich brauchte nur einfach mitzulachen, wenn die anderen lachten. So stand ich da und verstand nichts. Plötzlich lachte das Publikum schallend; einige schlugen sich sogar auf die Knie. Das brachte mich in äußerste Verlegenheit. Hatte mein Laudator vielleicht etwas Ironisches über Schotten, Engländer oder Deutsche gesagt? Dann durfte ich nur »vielsagend« mitlächeln. Wenn er aber seine pflichtgemäße Rühmung meiner armen Person nun in eine witzige Form gekleidet hatte und die Versammlung ihm belustigt zustimmte und sogar applaudierte, dann durfte ich meinerseits ja auf keinen Fall ebenso beifällig mitlachen, sondern mußte eher um ein bescheiden abwehrendes Lächeln bemüht sein. Diese Nuancen konnte ich mimisch aber nur dann treffen, wenn ich *verstand*, was der Dekan gesagt hatte. Doch das tat ich eben nicht! So war ich in nervöser Verlegenheit und konnte mir nicht anders helfen, als daß ich mich um eine möglichst neutrale und allgemeine Lachgrimasse bemühte, die man so oder so deuten konnte. Das Niederknien zum »Ritterschlag« war für mich dann ein wahrhaft erlösendes Finale dieser Angstpartie.

Der festliche Tag schloß mit einem Ball, bei dem die Studenten in ihren Landestrachten wilde und zum Teil virtuose Schottentänze zeigten und wir alle in unseren Ornaten das Tanzbein schwangen. Niemals vorher und nachher habe ich ein Fest von so farbenfroher Bewegtheit erlebt. Die Schotten haben eine wunderbare Art, Talare, Ornate und Roben ihrer Feierlichkeit zu entkleiden, ihnen alles statuarisch Gespreizte zu nehmen und sie in die Spannweite ihres Lebens einzufügen.

Späterhin, als es mit meinem Englisch ein bißchen besser ging, war ich noch mehrfach zu Vorträgen und Predigten in Schottland. Die eindrücklichste dieser Reisen fand 1965 statt, als mich die Stadt Edinburgh einlud, ihr großes alljährliches Opern-, Konzert- und Theater-Festival mit einem Gottesdienst in der herrlichen St. Giles-Kathedrale zu eröffnen. Ich füge dieses spätere Schottland-Erlebnis am besten hier gleich ein. Auch da kam es schon beim Hinflug zu einer Episode besonderer Art: Bei der Landung, noch im Flugzeug, trat eine ältere Dame auf mich zu und fragte: »Verzeihen Sie: Sind Sie vielleicht der Kritiker Friedrich Luft?« Nach meiner verneinenden Antwort entschuldigte sie sich. Das wehrte ich aber höflich ab: »Sie brauchen sich nicht zu entschuldigen, gnädige Frau. Es war mir eine Ehre, für Sie ›Luft‹ zu sein!« – Als ich mich später nach meiner Predigt der klerikalen Gewänder entledigte, stürzte eben diese Dame plötzlich in die Sakristei: »Wie töricht war ich! Ich kenne Sie doch von der Michel-Kanzel, habe Sie aber noch nie in Zivil gesehen und hatte nur das Gefühl: ›Den Herrn kennst du doch!‹«.

Bevor der Gottesdienst begann, rückten unter den Klängen der »Meistersinger«-Ouvertüre in einem fast unübersehbaren Zug die Stände Schottlands in ihren Trachten, mit Fahnen und allerhand Szeptern in die Kirche. Ich mußte dabei mit dem Hofprediger der Kathedrale vor der Pforte stehen; wir hatten uns vor jeder Gruppe leicht zu verneigen. Auch das verlief wieder – wie stets in Schottland – ohne alle Steifheit. Hin und wieder bemerkte ich sogar das leicht belustigte, vielleicht selbstironische Blinzeln eines Fahnen- oder Würdenträgers, das zu sagen schien: Sind wir nicht prächtig und schön?

Schlag drei Uhr setzte dann, nachdem die Königshymne verklungen war, der eigentliche und strenge Gottesdienst ein, der einen trotz der berückenden Farbenpracht und der manchmal betörenden Klänge ganz auf das Zentrum hin bewegte. Ich hatte inmitten dieses Glanzes wegen meines kümmerlichen Englisch begreiflicherweise erhöhten Puls. Doch ging es dann ganz gut, auch wenn eine Zeitung mit Recht schrieb: »Der ältere (elderly) Prediger hatte einige Probleme (troubles) mit der englischen Sprache.«

Alles, was um meine eigentliche Aufgabe sonst noch herum gerankt war, ließ uns die Reise ebenfalls genießen. Wir waren Gäste des Lord-Provost von Edinburgh und verfügten über einen riesigen Daimler mit Fahrer und Begleiter, so daß wir beweglich waren und alles in uns aufnahmen, womit Landschaft und Geschichte uns an Eindrücken überschütteten. Das größte Erlebnis aber war in der Usher Hall ein Abend mit dem Moskauer Radio-Orchester und dem jungen Pianisten Nikolai Petrow. Nach der Symphonie Nr. 5 von

Schostakowitsch schwoll der Beifall ins Orkanartige. Obwohl die Künstler immer wieder herausgerufen wurden, schienen sie auf eine Zugabe nicht vorbereitet zu sein, so daß sie etwas hilflose Kapitulationsgesten machten. Schließlich, als angesichts des immer neu aufbrandenden Beifalls irgend etwas geschehen mußte, setzte sich der Pianist noch einmal an den Flügel, sagte: »Bach-Choral« und spielte dann aus der Matthäus-Passion den Choral: »Bin ich gleich von dir gewichen, stell' ich mich doch wieder ein.« Wir waren bewegt und ergriffen davon, was das von *diesem* Künstler im Rahmen *dieses* Orchesters bedeutete. Mich hat dieser Eindruck bis heute nicht verlassen. Vielleicht waren wir Deutschen davon stärker angerührt als die Schotten.

Schiffsreise nach Fernost, 1958

Für ein Freisemester 1958 hatte mich die Hamburg-Amerika-Linie zu einer Ostasienreise auf ihrem schönen Schiff »Braunschweig« eingeladen. Diese Fahrt führte mich über Penang (Malaya), Hongkong, die beiden chinesischen Häfen Shanghai und Hsingkang vor allem nach Japan, wo ich die Fahrt bis zur Rückkehr des Schiffes unterbrach, in Tokio eine Vorlesung hielt und in Kyoto lange Gespräche mit dem Lehrkörper der Universitäten und vor allem mit einem großen Zen-Meister führte. Auf der Rückreise besuchte ich noch die Philippinen und Colombo. An vielen Orten versammelten die deutschen diplomatischen Vertretungen größere Gesellschaften, zu denen ich sprach und durch die mir wichtige Informationen über Land und Leute zuteil wurden. In Shanghai, wo wir dreizehn Tage im Hafen lagen, konnte die Besatzung jeden Tag Landbesuche machen, ich hingegen durfte das Schiff nicht verlassen. Verschiedene Indizien deuteten darauf hin, daß man politisch ungünstige Auskünfte über meine Person erhalten hatte. Immerhin durfte ich wenigstens an Bord Besucher aus Shanghai empfangen, auch wenn sie von der Hafenpolizei unglaublich kontrolliert und durchsucht wurden. Sogar Mozart- und Beethoven-Schallplatten ließ man sich in Stichproben vorspielen, um sich zu überzeugen, daß sie keine geheimen Mitteilungen enthielten.
Ich begnüge mich jetzt mit zwei Erlebnissen aus dem *japanischen* Reiseabschnitt, weil sie vielleicht die Note des Besonderen haben. Japan hat sich zwar weitgehend aus seinen buddhistischen Traditionen emanzipiert und ist bestimmt durch den Säkularismus aller

Industriegesellschaften, doch hat es durch sorgfältige Hütung des tradierten Zeremoniells *indirekt* gewisse religiöse Gehalte seiner Überlieferung bewahrt. So verrät sich etwa die Achtung vor dem Du des anderen und damit die einst religiös fundierte Anthropologie in den Formen japanischer Höflichkeit. Einen exemplarischen Fall dieser mitmenschlichen Rücksichtnahme, die im Zeremoniell der Höflichkeit ritualisiert ist, habe ich selber erlebt:

Als Assistent und Begleiter war mir ein theoretischer Physiker der Universität, Tadasu Suzuki, beigegeben worden, der mein erstes in Japan erschienenes Buch – das über den Nihilismus – übersetzt hatte. Er folgte mir nun auf allen Wegen treulich wie ein Schatten. Da ich mich in fremden Städten schlecht orientieren kann und zudem die japanischen Bezeichnungen nicht lesen konnte, war ich für seine ständige Gegenwart sehr dankbar, zumal er ein anregender Gesprächspartner war.

Als mich nun die Professorenschaft von Kyoto zu einem Gesprächsabend einlud, teilte er mir verzweifelt mit, in Kyoto könnte er mich nicht mehr begleiten, weil er seine Vorlesungen nicht ausfallen lassen dürfe. Er würde mich zwar noch mit der Bahn nach Kyoto bringen, müsse dann aber schon eine Stunde später mit dem nächsten Zug nach Tokio zurückfahren. Ein deutsch sprechender Kollege in Kyoto namens Ito habe ihm jedoch fest versprochen, daß er dort seine Funktionen übernehmen und mir beistehen werde. Immer wieder versicherte er mir auf der Fahrt aufs neue, daß nur höhere Gewalt ihn hinderte, sein Amt bei mir weiter wahrzunehmen. Sich tief verneigend, bat er jedesmal um Verzeihung.

Auf dem Bahnsteig von Kyoto erwarteten uns außer meinem neuen Helfer, Professor Ito, noch einige andere Herren, darunter der mir von früher bekannte Ostasienmissionar Theodor Jäckel, der fließend Japanisch sprach. Da Freund Suzuki kurz darauf zurückkehren mußte, blieben wir bis zu seiner Abfahrt plaudernd auf dem Bahnsteig stehen, während immerfort Züge ankamen und abfuhren. Dabei bezauberten mich die vielen Begrüßungs- und Abschiedsszenen mit den unzähligen Verbeugungen, in deren Tiefe und Zahl sich offenbar niemand von seinem Partner übertreffen lassen wollte. Plötzlich fragte Tadasu Suzuki, ob ich ihm nicht doch gestatte, bis morgen noch bei mir in Kyoto bleiben zu dürfen. Er habe es sich anders überlegt, und es sei für ihn überaus reizvoll, in unserer Gesellschaft zu verweilen.

Obwohl ich das kaum begreifen konnte und ihm versicherte, ich wolle auf keinen Fall ein Hinderungsgrund für seine Pflichten in

Tokio sein, gab ich natürlich meiner Freude über sein Verbleiben Ausdruck. Auf dem Weg ins Hotel erzählte ich dann Jäckel, wie unbegreiflich mir Suzukis Verhalten erscheine, da er immer wieder sein schmerzliches Bedauern geäußert hätte, daß und warum er sofort nach Tokio zurückfahren *müßte*. »Das ist ganz einfach zu erklären«, antwortete er. »Gerade als der Zug abfuhr (ich hatte nicht bemerkt, daß es *sein* Zug war!), erzähltest du eine Anekdote. Da war er zu höflich, dich zu unterbrechen. So hat er den Zug versäumt.«

Das zweite Erlebnis, das in meinen Erinnerungen an diese Reise einen besonderen Platz einnimmt, ist das *Religionsgespräch mit einem Zen-Buddhisten*, zu dem mich meine Crew begleitete. Es fand äußerlich unter etwas dramatischen Umständen statt, weil der Taifun »Grace« sich Kyoto näherte. Der Rundfunk begann am Nachmittag ernste Musik zu spielen und brachte immer wieder Meldungen über die Verwüstungen, die der gefürchtete Wirbelsturm auf seinem Weg anrichtete. Gegen Abend wurden dann die Einwohner gebeten, die Geschäfte zu verlassen und ihre Häuser zu sichern. Das Unwetter, das kurz darauf über uns hereinbrach, ist mir unvergeßlich. Unser Gespräch fand am Vormittag dieses Taifun-Tages statt, als er sich schon mit Stürmen ankündigte.

Ein großer – vielleicht der größte – Meister und Erforscher des Zen-Buddhismus lud mich in seinen Tempel zu einem Gespräch ein. Er hieß S. Hisamatsu, als Autor bediente er sich des Pseudonyms Hoseki. Drei japanische Professoren, Theodor Jäckel und mein schweizerischer Gastgeber begleiteten mich. Professor Ito übernahm die Aufgabe des Dolmetschers. Ich habe unsere Begegnung gleich danach protokolliert und bringe hier einen stark gekürzten Auszug aus meinen Aufzeichnungen.

»Der wilde Regen hat glücklicherweise für kurze Zeit nachgelassen, als wir das weitläufige Tempelgelände betreten und durch mehrere Höfe, überdachte Gänge und schließlich durch einen mit dichtem Gebüsch bewachsenen Garten über gepflegte Moosteppiche zu der kleinen, überaus abgeschiedenen Residenz des Zen-Meisters gelangen. Ob dieser Garten hier den Sinn einer botanischen Waberlohe hat, die abschirmen und die Kontemplation des Meisters behüten soll? Daß ich das Bild der Waberlohe gebrauche, mag auch daran liegen, daß die Vorhut des Taifunsturms schon in das Gebüsch fährt, es auseinanderbiegt und zusammenschlägt und es gleichsam ›züngeln‹ läßt.

Eine Frau steht wartend auf der kleinen Terrasse. Wir werden ihr auch später nicht vorgestellt, so daß ich sie für einen dienstbaren Geist halte. Doch einer der Kollegen erzählt mir nachträglich, daß es die Gattin des Meisters gewesen sei. Als wir dichter an die Terrasse herangekommen sind, fällt sie nieder und verneigt sich, sooft einer von uns vorübergeht, bis zur Erde. Dann läßt sie uns in einem sehr schlichten, schönen Raum – der wiederum kein einziges Möbelstück enthält – auf geflochtenen Matten im Kreise Platz nehmen. Bäume und Buschwerk schmiegen sich dicht an das Haus, so daß wir zuerst, solange die Wände noch aufgezogen sind, auf einer kleinen Lichtung zu sitzen meinen. Der Sturm bewegt die Bambusrollos, die die Grenzen des Raumes andeuten. Sicherlich würden wir bei dieser Windstärke hier kaum sitzen können, wenn das dichte Gebüsch uns nicht schützte.

Kaum hocken wir auf dem Boden, tritt der Hausherr ein, und es beginnt ein überaus feierliches und umständliches Begrüßungszeremoniell. Meine Begleiter verneigen sich mit besonderer Ehrfurcht, also besonders tief und oft vor dem Meister. Er selber in seiner großen Bescheidenheit – sie ist sicherlich nicht *nur* Form, sondern auch Ausdruck seines Wesens – scheint die Ehrfurcht dadurch abzuweisen, daß er sich seinerseits noch tiefer verbeugt und sich wiederholt zum Boden niederwirft. Es ist merkwürdig: Sonst haben mich diese wechselseitig erwiesenen Reverenzen nur ›interessiert‹, hier aber ergreifen sie mich. Man spürt, daß die Form hier bis zum Rande mit dem angefüllt ist, was sie ausdrücken soll.

Schließlich hocken wir uns wieder hin. Der Meister in seinem schlichten grauen Gewand hat an der Rückseite des Raumes in der Mitte Platz genommen. Während der allgemeinen Eröffnungskonversation, die sich auf das Wetter und meine Reise bezieht und also zu meiner Beruhigung sehr allgemein und konventionell ist, kann ich ihn beobachten. Er ist ein Mann zwischen sechzig und siebzig, zierlich, mit lebhaftem, ungekünsteltem Mienenspiel. Und genauso, wie er aussieht, ist auch seine Gesprächsführung. Er zelebriert nicht ein Weisheitskolleg, sondern er wahrt den Ton schlichten Geplauders, auch wenn wir auf die tiefsten Fragen zu sprechen kommen. So nimmt er den Besuchern nach kurzer Zeit jede Befangenheit.

Als kleines Gastgeschenk überreiche ich ihm die englische Übersetzung meines Buches ›Zwischen Gott und Satan‹, in das ich nach japanischer Sitte meine Visitenkarte gelegt habe. Er bedankt sich rührend und mit Verbeugungen dafür und führt nacheinander Buch und Karte an die Stirn. Dieses Beieinander von besonders ausgepräg-

340

tem Zeremoniell und leichtem, natürlichem Fluß der Wechselrede macht mir in formaler Hinsicht den stärksten Eindruck.

Nach dieser Ouvertüre gibt Hoseki seiner Frau mit einem Glöckchen das Zeichen, daß die Teezeremonie beginnen kann. Sie vollzieht sich zunächst unter Schweigen. Immer wenn Frau Hoseki die Tasse einem der Gäste reicht, verneigen sich beide bis zum Boden. Das ist hier keine Besprechung, die vom Minutenzeiger der Uhr diktiert würde und in der man möglichst schnell in medias res zu steigen versuchte. Hier wird erst mit Umsicht die Haltung präpariert, aus der heraus ein gutes Gespräch stattfinden kann, hier wird erst Kommunikation gestiftet, um die zu besprechende Sache in Bereitschaft zu empfangen. Denn die Teezeremonie soll ein Exerzitium sein, das die ›Manieren der Seele‹ ausbildet. Wir Westler empfinden es in der Regel als sachlich, wenn wir die Gegenstände distanziert und also ohne Rücksicht auf die Person betrachten; hier ist es umgekehrt: Hier wird die Sache an die Person gebunden. Darum muß die Person ein Training durchlaufen, bis sie der Sache begegnen darf. Ich vermute, daß es bei geschäftlichen Besprechungen auch in Japan nicht mehr so ist. Aber hier, bei dem Zen-Meister, ist das Wissen der Tradition noch gegenwärtig und in Kraft.

Der Meister hat mir die Ehre zuteil werden lassen, daß ich bei der Teezeremonie seine Tasse bekomme, die er auch auf seinen Reisen mit sich nimmt. Das wundert mich, denn sie ist sicherlich drei- oder viermal so schwer wie die üblichen Teeschalen, mit dicken Wänden, völlig asymmetrisch geformt und durch ihre fast groteske Plumpheit beinahe ein wenig befremdlich.

Vielleicht hat Hoseki ein leichtes Staunen bei mir bemerkt, als er mir verrät, daß dies seine Teeschale sei. Dann erklärt er mir, daß der Zen-Buddhismus die Asymmetrie liebt, sogar in den Grundrissen seiner Tempel. Er zerbricht sozusagen die Harmonie der Formen und gibt ihnen fast den Anflug des Mangelhaften, um damit zu verhindern, daß die Form durch ihre Vollkommenheit Selbstzweck wird. Die Form soll immer nur Weg und Brücke zu einer Gestalt sein, sie muß die ›Uneigentlichkeit‹ des bloßen Symbols behalten, sie darf nur Dienerin sein und hat sich zurückzuhalten.

Einen Augenblick lang kommt mir der Gedanke, ob Bertolt Brecht mit dem sogenannten Verfremdungseffekt nicht etwas Ähnliches gemeint haben könnte. Warum wandte er sich so leidenschaftlich gegen Perfektion und Virtuosität des Schauspielers, warum mochte er nicht die ausgebildeten Konzertstimmen der Sänger, sondern wählte sich – etwa für die ›Dreigroschenoper‹ und überhaupt für seine Songs – Darsteller, die Rostflecken in der Stimme hatten? Er befürchtete, daß die vollkommene Form dem Spießer im Parkett zu glatt einginge, daß er ästhetisierend im Vorhof der Form stehenbleibe und daß die Perfektion ihm also behilflich sei, dem Engagement auszuweichen. Darum muß der Hörer durch ›Asymmetrie‹ schokkiert werden. Eben das ist *hier* der Verfremdungseffekt. Und will Kierkegaard mit seinem Gedanken vom Skandalon und vom Ärgernis nicht auch ähnliches? Er möchte verhindern, daß das Evangelium zu eingängig, zu harmonisch-erbaulich wird; er möchte nicht, daß der Hörer sich seinem An- und Wider-Spruch entzieht, daß er nur nach Selbstbestätigung angelt, daß er sich also ästhetisch und nicht ethisch verhält.

Immer wieder läßt mich das anschließende Gespräch diese merkwürdigen formalen Parallelen zu Erscheinungen *unseres* geistigen Lebens erkennen. Und solange es um diese Formalia geht, kommt mir vieles von dem, was Hoseki sagt, sehr vertraut vor. Ich sage ihm das auch, und er scheint sich über manche Einzelheiten zu freuen.

Es wäre aber schade, wenn wir in formalen Analogien steckenblieben. So frage ich ihn im Anschluß an die Erklärung der Teeschale: ›Das Asymmetrische der Form soll also helfen, daß diese Form nicht Selbstzweck wird, sondern daß sie dienender Wegweiser bleibt. Aber kommt nun nicht alles darauf an, das *Wohin* zu beschreiben, auf das dieser Wegzeiger deutet?‹

›Ja‹, erwidert er, ›in der Tat kommt alles auf dieses Inhaltliche an, und in seiner Bestimmung wird vielleicht auch die Verschiedenheit unserer Positionen erkennbar werden. Ich würde auf Ihre Frage antworten: Die zerbrochene, unvollkommene Form deutet auf den Weg der Vollkommenheit.‹

Ich sage ihm, daß ich sehr wohl wisse, wie wenig der Zen-Buddhismus Definitionen schätzt und daß er sie als den etwas rüden Versuch betrachtet, das Unaussprechliche, nur in der Versenkung Erfahrbare, in rationale Mitteilungen einzufangen und es damit zu einer Vordergründigkeit zu zwingen, die es entstelle. Ich sei also ihm gegenüber in einer etwas mißlichen Lage: Ein Gespräch bewege sich im Medium von Worten, und wenn ich etwas von ihm mitnehmen dürfe, dann könne ich das ja nur, indem ich ihm den Versuch zumutete, dieses letzte für mich in Worte zu packen. Ich bitte ihn um Verzeihung, daß ich damit eigentlich etwas von ihm erwarte, das er für unangemessen halten muß. Es sei ähnlich, wie wenn ich verlangte, eine Beethoven-Symphonie aus der Tonsprache zu lösen und sie statt dessen in Worten darzustellen.

Ich habe den Eindruck, daß der Meister dankbar ist für das Verständnis, das ich seiner Schwierigkeit entgegenbringe. Vielleicht liegt es daran, daß er mir seinerseits nun mit einer philosophischen Form der Aussage entgegenkommt: ›Die Vollkommenheit besteht darin, das *Eins in allem und alles in Einem* zu erkennen‹, das sei das eigentliche Zen-Prinzip. Hier sei die Distanz von Subjekt und Objekt, Innen und Außen überwunden.

Ich frage ihn nun vorsichtig, ob er mir sagen könne, wie er die Bedeutung des menschlichen Ich dabei einschätze, und ob es sich nicht um eine *Identität* von Subjekt und Objekt, Ich und Außenwelt handele. ›Behält hierbei das Ich‹, so frage ich ihn direkt, ›überhaupt noch seine personhafte Eigenständigkeit, so daß es in einem echten und abgehobenen *Gegenüber* zu der ihm begegnenden Welt steht – oder bleibt ihm diese Distanz, dieses sein Eigensein und damit schließlich auch seine ethische Qualität unerschwinglich? Verdampft sich das Ich nicht sozusagen in die Welt hinein, um zu einem ihrer anonymen Elemente zu werden?‹ Einer der anderen springt mir bei und gebraucht die kurze Begriffsformel: Im Zen-Buddhismus gehe es offenbar um eine Identifizierung des Ich mit der Wirklichkeit und nicht mehr um eine Konfrontation mit ihr.

Ich weiß es zu würdigen, daß der Meister angesichts dieser unserer abendländischen Begriffssprache – die er zwar kennt, die ihm aber als eine verdünnte, der Substanz verlustig gegangene Abstraktion erscheinen muß – die Geduld nicht verliert, sondern im Gegenteil den Versuch macht, uns in unserem Begriffsgehäuse aufzusuchen. Er sagt, die Begriffe der Identifikation und Konfrontation seien für das, was er meine, nicht recht griffig. Um eine Identifikation von Ich und Wirklichkeit gehe es nämlich überhaupt nicht: ›Es geht vielmehr darum, daß ich mich in meiner Urbeziehung zu dem entdecke, was mich umgibt. Ich muß also dessen inne werden, daß ich auf diese Wirklichkeit von Anbeginn her entworfen bin und daß ich mich folglich mit dem mir begegnenden Wirklichen – mit einem Pferd, auf dem ich reite, einem Bogen, mit dem ich schieße, einem Baum, den ich fälle oder unter dem ich mich niederlasse – nur *dann auseinandersetzen* kann, wenn ich meine urtümliche *Zusammensetzung* mit ihm entdeckt habe. Das Zen-Prinzip *Eins in allem und alles in Einem* bedeutet also nicht, daß alle Distanzen zwischen Subjekt und Objekt, Drinnen und Draußen, Denken und Sein verschwänden und das Ich in einem allgemeinen Urbrei unterginge. Vielmehr bedeutet jenes Prinzip, daß ich mich in meinem kosmischen Ort als Glied des Seins und also in einer brüderlichen

343

Beziehung zu allen Gestalten der Wirklichkeit entdecke. Gerade in diesem Wissen um das Verwandte, um die Einheit des Ganzen, in dem ich bin, kann ich dann mit ihm umgehen, es erkennen, treffen, behandeln. Ich *schaffe* mir meine Welt nicht erst, wie das vielleicht der westliche Aktivist und Tatmensch will – hier bin *ich* und da drüben ist die *Welt*, an der ich handeln muß –, sondern ich entdecke die Welt als ein Verwandtes, dem ich im vorhinein zugeordnet und eingestückt bin. In jener abstrakten Identität von Innen und Außen, die Sie soeben andeuteten, würde alles Handeln, alle Entscheidung und damit auch alle Verantwortung in der Tat aufhören. Aber diese Identität meine ich, wie gesagt, auch gar nicht. Mir geht es vielmehr um die Entdeckung einer menschlichen Existenz, die gerade aus ihrer Urverbundenheit mit der Wirklichkeit heraus instand gesetzt wird, den Dingen nahe und verwandt zu sein und sie eben deshalb auch richtig *behandeln* zu können.‹

Es ist ein mich ergreifender Augenblick des Gesprächs, als wir vor diesem Ungenügen unserer Begriffssprache stehen. Der Mann, der da während seiner Rede gelassen seinen Fächer kreisen läßt, hat nicht nur eine andere *Form*, sondern er schöpft auch aus anderen *Quellen* des Denkens. Er existiert anderswo. Er hat sowohl seine Erkenntnisse wie auch sich selber aus den Quellen einer Versenkung empfangen, die uns fremd sind. Wir sind nicht entfernt soweit, ihm gegenüber einen Standpunkt beziehen oder mit ›kritischen Würdigungen‹ einsetzen zu können, sondern wir müssen zunächst einfach standhalten und zu verstehen suchen. Wenn ich hier von ›Wir‹ spreche, dann meine ich nicht die anwesenden Japaner, denen das alles ja sehr vertraut ist, sondern uns zwei europäische Christen, meinen Freund Jäckel und mich.

Wie wenn Hoseki unser Zögern und unser geheimes Bemühen bemerkt hätte, fährt er in seinem Gedankengang fort und sucht uns das Gemeinte an einigen klassischen Symbolen des Zen-Buddhismus zu verdeutlichen, die mir von meinem Philosophie-Lehrer Eugen Herrigel her vertraut sind (dessen Buch über die ›Kunst des Bogenschießens‹ hier in hohem Ansehen steht). Das erste Modell, auf das er uns hinweist und das in dieser Situation und aus seinem Mund für mich eine ganz neue Lebendigkeit empfängt, ist das *Beispiel des Reiters:*

Der vollkommene Reiter bildet mit seinem Pferd eine Einheit. Nur darum kann er überhaupt vollkommen sein. Und nur deshalb kann er das Pferd ›handhaben‹. Gerade weil er mit ihm eins geworden ist, hat er die Beziehung der Vollmacht zu diesem Stück Wirklichkeit, das ›Pferd‹ heißt. *Das Eins in allem und alles in Einem* heißt also auf diesen Fall angewandt: ›Es ist kein Reiter über dem Sattel und kein Pferd unter dem Sattel.‹ Man kann die Einheit, um die es geht, eben nur durch lauter Negationen ausdrücken. Diese Negationen stammen aber nicht daher, daß hier auf ein objektives Nichts gedeutet wird, sondern nur auf ein Nichts in Relation zu den Beziehungen, die uns in der Alltäglichkeit geläufig sind.

Hoseki verdeutlicht das gleiche an der *Kunst des Bogenschießens:* Es ist bekannt, daß der aus dem Zen-Exerzitium kommende Bogenschütze auf etwa sechzig Meter punktgenau sein Ziel trifft und daß er dann einen zweiten, dritten und vierten Pfeil in den ersten hineinzuschießen vermag. Das beruht nicht auf einem artistischen Training, sondern ist eine mystische Kunst, bei der ›Es‹ den Pfeil abschießt und zum Ziel führt, während der Schütze diesem Vorgang nur als Instrument dienstbar ist. Daß er das aber sein kann, gründet wieder in geheimen Zuordnungen, die ein Einssein bewirken: Der Schütze ist eins mit dem Bogen, der Pfeil ist eins mit dem Ziel, der Bogen ist eins mit dem Pfeil. Aus dieser mystischen, der Kontemplation entstammenden Einsicht in den Urkontakt aller Seinselemente wird es möglich, daß Schütze, Pfeil und Ziel eines *werden,* weil sie schon eines *sind.* Die unerhörte Treffleistung des mystisch trainierten Bogenschützen stammt folglich – entgegen aller westlichen Denkweise – nicht aus einer kämpferischen *Auseinander-Setzung* mit dem Ziel, dessen Erreichung man erzwingt, sondern jene Leistung entstammt der *Zusammen-Setzung* mit dem Ziel, die nichts anderes ist als der Nachvollzug und die Vergegenwärtigung einer schon *gegebenen* Seins-Einheit.

›Ich muß mich also‹, sagt der Meister, ›als selbständigen, dem Ziel gegenüberstehenden Faktor aufgeben, ich muß ein *formloses Selbst* werden.‹ Dieser Terminus *formloses Selbst* kehrt in seinen Darlegungen immer wieder. Er ist einer seiner Standardbegriffe.

Auf meine nochmalige Frage, ob es bei diesem *formlosen Selbst* denn überhaupt noch zu wirklichen Begegnungen von Mensch zu Mensch, Mensch und Tier, Mensch und Ding kommen könne, ob dieses Aufgeben des Selbst noch eine ›geschichtliche‹ Gemeinschaft ermögliche, die im Gegensatz zum bloßen Kollektiv aus personhaften einzelnen, ihrem Wider- und Füreinander und ihrer gegenseitigen Respektierung bestünde, und ob statt dessen nicht so etwas wie Geschichtslosigkeit drohe, antwortet Hoseki:

›Vielleicht sind Sie immer noch ein wenig durch das Vorurteil belastet, daß das Beispiel von dem Bogenschützen doch eine heimliche zeit- und geschichtslose Identität, also ein konturenloses Einerlei habe aussprechen wollen. Es kommt hier alles darauf an, Sie zu überzeugen, daß ich es anders meine. Es geht gar nicht um eine Einerlei-Setzung, die spannungsvolle Begegnungen zerschlüge oder nicht einmal aufkommen ließe, sondern es geht um das Erlebnis eines kommunikativen Bezuges, in dem alle Seinselemente − also auch Ich und Außenwelt − zueinanderstehen und aufgrund dessen Begegnung und Konfrontation, Umgang und Handhabung allererst *möglich* werden.‹

Mir fallen verschiedene Denkvorgänge unserer Geistesgeschichte ein, die möglicherweise dem, was er meint, analog sind. Ich weise auf sie hin, um ihn zu fragen, ob er hier verwandte Anstrengungen des Denkens spüre. So erwähne ich einen Gedanken aus Wilhelm Diltheys Hermeneutik, daß man nur das verstehen könne, was ›in der auffassenden Lebendigkeit bereits enthalten‹ sei. Es gibt also eine vorgegebene Gemeinschaft zwischen einem *Text*, den wir verstehen möchten, und den Normen, Fragestellungen und Kriterien dessen, *der* ihn verstehen will. Ebenso gibt es eine prästabilierte Harmonie zwischen der Struktur der Welt und der Struktur der die Welt verstehenden Vernunft. ›Wär' nicht das Auge sonnenhaft, die Sonne könnt' es nie erblicken...‹: Dieses Wort Goethes scheine doch *auch* auf eine vorgängige Einheit von Innen und Außen zu deuten, die jede Verstehbarkeit allererst möglich macht.

Hoseki erkennt das in der Tat als Parallele an und scheint sich über das Verwandte zu freuen. Ebenso hat er Verständnis für gewisse platonische Gedanken, die in die gleiche Richtung weisen: Das philosophische Exerzitium, mit dessen Hilfe es zur Anschauung (theoria) der Ideen kommen soll, läßt alle Erkenntnisvorgänge auf die Voraussetzung gegründet sein, daß eine präexistente Verbindung zwischen dem Erkennenden und dem Erkannten besteht. Darum beruht alles Erkennen auf Erinnerung (anamnesis), und ebenso gründet die Vielfalt der geschiedenen Dinge in einer Einheit ihrer Urbilder.

Vielleicht liegen aber andere Assoziationen, die der Einheitsgedanke der Zen-Weisheit auslöst, noch viel näher. So werfe ich die Identitätsphilosophie Hegels in die Debatte − seinen Gedanken also, daß die Welt vernünftig und geisthaft sei und daß der Mensch sie gerade deshalb (als Geist von *seinem* Geist) verstehen könne.

Der Meister hört sich das alles mit Interesse an und stimmt wiederholt zu, wenn ich frage, ob er sich hier verstanden fühle und ob er die Ähnlichkeit der Intentionen anerkenne. Manchmal spricht und kommentiert er sein Ja mit einem kleinen Anflug von Enthusiasmus. Trotzdem bin ich mir nicht ganz sicher, in welchem Maße hierbei seine Höflichkeit ins Spiel kommt, und ob er nicht hie und da heimlich denkt: Ich habe die Sonne gesehen, und dieser Mann hier (samt seinen abendländischen Gewährsmännern und Geistesheroen) sieht nur die Schatten an der Wand der platonischen Höhle; er kennt nur die begriffsförmigen Konturen von Urbildern, denen *ich leibhaftig* begegnete. Ich weiß nicht, ob er das vielleicht denkt. Wenn er es tut, ist er zu taktvoll, um es mich merken zu lassen.

Unser Zwiegespräch ist in der Tat an einen merkwürdigen Punkt gelangt. Wenn ich es in seinen bisherigen Stadien überblicke, scheint mir das theologische Problem des *Heidentums* überhaupt noch nicht akut zu sein. Denn bisher ging es nur um die Frage, wie ich mir die Wirklichkeit ›aneigne‹ und ihr selber ›zugeordnet‹ werde. Es ging also um ein Stück Erkenntnistheorie oder besser: um ein Stück Erkenntnis-Exerzitium und damit um ein neutrales Formproblem oder, wie wir Theologen gern sagen, um ein Adiaphoron. Das eigentliche *theologische* Problem scheint mir anderswo zu liegen, nämlich bei der Frage, die ich jetzt an den Zen-Meister stelle: ›Wie ist das wahrgenommene und aufgenommene Sein – jenes Sein also, von dem das *Eins in allem und alles in Einem* gilt –, wie ist dieses Sein bei Ihnen nun als Ganzes, nämlich in bezug auf Grund, Sinn und Ziel verstanden? Woher kommt es, wohin treibt es? Hat es einen Herrn? Ich könnte auch, statt so von außen her, mehr vom *Subjekt* aus fragen. Dann würde das Problem lauten: Was verstehen Sie unter dem *formlosen Selbst?* Ist es autonom? Ist es schuldig? Ist es erlöst? Ich bitte nicht um eine Antwort auf diese Details, sondern möchte Ihnen nur die Richtung meiner Frage andeuten.‹

Hoseki: ›Ich glaube, daß es geschickt ist, wenn wir die Frage im Sinn der zweiten Variante stellen. Wenn Sie mich also nach dem formlosen Selbst fragen, so geht es hier nicht um ein Subtraktionsexempel, das sozusagen mit Null aufgeht. Das formlose Selbst ist nämlich nicht Nichts, sondern Formlosigkeit soll nur heißen, daß das Selbst nicht mehr von außen her und also nicht durch ein Fremdes *fixiert*, daß es vielmehr von allem losgekommen und also frei ist.‹

Plötzlich fällt mir ein, daß der Begriff des formlosen Selbst und der Freiheit eine ganz andere und viel bessere Chance bietet, um Christentum und Buddhismus zu einer Begegnung zu führen und – jenseits aller formalen Analogien – ihre Botschaften aufeinanderprallen zu lassen. Ich erwähne das Wort Luthers von der Freiheit eines Christenmenschen und frage Hoseki, ob er von dieser Freiheitslehre wisse oder ob ich sie ihm kurz umreißen und ihn dann bitten dürfe, sich von seinem Standpunkt aus dazu zu äußern.

Er gibt zu verstehen, daß ihn das interessiere, und so deute ich ihm das Entscheidende kurz an: Diese Freiheit bedeutet, daß der Glaubende niemandem und nichts mehr untertan ist und daß er trotz seines Innestehens in allen Engagements der Welt (als Leidender, Liebender, Arbeitender, Sterbender usw.) ›haben kann, als hätte er nicht‹. (1. Kor. 7, 29 f.) Er ist also nicht mehr *fixiert*, weder durch den Mammon und ein falsches Sicherheitsbedürfnis noch durch seine Endlichkeit, die ihn der Angst überantwortet, noch durch den Zauber der Triebe oder auch des Geistes, der ihn Weltbilder dichten läßt, die ihn nicht mehr in Frage stellen, sondern nur noch bestätigen sollen.

Dem Meister scheint das paulinische Wort vom ›Haben, als hätte man nicht‹ besonderen Eindruck zu machen. Er unterstreicht es geradezu und möchte es sich wie einen Ausdruck seiner Grundhaltung zu eigen machen. Ich vermute, warum er dies Wort als Geist von seinem Geist verstehen möchte: Buddha vertritt zwar die Loslösung von den äußeren Dingen, aber er meint damit nicht, daß man sich nun von ihnen und ihrer aktiven Handhabung zurückziehen müsse. Im Gegenteil: Gerade der innerlich Gelöste erhält damit die Freiheit, an der Welt zu handeln, ohne ihr noch zu verfallen. Dieses Wissen um eine neue Möglichkeit des In-der-Welt-Seins wurde Buddha charakteristischerweise nicht zuteil während der Zeit, wo er sich schwersten Kasteiungen unterzog und Kälbermist aß, um Erleuchtung und Erlösung zu erzwingen. Sondern dies Wissen wurde ihm zuteil, als er die *Aussichtslosigkeit des asketischen Weges* entdeckt hatte, als er wieder zu essen begann und sogar Einladungen zu einem gepflegten Mahl annahm. ›Haben, als hätte man nicht‹: darin kommt das Innestehen in der Welt und zugleich die Distanz von ihr zum Ausdruck.

Als der Meister auf diese Zusammenhänge anspielt und das Pauluswort gleichsam wie einen edlen Stein in die Hand nimmt, um ihn im Lichte verschiedener Buddha-Gedanken aufleuchten zu lassen, muß ich ihm freilich einen Einwand entgegenhalten:

›Das *Gegenteil der Freiheit*, nämlich das, was wir soeben das Fixiertsein nannten, taucht in der christlichen Terminologie unter dem Etikett der *Knechtschaft* auf: Ich stehe unter der Diktatur von Angst, Sorge, Schuld und falscher Hoffnung. Das Widerspiel zu dieser Verknechtung ist aber nun nicht einfach negativ als bloßes Befreitwerden aus der Knechtschaft, sondern es ist positiv als Kindschaft, als ein *Angenommen-Werden* durch meinen Vater zu beschreiben. Und Jesus Christus ist es, der diesen Frieden zwischen dem Vater und mir stiftet. Freiheit ist also nicht das Gegenteil einer Bindung, sondern sie ist eine neue Form der Bindung.‹

Ich erzähle jetzt ganz schlicht das Gleichnis vom verlorenen Sohn, der in die Fremde hinauszog, um frei vom Vater zu werden, der also auf der freien Wildbahn der Fremde zu sich selber kommen wollte. Weil er die Freiheit nur negativ verstand – als *Freiheit von etwas* –, wurde sie ihm nicht zuteil, sondern er geriet im Gegenteil unter den Bann neuer Herrschaftsmächte: unter die Diktatur seiner Triebe, seines Geltungsbedürfnisses und schließlich seiner Einsamkeit und seines Heimwehs am Schweinetrog. Erst als er heimkehrte, entdeckte er, daß er sich selber nur finden kann, wenn er den Vater gefunden hat. Denn es ist ja sein Wesen, ›Kind‹ zu sein. Das Geheimnis unseres Lebensweges besteht nicht darin, daß wir zuerst ein Kind wären, das unter der Autorität des Vaters steht, und dann autonome Erwachsene würden, sondern der Weg christlich verstandener Existenz ist so, daß wir aus unmündigen Kindern zu mündigen Söhnen – aber eben zu *Söhnen!* – werden. Ich entschuldige mich, daß ich so lange hintereinander sprechen mußte, aber Hoseki bittet mich, noch fortzufahren. Ich bin ihm dankbar dafür. Unser Gespräch hat ja längst die Grenze des Disputs überschritten. Wir können uns jetzt nur noch gegenseitig ›ansprechen‹.

So sage ich ihm noch (das Thema kann freilich in diesem Gespräch nur anklingen), meines Erachtens liege die Problematik so: Habe ich die Freiheit nur im Durchschreiten des Nichts (aber ist das nicht zu oberflächlich gesagt, habe ich ihn damit nicht banalisiert?), dann entsteht sofort die Frage, ob ich sie dann nicht selbstmächtig durch einen Akt der Auslöschung des Ich, durch trainierte Fühllosigkeit und durch ein artistisches Exerzitium des Absterbens gewinne. Auch der Christ weiß etwas davon, daß die Freiheit nur durch Sterben, durch die mortificatio sui (Luther) gewonnen wird. Aber hier geht es eben – aller Scheinparallelität der Vorgänge und Begriffe zum Trotz! – um ein Mitsterben mit Christus, um ein gnadenvolles Hineingenommenwerden in sein Sterben und Auferstehen. ›Obwohl es also bei Ihnen‹, so halte ich dem Meister entgegen, ›um Akte geht, die gegen das *natürliche* Ich gerichtet sind, so scheint es mir, daß es sich dabei nicht um eine Begnadung handelt, sondern im Gegenteil um eine Art *Selbstschöpfung* des Menschen, um eine sublime Form der Selbstbehauptung also, durch die er sein höheres Ich gewinnen will. Der Begriff des *formlosen Selbst* würde dann durch die negative Struktur dieses Begriffes nur verhüllen, daß hier ein unerhörter Aufschwung des Selbst vorliegt, ein Aufschwung, der für jemanden, der mit Gott rechnet, vielleicht die Bedeutung des *Ihr werdet sein wie Gott* gewinnen und also die Usurpation göttlicher Privilegien bedeuten könnte. Wenn ich die Entscheidungsfrage, die zwischen uns besteht, recht sehe, dann möchte ich sie so formulieren: Es kommt alles darauf an, aus welcher Vollmacht das menschliche Ich zum Selbst – zur *Existenz* – wird: Ereignet sich diese Selbstwerdung so, daß der Mensch sich dem Banne des ihn Fixierenden oder auch dem Zugriff des Nichts durch irgendeine Form der Selbstbehauptung, sei es auch durch ein Selbstauslöschungstraining, entwindet, um so zur Freiheit zu kommen? Oder aber kommt es zu dieser Selbstwerdung so, daß ich von jemandem erfahre, daß er mich anerkennt, liebt, richtet und aufrichtet, und daß dieser Eine der allmächtige Gott und daß dieser allmächtige Gott in Christus mein Vater ist? Man könnte die Relation, auf die alles ankommt, auch so formulieren: Bestimme ich mich selber aus der Grundbeziehung zur Welt, die ich überwinden will, oder aber bestimme ich mich aus der Beziehung zu dem, der sie für mich überwunden hat und der mich nun annimmt und mich in seine Weltüberwindung hineinzieht?‹

Es ist wunderbar, wie der Meister zuhören kann, und ich habe nicht den Eindruck, daß es nur höfliche Geduld ist. Obwohl ich, seit wir am Kern des Gesprächs angekommen sind, hin und wieder ins Monologische verfallen bin (und doch gerade hier lieber hingehört und gelernt als selber geredet hätte), tröste ich mich damit, daß Hoseki sich immer wieder erkundigt und mich zu Einwänden und zum Aussprechen meiner Position ermuntert, ja fast nötigt. Vielleicht hat dieser Verlauf des Gesprächs aber auch einen tieferen Grund: daß das Evangelium eben aus dem *Wort* lebt und das *Wort* sucht, während der Zen-Buddhist das Wort flieht und sich in völlig anderen Regionen aufhält. So haben wir beide innerhalb eines Gesprächs, das sich des Idioms der Sprache bedienen muß, jeweils einen anderen Ort.

Das Gespräch hat sich lange ausgedehnt. Regen und Sturm sind stärker geworden, und die papiernen Wände werden zugezogen. Die Stimmung in dem kleinen Raum ist noch konzentrierter geworden. Nur für Augenblicke erinnere ich mich, was draußen vorgeht, sonst sind wir alle in unser Thema versunken. Selbst der Schmerz in den Beinen, verursacht durch das ständige Hocken, wird mir kaum noch bewußt.

Ich habe mir vorgenommen, dem Meister noch eine Frage vorzulegen, die Romano Guardini einmal in einem Vortrag aufwarf. Guardini vertrat die These, daß die östlichen, gerade aus dem Buddhismus lebenden Völker wahrscheinlich die Welt der Technik besser
bewältigen würden als die säkularisierten Westler. Denn die westlichen Menschen seien weithin ihrer inneren Substanz beraubt, sie
seien so der Außensteuerung hilflos erlegen und würden darum –
das Schicksal des Goetheschen Zauberlehrlings wiederholend – von
der Technik entführt. Die östlichen Völker dagegen lebten noch
mehr aus der Innensteuerung und würden dem technischen Phänomen insofern mit größerer Gelassenheit und Distanz begegnen. Und
wenn ich auch wisse – so füge ich meinem kleinen Referat hinzu –,
daß die Weisheit und das Nach-innen-Gewandtsein, wie er, Hoseki,
es vertrete, zur Ausnahme gehörten und die Säkularisation auch in
Japan grassiere, so habe mir Guardinis These doch eingeleuchtet.
Die Nachwirkung alter Traditionen in Japan sei in der größeren
Ruhe und in vielen zeremoniellen Formen der Gelassenheit für den
Besucher deutlich zu spüren.
Der Meister freut sich, daß ich Guardini erwähne, und wir sind
beide davon angetan, in ihm einen gemeinsamen Bekannten zu
besitzen. Dann bejaht er sehr bescheiden und vorsichtig die Vermutung Guardinis. Man spürt seinen Worten, die den westlichen Geist
offensichtlich nicht verletzen sollen, deutlich an, wo er die Hauptge-
fahren unserer inneren Situation sieht.
Unser Gespräch berührt noch einige weitere Themen von grund-
sätzlichem Gewicht, die ich hier übergehen muß. Immer war die
starke Ausstrahlung dieses Mannes zu spüren, der so gar nicht aus
dem Intellekt lebt und dessen Lebenstraining sich auf ganz andere
Dimensionen seines Ich bezieht. Trotz aller Konzentration, die das
Gespräch erforderte, blieb er von einer aufgelockerten Liebenswür-
digkeit, die in einem reizvollen Kontrast stand zu dem gleichsam
potenzierten japanischen Zeremoniell seines Hauses. So wußte er
unserem Zusammensein ein humanes Klima mitzuteilen. In seinem
Aussehen wirkte er eigentümlich übergeschlechtlich. Er könnte
auch eine weise alte Frau sein.
Angesichts dieses Mannes und seines Ranges – verstärkt durch die
Ehrfurcht, die ihm vor allem meine japanischen Begleiter entgegen-
bringen – wurde mir sehr deutlich, was Albert Schweitzer meint,
wenn er bei Missionaren jede Halbbildung ablehnt und nur Männer
von theologischem und kulturellem Niveau für geeignet hält, den
Beruf des Missionars – speziell im Bereich der östlichen Hochreli-

gionen – auszuüben. Gegenüber dieser uralten Kultur müßte es
absurd und abgeschmackt wirken, wenn jemandem nichts anderes
einfiele, als die Diagnose ›finsteres Heidentum‹ zu stellen, und wenn
er ohne Gespür für ihre Größe sogleich zu einer Bekehrungsattacke
überginge. Das wäre so, wie wenn eine Maus den Montblanc
annagte. (Aber ob es diesen subalternen Missionstyp heutzutage
überhaupt gibt? Ob er nicht möglicherweise nur in der Phantasie der
Gegner umhergeistert?)
Nicht als ob ich damit den Begriff des Heidentums oder gar der
Bekehrung beseitigen oder auch nur relativieren wollte! (Ich glaube
vielmehr, daß sich hier das Unerlöst-Sein in seiner letzten Sublimie-
rung meldet.) Nur ist dieser Begriff des Heidentums nicht so billig
zu haben und so selbstsicher zu verwenden, wie das vielleicht in
manchen Missionskränzchen (gottlob wohl vergangenen Stils!) der
Fall war. Das Wort Heidentum kann nie ein vorgegebenes Pauschal-
urteil sein, sondern kann höchstens das letzte Fazit bedeuten, in das
eine Diagnose mündet. Ich freue mich, daß gerade meine europäischen Missionsfreunde in Japan Männer hohen Ranges sind, deren
Selbstkritik und deren vom Glauben immer wieder überwundene
Skepsis mir Bewunderung und Vertrauen abnötigen.
Zum Schluß führt uns der Meister noch durch seinen Tempel. Wir
bleiben vor einer Glocke stehen, die früher einmal in einer christlichen Kirche hing und auf die Wirksamkeit des Jesuiten-Missionars
Franz Xaver im 16. Jahrhundert zurückgeht. Die Kirche Jesu Christi
wird bestehen bis zum Jüngsten Tage. Aber die Kirchen können
vergehen. Der Platzregen des Evangeliums, von dem Luther sprach,
kann vorüberziehen. Ich ergreife den Klöppel, der neben der Glocke
hängt, sehe den Meister fragend an, und als er es mir erlaubt, rühre
ich die Glocke mit einigen Schlägen an. Ihr heller Ton klingt durch
den buddhistischen Tempel. Jahrhunderte zuvor hat er eine christliche Gemeinde gerufen.
Bei dem feierlichen Abschiedszeremoniell überreicht mir Hoseki
einen Fächer, auf den er das Wort ›Nichts‹ in ornamentalen japanischen Schriftzeichen gemalt hat, und erinnert mich an manche
Stadien unseres Gesprächs. Dazu gibt er mir eine Rolle von japani-
schem Papier, die er ebenfalls mit eigener Hand beschriftet hat.
Professor Ito übersetzt und deutet die Zeichen so: ›Durch großen
Zweifel – und also wieder durch die Konfrontation mit dem Nichts!
– zu großer Fragestellung und Erkenntnis.‹«
Obwohl ich hier nur ein Fragment meines umfangreichen Ge-
sprächsprotokolls bringen konnte und gleichwohl dem Leser einiges

zumuten mußte, glaubte ich diese wichtige Stunde in meinem Leben nicht übergehen zu dürfen. Vielleicht wird damit auch ein kleiner Einblick in die Gedankenarbeit vermittelt, mit der sich unsereins in seinem theologischen Beruf abgibt.

Im Süden Afrikas, 1959

Meine erste Südafrika-Reise, um vor allem im Rahmen der dortigen Christlichen Akademie zu wirken, unternahm ich 1959. Ihr Begründer und Leiter war Dr. Bofinger, ein theologisch gegründeter, ungemein energiegeladener junger Schwabe, der in Tübingen bei mir studiert hatte. Später war ich mit Liesel wiederholt sein Gast in Washington D.C., wo er bis zu seinem Tode (1983) als Pfarrer der deutschen Gemeinde wirkte.

Diese Akademie hatte sich zum Ziel gesetzt, führende Vertreter der ziemlich nebeneinander herlebenden weißen Bevölkerungsteile, der Buren (»Afrikaander«), der Deutschen und der Engländer im Zeichen gemeinsamer theologischer und kultureller Arbeit zusammenzuführen. Ich habe dort – vor allem in Südwest und manchmal »mitten im Busch«, wo die Farmer zusammenkamen – Vorträge und Diskussionen von einem Niveau erlebt, das den Spitzentagungen unserer Akademien in Deutschland alle Ehre machen würde. So ist mir der Vortrag eines Germanisten aus Pretoria über Hugo von Hofmannsthal unvergeßlich. Neben meiner Akademiearbeit hielt ich Vorlesungen und Vorträge in Johannesburg, Pretoria, Stellenbosch und Kapstadt.

Zum Eingewöhnen verbrachte ich die ersten Tage in Johannesburg, wo mich eine so überschwengliche Gastfreundschaft erwartete, daß ich mein Quartier wiederholt wechseln mußte, weil eine Anzahl von Familien den Gast für sich beanspruchte. Die üppige, in wilden Farben aufglühende Spätherbst-Vegetation, der kultivierte Zuschnitt der Häuser, die Festveranstaltungen, die schwarze Dienerschar – das alles erschien mir wie ein Märchen, auch wenn sich schon hier die dunklen Hintergründe des Rassenproblems abzeichneten. Das schwarze Proletariat der großen Stadt war von der Ordnung heimischer Stammesbindungen gelöst, existierte unter bedrückenden sozialen Bedingungen und bildete schon damals eine explosive, unberechenbare Masse, die sich später in oft blutigen Aufständen entlud. Ich wurde gewarnt, abends allein auf die Straße zu gehen. Die Parterrefenster der Häuser waren aus Sicherheitsgründen vergittert; dennoch sollte ich Wertgegenstände weit entfernt vom Fenster bewahren, weil nächtliche Diebe mit langen Angelruten die Gittersperre zu überwinden wußten.

Von der bewegten und mit vielen Verpflichtungen gespickten Reise erwähne ich nur einige Höhe- und Schwerpunkte. Zu ihnen gehörte gleich die erste Station in Kapstadt. Wenn ich die drei schönsten Städte der mir bekannten Welt nennen sollte, würde neben Hongkong und Hamburg ganz gewiß Kapstadt zu ihnen gehören. Die Straße zum Kap ist für mich überhaupt die »Traumstraße der Welt«. Sie verlor auch bei späteren Besuchen nichts von ihrem Zauber.

Im Anschluß an meinen Abendvortrag in der deutschen Kirche, zu dem sich auch der deutsche Botschafter Dr. Granow und der Staatssekretär für Apartheidsfragen Dr. Eisele angesagt hatten, sollte noch ein Empfang in einer schloßartigen Villa stattfinden, für den man eine Diskussion meines Vortrags plante. Die Nachricht, daß der staatliche Apartheidsfachmann dabei sein würde – er war übrigens, wie sich herausstellte, Missionarssohn –, elektrisierte mich: Endlich würde ich einmal einen originalen Repräsentanten dieses verruchten Rassismus vor die Klinge kriegen! In mir war es schon lange, seit ich mich mit der Apartheidsfrage beschäftigte, zu einem gewissen Überdruck an Zorn gekommen, der auf Entladung drängte.

Als sich nun die geladene Gästeschar auf der Terrasse des Hauses versammelte – die Lichter der Stadt blinkten herauf, es war eine »ambrosische Nacht« – und sich zunächst alles so anließ, als ob es sich um eine unverbindliche Cocktailparty mit gutgelauntem Smalltalk handelte, war ich schon innerlich etwas weggetreten, weil ich in Gedanken meine Lanze einlegte und auf den Beginn der Diskussion wartete.

Dann wurde ich endlich um den Beginn der Aussprache gebeten. Ich fing ziemlich furios an, wies auf die Symptome der Apartheid hin, die mir peinlich aufgefallen waren (getrennte Parkbänke, getrennte Einlaßschalter im Kino, sogar Rassentrennung in der Kirche und vieles andere), polemisierte heftig gegen gewisse burisch-calvinistische Versuche, diesen Rassismus mit biblischen Scheinstützen zu begründen, und klagte einen Staat an, der sich dieser Sünde wider die Menschlichkeit schuldig mache. Während meiner schwungvollen Rede, zu der ich mir im geheimen selber gratulierte (!), beobachtete ich Dr. Eisele, der mir zwar aufmerksam, doch völlig unbewegt zuhörte und unter meinen Lanzenstichen durchaus nicht zu leiden schien. Natürlich sahen auch die anderen immer wieder einmal verstohlen zu ihm hinüber – wie würde er reagieren?

Dann antwortete er mir in einem längeren Monolog. Wenn ich meinte, ihn mit neuartigen kritischen Einfällen zu überraschen, so hatte ich mich gründlich geirrt. Er verschaffte mir einen Eindruck von der unerhörten Kompliziertheit des Problems und auch davon, daß nur auf lange Sicht Lösungen in Aussicht stehen könnten. Man spürte bei jedem Wort die Last seiner Verantwortung, einen großen Ernst und auch menschliche Warmherzigkeit. Er bestritt nicht, daß es solche Rassendiffamierung gegeben habe und (leider) noch immer gebe. Für die Zukunft aber versicherte er uns des Regierungsziels, sich auf den Weg eines Schiedlich-friedlich im Sinne einer mehr *geographischen* Rassentrennung und einer gewissen Selbstverwaltung und Kulturautonomie der Eingeborenen zu begeben. Dieser Weg sei bereits beschritten. Dabei wies er auf die Schwierigkeiten hin, die auch diese Absicht in sich schließe. Andererseits aber: welche Alternative sollte sich denn anbieten? Etwa Rassenmischung oder völlige demokratische Gleichordnung? Demgegenüber sei die Minderheit der weißen Bevölkerung zu bedenken, der das Land seine kulturelle und wirtschaftliche Entfaltung verdankte – eine Entfaltung übrigens, die schwarze Arbeiter aus den benachbarten Ländern herbeilockte, weil sie nirgendwo sonst zu dem Verdienst und dem Lebensstandard kommen könnten wie in Südafrika. Die Weißen hätten überdies den Ureinwohnern das Land nicht durch Eroberung weggenommen, sondern seien am Beginn der Besiedlung in einen nahezu leeren Raum hineingestoßen.

Das Gespräch zeigte mir jedenfalls, wieviel mehr psychologische, wirtschaftliche und politische Probleme im Spiele sind, als ich sie bisher – nach der terrible simplification unserer Presse- und Propaganda-Information – in Betracht gezogen hatte. Der Hochmut gegenüber einem Land, das sich mit einem der schwersten aller denkbaren Probleme – mit der Rassenfrage – herumzuschlagen hat, wurde mir gründlich ausgetrieben, zumal Dr. Eisele selber unter der Last unabsehbarer Aporien zu leiden schien.

Im darauffolgenden Semester widmete ich mehrere Offene Abende dem Nachdenken über das Apartheid-Thema. Dazu lud ich jeweils südafrikanische und auch eingeborene Kommilitonen ein, damit wir uns die Fragen nicht zu leicht machten, sondern unsere Erwägungen vor den Betroffenen selber verantworteten. Und auch hier merkte ich von Mal zu Mal mehr, wie nachdenklich meine Leute wurden und wie die muntere Proklamation von selbstverständlich erscheinenden Postulaten immer mehr verstummte. Mir wurde von neuem klar, wie billig das Prinzipielle zu haben ist, wenn man sich in ungeschorener Distanz befindet. Ethische Fragen lassen die Last wirklicher Entscheidungen erst dann erkennen, wenn man ins Detail und ins Konkrete geht. (Das gilt auch heute für die Probleme der Atomrüstung, die vom Dunst der Schlagworte und Pauschalurteile verhüllt sind.) Mir war diese Erfahrung eine willkommene Bestätigung der methodischen Grundsätze, von denen aus ich meine Arbeit an der Theologischen Ethik betrieb.

Später war ich noch mehrfach in Südafrika und konnte beobachten, daß sich bei der Überwindung der Rassendiskriminierung wenigstens einiges, wenn auch sehr *langsam* tat. Den tiefsten Eindruck von der Härte des Problems empfing ich auf meiner letzten Reise (1981), als ich das Glück hatte, mit einem der bedeutendsten Führer der schwarzen Opposition, Dr. X., ein mehrstündiges Gespräch zu führen. Der für die Probleme des Landes besonders aufgeschlossene deutsche Botschafter Dr. Eickhoff betonte seine Verläßlichkeit, seine Intelligenz und seine gebändigte Energie. Dieser europäisch gebildete Mann, von Haus aus Historiker, hatte zehn Jahre in Gefängnissen zugebracht, war aber nicht verbittert und hatte nichts von der Objektivität eingebüßt, mit der er der Vielschichtigkeit der Probleme gerecht zu werden suchte. Er ließ Liesel und mich vor allem Einblick gewinnen, wie sich die Apartheid auf einzelne Familien und auf die gärende Mentalität der jungen Generation auswirkte. Seine historische Bildung ermöglichte es ihm, uns viele Analogien zur europäischen Geschichte zu verdeutlichen. Als ich zum Beispiel darauf hinwies, daß überall dort, wo die weißen Kolonialherren sich zurückgezogen hätten, die schwarzen Stämme sich untereinander bekriegten und nicht selten chaotische Zustände heraufführten, und daran die bewußt zugespitzte Frage schloß, ob das buntscheckige Schwarzafrika überhaupt zu einer Pax africana imstande sei, wies er uns auf die »Stammes«-Kriege in der europäischen Geschichte hin. Die Einheit, auf die Europa jetzt mit Macht zusteuerte, habe auch vieler Jahrhunderte bedurft. Genauso gehe es in Afrika um langfristige Prozesse, die Geduld erforderten. Von wirtschaftlichen Boykottmaßnahmen, zu denen in der Bundesrepublik allerhand Schwärmer aufriefen, hielte er jedenfalls nichts.

Am unerträglichsten fand ich die Auswirkungen der Apartheid im *kirchlichen* Bereich, vor allem, wenn burisch-reformierte Theologen es wagten, die Herrschaft der Weißen und die Verknechtung der Schwarzen als eine Art biblisch begründeter Schöpfungsordnung zu proklamieren. In solchen Diskussionen habe ich ihnen aufs schärfste widersprochen und auch die Mittel bissiger Ironie nicht verschmäht.

Einmal fand ich dann sogar Gelegenheit, diesen Widerspruch für meine Person in zeichenhafter Form zu vollziehen:
Während meines Aufenthaltes in Südwest fuhr ich mit einigen jungen Missionaren für einen Tag auf einem Laster ins *Herero-Reservat*. Die lange Anfahrt war mit intensiven Gesprächen erfüllt. Ein Teil meiner Begleiter saß mit mir zusammen im Führerhaus. Alle zwanzig Meilen wechselte die Besatzung, so daß ich mit allen reden konnte. Was waren das für Männer! Ihre Berufung, ihre theologische Leidenschaft und ihre wache Selbstkritik bewahrten sie davor, je Routiniers, je selbstsicher zu werden. Was Missionar-Sein bedeutet, habe ich in diesen Gesprächen verstehen gelernt.
Im Mittelpunkt stand der große Abfall vom Christentum, der sich innerhalb des Herero-Stammes vor einiger Zeit begeben hatte. Dieses schmerzliche Ereignis war für die jungen Missionare so etwas wie eine Provokation, wie ein Modellfall, an dem sie sich manches Fragwürdige der christlichen Missionsgeschichte verdeutlichten. Sie waren zwar voller Respekt gegenüber den missionarischen Vätergenerationen, die als einsame Pioniere – getrennt von ihren Kindern, bedroht von der Malaria, unter primitivsten Lebensbedingungen und in einer meist feindlichen Umwelt – gegen schwarze und weiße Magie antraten und die Menschen für ihre befreiende Botschaft zu gewinnen suchten. Aber der Fehler, den sie dabei begingen und den wir erst im nachhinein erkannten, bestand darin, daß sie die ethnischen und religiösen Voraussetzungen nicht einkalkulierten, unter denen die afrikanischen Primitivstämme lebten. Von diesen Voraussetzungen her kam das christliche Verständnis Gottes oft anders an, als die missionarische Verkündigung es gemeint hatte. Gott wurde einfach in das gegebene religiöse Schema integriert und damit zu einer heidnischen Götterfigur unter anderen. Auch im Ahnenkult, der unter der Decke weiter bestand, blieben die vorchristlichen Mächte und Vorstellungen lebendig. So führte das Christentum vielfach nicht zu einer Überwindung in der Tiefe, sondern blieb eine Art Oktroi, das wieder abgeschüttelt werden konnte. Es wurde oft nur als Importware empfunden, zumal dann, wenn es in Verbindung mit dem europäischen Kolonialismus auftrat.
Diese junge Generation der Missionare war sich klar darüber, daß ihre Botschaft neu und anders adressiert werden, daß man vor allem bemüht sein mußte, an jene tieferen Vorstellungsschichten der afrikanischen Stämme anzuknüpfen. Dazu bedurfte es umfassender Analysen und neuer Anstrengungen des Denkens. All das diskutierten wir auf dieser Fahrt.

Mitten im Busch trafen wir dann auf die Hereros, machten dem selbstbewußten und durchaus imponierenden Häuptling einen Besuch in seiner Kate und suchten die Ältesten jener stark dezimierten Gemeinschaft auf, die eine große Abfall- und Rückkehrbewegung zum Götter- und Ahnenkult treu durchgestanden hatte. Um alle Herero-Christen der Umgegend aufs schnellste zusammenzurufen, bediente man sich der Buschtrommel, die in diesem Fall aus Stücken von Eisenbahnschienen bestand, die man wie Glocken anschlug, bis das Signal in der Ferne durch ähnliche Apparaturen aufgenommen wurde. Außerdem wurden Boten ausgeschickt. Nach etwa zwei Stunden konnte ich den in bunten Festkleidern Herbeigeeilten im Freien eine Predigt halten, die ein alter Schutztruppenmann in rasender Geschwindigkeit übersetzte. Nach der Predigt hielten wir miteinander eine Abendmahlsfeier, knieten zusammen im Sand, aßen dasselbe Brot und tranken aus demselben Kelch. Da gab es plötzlich so etwas wie eine urchristliche Gemeinschaft, und die Apartheid war zu einem unwirklichen, in die Ferne verbannten Gespenst geworden. Wir besuchten nachher noch einige Hütten der Hereros und ließen uns von den strahlenden Bewohnern gastlich bewirten. Wir waren durch das Wunder des Glaubens zu Brüdern und Nächsten geworden.

Einen sehr heiteren Abend verbrachte ich damals in der Deutschen Botschaft. Während des opulenten, vielgängigen Abendessens stellte sich etwas Drolliges heraus: Der Botschafter war erst kürzlich von Kuala-Lumpur (Malaya) nach der Union versetzt worden. Als ich Kuala-Lumpur besucht hatte – kaum neun Monate zuvor –, war ich mit meinem Begleiter wegen eines tropischen Wolkenbruchs in die Botschaft geflüchtet. Dieser Begleiter, ein dort ansässiger junger Kaufmann, sagte mir vorher: »Der Botschafter ist nicht da; der Erste Botschaftsrat ist ein guter Bekannter von mir, ist aber auch nicht da. Und der einzig Übriggebliebene, der malayische Diener, gehorcht mir.« So haben wir uns also nassauernderweise in einem fremden Haus die prächtigsten Sachen auffahren lassen. Obwohl man das als Gentleman ja keinesfalls tun soll, hatte die Euphorie des Augenblicks uns doch alle Hemmungen genommen. Als ich nun in Kapstadt ahnungslos sagte, ich fühle mich in der Deutschen Botschaft unendlich wohl, und alles käme mir so vertraut vor, wie wenn ich schon einmal dagewesen und fast zu Hause sei, erschien das meinem Gastgeber etwas spanisch, und er explorierte mich ein wenig. Dabei kam dann dieses Bubenstück meiner jüngsten Vergangenheit plötzlich heraus. Und nur der Humor des Botschafters hinderte mich daran, daß ich vor Verlegenheit unter den Tisch sank. Er sagte sogar: »Mir fiel nach meiner Rückkehr auf, daß einige Weinflaschen und Zigarren fehlten. Nun ist das Geheimnis aufgeklärt.« Immer wenn ich mal etwas Unrechtes getan habe, ist es noch stets herausgekommen – und in diesem Falle sogar in einem anderen Erdteil, dreiviertel Jahre später. Schiller hat mit seiner sittlichen Weltordnung offenbar doch recht!

Als ich am selben Abend die Sorge äußerte, ob ich anderentags auch in Windhoek abgeholt würde, sagte mir der Botschafter: »Keine Sorge! Landespropst Höflich und Generalkonsul König werden am Flugplatz sein.« Wegen der vielen Namen, die mir im Kopf herumschwirrten, wollte ich mir das aufschreiben. »Ach was«, meinte Dr. Granow, »denken Sie nur an das Sprichwort: ›Pünktlichkeit‹ ist die ›Höflichkeit‹ der Könige!« Das hatte den Erfolg, daß ich dann in Windhoek bei der Information nachfragte: »Ist hier vielleicht Landespropst Pünktlich?« So verwirrt war ich durch die vielen Eindrücke.

Während meines Aufenthaltes in Südwest herrschte für geraume Zeit eine katastrophale Trockenheit, die den Viehbestand in Gefahr brachte. So machten sich die Farmer mit ihren schwarzen Viehhütern auf einen langen Treck, um ihre Herden an Wasserstellen zu führen, die aber auch immer knapper wurden. Ich wurde gebeten, an einem solchen Sammelpunkt vor den recht niedergeschlagenen und erschöpften Farmern einen Gottesdienst zu halten. Das tat ich mit Freuden. Welcher Text bot sich da mehr an als der des 23. Psalm: »Er weidet mich auf grüner Aue...« – Es war eine Grenzsituation, in der die Hörbereitschaft sich erhöht.

Nach den Fahrten kreuz und quer durch Südwest, nach den vielen Reden, dem fortgesetzten Zuhören und Diskutieren geriet ich in einen Zustand äußerster Erschöpfung, der dringend nach einer Erholungswoche rief. Ich hatte das große Glück, daß mich einer der bedeutendsten Farmer in Südwest – Herr von Bach, der in Windhoek auch eine politische Rolle spielte – auf seine Farm Kamanjah im Nordwesten des Landes einlud und mich in zwölfstündiger Autofahrt über die staubigen, wellblechartig schraffierten Landstraßen dorthin entführte. Er bewohnte mit seiner Familie einen herrschaftlichen Landsitz, der inmitten einer dürren Steppe lag, in unmittelbarer Nähe aber von strotzenden und blütenreichen Grünanlagen umgeben war. Ein riesiger Ventilator, der das Wasser hochpumpte, hatte dies Wunder des Blühens zustandegebracht. Wenn wir im Kreis der Familie bei Petroleumlicht auf der Terrasse

saßen, erzählten oder philosophierten, wenn dann der eine oder
andere schwarze Diener herbeigerufen wurde und die biblischen
Namen »Jesajah!« oder »Obadja!« oder »Jonathan!« in den Abend
hinaustönten, war die Verzauberung vollkommen. An einem solchen Abend erzählte mir Frau von Bach eine Elefantengeschichte,
die mich so beeindruckte, daß ich ihr hier einen Platz einräumen
möchte.

Einige Jahre zuvor stellte sich jeden Tag eine Elefantenfamilie, der
Bulle an der Spitze, vor dem Haus ein, um ihren Durst in dem
riesigen Wasserbecken zu stillen. Dabei zertrampelten die mächti-
gen Tiere viele der mühsam angelegten Grünanlagen. Als alle
Versuche, die Eindringlinge zu verjagen, nichts fruchteten, holte
sich Herr von Bach die gar nicht leicht zu erhaltende Genehmigung,
den Bullen abzuschießen. Die Stelle am Kopf, auf die er zu zielen
habe, wurde ihm genau bezeichnet. Das Tier würde dann nach
fünfzig oder hundert Schritten tot zusammenbrechen. Der Schuß
erfolgte von der Terrasse aus, auf der wir saßen. Der Bulle brüllte
auf und wankte hinweg, während die Herde fluchtartig losrannte.
Zwei seiner Gefährten kehrten aber gleich wieder um, preßten sich
rechts und links fest an ihn und suchten ihn so zu stützen. »Sie
überwanden tatsächlich ihren Schock und leisteten Hilfe«, fügte
meine Gastgeberin hinzu. Nach einer kurzen Strecke brach der
Bulle zusammen, und die anderen entfernten sich. Am Abend
kehrten sie noch einmal zurück und umkreisten – wie in einem
Trauerritual – die halbe Nacht hindurch den toten Bullen. Als sie
dann schließlich weggegangen waren, machte sich die schwarze
Dienerschaft ans Ausweiden. »Blieb die Herde von da an weg?«
fragte ich. »Ja – das heißt, an einem der folgenden Tage kamen sie
noch einmal zurück. Sie blieben mit gesenkten Rüsseln vor dem
Wasserbecken stehen, tranken aber nichts. Nachdem sie eine ganze
Weile so verharrt hatten, trollten sie sich vondannen und sind nie
wiedergekommen.«

Diese Geschichte von dem so menschlich wirkenden Trauerzeremo-
niell der Elefanten hätte ich einem anderen nicht so leicht abgenom-
men. Von diesen Menschen erzählt, duldete sie aber keinen Zweifel.
Herr von Bach war in der Erinnerung daran sichtlich bewegt. »Nie
wieder werde ich einen Elefanten schießen«, sagte er und stand
auf.

Ich konnte nur staunen, welches Maß an Kultur einen auf dieser
Farm und den anderen deutschen Nachbarhöfen, die wir besuchten,
umgab, in welch herrlichen Bibliotheken ich schmökern konnte. In

einer von ihnen nahm Adalbert Stifter einen bevorzugten Platz ein, und ich merkte, wie beglückt der Besitzer war, über seinen Lieblingsautor einen Gedankenaustausch zu haben. Immer wieder fand ich auch reiche Schallplattensammlungen, und kaum ein Abend verging, an dem wir nicht klassische Kammermusik gehört hätten. In dieser Einöde waren Herz und Sinne zu höchster Sensibilität gestimmt. Erst hier fiel mir auf, wie abgestumpft wir in unserer zivilisatorischen Überfütterung sind. Der Gedanke an diese Menschen und ihr Geschick hat mich nie wieder verlassen, vor allem nicht, wenn ich später von den politischen Umwälzungen in Namibia hörte. Ich dachte und denke dann an manche Andeutung geheimer Angst, wie die Dinge sich in diesem Lande, das ihnen seit Generationen zur Heimat geworden war, weiter entwickeln würden. Noch schien so etwas wie patriarchalische Ausgewogenheit, fast eine Art Treuebindung von Schwarz und Weiß auf diesen Farmen zu herrschen. Und doch war hie und da schon ein dumpfes Grollen vernehmbar. Die Menschen spürten, daß sie auf einem Vulkan lebten.

Begegnung mit Konrad Adenauer und andere rheinische Impressionen

Hinter der Ostasien- und der ersten Afrika-Reise, deren Erlebnisfülle ich hier nur skizzieren konnte, müssen Berichte über die Vortragsreisen in der Bundesrepublik und den europäischen Ländern notgedrungen zurücktreten. Zwei Erlebnisse möchte ich dennoch herausgreifen.

Eines Tages im Jahre 1957 besuchte mich Kai-Uwe von Hassel, seinerzeit Ministerpräsident von Schleswig-Holstein, um mich im Auftrag Konrad Adenauers zu bitten, auf dem in Hamburg stattfindenden Bundesparteitag der Christlich-Demokratischen Union einen Vortrag über das ethische Problem der Atomwaffen zu halten. Vorangegangen war eine warnende Kundgebung führender theoretischer Physiker.

Ich lehnte Herrn von Hassel gegenüber diese Einladung höflich, aber entschieden ab, weil ich mein theologisches Lehramt von jeder parteipolitischen Festlegung in der Öffentlichkeit freihalten wollte. Er meinte daraufhin, daß »der alte Herr in Bonn« meine Verweigerung nicht einfach akzeptieren werde, da er sich nun einmal in den Kopf gesetzt habe, mich diese Rede halten zu lassen. Er werde ganz sicherlich noch von sich hören lassen. Wenige Stunden später kam ein Anruf aus dem Bundeskanzleramt mit der dringenden Einladung, Konrad Adenauer zu einem persönlichen Gespräch zu besuchen. Ich sagte in der festen Absicht zu, bei meiner Verweigerung zu bleiben, doch war ich neugierig genug, dem großen alten Mann bei dieser Gelegenheit persönlich zu begegnen. Adenauer hatte inzwischen auch Eugen Gerstenmaier – damals Bundestagspräsident – angespitzt, weil er wußte, daß wir befreundet waren. Auch von ihm wurde ich angerufen und für den Bonner Aufenthalt in sein Haus geladen.

Als ich bei Gerstenmaier eintraf, vertrat er die Meinung, daß ich den Vortrag unbesorgt halten könnte und in der Öffentlichkeit keineswegs parteipolitisch abgestempelt würde, wenn ich mich völlig unabhängig äußern könnte. »Im übrigen wird der Alte alles tun, um Sie herumzukriegen. Passen Sie auf: er wird Ihnen ›emotional‹ kommen, denn er denkt sich: ein Theologe ist ein Mann mit Herz. Ich weiß nicht, wie er das mit dem Emotionalen machen wird. Aber *daß* er's so macht, garantiere ich Ihnen.«

Das Palais Schaumburg, in dem ich am anderen Morgen vorsprach, beeindruckte mich durch seine Stille, denkbar fern dem bei Behörden üblichen Betrieb und Streß. Ich hatte das Vorzimmer des Kanzlers kaum betreten, als er mir schon mit ausgebreiteten Armen entgegenkam und in die Worte »ausbrach«: »Herr Professor, Sie werden doch so 'nen alten Mann wie misch nisch im Stisch lassen!« (Das ist der einzige Satz, in dem ich sein rheinisches Idiom lautmalerisch andeute, beim Folgenden muß man es sich hinzudenken.)

Mir fiel sogleich Gerstenmaiers Prophezeiung ein: Adenauer nahm mich in der Tat emotional, und zwar tat er das so rührend, daß ich alle Charakterkräfte zusammenreißen mußte, um nicht schon auf der Schwelle zu seinem Arbeitszimmer umzufallen. Kaum waren wir drinnen, bat er mich, ihm alle meine Bedenken offen zu sagen. Ich begann mit dem Hauptbedenken: Um nicht parteigebunden zu erscheinen (schon meines Amtes wegen!), müßte ich die CDU auch deutlich kritisieren dürfen, selbst dann, wenn ich gar nichts gegen sie hätte. Das aber könne ja keinesfalls in seinem Sinn sein, zumal nicht in einem Wahljahr.

Darauf er: »Sie können soviel an Kritik auf den Tisch legen, wie Sie wollen. Ich gebe Ihnen volle Freiheit – wenn Sie nur die Rede halten. – Was haben Sie *noch* für Bedingungen?«

Ich sagte ihm dann, daß niemand vorher mein Manuskript einsehen und etwaige Änderungen vorbringen dürfte.

Er: »Genehmigt. Und was noch?«

Ich: »Auf einem Parteitag werden viele Reden gehalten. Man wird dann zwischen irgendwelche eingeklemmt und zur Kürze ermahnt. Ich kann aber ein solches Thema, das Denkarbeit und Mitdenken erfordert, nicht übers Knie brechen und müßte deshalb unbegrenzte Redezeit haben. Das erscheint mir zwar ungebührlich, um der Sache willen aber unabdingbar.«

Er wieder: »Genehmigt. Sie können reden, so lange Sie wollen. War das alles?«

Ja, das war alles. Mir fiel kein Einwand mehr ein. Der alte Herr hatte mich durch seine Großzügigkeit tatsächlich überwunden. Ich sagte also zu, nachdem alle Bedingungen erfüllt waren. Im Gedanken daran, daß ein Bundeskanzler viel zu tun hat, stand ich auf, um mich zu verabschieden. Er aber winkte ab: »Ich hab' mir eine Stunde Zeit für Sie genommen. Wir können uns also noch gut unterhalten.« Dann sagte er – in Anspielung auf mein ethisches Thema – mit der ihm eigenen Gabe zu manchmal trivialen Verallgemeinerungen (nun doch noch einmal in rheinischem Slang): »Isch bin ja ebenfalls für et Ethische in de Poletik!«

Das reizte mich, ihn etwas zu frotzeln: »Aber Herr Bundeskanzler, müssen Politiker nicht manchmal schwindeln?«

»In meiner Familie schwindle ich nie!« war seine prompte Antwort.

Jetzt beging ich einen großen Fehler, für den meine Branche leider anfällig ist. Ich begann zu »dozieren«: »Was heißt denn überhaupt schwindeln und die Unwahrheit sagen? Wenn eine Mutter ihr kleines Kind sexuell aufklären will, kann sie ihm doch nicht mit der Summe aller biologischen Richtigkeiten kommen. Sie wird vielleicht Zuflucht zu einer Legende nehmen und erzählen, daß ein Engel das noch winzig kleine Kind der Mutter unter das Herz legt, bis es groß genug ist, um die Bergung im mütterlichen Leib zu verlassen. Das wäre dann natürlich keine ›wissenschaftliche Wahrheit‹, aber wäre es deshalb Schwindel?«

Ehe ich aber zur politischen Nutzanwendung dieses Beispiels kommen konnte, merkte ich, daß Adenauer sichtlich abgeschaltet hatte, und setzte deshalb im Sturzflug zur Landung an. Kaum schwieg ich, eben am Boden angekommen, als er sofort aus seiner Versunkenheit aufwachte: »Das hat mich aber jetzt wirklich sehr interessiert, was Sie da über die sexuelle Aufklärung gesagt haben!« Ich muß ihn wohl etwas verdutzt angesehen haben, weil das Aufklärungsthema ja nicht Selbstzweck war, sondern nur der Illustration des *eigentli-*

chen Themas, eben der ethischen Wahrheitsfrage, dienen sollte. Doch Adenauer fuhr unbeirrt fort: »Ich muß Ihnen bekennen, daß ich das mit der sexuellen Aufklärung bei meinen Kindern nie gemacht habe; das habe ich meiner Frau überlassen.«

»Warum das?« warf ich ein. – Seine verblüffende Antwort: »Ich hatt' Angst, ich ging zu weit!«

So kann ich mich rühmen, mit Adenauer über ein Thema gesprochen zu haben, das vermutlich einzigartig inmitten seiner bändefüllenden Gespräche steht und über das selbst de Gaulle und Königin Elizabeth nichts von ihm erfahren haben!

Der Vortrag fand statt und erregte trotz meiner Zumutungen an die Parteiversammlung »starken Beifall« (wie es im Parteitagsprotokoll heißt). Auch der anwesende Präsident der europäischen Bewegung, der Franzose Robert Schuman, drückte mir mit herzlichen Worten die Hand.

Sogleich nach meinem Referat meldete sich ganz unprogrammgemäß Adenauer zu Wort. (Der Bundeskanzler hatte das Recht, jederzeit und sofort sprechen zu dürfen.) Es ging mir glatt ein, als er mir fast überschwenglich dankte und gleichsam einen verbalen Blumenstrauß überreichte. Erst als ich im Abstand das Protokoll seiner Ansprache las, bemerkte ich die Dornen in seinem Bukett: Er hatte in meisterlicher Improvisation mit der einen Hand nahezu alle meine kritischen Spitzen extrahiert, wobei er mir mit der anderen über die Wange strich. Vor allem meine bedingte Zustimmung zur Kundgabe der Physiker dämpfte er bis zum Null-Ton ab. Äußerlich und coram publico aber bekannte er sich zu mir. Und als ich am anderen Morgen den Saal als Hörer betrat, kletterte er sogar zu mir herunter und schüttelte mir nachdrücklich die Hand.

Wie unglaublich geschickt Adenauer Menschen zu behandeln wußte, erfuhr ich erst recht am Abend anläßlich eines Banketts im Kaisersaal des Rathauses. Nach dem Essen holte er mich von meinem Tisch und ging mit mir in eine entfernte Ecke, wo sich zwei Thronsessel für fürstliche Gäste befinden. Ich spürte auf meinem Rücken förmlich die Blicke der Gäste, die diesen Vorgang verwundert verfolgten. In der Ecke angekommen, zog er aus der Brusttasche ein etwa einseitiges Schreibmaschinendokument, das mit der Überschrift »Top secret. Nur für den Bundeskanzler« bezeichnet war. »Sie sehen«, sagte er dazu, »dat is janz jeheim. Ein Zeichen meines Vertrauens, daß ich's Ihnen zeige. Als Dank für Ihre schöne Rede.« Ich weiß nicht mehr, um was es sich handelte. Aber während ich die Seite überflog, spürte ich den Anhauch des Hegelschen

Weltgeistes und fühlte mich in meiner geheimen Mitwisserschaft erhoben. An einem der nächsten Tage stand jedoch alles in der Zeitung. Vielleicht war es ein älterer Schriftsatz, der einmal geheim *gewesen war*. In jenem Augenblick aber hatte Adenauer mein Herz gewonnen. Der alte Menschenkenner wußte, wie man schlichte Bürger behandelt, die *vor* den Kulissen des Welttheaters sitzen und vor Stolz und Glück erblassen, wenn ihnen – scheinbar! – ein kurzer Blick *hinter* diese Kulissen gewährt wird. Manche könnten in diesem psychologischen Spiel mit den Unbedarften vielleicht Züge einer gewissen Menschenverachtung sehen, von der ja alle Großen dieser Welt bedroht sind. In Adenauers Fall sehe ich eher seinen Humor wirksam. Warum soll ich den Leuten nicht diese harmlose Erbauung und mir nicht das Vergnügen gönnen?
Er war ein Souverän, dieser Adenauer, mit der Intensität und der Ausstrahlung einer Autorität.

Was die sonstigen Bonner Größen betrifft, so hatte ich außer zu Gerstenmaier vor allem zu Theodor Heuss während seiner letzten Jahre als Bundespräsident und später, als er im Stuttgart-Doggenburger »Häusle« seinen Ruhestand verlebte, einen schönen persönlichen und brieflichen Kontakt. Wir begegneten uns zuerst in Tübingen, als meine Fakultät ihm den Ehrendoktor verlieh. Damals erwarteten wir ihn in unseren Ornaten am Eingang. Da nahm er mich gleich zur Seite und flüsterte:
»Herr Thielicke – um Gottes willen, was muß ich jetzt machen, ich habe so gar keinen Sinn für Feierlichkeit!«
Später tauschten wir außer Briefen auch unsere Veröffentlichungen aus. Das war für mich eine große Bereicherung. Ich bewunderte Heuss' weiten Bildungshorizont, innerhalb dessen sein Assoziationsvermögen auch das Verschiedenartigste zueinander in Beziehung zu setzen wußte. Dabei wirkte sein graziöser Witz immer auflockernd. Zugleich schuf seine Selbstironie menschliche Nähe und ließ die Distanz zum Staatsoberhaupt vergessen. Wehe dem aber, den dieses Vergehen veranlaßt hätte, sich im Ton zu vergreifen! Er hielt durchaus auf Würde und ließ allenfalls die Anmut, nicht aber die Respektlosigkeit mit ihr spielen.
In seinen »Tagebuchbriefen« hat Heuss über unsere verschiedenen Begegnungen berichtet und sogar einige Überlegungen zu meiner etwaigen politischen Zukunft angestellt, die mich heute seltsam berühren. Besonders wenn er in Hamburg war, lud er mich wiederholt zum Klönen ein – gelegentlich sogar in der Morgenfrühe zum

ersten Frühstück –, und immer wieder entzückte mich dabei sein geistiger Charme.

Als er siebzig Jahre alt wurde, hatte er sich als Staatsgeschenk gewünscht, daß er einigen Personen nach eigener Wahl, also nicht wie sonst nur auf behördlichen Vorschlag, einen Orden verleihen dürfte. Nicht der Orden war mir wichtig – in Hamburg verhält man sich da sowieso recht reserviert –, sondern daß er das Freundschaftszeichen dieses Mannes war, machte mich froh.

Das fünfte Jahrzehnt dieses Jahrhunderts schloß mit einer großen Vortragsreise durch rheinische Städte, bei der ich zu sehr vielen Menschen sprach. Doch würde das, was mir selber viel bedeutete, den Leser in seiner Aufzählung nur langweilen. Ich möchte nur eine einzige Begegnung erwähnen, obgleich ich nicht einmal mehr weiß, in welcher rheinischen Stadt sie stattfand.

In dieser Stadt jedenfalls, so wurde mir berichtet, bestand ein menschlich sehr gelöstes, wahrhaft ökumenisches und in der Gemeinschaft von Speis und Trank sogar heiteres Verhältnis zwischen evangelischen und katholischen Pfarrern. 1959 war, was im folgenden eine Rolle spielt, der heilige Rock von Trier ausgestellt. Bei der Autoanfahrt zu meinem Vortrag erzählte mir mein Begleiter, was sich bei einer Zusammenkunft acht Tage zuvor begeben hatte. (Wiederum deute ich das Sprachkolorit nur in wenigen hervorgehobenen Passagen an.)

In vorgeschrittener Stunde, als die Stimmungswelle schon recht hochschlug, hatte ein evangelischer Teilnehmer der angeregten Runde zu seinem katholischen Tischnachbarn gesagt: »Herr Stiefbruder, der heilige Rock von Trier ist aber nich ächt!« – »Wieso dat denn nich? Der heilige Vater hat en doch selbst jesechnet!« – »Nein, er ist *nich* ächt: Ich hab' mal dahintergefühlt und hab' noch en Etikett von Neckermann jefunden!«

So etwas war also möglich, ohne daß es irgendeinen Kratzer oder eine Beule gab. Bei der Nachfeier zu meinem Vortrag, an der dieselbe Tischrunde teilnahm, hatte sich der katholische Freund eine Antwort überlegt; ich wurde Zeuge seiner Replik: »Herr Stiefbruder«, hob diesmal der katholische Tischgenosse an, »der heilige Rock is *doch* ächt!« – »Nä«, fiel der andere ihm ins Wort, »ich hab' doch dat Etikett...« – »Dat macht jar nix! *Ich* hab' mal in de Täsch (Tasche) reingelangt, und wat fand ich da? Ne Einladung zur Hochzeit von Kana!«

Diesmal verstummte der Aggressor von der Woche zuvor.

Die bewegten sechziger Jahre

Das neue Jahrzehnt begann mit einer Einladung zu Gastvorlesungen in Thessaloniki. Da Liesel gerade eine schwere Erkrankung überstanden hatte und noch erholungsbedürftig war, schlug der Arzt als beste Nachkur eine Seereise vor. Zugleich behauptete er, daß wir auf diese sympathische Art auch nach Griechenland gelangen könnten. Tatsächlich fanden wir einen schwedischen Frachter, der uns in dreiwöchiger, von allerhand Landaufenthalten unterbrochenen Fahrt dorthin entführte. Als einzige Fahrgäste wurden wir von Kapitän und Offizieren in einer Weise verhätschelt, als ob die Fahrt nur unseretwegen stattfände. Sie war auch sonst wie ein unwirklicher Traum.

Das fing schon bei dem ersten dreitägigen Zwischenaufenthalt in London an. Als wir auf dem Schiff das Frühstückszimmer betraten, empfing uns dort eine Dame, die den Auftrag hatte, uns die Sehenswürdigkeiten Londons zu zeigen, und ebenso ein livrierter Chauffeur, der sich als Pilot eines sagenhaften Daimler zu erkennen gab. Auch er sollte uns für die Londoner Tage zur Verfügung stehen. Wir ahnten nicht, wie wir zu dieser Ehre kamen. Erst bei der Einladung zu einem festlichen Mittagessen erfuhren wir, wem dieser überraschende Empfang zu verdanken war. Einige Zeit vorher hatte ich im Hamburger Mineralöl-Wirtschaftsverband gesprochen und dem Leiter einer dieser Ölgesellschaften beim anschließenden Essen von meiner Vorfreude auf unsere Schiffsreise erzählt. Darauf hatte er ohne mein Wissen die englische Mutterfirma unterrichtet. Nun waren die leitenden Herren um den Mittagstisch versammelt und luden uns in ihre Häuser ein. So waren die Tage in London dicht gefüllt, zumal ich noch in zwei deutschen Kirchen predigte.

Einige griechische Impressionen

Nach mancherlei Zwischenstationen, die ich übergehen muß, trafen wir endlich im Land meiner Träume, in Griechenland, ein. Für einen Humanisten bedeutet es eine Erfüllung sondergleichen, wenn er nun dem, was er beim Lernen der alten Sprachen und bei seiner Schullektüre schon als junger Mensch mit seinen Gedanken umkreiste, gegenübertritt, wenn er leibhaftig vor den alten Tempeln steht oder ihm die Schlacht an den Thermopylen gegenwärtig wird. Dennoch werde ich hier nicht über das berichten, was andere schöner und lebendiger beschrieben haben, sondern mich mit dem Kleinen, dafür aber Besonderen bescheiden, das mir vor der erhabenen Kulisse des griechischen Geistes begegnete. Das einzigartige Licht über der hellenischen Welt zaubert nicht nur die Götter vom Olymp herbei, sondern es verklärt auch die Miniaturen und Arabesken des Lebens.

Als wir im Piräus landeten, gab es abermals eine Überraschung. Inmitten einer kleinen Abordnung der Athener Universität trat uns auch ein junger Grieche entgegen, der einen weit über Griechenland hinaus bekannten Familiennamen trägt. Er hatte in meiner Tübinger Zeit einige Semester bei mir studiert, doch hatte ich ihn aus dem Auge verloren. Er führte damals eine noble privatisierende Existenz – auch das Theologiestudium, einschließlich Promotion, hatte er nur als Lieblingshobby betrieben –, war Besitzer eines der größten Hotels in Thessaloniki und kannte die gesamte geistliche und weltliche Prominenz Griechenlands. Nun stellte er sich uns mitsamt seinem Wagen zur Verfügung und beglückte uns mit einem liebevoll ausgearbeiteten Reiseplan. Natürlich begnügte er sich nicht damit, im Hafen *vor* der Sperre auf uns zu warten. Die Cerberusse wichen vielmehr vor ihm zurück, und er kam samt einigen Athener Professoren gleich ans Schiff. Schon auf dem Weg zum Zoll vertraute ich ihm meine Sorge an, ob ich den reichen Zigarrenvorrat in meinem Koffer – Griechenland ist da ein Notstandsgebiet – heil durch die Kontrolle bringen könne. »Einen Augenblick!« sagte er und verschwand im Zollbüro. Gleich darauf kehrte er mit dem Chef zurück, und der malte nicht nur magische Schutzzeichen auf unser Gepäck, sondern trug es sogar höchstpersönlich an den neuralgischen Stellen vorbei. Ohne seine Hilfe wäre es nicht möglich gewesen, die Tage so dicht zu füllen und trotzdem so erholsam zu gestalten. Wir hatten in ihm den besten aller möglichen Reiseführer, voller Einfälle und Einfühlsamkeit. Nur er konnte auf die abenteuerliche Idee kommen, noch gegen Mitternacht in vornehme Privathäuser einzufallen, nur er kannte bezaubernde Lokale und entlegene, vom Tourismus unberührte Dörfer, deren Zauber er uns enthüllte.

Im Hotel fanden wir eine Einladung der Königin Friederike in den

Sommerpalast der Königsfamilie vor. Diese neue Überraschung verdankten wir, wie sich später herausstellte, dem Prinzen Ernst-August von Hannover, der einmal Liesels Tischherr gewesen war. Er hatte in der Zeitung von unserer Reise gelesen und seine königliche Schwester zu dieser Audienz angeregt. Die Damen der Botschaft brachten Liesel den Hofknicks bei und unterrichteten sie auch in anderen Fragen der noch sehr ernst genommenen Hofetikette (zum Beispiel mußte die Damen einen Hut und Handschuhe, die bis zum Ellenbogen reichen, tragen).

An der salutierenden Schloßwache – in ihrer malerischen Tracht – vorbei gerieten wir in die Hände des monokel- und ordensbewehrten Hofmarschalls und wurden dann von Pagen zum Oberzeremonienmeister gebracht, der uns schließlich in die Gemächer der Majestät geleitete. Nach Liesels Hofknicks nahmen wir Platz neben einem sehr warmen Kamin, und es entspann sich sofort eine lebhafte Unterhaltung. Die etwas sprunghafte Art der königlichen Fragen erinnerte mich an Friederikes Großvater Wilhelm II., über den ich eine reiche Sammlung von Monographien besaß und also ziemlich gut Bescheid wußte. Ich gebe die Unterhaltung in der direkten Rede des Frage- und Antwortspiels wieder, wie ich sie gleich nach der Audienz aufzeichnete:

Königin Friederike: »Was tun Sie in Griechenland?« (Mir erschien das etwas abrupt, darum antwortete ich ebenso kurz angebunden.)

Ich: »Ich halte Vorlesungen in Thessaloniki.«

Königin Friederike: »Worüber?«

Ich: »Mein Thema ist: ›Historismus und Existentialismus.‹«

Königin Friederike: »Existentialismus? Was ist denn das? Ach, das sind die Leute mit den gräßlichen Samthosen, nicht wahr?«

Ich versuchte daraufhin, meiner Gesprächspartnerin das Wort Existentialismus kurz zu erklären – ein nicht ganz einfaches didaktisches Unternehmen.

Königin Friederike: »Ich selber interessiere mich hauptsächlich für theoretische Physik.« (Auf dieses Hobby hatte man mich in der Botschaft schon aufmerksam gemacht. Davon ist auch in ihren später erschienenen Memoiren ausführlich die Rede.) »Aber damit haben Sie ja als Theologe nichts zu tun. Sie beschäftigen sich eben mit Ihren Dogmen.«

Ich: »Ich glaube, das sieht doch etwas anders aus, Majestät!«

Königin Friederike: »So? Wissen Sie denn, daß die heutige Physik eine große weltanschauliche und philosophische Bedeutung hat? Ich habe in Amerika viele Gespräche mit führenden Physikern darüber gehabt. Doch das dürfte Sie ja kaum interessieren.«

Diese Abkanzelung – so empfand ich es jedenfalls – ärgerte mich, und ich hatte Mühe, eine etwas scharfe Replik zu unterdrücken. Wenn man aber immer »Majestät« sagen muß, wirkt das dämpfend auf ausbrechende Animositäten.

Ich: »Merkwürdig, wie Majestät sich einen Theologen vorstellen! Aber ich kann ja auch nicht wissen, wie die Welt sich in königlichen Herzen spiegelt.«

Sie schwieg daraufhin einen Augenblick und schien etwas betroffen zu sein. Für ihre Verhältnisse mochte die kleine Dosis Ironie wie ein sanfter Hieb auf sie gewirkt haben. Dann aber lachte sie hellauf und war von da an wesentlich verbindlicher. Es kam nun zu längeren Gesprächsphasen über dies und das, auch über den orthodoxen Klerus, dessen Gedankenhorizont nach ihrer Meinung tatsächlich auf das Dogmatische und Liturgische beschränkt sei.

Plötzlich, wie aus der Pistole geschossen und ohne jede Verbindung mit den bisherigen Gesprächsthemen, kam sie auf eine ganz andere Frage:

Königin Friederike: »Glauben Sie an die Hölle?«

Ich (wiederum ihre Abruptheit imitierend): »Ja.«

Königin Friederike, zu meiner Frau gewandt: »Sie etwa auch?«

Liesel (bemüht, ihrem Mann Beistand zu leisten): »Ja, ich auch; wenn Majestät dabei nur nicht an ein Feuer denken, in dem man so schmoren muß wie hier an diesem Kamin.«

Königin Friederike lachte und führte uns an einen entfernteren Platz. Das hatte Liesel also wenigstens erreicht.

Königin Friederike: »Mein Mann und ich glauben nicht an die Hölle.«

Daraufhin kam es zu einem längeren Gespräch über dieses Thema, das ich hier übergehen kann. Aus manchen Bemerkungen der Königin schien hervorzugehen, daß diese Frage schon seit Jahrzehnten ihre Familie beschäftigte.

Königin Friederike: »Als mein Sohn [der damalige Kronprinz und spätere König Constantin] etwa acht Jahre alt war, saß er bei einem Hof-Dinner neben dem englischen Botschafter und fragte ihn: ›Glauben Exzellenz an die Hölle?‹ Als der Botschafter das bejahte, sagte Constantin: ›Ich aber nicht. Papa und Mama auch nicht.‹ Der Botschafter suchte dann mit kindlichen Worten seinen Standpunkt zu begründen: ›Aber, kleiner Prinz, wohin sollen denn die bösen Leute kommen, wenn es keine Hölle gibt?‹ Drauf Prinz Constantin:

›Die bösen Leute kommen *auch* ins Paradies, nur mit traurigem Herzen.‹«
Ich: »Majestät, das ist eine schöne und wahrhaft bemerkenswerte Umschreibung der Hölle.«
Diese kleine Geschichte brachte mir die königliche Frau näher als manche ihrer sonst etwas explosiven Äußerungen.

Rektor der Universität Hamburg

Als der Hamburger Lehrkörper mich 1960 zum Rektor wählte, sah ich diesem Jahr – ich war wiederum nur bereit, das Amt für *ein* Jahr zu übernehmen – nicht mit der gleichen Abenteuerspannung entgegen, die mich neun Jahre zuvor bei dem Tübinger Amt erfüllt hatte. Ich wußte ja nun einiges über die Regierung eines solchen Unternehmens, auch wenn es in Hamburg um eine ganz andere Größenordnung ging. Außer den üblichen Repräsentationsaufgaben, bei denen ich die Universität nach außen zu vertreten hatte, bestand der Schwerpunkt meiner Arbeit in der Leitung der verschiedenen Gremien, die sich mit der Weiterführung oder Vollendung einer Fülle von Bauvorhaben – zum Beispiel des »Philosophenturms«, in dem später auch unsere Fakultät untergebracht wurde – befaßten. Hier konnte ich in einem fort ernten, was ich nicht gesät hatte. Meine Vorgänger – vor allem Karl Schiller, der spätere Bundesminister für Wirtschaft und Finanzen, mit seinem Verwaltungsgeschick und seiner Energie – hatten diese Bauvorhaben schon zügig vorangetrieben. Die Finanzierungsfragen sahen sich damals noch nicht jenen Engpässen gegenüber, die später die Bewegungsfreiheit so schmerzlich hemmten. Diese Seite meiner Aufgaben führte zu einer besonderen Berufslast: Ich mußte von Richtfest zu Richtfest eilen, am hellen Nachmittag Eisbein mit Sauerkraut und die dazugehörigen Schnäpse konsumieren, gleichwohl aber noch die Verfügungsgewalt über den sublimeren Stoff sinniger Weihegedanken behalten. Das war die *mir* abverlangte »Askese« während dieser Zeit!
Von den auswärtigen Verpflichtungen, denen ich von Amts wegen nachzukommen hatte, war eine der wichtigsten die Mitgliedschaft im Wissenschaftlichen Beirat der Thyssen-Stiftung, die 1960 gegründet wurde. Ich habe bis 1982 an den Sitzungen dieses Rates teilgenommen und durch das Zusammenwirken aller Fakultäten bei den Förderungsvorhaben eine Fülle von Anregungen empfangen. Das schönste war dabei für mich das regelmäßige Zusammensein

mit alten Freunden, vor allem mit Adolf Butenandt, Helmut Schelsky und Wolfgang Schadewaldt, dessen herrliches Fachgebiet die klassische Philologie und die Nachwirkungen der Antike bis zu Goethe und Schiller umschloß. Nach dem Ende der in Köln stattfindenden Sitzungen zogen Schadewaldt und ich uns bis zur Abfahrt unserer Züge in eine stille Hotelecke zurück, wo es ihm Freude machte, mir fortlaufend sein Leben zu erzählen.

Mein wichtigster Beistand auf der Kommandobrücke der Universität war ihr überaus tüchtiger und loyaler Syndikus Dr. Richard Münzner. Dieser mein Copilot besaß eine sehr viel größere Streckenkenntnis als der Kommandant. Er übersah nicht nur das so vielfach verzweigte Gesamtgefüge der Universität, sondern auch ihre geistigen Fundamente, so daß er viel mehr als nur juristischer Berater war. Zudem verfügte er über psychoanalytische und psychotherapeutische Fähigkeiten im Umgang mit so komplizierten Leuten, wie Professoren und Studenten es nun einmal sind. Er hatte auch ein Fingerspitzengefühl für akademischen Stil. Ich habe ihn gern mit dem Spitznamen »die Universität als solche« bedacht. In der Folge der späteren Studentenrevolte wurde er auf eine schändliche Weise, die seinen Verdiensten Hohn sprach, aus seinem Amt entfernt und auf ein Nebengleis abgeschoben.

Ich zog vieles ähnlich auf wie seinerzeit in Tübingen, veranstaltete auch wieder »Diskussionsabende des Rektors«, die bei Kollegen und Studenten ebenso erfreulichen Anklang fanden. Gleichwohl erlaubte der Riesenorganismus der Hamburger Universität nicht jenen Grad der persönlichen Kommunikation, wie er in Tübingen möglich gewesen war. Die dienstbaren Geister traten in der Öffentlichkeit hinter den vielgenannten Namen zurück. Ich aber wußte, gerade von meiner Position aus, von ihrer Loyalität und erfuhr sie lange danach aufs neue, als die großen Unruhen über uns hereinbrachen.

Gab es einmal Krach und mußte ich scharf durchgreifen, so schien und scheint es zu meinem Schicksal zu gehören, daß das reinigende Gewitter nachher meist einen positiven Effekt zeitigt. So war es zum Beispiel, als die Zeitschrift »Konkret« eine unerträgliche Attacke – ich weiß nicht mehr gegen wen oder was – geritten hatte und ich ihre Auslage und ihren Verkauf im Universitätsbereich verbot. Da besuchte mich ihre seinerzeitige Redakteurin Ulrike Meinhoff, um mich zur Rechenschaft zu ziehen und gegen das Verbot zu protestieren. Nach einem langen Gespräch, das auch in sehr grundsätzliche Bereiche vorstieß, reagierte sie erstaunlich verständnisvoll und bat mich sogar, auch ihrer Redaktion einmal zu sagen, was ich *ihr* eröffnet hatte. Daraufhin lud ich die gesamte Redaktion von »Konkret« zu einer Kaffeestunde ein und fand gleichfalls eine positive Resonanz. Ich habe sogar (wenn man das von heute aus betrachtet...!) ein Interview mit dieser Zeitschrift veröffentlichen lassen.

Der formvollendete Dankesbrief, den Ulrike Meinhof mir danach schrieb, steht in einem kaum zu fassenden Kontrast zu der Gossen- und Analterminologie, deren sie sich später bediente. Mir ist die Begegnung mit dieser hochbegabten Frau immer wieder nachgegangen, wenn ich später ihren luziferischen Absturz verfolgte. Trotz allen Grauens, der über ihrem Weg als Terroristin lastete, habe ich den Abscheu nie teilen können, der die meisten Zeitgenossen ihr gegenüber erfüllte. Vielmehr war ich aufs tiefste angerührt von der Verstrickung, in die ihre ethischen Ausgangsmotive sie geführt hatten: Sie wollte ändernd in eine strukturelle Situation unserer Gesellschaft eingreifen, die sie mit Verzweiflung erfüllte. Als ihre Kassandrarufe von Pressespalten aus nichts fruchteten, meinte sie Zeichen der Tat aufrichten zu sollen und verrannte sich dabei in Taten der Zerstörung, die schließlich in der Selbstdemontage endeten. Bei mir hat das Erbarmen mit dieser Frau stets den Zorn über die Schrecknisse überwogen, deren Urheberin sie war. Ich gedenke der Begegnung mit ihr als einem der Höhepunkte in meinem Hamburger Rektorat.

Mit dem Riesenkomplex der Eppendorfer Kliniken hatte ich in meinem Amtsjahr nicht nur dienstlich zu tun, sondern auch als Patient. Meine besondere Gefährdung durch Lungenembolien hatte mich wieder einmal – mitten in meinen rektoralen Aufgaben – lebensbedrohlich hingestreckt und für einige Wochen zu stationärer Behandlung genötigt. Eine menschlich schöne Folge dieses Aufenthaltes war, daß ich die Freundschaft einiger Ärzte gewann, die bis zu ihrem Tode eine Bereicherung meines Lebens bedeuteten.

Vor allem war es der Kardiologe Ernst Gadermann, ein Mann von vitaler Urkraft, als Kampfflieger Ritterkreuzträger des Zweiten Weltkriegs, ein fröhlicher Zecher und besinnlicher Gesprächspartner. Vom ersten Augenblick an, als ich ihm in desolatem Zustand begegnete, hatte ich das Gefühl: Dies ist ein guter Kamerad – er selber sprach gerne von »Kumpel« –, der Tag und Nacht für dich da ist und dich nie im Stich läßt. Es wird später noch zu berichten sein, wie er diese Erwartung erfüllte. Zugleich war er ein Mann von feinstem Kunstverständnis und ein großer Bildersammler.

Einmal habe ich mich in einem Gespräch mit ihm erzürnt. Er war befreundet mit einem führenden Journalisten und Verleger, dessen Blatt einen von mir als infam empfundenen Artikel gebracht hatte. (Ich weiß nicht mehr, worum es ging.) Ich machte ihm Vorwürfe, daß so jemand sein Freund sei, und bezeichnete es als unmöglich, daß er sich mit zwei so gegensätzlichen »Kumpels« verbinde. Er meinte darauf, daß ich das doch dem anderen »Kumpel« gefälligst selber sagen möge. »Den kriege ich doch nie vor meine Flinte«, wehrte ich ab. »Doch, er ist zufällig hier, und ich bringe ihn gleich herbei«, sagte er und verschwand. Gleich darauf schob er ihn zur Tür hinein, während er selber sich zurückzog. Damit hatte er mir aber einen üblen Streich gespielt: Dem berühmten Mann hingen Schläuche aus dem Mund und aus beiden Nasenlöchern. Er konnte nur nuscheln und grinste sich eins, weil er meinen Schreck bemerkte und sich vor einem Donnerwetter sicher fühlte. Mein aufgestauter Grimm konnte sich bei diesem Zustand unmöglich entladen, und ich wußte nichts anderes, als ihm »gute Besserung« zu wünschen. Selbst sein »Dankeschön« war nur ein unartikuliertes Grunzen.

Auch der bekannte Eppendorfer Chirurg Ludwig Zukschwerdt und seine Frau wurden unsere Freunde, zumal wir unmittelbare Wohnnachbarn waren. Mir sind wenige Ärzte begegnet, die über dieses Maß an diagnostischer Zusammenschau verfügten und neben dem eigenen Fach auch über internistische und neurologische Kriterien geboten. Als ich ihm später in der Jacobi-Kirche die Trauerrede hielt, erwähnte ich die einzigartige und unbedingte Konzentration, mit der er für den jeweiligen Patienten da war: Einmal lag ich schon untersuchungsbereit in seinem Ordinationszimmer, als ich vor der Tür eine gigantische Schimpfkanonade vernahm, die er mit Blitz und Donner auf einen Assistenten niedergehen ließ, weil er »Murks« gemacht hätte. Ich hatte nicht nur Mitleid mit dem armen Kerl, sondern fürchtete mich sogar selbst etwas vor diesem Unheil schleudernden Jupiter. Dann aber kam er herein, schaltete blitzschnell um, umarmte mich fast und verkündete in strahlender Euphorie, welche Freude es ihm bedeute, mich wiederzusehen. Derweil hoben sich die roten Zornesflecken noch deutlich auf seiner Haut ab. Diese radikale Umstellung auf den Menschen, mit dem er es gerade zu tun hatte, war typisch für ihn. Darum strahlte er Ruhe und Geborgenheit aus. Hatten wir einmal Schwierigkeiten mit unseren Kindern, schickten wir sie zu ihm. Auch ihnen tat seine Nähe gut; sie gingen für ihn durchs Feuer.

Otto Lindenschmidt, der Chef-Chirurg des Barmbeker Krankenhauses, stand mir ebenfalls nahe, nicht nur weil er in derselben Straße wohnte. Er war ein hochgebildeter Mann, zugleich didaktisch besonders begabt: Niemand sonst konnte einem medizinische Zusammenhänge so klarmachen wie er. Als bewußter Christ war er auch für ärztlich-theologische Grenzfragen aufgeschlossen. Auf seinem letzten Leidensweg konnte ich ihn bis kurz vor dem Tod als Freund und Seelsorger begleiten. Diese Arztfreundschaften waren für mich sehr hilfreich, wenn ich in den folgenden Jahren und Jahrzehnten immer wieder auf ärztlichen Kongressen über Grenzfragen der Medizin zu sprechen hatte und des Rates meiner Freunde bedurfte.

Wegen seiner starken Belastung wurde dem Leiter der Universität, wenn er als Patient in Eppendorf erschien, das Privileg eingeräumt, auf die Konsultation nicht warten zu müssen. Als ich einmal zum Röntgen erschien, erwartete mich der Klinikchef schon vor dem Tor und hieß mich als »Magnifizenz« willkommen. Nachdem ich die Jacke abgelegt hatte, sprach er mich als »Herr Kollege« an, und sobald der Oberkörper frei war, nannte er mich »Herr Thielicke«, was ich als überaus taktvoll empfand und auch mit entsprechendem Dank quittierte. Immerhin wollte er mir eine besondere Ehre antun und die Röntgenzeremonie selber vornehmen, ohne Hilfe des Bedienungspersonals. Doch schien er als Chef in diesen Elementarregionen etwas aus der Übung gekommen zu sein. Jedenfalls gab es ein merkwürdiges Fauchen, Brummen und Blitzen, und auf der Platte waren nur zwei Hosenträger zu sehen. Daraufhin rief er seine routinierteren Damen wieder herein.

Rede am 17. Juni 1962
im Deutschen Bundestag

Ein wichtiges Ereignis bedeutete es für mich, als ich auf Einladung des Bundesinnenministeriums am 17. Juni 1962 im Bundestag eine Rede zu halten hatte. Ich freute mich, bei dieser Gelegenheit einmal in Kritik und möglichst hilfreichem Weiterführen einiges von dem aussprechen zu können, was mir seit langem auf den Nägeln brannte. Mein Vortrag hatte eine thematische Mitte: Ich stellte die bewußt zugespitzte Frage, ob wir in den westlichen Ländern nicht unter einem inneren Substanzverlust litten, ja, ob wir überhaupt noch bevollmächtigt seien, uns den Ostblockländern gegenüber mit unserem degenerierten Freiheitsbegriff als Wegweiser aufzuspielen.

In diesem Sinne kritisierte ich die Abstraktheit unseres Demokratie-verständnisses, in dessen Rahmen es kaum noch Raum für einen Begriff wie »Vaterland« gebe, weil es blutleer und formalistisch-hohl geworden sei und auch der Symbole entbehre. Der berechtigte Kampf gegen den Nationalismus dürfe nicht dazu führen, daß wir das Kind mit dem Bade ausschütteten und die Nation *selbst* aus unserem Bewußtsein verbannten.

Bei alledem reizte mich nicht zuletzt die methodische Seite meiner Aufgabe: ohne in einen Predigtstil zu verfallen, als Christ eine »weltliche Rede« zu halten und sokratisch darauf bedacht zu sein, die Rückfrage nach den – selber nicht ausgesprochenen – Fundamenten der vorgetragenen Konzeption zu entbinden. Die Äußerungen, die ich daraufhin aus evangelischen Pfarrhäusern empfing, reichten von der Feststellung, ich hätte Christus verleugnet, bis zu dem Satz eines Bischofs: der Name Gottes sei in der Rede nicht aufgetaucht, aber er habe hinter jedem Worte gestanden.

Das allgemeine Echo hat mich in seinem Ausmaß überrascht: Kaum hatte ich die Tribüne des Bundestages verlassen, trafen schon die ersten Telegramme ein und danach mehr als tausend Briefe. (Die Rede war von Rundfunk und Fernsehen übertragen worden.) Unter ihnen stärkten mich besonders die Äußerungen von Theodor Heuss und Eduard Spranger. Der Apostolische Nuntius, Erzbischof Konrad Bafile, schickte mir ein Exemplar von »L'Osservatore Romano«, in dem die Rede abgedruckt war. Ebenso wurde sie in vielen Tageszeitungen veröffentlicht.

Die Masse der Zuschriften war eine Fundgrube zur Ermittlung der inneren Situation des deutschen Volkes. Denn hier äußerten sich alle Berufsschichten und Altersgruppen zu den Grundfragen unseres politischen und persönlichen Lebens: zur Geschichte unseres Volkes, zur Bewältigung und Nicht-Bewältigung der jüngsten Vergangenheit, zum Begriff des Vaterlands und zu den Symbolen. Ich habe damals überlegt, ob man diese durch ihre Spontaneität besonders aussagestarken Zuschriften nicht systematisch auswerten sollte. Der Industrielle Otto A. Friedrich, der sich einmal bei mir die »Waschkörbe« mit Post ansah, sorgte dann dafür, daß ein Soziologe sie statistisch bearbeitete und darüber im Rainer-Wunderlich-Verlag ein Buch veröffentlichte: E. Othmer, »Deutschland – Demokratie oder Vaterland. Die Rede an die Deutschen von Helmut Thielicke und eine Analyse ihrer Wirkung.«

Von Ausnahmen abgesehen, war die Reaktion erstaunlich zustimmend. Ich hatte es anders erwartet. Auch in diesem Fall fehlte nicht der Humor. Einer schrieb: »Wie gut, daß noch ein anderer Mann Ihres Namens in Hamburg lebt, wo doch auch der fiese Theologe dort ist.« Man kann sich denken, welches christliche Vergnügen es mir bereitete, den Verfasser über meine Identität aufzuklären. Er war dann aber sehr reumütig und bekannte, daß er einer Zeitungsente über mich aufgesessen sei, nach der ich ihm »fies« erschienen wäre.

Auch sonst hatte ich in diesen Jahren – und bis heute – viele Vorträge vor ähnlich »weltlichen« Foren zu halten. Sie reizten mich vor allem deshalb, weil ich hier Menschen ohne weltanschauliche »Vorsiebung« als Publikum hatte. Dabei beobachtete ich stets aufs neue, wie sehr gerade diese Art Hörer für das Substantielle der christlichen Botschaft empfänglich ist und gar keine raffiniert taktische Akkomodation wünscht. Eben deshalb bedrückt es mich, daß diese Menschen nur zu einem Teil in eine »normale« Kirche zu bringen sind. In der postchristlichen Gesellschaft steht nicht nur das *Ärgernis* zwischen der Botschaft und dem Hörer, sondern vor allem das *Vorurteil*. Dieses Vorurteil ist aber noch gefährlicher als das Skandalon, weil es nicht als Reaktion auf die Botschaft entsteht, sondern den Menschen von vornherein außer Hörweite hält. Ich selber bemühe mich, diesen Graben dadurch zu überbrücken, daß ich an einem sachlichen Problem herauszuarbeiten suche, welchen Bezug das Evangelium dazu hat und in welch neuem und überraschendem Licht die Themafrage durch diese Affinität erscheint. So habe ich einmal vor führenden Vertretern der deutschen Automobilindustrie gesprochen und dabei den Versuch unternommen, an dem Übermaß unserer Verkehrsschilder das Verhältnis von Gesetz und Evangelium darzustellen.

Blätter aus einem Skizzenbuch: Nordamerika

Von den fas alljährlichen USA-Reisen in etwa anderthalb Jahrzehnten will ich nur über die fünfmonatige Gastprofessorenzeit in Chicago im Jahr 1962 etwas genauer berichten, zumal ich die späteren Aufenthalte übergehen muß. Vorher hielt ich noch im Lichthof der Universität München die Gedenkrede zum 20. Todestag der Märtyrergeschwister Scholl. Die nachdenkliche Beschäftigung mit der Geschichte dieser jungen Studenten, die ihr Leben im Kampf gegen die Tyrannis hingaben, die Erinnerung an die makabre Größe der gemeinsam durchlittenen Zeit und nicht zuletzt die Erinnerungsschwere des Raumes waren für mich eine bewegende Erfahrung.

Kurz danach fuhr ich mit dem HAPAG-Schiff »Heidelberg«, eingehüllt in die bekannte Gastlichkeit und inmitten anregender Reisegefährten, zusammen mit meinem amerikanischen Sekretär Darrel Guder nach New York. Darrell hatte in Hamburg bei mir studiert und einige Monate bei uns gewohnt, um mich einem strengen Intensivkurs im Englischen zu unterziehen und die Übersetzung meiner Vorlesungsmanuskripte vorzubereiten. Seine Aufgabe war ferner, die Fülle der empfangenen Einladungen – aus den Staaten New York, Texas, New Jersey, Kalifornien, Pennsylvania, Washington, D.C., Illinois, Georgia, Minnesota, South Dakota, Ohio, Massachusetts und Indiana – geographisch zu ordnen, die Korrespondenz mit den Veranstaltern zu führen, die Daten abzustimmen, mich dann auf der Reise zu begleiten und mir als Übersetzer bei den Diskussionen beizustehen. Ich konnte mir keinen besseren und geschickteren Helfer wünschen. Wir waren schließlich so aufeinander eingespielt, daß ich in Diskussionen einen halben Satz in Deutsch sprach, er dann englisch einfiel, die Stimme hob, wenn ich sie hob, meine Gesten wiederholte und fast zu meinem zweiten Ich wurde. Es war köstlich, dabei die Hörer zu beobachten: Sie bewegten die Augen von einem zum anderen wie die Zuschauer eines Ping-Pong-Spiels. Seine Dolmetscherkunst war so vollendet, daß ich manchmal das fremdsprachige Terrain vergaß, auf dem ich mich bewegte. Dabei lernte ich sprachlich immerhin so viel, daß ich ihn gelegentlich – zum Vergnügen der Hörer – mit einem »Stopp« unterbrach und ein Wort in seinen Übersetzungen verbesserte.

Ich hatte auch eine Fülle von gut übersetzten englischen Witzen auswendig gelernt, die die Amerikaner ja lieben und mit denen ich meine Reden zu beginnen pflegte. Vor allem selbstironische Hinweise auf mein »poor English« waren eine gute Prophylaxe für die Enttäuschung, daß der Autor von in so glanzvollem Englisch geschriebenen Büchern in persona ein so unmündiger Stammler war. Wenn ich ihnen in ihrer Sprache versicherte, ich selber liebte die englische Sprache, aber sie liebe mich nicht wieder, dann nahmen sie klaglos viele phonetische Barbareien von mir hin. Schließlich konnte ich mir auch schon einmal eine Improvisation erlauben; so teilte ich ihnen zu Beginn einer Vorlesung mit: »Letzte Nacht habe ich englisch geträumt (da lachten sie schon!), aber ich kann Ihnen meinen Traum leider nicht erzählen, weil ich ihn nicht verstanden habe.«

Von New York ging es in siebenstündigem Flug nach Los Angeles. Wie auf einem Zauberteppich glitten wir in dreizehntausend Meter Höhe, während die Sonne nicht unterging, über Wolkengebirge, weite Ebenen, Berge, Wüsten und Ströme dahin, angeregt von Sekt und guten Gesprächen. Diese unwirkliche Schönheit eines Fluges, die den Sonnenlauf fast zu überrunden schien, habe ich vorher und nachher so nicht mehr erlebt.

Wir wohnten die ersten Tage im Elternhause Darrells in Hollywood. Ausgerechnet hier – bei der Begegnung mit den vielen Gästen, die dieses Haus bevölkerten – wurde mir zum ersten Mal klar, welche Bedeutung die *Kirche* im amerikanischen Leben hat. Alle diese unterschiedlichen Menschen – Künstler, Filmschauspieler, Theologen, Studenten aller Fakultäten – waren durch die presbyterianische Gemeinde von Darrells Eltern geprägt. Neben Gottesdiensten, theologischen Laienkursen und Kinderkirche bot sie musikalische Abende, Theatervorstellungen und Geselligkeit in vielen Formen. Immer kam man *von* ihr oder ging *zu* ihr. Sie war eine geistige und geistliche Heimat, stiftete Freundschaften und sogar Ehen.

Das kam sicherlich auch daher, daß die geistlichen »Hymnen« jenen liturgischen Purismus nicht kennen, der unsere Gottesdienste zwar das erhabene Gefühl vermitteln läßt, nur mit originalem und stilreinem Liedgut versorgt zu werden, sie aber auch nicht selten lähmt. Der Schwung amerikanischer Kirchenlieder konnte einen förmlich aus der Bank hochlupfen (wenn man nicht vorher schon gestanden hätte). Als ich später in den benachbarten Bergen eine Woche lang zu 650 Studenten in dem Freizeitlager Forest Home sprach, war ihr Gesang so gewaltig und hinreißend, daß ich einen neben mir stehenden Operntenor nicht mehr zu hören vermochte, obwohl die Halsadern sich ihm zu dicken blauen Strichen blähten.

Öfter habe ich mit kultivierten Kirchenmusikern darüber gesprochen, weil es mich wunderte, daß sie – ich denke besonders an einen bedeutenden Bachkenner – ohne die leiseste snobistische Anwandlung bei irgendeiner Partie geistliche »Songs« spielten und von der Begeisterung der Singenden selber mitgerissen wurden. Sie schienen den Grund meiner Verwunderung kaum zu begreifen. »Warum sollten wir nicht?« antwortete einer. »Wir wollen Christus in *jeder* Stimmung bei uns haben. Wir sind ja nicht immer ›sakral‹, sondern auch handfest ›weltlich‹ und ausgelassen. Sollen wir ihn da entbehren und Worte und Töne nur von denen leihen, die ihn nicht kennen?« Mir kam dabei der Gedanke an das Mittelalter, in dem Geistliches und Weltliches beim Singen noch zusammengehörten, während sich *uns* die Welt in zwei Dimensionen zerlegt, die wir theologisch zwar ständig zusammenzuleimen uns bemühen, die aber »existentiell« doch getrennt bleiben. Die Amerikaner haben sicherlich manchmal die weniger gute Theologie – eine Regel, die übrigens von Ausnahmen wimmelt –, doch ihrem unreflektierten Lebensvollzug wohnt vielfach *das* noch ungebrochen inne, wonach wir in hoffnungslosen Reflexionen angeln.

Einmal erlebte ich in Forest Home ein Maskenfest, bei dem es um abenteuerlichen Kopfputz ging. Da gab es gigantische Turbane, einer trug den Turmbau zu Babel auf seinem Haupt, ich sah die unterschiedlichsten Schellenkappen. Beim Essen wurde trotz der phantastischen Aufmachung das Tischgebet nicht ausgelassen. Da neigten sich die Köpfe mit den riesigen Aufbauten, alle möglichen Glöckchen klingelten und schellten – mein sogenanntes Stilgefühl hätte mich fast herausplatzen lassen und beeinträchtigte den andächtigen Augenblick. Die Amerikaner aber wollten Gott auch bei ihrem Kappenfest nicht draußen lassen.

In der großen First Presbyterian Church von Hollywood wagte ich dann, meine erste englische Predigt zu halten. Ich stand vorher mit argem Lampenfieber wie ein Häufchen Elend an einer Säule, als eine Dame, die ein ganzes Blumenbeet auf dem Kopfe trug, wohl meine Nervosität bemerkte und mir Mut zusprechen wollte. Ich höre noch ihren schönen Trost: »Have fun on the Pulpit!« (Viel Spaß auf der Kanzel!) Das hat mir wohler getan als eine ganze Segenslitanei. Als ich dann die Kanzel betrat und ganze Rabatten von Blumenhüten unter mir sah, fühlte ich mich in einen botanischen Garten versetzt und litt etwas unter der Idee, zunächst eine Gießkanne zücken und die Gemeinde von oben her bewässern zu müssen. Diese ein wenig unfeierliche Vorstellung half mir aber, mein Lampenfieber abzuschütteln.

Wichtig war mir die Begegnung mit Billy Graham, der im Stadion von Los Angeles seine riesigen Evangelisationsversammlungen hielt. Ich hatte zunächst Bedenken, seine Einladung anzunehmen, neben ihm auf der Balustrade zu sitzen. Als ich es dann auf Drängen meiner Freunde doch tat, habe ich meine Augen kritisch weit offen gehalten. Ich bemerkte aber – als Tausende zum Bekenntnis vortraten – in seiner Crew nur gesammelte Meditation, keine Züge des Triumphes. Seine Botschaft war gutes Hausbrot. Von seiner warmherzigen, unprätentiösen Menschlichkeit war ich sehr angetan. Danach schrieb ich ihm einen Dankesbrief, in dem ich ihm bekannte, daß ich früher, gefragt nach meiner Meinung über ihn, gesagt hätte, daß mir bei ihm viele wesentliche Bestandstücke der Verkündigung zu fehlen schienen; er vertrete wohl eine individualistische Heilslehre, und auch diese nur bezüglich der Eröffnungsphase des Glaubens. Unter dem Eindruck seiner Botschaft hätte ich zwar die sachliche Seite dieser Kritik nicht unbedingt revidieren müssen, wohl aber hätte ich mich zu einer Abwandlung meiner kritischen Frage entschlossen; sie laute jetzt: »Was fehlt bei mir und der üblichen christlichen Verkündigung, daß es Billy Graham geben muß?« Die Antwort, die er mir daraufhin zuteil werden ließ, fand ich überaus beachtlich: Ich hätte mit meiner Kritik völlig recht. Was er treibe, sei wohl die fragwürdigste Form der Evangelisation. Aber was bleibe ihm anderes übrig, wenn der Dienst an den Herden, die keine Hirten haben, sonst nicht getan würde? Diese Antwort machte ihn mir glaubwürdig und überzeugte mich von seiner geistlichen Substanz.

Die schönste Tätigkeit war dann für mich im August die bereits erwähnte in Forest Home, neunzig Autominuten von Los Angeles entfernt, 1600 Meter hoch in den Bergen gelegen. Es war für den ganzen Monat mein Standquartier.

Forest Home ist ein interkonfessionelles Konferenzzentrum mit einem Indianerdorf, in dem die Jugendlichen ganz im Stile der Rothäute leben und sich mit ihrer Folklore beschäftigen. Einer der Häuptlinge war ein echter junger Indianer von königlichem Wuchs und Gehabe, ein Winnetou redivivus, der uns vor allem mit seinen Tänzen in Bann zu schlagen wußte. Die Wochen mit den Studenten waren von großer menschlicher und geistlicher »Dichte«, und der Abschied kam einem schmerzlichen Sich-Losreißen gleich.

In Forest Home hörte ich auch die beste Predigt, ausgerechnet von einem Polizisten. Bei einer besonders eiligen Fahrt zum Gottesdienst vergaß ich, an einer Stop-Stelle zu halten und zog mir die Verfolgung durch einen Polizisten auf den Hals. Aber ein Lastwagen setzte sich zwischen ihn und mich. Der Polizist brachte durch seine Signale den Truck-Führer zum Halten und schrie ihm zu, er solle ihn vorbeilassen, er müsse diesem Verkehrssünder da ein Ticket verpassen. Der Truck-Führer – ein Student, der mich kannte – schrie aber zurück, das könne er nicht, das sei nämlich ein Prediger, und der habe es eilig. Darauf traf der Polizist eine salomonische Entscheidung: »Well – aber dann sage diesem Gentleman, daß er nicht nur die Gebote Gottes, sondern auch die Gesetze dieses Landes beachten möchte.« Es ist schon nett, wenn die Polizei mehr im himmlischen Jerusalem als auf dem Kasernenhof zu Hause ist.

In dem herrlichen San Francisco lud mich mein dortiger »Dienstherr«, das Pacific Lutheran Seminary, ein, feierlich in einem Ehrenhain einen Baum zu pflanzen. An Deutschland erinnerten schon ein Dibelius- und ein Lilje-Baum. Diese beiden Vorgänger hatten aber keine besonders glückliche Hand gehabt: Der eine Baum war etwas dürr geraten und der andere übermäßig in die Breite geschossen. Der geneigte Leser mag selber raten, welchem Baum das eine und welchem das andere Schicksal widerfuhr. Bei der Ansprache zitierte ich das berühmte arabische Diktum: das Leben des Mannes erfülle sich, wenn er ein Haus gebaut, einen Sohn gezeugt und einen Baum gepflanzt habe. Das letzte hatte mir bis zu diesem Tag gefehlt.

An der Divinity School der Universität Chicago hatte ich dreißig Vorlesungen über die Anthropologie der Geschlechter zu halten. Als Manuskript benutzte ich eine von Dr. Doberstein angefertigte Übersetzung aus meiner »Theologischen Ethik«, die damals in den USA noch nicht veröffentlicht war und erst später in mehreren Bänden erschien. Ich hatte gewaltig zu arbeiten, um den Stoff meinen Hörern – meist älteren Doktoranden – in einem einigermaßen verständlichen Englisch vorzusetzen.

Von den Gottesdiensten, die ich in Chicago hielt, ist mir vor allem die Predigt in einer Negro-Gemeinde unvergeßlich. Man hatte erst Sorge, mich dort reden zu lassen, weil die Gemeinde mich vielleicht nicht verstünde. Doch sie ging enthusiastisch mit, unterbrach mich immer wieder durch laute Rufe wie: »Yes, Lord!«, »Hallelujah«, »Amen!« und viele andere Akklamationen. Das regte mich so an, daß ich wie von hohen Wogen hinweggetragen wurde und die englische Sprache in einer Art Pfingstwunder sich plötzlich in ein williges Instrument verwandelte. Die Ekstase der Gemeinde wurde durch Erwachsenen-, Jugend- und Kinderchöre immer wieder neu entfacht. In merkwürdigem Gegensatz zu dieser Wildheit spiritueller Erregungen stand das feierlich-steife Zeremoniell des äußeren Ablaufs: Ordnerinnen mit Schärpen und weißen Handschuhen wiesen jedem Besucher mit rituell stilisierten Gebärden die Plätze an und bewegten sich mit langsamen, dennoch tänzerischen Schritten durch die Gänge. Als ich den schwarzen Pfarrer auf diese Gegensätze ansprach, erklärte er mir: »Ich mußte diese gebändigten Formen in den Gottesdienst einbauen, weil sie ein Gegengewicht zum Enthusiasmus der Gemeinde bilden. Ließe ich diese Zügel fallen, gingen sie mir über alle Berge!«

Die Vorlesungen wurden auf zwei Tage der Woche zusammengelegt.

Sowie die letzte gehalten war, ging es zum Lufhafen, und wir flogen zu anderen Universitäten ins Land hinaus, so daß meine Zeit mehr als ausgefüllt war und ich manchmal mit schweren Erschöpfungszuständen zu kämpfen hatte. Ich übergehe alle diese Exkursionen und erwähne nur die »Dahlberg-Lectures«, die ich in Rochester zu halten hatte, und meine erste Begegnung mit Princeton, das in späteren Jahren so etwas wie die amerikanische Heimatuniversität für mich wurde. Das theologische Seminar mit seinem hohen Niveau, seinem englischen Flair und seiner kultivierten Gastlichkeit war immer wieder der besonders geliebte akademische Aufenthalt.

Am meisten erschütterte mich während der Monate in Chicago die Ermordung John F. Kennedys in Dallas, wo ich kurz zuvor noch Gastvorlesungen gehalten hatte. Ich befand mich gerade zu Einkäufen in der Stadt, als ich Menschengruppen beobachtete, die wie gebannt auf die Leuchtschrift eines Pressehauses starrten. Da war zunächst nur von einem Attentat die Rede. Dann vernahm ich aus einem stehenden Taxi Radiomeldungen, trat mit anderen an den Wagen und hörte nun in schneller Folge die sich steigernden Katastrophennachrichten, bis der Tod des Präsidenten feststand. Von Minute zu Minute breitete sich in flüsternden Gruppen eine allgemeine Erschütterung aus, wie wenn ein großer Vogel mit dunklen Schwingen über uns schwebte.

Ich geriet nun in eine schwierige Lage: Es war Freitag, und am kommenden Sonntag sollte ich in Harvard den Universitätsgottesdienst und in den folgenden Tagen einige Vorlesungen halten. Harvard war die Universität Kennedys gewesen, und schon am folgenden Tag brachte die Presse Nachrichten, daß sie als Bestattungsort in Betracht gezogen würde. Doch auch abgesehen davon schien es mir unpassend, daß ein Deutscher jetzt den Universitätsgottesdienst in Harvard hielte. So bat ich telefonisch, mich von meinem Auftrag zu entbinden. Doch man bestand auf meinem Kommen. Eine neue, der Situation angemessene Predigt vorzubereiten, war mir schon aus sprachlichen Gründen unmöglich. So blieb ich bei meinem Text über den sinkenden Petrus und dachte an die Erfahrungen des Bombenkrieges: Eine Katastrophenstunde bedarf keiner Spezialtexte; das ewige Wort ist unmittelbar zu allen Stunden. Darum legte ich nach wenigen Sätzen über das furchtbare Geschehen meinen Text aus wie immer. Selten sprach ich zu einer so erschüttert lauschenden Gemeinde. Mehr als zweitausend dunkel gekleidete Studenten und Professoren erfüllten den weiten Raum Kopf an Kopf und standen bis weit auf die Straße. Wohl dem Gast zuliebe sang der Chor Choralsätze von Pachelbel in deutscher Sprache. Das war in diesem Augenblick besonders bewegend.

Da in den nächsten Tagen alle Vorlesungen ausfielen, der Lehrkörper aber gerne einen Gesprächsabend mit mir gehabt hätte, versammelte sich eine größere Zahl von Harvard-Professoren am Sonntagabend. Ich bewunderte die Selbstdisziplin, mit der sie sich in diesen erregenden Tagen bereit fanden, eine geschliffene Debatte über Luthers Lehre von den beiden Regimenten – vom Verhältnis des Weltreichs zum Reich Gottes – zu führen. Dabei hatte ich mich vor allem mit anglikanischen Theologen auseinanderzusetzen. Zwischendurch saßen wir an diesem Wochenende immer wieder vor dem Fernsehschirm. Die in den USA sonst so dominierende Reklame war total verbannt. Es gab nur Kennedy-Sendungen, vor allem seine Interviews aus den letzten Jahren. Ich mußte daran denken, daß ich in den akademischen Kreisen bisher kaum einen Anhänger Kennedys getroffen hatte. Im Gegensatz zu der Erhebung ins Mythische, wie ich sie daheim beobachtet hatte – vor allem bei der deutschen Jugend –, standen ihm die Amerikaner nüchtern und in eher kritischer Distanz gegenüber.

Kennedys Nachfolger Johnson war ungleich beliebter. Sein Gedächtnismuseum – eine Ansammlung von sagenhaftem Kitsch – und seine Ranch waren förmliche Wallfahrtsorte, zu denen täglich große Pilgerscharen strömten. Mit seiner einfacheren geistigen und charakterlichen Konstitution konnte sich der Durchschnittsamerikaner offenbar leichter identifizieren. Einer sagte mir einmal: »Johnson ist für uns wie ein alter ausgetretener Schuh, in dem man keine Hühneraugen kriegt.«

Von den vielen späteren USA-Reisen führe ich nur wenige Momentaufnahmen, die vor allem von herausragenden menschlichen Begegnungen berichten, in einem bunten Bilderbogen vor. Die zeitliche Reihenfolge kann dabei ohne Belang bleiben.

Etwa zwölf Jahre nach der Ermordung Kennedys lernte ich einen anderen amerikanischen Präsidenten – Jimmy Carter – persönlich kennen. Frau Carter und ihre Schwägerin, die meine Bücher kannten, hatten von den Vorlesungen in Washington in der Zeitung gelesen und luden mich ins Weiße Haus ein. Bei dem angeregten Gespräch über theologische und Jugendfragen, das sich sofort entspann, wirkten die beiden überaus klug, sympathisch und liebenswert auf uns. Als wir nach einer guten Stunde Anstalten zum Aufbruch machten, sagte Frau Carter: »Nun will Jimmy Sie aber noch sehen!« Ich hatte das zuerst nicht recht begriffen und wunderte mich, als sie uns sogleich ins Freie führte, um uns – wie mir erst allmählich klarwurde – in das berühmte ovale Zimmer des Präsidenten zu bringen. Aus der Zeitung wußte ich, wie viele ausländische Würdenträger Carter an diesem Tage zu empfangen hatte. Deshalb erstaunte es mich, mit welcher Konzentration und wie heiter und locker er das Gespräch mit uns führte.

Am Abend gab uns das deutsche Botschafter-Ehepaar von Staden ein Abendessen in seiner Residenz. Herr von Staden sprach von unserem Empfang im Weißen Haus als einer »Sensation«, weil amerikanische Präsidenten einen unerhört dicht besetzten Terminkalender hätten und Privatleute sonst kaum zu einer Audienz zugelassen würden. Der Botschafter hatte noch viele andere Gäste eingeladen, vor allem Journalisten, um uns möglichst viele Informationsmöglichkeiten zu bieten. Bei dem Tafelgespräch fielen übrigens erstaunlich kritische Worte über den Präsidenten, und der Hausherr war nahezu der einzige, der ihn verteidigte und seine guten Seiten herauskehrte. Unter den Vorbehalten, die man ihm gegenüber hegte, ist mir vor allem der Einwand erinnerlich, Carter sei völlig konzeptionslos, überdies ohne alle außenpolitische Erfahrung (die ein Präsident doch schon *vor* Antritt seines Amtes haben müsse!). Er sei auch ungeschickt im Umgang mit den Verbündeten, die er verprelle und den USA entfremde. Das einzig Sympathische wäre, daß er seit langem wohl der erste wirklich »fromme« Präsident sei und seine Religiosität nicht nur opportunistisch vorschiebe. Das allein könnte aber seine Kompetenz für dieses Amt nicht legitimieren.

Nach Hamburg zurückgekehrt, hatte der Carter-Empfang ein Nachspiel. Einige Zeitungen hatten aus der Washingtoner Presse von unserem Besuch im Weißen Haus erfahren und wollten Näheres wissen. Ich lehnte das ab, weil es ja Privatgespräche gewesen waren und mir ein öffentliches Ausposaunen der Familie Carter gegenüber taktlos erschien. Ein bekanntes Boulevard-Blatt war über meine Weigerung erzürnt und brachte anderntags eine Bildmontage, die mich in der Unterhaltung mit Carter zeigte. Darunter war unser angebliches Gespräch aufgezeichnet, das durch viele An- und Abführungsstriche den Anschein erweckte, als ginge es um ein wörtliches Protokoll. Dabei war alles von Anfang bis Ende nur blanke Erfindung. Der Reporter hatte seiner Phantasie die Zügel schießen lassen und sich einfach vorgestellt, was der amerikanische Präsident wohl mit einem deutschen Theologen geredet haben könnte. Mein

Protest gegen dieses mehr als unseriöse Verhalten führte zu der verblüffenden Antwort: Ich hätte mir das selber zuzuschreiben, da ich der Zeitung ein Interview verweigert habe. Ich zog die Konsequenz, in Zukunft diesem Blatt erst recht jede Bitte um ein Interview abzuschlagen.

Mehrere Jahre hindurch hielt ich Gastvorlesungen im Medical Center in Houston/Texas. Das eingegliederte theologische Institut wurde von meinem früheren Doktoranden Kenneth Vaux geleitet. An die Vorlesungen schlossen sich immer wieder Professorencolloquien an, die mich mit führenden Klinikern, unter anderem mit dem berühmten Herzchirurgen Michael DeBakey, in Verbindung brachten. Liesel und ich wurden nicht nur in sein Haus eingeladen (wo wir Gäste seiner reizenden, aus Hamburg stammenden Frau waren), sondern auch zur Besichtigung einer Operation am offenen Herzen zugelassen. Was uns dabei am meisten faszinierte, war die unerhört durchdachte und organisierte Systematik, in der das große Team der beteiligten Akteure untereinander und zugleich mit dem wahrhaft imposanten Apparatepark zusammenarbeitete. Es war wohl diese »klassische« Systematik, dieses fast elegant zu nennende, an ein Orchester erinnernde Zusammenspiel, das bei uns Laienzuschauern jede Schockwirkung verhinderte und uns dieses Schauspiel und seine Regie mit atemloser Spannung verfolgen ließ.

Houston schenkte mir auch andere wichtige Begegnungen. Im Anschluß an eine Predigt, die ich in einer der fünfzehnhundert (!) Kirchen der Stadt, in der Presbyterian Church, hielt, fand ein Essen statt, an dem auch der damals wohl berühmteste Mann der USA teilnahm: Richter Leon Jaworski, der schließlich den Sturz des Präsidenten Nixon herbeiführte. Ihn kannte damals jedes Kind, denn viele Wochen hindurch wurde der Watergate-Prozeß täglich vom Fernsehen ausgestrahlt. Ich hatte mir ihn als harten »Ankläger«-Typ vorgestellt und begegnete nun zu meiner Überraschung einem gütigen, nachdenklichen und hochgebildeten Gentleman. Wir gerieten sofort in eine lebhafte Unterhaltung über den Nürnberger Prozeß, an dem er teilgenommen hatte. Bei dieser Gelegenheit erfuhr ich etwas Erstaunliches: Nixon hatte den bisherigen Untersuchungsrichter beim Watergate-Verfahren seinerzeit abgesetzt und statt dessen Jaworski berufen. Er tat das in der irrigen Meinung, in ihm so etwas wie einen Sympathisanten, einen Vertreter seiner Interessen zu finden, da er ihm seit Jahren nahestand. Jaworski sah sich nun vor dem Konflikt zwischen den Erwartungen, die Nixon in ihn setzte, und seiner Verpflichtung zu neutraler Objektivität gestellt. In seiner Bedrängnis bat er den Pfarrer seiner presbyterianischen Gemeinde und einige Älteste zu einer Beratung. Man diskutierte gründlich, betete gemeinsam um Klarheit und kam zu der Gewißheit, daß Jaworski sich diesem Auftrag stellen müsse. Er wurde in den Augen der amerikanischen Jugend dadurch zu einer Art Leitbild, weil er sich trotz seiner früheren – allgemein bekannten – Verbundenheit mit Nixon zu unerbittlicher Gerechtigkeit durchrang. Mochte Nixon selber dadurch auch bitter enttäuscht werden: die Amerikaner jedenfalls atmeten auf, daß es in dieser korrupten Zeit noch eine Gesinnung von dieser Makellosigkeit gab.

Einmal wurde ich von den Astronauten, den Medizinern und Physikern des benachbarten *Weltraumzentrums* zu einem Essen mit anschließender Diskussion über ethische und weltanschauliche Probleme der Raumfahrt eingeladen. Mich beeindruckte der Ernst, mit dem sie sich Fragen zuwandten, die jenseits des nur Technischen und Berechenbaren lagen. Ich hatte – ich schäme mich, es einzugestehen – eher roboterhafte Wesen und Apparatschiks erwartet und fand statt dessen nachdenkliche und von der Frage nach dem »Sinn« bewegte Menschen. John Glenn, der erste amerikanische Astronaut und Erdumrunder, war verhindert, besuchte mich aber am folgenden Tag, weil er vom Verlauf des Abends gehört hatte und nun ein persönliches Gespräch wünschte. Ich wußte, welche charakterlichen, intellektuellen und psychischen Kriterien für die Auswahl der Astronauten maßgeblich sind. Dazu gehören nicht nur hohes geistiges und technisches Niveau, sondern auch Ausgewogenheit des Charakters, Gelassenheit und Mut – von körperlichen Bedingungen einmal ganz abgesehen. Nur eine allzu starke Begabung mit *Phantasie* ist (aus naheliegenden Gründen!) unerwünscht. Ob John Glenn diesen erwünschten Mangel aufwies, konnte ich nicht feststellen. In allem anderen aber entsprach er nach meinem Eindruck jenen Kriterien vollkommen. Ich sagte nach dieser beglückenden Begegnung zu den Umstehenden: »Wir haben soeben einen ganz und gar ›gesunden‹ Menschen erlebt.« Ich wußte kein besseres Wort, um meinen Eindruck wiederzugeben. Daß ich ihn so formulierte, lag wohl auch daran, daß ich morgens durch Intensivstationen der inneren Klinik und durch andere bedrückende Abteilungen geführt worden war. Nun vergaß ich über der makellosen Erscheinung von John Glenn einen Augenblick, daß und warum es keinen vollkommenen Menschen geben kann.

Ganz aus dem Rahmen sonstiger USA-Reisen fielen meine Vorträge im nordwestlichen Staat Washington, wo mich die Pacific Lutheran University eingeladen hatte. Vor allem aber hatte ich auf einer größeren Theologenkonferenz zu sprechen, die hoch in den Bergen dieses wohl schönsten amerikanischen Bundeslandes stattfand, in Holden Village, nahe bei Chelan.

Schon lange vor dem Ziel mußten wir das Auto zurücklassen, fuhren eine gute Stunde mit einem Boot und kletterten in einem klapprigen Omnibus abenteuerliche Serpentinen hoch, bis wir uns plötzlich in einem märchenhaft schönen Bergdorf fanden, das – ganz unamerikanisch – in ein festliches Kleid gepflegter Blumenarrangements gekleidet war (ohne jede Plastikimitation!). Das Dorf besteht aus den verlassenen Wohnstätten eines stillgelegten Kupferbergwerks, das die Kirche erwarb und von ehemaligen Drogensüchtigen in freiwilliger Arbeit zu einer anheimelnden Freizeitstätte herrichten ließ.

Dort also hielt ich mit zwei Kollegen zusammen meine Vorlesungen, auch eine Predigt. Da allen Teilnehmern meine Bücher bekannt waren – sogar die »Dogmatik« und die »Ethik« –, kam es inmitten des wohltuend menschlichen Klimas auch zu eindringenden Sachdiskussionen.

Die Abendmahlsfeiern waren von jubelnder Freude erfüllt, alle schüttelten sich die Hände, viele umarmten sich, es waren Feste der Gemeinschaft ohne jede liturgische Steifheit. Immer wieder entlud sich die gelöste und ausgelassene Stimmung in kraftvollem Singen. Abends saßen wir um einen riesigen Kamin, über dem sogar Emporen gebaut waren, um die Bewohner aufzunehmen. Da wurde dann das Tagespensum diskutiert, aber ich mußte auch jeden Abend eine Geschichte erzählen.

Holden Village war eine menschliche Oase inmitten riesiger Felsen und einer Urwildnis. Liesel und ich mußten uns fast gewaltsam klarmachen, daß wir uns in den USA befanden: Hier gab es kein Fernsehen und kein Radio, nicht einmal ein Telefon. Und nachmittags ging man »hiking«, ein neues Wort für Wandern und Klettern. Dabei lernte ich die ersten Spuren einer Entwicklung kennen, die sich damals in den USA anbahnte. Sie stand unter dem Rousseau-Motto: »Zurück zur Natur!« Man verläßt das Auto und zieht die Wanderschuhe an. In manchen Universitäten flechten sich die Studenten Hausschuhe, spinnen Garn, sie nähen, stricken und häkeln, ziehen auch ungespritztes Gemüse. Es ist eine Gegenbewegung zur technischen Zivilisation und ihrer künstlichen Welt. Daß man auch

dem Bann ihrer Rationalität zu entrinnen wünscht, ist allein daran
zu erkennen, daß allenthalben Hermann Hesse gelesen wird und in
geradezu sagenhaften Auflagen verbreitet ist.

Ich würde diesen Bilderbogen gerne mit einigen Porträts meiner
amerikanischen Freunde schließen, vor allem mit denen meiner
ehemaligen Studenten und Doktoranden, die ich vielerorts nun
selber tätig in Forschung und Lehre wiedertraf. Stellvertretend für
viele will ich Professor Edward Schroeder in St. Louis (Missouri)
nennen. Er wurde als Professor des lutherischen Missouri-Seminars
– und mit ihm mehrere seiner Kollegen, einige von ihnen ebenfalls
meine Schüler – durch den radikal »superlutherischen« Präsidenten der Missouri-Synode von seinem Lehrstuhl verdrängt, weil er
aufgrund seiner in Deutschland empfangenen Ausbildung die Lehre
von der »Verbalinspiration« (der wörtlichen Eingebung) der Heiligen Schrift ablehnte – und sich damit übrigens an Luthers eigenes
Schriftverständnis hielt. Schroeder machte daraufhin ein eigenes
Seminar auf, das »Seminex« (Seminary in exile). Fromme, in der
Theologie tief verwurzelte Christenmenschen, fielen diesem Fanati-
ker zum Opfer.
Ein paar hundert Studenten folgten ihren Professoren in die Verban-
nung, wo sie sich dann notdürftig genug einrichteten. Für die
Studenten war es übrigens ein Sprung ins Ungewisse, weil sie ihre
synodale Heimat verloren hatte und kein Mensch ihnen die
Gewähr bieten konnte, daß sie einmal von einer Gemeinde ange-
stellt würden. So war dieser Gang ins Exil ein unter Opfern
erkauftes Glaubensbekenntnis. Ich wollte mich zu dieser tapferen
Schar auch öffentlich bekennen und habe deshalb im »Seminex«
Vorlesungen gehalten.

Blätter aus einem Skizzenbuch: Lateinamerika

Nach dem Sommersemester 1965 flogen Liesel und ich auf Einladung von Universitäten, Seminaren und Kirchen nach Lateinamerika.
Der Weg führte uns von Rio de Janeiro, wo uns heißeste Sonnentage
empfingen, in die Kühle des hochgelegenen São Paulo, wo ich –
Liesel war bei Freunden in Rio geblieben – im Hause des Industriel-
len Bromberg ein Konzentrat alter deutscher Kultur genoß. In
seiner Bibliothek waren Erstausgaben meiner Lieblingsautoren Raa-

be, Fontane und Stifter. Ich hielt dort in der Evangelischen Akademie Vorträge vor einem weitgestreuten Bildungspublikum und wurde bei der Diskussion eines ethischen Themas von der Frage überrascht: »Bis zu welcher Höhe ist Bestechung ethisch zulässig?« Wohlgemerkt: Man fragte nicht, »ob« Bestechung erlaubt sei, sondern erkundigte sich nach dem erlaubten Ausmaß. Das Faktum selber war in diesen Ländern als allgemeiner Usus unbestritten. Ob der Leser sich meine Verlegenheit vorstellen kann? Doch die wollte ich mir nicht gerne anmerken lassen und sagte einfach, wie aus der Pistole geschossen: »Zehn Prozent!«, worauf ich lebhaften Applaus empfing. Erst später überlegte ich mir, daß ich mit den zehn Prozent selber nichts Rechtes anzufangen wußte. Hatte ich damit einen Prozentsatz des zu erwartenden Strafmandates gemeint, der einen Verkehrpolizisten versöhnen sollte – oder was? Rechnerisch bin ich nie ein Held gewesen; mir war nur meine Absicht klar. Ich wollte sagen:

Wenn Bestechung zur allgemeinen Lebensordnung gehört, verliert sie ihren Ausnahme- und Heimlichkeitscharakter und kann so eine gewisse Legitimität gewinnen. Fragwürdig werden dann nur ihre Exzesse. Deshalb muß man den Usus selbst begrenzen und die Toleranz nur innerhalb dieser Grenzen gelten lassen. Dieses Grundsätzliche war es offenbar, dem man zugestimmt hatte, weniger dem etwas abenteuerlichen Prozentsatz.

Danach ging es in das Überschwemmungsgebiet von Porto Alegre und São Leopoldo; weiter nach Argentinien. In Buenos Aires las ich an verschiedenen Hochschulen. Den Höhepunkt bildete eine dreitägige Diskussion mit Ethik-Professoren unterschiedlicher Provenienz, mit Jesuiten, Marxisten und Juden in José C. Paz; sie bot Reibungsflächen, die die Funken sprühen ließen.

Von dort flog ich nach Chile, wo es in Santiago zu besonders intensiven Berührungen mit der Katholischen Theologie kam. Ich sprach dort in der Katholisch-theologischen Fakultät und in der Benediktiner-Abtei.

Ein Tag in Lima (Peru) war ganz der Archäologie gewidmet, bei der ich in unserem Freund Dr. Sellschopp einen wunderbar sachkundigen Führer hatte. Mein stärkster Eindruck dabei war das archaische Monument der Sonnenpyramide, die auf einem künstlichen Berg zwischen Wüste, Ozean, den Anden und einem fruchtbaren Tal gigantisch emporragt. Götterbilder von erschreckender Grausamkeit und Fremdheit drohten aus dem Betrachter einen Gebannten zu machen. Noch heute, so wird mir erzählt, wird dem Regengott im

Innern von Zeit zu Zeit ein junges schönes Mädchen geopfert, und die Polizei kommt nie dahinter.

Auf der letzten Station meiner Reise, in Mexico City, hatte ich im Lutherischen Seminar eine terminlich überaus dichtbesetzte, aber äußerst lebendige Arbeit in Vorlesungen, Diskussionen und unzähligen Einzelgesprächen zu leisten. Es war wohl die Höhenlage von Mexico City, dazu die Zeitverschiebung und die Ankunft mitten in der Nacht, die gleich am Beginn meine totale Übermüdung zum Ausbruch kommen ließ. Das äußerte sich in grotesker Form bei einem Empfang mit anschließendem Essen, das der Chirurg Steinle mir in seinem geräumigen Hause gab. Von 20 bis 22 Uhr stand man sich zunächst die Beine in den Leib. Ich war als Gast immer von Menschengruppen umringt, die mich ansprachen, teils Deutsch, teils Spanisch, dann natürlich mit dem Beistand eines Übersetzers. So mußte ich immer höflich präsent sein und schleppte mich schließlich, schon von leisem Schwindel befallen, zur Tafel, an der ich neben der äußerst liebenswürdigen Hausfrau plaziert war. Da geschah es dann: Ich war unmerklich eingenickt und mit dem Kopf in den Suppenteller gesunken. Die heiße Suppe ließ mich jäh erwachen, und ich sehe noch die vielen entsetzten Blicke, die sich unter allgemeinem Schweigen auf mich richteten. Frau Steinle rettete dann die Situation mit einer witzigen Bemerkung.

Der geographische Kristallisationspunkt der Reise war das Theologische Seminar in São Leopoldo (Brasilien). Ich las drei Wochen auf dem »Spiegelberg« und diskutierte abends mit den Studenten bei Mate-Tee theologische und politische Probleme. Daß ich dort Harding Meyer wiedertraf, der einst bei mir promoviert hatte und nun auf dem »Spiegelberg« die Systematische Theologie vertrat, war mir eine besondere Freude.

Abgesehen von diesen menschlichen Kontakten war die Zeit dort verdunkelt von permanenten Unwettern, die auf uns niedergingen, von Regen und Sturm, Blitz und Donner. Nirgendwo habe ich so gefroren wie in dem Sonnenland Brasilien, das auf Heizung nicht eingestellt ist. Um uns herum lag weit und breit überschwemmtes Land. Manchmal besuchten wir die von der Flut vertriebenen Einwohner in ihren deprimierend primitiven Notunterkünften.

Ganz in der Nähe konnte ich beobachten, wie ein neuer Heiliger »aufgebaut« wurde. Ein Pater Reuss der benachbarten Jesuiten-Hochschule wurde nach seinem Tode als Heiliger und Fürsprecher verehrt. Jeden Tag standen Anzeigen in der Zeitung, die den Dank für seine Wunder und Errettungen aussprachen. Man hatte ihm sogar eine Kathedrale errichtet, zu der immerfort Ströme von Wallfahrern pilgerten. Aus einer populären Biographie gewann ich eher den Eindruck eines Psychopathen, der sich zu Lebzeiten absurde Selbstquälereien auferlegt und wie eine Gebetsmühle täglich unzählige Paternoster und Ave-Maria-Gebete heruntergeschnurrt hatte. Ein Stand mit Sakramentalien vertrieb kleine Stückchen seines Habits, deren Berührung wunderbare Heilungen bewirken sollte. Als ich die Vermutung äußerte, das Gewand des Paters müßte ja, wenn das alles echt wäre, hundert Meter lang gewesen sein, wurde mir bedeutet: »Gewiß: diese Textilstückchen stammen von anderswo her, doch hat man sie sein Gewand berühren lassen. Durch diesen Kontakt ist seine Kraft auf sie übergegangen.« An der Kathedrale traf ich auch einen aus Bayern stammenden Pater, der mir erzählte, daß er 30 Jahre mit Pater Reuss zusammengelebt habe. Auf meine Frage, ob er schon zu dessen Lebzeiten etwas von seiner Heiligkeit bemerkt habe, gab er die erstaunliche Antwort: »Überhaupt nicht! Seit er aber tot ist, tut der Heiland ihm jeden Gefallen.« Ich konnte ein Befremden schwer unterdrücken, daß die gebildeten Jesuiten (bei denen ich ebenfalls eine Vorlesung gehalten hatte) diesen verstiegenen Kult mit einem der Ihren duldeten. Als ich sie darauf ansprach, lächelten sie zwar überlegen, schienen aber diesen Dualismus von sublimer Theologie und primitiv magischer Volksfrömmigkeit ganz in Ordnung zu finden.

Die Magie, die hier mit einem christlichen Firnis überzogen war, lebt elementar und unmittelbar noch in dem stark verbreiteten Spiritismus und seinen synkretistischen Kulten fort, in Makumba und anderen Formen der Magie. Durch besondere Beziehungen, die sich mir auftaten, konnte ich mehrere dieser esoterischen, der touristischen Öffentlichkeit entzogenen Kultveranstaltungen besuchen. Stets fand ich zwei Altäre vor: einen christlichen und einen afrikanisch-heidnischen mit Götterfratzen, Dämonen und anderen Symbolen dessen, was aus dem Hintergrund der Welt angsterregend hervorbricht. Die Kultgemeinde war aus allen Altersschichten, Ständen und Rassen bunt gemischt: Da gab es Schwarze und Weiße, intellektuelle Akademiker mit großen Hornbrillen und einfache Leute. Die ausbrechenden Ekstasen waren von unvorstellbarer Wildheit. Sie versetzten die Menschen in rasende Zuckungen, einige standen auf dem Kopf und strampelten mit den Beinen. Spitze Schreie wurden ausgestoßen. Die offenbar hochverehrte Kultheroine, eine sicherlich mehr als zwei Zentner schwere ältere Frau mit eindrucksvollem Gesicht, machte einmal einen Hochsprung, der das Gravitationsgesetz auszuschalten schien. Der stundenlange Rhythmus der Urwaldtrommeln und die bunte Bewegtheit der Szenen haben mich noch lange verfolgt. Hier war der heidnische Ursprung nur von einem dünnen Apfelhäutchen überzogen und brach, wie der neue Heiligenkult mir zeigte, mit magischer Gewalt hier und da selbst in den Sakramentalien der katholischen Kirche hervor.

Dieser Synkretismus hat historische Gründe. Das Gesetz schrieb vor, daß nur getaufte Christen das Land betreten durften. Die schwarzen Sklaven erhielten bei der Ankunft mit dem Weihwasserwedel eine Art Massen-Taufbesprengung, um die Ankömmlinge flugs in Christen zu verwandeln. Dadurch aber wurden die afrikanischen Götter nicht vertrieben; sie husteten und niesten höchstens und führten ihre Herrschaft ungestört fort.

Das größte Abenteuer der Reise war sicherlich eine Autofahrt durch den roten, regennassen Schlamm der Sierra, bei der Pfarrer Lützow Liesel und mich von São Leopoldo aus tief ins Innere, nach Tres des Maio brachte. Nur wenige trauten uns zu, daß wir mit dem kleinen Käfer die lehmige, seifenglatte Schlammwüste und die Entfernung von etwa 650 Kilometern überwinden könnten. Wir blieben auch immer wieder stecken, hatten fünf Reifenpannen und drehten uns mehrfach um 360 Grad. Als wir aber schließlich durch alle Einsamkeiten und alles Dunkel hindurch, in dem wir uns manchmal verloren wie Astronauten vorkamen, nach 18 Stunden an unserem Zielort eintrafen, war die Freude um so größer. In dieser verlassenen Gegend begrüßten uns die Würdenträger, und nach dem Gottesdienst, den ich hielt, wurden mehrere Rinder am Spieß gebraten. Von da ging es in noch größere Einöden: Wir besuchten Pfarrer Schwantes in Tenente Portela. Er hatte dort mit eigenen mühsam erbettelten Mitteln ein Internat und im Indioreservat ein Hospital errichtet. Ich bewunderte die Pioniertaten dieses Mannes, eines kultivierten und gebildeten Theologen, der in dieser Einsamkeit selbstlos den Indios diente.

Politisch interessierte mich vor allem die Stellung Lateinamerikas im Ost-West-Konflikt. In dieser Hinsicht erfüllte mich die starke Yankeephobie (die Haßgefühle gegen die Nordamerikaner) oft mit Sorge. Sie erschien mir fast wie eine Vorentscheidung gegen den Westen. Darum bin ich diesem Problem genauer nachgegangen und möchte den wichtigsten Ertrag meiner Beobachtungen kurz andeuten.

Der Kern des Ressentiments ist die Reaktion auf die speziell amerikanische Form des Antikommunismus: Überall, wo sich in den
lateinamerikanischen Staaten sozial-revolutionäre Tendenzen zeigen – die mehr als begreiflich sind –, sehen die Amerikaner sofort
kommunistische Motive. Diese Diagnose bietet sich an, *zum einen*
wegen der gewissen formalen Analogie zwischen *allen* Arten sozial-
revolutionärer Tendenzen und damit auch ihrer kommunistischen
Variante, *zum anderen* wegen des geradezu neurotischen Charakters
dieser amerikanischen Form des Antikommunismus, der in seiner
Unfähigkeit zur Differenzierung mindestens so simplifizierend verfährt wie der Kommunismus selber: Er kennt genau wie dieser nur
Schwarzweiß-Malerei und entsprechend nur Pauschalurteile; er ist
neurotisch, weil das »Rot-Sehen« geradezu ein Komplex ist, dem
mit realistischen Überlegungen und Vernunftargumenten offenbar
schwer beizukommen ist.

Demgegenüber wurde mir übereinstimmend von allen Gesprächs-
partnern in den bereisten lateinamerikanischen Ländern gesagt, daß
die sozialreformerischen Leidenschaften von Haus aus eindeutig
*un*ideologisch seien, und ich bin überzeugt, daß dieses Selbstver-
ständnis richtig ist. Von außen wurde dieser Eindruck nur dadurch
getrübt, daß die Kommunisten selbstverständlich jene Tendenzen
ausnutzen und als Wasser auf ihre Mühlen zu leiten versuchten.
Man muß aber hier genau unterscheiden, was Substanz und was nur
Randerscheinung ist. Die Bewegungen in Lateinamerika sind von
Haus aus *nicht* kommunistisch.

Freilich wird die Verbindung des unideologisch-sozialreformeri-
schen und des ideologisch-kommunistischen Stranges in jenem
Komplex noch durch einen weiteren Umstand kompliziert: Die
neurotisch simplifizierende Fehldiagnose, die der amerikanische
Antikommunismus erstellt, wirkt sich zusätzlich in einem *aktiven*
Sinn destruktiv aus. Vereinfacht heißt das: Die Amerikaner sagen:
Ihr seid Kommunisten (oder wenigstens kommunistisch bedroht).
Daraus leiten sie zwei Konsequenzen ab:

Entweder ziehen sie sich distanzierend zurück. Die Folge ist, daß die
also Preisgegebenen bei jenen Kräften Anschluß suchen – zumal sie
Hilfe und Anlehnung nötig haben –, die dafür offen sind: in Moskau
und Peking. Es ist mir als eine schreckliche und tragische Blindheit
der amerikanischen Politik erschienen – das wurde mir in unzähligen Gesprächen bestätigt, so daß ich hier zugleich eine Stimmung
wiedergebe –, daß sie übersieht, wie gerade *diese* Form des Antikommunismus den Kommunismus erst stimuliert und konsolidiert.

Als Modellfall dafür wurde mir in den verschiedensten geographischen Ecken, völlig unabhängig voneinander und darum in seinem Consensus besonders beeindruckend, Fidel Castro genannt. *Oder* – das ist die andere Konsequenz – die Amerikaner suchen sich gegenüber diesem ideologisch labilen Kontinent zu sichern, indem sie sich seiner wirtschaftlich oder auch politisch bemächtigen, ihn militärisch unter Kontrolle halten und damit das Gefühl imperialistischen Bedrohtseins und nationaler Entmündigung auslösen. Während die erstgenannte Konsequenz die *kommunistische* Reaktion erzeugt – indem sie entsprechende Anlehnungen bewirkt –, provoziert die zweite Konsequenz die *nationalistische* Reaktion. Kommunismus und Nationalismus werden so zu den beiden bedrohenden Emotionen auf diesem Kontinent, und beide verbinden sich zu einem durchgängigen und überaus militanten Anti-Amerika-Ressentiment.

Ich darf noch einmal betonen, daß dies alles nicht meine persönlichen Interpretationen sind, sondern daß ich nur die Situationsdeutung meiner nach Geographie, Nationalität und Berufsrichtung unterschiedlichen Gesprächspartner referiere. Hinzufügen möchte ich noch, daß zahlreiche in Lateinamerika lebende Nordamerikaner, mit denen ich sprach, diese Interpretation ebenfalls – in oft melancholisch-verzweifelter Stimmung – teilten.

Wenn ich auf diese Reise zurückblicke, erfüllt es mich mit tiefer Freude, daß und in welcher Weise christliche Pioniere auf diesem Kontinent an der Arbeit sind. Sie verkündigen nicht nur das Evangelium, sondern sie lehren auch den Weg zur Kultur: Sie lehren Ackerbau und Viehzucht, Lesen und Schreiben, bauen Schulen und Hospitäler. Wir klagen oft mit Recht darüber, daß unsere Entwicklungshilfe unter dem Mangel an Helfern leidet und daß niemand für bloß materielle Geschenke dankbar ist. Hier aber sind Menschen unter großen Opfern am Werk, und wir lassen sie immer wieder ohne materielle Hilfe und darum allein. Die Bundesrepublik Deutschland hat überall erkennbare Spuren hinterlassen, wir verfügen über Brückenköpfe der Sympathie – und ausgerechnet dieser Erdteil ist unserer Aufmerksamkeit (und der unserer Politiker) so eigentümlich entrückt. Immer wieder gehen meine Gedanken zu diesen Tapferen, die in Einsamkeit dienen.

Das »Arbeitshaus« in Mustin

Zwischen den großen Reisen ging natürlich die Semesterarbeit in Hamburg weiter. In den Ferien begab ich mich, abgesehen von zweiwöchigen Erholungszeiten im Jahr, in Klausur und schrieb an meinen Büchern. Wenn ich nicht abgelenkt wurde, telefonisch nicht erreichbar war und selbst meine Post großenteils liegen ließ, war ein Mönch im Vergleich zu mir fast ein Lebemann. Solche Zeiten empfand ich aber durchaus nicht als Entsagung. Ungestörte Konzentration ist geradezu ein Genuß. Es ist erstaunlich, wie groß die jeweilige Ernte sein kann, wenn man den ganzen Tag nur einer einzigen Sache zugewandt bleibt. Da unser Haus von vielen Freunden der Kinder frequentiert wurde und es zudem gewisse Stadien im jugendlichen Alter gibt, in denen das Glück des Lebens in lauter, Mauern erzittern lassender Musik besteht, baute ich mir in dem schönen Herzogtum Lauenburg, in dem Dorf Mustin unmittelbar an der Grenze zur DDR, ein kleines Reetdach-Haus, um dort zu klösterlicher Stille zu kommen. Vor und hinter dem Haus liegen Seen, in die ich während der Sommermonate mehrmals am Tag hineinsprang. Weil es kein »Lust«-, sondern ein Arbeitshaus zum Bücherschreiben sein sollte, durfte es abseits der Straße im Landschaftsschutzgebiet errichtet werden. Die Stille dort war so vollkommen, daß man nur das Rauschen des Blutes in den Ohren vernahm. Nicht einmal ein Flugzeug war in diesen Breiten zu hören, außer wenn der Bundesgrenzschutz mich im Hubschrauber zu einem Vortrag abholte, was öfter geschah.

Die Abende verbrachte ich bei entspannender Lektüre oder in den Häusern einiger Freunde, die mich an den Nöten, Sorgen und Freuden des Dorfes teilnehmen ließen. Zu den Freuden gehörte das jährliche Schützenfest, bei dessen Königsfrühstück die seltene, aber sehr zu empfehlende Kombination von Buttermilch und Schnäpsen das Herz erfreute. Im übrigen nahm man die Proklamation der neuen »Majestät« erstaunlich ernst; es gab Paraden mit Fahnen und altpreußischem Stechschritt, wobei die Gesichter zu steinernen Masken erstarrten. Zugleich konnte ich in dem kleinen übersehbaren Raum auch den Nonsens unserer deutschen Bildungspolitik verfolgen. Die kleine Dorfschule wurde (wie auch sonst überall) aufgelöst, so daß die Kinder allmorgendlich in Omnibussen zu der aufgeblähten Massen- und Mittelpunktschule gefahren werden mußten. Mit dem Lehrer verschwand eines der kulturellen Zentren, nur der Pastor blieb allein zurück. Bald gab es auch keine Kauflläden mehr und kaum noch Handwerker. Die Flurbereinigung ließ die kleinen Bauern verschwinden, die sich als Straßenarbeiter oder in ähnlichen Jobs verdingten.

Dort also beendete ich die »Theologische Ethik« und danach die drei Bände der »Dogmatik«, auch die »Anthropologie« sowie kleinere Schriften und Vorträge. Hin und wieder kam Liesel, um nach dem Rechten zu sehen. Sie war entsetzt, daß ich die ganze Woche über mit einer Tasse, einem Teller, einem Messer und einer Gabel ausgekommen war.

Ruf nach München

Die Stille meiner Bücherarbeit wurde im Jahre 1964 jäh durch die Entscheidungszwänge unterbrochen, die ein Ruf an die Universität München mit sich brachte.

Dieser Ruf war natürlich sehr verlockend. Ich sollte gemeinsam mit Karl Rahner, der den katholischen Part zu vertreten hatte, den Lehrstuhl Romano Guardinis übernehmen und in der Philosophischen Fakultät Ordinarius für Religionsphilosophie und christliche Weltanschauungslehre werden. Es wäre sicherlich eine weitreichende Wirkungsmöglichkeit gewesen, denn diese Professur war für alle Fakultäten bestimmt. In der größten deutschen Universität hauptamtlich das Studium generale zu vertreten – das konnte einen schon reizen. Das fast noch größere mir anvertraute Ziel wäre gewesen, in München den Anstoß zur Gründung einer Evangelisch-theologischen Fakultät auszulösen. Ich brauche nicht zu sagen, welche Chancen eine solche Gründung in sich schloß, zumal in dieser Stadt und an dieser Universität. Die Münchner Aufgabe rückte mir noch näher dadurch, daß Universität und Kirche, Kultusministerium und viele persönliche Freunde mich mit einer Dringlichkeit und in einer so herzlich getönten Art riefen, daß meine Bedenken zunächst dahinschmolzen. Mich rührte besonders die vorbehaltlose Offenheit an, mit der ausgerechnet die katholische Fakultät mich empfing und sich mit um jene Gründung bemühte.

In diesem Zusammenhang machte ich eine Erfahrung, die ein wohl einzigartiges Symptom für das gewandelte Verhältnis der beiden Konfessionen darstellt: Eine meiner größten Sorgen bestand in der Frage, was mit meinen Schülern, vor allem denen aus Übersee, geschehen sollte, die bei mir promovieren und sich teilweise auch habilitieren wollten. Konnte ich sie in einem Ein-Mann-Betrieb versorgen? Außerdem hätte ich ja nur den Dr. phil. und – jedenfalls bis zur Gründung einer Fakultät – nicht aber den Dr. theol. vergeben können.

Erlangen bot mir zwar sehr großzügig eine dauernde Gastprofessur an, von der aus einige Schwierigkeiten dieser Art hätten bereinigt werden können. Aber eben doch nicht alle: Schon die Reisen hin und her hätten eine zusätzliche Belastung bedeutet. Für diese Promotionsprobleme fand der Dekan der katholischen Fakultät in München, Michael Schmaus, einen erstaunlichen Ausweg, der als Zeichen der Zeit festgehalten zu werden verdient: Er bat den Münchner Kardinal Döpfner um seine Zustimmung, daß ich meine Schüler mit Hilfe seiner – also der katholischen! – Fakultät zum Dr. theol. promovieren könnte. Das wäre natürlich nur möglich gewesen – und diese Möglichkeit suchte er zu eröffnen –, wenn der für katholische Theologen bei der Promotion verbindliche Tridentinische Bekenntniseid entfallen würde.

Der Kardinal war »begeistert« dazu bereit, fühlte sich aber wegen des einschneidenden Charakters einer solchen Entscheidung allein nicht kompetent. Er fragte deshalb bei dem Propräfekten der römischen Glaubenskongregation, Kardinal Alfredo Ottaviani, an, der bei uns im Ruf eines extremen »Konservatismus« stand. Um so erstaunlicher war es, daß dieser ebenfalls zustimmte. Manchmal dachte ich, es lohnte sich, schon deshalb nach München zu gehen: nur um einen so zustande kommenden Dr. theol. zu kreieren. Ich habe jedenfalls diesen Grad der Offenheit dankbar und etwas beschämt zur Kenntnis genommen.

Schließlich gab es aber doch zwei Gründe, die mich vor München zurückzucken ließen: *Der eine Grund* war die Sorge vor den jahrelangen organisatorischen Aufgaben, die meiner harrten. Ich hatte ja schon in Hamburg erlebt, welche Last und Mühe mit der Gründung einer Fakultät verbunden sind. Und schließlich hatte ich mit dem Tübinger und dem Hamburger Rektorat schon einige Lebensjahre für Verwaltungsarbeiten eingesetzt, die zwar lehrreich gewesen waren und die ich auch nicht bereute, die aber doch von der eigentlichen Arbeit wegführten. Noch bildete ich mir ein, daß mir hin und wieder einiges einfiele, und meine Mappen waren voller Entwürfe für literarische Arbeiten. Sollte ich das alles zurückdrängen, um wieder Manager – wenn auch für eine große Aufgabe – zu werden?

Der *andere* Grund war, daß ich mich in Hamburg sehr wohl fühlte: Wie würde ich ohne meine sehr geliebte Fakultät leben können?

Würde ich nicht ohne ihren stärkenden und als Korrektiv wirksamen Rückhalt, ohne die Geborgenheit in diesem Kreis von guten Freunden ein »Solist« werden und theologisch verarmen? Außerdem dachte ich an die große Michaelisgemeinde, mit der ich nun schon zehn Jahre in wechselseitiger Treue verbunden war. Durfte ich sie verlassen? Und wie viele Freunde waren mir in Hamburg geschenkt worden, wie hing ich an der kultivierten Geselligkeit, deren Gespräche nie leeres Palaver waren! Ich brachte es einfach nicht fertig, dem allem – auch der Stadt selber mit Alster und Elbe, mit der Nähe des Meeres und dem Geist der Großzügigkeit – Lebewohl zu sagen. Ich habe mich oft gefragt, ob man all dies, was einem so ans Herz gewachsen war, nicht preisgeben müsse. Aber ich konnte es nicht – es waren ja auch tiefere Bindungen, die mit meinem Amt und mit meiner Botschaft zusammenhingen. Und wie deutlich ließen die Hamburger mich auch ihrerseits wissen, daß ich hier bleiben solle! Ich hätte ein Herz von Stein haben müssen, um mich darüber hinwegzusetzen.

Obwohl ich in Hamburg blieb, hatte der Ruf nach München noch einen positiven Effekt: Während der Verhandlungen mit dem Münchner Kultusministerium konnte ich die Zusage erreichen, daß die Universität um eine Evangelisch-theologische Fakultät erweitert würde. Ministerium und Universität waren dann trotz meiner Absage großzügig genug, mich in den Berufungsausschuß für die neu zu errichtende Fakultät zu berufen. So konnte ich mit dazu beitragen, ihren Lehrkörper aufzubauen. An der Art, wie sie sich dann durchsetzte, läßt sich ersehen, daß wir keine schlechte Wahl getroffen hatten.

Die Studentenrevolte
in Universität und Kirche

Am 9. November 1967 begann für mich im Auditorium Maximum der Hamburger Universität einer der traurigsten Lebensabschnitte, und zwar bei dem »feierlich« sein sollenden Rektoratswechsel. Hier brach in einem Paroxysmus entfesselter Happenings jene Studentenrevolte aus, deren deprimierende Erscheinungen nicht nur die folgenden Jahre verfinsterten, sondern die auch die Strukturen der deutschen Universität bis in die Grundfesten erschütterten. Die Feigheit von Politikern und Professoren ließ eine geradezu perverse und lähmende Form von »Demokratisierung« zu, von Mitspracherechten nicht Zuständiger, von hanebüchenen Titelanhebungen – wie inhaltsleer ist seitdem das Wort »Professor« geworden! – und von konkurrierenden, sich gegenseitig lähmenden Gruppen. Diese Revolte bildete eine historische Zäsur, nach der es zum Niedergang der deutschen Universität kam. Den Prestigeverlust dieser einst so angesehenen Institution konnte ich in aller Welt beobachten.

Die Unruhen in der Universität

An jenem 9. November 1967 zog der Lehrkörper noch einmal im Talar ein – unter lautem, die Musik überschreiendem Getöse der Studenten. Ohne daß wir die Aufschrift lesen konnten, wurde vor uns ein Transparent mit der berühmt gewordenen Sentenz entrollt: »Unter den Talaren ist der Muff von tausend Jahren.« Das eifrig filmende Fernsehen rückte durch Teleobjektive dieses Transparent so nahe an die einziehenden Professoren heran, daß der Eindruck entstand, als handle es sich um einen gemeinsamen, von den Talarträgern geduldeten Einzug. Auch in der Folgezeit spielte das Fernsehen eine destruktive Rolle: Wo immer es Radau gab, war es, rechtzeitig von den Studenten alarmiert, zur Stelle und begnügte sich nicht mit der Aufgabe bloßen Registrierens, sondern wirkte als aktives und entfesselndes Stimulans. Das veranlaßte mich, sehr bald in »Christ und Welt« einen äußerst polemisch-satirischen Artikel wider diese üblen TV-Usancen zu schreiben, den der Chefredakteur als »Blattschuß« bezeichnete: Er veranlaßte die Intendanten immerhin zu einer Sonderkonferenz. Doch kam es zu keiner übermäßig »tätigen« Reue.

Der weitere Verlauf des akademischen Festaktes war deprimierend. Die Festansprache des neuen Rektors wurde durch permanent aufbrandendes Gebrüll unterbrochen. Man rauchte, die Pärchen lagen sich in den Armen, und Luftballons stiegen empor, während Photoreporter und Kameramänner durch die Gänge stürmten. Der Rektor war in diesem Hexenkessel völlig hilflos; er brach auch nicht ab, sondern las, über das Manuskript gebeugt, seinen Text bis zum bitteren Ende. Ich hatte mir für den Auszug einen Zwischenruf überlegt, den ich mit äußerster Stimmkraft in diese kochende, von erschreckten Bürgern und Würdenträgern durchsetzte Masse hineinbrüllte: »Sie hätten Gelegenheit gehabt, sich als mündige Partner zu qualifizieren. Statt dessen bekamen wir postpubertäre Schübe zu sehen. Sorgen Sie dafür, daß wir Sie ernst nehmen können und Sie nicht ständig psychoanalytisch interpretieren müssen.« Im »Asta-Info« wurde dann berichtet, ich hätte die Studenten als »pubertäres Gesindel« bezeichnet.

Dieser schauerliche Vormittag leitete für einige Jahre fortdauernde Unruhen ein, in denen Dienstzimmer und Seminare besetzt, die Wände mit roten Parolen beschmiert – »Brecht dem Senat die Gräten, alle Macht den Räten« – und nicht wenige Professoren durch Massen-»Go-ins« und Protestgebrüll terrorisiert wurden. Einer der Hauptleidtragenden war mein Kollege und Freund Hans Wenke, mit dem ich seit unserer gemeinsamen Tübinger Zeit verbunden war. Er kam als Schulsenator nach Hamburg und gründete später die Universität Bochum. Die radikalen Studenten bauten gleich neben seinem Dienstzimmer einen Stand mit Schmähschriften und Flugblättern gegen ihn auf, so daß der Gang zu seinem Raum stets ein Spießrutenlaufen war. Seine Vorlesungen im Audimax wurden auf Veranlassung des Wortführers Oberlercher – den Wenkes Arzt als schuldig an dessen Tod bezeichnete – durch Hunderte von Eindringlingen immer wieder gewaltsam gestört. Er stand der kochenden Menge viermal auf seinem Katheder allein gegenüber, kam nicht zum Lesen und mußte den Saal jeweils unter höhnischem Geschrei und physischen Zudringlichkeiten verlassen, bis er nach tapferem Kampf aufgab. Professoren sind für solche Vorfälle im allgemeinen konstitutionell nicht besonders ausgerüstet. Ich konnte mir vorstellen, was Wenke und seine standhafte Frau zu erdulden hatten.

Als niemand ihm beistand – auch nicht in seiner Fakultät, auch nicht sein philosophischer Kollege, der über Jahre hin als Praeceptor Germaniae gespriesen wurde und zu dieser Zeit noch Einfluß gehabt hätte –, nahm ich mir vor, durch einen ostentativen Vorlesungsstreik öffentlich an seine Seite zu treten. Ich kündigte mein Kolleg auf Zetteln mit der Bezeichnung »Statt einer Vorlesung« an, ließ auch mündlich verbreiten, was ich vorhatte. Wie erwartet, traf ich in meinem Audimax-II-Raum neben der gewohnten Hörerschaft auf eine Menge der bekannten Anführer – wiederum Oberlercher dabei –, die rechtzeitig Wind bekommen hatten. Da diese »Vorlesung« der Anlaß für die späteren Tumulte in meinen Michel-Gottesdiensten war, möchte ich einige Partien hier mitteilen:

»Ich werde heute keine Vorlesung halten, sondern Ihnen eine Erklärung abgeben und dann diesen Saal verlassen. Wenn Sie darüber zu diskutieren wünschen, stehe ich noch zur Verfügung. Heute ein Kolleg zu halten, weigere ich mich aber. Ich glaube zu wissen, daß meine eigentlichen Hörer es nicht verdienen, daß gerade sie von diesem demonstrativen Akt betroffen werden, und ein kleiner Rest von Humor und Selbstironie, der noch verblieben ist, läßt mich ein wenig in der Rolle jenes Pfarrers sehen, der seine Gemeinde schilt, weil ganz andere Leute den Sünden des Karnevals frönen. Ich sehe aber keine andere Möglichkeit, um meinen Protest gegen das, was man meinem Kollegen und Freund Wenke angetan hat, Ausdruck zu geben – einen Ausdruck, der ohnmächtig genug ist und in den losgebrochenen Kollektiv-Neurosen auch wirkungslos verwehen wird...

Der Fall selbst ist schnell berichtet: Ein Student (Oberlercher), der vorher bereits wiederholt die Nerven des Professors, aber auch die seiner Kommilitonen durch sein Benehmen strapaziert hatte, schrieb im ›Auditorium‹ gegen Professor Wenke einen Artikel, dessen gossenhafte Frechheit durch den Begriff einer schlechten Kinderstube nur sehr unzulänglich umschrieben wird. Er unterschreitet auch die letzte Grenze einer parlamentarisch zulässigen Vokabulatur. Außerdem trägt er nach meinem Empfinden psychopathische Züge, die ich dem Verfasser nicht anlasten will – wohl aber der Redaktion dieses Organs, das eine solche Sudelei publiziert...

Professor Wenke hat daraufhin so reagiert, daß er dem Verfasser in seinem Seminar sagte: ›Nachdem Sie diesen Artikel geschrieben haben, verstehe ich nicht, daß Sie noch zu mir ins Seminar kommen. Verlassen Sie bitte diesen Raum!‹ Er hat übrigens ›bitte‹

gesagt. Von einem Hinauswurf, wie es ein Hamburger Boulevard-Blatt darstellte, kann keine Rede sein. Daß dieser Kontramilitone dann den Saal verließ, geschah auf den Druck der Kommilitonen hin, die ihn mit einmütigem Protest gegen seine Injurien hinaus veranlaßten. ...

In der Tat ist es unerträglich, einen ordinären Schmutzschleuderer vor sich sitzen zu haben, wenn man die ernsthafte Arbeit gemeinsamen Denkens betreiben will. In einer Gemeinschaft, für deren Bestand ich verantwortlich bin – um meiner Kommilitonen willen verantwortlich bin! –, würde auch ich zwar jeden Kritiker, aber niemals einen solchen Rüpel dulden. Wahrscheinlich, das muß ich gestehen, wäre ich meinerseits nicht imstande gewesen, die konventionelle Form bürgerlicher Sitten in dem Maße einzuhalten, zu dem Professor Wenke sich gezwungen hat.

Man hat es dann gewagt, meinen Kollegen vor ein Ultimatum zu stellen: er solle sich entschuldigen, andernfalls man ihm dazu in seiner Vorlesung Gelegenheit geben werde. Man hatte offenbar – welche Verrohung der Sitten! – keinen Sinn mehr dafür, welchem Skribenten man zu welchen verbalen Exzessen verholfen hatte. Gleichzeitig mit diesem Ruf nach Entschuldigung verbreitete die Gruppe von Herrn O. noch ein ›ergänzendes‹ Flugblatt, das von ›Schleimscheißern‹ sprach, für die kein Platz an der Universität sei. Man war offenbar auch bereit, jede Fälschung in Kauf zu nehmen. Denn über dem Anti-Wenke-Artikel stand als Motto eine schockierende, massive Nazi-Sentenz, für die Herr Wenke als Urheber bezeichnet wurde, während sie in Wirklichkeit nur den Wortlaut einer nazistischen ›Verordnung‹ enthielt und als solche Zitierung auch in Wenkes Referat mit genauem Fundort gekennzeichnet war. Nicht so aber in jenem ›Auditorium‹-Artikel. Wie gesagt: Fälschungen dieser Art, die man unmöglich als bloßes Versehen erklären kann, ließ man ungerügt durchgehen...

Sie sind über die beschämenden Vorgänge unterrichtet, die einem deutschen Professor verboten sein ließen, seinen Hörsaal zu betreten. Der einzige Lichtblick für mich ist, daß es offenbar nicht wenige gab, die inmitten der unkontrollierten Massenemotionen nüchtern blieben und sich *vor* ihren Lehrer stellten. Auch die hat es also gegeben.

Das alles tut man einem Manne an, der sein ganzes Leben daran gewendet hat, junge Menschen zu fördern, und der bis an die Grenze des gesundheitlichen Zusammenbruchs das große Werk der Bochumer Universitätsgründung zuwege gebracht hat. Niemand sonst hätte das wahrscheinlich so fertigbekommen. Nur er hatte die Tatkraft, das organisatorische Vermögen und den strategischen Blick. Aber auch dafür hat er teilweise Undank geerntet.

Soviel zum Faktischen. Nun möchte ich noch etwas über die Konsequenzen sagen, die sich daraus ergeben.

Was mich im Augenblick verzweifeln läßt, sind nicht die Drahtzieher des Sozialistischen Deutschen Studentenbunds, sondern das ist die Masse der Studenten, die nur in Spurenelementen gegen die neue Oligarchie der Funktionäre aufmuckt – gegen jene Funktionäre also, deren Hauptberuf wohl schon längst vom regulären Studium zu jener Geräuscherzeugung übergewechselt ist, die sie Hochschulpolitik nennen. Ich habe mir erzählen lassen, in einer anderen Hamburger Fakultät, die ein gutes Arbeitsklima zu haben scheint, hätten sich die Studenten zugerufen: ›Auf zu Wenke ins Audimax, da gibt's ein Happening zu sehen!‹ Sehen Sie: diese Leute und Mitläufertypen lassen mich verzweifeln. Nicht als ob ich es für unerlaubt hielte, als Beobachter solche Szenen in Augenschein zu nehmen. Es ist aber ein Unterschied, ob ich Zeuge von etwas sein will oder ob ich zum Jux dahingehe und in meiner Gaudisucht nicht bemerke, welcher Schmach ich dabei dienstbar werde und vor welchen Karren ich mich spannen lasse.

Liebe Kommilitonen, ich bin so deprimiert, daß ich jetzt etwas sage, was ich hoffentlich bald wieder zurücknehmen kann. Nie würde ich lieber einen Irrtum eingestehen; ich lechze sogar danach, das zu tun. Zunächst aber spreche ich meine Verzweiflung aus: Ich glaube, daß diesem unserem Volk nicht mehr zu helfen ist, und kann nur noch sagen: ›Armes Deutschland!‹ Ich habe mich sträflich in Illusionen gewiegt. Ich habe wirklich geglaubt, wir hätten den Nazismus überwunden, und ein neuer Hitler – auch mit veränderter Färbung – würde undenkbar unter uns sein. Und in allen Ländern, die ich als Gastprofessor besuchte, habe ich das auch in unzähligen Diskussionen bezeugt. Ich bezichtige mich jetzt einer – wenn auch unwissentlichen – Irreführung. Ich glaube es nun *nicht* mehr, daß wir gegen eine demagogische Diktatur immun sind. Mit Terror und Gebrüll hat es auch damals angefangen. Und das Volk lief auch damals mit, weil etwas ›los war‹, und war hilflos anfällig für alles, was nach Dynamik aussah und das Schauspiel öffentlicher Anprangerungen verhieß...

Die Funktionäre reden von Bewußtseinsbildung und vom Erwekken politischer Mündigkeit. Aber es kommt nur zu Indoktrination und Emotion, zu einer schauerlichen Bewußtseinstrübung, die ich an einer deutschen Universität nie für möglich gehalten hätte.

Darum weiß ich im Augenblick nicht, was ich auf einem deutschen Katheder noch soll. Daß wir es hier gut miteinander können, stimmt mich zwar zur Dankbarkeit, aber es nimmt mir nicht meine Verzweiflung. Denn die Universität ist unteilbar...

Obendrein geht es nicht einmal nur um die deutsche Universität, obwohl schon das gravierend genug wäre. Es geht um unser Volk und unser politisches Schicksal. Das sind große Worte, ich weiß... Aber ich folge damit nur der programmatischen Intention derer, die ich für unser Unglück halte. Denn diese Leute nehmen die Not der Universität, an der wir alle – Professoren und Studenten! – gemeinsam leiden und die wir gemeinsam überwinden möchten, doch nur zum Anlaß und zum Sprungbrett, um in anarchistischer Zersetzung die Ordnung überhaupt zu zerstören...

Ich will meine Arbeit weiter tun, und die Theologie, aber auch meine Theologiestudenten sind dabei ein Pflaster auf der Wunde. Doch in dem, was die Universität anbelangt, bin ich ins Mark getroffen. Möge dies alles von höherer Hand noch gnädig gewendet werden. In meinem menschlichen Zutrauen bin ich irre geworden.«

Diese »Vorlesung«, die auch an alle Mitglieder des Lehrkörpers verschickt wurde, erregte in der Öffentlichkeit erhebliches Aufsehen. Viele Zeitungen, auch die Medien, brachten Auszüge und setzten sich zustimmend oder kritisch mit ihr auseinander. Nicht wenige nahmen Anstoß an meinem Ausruf »Armes Deutschland« und solidarisierten sich – in jenen Anfangszeiten noch! – mit den kritischen Anliegen des SDS. Gelegentlich wurde ich dabei als finsterer Reaktionär porträtiert. Die Postberge häuften sich wieder einmal bei mir. Dabei war das positive Echo sehr viel umfangreicher als Kritik und Schmähung. Viele empfanden es geradezu als »Befreiung«, daß jemand der damals noch so liebevoll gehätschelten Katze »aufbegehrende Jugend« die Schelle angehängt hatte.

Meine »Vorlesung« hatte jedenfalls zur Folge, daß sich die gesammelte Wut der Radikalen von da an vor allem gegen *mich* wandte.

Als ich kurz darauf bei dem in Hamburg tagenden nordwestdeutschen Chirurgenkongreß eine programmatische Rede zu halten hatte, standen meine linken Gegner mit Schmähtransparenten im Foyer des Audimax. Einige Chirurgenfrauen aber ließen sich das nicht gefallen. Unter Führung von Frau Gabriele Zenker aus München rissen sie die Schmähparolen herunter und zerstampften sie unter ihren Füßen. Die Träger waren angesichts dieser ungewohnten Tat so perplex, daß sie das wortlos und ohne Gegenwehr geschehen ließen. Bei dem abendlichen Bankett im Hotel Atlantic brachten die Chirurgen der tapferen »Barrikadenkämpferin« deshalb Ovationen dar. Inmitten aller Melancholie war wieder einmal Anlaß zur Heiterkeit.

In den folgenden Monaten sorgten Eindringlinge wiederholt dafür, daß es auch in meinen Vorlesungen und Seminaren gärte. Doch wurde ich stets damit fertig, zumal ich mich auf den Beistand meiner Leute verlassen konnte. Erst langsam merkte ich, daß mich auf dem Weg vom Dozentenzimmer zum Hörsaal stets eine Gruppe von Kommilitonen unauffällig begleitete. Als ich nach dem Warum und Wieso fragte, erfuhr ich, daß sie mich vor Anpöbelungen schützen wollten. Der »Häuptling« dieser Gruppe war Heinrich Kuhfuß, der spätere Michaelis-Pastor, den selbst die Halb- und Unterwelt von St. Pauli achtet. Er war der Treuesten einer.

Die Tumulte im Michaelis-Gottesdienst

Sehr viel schwieriger war es, als die revoltierenden Studenten sich meine Michaelis-Gottesdienste zum Ziel ihrer Aggressionen erwählten. Sie waren ja erpicht auf Masseneffekte, und da sie von sich aus eine Versammlung von dreitausend Menschen nicht auf die Beine gebracht hätten, kam es ihnen gerade recht, sich in einer solchen Menge einzunisten und den Gottesdienst zu einem ihrer Happenings »umzufunktionieren«. Bei den Anpöbelungen in der Universität konnte ich massiv und ironisch reagieren, oft auch die Lacher auf meine Seite bringen. Wie aber sollte ich mich im Gottesdienst verhalten, wenn ich im Talar auf der Kanzel stand? Hier war ich in einer ganz anderen Rolle, die sehr viel delikatere Aufgaben stellte.

Erstmals wurde für den Michel-Gottesdienst am 13. Januar 1968 zur Attacke geblasen. Schon in dem vorangegangenen Dezember-Gottesdienst waren einige Signale laut geworden: Zwischenrufe wäh-

rend der Predigt und eine Invasion in die Sakristei, wo aus Maos
»Rotem Buch« vorgelesen wurde.

Die Vorzeichen dessen, was nun auf mich zukommen würde, häuften sich in den ersten Tagen des neuen Jahres. Mein Freund, Hans
Jürgen Quest, der Hauptpastor von St. Michaelis, teilte mir mit, der
SDS und andere Gruppen der Apo hätten ihn wissen lassen, daß
man die Hamburger Weihnachtsgottesdienste nur deshalb mit Pro-
testkundgebungen verschont hätte, weil alles auf den Thielicke-
Abend im Michel konzentriert werden sollte.

Gleichzeitig suchte mich in meiner Wohnung eine Delegation der
verschiedenen oppositionellen Gruppen heim, die kategorisch meine
Zusage verlangte, mich im Rahmen des Gottesdienstes einer öffentlichen Diskussion zu stellen. Ich lehnte das ebenso kategorisch ab,
bot aber nachfolgende Diskussionen im Gemeindehaus an. Das
wiederum behagte den Leuten gar nicht, weil ihnen nur an der
»Masse« lag.

Sogar mein alter Studienfreund Hans Martin Helbich, der General-
superintendent von Berlin, hatte von diesen Bedrohungen gehört
und reiste an, um mir den Rücken zu stärken. Doch war er selber
eher *noch* trostbedürftiger: Er war ganz verstört von den Tumulten
und Protesten in der Berliner Kaiser-Wilhelm-Gedächtniskirche und
litt unter seiner bedrückenden Isolierung in der Berliner Kirchenleitung, die ihn ohne Beistand ließ, im Gegenteil: Sie warb – und hier
besonders der im Dritten Reich so tapfere Bischof Scharf –, ohne daß
es im geringsten honoriert worden wäre, stets um Verständnis für
die aufbegehrenden Studenten und ihre liebevolle Duldung. »Jetzt
bin ich für ein paar Stunden dem Inferno entronnen«, sagte Helbich
bei der Begrüßung. Es erschütterte mich, diesen lustigen, vor
Vitalität förmlich berstenden Gesellen von einst so gebeugt, deprimiert und hoffnungslos zu sehen, zumal ich mich mit eigenen
Kümmernissen herumschlug.

Am 5. Januar rief mich die für den Michel zuständige Polizeidienst-
stelle an, ihre Kriminalkollegen hätten sie informiert, daß für
meinen nächsten Gottesdienst größere Störaktionen und die Vertei-
lung aufhetzender Flugblätter geplant seien. Nun wollte Haupt-
wachmeister Sch. wissen, was ich von der Polizei erwartete. Ich
hatte schon mit Quest abgesprochen, daß sie auf keinen Fall innerhalb des Gotteshauses in Aktion treten dürfte. Wir würden alles
tun, um selber mit der Situation fertig zu werden und im äußersten
Notfall lieber abbrechen. Als ich ihm das eröffnete, schien er sehr
erleichtert zu sein. Daß draußen Kriminalbeamte aufpassen würden,

wer die Kirche besuchte – viele der potentiellen Störer seien ihnen bereits bekannt –, wäre natürlich ausschließlich Sache der Polizei und gehe mich nichts an. Er werde jedenfalls mein Ersuchen um äußerste Zurückhaltung weitergeben.

Bald rollten neue Nachrichten an: Wegen der großen Menschenmenge in der Kirche, unter die sich noch Hunderte von Störern mischen würden, könnte sich nach Meinung der Behörde für Inneres die Lage so zuspitzen, daß die Gefahr einer Panik mit unabsehbaren Folgen bestünde. Deshalb werde der Chef dieser Behörde, Senator Ruhnau, in einem der Pfarrhäuser Posten beziehen und etwa notwendig werdende Polizeiaktionen befehligen.

Auch ich hatte schon an die Möglichkeit äußerster Eskalation gedacht. Dann müßte ich, allein auf der Kanzel stehend, wissen, wie ich mich zu verhalten und welche Direktiven ich zu geben hätte. Aus meinen Spurgeon-Studien· wußte ich, daß diesem Evangelisten ein solches Schockerlebnis bis zu seinem Ende nachgegangen war: In der drangvollen Enge eines seiner Gottesdienste schrien einige Störenfriede »Feuer!«. Vergeblich versuchte er, von seiner Kanzel aus die panisch aufspringende Menge zu beruhigen. Es gab kein Halten mehr: Sieben Menschen wurden zu Tode getrampelt und viele verletzt. Ich gestehe, daß mir diese Überlegung größte Sorge bereitete.

Deshalb hatte ich mit dem Kirchenvorstand, der treu und geschlossen zu mir stand, schon einige Vorsichtsmaßnahmen abgesprochen: Kanzel- und Altarmikrophone wurden von ihm und von verläßlichen Studenten bewacht. Auch für die Orgel war eine kleine Schutzgarde vorgesehen, damit wir nicht plötzlich durch die »Internationale« beglückt würden. Diese Wachen hielten dann auch, als man sich des Altarmikrophons zu bemächtigen suchte.

Zugleich fragte ich den mir befreundeten Kommandeur der Heeres-Offiziersschule II, Brigadegeneral Dr. Wulf, um Rat (nicht – wie es später hieß – um Beistand durch seine Mannen). Mit ihm und Quest zusammen machten wir die neuralgischen Punkte in der Kirche aus. Der General billigte die geplante Prophylaxe und kündigte lächelnd an, er werde selber als Schutzengel für die Kanzel und ihr Mikrophon auf der Treppe sitzen.

In der Woche vor dem 13. Januar steigerten sich die Plakat- und Flugblattaktionen rings um die Universität und ihre Institute. Dazu schrien einen allenthalben auf Bretterzäunen und Mauern gemalte Rieseninschriften mit der Aufforderung zum Go-in in »Thielickes Michel« förmlich an. Ebenso wurde auf Flugblättern eine blasphemische Nachäffung des Vaterunsers verteilt, das die ungebetenen Gäste laut im Chor mitsprechen sollten (was dann auch geschah):

Kapital unser, das du bist im Westen –
Amortisieret werde deine Investition,
Dein Profit komme,
Deine Kurse steigen, wie in Wall Street,
also auch in Europen.
Unsern täglichen Umsatz gib uns heute
Und verlängere uns unsere Kredite,
Wie wir sie stunden unsern Gläubigern.
Und führe uns nicht in Konkurs,
Sondern erlöse uns von den Gewerkschaften.
Denn dein ist die halbe Welt und die Macht
und der Reichtum seit zweihundert Jahren.
Mammon.

Die vielen Flugblatt-Schmähungen gegen meine Person übergehe ich – außer einer vielleicht (obwohl sie noch zu den harmloseren gehörte): Ich wurde als Freund der Reichen dargestellt, der über das Traumgefährt eines weißen »Jaguar« verfüge. Meine Studenten stellten mir dann ein Minimodell dieses begehrten, leider nie erreichten Gefährts auf das Katheder, mit dem meine Enkel später gerne spielten.
Doch gab es auch beglückende Stärkungen: Meine Fakultät nahm sich vor, geschlossen an dem Gottesdienst teilzunehmen und mir so ihre Treue zu bezeugen. Viele Menschen versicherten mich in Briefen, Telegrammen und Ferngesprächen ebenfalls ihrer Solidarität und sandten mir bewegende Wünsche.
Ich schlief in den Nächten vor dem 13. Januar sehr schlecht, weil ich in Gedanken immer wieder die denkbaren Situationen durchspielte und meine Reaktionen bedachte. Ich war getrost, einen Zeugendienst für das Evangelium zu leisten, wurde aber die Sorge nicht los, daß ich wegen meiner Übermüdung falsch reagieren könnte. Es war doch etwas anderes, ob ich »hemdsärmelig« im Hörsaal den Störern begegnete oder ob ich auf der Kanzel stand und mich im Gottesdienst nicht im Ton vergreifen durfte. Es rührte mich, daß mir am Morgen des 13. Januar zwei meiner Eppendorfer Ärzte – natürlich unaufgefordert und auch ganz unabhängig voneinander – beruhigende Medikamente brachten.
So kam denn der Samstagabend herbei. Schon vor der Kirche mußte

ich durch Gruppen mit Flugblättern und ein Kreuzfeuer feindseliger Blicke Spießruten laufen. Als ich zur Eingangsliturgie an den Altar trat, spürte ich in der unabsehbar wogenden, auch auf allen Gängen stehenden Menge eine eigentümliche Unruhe. Gerade vor mir aber saß geschlossen meine Fakultät und der treue Kirchenvorstand.

Noch blieb es äußerlich ruhig. Erst als ich auf die Kanzel trat und mit der Predigt begonnen hatte, ging es bald los: Einer der besonders aktiven studentischen Anführer, Peter Schütt, erhob sich und forderte lautstark eine sofortige Diskussion. Das wurde von rasendem Händeklatschen seiner Cliquen und mit wüstem Geschrei begleitet, während aus den Reihen der Gemeinde ein vielfaches »Pfui« und »Nein« aufbrandete. Zugleich peitschten schrille Zwischenrufe durch die Luft. Sie waren mir als Routineklischees, die Unkundige beeindrucken sollten, längst vertraut. Zu diesen Unkundigen gehörten auch manche Zeitungsschreiber, die sie in den folgenden Tagen als Symptome »inneren Ernstes« nicht genug zu rühmen wußten. Es waren drei immer wiederkehrende, selbst von den dümmsten Mitläufern inzwischen beherrschte Refrains: »Sie machen es sich zu leicht!«, »Sie reden immer nur von sich!«, »Kommen Sie endlich zur Sache!«

Als der Lärm überhand nahm und die Gemeinde sich auch physisch gegen die Lärmenden zur Wehr zu setzen drohte, griff ich zu einer vorbereiteten Maßnahme: Ich hatte die bei meinen Gottesdiensten jeweils verteilten Liederzettel auf der Rückseite mit »Ersatzliedern« bedrucken lassen, die ich bei ausbrechenden Unruhen singen lassen wollte. So bat ich jetzt die Gemeinde, sich zu erheben und stehend »Großer Gott, wir loben dich« zu singen.

Der mächtige Gesang der Tausende, die mit einem gewaltigen Ruck aufsprangen, verbunden mit den Klängen der Orgel, die alle Register entfesselte, übertönte jedes Geschrei. Als es nach dem Ende des Chorals gleich wieder einsetzte, ließ ich die Gemeinde abermals aufstehen und das nächste Lied singen. Ich sehe noch, wie ein Kirchenvorsteher, der wackere Klempnermeister Sieverts, einer der ganz Treuen, einem besonders Aufsässigen seinen Hut über die Flüstertüte stülpte.

Nach diesem zweiten Gesang wurde es immerhin so ruhig, daß ich die Predigt beenden konnte. Man hatte wohl die weiteren Vorräte an abgedruckten Liedtexten bemerkt. Versuche, Kanzel- und Altarmikrophone zu erstürmen, wurden von meinen wachehaltenden Freunden abgewehrt. Auch das »Kapital unser« ging bei dem gemeinsam gesprochenen Herrengebet unter und wurde nur von den in der Nähe Sitzenden und Stehenden vernommen. Nach dem Ende des Gottesdienstes blieb Hans Jürgen Quest noch lange in der Kirche, um die immer noch zurückbleibenden und sichtlich enttäuschten Anführer – sie rauchten ihre Zigaretten und benahmen sich auch sonst ungehörig – zu beruhigen und zum Abzug zu überreden. Seine Beharrlichkeit hatte schließlich Erfolg.

Am nächsten Abend fand im Gemeindehaus die von mir angekündigte Diskussion statt. Die Hauptanführer erschienen dazu aber nicht mehr. Es lag ihnen überhaupt nichts an einer Sachauseinandersetzung, sondern nur an der großen Menge, deren Gottesdienst sie zu einer Propagandaveranstaltung entstellen wollten. So war neben vielen mir nahestehenden Gemeindegliedern und Freunden nur die zweite Garnitur der Revoltierenden versammelt. Von dem, was mir von ihnen aus dem stickigen, überfüllten Saal entgegenbrandete, ist mir nur *ein* Satz in Erinnerung, weil er mich verwundete: »Wie kann jemand über studentische Belange reden, der nie etwas für seine Studenten getan hat!«

Die Vorfälle im Gottesdienst lösten einen Pressewirbel aus, dessen Auswirkungen bis in den Deutschen Bundestag reichten. Vor allem begann ein Redakteur des Liljeschen »Sonntagsblattes« (heute: »Deutsches Allgemeines Sonntagsblatt«) mit der Legende, ich hätte 70 Bundeswehroffiziere als »freiwillige Reserve« zu Hilfe gerufen. Auch »Der Spiegel« und in seinem Gefolge viele andere Medien verbreiteten ähnliches. »Die Zeit« brachte eine große Karikatur, die einen stahlhelmbewehrten Bundeswehrtrupp auf der Empore zeigte, der mit einem Maschinengewehr auf einen Mann zielte, der sich neben mich auf die Kanzel gedrängt hatte. Eine ganze Seite mit Witzzeichnungen, die mich als Kanzeldemagogen inmitten einer waffenstarrenden Soldateska zeigten, veröffentlichte die satirische Zeitschrift »Pardon«.

Überhaupt scheint die Vorstellung, ein klerikaler Friedensapostel und Zeuge Jesu Christi ließe seine arme Person von bewaffneten Heerscharen schützen, für manche journalistischen Gemüter bis heute unwiderstehlich zu sein. Es nützte überhaupt nichts, wenn das dokumentarisch als Zeitungsente entlarvt wurde. General Wulf gab selber zu Protokoll, daß er die Frage, ob und inwieweit die Bundeswehr die Aufgabe haben könnte, in Fällen drohender Panik »beruhigend« zu wirken, im Rahmen einer Routinesitzung seines Lehrkörpers zur Diskussion gestellt habe. Dabei hätte es verschiedene Meinungsäußerungen gegeben. Niemand sei jedenfalls von ihm aufgefordert worden, irgendwelche Schutzaufgaben im Michel zu übernehmen. Entsprechend wurde General Wulf nach einer Anfrage im Bundestag von einem Vertreter des Bundesverteidigungsministeriums, dem Staatssekretär Eduard Adorno, ein völlig korrektes Verhalten attestiert. Im übrigen hätten die betreffenden Bundeswehroffiziere auch gar nicht erst in die Kirche entboten werden müssen, weil viele von ihnen – ebenso wie der General selber – seit langem zu den regelmäßigen Teilnehmern meiner Michel-Gottesdienste gehörten. Noch bizarrere Gerüchte als die Medien produzierte die Nachrichtenküche der Flugblätter: Da hieß es sogar, jeder Bundeswehrteilnehmer des Gottesdienstes sei mit 15 DM entlohnt worden, und ferner: »Er (Thielicke) organisierte mit Karatestöcken bewaffnete Schlägertrupps, die er aus Jugendgruppen rekrutierte.«

Nachwehen

Alle diese Aufregungen, die damit verbundene Schlaflosigkeit, vor allem aber die grenzenlose Enttäuschung, daß längst überwunden gewähnte Terrormethoden samt ihrer schwammigen Tolerierung durch das »Establishment« derart Urständ feiern konnten, hatten bei mir einen gefährlichen Erschöpfungszustand hervorgerufen, der trotz aller Medikamente auch eine Reaktivierung meines alten Tetanieleidens zur Folge hatte. Jedenfalls schafften mich meine Ärzte in die Eppendorfer Klinik, wo ich einige Wochen zubringen mußte. Ich flehte sie an, mich jedenfalls so weit wieder auf die Beine zu bringen, daß ich am 17. Februar die nächste Michel-Predigt halten könne. Um meines Dienstes willen erschien es mir als Katastrophe, wenn ich ausgerechnet auf dem Höhepunkt des Kampfes aus dem Verkehr gezogen würde. In der Öffentlichkeit wäre das als eine Kapitulation erschienen, die meine angebliche Ängstlichkeit und den Hilferuf an die Streitkräfte nur bestätigt hätte. Meine Ärzte, die mich verstanden und sich meiner Sache verbunden fühlten, versprachen mir, alles zu tun, damit ich im Februar wieder auf der Kanzel stünde.

Während die Ärzte *zu* mir standen, kamen Gefahren und Angriffe von einer ganz anderen Seite: von den eigenen Leuten. Um den 25. Januar herum trat die Hamburger Synode zusammen und beschäftigte sich mit den Vorgängen im Michel. Ich hatte eigentlich so etwas wie eine Solidaritätserklärung erwartet. Doch davon war keine Rede, im Gegenteil: Es kam zu üblen Angriffen auf die vermeintliche Rolle der Bundeswehroffiziere, ohne daß man auch nur oberflächlich über die Vorgänge informiert gewesen wäre. Vor allem aber faßte die Synode den Entschluß, meinen Februar-Gottesdienst zu annullieren, weil eine weitere Eskalation der Ausschreitungen zu befürchten sei. Statt dessen wollte man den Forderungen der rebellierenden Studenten nach einem »Diskussionsgottesdienst« entgegenkommen – in der weltfremden und obendrein wenig charaktervollen Erwartung, sie dadurch beschwichtigen zu können. Der Hamburger Bischof sollte dabei statt meiner die Michel-Kanzel besteigen. Keiner von denen, auf die ich vertraut hatte, verwahrte sich dagegen. Ich fühlte mich allein und im Stich gelassen. Die Folge war ein Schwächeanfall.

Dann machte mir der Bischof einen Krankenbesuch mit dem Ziel, mir die Zustimmung zum Beschluß der Synode abzuringen. Natürlich dachte ich nicht daran, ihm entgegenzukommen, suchte dem Bischof vielmehr klarzumachen, daß wir den jungen Leuten um ihrer selbst willen Widerstand leisten müßten und daß man sie nur in ihrem Irrweg bestärke, wenn die sogenannten Autoritäten sich ihnen als quabbelig weicher Froschlaich präsentierten.

Zugleich bedrängte ein anderer Kirchenmann meine Frau mit dem Ersuchen, sie möge meinen Arzt Ernst Gadermann veranlassen, mich über das kritische Datum hinaus in der Klinik festzuhalten. Sie lehnte das in meinem Namen entschieden ab, berichtete aber Gadermann von dieser Zumutung. Auch er war darüber empört: Damit würde er mir einen Tort antun, den er weder als Arzt noch als mein Freund verantworten könne. In einer Sprache, die an Deutlichkeit nichts zu wünschen übrigließ, gab er seiner Verachtung dieser »Kapitulanten« Ausdruck und erklärte sich in allem mit mir solidarisch.

Nun hatte ich aber nicht mit dem Kirchenvorstand des Michel gerechnet. Er fragte mich, ob ich tatsächlich gewillt sei, dem Synodalbeschluß nachzugeben und am 17. Februar die Michel-Kanzel dem Bischof für einen »Diskussions-Gottesdienst« zu überlassen. Darauf informierte ich ihn, daß mich dieser Beschluß entrüste; ich sei auf jeden Fall willens und bereit, die Predigt zu halten, selbst wenn ich noch so schlapp sei, »daß ich mit einem Flaschenzug auf die Kanzel befördert werden müsse«. Am nächsten oder übernächsten Tag kam dann Liesel, die sich in all den Tagen phantastisch geschlagen und mich in zahllosen Telefongesprächen wie eine Löwin verteidigt hatte, strahlend in mein Zimmer gestürzt: »Wir haben gesiegt!« In der »Welt« war eine große Überschrift zu lesen:

»Thielicke-Predigten wie bisher.« Der Kirchenvorstand hatte sich entschlossen und geschlossen gegen Bischof und Synode gewehrt, sich zu mir bekannt und den Beschluß gefaßt, daß ich predigen solle. Zudem rief eine Anzahl von Persönlichkeiten mit bekannten Namen aus dem gesamten Bundesgebiet an, um mich in dem verordneten Kampf zu bestärken. Von nun an benutzte ich jede wache Minute, um mich auf die Predigt vorzubereiten.

Ein paar Tage vor dem Predigttermin wurde ich aus dem Krankenhaus entlassen. Wieder erreichten mich Schreckensmeldungen, sogar von einigen meiner bisherigen Mitkämpfer, die nun einen letzten Versuch machten, mich von der Kanzel zurückzuhalten: Große Schülergruppen aus Hamburg, Pinneberg und Bergedorf wollten sich, so hieß es, »in großen Marschsäulen« auf den Michel zubewegen; ich sollte mir klarmachen, so meinte einer, welche Verantwortung ich mit dem Gottesdienst übernähme. Aber auch die guten und stabilen Freunde kamen und besuchten mich, allen voran mein früherer Assistent und nunmehriger Professor Jochen Rothert, der extra aus Bonn angereist war. Nie vergesse ich ihm, wie er sich am Vorabend der Predigt von mir verabschiedete: »Sie werden an Ihrer stärksten Stelle, der Verkündigung, angegriffen, nicht an einem peripheren Punkt. Darum brauchen Sie nicht rechts und links zu blicken. Seien Sie Ihrer Sache völlig gewiß. Gott behüte Sie! Bis morgen.« Rothert war ein äußerst verhaltener Mann, der sich über innere Dinge kaum äußerte. Darum war mir dies Wort aus *seinem* Munde ein Labsal sondergleichen. Er war als der Treueste der Treuen stets zur Stelle, wenn ich oder meine Familie in Not waren. Die Stunde mit ihm erinnerte mich an Bonhoeffers Trostlied:

> Von guten Mächten wunderbar geborgen,
> Erwarten wir getrost, was kommen mag...

Am späten Nachmittag des 17. Februar begab ich mich durch einen Seiteneingang in die Sakristei. Ich sah durch ein Fenster und bemerkte, wie sich die Menschen schon lange vor Beginn drängten. Während ich mich fragte, was sich wohl »draußen« entwickelte, kam der junge Kirchenvorsteher Bolzmann zu mir: »Ich weiß«, sagte er, »in welcher Ungewißheit Sie hier isoliert sind. Darum möchte ich nur melden, daß alles ganz anders ist als beim vorigen Male: Keinerlei Unruhe, nur stille gottesdienstliche Sammlung. Ich habe noch niemanden vom SDS bemerkt; sie sind mit Omnibussen nach Berlin gefahren.« Ich hätte jubeln mögen, daß ich nun unbe-

414

fangen meine Predigt würde halten können. Und in der Tat: Es gab auch nicht die Spur einer Störung. Wir erlebten eine festliche Stunde. Nachher umringten mich die Menschen, um ihre Dankbarkeit und Beglückung zum Ausdruck zu bringen, daß der »Feind« sich zurückgezogen hatte. Auch die anschließenden Aussprachen im Gemeindehaus waren – bei allem Hin und Her der Meinungen – von jetzt an ernsthaft und gesammelt.

Dieser Tag war ein Markstein in meinem Leben. Ich mußte zwar weiterhin mit Kummer den feige geduldeten Abstieg der Universität zu einem Konglomerat konkurrierender Interessengruppen und ihre Unterwanderung durch sterile Strukturen hilflos mit ansehen. Ich litt zusammen mit meinen Kollegen unter manchmal fast unerträglichen Demütigungen: So mußte ich bei der Wiederbesetzung meiner Systematischen Parallelprofessur erdulden, daß bei der Berufungskommission nicht nur Assistenten mitwirkten, sondern auch Studenten, ja sogar – als Vertreter des nicht-wissenschaftlichen Personals – Sekretärinnen (!). Sie alle begutachteten die Namen auf der Kandidatenliste, und jedes ihrer Voten hatte bei der Abstimmung dasselbe Gewicht wie die Stimme von unsereinem.

Persönlich aber hatte ich von nun an Ruhe und wurde nicht mehr belästigt. Man schien zu respektieren, daß ich nicht nachgegeben hatte, während mancher Kollege, der um die Gunst der »Linken« gebuhlt hatte, mit Spott und Hohn von den also Umworbenen übergossen und mit seiner »repressiven Toleranz« als »liberaler Scheißer« beschimpft wurde.

An Bord der »Transvaal« mit allerhand Gegnern

Die Chefin der Deutschen Afrika-Linien, Frau Liselotte von Rantzau, hatte Liesel und mich zum Abendessen eingeladen. In unserer Gesprächsrunde rückte, wie damals ganz unvermeidlich, sehr bald das Thema der Studentenrebellion in den Vordergrund. Man beklagte und illustrierte mit allerhand Schauergeschichten, daß die Extremisten nicht zu Gesprächen bereit seien. Sie stellten sich keiner Argumentation – schon gar nicht in einem Einzelgespräch –, ihre Polemik erschöpfte sich lediglich in heftiger emotionaler Geräuschentfaltung, und auch dabei traten sie nur als geballte Kollektive auf.

Dennoch drängte Liselotte von Rantzau beharrlich, ein Gespräch zu versuchen, und machte einen Vorschlag, der mir zunächst phantastisch erschien. »Wie wäre es«, meinte sie, »wenn ich Ihnen eins unserer Afrika-Schiffe für diesen Zweck zur Verfügung stellte? Sie könnten mit diesen Leuten schon während der Bremer Ladetage an Bord und danach in aller Ruhe mit ihnen nach Rotterdam schippern. Ihre Autos nehmen wir mit, so daß sie alle bequem zurückfahren können.« Nach der ersten Schrecksekunde beschloß ich, darauf einzugehen und den Versuch zu machen. Und in der Tat: dieser Verlockung widerstand eine Anzahl meiner gegnerischen »Häuptlinge« nicht, so daß ich im Bremer Hafen zusammen mit zwei meiner Bundesgenossen, Heinrich Kuhfuß und einem Studenten, zu ihnen stieß. Jeder hatte eine Einzelkabine, die Bar stand zu unserer Verfügung, und alle Stewards waren nur für uns da. Ich hoffte, daß dieser Komfort und die distanzierende Schiffsatmosphäre sich günstig auf unsere Gespräche auswirken würden.

Als wir dann zum ersten Mal im Sonnenschein an Deck der »Transvaal« saßen, während das Schiff beladen wurde, kam es gleich zum Zusammenstoß. Einer machte eine aggressive, geradezu blasphemische Bemerkung, die ich nicht dulden konnte. Ich schlug vor, morgen wieder nach Hause zu fahren, weil ich auf dieser Ebene nicht mit mir reden lasse. Sprach's und zog mich in meine Kabine zurück. Nach einiger Zeit kam einer meiner Freunde und berichtete, daß die Runde sehr betreten sei und dem Sünder ordentlich den Kopf gewaschen habe. Man diskutiere heftig, wie man mich versöhnen und zur Weiterfahrt überreden könne. Erst um Mitternacht, als sie mit hängenden Köpfen an der Bar saßen, mischte ich mich wieder unter sie und gab mich unbefangen. Da waren sie sehr nett und aufgeschlossen. Wir erzählten uns gegenseitig aus unserem Leben. Das hatte etwas Befreiendes. Ich konnte doch noch eine günstige Entwicklung erhoffen.

Am nächsten Morgen bat mich einer der Offiziere, sein Kind zu taufen. Es sei schon fünf Jahre; wegen seiner häufigen Abwesenheit sei die Taufe aber immer wieder aufgeschoben worden. Ich zeigte mich zunächst etwas störrisch und machte ihm klar, eine Taufe sei mehr als ein bloß frommer Brauch und sie bedeute anderes als nur den sakralen Gebrauch von H_2O.

Als sich herausstellte, daß er es wirklich ernst meinte, und das kleine Mädchen mir sogar biblische Geschichten erzählen konnte – das war aber nicht als Examen gemeint! –, erklärte ich mich bereit und fragte meine Truppe, ob sie bei der Taufe mitmachen würde. Sie war sofort und geschlossen bereit. Kaum hatte sich das herumgesprochen, wollte noch eine Anzahl von Männern der Besatzung ebenfalls ihre Kinder taufen lassen! Sie telefonierten deshalb im Lande herum, doch konnte man die Täuflinge mit ihren Müttern nicht mehr so schnell zusammentrommeln.

Einer von uns suchte einen Talar für mich aufzutreiben, der lang genug war. Einen passenden Kragen hatte ich nicht, weil ich nur einen weißen Pulli trug. Aber einen Talar mit wollenem Rollkragen: das war für meine lieben Linken geradezu unwiderstehlich – mit diesen progressiven Textilien konnten sie mich ertragen.

Im Nu war dann der Speisesaal in eine Kapelle mit Taufbecken und Altar verwandelt. Außer uns bildete die Besatzung samt dem Kapitän und seinen Offizieren die Taufgemeinde. Der Männergesang konnte sich hören lassen, die alten Bibelworte fielen in völlige Stille.

Und nun geschah fast so etwas wie ein Pfingstwunder: Diese Taufe hatte unsere kleine Gesellschaft völlig umgekrempelt und eine Gemeinschaft aus uns geformt. Wir konnten es selber nicht fassen. Wir waren uns auf einmal gut, wir waren auf unbegreifliche Art glücklich. Nur *einem* von den »Linken« war das unheimlich. Er fürchtete, »vereinnahmt« zu werden, weil er selber von dem Neuen erfaßt war und meinte, dem widerstehen zu müssen. Er wollte auf seine Weise charaktervoll sein. Wir respektierten das und waren bekümmert, als er uns noch in Bremen verließ. Heute gehört ein Teil der einstigen Schiffsrunde zu meinen guten Freunden und Gesinnungsgenossen. Einer ist aktives Mitglied meiner »Projektgruppe Glaubensinformation«.

»Der Spiegel« hatte von unserer abenteuerlichen Fahrt gehört und wollte darüber berichten. Es war ein Zeichen des neu erwachten Gemeinschaftsgefühls, daß meine Gefährten mich fragten, ob ich mit den erbetenen Interviews einverstanden sei. Als ich abwinkte und ihnen sagte, dies sei »unsere« Fahrt gewesen und wir würden das uns zuteil Gewordene zerstören, wenn wir es an die große Glocke hingen, gaben sie der Redaktion einen abschlägigen Bescheid. Aus den paar Andeutungen aber, die der »Spiegel« den Absagen entnommen hatte, veröffentlichte er unter dem Titel »Fromme Fracht« dann doch eine Geschichte. Über alles Wesentliche hatte er keine Informationen, aber die Angabe über die Bruttoregisterzahl des Schiffes stimmte (in solchen Dingen kann man sich auf das Magazin immer verlassen!). Die Schlußsätze lauteten ungefähr: »In Rotterdam verließ die fromme Fracht das Schiff: Rindvieh wurde an Bord getrieben« (auch das stimmte).

Die Gespräche auf dem Schiff ließen noch einmal den grellen

Bilderbogen des Studentenaufstandes an uns vorüberziehen. Skizzenhaft vereinfacht sagte ich ihnen dazu folgendes:

Die Studentenrevolte kam nicht wie ein Blitz aus heiterem Himmel, sondern hatte sich atmosphärisch seit langem vorbereitet. Abgesehen von einer verfehlten Bildungspolitik gab es tieferliegende Ursachen. Junge Menschen brauchen etwas, wofür sie sich begeistern können, sie brauchen Ziele. Und dafür schien der Bewegungsraum erschreckend verengt. Die großen Institutionen – Parteien, Gewerkschaften, Kirchen und viele andere – waren gewissermaßen zementiert und unbeweglich. Es fielen Entscheidungen, auf die man keinen Einfluß hatte. Das löste Kafkasche Seelenzustände des Eingeschlossenseins aus. Und die Große Koalition in Bonn war sicherlich auch nicht dazu angetan, Gefühle dieser Art abzubauen. Ferner war der quälende Widerspruch zu bedenken, der sich zwischen der Aufforderung zu mündiger wissenschaftlicher Arbeit und dem Preisgegebensein an die anonyme Masse ergeben muß.

Auch was mir am Ausgangsmotiv des studentischen Widerspruchs gefiel, verschwieg ich nicht. Ich dachte dabei an den gewissen »humanistischen« Antrieb, der zur Gesellschaftskritik geführt hatte. Die Leute, die etwa Herbert Marcuse gelesen hatten, lehnten sich gegen das Wohlstandsglück der Masse auf und sahen sich damit – was man oft übersah – einer anderen Front gegenüber als der Marxismus, der bei der sozialen Unzufriedenheit einsetzt. Sie wandten sich gegen ein falsches Glücksgefühl: gegen die Euphorie der Lemuren in der *Wohlstandsgesellschaft*. Die Banalität des üblichen Sich-Abfindens, das man in ihr zu sehen glaubte, erschien als eine Selbstverstümmelung menschlicher Existenz. Sie hatte sich angepaßt; sie transzendierte nicht mehr das gesellschaftliche Gefüge, sondern ließ sich von ihm aufsaugen.

Diesen kritischen Aspekt hielt ich – das bekannte ich offen – für durchaus richtig. Er nahm sogar ein Motiv auf, das die christliche Kulturkritik – auch die von mir vertretene – immer wieder betont hat. Tragisch war nur, daß man lediglich die *Ausfallerscheinungen* der Humanitas diagnostizierte, ohne über die letzten Kriterien zu verfügen, ohne also den Glauben zu kennen, von dem her das Bild des Menschen bestimmt werden muß, wenn es sich gegenüber den Mächten der Welt und also auch gegenüber der Integration in die Gesellschaft behaupten soll. Was bleibt einem, so fragte ich, ohne diese *Begründung* menschlicher Existenz anderes übrig, als in Utopien auszuweichen? Die ernsthafte oder ironische Frage, worauf man denn schließlich und endlich mit seiner Gesellschaftsrevolution hinauswolle, kann dann kaum anders als mit einer Fehlanzeige beantwortet werden. Das Soziologenchinesisch, dessen sich die Studenten als Ausdrucksmittel bedienten, war zudem kaum geeignet, die anderen Partner des Sozialgefüges mit jener Bewußtseinsbildung auszurüsten, die man für eine effektive Gesellschaftsrevolution braucht. Ich hatte durchaus Verständnis dafür, daß sich der studentische Aufstand in stürmischen und demonstrativen Formen abspielte. Leider stimmte es ja, daß die jahrelang von studentischer Seite vorgebrachten Reformvorschläge zwar geduldig angehört, doch kaum beherzigt wurden. Daß diese Vorschläge – zum Beispiel hinsichtlich des Grades studentischer Mitwirkung – vielfach über das Ziel hinausschossen und damit eine Abwehrreaktion bei den Professoren auslösten, entsprach der Pendelschwingung der Geschichte und darüber hinaus der speziell deutschen Neigung zu Extremen.

Tragisch beim Verlauf der Dinge erschien mir nur zweierlei: *Zum einen:* Der verständliche Versuch, nach den jahrelang unwirksamen Verhandlungen die alte Dame »Universität« jetzt einmal mit etwas massiveren Mitteln auf Trab zu bringen, hatte Emotionen entfacht, die sich vom ursprünglichen Motiv ablösten und sich verselbständigten. Wenn ich mir die Heerscharen derer ansah, die Klamauk machten, Seifenblasen hochgehen ließen, Sprechchöre inszenierten, an Professorentüren trommelten, dann war da kaum mehr von ernsthaften Motiven und Zielen die Rede. Hier machte sich im wesentlichen die Lust am Klamauk Luft. Man machte die Erfahrung, daß man mit einem Minimum an geistigem Aufwand und durch bloßen Einsatz vitaler Gelüste große Versammlungen und angesehene Institutionen durcheinanderbringen konnte. Es ist überaus banal, aber es ist wirklich so: Fünf Leute könnten effektiver Krach machen, als zweitausend effektiv schweigen und zuhören können. Dieses simple akustische Kalkül übte auf Unzählige, die nicht unter übergroßer Selbstkontrolle litten, eine offenbar unbeschreibliche Faszination aus, die sich in einem Rauschzustand steigern konnte. Die geistige Arbeit schöpfte sozusagen das Potential der Vitalität nicht entfernt aus. In den Studentenstreichen früherer Generationen machte sich einiges davon Luft. Aber wohin sollte man heutzutage mit seiner Vitalität, wo Humor Mangelware ist und wo es keine vorgezeichneten Stilformen oder auch Gemeinschaften gibt, in denen sie sich entladen kann? Der junge Churchill ging als Reporter nach Indien oder zu den Buren. Wohin aber sollte man in der Bundesrepublik gehen?

419

Es wäre nicht nur unfair, sondern auch allzu vordergründig, diesen Klamaukbetrieb als wesentliche *Ursache* der Vorgänge zu diagnostizieren. Es standen viel ernsthaftere Motive dahinter. Es schien mir aber angemessen, ihn innerhalb der sehr komplexen Erscheinungen *auch* wirksam zu sehen. Dieser Gedanke hatte für mich sogar etwas Versöhnliches, denn ich wollte bei alledem wenigstens etwas Menschliches – vielleicht Menschlich-*Allzumenschliches* – entdecken.

Zum anderen: Die Rebellen waren denkbar wenig erbaut, wenn sie plötzlich bei den Professoren auf Verständnis stießen. Denn um zu demonstrieren und sich rebellisch zu gebärden, bedurfte man gerade des *Widerstandes.* Man konnte die zum Protest Entschlossenen nicht schlimmer ärgern, als wenn man ihnen den Anlaß zum Protest entzog. Das wurde mir an einem eigenen Erlebnis deutlich (obwohl ich sie da überhaupt nicht ärgern wollte):

Die Studenten errichteten Anfang 1968 eine »Kritische Universität« (KU) mit Gegen- und Ergänzungsvorlesungen, die der »etablierten« Wissenschaft und dem »Fachidiotentum« kritisch auf die Sprünge helfen sollte. Als ein Pressedienst dazu von mir eine Stellungnahme erbat, begrüßte ich das Unternehmen, gab der Meinung Ausdruck, daß es von erfreulicher Selbstverantwortung zeugte, und forderte die Universität auf, Räume dafür zur Verfügung zu stellen. Mein Verständnis wurde aber keineswegs freudig begrüßt! Ganz im Gegenteil: Man war fuchsteufelswild und sprach von der Leninschen Strategie der erstickenden Umarmung. Das Ganze sollte doch als Protestsong inszeniert werden, und die erhoffte Abwehrreaktion der Universität sollte die propagandistischen Funken entzünden, mit deren Hilfe man eine Brandfackel schleudern wollte. Nun war man der Meinung, daß ein Willkommensgruß diesen Plan nur verpatzen und die KU zu einem Winkelunternehmen degradieren könnte. Deshalb gab es in dem »Auditorium« nur einen bitterbösen und beleidigten Artikel.

Wie sollte man sich also als Professor eigentlich verhalten? Offensichtlich war beides falsch: sich dagegen zu stemmen, aber ebenso Verständnis zu zeigen. Angesichts dieser etwas sterilen Alternative konnte mir niemand weiterhelfen. Ein sehr ernsthafter Student, der zu den Initiatoren dieses Unternehmens gehörte und den ich danach fragte, hob nur lächelnd die Schultern.

Kontroversen um eine politisierte Studentengemeinde

Noch ein letztes Mal wurde ich in ein ähnliches Getümmel gerissen, als ich 1974 eine Dokumentation über den desolaten Zustand der Evangelischen Studentengemeinde in Hamburg und auch anderwärts publizierte. Gottesdienste gab es kaum noch, die Hauskapelle war zu einer Rumpelkammer heruntergekommen. Die Semesterprogramme kannten nicht mehr die Arbeit an der Bibel, es sei denn, daß man einen Propheten unter dem Gesichtspunkt soziologischer Modefragen einem scharfen Verhör unterzog. Sonst stellte man seine Räume linksradikalen Gruppen zur Verfügung, mit denen überhaupt gemeinsame Sache gemacht wurde, vor allem in immer neuen Demonstrationen und Happenings. Mir – und wahrlich nicht *nur* mir – war es ein Ärgernis, daß die Kirche dieser bedenklichen Mutation einer Gemeinde tatenlos zusah, ihre Radau-Unternehmungen, sogar Hetztiraden gegen sich selber mit Kirchensteuern finanzierte und durch ihre schwächliche Toleranz die jungen Leute in ihrer Verachtung der sogenannten Amtskirche noch bestärkte. Ich ertrug es einfach nicht mehr, daß auf diese Weise ein Zerrbild der Kirche in der Öffentlichkeit entstehen mußte, daß man treue Gemeindeglieder verprellte und vor allem: daß die Kirche durch ihr passives Gewährenlassen an den Gliedern der Studentengemeinde selbst schuldig wurde: Sie wurden in eine permanente Selbstbestätigung getrieben.

Schließlich hängte ich das alles an die große Glocke und prangerte es in einer von der Presse lebhaft aufgegriffenen Dokumentation an. Damit erregte ich eine Sturmflut heftigster – in Presse und auf Flugblättern geführter – Polemiken, die dem rüden Umgangston jener Jahre entsprachen.

Gleichwohl war ich bemüht, nicht nur in bloßer Kritik und im Aufruf zur »Kirchenzucht« steckenzubleiben, sondern zugleich auch um Verständnis für jene Prozesse zu werben, die hier so verhängnisvoll in Gang gekommen waren. Deshalb suchte ich aufzuzeigen, daß am Beginn dieser Verwandlung in marxistische Politkollektive ein durchaus christliches Ausgangsmotiv gestanden hat: Man hatte von Karl Marx – speziell vom jungen, noch deutlich *humanistisch* motivierten Marx – gelernt, daß Liebe zum Menschen nicht nur aktuelle Hilfe für Arme, Leidende und Ausgebeutete zu leisten hat – das könnte ja bloße Symptomtherapie sein! –, sondern daß sie bei der Änderung von *Systemen* einsetzen müsse, die es zu jenen Formen der Misere kommen lassen. Liebe, auch christliche Agape, darf nicht nur Wunden verbinden, sondern muß auch Wunden verhindern; Prophylaxe gehört gleichfalls zu ihren Aufgaben. Jahrhundertelang hatte sich die Liebestätigkeit der Kirche darin erschöpft, Arme und Kranke zu pflegen. Sie bot gleichsam Regenschirme zum Schutz gegen die Unbilden der sozialen Witterung an, während Karl Marx die Großwetterlage zu ändern und damit die Schirme mehr oder weniger überflüssig zu machen suchte. Wenn nun junge Christen dieses Programm einer »systematischen« Änderung der menschlichen Misere aufgriffen und auf gesellschaftsstrukturelle Wandlungen drängten: hatten sie damit nicht in der Tat neue Horizonte der christlichen Agape entdeckt? Hatte die Agape also nicht auch eine *politische* Dimension, in der sie eine Veränderung im großen – eben in den Strukturen! – anstreben mußte? Und hatte die Christenheit *diese* Dimension nicht bisher übersehen, wenn sie ihre Liebestätigkeit im Diakonischen erschöpfte?

So meinte ich in den Motiven dieser jungen Menschen durchaus Ernsthaftes und Nachdenkenswertes zu entdecken. Gerade deshalb erschien es mir als tragisch und verhängnisvoll, daß man sich ausschließlich auf diese Idee struktureller Änderungen fixierte, dabei in den Sog marxistischer Programmatik geriet und so sein christliches Ausgangsmotiv schließlich vergaß. Indem man das »Schema« dieser Welt ändern wollte, *verfiel* man ihm schließlich (vgl. Römerbrief 12, 2.). Es ging hier um die Wiederholung eines Vorgangs, der sich schon bei den französischen »Arbeiterpriestern« begeben hatte: Sie wollten ihre Agape dadurch bewähren, daß sie sich solidarisch an die Seite der Industriearbeiter stellten, in ihre Interessenverbände eintraten – auch in die kommunistischen –, wurden aber unter der Hand ihrem priesterlichen Beruf so mehr und mehr entfremdet. Diese *Konsequenz*, nicht aber ihr respektables Ausgangsmotiv christlicher Solidarisierung, war schließlich der Grund dafür, daß Rom sie »zurückpfiff«.

So groß mein Zorn über massive Entgleisungen der Studentengemeinden auch war: die Trauer darüber, daß ein großer Antrieb so elend verkommen mußte und daß außer ein paar Klagelauten von seiten der Kirche nichts zu hören war, diese Trauer überwog weit. Jedenfalls hatte meine bescheidene Intervention doch einige Wirkung: Es wurden zwei Sondersynoden in Hamburg einberufen, die entschlossen die bisherige Gemeindeleitung umkrempelten und eine ganz neue »Hochschulgemeinde« unter einem standfesten Theologen, Dr. Uwe Böschemeyer (er war mein Doktorand und Assistent, auch Mitglied unserer Projektgruppe Glaubensinformation), konstituierten. Daß man schließlich dann doch wieder in Halbheiten hängenblieb, brauche ich hier nicht mehr zu erzählen. Was ich so nur in wenigen Zeilen angedeutet habe, füllt einen dicken Leitzordner in meinem Archiv und hat viele Wochen meine Arbeit bestimmt.

Da mich diese dramatische Lebensepoche geistig und auch nervlich bis zum äußersten anspannte, suchte ich mich – getreu meinem immer bewährten Lebensrezept – dadurch zu befreien, daß ich eine konzentrierte Analyse dessen niederschrieb, was mich so in seine Wirbel einsog. Nur auf diese Weise konnte ich mich zur Distanz und damit zur Ruhe zwingen. Das Buch, das in der Stille meines immer wieder aufgesuchten Land- und Seehäuschens in Mustin entstand, trug den Titel »Kulturkritik der studentischen Rebellion« (1969). Schon diese Themaformulierung deutet an, daß es mir nicht um die Darstellung der revolutionären Phänomene, sondern um ihre geistes- und sozialgeschichtlichen Hintergründe ging. Deshalb setzte ich mich vor allem mit dem geistigen Vater der Bewegung, mit Herbert Marcuse, auseinander, kritisierte dessen im Grunde nur negative Anthropologie und kam schließlich zu der theologischen Diagnose, daß das Syndrom utopischer Fixierungen in der jungen Generation nichts Geringeres als ein Ersatz für die verlorene Transzendenz sei. Das Buch löste im Für und Wider heftige Diskussionen aus, die sich mehr noch als in der Presse in zahlreichen Zuschriften niederschlugen. Den Zeitungen lag in jener Zeit wohl mehr an sensationellen Reportagen als an Hintergrundanalysen. Auch sonst ruhte in diesen Jahren der Unruhe die literarische Arbeit nicht. Vor allem schrieb ich den ersten und zweiten Band meiner Dogmatik mit dem Titel »Der evangelische Glaube«. In einer Zeit, deren theologisches Denken fast ausschließlich gesellschaftsorientiert und mit Emanzipationsfragen beschäftigt war, mochte diese um langen Atem bemühte Untersuchung der christlichen Glaubensfundamente wie ein meteorischer, außerirdischer Fremdkörper erscheinen. Für mich selbst aber war die intensive Konzentration, die eine so weitgespannte Systematik erforderte, zugleich ein Akt, den Augenblick zu überwinden, weil ich über ihn hinausdenken mußte.

In die letzten Runden

Wenn ich die Alterskapitel von Autobiographien lese, überkommt mich meist eine gewisse Langeweile, auch wenn der Autor selber sich in seinen späten Jahren durchaus nicht gelangweilt, sondern in gespannter Neugierde den nächsten Tag erwartet hat. Doch Alterschroniken zu lesen entbehrt oft dieser Spannung. Der Grund dafür ist unschwer zu erraten: Was sich im achten oder gar neunten Lebensjahrzehnt begibt – selbst bei erhalten gebliebener Frische! –, besteht meist nur aus punktierten Fortsetzungen dessen, was als Grundlinie im bis dahin gelebten Leben schon gezogen ist.

Das braucht durchaus kein fades Ausklingen zu bedeuten. Im Gegenteil: Es können sich Lebensabschnitte mit völlig neuen Aspekten eröffnen. Sie mögen von früheren Epochen des Sturms und Drangs deutlich abgehoben und verklärt sein durch den »heiteren Überblick des beweglichen, immer kreis- und spiralartig wiederkehrenden Erdetreibens«, durch »Liebe, Neigung zwischen zwei Welten schwebend... Was will der Großpapa weiter?«

Da das, was Goethe so als »heiteren Überblick«, als eine Art Altersweisheit beschreibt, bei einer Darstellung des eigenen Lebens schon in die früheren Lebensjahrzehnte hineinprojiziert ist – Goethes »Dichtung und Wahrheit« ist dafür der beste Beleg –, könnte mit dem Beginn des Rentnerdaseins eigentlich ein Schlußpunkt hinter den Lebensbericht gesetzt werden. Dabei bildete dann das, was ich über die Studentenrevolte erzählt habe, ein passendes dramatisches Finale, dem kein epischer Ausklang mehr zu folgen brauchte, zumal dieser bewegte Lebensabschnitt in meinen Abschied vom aktiven Dienst mündete. Warum erzähle ich trotzdem noch etwas weiter? Sollte die loquacitas senilis kein Ende finden können?

Es geht nun in der Tat durch ruhigere Gewässer. Ereignisärmer aber sind sie nicht. Nur kommen die Antriebe jetzt weniger von außen: Ich brauche keine Examensarbeiten mehr durchzusehen und mich auch nicht mehr auf endlosen Routinesitzungen zu langweilen. Das Katheder brauche ich nur noch zu besteigen, wenn es mir Spaß macht. Es *macht* mir allerdings Spaß, den Kontakt mit immer neuen

Studentengenerationen zu pflegen und mich an dem kontrastreichen Wechsel zu freuen. Ich glaube sie auch nach wie vor zu verstehen. Ob sie auch mich verstehen? Jedenfalls scheinen sie mich trotz der beträchtlichen Differenz an Lebensjahren zu akzeptieren und kommen zu Offenen Klönabenden gerne in unser Haus. Daß es im übrigen Unterschiede im wechselseitigen Verstehen gibt, hat einen sehr banalen, aber zwingenden Grund: Ich bin schließlich selber einmal zwanzig gewesen und weiß noch, wie das ist. Sie aber sind noch keine fünfundsiebzig gewesen – das sagt alles!

Es gehört ja zu den Eigentümlichkeiten einer Biographie, daß sie im Kleinformat ähnlich verfährt wie der Historiker mit seinen sehr viel weiter ausgreifenden Aspekten: Diejenigen, von denen er berichtet – bei der Biographie ist es der Autor selber –, haben ihr Leben jeweils in Gestalt noch unabgeschlossener Augenblicke und mit offener, ungewisser Zukunft erlebt. Der auf Geschichte und Leben Zurückblickende aber sieht über jene Augenblicke hinaus: Er *weiß* ja, wie es weitergegangen ist, und sieht darum das einst Geschehene im Licht des Endes oder jedenfalls im Licht der weitergehenden Geschichte. Dadurch bekommt das Einstige eine ganz *andere* Tönung, als der Augenblick des Erlebens selber sie haben konnte: Es wird nun im Lichte dessen, was später folgte – vielleicht sogar *aus* ihm folgte –, gedeutet. Wer auf sein Leben zurückblickt, ist ja wissender, als er es in jenen früheren Augenblicken war, von denen er jetzt und hier erzählt. »Wer aus dem Rathaus kommt«, sagt der Volksmund, »ist klüger als bei seinem Eintritt.« Darum verschlingen sich bei einer Lebensbeschreibung Voraus- und Rückblick ständig miteinander.

Vielleicht wird das Einst dabei verklärt. (Ob es mir beim Rückblick auf die alte Universität genauso ergangen ist? Das wäre dann freilich *kein* Indiz für ein größer gewordenes Wissen, sondern eher verfälschende Nostalgie, vor der auf der Hut zu sein ich selbstkritisch bemüht bin.) Vielleicht erweist sich auch eine Entscheidung, die wir früher einmal in naiver Gutgläubigkeit fällten, im nachhinein als verhängnisvoll. Wir können jedenfalls die inzwischen erlebte Zukunft, die dem Einst folgte, aus der Erzählung unseres Lebens nicht verbannen – und *sollen* es wohl auch nicht.

Der Schwerpunkt meiner Arbeit aber ist nun an den Schreibtisch verlegt: Ich versuche, das mir wesentlich Erscheinende und in vielen Papieren Vorausnotierte noch in die Scheunen zu fahren. In höherem Alter nehmen vor allem an den »runden« Geburtstagen allerhand Zeitgenossen Anlaß, in Reden, gedrucktem Wort und selbst in

Fernsehfilmen das bisher zusammengetragene Scheunengut zu mustern. Auch für mich waren solche Tage Stationen des Innehaltens. Ich fragte mich in Dankbarkeit, manchmal auch in Selbstkritik und Trauer, was denn bisher an Ertrag dabei »herausgekommen« sei. Doch möchte ich diesen Rückblick nicht gern zur Nostalgie, zur Veteranenfixierung an das Einst werden lassen und lieber nach kommenden, noch *verbleibenden* Aufgaben Ausschau halten. Obwohl sich in dieser Blickwendung nach vorne ein gewisses Junggeblieben-Sein kundgeben mag, fällt mir doch gerade dabei auf, wie sehr sich der Aspekt der Zukunft gegenüber dem eines *jungen* Menschen gewandelt hat: Die Zukunft liegt nun nicht mehr wie eine weite Landschaft vor mir mit Berg- und Hügelketten, hinter denen sich neue, unabsehbare Räume eröffnen. Sie wird eher zum zeitlichen Symbol unserer Endlichkeit, unserer engbegrenzten Lebensfrist; sie ist nun die Zeitform des Todes. Plötzlich beginne ich vom Ende her meine Tage zu zählen und frage mich, wieviel Zeit mir noch für den Transport in die Scheunen bleibt. Es ist die Abendphase des Torschlusses. Ich sehe mich beim Countdown.

Zu dem Wesentlichen, was ich bergen wollten, gehörte eine Geschichte der neueren Theologie, die zu meinen Lieblingsvorlesungen zählte; und ich bin dankbar, daß sie als stattlicher Schlußband meiner bisher schon siebenbändigen Systematischen Theologie im Jahre 1983 erscheinen konnte. Mir machte es Freude, noch einmal alle die Gestalten an mir vorüberziehen zu lassen, die mich in den vergangenen Jahrzehnten beschäftigt hatten, und sie zu Dialogpartnern zu machen, mit denen wir unsere heutigen Probleme diskutieren. Auch schriftstellerisch war diese Aufgabe für mich von besonderem Reiz: Ich liebe den Wechsel zwischen theoretischen Analysen und dem lebendigen Porträtieren der großen Gestalten von einst. Zugleich stieg die Erinnerung an viele Studentengenerationen in mir auf, denen ich diese Stoffe nahezubringen suchte.

Nun geht es also in die letzten Runden. Durch die Biographien anderer alter Männer gewarnt und zur Vorsicht aufgerufen, will ich im bisherigen Stil des Erzählens nicht fortfahren, sondern mich auf das Wenige beschränken, in dem sich nicht nur Vergangenes summiert, sondern sich auch immer noch neue Perspektiven für mich eröffnet haben.

Gerade sie waren es, die mir den Gedanken Goethes nahelegten, im Alter begebe sich so etwas wie ein Stück »Wiederholung des Lebens«, nur auf höherer Ebene und mit gereifter Einsicht. In diesem

Sinne ist mir die Neugier auf das Leben geblieben, und ich halte es mit dem Imperativ: Fange nie an aufzuhören; höre nie auf anzufangen!

Projektgruppe Glaubensinformation

Dennoch hörte ich an einer Stelle auf: Nachdem ich die Predigtreihen im Michel noch ein Jahr über die Studentenunruhen hinaus fortgeführt hatte, setzte ich ihnen ein Ende, jedenfalls in ihrer regelmäßigen Abfolge. Ich meinte, die Zeit sei jetzt reif, um eine *neue* Aufgabe anzupacken und meine Kanzelerfahrungen an Jüngere weiterzugeben. Es schien mir wichtig, ihnen klarzumachen, worauf es bei der Verkündigung ankommt, und sie vor vielen Fehlern zu bewahren, die ich in der kirchlichen Predigtpraxis entdeckt zu haben meinte. Mein Traum war, junge Theologen anzuregen, auf dem von mir erkannten Wege weiterzugehen und es dann besser zu machen.

Diesen Plan überlegte ich immer wieder mit zwei jungen Mitarbeitern: meinem Assistenten Siegfried Scharrer und einem älteren Studenten, Hinrich Westphal. Beide hatten sich in den vergangenen Kampfjahren als treue Freunde bewährt; Westphal hatte sogar Gegenflugblätter verfaßt und sie selbst auf der Straße verteilt. Wir gründeten um die Zeit meines sechzigsten Geburtstages einen Predigtkreis, in den ich zunächst eine Anzahl meiner ehemaligen Studenten berief, die mir wegen einschlägiger Begabung und ihrer Bereitschaft zum Engagement besonders aufgefallen waren. Wir sammelten uns einmal im Monat in meinem Wellingsbüttler Haus, und Liesel tat das ihre, um unsere Runde in einem behaglichen, humanen Klima tagen zu lassen.

Wir bearbeiteten jeweils einen der fälligen Predigttexte. In den ersten Jahren trug ich meinen Freunden selber eine Meditation dazu vor und bemühte mich, lebendige Gespräche darüber anzuregen. Dabei machte ich die Erfahrung, daß uns jeweils eine Fülle höchst attraktiver Fragen beschäftigte: Der Mensch in allen seinen Dimensionen wurde unser Thema, dazu seelsorgerliche Aufgaben, Zeitkritik, psychotherapeutische Probleme, auch theologische Streitfragen. Die Teilnehmer waren so begeistert, daß die Pastoren unter ihnen ähnliche Gesprächskreise in ihren Gemeinden gründeten, mit denen sie gemeinsam an der Predigt des kommenden Sonntags arbeiteten. Sie erlebten dabei gleichfalls eine beglückende Verlebendigung ihrer

Gemeindearbeit im Sinne einer Konzentration auf die zentralen Gehalte der Botschaft. Weil wir bei unseren Gesprächen ins volle Menschenleben griffen – »im Endlichen nach allen Seiten gingen« –, ergänzten wir unseren Kreis bald mit Experten aus anderen Fachgebieten: vor allem Psychotherapeuten und Pädagogen.

Nach einigen Jahren dieser Gemeinsamkeit (um 1971) beschlossen wir, das Erarbeitete auch für eine größere Öffentlichkeit fruchtbar zu machen und eine Art »Katechismus für Erwachsene« zu gestalten. Dafür schien uns Hamburg der richtige Ort zu sein. Wir hatten geradezu groteske Erfahrungen mit dem Mangel selbst an einfachsten religiösen Kenntnissen gemacht. Hamburg kam uns fast wie ein religiöses Niemandsland vor, wie eine Tabula rasa, und wir bemühten uns, eine Verkündigungsform zu finden, die den säkularen Menschen dieses »Ninive« einen ersten Einstieg in die christliche Botschaft eröffnen könnte.

Unser Versuch, diesen Plan zu realisieren, begann damit, daß wir zehn Vortragsabende über christliche Glaubensfundamente in der Michaeliskirche veranstalteten. So betrat ich wieder einmal meine alte Kanzel, nun in veränderter Funktion. Das großzügige Reservoir an Räumen gestattete es, daß wir zehn Diskussionsgruppen für Nachgespräche bilden konnten. Sie wurden von je zweien meiner Mitarbeiter geleitet. Das alles wurde mit generalstabsmäßiger Präzision vorbereitet, so daß trotz der Menge der Zuhörer alles wie am Schnürchen klappte. Mit den Diskussionsleitern besprach ich den Gedankengang meines jeweiligen Vortrags, und ich bereitete sie auch auf die vermutlichen Fragen der Diskussionsteilnehmer vor. An den Abenden ging ich von Gruppe zu Gruppe, um bei etwa eintretenden Schwierigkeiten zu helfen.

Ein reicher Besucherstrom füllte Abend für Abend den Michel. Die Aussprachen waren von blühender Lebendigkeit. Dabei gab uns die bunte Mischung von älteren, oft pietistisch bestimmten Christen und vielen jungen Suchern aus dem »Neuheidentum« die größten Probleme auf. So erinnere ich mich eines Zwiegesprächs zwischen beiden Gruppen: Ein junger Mann legte sehr bewegend seine vergebliche Suche nach Sinn und Halt dar und ersuchte dann seinen Gesprächskreis mit herzlicher Unbefangenheit, ihm bis 10 Uhr eine Antwort darauf zu geben, denn um halb elf führe sein Zug. Ein alter Frommer meinte darauf begütigend: wenn er sich vom Blut Jesu besprengen ließe, würden alle diese Probleme in nichts zerrinnen. Darauf der Junge: »Was ist denn das? Ich verstehe kein Wort.« Nun kam der Alte schwer ins Stottern. Er und seinesgleichen schienen plötzlich zu kapieren, daß ihnen allzu leicht und allzu unreflektiert ein christliches Routinevokabular von den Lippen geflossen war und sie in Schwierigkeiten gerieten, wenn sie die versäumte gedankliche Klarheit ad hoc nachzuholen versuchten. So wurden die frommen Konventionschristen allmählich schweigsamer und verlegten sich – was uns nur recht sein konnte – mehr und mehr aufs aufmerksame Zuhören. Im übrigen staunte ich immer wieder, wie rücksichtsvoll die Generationen miteinander umgingen, wie ernst sich Alt und Jung gegenseitig nahmen.

Unsere Veranstaltungsreihe fand eine erstaunliche Resonanz in Presse und Fernsehen, so daß wir immer wieder gebeten wurden, sie in anderen Städten zu wiederholen. Auch für uns selber hatten die Michel-Abende unerwartete Folgen: Obwohl wir unterrichtend und verkündigend an der *Basis* zu arbeiten suchten, lag es uns fern, einen Rückzug in den Elfenbeinturm bloß dogmatischer »Lehre« anzutreten. Wir wollten vielmehr zeigen – gerade meine jungen Gefährten drängten darauf –, daß Glauben und Handeln zusammengehören, allerdings nicht so, wie eine verbreitete Zeitkrankheit es suggerieren will: daß nämlich Theologie in Praktologie umzuwandeln sei. Uns kam es vielmehr darauf an, so deutlich wie möglich zu machen, daß alles christliche Handeln durch die eindeutige Priorität unseres *Glaubens*motivs bestimmt sein müsse. Wir verstanden uns ja auch selber als eine vor allem *geistliche* Gemeinschaft, als eine militia Christi.

So starteten wir in der Folgezeit eine Anzahl praktischer Unternehmungen: Wir kümmerten uns um gefährdete Jugendliche, vor allem Rauschgiftsüchtige und Rocker. Wir besuchten jahrelang – solange ich aus meinen Vorlesungen und Seminaren Studenten dafür rekrutieren konnte – allwöchentlich ein Gefängnis in Neuengamme, dessen Insassen uns von sich aus um eine Wiederholung des Michel-Kurses in ihrem Knast gebeten hatten. (Der Fernsehfilm über unsere Arbeit hatte sie zu ihrer Einladung angeregt.)

Hier waren es wieder vor allem Siegfried Scharrer und Hinrich Westphal, die sich an die Spitze dieser Arbeit setzten. Sie bereiteten die Gefangenen auf die Freiheit vor, begleiteten sie in der ersten Zeit nach ihrer Entlassung, in der sie durch den erlittenen Vitalitätsstau, der zum Ausbruch drängte, besonders gefährdet waren. Wir mieteten sogar eine Wohnung, um die Entlassenen in den kritischen ersten Tagen zu behüten, bis sie eigene Unterkunft und Arbeit gefunden hatten. Wir beobachteten auch, daß das Gefängnispersonal, dem unsere Arbeit willkommen schien, vielen inneren Belangen

der Gefangenen gegenüber erstaunlich unvorbereitet, ja geradezu
hilflos war. Darum nahmen wir uns seiner besonders an. Vor allem
Scharrer war es, der dankbar in Anspruch genommene Aussprache-
abende mit den Beamten veranstaltete. Als Westphal sein Examen
bestanden hatte, ließ er sich im Gefängnis ordinieren – so sehr war
es ihm und uns anderen zur »Heimat« geworden. Zu dieser Feier
kamen viele einstmalige Insassen, nun als Besucher, und verstärkten
die Musiker und den Chor, die den Abend festlich gestalteten.
Das war aber noch nicht alles. Der immer neu laut werdende Ruf,
unseren Unterricht in Glaubensfragen fortzusetzen, gab schließlich
den Anstoß, unsere Arbeit grundlegend umzugestalten, sogar unseren Namen zu ändern und uns hinfort als »Projektgruppe Glaubensinformation« (PGI) zu bezeichnen.
In den folgenden Jahren – bis heute – verfaßten wir thematisch
geschlossene Reihen von *Unterrichtsbriefen*. Ich nenne einige:
»Wer glaubt, denkt weiter« (Eine Glaubenslehre); »Wer glaubt,
lernt leben« (Briefe an junge Eltern); »Wer glaubt, hat Zukunft«
(Briefe an Konfirmanden-Eltern); »Zeit, mit Gott zu reden« (Briefe
über das Vaterunser). Die Auflagen erreichten inzwischen Millio-
nenhöhe. Auch wurden die Briefe in eine Anzahl anderer Sprachen
übersetzt (sogar ins Japanische). Nach dem jeweiligen Abschluß
wurden sie in Buchausgaben publiziert. Das Briefecho, zu dem wir –
etwas naiv und ahnungslos! – angeregt hatten, war zuerst so
gewaltig, daß es uns fast umgefegt hätte, wenn wir uns nicht
rechtzeitig nach einer größeren Zahl von Korrespondenzhelfern
umgesehen hätten.
Die nun schon anderthalb Jahrzehnte während Zusammenarbeit –
auch so manches Fest – hat uns zu einer festen Bruderschaft, fast zu
einem kleinen Orden, zusammengeschlossen. Wir sind einander in
Leid und Freud nahe. Für Liesel und mich gehört diese Gemeinschaft zum Reichtum unserer späten Jahre. Wir sind so eng miteinander verbunden, daß selbst die von uns, die der Berufsweg in
größere geographische Fernen entführte, kein Opfer an Zeit und
Kraft scheuen, um sich allmonatlich zu uns zu gesellen.

Begegnung mit einer Klostergemeinschaft

Seit Jahren führte ich so etwas wie einen geistlichen Briefwechsel –
durchsetzt von vielen Heiterkeiten und allerhand Menschlichem,
Allzumenschlichem – mit der Nonne Irmengard Katheder OSB von

der Benediktinerinnen-Abtei St. Gabriel in der Steiermark. Sie kannte mich aus einigen meiner Predigtbücher, die öfter bei der mittäglichen Lektion der Klostergemeinschaft vorgelesen wurden. Jede Zeile ihrer Briefe läßt die kontemplative Tiefe spüren, in der sie lebt. Zugleich beeindrucken sie mich durch die souveräne Freiheit, in der sie über die Wunderlichkeiten der menschlichen Natur – einschließlich der ihrer Mitschwestern und ihrer eigenen – schreiben kann.

Als wir wiederholt zu einem Besuch der Abtei eingeladen wurden, benutzten Liesel und ich erholsame Tage auf dem österreichischen Besitztum von Liselotte von Rantzau, um uns für eine Woche in das altehrwürdige, auf einem Berg thronende Klostergemäuer von St. Gabriel zu begeben. Ein gewisses Lampenfieber vor der vermeintlich fremdartigen Atmosphäre einer so abgeschlossenen Klostergemeinschaft war schon beim Eintritt wie weggeblasen. Wir wurden mit aller Herzlichkeit, ja in überquellender Freude aufgenommen. Selbst die herrliche Landschaft brachte es oft nicht fertig, uns von Gesprächen mit diesen hochgebildeten, freimütigen, in sich selber ruhenden und namenlos glücklichen Frauen hinwegzulocken. Ich sprach mehrfach vor der Klostergemeinschaft, die dazu in geschlossenem Zug ihre Klausur verließ, hielt sogar – ungewöhnlich genug! – einen Gottesdienst in der Abtei und führte jeden Tag zahlreiche Einzelgespräche.

Wenn ich sie alle so vor mir sitzen sah, war der Blick in ihre gesammelten Gesichter für mich geradezu erhebend. Sie erschienen mir wie lauter Originale – »Handarbeit Gottes« habe ich sie früher einmal genannt. Da war nichts von physiognomischer Konfektion, von Kopie und DIN-Format, obwohl die Differenzierung ihrer Herkunft – einige entstammtem dem Hochadel, andere waren Gelehrte, wieder andere schlichte Arbeiterinnen im Weinberg des Herrn – völlig verwischt war. Und wie schön waren besonders die alten, vom Geiste ausgearbeiteten Gesichter!

Die Offenheit, mit der sie zu mir über ihre Probleme sprachen, hat mich gelegentlich verblüfft. Eine sprachenkundige, unerhört belesene fast neunzigjährige Klosterfrau, Malerin und Musikerin von hohen Graden, trug mir einmal einige ihrer höchst originellen (wie könnte es anders sein!) theologischen Ansichten vor, um mich dann zu fragen: »Ist das nun eine Häresie?« Darauf konnte ich nur lachend erwidern: »Und danach fragen Sie ausgerechnet einen Ketzer?« Noch als über Neunzigjährige schrieb sie mir viele Briefe, in denen sie ihre Meinung zu eben erschienener Literatur kundgab –

Tilmann Mosers »Gottesvergiftung« etwa – oder sich Gedanken über die Studentenrebellion machte.

Diese Begegnungen machten mir eines deutlich: Es wäre schwärmerisch, die Konfessionsgrenzen einfach für nicht mehr existent zu halten. Viel eindrucksvoller aber war mir die Verbindung im *Glauben* und ebenso in der vom Glauben geprägten *Menschlichkeit*. Unsere Theologie hinkt hinter dem her, was unser Glaube bereits weiß oder wenigstens spürt: daß wir Söhne und Töchter im selben Vaterhaus sind. Diese Frauen standen mir jedenfalls geistlich und menschlich ungleich näher als viele Theologen des eigenen Lagers. In solchen Augenblicken beschleicht mich eine Ahnung von dem, was Gott über seine Kinder weiß. Hat man das erlebt, gewinnt man Gelassenheit und kann der Zeit entgegenharren, wo auch die Reflexion das auszudrücken vermag, was das Herz bereits weiß.

Eine festliche Woche zum 70. Geburtstag beschloß das Jahr 1978. Höhepunkte waren für mich die tiefe und sprachlich geschliffene Festvorlesung Rainer Röhrichts über »Die Zufriedenheit als eine wenig gepriesene Tugend« sowie der große Geburtstagsschmaus, den mein Verleger-Freund Georg Siebeck in dem Hamburger Hotel »Vier Jahreszeiten« veranstaltete. Dabei überreichte er mir den eben erschienenen letzten Dogmatik-Band »Theologie des Geistes«. Das ganze nun dreibändige Werk war für diesen Tag von der buchbinderischen Haute Couture besonders festlich eingekleidet. Meine Projektgruppe überraschte mich mit einer gedruckten Gabe, die im Herder-Verlag erschienen ist: »Christ-sein in Zukunft. Zeichen, Ziele und Vermutungen.« Im Rückblick haftet auch diesem Tag ein Schmerzenszeichen an: An ihm empfing ich den letzten Besuch meines Freundes Hans P. Schmidt aus Frankfurt, ehe er mit seinem jüngsten Sohn tödlich verunglückte. In einer besonderen Schatzkammer meines Gedächtnisses werden die Worte bewahrt, in denen er das Glück unserer einzigartigen, die Jahrzehnte überdauernden Freundschaft pries.

Das Jahr 1979 begann dann für mich mit zwei Fernsehfilmen, die von der ARD im Ersten und Dritten Programm ausgestrahlt wurden. Der eine brachte ein längeres Interview, in dem ich nach meiner Lebensarbeit und meinen Überzeugungen befragt wurde. Der andere, betreut von Jürgen Möller und Günther Specovius, führte lebendige Szenen aus meiner Arbeit vor: Ein Team begleitete mich viele Wochen fast überall hin, wo ich etwas zu tun hatte oder mich aufhielt. Als man unbedingt eine Bootsfahrt auf »meinem«

Mustiner See filmen wollte, kippte mich der des Umgangs mit einem Schlauchboot unkundige Regisseur in voller Montur in das winterlich kalte Wasser, das mir wohl nur darum keinen Schaden tat, weil ich mich warm gelacht habe. Dem ebenfalls anwesenden Photoreporter einer Illustrierten konnte nur mit Mühe ausgeredet werden, die Fotos dieser grotesken Szene in seinem Blatt zu bringen. Er schenkte mir aber zwei eindrucksvolle Vergrößerungen und meinte dabei, sie erinnerten ihn sehr an die Geschichte vom sinkenden Petrus! Mit beiden Aufnahmeteams ergab sich ein vertrauter Kontakt, der zu vielen theologischen Nachgesprächen führte. Sie waren an der verhandelten »Sache« so sehr interessiert, daß es einmal sogar hieß: »Diese Szene muß wiederholt werden. Wir haben beim Zuhören unseren Job vergessen.«
Nach meinem Eindruck mußten sie schließlich soviel Material »im Kasten« haben, daß trotz der ausgiebigen Sendezeit nicht entfernt alles zu bringen war. Als ich sie auf diese Verschwendung von Zeit und Material anredete, wehrten sie ab: »Wir verwahren das für Ihren späteren Nachruf!« Wie wenn das belauscht worden wäre, kam es in den folgenden Jahren dreimal zu einer Meldung über meinen angeblichen Tod.

Gastprofessuren in Neuseeland und Australien

Ende Februar 1979 traten dann Liesel und ich die große lecture-tour durch Neuseeland und Australien an. Es war der letzte Kontinent, durch den ich mich noch nicht »hindurchgeredet« hatte.
Der weit über dreißigstündige Flug, der uns zunächst nach Melbourne brachte, war trotz aller uns eingeräumten Bequemlichkeiten recht anstrengend und erforderte ein paar Ruhe- und Eingewöhnungstage in einem Melbourner Hotel. Wir brachen im eisigsten Winter auf. Schon bei der Zwischenlandung in Singapur aber und erst recht bei der Ankunft in Melbourne fuhr einem die Hitze von mehr als dreißig Grad förmlich in die Hosenpfeifen und nahm einem fast den Atem.
Der erste Teil der Reise führte uns in das paradiesische Neuseeland, zunächst nach Auckland. Nach meinen Vorlesungen im dortigen Baptistischen Seminar und vor den Theologen des Landes im Spurgeon-Tabernacel unternahmen wir unter der Obhut unseres Freundes und Reisemarschalls Kevin Yelverton einige Exkursionen in die Nordinsel. Der stärkste Eindruck war für uns die Begegnung mit

den Maoris, den Ureinwohnern, die uns in ihr mit mythologischen Skulpturen und Bildern fast überladenes Gemeinschaftshaus einluden. Der Raum strömte eine fremdartige Faszination aus. Wir wurden feierlich zeremoniell mit responsorischen Gesängen und allerhand Reden begrüßt, deren geradezu wilde Gestik – von den Worten verstanden wir ja nichts – uns irgendeine unheimlich dramatische Aktualität vermuten ließ, so daß wir meinten, unsere Gesichter durch gewisse Züge der Betroffenheit und des Mit-Erschreckens verfinstern zu müssen. Der Dolmetscher aber konnte uns beruhigen: Es handle sich bloß um ganz banale Alltäglichkeiten, die man zur Ehre und zur Unterhaltung der Gäste zur rhetorischen Siedehitze aufzukochen pflege.

Obwohl man in Neuseeland diese Minderheitenkultur mit ihren alten Traditionen pflegt, wird jeder Ghetto-Status vermieden. Die Maoris, ein intelligentes und überaus kontaktfreudiges Volk, sind überall integriert. An den Universitäten des Landes begegneten wir Angehörigen von ihnen immer wieder als wohlgelittenen Studenten, manchmal mit beachtlichen Intelligenzquotienten. In der Regel lernten sie dort bei den weißen Linguisten erst die eigene Stammessprache, die im Ozean des allgemeinen Umgangsenglisch sonst weithin versunken war.

In zauberhafter Schönheit leuchtet eine zweitägige Fahrt – ein Mäzen hatte uns dazu eingeladen – nach Roturua in der Erinnerung, wo die allenthalben sprudelnden Geiser die Luft mit Schwefeldämpfen erfüllen. Seen, Wälder und weiträumige, teils idyllische, dann wieder monumentale Panoramen entrückten uns in ein Märchenland. Als ich spontan einmal ausrief: »Hier möchte ich immer bleiben!«, wehrte Kevin lächelnd ab: »Das würden Sie gar nicht ertragen. Wir sind ein Land, das ohne jede Dramatik in geschichtsloser Ruhe verharrt, wenn man von den Pferderennen absieht, durch die man sich etwas künstliche Aufregung verschafft. Selbst der Kiwi, unser Nationalvogel, hat in den letzten Jahrhunderten das Fliegen verlernt. Warum sollte er die Anstrengung auf sich nehmen, in die Lüfte zu steigen, wo doch auf der Erde alles Wünschbare in der Reichweite seines Schnabels liegt und es überdies keine Feinde gibt, vor denen er fliehen müßte?« Neuseeland ist (oder war jedenfalls) so etwas wie ein Super-Paradies: »Super« deshalb, weil in ihm sogar einst die Schlange fehlte. Jedenfalls war das so bis zur Besiedlung durch die Weißen; sie haben das meiste Getier – außer den Vögeln – erst ins Land gebracht. So lebt man hier am Ende der Welt, fast schon außerhalb ihrer. Als wir uns erkundigten, wie es

denn mit den Feindseligkeiten zwischen Vietnam und China weitergegangen sei – wir hatten das vor der Abreise mit einiger Sorge
verfolgt –, wußte niemand etwas davon, auch in den Zeitungen
stand nichts – es war viel zu weit weg. Die Presse brachte nur
Lokalnachrichten, vor allem über Sport, und im Wirtschaftsteil
einige Probleme, die mit dem nachlassenden Export von Schafwolle
zusammenhingen. So fühlten wir uns manchmal wie Traumtänzer
in einer anderen Welt.

Von Auckland flogen wir auf die Südinsel in das ganz und gar
englische Dunedin, wo ich in der efeuumrankten Universität und in
dem katholischen Holy-Cross-College las. Auch hier verblüffte
mich gelegentlich die irreale Ferne von den Problemen, die uns
Europäer beherrschen. Ich weiß nicht mehr, bei welcher Diskussion
es war, als mir die Frage gestellt wurde, ob denn der Weltkirchenrat
nicht dafür sorgen könnte, daß unser geteiltes Land wiedervereinigt
würde! Da mußte man oft tief Luft holen.
Nach der bewegten und bewegenden Neuseeland-Zeit ging es dann
wieder aufs australische Festland zurück. Dort lag das Haupttätig-
keitsfeld dieser Reise. Die Initialzündung ging von den lutherischen
Studenten in Adelaide aus, die mich gerne bei der Vierteljahrhun-
dert-Feier ihrer Studentengemeinde haben wollten. Da die Kosten
der Reise, auch wenn ich auf jedes Honorar verzichtete, beträchtlich
waren, schlossen sich größere Studentengruppen zusammen, um sie
durch Werkarbeit zu verdienen. Der leitende Pfarrer John Sabel –
von den Sabellianern des 3. Jahrhunderts abstammend, in seinem
Phänotyp wie aus uraltem Rahmen geschnitten – hatte den Zweck
meines Aufenthaltes im Lande bekannt gemacht. So kam es zu
derart vielen Einladungen von Universitäten, Seminaren und Kirchen aller Denominationen, daß ich nicht entfernt alle während
meines Sechs-Wochen-Aufenthaltes annehmen konnte. Ich mußte
mich auf die großen Städte beschränken und besuchte nacheinander
Brisbane, Sydney, Melbourne, Adelaide und – an der Westküste –
Perth.
In der Rückerinnerung fließen die Bilder dieser dichten und erleb-
nisreichen Zeit fast ineinander über. Sie bestehen in verwirrenden
Impressionen vieler Begegnungen, herrlicher englischer Universi-
täts-Aulen und Kirchen, festlicher Einzüge der Lehrkörper, die nicht
nur mein traditionsliebendes Herz, sondern unter der Last feierlicher Textilien und bei hochsommerlicher Hitze auch den Leib –
überreichlich! – erwärmten. Ich denke zurück an das Zusammensein

mit allerhand Studentengruppen, die sich seit längerem um meine Bücher sammelten, und an einige Erholungstage auf dem weitläufigen Landsitz von Schweizer Freunden und auf der südlichen Känguruh-Insel, zu der uns ein etwas aufregender Flug in einem kleinen Privatflugzeug brachte.

Es überraschte mich, daß meine Bücher gerade in diesen Breiten seit Jahren übersetzt sind und eifrig gelesen werden. So beflügelte mich immer wieder das Gefühl, zu vertrauten Freunden zu kommen. Die leidigen Sprachprobleme, die mich auch auf dieser Reise verfolgten, wurden erheblich dadurch gemildert, daß unser Freund und angeheirateter Neffe Dr. Friedemann Hebart – bei Edmund Schlink in Heidelberg promoviert und inzwischen Professor in Adelaide – uns begleitete und um Hilfe bei vielen Diskussionen, Pressekonferenzen und Radio-Ansprachen (eine davon über den ganzen Kontinent hin) bemüht war.

Gerade diese Pressekonferenzen trugen mir eine wichtige Erfahrung ein: Nicht nur das Luthertum, auch alle christlichen Denominationen in Australien kreisen fast nur in und um sich selber, während das sogenannte öffentliche Leben völlig säkularisiert ist und unberührt an ihnen vorüber- und über sie hinwegflutet. Von kirchlichen Veranstaltungen oder theologischer Literatur pflegt die Tagespresse nahezu keine Notiz zu nehmen. Daß es bei mir etwas anderes war und die Zeitungen sich für meine Tätigkeit interessierten, hatte einen etwas seltsamen Grund, der mir keineswegs die Illusion nahelegen konnte, daß man von der Wichtigkeit gerade *meiner* Arbeit überzeugt sei. Aus irgendeiner obskuren Quelle hatte man nämlich erfahren, daß Jimmy Carter mich im Weißen Haus empfangen hatte. Das genügte offenbar, um mich armen Zeitgenossen durch die Aura des Bedeutenden verklärt zu sehen. Was man dann über meine Kundgebungen berichtete oder mich in vielen Interviews fragte, war oft eine Banalisierung, die nur mit Humor zu ertragen war.

Auf dieser Reise haben mich nicht wenige Pfarrergestalten tief beeindruckt. Stellvertretend für sie mag ein jüngerer Pfarrer erwähnt werden, dessen Gemeinde mehr als zweihundert Meilen über dieses unermeßliche Land verstreut ist. Er hatte sich in seiner Einsamkeit mit manchen engstirnigen Absonderlichkeiten seiner Gemeinde herumzuschlagen, vor allem mit hyperorthodoxen Verranntheiten, wie sie bei der Distanz zu den eigentlichen Zentren der Geschichte nicht ausbleiben können. Immer wieder besorgte er sich auf umständliche Weise Zeitschriften und Bücher aus Europa, um den geistigen Auseinandersetzungen unserer Zeit nahe zu bleiben. Bei seinen langen Überlandfahrten spielte er sich Vorträge auf Kassetten vor und suchte so die Zeit zu nützen, weil er am Steuer nicht lesen konnte.

Zum Schluß muß ich noch eine kleine Anekdote erzählen, in der das seltsam Hinterwäldlerische, das bei solcher »Weltentlegenheit« entstehen kann, erscheint: Gerade das Luthertum ist in manchen – keineswegs in allen – seiner Ausprägungen eigentümlich erstarrt und versteinert. Erst ein oder zwei Tage vor der Abreise nach Australien teilten mir Freunde in gewundenen Sätzen mit, was ihnen höchst peinlich erschien: daß ich zwar allenthalben ungehindert Vorlesungen halten könnte, auch auf anglikanischen, baptistischen, methodistischen und sonstigen Kanzeln als Prediger willkommen sei, daß aber die lutherische Kirche mir ihre Kanzeln nur dann zur Verfügung stellen wolle, wenn ein von der Synode beauftragter Bischof sich in einem Gespräch von meiner »pura doctrina«, meiner genuin lutherischen Lehre überzeugt hätte (!). Man fürchtete nun – nicht ganz ohne Grund –, daß ich im letzten Augenblick wegen dieser Unzumutbarkeit die Reise absagen könnte, und beschwor mich, um der vielen willen, die mich erwarteten, diese lächerliche Formalität über mich ergehen zu lassen. Ich war aber viel zu neugierig auf dieses groteske Vorhaben, um mich dagegen zu sträuben.

Der so beauftragte Bischof kam schon in Neuseeland angereist und bat mich nach einem Abendvortrag um eine Aussprache. Die Veranstalter bedrängten mich mit der Bitte, doch ja nett zu dem armen Kirchenmann zu sein, denn er fürchte sich sehr vor mir und zeige Symptome erheblicher Nervosität. Als ich dann in einen Nebenraum zu ihm gebracht wurde, stellte ich mich ganz ahnungslos und fragte ihn, ob meine Frau ihn auch kennenlernen und also mitkommen dürfe. (Mir ging es um einen Zeugen.) Das konnte er nicht gut abschlagen und begrüßte sie sogar höchst chevaleresk. Als wir dann zusammensaßen, schlich der überaus freundliche Mann zuerst wie die Katze um den heißen Brei herum, sprach vom Wetter und fragte, wie die Reise gewesen sei; auch einige meiner Buchtitel erwähnte er. Schließlich ergriff ich die Initiative und bat ihn, mit seinem Anliegen herauszurücken.

Nun wand er sich etwas und brachte mit allerhand Haupt- und Nebensätzen und Parenthesen heraus, daß er von der Synode beauftragt sei, mir eine Frage zu stellen. Darauf ich: »Ich bin gespannt und höre.«

Er: »Ich weiß nicht recht, wie ich es ausdrücken soll... (Pause). Ich soll Sie fragen..., ob Sie etwas gegen die lutherische Kirche sagen wollen.«

Ich: »Sie kennen doch meine Bücher, sagten Sie vorhin. Haben Sie den Eindruck, daß sie antilutherisch sind?«

Er: »Nein, ganz gewiß nicht!«

Ich: »Meinen Sie denn, ich würde in Australien meine Bücher widerrufen und das Gegenteil behaupten?«

Er: »O nein, wie könnte ich das annehmen!« Und dann strahlend und wie befreit: »Das genügt mir, haben Sie vielen Dank. Nun werde ich den Brüdern sagen, daß sie unbesorgt sein können.«

Auf diese gewiß ungewöhnliche Weise wurden mir die lutherischen Kanzeltüren in Australien geöffnet! Und mich verließ ein Bischof, der von einem großen Seelendruck befreit war.

Liesel sagte, nachdem er sich herzlich verabschiedet hatte: »Was es nicht alles gibt!« Wieder einmal wurde uns klar, daß der Herr im hohen Himmelszelt über sein seltsames Bodenpersonal gewiß manchmal lächelt – wahrscheinlich nicht ironisch, wie wir Menschen in unserer Fragwürdigkeit, sondern voller Güte und Nachsicht.

Ausklang

Nun liegt mein fünfundsiebzigster Geburtstag hinter mir. Der Kirchenvorstand der alten Hauptkirche St. Jacobi in Hamburg hatte den Wunsch geäußert, daß er dort gefeiert werden solle: In dieser Kirche hatte ich vor fast drei Jahrzehnten meinen Hamburger Predigtdienst angetreten.

Das Fest begann am späten Nachmittag im großen Kirchenschiff mit einer »Weihnachtsmusik im Kerzenschein«. Lutz Mohaupt, der Hauptpastor von St. Jacobi, sprach dabei vor versammelter Gemeinde einige gute Worte über seinen alten Lehrer, bei denen ich nicht zu erröten brauchte; sie wollten nur ein Ausdruck seiner treuen und liebenden Verbundenheit sein.

Danach fand im Südschiff, das von der übrigen Kirche abgetrennt ist und allgemeineren Zusammenkünften dient, der eigentliche Empfang mit einem Abendessen für viele geladene Gäste statt. Meine Gastgeber hatten nur drei Reden zugelassen: die des Wissenschaftssenators, des Bischofs und des Sprechers der Theologischen Fakultät (jetzt Fachbereich genannt). Im übrigen hatte meine »Projektgruppe Glaubensinformation« das Programm des Abends gestaltet. Der Ablauf war so perfekt, daß der Abend spielerisch locker erschien und den Charakter einer Improvisation »höherer Ordnung« gewann. Zwischen barocker Tafelmusik gab es geistvolle kabarettistische Darbietungen in Wort, Song und Bild, die den schönen gotischen Raum mit Heiterkeit und festlichem Glanz erfüllten. Sie schlossen die bunt gemischte Gesellschaft – Vertreter des Staates, der Kirche und der Universität, viele Freunde aus frühen und späten Tagen und natürlich auch die eigene Familie – bald zu einer lachenden und auch besinnlichen Gemeinschaft zusammen. So ergab es sich ganz natürlich und spontan, daß der Abend in einem gemeinsam gesungenen Lied ausklang. Es pflegte jahrzehntelang meine Offenen Studentenabende zu beschließen: »Kein schöner Land in dieser Zeit ... «

Als dann die Lichter ausgingen – die Scheinwerfer des Fernsehens waren schon lange vorher erloschen – und ich noch einmal in die ehrwürdige, nun still in sich ruhende Halle zurückblickte, fielen mir Verse ein, die Friedrich Petrenz einem alten Freund zum Geburtstag gewidmet hatte:

Der Schritt verhallt. Der Letzte ist gegangen.
Der große Tag schickt sich zur Ruhe an.
Ich bin so wach, daß ich nicht schlafen kann.
Ich weiß: du wartest, Gott, mich zu empfangen.

Ich bringe dir, was mir die Menschen brachten
An Blumen, Lorbeer und an Dank und Ruhm –
Es ist doch, Herr, dein Eigentum,
es war dein Lob allein, das alle sagten.

Das galt auch für die Geburtstagspost. Wenn ich darin las, daß
einiges von dem, was ich gesagt, geschrieben und getan hatte, dem
einen oder anderen im Leben weitergeholfen, ihm vielleicht sogar
beim Durchbruch zu einem »neuen Sein« beigestanden hatte, dann
verstand ich mich dankbar als ein Werkzeug – oft genug als nur
brüchiges, ahnungsloses, immer wieder auch versagendes Gefäß –,
dessen sich ein anderer bedient hatte. Dabei schenkte mir dieser
Dienst über alle Entsagung hinaus Erfüllungen über Erfüllungen
und ließ seinen Lohn in sich selber bestehen. Ich erfuhr die Wahrheit des schönen Wortes von Albert Schweitzer: »Das Glück kann
man nur multiplizieren, indem man es teilt.« Wenn mich dann an
den Knotenpunkten runder Geburtstage diese Resonanz gleichsam
summiert erreichte, empfand ich das als ein donum superadditum,
als einen Dank, den ich unmöglich auf mich beziehen und bei mir
behalten konnte. Ein Menschenleben lohnte sich, so wurde mir klar,
wenn es nur einem einzigen Menschenbruder oder einer einzigen
Menschenschwester dazu verholfen hatte, zur Quelle allen Lebens
durchzufinden. Las ich derartiges in dem Brief eines Menschen, den
ich persönlich gar nicht kannte oder vergessen hatte – manchmal
unbeholfen und sehr schlicht gesagt –, dann hätte ich alle Prominen-
tengratulationen auf Bütten dafür hergeben können.

Ein beträchtlicher Teil meines Lebens, soweit ich wissenschaftliche
Theologie betrieben, in der Universität gelehrt und Bücher geschrieben habe, war von der Frage nach der *Wahrheit* erfüllt.
Mein Beruf brachte es mit sich, daß es dabei um die Interpretation
alter Texte ging, in die ich so lange einzudringen suchte, bis ich
meine und meiner Generation Lebensfragen in ihnen wiederent-
deckte und sie in diesem Spiegel – sub specie aeternitatis sozusagen
– neu aufleuchten sah: »In deinem Lichte sehen wir das Licht.«
Vielen Zeitgenossen erschien und erscheint es grotesk, ein uraltes
Buch, sprich: die Bibel, nach unserem Woher und Wohin zu befra-

gen und mit seiner Hilfe zu ergründen, auf welches Ziel wir entworfen sind. Können wir nicht unsere Sonden in kosmische Räume schicken, sind wir nicht ständig auf der Jagd nach Neuem, nach »Innovationen«, wie ein Zauberwort der Computerwelt dieses Neue nennt? Ist es folglich nicht hinterwäldlerisch, bei den tragenden Wahrheiten unseres Lebens diesen anderen Weg zu gehen und sich nach den Stätten von einst durchzutasten, in die Gott seine Spuren grub und die er seiner Gegenwart würdigte, an denen er sein Wort »Es werde« in immer neuen Variationen sprach?

Wie viele Wahrheiten, die sich als »letzten Schrei« ausgaben, hatte ich in meinem langen Leben wie Eintagsfliegen kommen und gehen sehen! Wie komisch wirkten diese Götter des Tages schon wenige Stunden später, wie absurd nahmen sie sich von hinten aus! Vielleicht muß man so alt geworden sein, wie ich es jetzt bin, um durch keine vom Tageslärm und vom Applaus der Medien begleitete Mode mehr erschüttert zu werden und selbst auf das Abartigste gefaßt zu sein. Als alter Mensch sieht man inmitten des Jubelgeschreis über die Innovationen neuer Lebensdeutungen und neuer Lebensrezepte immer schon die kommende Götterdämmerung. Es gibt nur ganz wenige Botschaften von Bestand. Bei den Nazis sowohl wie später in der Studentenrevolte wurde unsereins, der die Wahrheit in dem alten und ewig jungen Buch suchte und bei ihr bleiben wollte, immer wieder als Vertreter des Plusquamperfectum gescholten, während ich mich selber im Namen dieses alten Buches schon dem Plusquam*futurum* zugewandt sah: jener Zukunftsphase nämlich, die das Ende der Tagesgötter offenbar machen und die Ewigkeit des einen Gottes bezeugen würde. Wie töricht sind demgegenüber die banalen Alternativen von »konservativ« und »fortschrittlich«, von »reaktionär« und »zukunftserschlossen«, sogar von »rechts« und »links«! Jungen Lesern, die meinen Lebensweg bis hierher verfolgt haben, will ich gerne in diesem Epilog meine Lebensmaximen in puncto *Wahrheit* verraten:

Ich will etwas nicht deshalb für gut halten, weil es nur neu, und nicht deshalb für schlecht, weil es alt (wenn auch vielleicht bewährt) ist.

Mir geht es nicht darum, ob eine Wahrheit so alt ist, daß sie von einer Patina bedeckt wird, oder so neu, daß sie wie frisches Kupfer glänzt, oder so zukünftig, daß sie erst im Stadium der Knospe oder gar des Keimes ist.

Mich interessiert nur, ob und warum eine Wahrheit wahr ist.

Deshalb frage ich zuerst nach ihr selber und halte mir die Frage nach ihren temporalen Qualitäten vom Leibe. Ich erlaube mir weder eine reaktionäre noch eine progressistische Wahrheitserwartung.

Wenn mir als Wahrheit etwas Neues und Unverhofftes entgegentritt, versuche ich, offen dafür zu sein.

Erfahre ich dagegen als Wahrheit etwas, das schon durch Tradition gefestigt ist und vielleicht ins Archaische zurückreicht, so grüße ich es mit Ehrerbietung.

Bei der Begegnung mit dem Evangelium muß ich auf beides gefaßt sein: auf ein Immerwährendes, das seine Spur schon in Jahrtausende eingegraben hat, und auf neue Horizonte, deren Räume ich ohne Furcht betrete.

Ohne Furcht? Das ist eigentlich untertrieben: Ich gehe vielmehr hinein mit der »göttlichen Neugierde« eines Menschen, der das Neue und Unbekannte nicht nur als ein Verborgenes, sondern zugleich als etwas Geborgenes entdeckt. Auch das Neue und Unbekannte ruht im Frieden jener Hände, die Orient und Okzident, die das Einstige und das Zukünftige umfangen.

Genau dies ist die Neugierde der Glaubenden: Sie heißt vorangehen und blickt nicht zurück. Wenn das Dunkel der Zukunft sie nicht schreckt, so hat das keinen heroischen Grund. Sie weiß ja, wer das Zukünftige verhängt und es gleichwohl nicht zum Verhängnis werden läßt. Sie weiß, wer die Ziele setzt und für sie bürgt. Hier kommt die Unruhe der Gedanken und des Suchens zum Frieden.

Was uns gespannt und neugierig macht, ist die Frage, auf welchen unbekannten Wegen wir zu bekannten Zielen geführt werden.

Noch eine letzte Auskunft bin ich dem Leser schuldig: mit welchem Recht ich im Titel dieses Buches zu verstehen gebe, daß unser Leben so etwas wie die Gastrolle auf einem »schönen Stern« sei. Ich könnte mir denken, daß manche Phasen dieser Lebenserzählung für den, der ihr aufmerksam folgte, in einem schwer durchschaubaren Widerspruch zu diesem »sonnigen« Titel zu stehen scheinen.

Wie ich überhaupt auf ihn gekommen bin? Die Formel von dem »schönen Stern« reifte in mir, als das Weltraumzentrum Houston/ Texas mich einmal zu Vortrag und Diskussion eingeladen hatte und ich dabei erlebte, wie hingerissen die Astronauten vom Anblick unserer Erde erzählten: einer begrünten Oase des Lebens inmitten unermeßlicher Wüsten.

Natürlich weiß auch ich, daß dieser schöne Stern nicht nur duftende Sommerwiesen und besonnte Höhen kennt, daß es ebenso Meere des Blutes und der Tränen auf ihm gibt und tiefe dunkle Täler. Mir selber blieben leidvolle Strecken des Lebensweges nicht erspart: Krankheit, die Bedrängnis durch die Tyrannei und vieles andere, von dem ich erzählt habe. Auch die Zukunft wirft dunkle Schatten voraus und scheint alles zu tun, um unseren Sorgengeist zu mobilisieren. Gerade junge Menschen sind geängstet, wenn sie an das Kommende denken; sie haben ja die längste Zukunft.

Warum wage ich es trotzdem, diese so gefährdete Erde als schönen Stern zu rühmen und mich ihrer Gastfreundschaft zu freuen (obwohl ich von Natur nicht einmal zum Optimismus neige)? Warum blicke ich dankbar auf dieses so übervolle Dreivierteljahrhundert zurück? Immer wieder, wenn der Blick sich in die verhangene Zukunft bohren will, drängt sich mir das biblische Wort auf, das Gott nach dem Sintflut-Gericht über unsere Erde gesprochen hat: »Wenn es denn kommt, daß ich Wetterwolken über die Erde führe, soll man meinen Bogen sehen in den Wolken.« Er soll zeichenhaft eine Zuwendung signalisieren, die uns durch alle Zeiten treu bleiben will:

Solange die Erde steht, sollen nicht aufhören
Saat und Ernte, Frost und Hitze,
Sommer und Winter, Tag und Nacht.

Diesen in sieben Farben aufglühenden Bogen habe ich in meinem Leben immer wieder erblickt – jedenfalls dann, wenn ich aufhörte, momoman ins Dunkel zu starren, und meine Augen erhob, um nach ihm zu suchen. Und tatsächlich: mir ist keine Finsternis begegnet, über der er nicht leuchtete, und kein noch so dunkles Tal, in dem mich nicht einige Grüße Gottes erreicht hätten.

Nur um dieses leuchtenden Bogens willen rühme ich unseren schönen Stern und gehe dem Kommenden getrost entgegen. Nur seinetwegen bin ich gewiß, daß uns nichts trennen kann von dem, der – nach einem alten Symbol – unsere Erde wie eine goldene Kugel in seiner Hand hält.

Wir sind freilich nur *Gäste* auf diesem schönen Stern, Bewohner auf Abruf und mit versiegelter Order, in der Tag und Stunde des Aufbruchs verzeichnet sind. Der Abschied ist sicherlich nicht leicht: »Ich wär' ja so gern noch geblieben, aber der Wagen, der rollt...« Doch als Christen sind wir gewiß, daß die uns zugemessene Lebensspanne nur die Adventszeit einer noch größeren Erfüllung ist. Das Land, in das wir gerufen werden, ist eine Terra incognita, ein unbekanntes, ja ein unvorstellbares Land. Nur *eine* Stimme gibt es, die wir wiedererkennen werden, weil sie uns hier schon vertraut war: die Stimme des guten Hirten.

Veröffentlichungen des Autors in Auswahl

›Das Verhältnis zwischen dem Ethischen und dem Ästhetischen.‹ Leipzig 1932 (Felix Meiner). Buchausgabe der philosophischen Dissertation.

›Geschichte und Existenz. Grundlegung einer evangelischen Geschichtstheologie.‹ 1. Aufl. 1935, 2. Aufl. Gütersloh 1964 (Gerd Mohn). Buchausgabe der theologischen Dissertation.

›Offenbarung, Vernunft und Existenz. Studien zur Religionsphilosophie Lessings.‹ 1. Aufl. 1936. 5. Aufl. Gütersloh 1967 (Gerd Mohn). Buchausgabe der Habilitationsschrift. Gekürzte Neubearbeitung unter dem Titel: ›Vernunft und Existenz bei Lessing. Das Unbedingte in der Geschichte.‹ Joachim-Jungius-Gesellschaft der Wissenschaften Hamburg 1981 (Nr. 40).

›Fragen des Christentums an die moderne Welt. Untersuchungen zur geistigen und religiösen Krise des Abendlandes.‹ Tübingen 1947 (J. C. B. Mohr). Mehrere während des Krieges anonym erschienene Vorausauflagen im Verlag Oikumene Genf.

›Der Glaube der Christenheit.‹ 5. Aufl. Göttingen ab 1947 (Vandenhoeck und Ruprecht). Die im Krieg gehaltenen Stuttgarter Stiftsvorträge.

›Theologie der Anfechtung. Gesammelte Aufsätze.‹ Tübingen 1949 (J. C. B. Mohr).

›Kirche und Öffentlichkeit.‹ Tübingen 1947 (J. C. B. Mohr). Der für die Kirchenkonferenz in Treysa 1945 geplante und dann ausgefallene, im Druck erweiterte Vortrag.

›Theologische Ethik‹

Band I: ›Prinzipienlehre. Dogmatische, philosophische und kontroverstheologische Grundlegung.‹ 5. Aufl. Tübingen 1981. Band II/1: ›Entfaltung. 1. Teil: Mensch und Welt.‹ 4. Aufl. Tübingen 1973. Band II/2: ›Entfaltung. 2. Teil: Ethik des Politischen.‹ 3. Aufl. Tübingen 1974. Band III: ›Entfaltung. 3. Teil: Ethik der Gesellschaft, des Rechtes, der Sexualität und der Kunst.‹ 2. Aufl. Tübingen 1968 (sämtlich J. C. B. Mohr).

›Der Evangelische Glaube. Grundzüge der Dogmatik.‹

Band I: ›Prolegomena. Die Beziehung der Theologie zu den Denkformen der Neuzeit.‹ Tübingen 1968. Band II: ›Gotteslehre und Christologie.‹ Tübingen 1973. Band III: ›Theologie des Geistes.‹ Tübingen 1978 (sämtlich J. C. B. Mohr).

›Glauben und Denken in der Neuzeit. Die großen Systeme der Theologie und Religionsphilosophie.‹ Tübingen 1983 (J. C. B. Mohr).

›Notwendigkeit und Begrenzung des politischen Auftrags der Kirche.‹ Tübingen 1974 (J. C. B. Mohr).

›Kulturkritik der studentischen Rebellion.‹ Tübingen 1969 (J. C. B. Mohr).
›Mensch sein – Mensch werden. Entwurf einer christlichen Anthropologie.‹
München 1981 (R. Piper Verlag).
›Goethe und das Christentum.‹ München 1982 (R. Piper Verlag).

*Predigt- und Meditationsbücher, erschienen ab 1947 in vielen Auflagen
(auch als Taschenbuch) im Quell-Verlag Stuttgart:*
›Das Gebet, das die Welt umspannt. Reden über das Vaterunser.‹ – ›Das
Bilderbuch Gottes. Reden über die Gleichnisse Jesu.‹ – ›Das Leben kann
noch einmal beginnen. Ein Gang durch die Bergpredigt.‹ – ›Wie die Welt
begann. Der Mensch in der Urgeschichte der Bibel.‹ – ›Woran ich glaube.
Der Grund christlicher Gewißheit.‹ – ›Und wenn Gott wäre... Reden
über die Frage nach Gott.‹ – ›Glauben als Abenteuer. Unsere Lebensfragen im Lichte biblischer Texte.‹ – ›Vom geistlichen Reden. Begegnung
mit Spurgeon.‹ – ›Gespräche über Himmel und Erde. Begegnungen in
Amerika.‹ – ›Auf dem Weg zur Kanzel. Sendschreiben an junge Theologen und ihre älteren Freunde.‹

*Reiseberichte, erschienen in mehreren Auflagen und Ausgaben (auch als
Taschenbuch) bei Gerd Mohn Gütersloh:*
›Vom Schiff aus gesehen. Tagebuch einer Ostasienreise (ab 1959).‹ – ›So
sah ich Afrika. Tagebuch einer Schiffsreise (ab 1971).‹

Herder-Taschenbücher, erschienen im Herder Verlag Freiburg/Brsg:
›Wer darf sterben? Grenzfragen der modernen Medizin‹ (Nr. 710. 3.
Aufl. 1981). ›Das Lachen der Heiligen und Narren. Nachdenkliches über
Witz und Humor‹ (Nr. 491. 5. Aufl. 1982).

Brockhaus-Taschenbücher, erschienen bei R. Brockhaus Wuppertal:
›Zwischen Gott und Satan. Die Versuchung Jesu und die Versuchlichkeit
des Menschen‹ (Nr. 267. 1978). Seit 1938 vielfach aufgelegt und in
verschiedenen Verlagen erschienen. ›Das Schweigen Gottes. Fragen aus
der Bedrängnis‹ (Nr. 288. 1979). Seit 1947 mehrfach aufgelegt.

*Berthold Thielicke, ›Das Lerntheater. Modell eines pädagogischen Theaters
im Strafvollzug.‹ Stuttgart 1981 (Klett-Cotta).*

Inhalt

Kindheit und Jugendzeit in Barmen (1908–1928) 7

Idyllen und Schrecknisse 10 · Humanistische Erziehung 25 · Auf dem Weg zu Lebensfreundschaften 27 · Markante Lehrergestalten 31 · Religion im Jugendalter 45 · Erste Liebesahnung 51 · Reisen in der Schulzeit 55 · Verhältnis zur Weimarer Republik 62

Studenten- und Assistentenzeit (1928–1936) 64

Die Krankheit 70 · Begegnungen mit Karl Barth 77 · In Erlangen 83 Theologische Promotion und Kampf um die Habilitation 88 · Ein innerer Konflikt 93 · Erste Erfahrungen mit dem braunen Regime 97 Wachsende Konflikte 101 · Leiter des Erlanger Studienhauses – Neue Hindernisse 104

Professoraler Beginn in Heidelberg (1936–1940) 108

Heirat und erste Ehejahre 118 · Unter der Drohung der ideologischen Diktatur 123 · Gewaltsames Ende: die Prozedur der Absetzung 125 · Besuch im Braunen Haus München 129 · Ohne Stellung 133 · Notunterkunft in der Wehrmacht 134

Läuterung im Gemeindepfarramt: (1940–1942) 137

Einleben in Ravensburg und Langenargen am Bodensee 139 · Das Greenhorn im Pfarramt 141 · Ruf auf die Berliner Schleiermacher-Kanzel 159

Dramatische Lebensepoche in Stuttgart (1942–1944) 160

Planung und Realisierung einer öffentlichen Glaubenslehre 162 Lehrtätigkeit im Schwabenland 169 · Begegnung mit Bultmann 171 Literarischer Ertrag 174 · Unter der Last der Bomben und des Regimes 175 · Widerstandsgruppen 188 · Stuttgarts Untergang 193

Als Bombenflüchtlinge in Korntal (1944–1945)   196

Das neue Leben im »Exil« 198 · Vortragsreisen unter der Last der Fliegerangriffe 199 · Das Ende des Krieges 203 · Abenteuerliche Reise ins Hauptquartier Eisenhowers 204 · Erste Signale aus Tübingen und Lockrufe in andere Ämter 209

Die Tübinger Jahre (1945–1954)   213

Die Tübinger Theologische Fakultät 215 · Friedrich Sieburg, Romano Guardini, Carlo Schmid 220 · Eduard Spranger 225 · Wieder auf dem Katheder 228 · Die Studenten und andere gute Geister 236 Familienleben 242 · Besuche in den Interniertenlagern 243 · Die Karfreitagspredigt von 1947 247 · Gründung der Evangelischen Akademie Bad Boll 251 · Berufungen 253 · Kaleidoskop von Vortrags- und anderen Reisen 254 · Besuch in Barths Studio 256 · Weitere Reise-Kuriosa der ersten Nachkriegszeit 259 · Rektor der Eberhard-Karls-Universität und Präsident der Rektorenkonferenz 264

Das erste Jahrzehnt in Hamburg (1954–1964)   281

Planung und Werden der neuen Fakultät 284 · Pathetisches und Komisches bei der feierlichen Eröffnung 290 · Der Nestbau in Wellingsbüttel 293 · Auf der Michaeliskanzel 301 · Hamburger Gestalten und Episoden 314

Große Reisen in den fünfziger Jahren   324

Die erste USA-Reise, Frühjahr 1956 324 · Heiteres und Ernstes in Schottland 333 · Schiffsreise nach Fernost, 1958 337 · Im Süden Afrikas, 1959 353 · Begegnung mit Konrad Adenauer und andere rheinische Impressionen 361

Die bewegten sechziger Jahre   367

Einige griechische Impressionen 367 · Rektor der Universität Hamburg 371 · Rede am 17. Juni 1962 im Deutschen Bundestag 375 Blätter aus einem Skizzenbuch: Nordamerika 377 · Blätter aus einem Skizzenbuch: Lateinamerika 389 · Das »Arbeitshaus« in Mustin 396 · Ruf nach München 397

Die Studentenrevolte in Universität und Kirche 400

Die Unruhen in der Universität 400 · Die Tumulte im Michaelis-Gottesdienst 406 · Nachwehen 412 · An Bord der »Transvaal« mit allerhand Gegnern 415 · Kontroversen um eine politisierte Studentengemeinde 421

In die letzten Runden 424

Projektgruppe Glaubensinformation 427 · Begegnung mit einer Klostergemeinschaft 430 · Gastprofessuren in Neuseeland und Australien 433

Ausklang 439

Veröffentlichungen des Autors in Auswahl 444